David Revill

# TOSENDE STILLE

DAVID REVILL

# TOSENDE STILLE

## Eine John-Cage-Biographie

Aus dem Englischen von Hanns Thenhors-Esch

List Verlag
München · Leipzig

*Die Originalausgabe erschien 1992 unter dem Titel*
The Roaring Silence. John Cage: A Life
*im Verlag Bloomsbury Publishing Ltd. in London.*

ISBN 3-471-78553-1


Satz: Compusatz GmbH, München
Druck und Bindung: Mohndruck, Gütersloh
Gedruckt auf chlor- und säurefreiem Papier

Für jeden, den dieses Buch betrifft

# Inhalt

# Danksagung

Mein Dank an John Cage gilt seinem Interesse an meiner Arbeit (all meiner Arbeit), seiner Kooperation, seiner geopferten Zeit und seinem Beispiel. Es gibt noch viele andere Leute, denen ich für ihre Hilfe Dank sagen möchte. Das Leitmotiv meines Buches kristallisierte sich in erster Linie dank der Intervention von Norman O. Brown und einiger, mehrerer fröhlicher Gläschen mit Gordon Mumma heraus. Zu großem Dank verpflichtet bin ich Earle Brown und Jasper Johns für ergiebige und angenehme Unterhaltungen, für Gastfreundschaft und Rat ebenso Margaret Leng Tan, Kathan Brown, Tom Marioni, Margarete Roeder, Mimi Johnson, James Pritchett, Richard Swift, Debbie Campana und Rita Bottoms; Stanley Lunetta, Paul Hillier, Robert Black und Richard Bernas; in Hinsicht auf Ernö Goldfinger Peter Goldfinger und James Dunnett; bei WGBH in Boston Joel Gordon, Ellen Kushner und Michelle Sweet; für langfristige Unterstützung Ray Kass, Lilah Toland, Francine Seders, meiner Detektivin bei der J. Walter Thompson Company Laura Cheshire und der Archivarin an der Duke University Ellen Gartrell. Unschätzbare Hilfe kam von Victoria Pope und Fiona Flower von der Edition Peters in London und von Don Gillespie in New York.

Eine Danksagung auch an meine Verleger beiderseits des Atlantiks, in erster Linie an J. Nigel Newton von Bloomsbury Publishing und an meinen Redakteur David Reynolds, weiter auch an Jeanette und Richard Seaver bei Arcade. Andere, an deren Beistand ich mich mit Vergnügen und Dankbarkeit erinnere, sind an der Columbia University Alice Rwabazaire, Hollee Haswell, Ken Lohf und Corinne Reader und, für Informationen aus erster Hand zu Suzukis Kursen, Theodore de Bary, Miwa

Kai und Philip Yampolski; in Harvard Millard Irion und das Personal des Archivs; bei WGBH Frank Lane; Jasper Johns' Assistentin Sarah Taggart; bei Crown Point Press Constance Lewellen und Karin Victoria; bei Radio KNX Ed Pyle; bei der University of California Mr. Davis, Jerome Rosen, Una McDaniel, D. A. Rohde, John Skarstad und Don Kunitz, der Bibliothekar, der alles wußte; Robert Worby; Maria Sansalone für Übersetzungen aus dem Italienischen; bei Les Ateliers UPIC in Massy Gerard Pape; bei der Universal Edition in London Eric Forder. Und Dank meinen Gastgebern Alex Madonik und Eve Sweetser, und für ihre Gastfreundschaft auch Narrye Caldwell und dem höchst cybersonen Gordon Mumma. Für Kommentare zum Manuskript Laurie Taylor, Brian Morton und vor allem Mark Doran. Zwei weitere Personen verdienen Erwähnung, ohne die und so weiter: Dr. Aaron Esterson und meine Mutter, Anne Revill.

# Vorwort

## I

Eines Tages, als ich gerade ein Bad nahm, klingelte das Telephon. Eine Männerstimme fragte: »Ist dort David Revill?« Meine Mutter hatte sich gemeldet: Sie kannte die Stimme nicht und glaubte, daß einer meiner Freunde sich einen Scherz erlaube. Sie sagte: »Nein. Kann ich etwas ausrichten?« Die Männerstimme antwortete: »Nein, es ist nicht so wichtig. Sagen Sie ihm nur, daß John Cage angerufen hat.«

Neugieriges Herumstöbern in einem Lehrbuch über Schlaginstrumente hatte mich auf den Gedanken gebracht, daß es in der Musik mehr gab als nur Beethoven; nämlich auch einen neuerungsfreundlichen und nachdenklichen amerikanischen Komponisten namens John Cage. Als ich seine Musik hörte und spielte und seine Bücher las (ich war noch ein Jugendlicher), war ich hingerissen. Als ich erfuhr, daß er in London gastierte, hatte ich ihm geschrieben und angefragt, ob wir uns treffen könnten. Und hier war ich nun, tropfnaß auf dem Teppich, und machte einen Termin mit ihm aus. Die Hälfte des folgenden Dienstags verbrachte ich mit John Cage in der Londoner Wohnung seines Freundes Bonnie Bird und im East-West Centre in der Old Street; wir redeten über Georges Méliès, Anarchismus und makrobiotische Ernährung und probierten Mekkabusuppe. Cage sagte zu mir: »Sie kauen sehr gut.«

Diese erste Begegnung verstärkte mein Interesse. Er schien ein Mensch von fröhlicher Lauterkeit zu sein; Leben, Werk und Ideen paßten ungewöhnlich gut zusammen. Als ich mehr von Cages Arbeiten las und hörte und weitere Stücke von ihm spielte und wir uns erneut trafen, entstand die Idee zu diesem Buch. Trotz seines Ruhms und seines beträchtlichen Einflusses auf die Kultur des zwanzigsten Jahrhunderts und trotz der Existenz von zahlreichen Artikeln, Interviews und mehreren Anthologien gab es doch keinerlei allgemeinen Überblick über sein Leben, Werk und Denken in Buchformat. Der Wert seines Werks und seiner Ideen ist unbestritten – und doch ist Cage für eine Vielzahl von Leuten verwirrend, sogar für Leute, die den modernen Künsten mit Sympathie und Aufgeschlossenheit begegnen. Mein Ziel in diesem Buch besteht darin, das Verständnis für sein Werk und Denken zu vertiefen und eine eingehende Darstellung seines Lebens zu geben.

Der erste Schritt bestand darin, Cage um seinen Segen dafür zu bitten, und dieses Buch hat gewaltig von diesem »Segen« (er setzte das Wort in seiner brieflichen Antwort in Anführungszeichen) und von den Stunden profitiert, die er großzügig für Interviews und Unterhaltungen opferte.

## II

Ob man mit seinen Ideen übereinstimmt oder seine Kunst schätzt oder nicht – jeder, der an der Kultur des zwanzigsten Jahrhunderts und an seiner Philosophie, Soziologie und Geschichte interessiert ist, muß sich mit John Cage auseinandersetzen.

Seine Bedeutung läßt sich an der Gesellschaft ablesen, in der er sich bewegt hat. Zunächst waren Musiker wie Henry Cowell und Arnold Schönberg seine Mentoren. Dann bestand sein Kreis aus ebenbürtigen Partnern, beispielsweise denjenigen, die ihn, wie Lou Harrison, in den vierziger Jahren im Zusammenhang mit seiner Arbeit für Schlagzeug kennenlernten, oder denjenigen, mit denen er in den Fünfzigern eng zusammenarbeitete – Morton Feldman, Christian Wolff und Earle Brown insbesondere, aber auch David Tudor. In Europa begegnete er Pierre Boulez und Karlheinz Stockhausen, zu denen er anfangs herzliche, später dann etwas feindselige Beziehungen unterhielt; ebenso machte er die Bekanntschaft von Komponisten wie Luciano Berio und Luigi Nono, wenn auch in weniger engem Sinne.

Dann begann er selbst in die Rolle des Mentors hineinzuwachsen. In den sechziger Jahren umfaßte sein Kreis Komponisten wie Ben Johnston, Alvin Lucier, Gordon Mumma und Robert Ashley, Lejaren Hiller und Nam June Paik, die sämtlich seine Bedeutung bestätigen. Der minimalistische Musiker Philip Glass sagte, daß Cages Buch *Silence* »mein Leben und meine Denkweise veränderte«. Unter den Rockmusikern haben John Cale, Brian Eno und David Byrne von Cages Einfluß gesprochen, und er war nicht nur ein Freund, sondern auch ein direkter Nachbar von John Lennon und Yoko Ono.

Ein ähnlicher Rollenwechsel vollzieht sich auch in seinen Verbindungen zu Nichtmusikern. Als Aussteiger aus dem Studium arbeitete er mit dem Architekten Ernö Goldfinger zusammen, machte die Bekanntschaft des Romanciers John Steinbeck, arbeitete für die Choreographin Martha Graham und lernte Max Ernst und Peggy Guggenheim kennen. In den fünfziger Jahren war er nicht nur mit Brown, Feldman und Wolff gut bekannt, sondern auch mit Robert Rauschenberg und später Jasper Johns. Im folgenden Jahrzehnt kam er Marcel Duchamp nahe. Aber die Beziehung mit der tiefsten Bedeutung für ihn ist die zu dem Tänzer und Choreographen Merce Cunningham; sie sind jahrzehntelang Partner gewesen, in ihrer Kunst wie in ihrem Privatleben.

Alles Vorhergehende ist einfache Soziologie – die Cages Schlüsselrolle in der Kultur des zwanzigsten Jahrhunderts und besonders in der exklusiven Gemeinde der Avantgardekünstler festhält. Sein Einfluß ist ein anderer Aspekt. Cage ist eine der folgenreichsten Erscheinungen in Kunst und Literatur des zwanzigsten Jahrhunderts; jede Äußerung über das Ausmaß seines Einflusses schließt dessen Tiefe und Verzweigungen nicht nur in der Musik, sondern auch in vielfältigen anderen kulturellen Formen ein, und das über eine beträchtliche Zeitspanne. Aber das sind kaum zu bestimmende Phänomene; je einflußreicher eine Persönlichkeit wird, um so schwieriger sind genaue Angaben über das Wesen ihres Einflusses – und um so leichter fällt es, gröblich zu vereinfachen. Wie es den Ideen wirklich schöpferischer Menschen so oft geht, wurden auch Cages Ideen weitgehend assimiliert, gebrochen und häufig entstellt; namenlos und allgegenwärtig geworden, definieren sie das kulturelle Klima.

Cage ist nicht nur für die Soziologie der modernen Künste und ihre wechselnden Ideen und Einflußzonen bedeutsam. Die philosophischen und ästhetischen Fragen, die seine Aktivitäten aufwerfen, sind heute noch brennend aktuell. Was ist Musik? Warum machen wir Musik? Worum dreht sich die musikalische Analyse? Was ist Schönheit? Gleichwohl halte ich Cage als Denker nicht für vorrangig interessant. Eine Lehre seines Werks besteht darin, daß jedes Ding gleichzeitig es selbst ist und in Beziehung zu jedem anderen Ding steht. Er tut seine künstlerische Arbeit, hat Ideen und lebt sein Alltagsleben. Das Werk ordnet sich den Ideen nicht unter; beide bilden eine einzige Dimension des Ganzen, was für ihn sehr wichtig ist.

Ein vierter bemerkenswerter Aspekt von Cage ist der Wert seiner Aktivitäten als Beispiel. Ob man seine Kunst schätzt oder mit seinen Ideen übereinstimmt oder nicht – sein Leben ist eine seltene Lektion in Hingabe, Disziplin und Integrität. Die folgenden Seiten erzählen die ungewöhnliche wahre Geschichte eines Menschen, der sich der Aufgabe, die er entdeckt hat, restlos hingibt, der durch sie einen Weg im Leben gefunden hat. Seine Fehler und Kompromisse gehören zu der einmal eingeschlagenen Richtung – aber der Weg bleibt immer deutlicher als die Umwege. Cage hegte und pflegte seine Stärken und machte – ebenso wichtig – das Beste aus seinen Schwächen: Ein gut Teil seines Erfolges erwächst aus der gelassenen Hinnahme von Fehlschlägen. Was man am wenigsten an ihm geschätzt hat, ist seine Auffassung der spirituellen Dimensionen des Lebens, die sein ganzes Sein bedingt, besonders offensichtlich aber in der Ernsthaftigkeit seines Strebens in Erscheinung tritt.

Beispielhaft sind auch seine enorme Produktivität und die Breite seines Werkes. Als Frederic Lieberman ihm erzählte, er plane einige Vorträge über seinen musikalischen Stil, erwiderte Cage: »Sie werden Schwierigkeiten haben – es gibt so viele.« Als Cage selbst ein produktiver Schriftsteller und visueller Künstler wurde, konnte man mit diesen Schwierigkeiten etwas besser zurechtkommen. »Was soll man zu einer Gestalt wie John Cage sagen«, fragen Appleton und Perera, »der einigen Leuten als Philosoph bekannt ist, anderen als Mythologe, Dichter oder graphischer Künstler und wieder anderen als einflußreicher Autor, der sich mit sozialen und ökonomischen Problemen beschäftigt?« Nach Jahrhunderten der Spezialisierung, die gegenwärtig destruktiv geworden ist, kommt ein Leben als Renaissance-Universalkünstler einem dringenden historischen Bedürfnis entgegen.

Als einer der Großen der modernen Kunst wird Cage fortgesetzt mit Arbeit, Aufmerksamkeit und Ansprüchen überschwemmt, aber in dieser großen Welt vielfacher Enge beackert er selbst ein sehr kleines Feld. Wenn man in der Industrie, in der Regierung, beim Militär, in der Landwirtschaft beschäftigt ist oder der europäischen Aristokratie angehört, wenn man also ein Leben führt an einem jeweils spezifischen sozialen Ort, so kann man ein erfülltes Leben führen, aber man muß nicht zwangsläufig mit dem Leben anderer in Kontakt kommen. Die Avantgardekünstler kennen einander, aber der Bäcker auf der anderen Straßenseite hat noch nicht einmal von den berühmtesten unter ihnen gehört. Ich bin der Meinung, daß der wichtigste Grund dafür, Cage einige Aufmerksamkeit zu schenken, die Qualität seines ganzen Lebens ist und nicht die Tatsache, daß er indeterminierte Notierungsverfahren entwickelte oder mit Marcel Duchamp bekannt war.

## III

Zu Anfang ignoriert und belächelt, ist Cage jetzt in einer ungleich schwierigeren Position – nämlich bewundert und belächelt zu werden. Es ist ein Paradox, das auch andere schöpferische Persönlichkeiten kennenlernen: Nicht nur die Mißachtung, sondern auch die gewaltige Wertschätzung seines Werkes beruht auf einem Mißverständnis seiner Arbeit und seiner Ideen. Daran ist einerseits Trägheit, insbesondere auf seiten der Kritiker, schuld; auf der anderen Seite steht seine Weigerung, hinsichtlich des Grades von Komplexität und der experimentellen Gewagtheit in seinem Werk irgendwelche Kompromisse zu schließen. Cage entwickelte eine Kunst, die, durch Exemplifizierung eher als durch Expressivität (wie ich später darlegen werde), sich schnellem Begreifen entzog. Seine Werke waren für viele Leute nicht unmittelbar anziehend und für die meisten unverständlich. Ich habe das vorliegende Buch in der Hoffnung geschrieben, mehr Menschen in der Überzeugung zu bestärken, daß die Auseinandersetzung mit Cage und seinem Werk lohnend ist; in der Hoffnung, Wertschätzung auf angemessenes Verständnis zu gründen; und auch mit der Möglichkeit vor Augen, eine Arbeit voranzutreiben, die da ansetzt, wo Cage – und nicht unsere Mißverständnisse in bezug auf ihn – aufgehört hat.

Ich habe nicht primär eine soziologische Biographie, eine kunstgeschichtliche Abhandlung oder eine kulturgeschichtliche Studie geschrieben, obwohl alles das auch seinen Platz findet, (das Programm der Moderne beispielsweise, das Klima des Atheismus, der amerikanische Nationalcharakter, die Blütezeit des östlichen Denkens im Westen). Das Buch ist keine skeptische Biographie, kein Versuch einer Widerlegung von Cages Behauptungen, und mit Sensationen kann ich auch nicht aufwarten. Mein Hauptbestreben – und das schien mir in wachsendem Maße der interessanteste und nützlichste Aspekt meines Vorhabens – ist es, zu beschreiben, wie Cage sich zu dem machte, der er ist, weil die Richtung, die er eingeschlagen hat, außergewöhnlich und beispielhaft ist und die Grundlage jedes Verständnisses der Details seines Lebens, Werks und Denkens bildet. Weiter ausgesponnen, hat dieser durchgehende rote Faden ein Buch von einiger Länge ergeben, und wie Cage häufig Kritikern seines Werkes erwiderte: Beklagen Sie sich nicht, wenn Sie eigentlich ein Schweinekotelett haben wollten und man Ihnen ein Steak anbietet.

Anfangs war ich entmutigt und nicht wenig verwirrt angesichts der Herausforderung einer derart weit ausgreifenden, schwierigen Arbeit. Eine bloße chronologische Darstellung schien nicht ausreichend zu sein, obwohl sie das Rückgrat des Buches bildet, vermehrt um weiterführende Erörterungen, wenn besondere Ereignisse allgemeinere Gesichtspunkte ins Spiel bringen. Während der Niederschrift ergab sich mit unerwartetem Nachdruck, daß das wichtigste die Art und Weise war, wie Leben, Werk und Denken hier nicht eine Ansammlung von Fakten, sondern eine Geschichte mit einem durchgehenden

Thema bildeten: Wie John Cage auf immer perfektere Weise innere Tendenzen in äußere Aktionen umformte, wobei diese dann ihrerseits wieder die inneren Vorgänge erhellen. So entwickelt er ein Konzept der Selbstfindung, das beinahe ausschließlich asketisch und – im emotionalen Bezug, nicht epistemologisch – transzendental ist.

Damit verbunden ist die besonders für Künstler maßgebliche universale Notwendigkeit, einen Platz zu finden, um das eigene Leben zwischen den Polen von Licht und Dunkelheit, Einheit und Zerstreuung, Ruhe und Leidenschaft hindurchzusteuern. In der Mythologie werden diese Pole von Apollo und Dionysos, Bodhidharma und Hotei zum Ausdruck gebracht. Ich war überrascht, wie gut diese Antithesen auf Cage paßten. Wenn Größe heißt, mit fundamentalen Widersprüchen schöpferisch umzugehen, dann darf Cage, der niemals ein Meisterwerk schaffen wollte, ein großer Künstler genannt werden. Cage ist ein moderner Künstler, aber in seinen wertvollsten Formen setzt das »Moderne« in der modernen Kunst eine historische Periode, einen Stil, vielleicht lokale Bestrebungen oder Probleme voraus; oft auch eine grundlegende Kontinuität des Gegenstands. Cage aber bemerkte einmal: »Ich fürchte, ich bin traditionalistischer als alle Traditionalisten.«

Mit anderen Worten, Cages Leistungen lassen sich in ihrer ganzen Reichweite und ihrem ganzen Umfang am besten im Lichte seiner inneren Entwicklung verstehen, im Licht der wechselseitigen Verfeinerung, Verstärkung und Erhellung von Leben, Werk, Denken und Temperament – wie er sich zu dem machte, der er ist.

## IV

Zum Abschluß dieses Vorwortes sollte ich etwas dazu sagen, wie meine Arbeit an diesem Buch mein Verständnis des Verständnisses selbst vertieft hat, weil das meinen Weg zu Cage charakterisiert. Immer wieder stieß ich auf die Trägheit unserer Wahrnehmung und die Verschwommenheit unserer Kategorien, und damit meine ich sowohl die wachsweichen Begriffe des gesunden Menschenverstandes als auch die nutzlosen Kompliziertheiten der Philosophie. Worte wie »Einfluß« oder »Größe« sind im Alltagssprachgebrauch ungenau definiert, obwohl sie das nicht zwangsläufig bleiben müssen. Verhängnisvoll wirkt sich das aus, wenn es um unser Begreifen geht – Worte wie »Verstehen«, »Motiv«, »Warum« und bis zu einem gewissen Grade auch »Wie« – und »Wille« (ein Terminus, der weiter unten erwähnt wird). Wir versuchen, Fragen zu beantworten, aber die Grenzen der Fragen bleiben unbestimmt, und so wird das Denken ineffizient.

Cage, ein Meister im Fragenstellen, ist hier besonders lehrreich: Man sucht, sagt er häufig, nach der Art von Fragen, die gute Antworten ergeben. Je genauer die Frage, um so ergiebiger die Antwort, weil sie besser auf die Realität abgestimmt ist, die man erkundet.

Ein genaueres Verständnis von Cages Leben, Werk und Denken ist mit der Frage »Warum?«, die auf kausale Erklärung zielt, nicht zu erreichen. Es gilt vielmehr, Information freizulegen, überraschende Nebeneinanderstellungen zu bieten und durch Hervorhebung bestimmter Themen eine Gesamtform erahnbar zu machen.

Ich habe versucht, dieses Buch so leicht verständlich wie möglich zu machen, indem ich von Kontiguitäten und nicht von Verbindungen ausgegangen bin und Information, aber wenig Belehrungen gesammelt habe. Ein Nebeneffekt dieser Verfahrensweise, meine ich, ist der, daß sie einen Eindruck von dem lebhaften Vergnügen vermitteln kann, das Cage häufig bei seinen eigenen Beobachtungen bietet. Was ich als »interessante« Gesichtspunkte beschreibe, halte ich immer auch für aufschlußreich, oft in vielerlei Hinsicht.

Der Schlüssel zu besserem Verständnis ist genaues Hinschauen. Bei der Erhellung von Cages Entwicklung treten ständig bestimmte Neigungen an die Oberfläche, die auf wechselnde Weise wahrgenommen und damit geklärt werden – Neigungen zur Askese, zur Strenge, zum Transzendentalen, zur Ruhe; ein Gefühl der Verwunderung und des Staunens; eine Sehnsucht nach Spiritualität. Beim Durcharbeiten dieser Tendenzen verstärkt und vertieft Cage sie wie bei der Kanalisierung von

Wasserläufen, wenn er Lebens- und Arbeitsweisen findet, die besser zu ihm passen. Ich denke hier an die existentielle Einordnung, die besondere Art und Weise, wie eine Person seine oder ihre Neigungen verwirklicht. In dem Maße, wie wir handeln, klären wir das, womit wir umgehen; unsere existentielle Einordnung ist die notwendige Angleichung von Sein und Tun.

Es ist manchmal schwer, angemessene Erklärungen zu geben, besonders in Fragen von Geschmack und Gefühl. Wenn Cage beispielsweise seine Abneigung gegen Beethoven und seine Vorliebe für Mozart oder Grieg erörtert, riecht das nach Rationalisierung. Vorlieben und Abneigungen sind subjektiv, persönlich und irrational. Selten nur – ausgenommen im Falle von Phobien und Erethismen, deren Ursprung erinnert werden kann – gibt es eine Antwort auf das Warum und das Wie von Geschmacksurteilen.

Obwohl, wie Cage sagt, »alles, worauf wir stoßen, zur Sache gehört«, tun wir doch immer nur das Nächstliegende; und wir können nie alles erschöpfen, da unser Text nicht so genau sein kann wie jene von Borges beschriebene Landkarte, die das Land, das sie abbildet, vollständig bedeckt. Wie Cage sich deutlich bewußt ist, ist jede Darstellung gleichzeitig eine Fabel.

»Einmal fragte ich den Historiker Aragon, wie Geschichte geschrieben würde. Er sagte: ›Sie müssen sie erfinden.‹ Wenn ich, wie jetzt, von entscheidenden Begebenheiten, Personen und Ereignissen erzählen will, die mein Leben und Werk beeinflußt haben, ist die wahre Antwort: alle Ereignisse waren entscheidend. Alles, was geschehen ist und noch immer geschieht, beeinflußt mich.«

Obwohl die folgenden Seiten eine Geschichte erzählen, schreibe ich doch keine Literatur.

Als ich mit der Arbeit am vorliegenden Buch begann, hatte ich die vage, aber starke Überzeugung, daß sich die Psychoanalyse mit einer Biographie nicht vereinbaren ließ. Im Laufe meiner Arbeit wurde ich dessen gewahr, daß bestimmte psychoanalytische Orientierungen, von doktrinärer Enge befreit, von unschätzbarem Wert sind, vorausgesetzt, man ist realistisch hinsichtlich ihrer Grenzen. Wenn man auf bestimmte Weise und mit bestimmten Neigungen lebt, behält man Spuren irrelevanter sekundärer Merkmale. Wenn jemand asketisch und transzendental ist wie Cage, verschwinden die Leidenschaften nicht. Wenn diese sekundären Merkmale nicht in den Hauptstrom des Lebens einer Person eingebettet werden, existieren sie als Neben- und Gegenströmungen weiter; sie entpuppen sich nicht als Ergänzungen, die den Hauptstrom mäßigen, sondern als kleine Sprünge und Kratzer, die auf etwas Fehlendes verweisen wie die Sprünge einer beschädigten Schallplatte.

Sprünge dieser Art lassen sich auch in Cages Leben finden: die verwirrende Einstellung zum Jazz, die er entwickelt, oder seine Vorliebe für verwickelte quantitative Systeme. Interessanterweise scheint das, was Cage aus seinem Leben verrät, häufig zunächst die ganze Wahrheit zu erzählen (beispielsweise die Beschreibung seiner Verlobung und Ehe oder seine einzige Begegnung mit und Verzicht auf die Psychotherapie); schaut man sich die Vorfälle aber näher an, wird man gewahr, daß er beinahe nichts von sich preisgegeben, sondern nur ein kurzes, märchenhaftes Trompe-l'œil aufblitzen lassen hat. Wo immer ich auf derartiges zu sprechen komme, ist es eine Beobachtung, keine Kritik. Ein Riß, ein Sprung ist kein Mangel. Cage ist in fast jeder Hinsicht ungewöhnlich erfolgreich; Vollkommenheit darf man nicht von ihm verlangen. Die Darstellung der Unzulänglichkeiten einer Person mündet nicht in Kritik, sondern in größere Wertschätzung; Helden sind aus dem Dunkel der Realität geformt und nicht aus Pappe.

Beim Schreiben erinnerte ich mich der Reaktion von Cage, als ich ihm einmal sagte, ich würde sehr vorsichtig damit sein, Material auszuscheiden: »Doch, doch, Sie werden schon eine ganze Menge rausschmeißen müssen.« Das Studium einer Gestalt wie Cage könnte leicht zur unbeendbaren Aufgabe werden; aus diesem Grunde bin ich glücklich, den äußeren Anreiz gehabt zu haben, *Tosende Stille* rechtzeitig zur Feier seines achtzigsten Geburtstages abzuschließen. (John Cage starb vor Erscheinen des Buches. A.d.V.)

# Vorspiel

Am Freitag, dem 29. August 1952, gaben John Cage, der Komponist, und David Tudor, der Pianist, ein Wohltätigkeitskonzert zugunsten des Artists' Welfare Fund, und zwar um 20 Uhr 15 in der Maverick Concert Hall von Woodstock im Staat New York. Die im Programm auftauchenden Komponisten waren Pierre Boulez, Earle Brown, Henry Cowell, Morton Feldman und Christian Wolff. Es gab auch zwei Stücke von Cage. Das erste, das seinen Titel bei dieser Gelegenheit und vom Aufführungsdatum erhielt, war ein etwas theatralisches Stück, das der Komponist im laufenden Jahr geschrieben hatte und das wir unter dem Titel *Water Music* kennen. Das andere, die vorletzte Programmnummer des Abends, war harmloser- und ungenauerweise mit *Four Pieces* betitelt. Nach allem, was vorhergegangen war, durften die Zuhörer – mit Wonne oder Widerstreben, aber mit Fug und Recht – weitere überschwengliche experimentelle Feuerwerke erwarten.

David Tudor betätigte eine Stoppuhr, wie er sie auch bei der *Water Music* eingesetzt hatte. Er setzte sich und schloß den Klavierdeckel. Er wartete die Zeit für drei Sätze ab. Dreißig Sekunden lang nichts. Dann zwei Minuten dreiundzwanzig Sekunden lang nichts; dann erneut eine Minute und vierzig Sekunden lang nichts. Tudor öffnete den Klavierdeckel und stand auf. *4′ 33″* Stille.

Die Nachwehen jener Nacht in Woodstock sind noch heute zu spüren. Warum schrieb ein gerade vierzig Jahre alt gewordener Mann ein Musikstück ohne jeden Ton? War er Komponist? Musiker? Mystiker? Dadaist? Zen-Buddhist? Erlaubte er sich einen Scherz, legte er ein Bravourstück hin? Wie kam es, daß John Cage *4′ 33″* schrieb?

Vierzig Jahre später lebt John Cage, mitten in Manhattan, zusammen mit seinem Freund und Kollegen, dem Choreographen Merce Cunningham, auf einer einzigen weitläufigen Etage eines Gebäudes, das zuvor das Altman-Warenhaus beherbergte. Die Wohnung bekommt viel Licht durch sieben große Fenster und ein Dachfenster von sieben Metern im Quadrat. Ein großer irdener Suppentopf köchelt den ganzen Tag auf dem Herd. Mittlerweile hat Cage etwa zweihundert Pflanzen – Klivien, Begonien, Norfolktannen und Orchideen.

Er ist ein großgewachsener Mann, obwohl das Alter ihn ein wenig gebeugt hat; er ist schlanker als damals, wohl aufgrund strikter Diät und vorgerückten Alters. Sein Gesicht ist gewöhnlich von einem breiten Lächeln überzogen, das als starres Grinsen gelten könnte, wenn es nicht so leicht in Erscheinung träte. Er spricht mit dünner, singender, leicht androgyner Stimme, die immer zu völligem Schweigen zu ersterben bereit scheint, wenn nicht so häufig Gelächter hervorsprudeln würde – ein Gelächter, das sozusagen den Lagerbestand aller Cage-Interviews bildet: unkomplizierte Fröhlichkeit, die in ein stilles Glucksen bei geöffnetem Mund übergeht. Cages Kleidung, einst ein wenig dandyhaft, ist heute völlig neutral: Jeans, Jeanshemd und Blouson.

Er hat die ursprüngliche Einfachheit kultiviert. Einmal diskutierte ich mit ihm die Aufführung eines der späten Stücke Morton Feldmans am Vorabend; er fand die ständigen Wiederholungen uninteressant. »Also sind Sie wohl eingeschlafen«, sagte ich lachend. »Nun ja«, erwiderte Cage, »ich konnte einfach nicht wach bleiben.« Einfachheit und Humor sind manchmal ununterscheidbar. Einmal fragte mich Cage, mitten in einer Unterhaltung: »Und wie geht's Ihnen, David?« Kalt erwischt, fragte ich zurück: »Wie meinen Sie das?« – »Wie Sie wollen!« Gelächter.

Leonard Mayer sagt, im Rückblick auf seine Begegnung mit Cage 1961 in Wesley: »Ich war naiv und wollte raffiniert erscheinen. Er war raffiniert und hatte den Anschein des Naiven.« Cages humorige Einfachheit bringt manchen Gesprächspartner dazu, ihn nicht ernst zu nehmen – besonders solche, für die sein Werk ein Rätsel bleibt. Von unseren Künstlern wollen wir große Dinge hören und zahlen dafür den Preis, hochtrabende, nichtssagende Dinge hinunterzuschlucken. »Ich verabscheue es, als Idiot zu erscheinen«, sagte Cage vor einigen Jahren. »Ich bin ein ernsthafter Mensch.«

Sein Werk ist sein Leben – auch das Gegenteil ist richtig. »Den größten Teil des Tages verbringe ich mit Arbeit«, erklärt er. »Ich habe keinerlei Freizeit.« Er geht nie ins Kino; Zeitungen liest er nur, indem er anderen Leuten über die Schulter schaut, Radio hört er nur, wenn er zufällig an einem Radio vorbeikommt, Konzerte besucht er lediglich, wenn er an einem Festival oder einer ähnlichen Veranstaltung teilnimmt. »Nicht daß ich so schrecklich hart und mit tierischem Ernst arbeiten würde. Aber ich mag meine Arbeit. Nichts verschafft mir bessere Unterhaltung. Deshalb mache ich sie. Also brauche ich keine Unterhaltung. Und meine Arbeit ist nicht wirklich ermüdend, also brauche ich keine Erholung.«

Wohin Cage auch geht, immer nimmt er seine jeweils dringlichste Arbeit mit. »Wenn ich beispielsweise einen Arzttermin habe, nehme ich sie mit und nutze die Zeit im Wartezimmer«, erklärt er, »so kann ich bei jeder Gelegenheit arbeiten. Mit den Jahren habe ich mir das zur Gewohnheit gemacht; sonst hätte ich nicht all die Dinge zustande gebracht, die ich gemacht habe.«

Cage beginnt seinen Tag mit Rückengymnastik und gießt dann seine Pflanzen. An den meisten Tagen geht er einkaufen. Abends entspannt er sich bei einer Partie Schach – ist das keine Freizeitgestaltung? »Schach ist keine Sache, die ich mit gespanntester Aufmerksamkeit betreibe«, sagt er, »ich genieße Schach um seiner selbst willen.« Manchmal geht er zum Essen aus, beispielsweise in David Waltucks Chanterelle in der Harrison Street. Wenn er ohne allzu großen Aufwand aufs Land hinausfahren kann, sucht er Pilze. Der Rest ist Arbeit.

Er zieht das Tun dem Denken vor. »Ich mag es lieber«, sagt er, »wenn etwas getan wird, als wenn etwas gesagt wird.« Er besteht darauf, daß alles, was er produziert hat, auf ebendie Weise benutzt werden kann, für die er es bestimmt hat. Sogar seine Gespräche über Musik sind selbst Musik.

Das ist amerikanischer Pragmatismus, daß man, was man

tut, so gut wie möglich tut. In Cages Fall ist es mehr als ein kulturspezifischer Stil. Cages Pragmatismus ist, wie wohl alle Lehren, die zur Selbstverwirklichung führen sollen (psychologischer oder spiritueller Art), eher auf Vision und Aktion als auf Reflexion und Emotion angelegt: Schau, um was es geht und was, in ganz handgreiflichem Sinne, getan werden kann.

Auffallend ist Cages störrischer Einsatz für das Originalitätsprinzip. Einmal bat ihn ein Journalist aus Illinois, seine ganze Philosophie kurz und bündig darzulegen. Cages Antwort drehte sich nicht um die Bewältigung des Lebens, und sie war auch nicht besonders optimistisch, wie man hätte erwarten können, sondern er machte ein Wortspiel mit seinem Namen: »Versuche, aus jedem Käfig (*cage*) zu entkommen, in dem du dich gefangen findest.« Das heißt: Mache dich frei von dir selbst wie von äußeren Zwängen, und das erinnert an den berühmten Ratschlag eines Zen-Meisters: »Wenn du dem Buddha begegnest, so töte den Buddha.«

»Ich habe mich dem Prinzip der Originalität ergeben. Keiner Originalität im egoistischen Sinne, sondern ... im Sinne von: etwas tun, das getan werden muß. Offensichtlich sind nun aber die Dinge, die getan werden müssen, nicht die, die bereits getan sind, sondern die, die noch nicht getan sind.«

Unter diesem Gesichtspunkt sieht Cage auch die Aufnahme seines Werkes. »Wenn mein Werk akzeptiert wird, muß ich mich dahin weiterbewegen, wo es noch nicht akzeptiert ist.«

Integrität ist ein gewagtes, altmodisches Wort geworden, und doch ist es für ihn bestimmend. Integrität ist die Übereinstimmung der Taten mit den Prinzipien, die jemand bewußt befolgt. Cage konnte die Dinge, »die noch nicht getan sind«, nicht zynisch tun, weil Zynismus die Orientierung auf bestehende Erwartungen bedeutet, Reaktion auf einen existierenden Stil oder Manipulation dieses existierenden Stils. Cage schlägt vor – oder stellt fest –, daß jeder seine eigene Arbeit tut, denn zumindest seit seiner Collegezeit ist er davon überzeugt, daß »wir mehr zustande bringen, wenn wir nicht tun, was jemand anders tut«. Eine Schule zu bilden, Schüler zu haben, kommt nicht in Frage: »Zwei Leute, die dieselbe Art von Musik machen, da ist eine Musik zuviel.«

Die Hingabe an das Originalitätsprinzip beeinflußt auch Cages Einstellung zu seinem Werk. Er bleibt nicht auf seinen Lorbeeren sitzen, sondern tut, was als nächstes kommt, und seine Entwicklung als Komponist gründet sich, zumindest seit sich diese Ideen herauskristallisiert haben, nicht auf ein selbstverzehrendes formales Prinzip, sondern sozusagen auf ein selbst-annullierendes, ein Prinzip, das über sich selbst hinausweist, das jeden Moment vom Unerwarteten abhängt. Das wird deutlich werden, wenn wir die Kompositionsweise ins Auge fassen, die Cage in den fünfziger Jahren entwickelte. Abgesehen von einer besonderen Vorliebe für *4′ 33″* besteht er darauf, daß sein bevorzugtes Stück immer das ist, das er noch nicht geschrieben hat.

»Meine Lieblingsmusik ist die Musik, die ich noch nicht gehört habe«, sagt er. »Ich höre nicht die Musik, die ich schreibe. Ich schreibe, um die Musik zu hören, die ich noch nicht gehört habe. So bin ich – ich bin am meisten an dem interessiert, was ich noch nicht getan habe. Aber«, fügt er hinzu, »wenn ich an dem interessiert sein muß, was ich getan habe, bin ich immer an dem zuletzt Geschriebenen interessiert.«

Seine Suche nach Originalität hat nichts mit schnöder Ruhmsucht zu tun. »Ich bin nicht an Erfolg interessiert«, notiert er, »sondern einfach an Musik.« Und einem Kritiker sagte er zu Beginn der fünfziger Jahre: »Ich bin kein Genie. Ich habe keine Botschaft, und ich schreibe keine Meisterwerke.«

Sein fehlendes Interesse am Ruhm hängt mit seiner allgemeinen Einfachheit zusammen, die im Gegensatz steht zu der Selbstverliebtheit vieler Künstler. Einmal schenkte Cage ein schön gebundenes Exemplar von *Seven Haiku* dem Maler William de Kooning, dem das Buch auch gewidmet war. Die Episode muß um 1952 stattgefunden haben. Cage erinnert sich: »De Kooning hatte etwas, was mich nie gereizt hat, und er war sich dessen bewußt, und das war der Wunsch, ein großer Künstler zu sein. Ich erinnere mich, daß er kein Licht machte, und draußen wurde es dunkel, und er sagte: ›Du und ich – wir sind sehr verschieden. Ich möchte ein großer Künstler sein.‹«

Mit der Unbekümmertheit seines Handelns geht eine ungewöhnlich einfache und positive Art der Lebensbewältigung einher. Die Welt hat für Cage eine Neigung zum Guten, und es gibt für ihn keinen Grund, warum er nicht völlig glücklich sein sollte und könnte, zumindest keinen weltlichen Grund. »Ich habe das Gefühl, daß Optimismus ein natürlicher Zustand des menschlichen Verhaltens ist. Und daß es nur die Müdigkeit ist, die einen … pessimistisch macht, auch wenn die Situation sehr schwierig ist.«

Cage ist der Inbegriff eines Optimisten, begnadet, wie er sagte, mit einer heiteren Veranlagung. Immer wieder findet er ganz naheliegende Gründe, um fröhlich zu sein: »Was für ein seltenes Glück: Wir sind beide am Leben!« Nach einem Konzert in Greenwich Village gefragt, ob ihm das Stück von Kurt Schwitters Spaß gemacht habe, antwortete er: »Mir macht alles Spaß.«

Viele Jahre lang waren die zehn Bilder vom Ochsen und seinem Hirten, eine klassische buddhistische Parabel des spirituellen Fortschritts, für Cage besonders inspirierend. Es gibt zwei mögliche Reaktionsweisen auf die Erfahrung der Leere, die zur Erleuchtung führt. Die eine ist Rückzug aus der Welt – wozu der traditionelle Buddhismus neigt – und Erreichung des Nirwana als etwas, das über und außerhalb der Welt liegt. Der andere Weg, der dem erleuchteten Mönch zur Verfügung steht, besteht darin, beladen mit Geschenken, Früchten der Offenbarung, ins Dorf zurückzukehren. Cage also ist ein großer, dünner Mann mit einem breiten Lächeln auf dem Gesicht, der ins globale Weltdorf zurückkehrt, mit einem unerschöpflichen Sack voller Geschenke auf dem Rücken. Sein Werk zeigt uns, wie »ausgezeichnet« und »freudebringend« die Welt ist, in der wir leben. »Die Frage ist«, merkt Cage an, »wie unmittelbar wir ja sagen werden.«

# Kapitel eins

*Ich bin Engländer. Ich habe etwas französisches und etwas schottisches Blut in mir. Gern hätte ich auch etwas irisches Blut, aber leider habe ich keins. Wenn ich krank würde und eine Bluttransfusion in Dublin bekommen müßte, hätte ich vielleicht etwas irisches Blut.*

Cage im Interview mit Stephen Montague (1985)

Um das Jahr 1740 wurde in Virginia ein englischer Oberst namens William Cage zum Treuhänder des Nachlasses von Lady Fairfax bestellt und dadurch in die Auseinandersetzung um ihren Grundbesitz verwickelt. In der nächsten Generation wurde ein John Cage geboren, der später George Washington bei der Vermessung des Staates half und im Unabhängigkeitskrieg im 8. Regiment von Virginia auf amerikanischer Seite focht.

Die Geschichte der Cages, nach denen wir suchen, beginnt mit einem Mann aus derselben Generation im selben Staat, dem 1745 geborenen William Cage. Er lernte Elizabeth Douglass kennen, das dritte Kind von Oberst Edward Douglass und Sarah George aus Farquier County, und heiratete sie. William und Elizabeth hatten zehn Kinder; William sollte sich später ein zweites Mal verheiraten und mit Ann Morgan weitere sechs Kinder zeugen, von denen eines den Texas-Ranger Jack Hays ehelichte. Im Alter von vierzig Jahren zog William mit seiner Familie ins Sumner County, Tennessee; sein Wohnsitz wurde als Cage's Bend bekannt. Seine Verwandten zogen ebenfalls um, und zwar nach Station Camp Creek nördlich von Gallatin.

William Cage nahm als Major am Krieg teil. Danach, im Jahre 1790, wurde er zum Sheriff ernannt. Sechs Jahre lang bekleidete er dieses Amt, in dem ihm sein Sohn Reuben und später, von 1800 an, ein weiterer Sohn, James, nachfolgte. Er starb am 12. März 1811 in Cage's Bend.

Wilson Cage, das zweite Kind von William und Elizabeth, heiratete ein Mädchen aus der Gegend, Polly Dillard, die ihm ein Dutzend Kinder schenkte. Ihr vorletztes, Adolphus (1819–1905), betrieb lange Jahre Landwirtschaft im Westen von Tennessee und predigte an der methodistischen Episkopalkirche in Wouth – Weißen wie Schwarzen, wie er voller Stolz sagte, obwohl er, wie zu erwarten war, selbst Eigentümer einiger der letzteren war. Kurz vor dem Ausbruch des Bürgerkrieges brach er, im Alter von fünfunddreißig Jahren, mit zweien seiner Brüder in Richtung Westen auf. Ein Bruder zog später nach Süden, und man hat nie wieder etwas von ihm gehört; der andere, Wilson jr., siedelte sich in Dent County, Missouri, an, wo er 1876 im Alter von zweiundsiebzig Jahren starb, unter Hinterlassung einer schier unzählbaren Nachkommenschaft. Adolphus zog nach Colorado und wurde einer der ersten Siedler der Greeley-Kolonie; er predigte in der Kirche und steckte Tausende von Dollars in die Bewässerung des Distrikts.

Adolphus heiratete ein Fräulein Boyd, die ihn mit ihren beiden gemeinsamen Kindern sitzenließ, danach Charlotte Anna Green (1825–1891). Das dritte ihrer fünf Kinder, Gustavus Adolphus Williamson Cage, sollte der Großvater von John Cage werden. Gustavus war in der ersten Klasse, die die Prüfungen an der Staatsuniversität von Boulder ablegte, und wählte dann ein weiterführendes Studium an der Universität von Denver. Bei ihm gehörte das Beten zum Beruf: Er wurde Wanderprediger der methodistischen Episkopalkirche. Im Jahre 1882 heiratete Gustavus Mary Lou Newsom, die aus Nashville, Tennessee, stammte. Das Paar verbrachte eine gewisse Zeit in Kalifornien und begründete die Familie mit den Kindern Mary Lou und Willis Green. Mary Lou sen. schenkte 1886 in Los Angeles John Milton Cage das Leben. Sie sollten ein weiteres Kind haben, Rebecca, das aber im Säuglingsalter starb.

Der Verlauf von Gustavus' Karriere läßt sich anhand der

Kirchenbücher der Gemeinde zurückverfolgen. Nachdem er wirkungslos gegen das Mormonentum in Utah gepredigt hatte, kam er 1890 nach Denver, wo er, wie sein Enkel in Interviews behauptet hat, die Kirche errichtete, die allem Anschein nach aber bereits existiert hatte. Im selben Jahr wurde er als Missionar nach Rawlins, Wyoming, geschickt und am 18. Juni von Isaac Joyce in Laramie zum Kirchenältesten ernannt. Bei der Kirchenratssitzung des Jahres 1894 war Gustavus einer der vier Schatzmeister und Kirchenvorstand in Erie im Greeley District, der damals neunzig Vollmitglieder hatte. Im selben Jahr heiratete er erneut – Fannie Davis aus Weldon, Iowa. Sie sollten miteinander drei Kinder haben – Amasa Adolphus, die im Säuglingsalter starb, Arthur Edgar und Lucile Elizabeth.

Im folgenden Jahr unterstützte Gustavus die Aktivitäten der Missionsgesellschaft der Frauen. Eine peinliche Eintragung im Kirchenjahrbuch berichtet, daß sein »Fall« dem präsidierenden Kirchenältesten zur Prüfung vorgelegt worden sei. Im Jahre 1896 arbeitete er im Gebiet von Bald Mountain, im selben Distrikt. Für dieses Jahr vermerkt das Jahrbuch: »Der Fall von G. A. W. Cage wurde, im Hinblick auf die Gerüchte, seinen Charakter betreffend, an das beratende Komitee verwiesen.« Am folgenden Tag kam das Komitee zu dem Schluß: »Wir finden in dem neu vorgelegten Beweismaterial nichts, was zu einer Aufhebung des früher ausgesprochenen Urteils führen könnte.«

John Cage erinnert sich an Gustavus als einen »Mann von außergewöhnlich puritanischer Rechtschaffenheit«, der »sehr zornig mit Leuten wurde, die nicht mit ihm übereinstimmten«. Er hütete sich vor Musik und hielt die Geige für ein Instrument des Teufels. Sein Sohn, John Milton Cage, wuchs wegen der Missionsarbeit seines Vaters in Colorado auf und galt als das schwarze Schaf der Familie. Wann immer sich die Gelegenheit dazu ergab, lief er von zu Hause fort.

Die Pianistin an der First Methodist Episcopalian Church war Lucretia Harvey – Crete für ihre Freunde und die Familie. Sie war ein Jahr älter als John Milton und wurde seine Frau. In Des Moines, Iowa, war sie 1885 als Tochter von James Carey und Minnie Harvey geboren worden und hatte einen Bruder und vier Schwestern, Sadie, Josie, Phoebe und Marge. Es war eine Familie, die alles Lernen und Studieren beargwöhnte; zu Hause waren nur Shakespeare und die Bibel erlaubt, obwohl Crete auch einige andere Bücher in ihrem Zimmer versteckt hielt.

Sie war bereits zweimal verheiratet gewesen. John Cage erfuhr das erst im Erwachsenenalter, als seine Tante Marge ihm Teile der Geschichte erzählte. Nach John Miltons Tod füllte er eines Tages Versicherungsformulare für seine Mutter aus. »Da ist etwas, das ich dir nie erzählt habe«, sagte Crete. »Ich weiß«, unterbrach sie John. »Tante Marge hat mir gesagt, daß du vor der Ehe mit Vater schon mal verheiratet gewesen bist.« »Das ist nicht alles«, antwortete sie. »Ich war vorher zweimal verheiratet.«

»Wie hieß dein erster Ehemann?« fragte Cage. »Weißt du, ich habe es wieder und wieder versucht«, antwortete Crete, »aber ich kann mich einfach nicht daran erinnern.«

Den Versuchen von John Milton und Crete, Kinder in die Welt zu setzen, war anfangs wenig Erfolg beschieden. Ihr erstes Kind, Gustavus Adolphus Williamson III., war eine Totgeburt. Gustavus Adolphus Williamson IV., ihr zweiter Sohn, wurde verunstaltet geboren, mit einem riesengroßen Kopf, und starb nach zwei Wochen. Endlich, am 5. September 1912 um fünf Uhr morgens, kam im Good Samaritan Hospital von Los Angeles John Milton Cage jr. auf die Welt.

# Kapitel zwei

## I

Am Freitag, dem 13. ebendes Jahres, in dem sein Sohn geboren wurde, bemannte John Milton Cage ein Unterseeboot, das er selbst entworfen hatte, mit einer Mannschaft von dreizehn Seeleuten. Nach dreizehn Stunden tauchte das Boot wieder an die Oberfläche, und die Mannschaft kletterte, nach Luft schnappend, aus dem Kommandoturm.

Gustavus Cage war bereits eine Art Erfinder gewesen – im Jahre 1909 ließ er sich einen Tastensuchschlüssel für Schreibmaschinen patentieren. Für John Cage sen. aber war das Erfinden Berufsalltag, und im Laufe seiner Karriere wuchs die Liste seiner Neuerungen stetig an. Nach dem Bau des Unterseebootes war er eine Zeitlang mit verwandter Technologie beschäftigt. Von 1916 bis 1921 arbeitete er zusammen mit Hugh Keller, einem Professor an der University of Michigan, an der Adaption von Verbrennungsmaschinen für den Gebrauch in Unterseebooten; 1918 ließ er sich ein Steuerungs- und Antriebssystem patentieren; während des Ersten Weltkrieges entwarf er ein Hydrophon zum Aufspüren von Unterseebooten, das er in London vorführte – es wurde im Ärmelkanal gegen deutsche U-Boote eingesetzt. Von 1919 bis Ende der zwanziger Jahre arbeitete er an Verbesserungen von Explosionsmotoren; er erfand 1921 einen Sechszylinder-Dreitakt-Motor und fünf Jahre später einen Motor mit Muffenventilen.

In den vierziger Jahren beschäftigte sich John sen. in Massachusetts mit Vulkanisierungsprozessen bei der Herstellung von Autoreifen. Er erfand das erste Radio, das mit Wechselstrom betrieben wurde, so daß es ans elektrische Stromsystem angeschlossen werden konnte, und konstruierte einen Inhalationsapparat zur Behandlung von Erkältungen, in dem er Menthol und Thymol in einer Alkohollösung mischte; Henry Cowell, Cages zukünftiger Lehrer, nannte das sein Lieblingsgetränk.

John sen. war nicht nur ein Praktiker, sondern auch ein Visionär. Später brachte er in einem elektromagnetischen Feld Kugeln zum Kreisen, deren Bahnen den Umlaufbahnen der Planeten entsprachen. Anerkannte Naturwissenschaftler räumten ein, daß es funktionierte, konnten aber nicht herauskriegen, wie es funktionierte. John sen. leitete daraus eine allgemeine »Theorie des elektrostatischen Feldes« ab, um bestimmte kosmische Gesetzmäßigkeiten zu erklären. Er versuchte, die anerkannte Beziehung zwischen Schwerkraft und Elektrostatik neu zu definieren. John Cage, sein Sohn, sagt: »Wir fallen nicht von der Erde herunter wegen unseres elektrischen Kontaktes mit ihr; wenn es aber ein Feld von optimaler Größe gäbe, müßten wir es festhalten, um es hierzubehalten.« Diese Forschungen führten John sen., der drei Jahre vor der ersten Mondlandung starb, zu Spekulationen über Raumfahrten ohne Treibstoff: Wenn ein Feld von optimaler Größe hergestellt werden könnte, würde es sich automatisch von der Erde wegbewegen. Dann wäre nur noch das Problem zu lösen, wie man dieses Feld dazu veranlassen könnte, in den Bereich der Anziehung eines anderen Planeten zu gelangen.

Cage hat oft von seinem Vater erzählt, dessen Erfindergeist ihn beeindruckte und der ihm die Dringlichkeit von Neuerungen klarmachte. »Mein Vater sagte zu mir«, berichtet er, »daß der Satz ›das kann ich nicht‹ einem zeigt, was zu tun ist.« Zwei für ihn wesentliche Menschen haben den Aspekt der Erfindung bei ihm angesprochen. Jahre nach seinem Studium bei Schönberg wurde er sich bewußt, daß Schönberg in ihm »einen Erfinder – einen genialen Erfinder« gesehen hatte; und für John sen. war sein Sohn seine beste Erfindung.

John sen. erntete wenig Dank für seine kreativen Leistungen. Manchmal waren seine Entwürfe Fehlschläge; im Jahre 1918 baute er einen Flugapparat, der, zu antriebsstark für die damals verfügbaren Legierungen und feinmechanischen Bauteile, zu Bruch ging, bevor er noch richtig abgehoben hatte. Häufiger lag das Problem darin, daß er kommerzielle Gesichtspunkte nicht genügend in Betracht gezogen hatte. Das Patent für sein Unterseeboot wurde am 26. Januar 1915 ausgefertigt. Andere arbeiteten an ähnlichen Vorhaben; beispielsweise Isaac Rice von der Electric Boat Company, der sich ungefähr zur gleichen Zeit ein Unterwasserfahrzeug patentieren ließ, das Krupp nach Ausbruch des Ersten Weltkrieges für Deutschland zu nutzen versuchte. John sen. hatte sich einen höchst wirkungsvollen Probelauf für sein Unterseeboot ausgedacht – es hielt den Unterwasser-Ausdauerrekord –, aber der Hauptvorteil von Unterwasserfahrten war ihm entgangen, nämlich von oben nicht gesehen werden zu können. Seinem Gefährt entwichen Luftblasen, die seine Präsenz jedermann an der Wasseroberfläche verrieten. Für John sen. war das Unterseeboot gut durchdacht – kam es zu einem Unfall, konnten die Luftblasen den herbeigeeilten Rettungsschiffen die Lage des Havaristen signalisieren. Für die Marine war es nutzlos. Vater Cage ging bankrott; fortan mußte das Familienvermögen auf den Namen der Mutter eingetragen werden.

Crete war sehr aktiv in Frauenvereinen. Sie war eines der Gründungsmitglieder des Lincoln Study Club in Detroit und übernahm später in Los Angeles verschiedene leitende Positionen. Als ihr Sohn klein war, schrieb sie für die *Los Angeles Times*, die Mitte der zwanziger Jahre die größte Verbreitung aller Zeitungen der Welt aufzuweisen hatte. Anfangs war sie Gerichtsreporterin, später Gesellschaftskolumnistin.

»Sie war nie glücklich«, erinnert sich Cage. Bei Sonntagsausflügen gab es immer den oder jenen, den nicht mitgenommen zu haben sie bereute. Von Zeit zu Zeit verließ sie das Haus und beteuerte, nie wieder zurückzukommen, und jedesmal hatte der Vater seinen vor Schreck erstarrten Sohn zu trösten, indem er ihm versicherte, sie würde über kurz oder lang schon wieder dasein. Als Cage einmal in eine Auseinandersetzung mit seiner Mutter verwickelt war, wandte er sich an seinen Vater um Hilfe. »Mein Sohn«, antwortete sein Vater, »deine Mutter hat immer recht. Sogar wenn sie unrecht hat.« Da Vater John seine Erfindertätigkeit zu Hause ausübte, war er, wie Cage es ausdrückte, ständig mit »Botengängen« für seine Frau beschäftigt. Die Ehe war gut, aber die Partner paßten nicht zueinander.

Wegen der beruflichen Aktivitäten des Vaters wechselte die Adresse der Familie beinahe ebensohäufig, wie sich ihre finanzielle Lage änderte. Als Baby lebte Cage in Long Beach, im Alter zwischen zwei und vier Jahren am East Broadway. Dann arbeitete sein Vater in Michigan, und die Familie zog zuerst nach Ann Arbor, dann nach Detroit.

Crete bewahrte eine Sammelmappe auf, in der sich auch einige zerknitterte Briefbögen des Stevenson-Hotels in Detroit fanden. Der fünfjährige Cage schreibt darin: »Ich sehe einen Jungen, er ist ein guter Junge, er heißt John.«

Die Lehrer lobten seinen Einfallsreichtum und seine Lernbereitschaft. In den ersten Jahren seiner Schulzeit äußerte sich einer von ihnen so: »Er hat gar keine eigene Meinung, oder? Er sitzt da und denkt sich diese ›Geschichten‹ aus, wie er sie nennt. Er lernt schnell und ist ein prima Junge.« In Michigan und später erneut in Los Angeles erhielt er in allen Fächern die besten Noten.

Mit seinen Klassenkameraden aber erging es ihm weniger gut. »Ich war das, was man einen Waschlappen nennt«, erinnert sich Cage recht nüchtern, »so daß ich ständig den Angriffen der anderen Kinder ausgesetzt war. Sie lauerten mir auf, um mich beim Heimweg oder bei der Ankunft in der Schule zu verdreschen, und lachten jedesmal, wenn ich im Unterricht eine Frage beantwortete.« Seine Eltern veranlaßten den Besuch einer anderen Schule, wo er weniger zu leiden hatte. »Ich war eines der ersten Kinder, die mit dem Schulbus zur Schule gebracht wurden«, sagt Cage.

Nach einem kurzen Intervall in Kanada kehrte die Familie in die Gegend von Los Angeles zurück, zunächst nach Long Beach und 1921 nach Santa Monica. Cage war acht Jahre alt.

Von der ganzen Neuen Welt war Kalifornien das Neueste, das paradiesische Land jenseits der Berge, wo alles möglich war. Vom Goldrausch zum Kinorausch – seine unerforschte Neuheit war wie geschaffen für Erfinder und Abenteurer.

Das Straßenbild von Los Angeles läßt die Geschichte der Stadt erkennen. Die Kernbezirke der alten Stadt waren so angelegt, daß der Wind Abfall und Staub durch die Straßen auf das offene Land hinausblasen konnte. Später wurde alles der bedenkenlosen Rationalität des Nord-Süd-Gitters untergeordnet. In Cages Stadtteil »war der Raum voller unbebauter Parzellen; mitten in der Stadt herrschte der Eindruck von Ländlichkeit, es gab orangeroten und weißen Mohn und Lupinen«. Der Junge zog auf Abenteuer aus, erkundete die Schluchten und Sümpfe des ländlichen Stadtinnenraumes und entdeckte eines Tages sogar ein Zigeunerlager.

Die Familie zog dann ans andere Ende der Stadt, nach Ocean Park. Cage wurde morgens an den Strand hinuntergeschickt, und er verbrachte viele Tage damit, Sandburgen, Gräben und Tunnels zu bauen. Die Sommertemperaturen im Süden Kaliforniens steigen gewöhnlich bis zu vierzig Grad Celsius an. Cage erinnert sich, daß der Teerbelag ihm an den Füßen klebenblieb, wenn er aus der Straßenbahn stieg, und daß er schnell laufen mußte, um Blasen zu vermeiden. Um die Mittagszeit wurde er stumpf und kraftlos. Mit Mühe fand er den Weg zu einem Imbißstand, bestellte sich etwas zu essen und setzte sich in den Schatten, um wieder zu Kräften zu kommen. Erst sehr viel später fiel es ihm ein, sich vor der Hitze zu schützen.

Um 1923 zog die Familie um nach Little Rock. Cage erinnert sich an große Familienpicknicks in einem der Stadtparks oder am Strand.

## II

Von früher Kindheit an fühlte sich Cage zu Musik hingezogen. »Ich erinnere mich, daß ich Klänge und Töne liebte, bevor ich überhaupt eine Musikstunde hatte«, berichtet er. »So gestaltet sich unser Leben durch das, was wir lieben.« Als er fünf Jahre alt war, nahm ihn seine Mutter mit in ein Symphoniekonzert. Sie hatte vielleicht Angst gehabt, ihn nicht ruhig halten zu können. Aber er stand zwei Stunden lang völlig versunken im Mittelgang. Auch die Musik, die er in der Kirche hörte, gefiel ihm.

Umweltgeräusche fesselten seine Aufmerksamkeit zu dieser Zeit noch nicht. »Ich erinnere mich nicht an Geräusche«, sagt er. »Geräusche sind wesentlich ephemer, und die Geräusche, die man jetzt hört, sind wichtiger als die vergangenen, die man als Kind hörte.« Er strebte nicht danach, Komponist zu werden; Erziehung und familiärer Hintergrund legten ihm einen solchen Berufswunsch nicht nahe.

Cage sieht seine Familie durchaus nicht als besonders musikalisch, obwohl seine Mutter, zwei ihrer Schwestern und einer ihrer Brüder zu verschiedenen Zeiten Musik betrieben. Wenn Crete auch, wie gesagt, in Gustavus Cages Kirche Klavier gespielt hatte, so gehörte das, als John Cage klein war, doch längst der Vergangenheit an. Seine Tante Marge hatte eine schöne Altstimme. Als Kind hörte Cage sie sonntags gern in der Kirche singen. Sein Onkel Walter aber hatte, als sie heirateten, darauf bestanden, daß Marge jede Hoffnung auf eine Karriere als Sängerin aufgab, und verbot ihr später sogar, zu Hause zu singen. Manchmal sang sie dennoch – zur Freude Klein Johns.

Cages Eltern versuchten es ihm zunächst auszureden, Musiker zu werden. »Es war einfach nicht das Richtige, fanden sie.« Und die prekäre Finanzlage ließ es geboten erscheinen, zuerst ans Geld zu denken. Er sagt: »Meine Eltern wußten aufgrund früherer familiärer Erfahrungen, daß Musik nicht als Beruf taugt, daß sie für den Lebensunterhalt nicht ausreicht.« Aber er blieb beharrlich, und es zahlte sich aus. Kurze Zeit übte er Geige, dann wurde ein Stutzflügel für ihn gekauft, auf dem er, wie er sich erinnert, sofort spielte, nachdem er abgeladen und ins Haus getragen worden war. Er war der einzige, der darauf spielte.

»Wie gern hätte ich Klavierunterricht gehabt!« erzählt Cage. Als er die vierte Klasse besuchte, sah er einmal einen Anschlag eines in der Nähe wohnenden Lehrers. »Als ich den Zettel gelesen hatte, bat ich meinen Vater und meine Mutter, mich hingehen zu lassen«, erinnert er sich. Sie willigten ein. Er begann mit Übungsstücken für eine Hand, »aber nach Noten zu spielen war für mich interessanter, als Tonleitern rauf und runter zu üben. Virtuose zu werden interessierte mich überhaupt nicht.«

Sein nächster Lehrer war eine Frau, seine Tante Phoebe James. Sie war der Klaviermusik des späten neunzehnten Jahrhunderts ergeben, glaubte aber, daß ihrem Zögling Bach oder Beethoven unmöglich gefallen könnten; auch Mozart, der damals allerdings generell relativ unbeliebt war, erwähnte sie nie. Statt dessen wurde Cage mit dem Werk von Moritz Moszkowski (1854–1925) vertraut gemacht. Andere Komponisten studierte er anhand eines Sammelbandes mit den »Beliebtesten Klavierstücken der Welt«. Besonders begeisterten ihn die Werke von Grieg: »Eine Zeitlang spielte ich gar nichts anderes mehr. Ich malte mir sogar aus«, erinnert er sich, »mein Leben ausschließlich dem Studium seiner Werke zu widmen, denn sie schienen mir nicht allzu schwierig zu sein, und ich mochte sie.« Ungezählte Besuche stattete er der Los Angeles Public Library ab, deren Musikalienbestände er durchforstete.

Phoebe war eine einfallsreiche Lehrerin. Sie hielt regelrechte Pianologe mit ihren Schülern ab, bei denen Klavierstücke gespielt werden mußten, während sie gleichzeitig laut eine Kurzgeschichte vorlas, oft zu einem spanischen Thema. »Wir machten das in Kostümen, wie bei einer richtigen Aufführung«, erinnert sich Cage. »Tante Phoebe gab mit allen ihren Schülern ein Konzert, indem sie eine Reihe von Pianologen aufführte.« An seine eigene Rolle dabei hat Cage keine Erinnerung mehr. Als Cage später nach Seattle ging, arbeitete sie in einer Volksschule: »Ihre Kollegen ... bezeugten ihre höchst einfallsreichen und findigen Improvisationen. Sie konnte jederzeit jeden erdenklichen Klang nachahmen, vom Quietschen von Planwagen auf der offenen Prärie bis zu den begeisterten Schreien seefahrender Wikinger, die Land sichten.« Einige Klänge waren jedoch verboten; Rektor und Schulleiter untersagten ihr »Klavierimitationen der Kriegsschreie von Indianern beim Skalpieren von Feinden oder die Nachahmung von Klängen, die mit irgendwelchem anderen ›gesellschaftsfeindlichen Verhalten‹ in Zusammenhang standen«.

## III

Im Alter von zwölf Jahren fuhr Cage mit dem Fahrrad von seinem Elternhaus in der Moss Avenue nach Hollywood und zu den Studios von Radio KFWB hinauf. Es waren noch immer die Pionierzeiten des Rundfunks. Erst vor einigen Jahren hatte

Frank Conrad, ein Ingenieur der Firma Westinghouse, von seiner Garage aus den Sender 8XK in Betrieb gesetzt und mit dem Abspielen von Schallplatten seinen Anspruch auf den Ehrentitel des ersten Discjockeys der Welt geltend gemacht. Es gab schon viele Radiosendungen, Landfunk, Morgengymnastik, Wetterbericht und Kirchenfunk – Mitte der zwanziger Jahre in Los Angeles besonders Aimee Semple McPhersons berühmte »Feuer-und-Schwefel«-Predigten.

Obwohl die Rundfunkstationen an der Ostküste besser ausgestattet waren, hatte auch die Gegend um Los Angeles eine große Zahl eigener Stationen. Die Rundfunkstationen der Frühzeit sendeten oft nur zu bestimmten Zeiten, und wie so häufig bei Neuerungen drängten sich ganz irrelevante Aspekte aus damit verbundenen Bereichen in den Vordergrund: Schauspieler standen in vollem Kostüm hinter dem Mikrophon (in England trugen die Ansager Abendkleidung); Jahre später gab es eine wahre Schwemme von Sendungen mit Bauchrednern. Umgekehrt gab es die durch die Erfordernisse des Radios bedingten Rückwirkungen: Der von Vaughn de Leath propagierte schmachtende Gesangsstil wurde im Radio, auf der Bühne und auf der Schallplatte zum beherrschenden Vokalstil der dreißiger Jahre. Er entwickelte sich als Reaktion auf die hohen Soprantöne, die, im Radio übertragen, zu Pfeifgeräuschen verkommen waren.

Technische Neuerungen werden oft sehr bald von herrschenden Interessengruppen ausgebeutet und kontrolliert. Der Rundfunk war ein großes Geschäft. Es gab in den zwanziger Jahren eine Riesennachfrage nach Empfängern. Allein 1924 wurden Radiogeräte im Wert von fünfzig Millionen Dollar verkauft, und der Handel wurde an der Börse zugelassen. Die *Los Angeles Times* betrieb ihre eigene Rundfunkstation, Radio KHJ. Die Hauptinteressenten am südkalifornischen Rundfunk waren jedoch die Filmstudios von Hollywood, die auch einer der Hauptarbeitgeber der Gegend waren. Die Traumfabrik kaufte sich in den Rundfunk ein – auch Warner Brothers hatten ihre eigene Station – und nutzte ihn für Werbezwecke. Ihre Stars aber waren nicht geneigt, im Rundfunk mitzuwirken, weil sie fürchteten, dort ihre geheimnisvolle Aura einzubüßen – und wie berechtigt diese Befürchtungen waren, sollten die Tonfilme bald beweisen.

Der zwölfjährige Cage war ein Greenhorn bei den Pfadfindern und hatte sich ein Pfadfinder-Radioprogramm ausgeheckt, das von den Mitgliedern seiner Gruppe präsentiert und ausgeführt werden sollte. »Haben die Pfadfinder dich hergeschickt?« wurde er bei Radio KFWB gefragt. Er habe einfach nur die Idee gehabt, antwortete er, und sei losgezogen. Man sagte ihm, er solle sich wieder auf den Heimweg machen.

Die Ablehnung entmutigte ihn nicht. Er lenkte sein Fahrrad spornstreichs zur nächsten Sendestation, dem vielversprechenden Radio KNX, das den Betrieb gerade erst aufgenommen hatte. Mit dem *Los Angeles Evening Express* und Paramount Pictures als Besitzern stand die Station auf dem Gelände der Paramount und leistete unter der Leitung eines Briten namens Naylor Rogers bahnbrechende Arbeit. Das Programm bestand aus den Darbietungen diverser populärer Musikgruppen, aber es gab auch Sendungen mit Hollywood-Stars wie Clara Bow, Bill Hart, Lillian Roth und später Gary Cooper, der sonntagabends eine zweistündige Kinosendung moderierte, in der für jüngste Paramount-Erzeugnisse geworben wurde.

Der Redaktionsstab der Station war begeistert von der Idee eines Pfadfinderprogramms. Das einzige, was man von Cage verlangte, war die Vorlage einer Erlaubnis. Er rief also seine Gruppe an und erklärte, KNX habe sich zu einer einstündigen Pfadfindersendung pro Woche bereit erklärt. Sie gaben ihm die Erlaubnis, wollten aber keinerlei Hilfe leisten; mehrfach fragte er an, ob die Pfadfinderkapelle auftreten könne, was aber immer abgelehnt wurde.

Ohne sich abschrecken zu lassen, begann Cage also seine Radiokarriere. Im Laufe der Woche trommelte er so viele Pfadfinder zusammen, wie er nur erreichen konnte. Jeden Freitag fuhr er dann nach Schulschluß mit dem Fahrrad zum Studio hinauf, um die Sendung vorzubereiten. Seine Gäste sangen, spielten Trompete, Posaune, Geige oder Klavier, oder sie sprachen über Erfahrungen beim Feuermachen und Knotenbinden. Wenn Not am Mann war, spielte auch Cage das eine oder andere Klavierstück. Zehn Minuten wurden einem Gast aus einer lokalen Synagoge oder Kirche überlassen, der eine begeisternde Ansprache hielt. Kaum war die Sendung fest etabliert, als auch schon Leserbriefe eintrafen, deren Zahl jeden Monat stieg; Cage verlas immer einige davon am Mikrophon.

# Kapitel drei

## I

Ab 1923 besuchte Cage die Los Angeles High School. Unter den sechs Mitgliedern des Fachbereichs Musik war auch Fannie Charles Dillon, die seine nächste Klavierlehrerin wurde.

Fannie Dillon, geboren 1881 in Denver, verbrachte die Jahre 1900 bis 1906 in Berlin, wo sie bei Hugo Kaun Komposition und bei Leopold Godowsky Klavier studierte. Nach der Rückkehr nach Amerika gab sie Privatunterricht in Los Angeles. Ab 1910 gab sie Kurse am Pomona College, und vom Ende des Ersten Weltkrieges bis 1941, als sie sich zurückzog, unterrichtete sie an der High-School.

Ihr Werkverzeichnis beläuft sich auf 118 Stücke für Klavier, Orgel, Singstimme, Chor, Saxophon und Klavier, Violine und Klavier, Klaviertrio, Streichquartett, Blaskapelle und Orchester sowie auf drei Partituren für lokale Freiluftparaden. Eine besondere Einflußquelle, auf die sie sich mehrfach berief, waren die Lieder der Vögel. In ihren vier Klavierstücken *Little Bird Stories. Birds at Dawn*, op. 20, Nr. 2, geschrieben im Geburtsjahr von Cage, ließ sie sich beispielsweise von Vogelrufen inspirieren, die sie in den Bergen der Sierra Madre gehört und transkribiert hatte. Fannie Dillon war eine Komponistin mit experimentellen Neigungen und geistig von standhafter Unabhängigkeit. Der ständigen Neigung, amerikanische Musik an europäischen Maßstäben zu messen, begegnete sie mit herber Kritik.

Cage war ein feinfühliger Spieler. »Ich hatte das, was man einen schönen Anschlag nannte, das heißt, ich hatte ein Gefühl für natürlichen Fluß.« Ein Mitschüler an der High-School, Kimmis Hendrick, sagte, Cage habe als Jugendlicher Chopin »mit Charme und all der Flexibilität gespielt, die sich der

Komponist für seine Walzer wünschte«. Er verabscheute Tonleitern und andere technische Übungen.

Sein Vertrauen in sich selbst wurde jedoch schwer erschüttert von Verba Blythe, die den Chor der High-School leitete. Als er in der sechsten Klasse war, kam Cage auf die Idee, mitsingen zu wollen. Bei einer abendlichen Probe erschien er und verkündete seinen Wunsch. Verba Blythe bedeutete ihm, der bloße Wille, mitzusingen, sei nicht genug; er werde eine Stimmprüfung zu bestehen haben. Cage bestand sie nicht. Später erzählte er oft, daß sie ihm gesagt habe, er habe keine Stimme.

Den Traditionen von Musik und Musikerziehung gegenüber hat Cage immer sehr gemischt reagiert. Eine Reaktion, die sich gehalten hat, ist Unverständnis. Eine der wenigen Erinnerungen an den Musikunterricht in der Schule ist die »an Lehrer, die Nadeln auf die Schallplatten senkten, sie dann wieder abhoben und uns fragten, wer die Musik geschrieben habe«. Er vermochte nicht einzusehen, wozu das gut sein sollte. Die tonale Musiktheorie schien ihm ähnlich fruchtlos. Folgendermaßen faßte er in den fünfziger Jahren den Leitton auf: »Man schreite auf eine Art und Weise fort, die die Präsenz eines Tons voraussetzt, der nicht wirklich präsent ist; dann halte man alle Leute zum Narren, indem man nicht bei diesem Ton landet, sondern ganz woanders. Wer wird zum Narren gehalten? Nicht das Ohr, sondern der Geist.«

Eine andere Reaktion ergab sich, besonders als er jung war, aus dem, was Hans Keller Cages musikalisches Minderwertigkeitsgefühl nannte. Cage liebte Musik, hatte aber noch nicht die unerschütterliche Selbstsicherheit entwickelt, die er als Erwachsener an den Tag legen sollte. »Ich glaubte, was sie sagten, sei richtig«, erinnert er sich. »Wenn die Leute in der Kirche sangen, sang ich nicht mit. Es war sinnlos, da ich ja keine Stimme hatte.« Diese Unsicherheit bezog sich auch auf sein Klavierspiel, obwohl er sich doch schon ein gewisses Können angeeignet hatte. »Ich erinnere mich, immer eine gewisse Beklommenheit verspürt zu haben, wenn Tante Phoebe oder Miss Dillon für mich spielten«, sagte er, »weil die Stücke, die sie spielten, wahnsinnig schwierig waren, und ich wußte, daß ich nie in der Lage sein würde, sie genauso gut zu spielen.«

Als er älter wurde, gewann Cage Selbstsicherheit und begann, jede Unzulänglichkeit eher als Schlüssel zum Erfolg denn als Ursache des Mißerfolges zu werten. »Ich hatte nicht das Bedürfnis, meine Mängel zu überwinden«, sagte er. »Ich versuchte eher, sie zu nutzen, indem ich sie in den Dienst der Erfindung stellte.« Er führte den Vergleich mit dem großen griechischen Redner Demosthenes an, der sich als Stotterer das flüssige Reden selbst beibrachte, indem er mit einer Handvoll Kiesel im Mund zu dem tosenden Meer sprach.

Seit den fünfziger Jahren – und immer dann, wenn er die Geschichte mit dem Chor erzählt – feiert Cage seine Unfähigkeit in bezug auf traditionelle musikalische Fähigkeiten. »Ich kann nicht rein singen«, behauptet er in seinem Buch *A Year from Monday.* »In Wirklichkeit habe ich keinerlei musikalische Begabung.« William Duckworth gegenüber betonte er, er könne keine Melodie erinnern und behalten; immer komme ein Augenblick, sogar bei den Melodien, die er sehr häufig gehört hat, da er sich nicht mehr daran erinnern könne, was als nächstes kommt. »Alles, was in der Musik mit der Tonhöhe zusammenhängt, entgeht mir«, vertraute Cage Alan Gillmor an. »Ob ein Ton hoch oder tief ist, ist für mich wenig ausschlaggebend.«

Cage neigt dazu, seine musikalischen Fähigkeiten herunterzuspielen. Seine Gegenerklärungen muten etwas gesucht an. Möglicherweise hatte er keine ausgezeichnete Singstimme im konventionellen Sinne; vielleicht hatte er, wie einer seiner späteren Lehrer erklären wird, kein Gefühl für Harmonik als strukturelles Hilfsmittel; es kann sogar sein, daß seine erste Reaktion auf den Leitton reines Unverständnis zeigt. In seiner Musik jedoch gibt es genug Beweise für ein scharfes musikalisches Gehör – beispielsweise für Klangfarbenkombinationen, für Genauigkeit in der Vorbereitung von Dissonanzen und für interpretatorische Feinfühligkeit.

## II

Die Pfadfindersendung bei Radio KNX blieb bis 1926 ungeheuer beliebt. Eine Zeitlang war sie sogar wöchentlich zweistündig gesendet worden, bis der Zentralrat der Pfadfinder sich meldete und erklärte, er habe das Programm nie gebilligt. Cage vermutet, daß diese Reaktion auf Neid beruhte. Jetzt, wo die Sendung bekannt geworden war, bestand die Führung darauf, sie selbst zu übernehmen. KNX sah sich gezwungen nachzugeben. »Ich selbst war auf einmal nur zweite Klasse«, erinnert sich Cage. »Dann war ich nicht mehr da, und sie machten aus der Sendung etwas ganz anderes.« Die Kapelle, die Cage verweigert worden war, durfte jetzt spielen. »Die richtigen Pfadfinder«, sagt Cage, »waren großtuerisch und penetrant.« Nach einer Reihe von Folgen strich KNX die Sendung.

Diese Episode ist nicht nur als lehrreiche Geschichte und Beispiel für institutionelle Dummheit interessant, sondern auch deshalb, weil Cage sie lebhaft erinnert und auf seine Weise immer wieder nacherzählt. Sie ist eine Parabel: Radio KFWB und die Pfadfinder sind geistig beschränkt; Radio KNX gewinnt, weil es weniger beschränkt ist, aber letzten Endes ist es auch unverläßlich, es läßt den kleinen Jungen fallen. Der Tonfall erinnert an die Geschichte der Ablehnung im High-School-Chor.

Währenddessen war Cage in anderen Bereichen sehr erfolgreich. In der Lateinklasse von Dr. Walker Edwards wurden seine Übersetzungen aus dem Fünften Buch von Vergils *Aeneis* hoch gelobt. Sehr gute Leistungen gelangen ihm auch in Literatur, Botanik und Geometrie, wenn auch nicht in Mathematik und höherer Analysis. Er hatte großen Erfolg als Redner. Er gewann den zweiten Preis bei einem großen Rhetorikwettbewerb in Los Angeles, und 1927 heimste er den Siegespreis für seine Schule beim südkalifornischen Rednerwettstreit mit seinem Text *Andere Völker denken* ein, den er in der Hollywood Bowl vortrug. Darin erklärte er, das amerikanische Volk, seine Industrie und Regierung solle nicht im Sinne enger Kirchturmpolitik denken, sondern bezogen auf beide Amerikas als Ganzes. Interessanterweise glaubte er, die Amerikaner könnten

»den Menschen die Wissenschaft der Wertschätzung, des Respektes und der Sympathie für andere verkünden«. Und er sagte, daß alles stillstehen sollte, was läuft, und daß »dieser Augenblick vollständiger Flaute und ungetrübter Ruhe dann die günstigste Stunde für die Geburt eines panamerikanischen Bewußtseins« wäre.

Es war eine subtile und scharfsinnige Ansprache, die ein deutliches Bewußtsein sowohl der begrenzten Gültigkeit als auch der Unzulänglichkeiten eines Denkens in Gegensätzen unter Beweis stellte. Sie war utopisch, aber mit Fakten gespickt, die Cage überzeugend und, wie sich herausgestellt hat, prophetisch interpretierte. Es läßt sich annehmen, daß Cage bis zuletzt stolz war auf diese Rede. Er erlaubte ihren Nachdruck und erwähnt sie in seinen späteren Schriften, er hielt sie sogar noch einmal, und zwar am 9. September 1987 in Los Angeles bei der Feier seines fünfundsiebzigsten Geburtstages.

Als seine High-School-Zeit sich dem Ende näherte, wollte Cage, in den Fußstapfen seines Großvaters, Geistlicher der methodistischen Episkopalkirche werden. Seine religiöse Neigung schien ihn ganz zu erfüllen. »Als Kind«, erinnert er sich, »war ich sehr beeindruckt von dem Satz, man müsse auch die andere Wange hinhalten. Wissen Sie, wenn jemand mich auf die eine Wange schlug, hielt ich *tatsächlich* die andere hin. Ich nahm das ernst.« Auch in seinem Erwachsenenleben bewahrte sich Cage fast immer ein Gefühl wohltuender Sicherheit. In einem Interview fragte ihn Jeff Goldberg, ob er je das Gefühl gehabt habe, verrückt zu werden. »Dieses Gefühl ist mir nicht vertraut«, antwortete Cage und fuhr fort: »Früher hatte ich vielmehr das Gefühl, einen Schutzengel zu haben.«

Zur Vorbereitung auf seinen Beruf begann Cage Griechisch zu studieren – die Klassiker ebenso wie das Neue Testament. Als Jugendlicher lernte er auch einmal in den Sommerferien bei dem örtlichen Rabbi Hebräisch. Der Ernst, den er der Schule entgegenbrachte, traf abermals auf Widerstand, diesmal nicht von seiten der Mitschüler, sondern der Familie. Die Schwester seiner Mutter drängte Crete, ihrem Sohn vom Studium bei dem Rabbi abzuraten. »Sie sagte, ich sollte den Sommer besser mit Aprikosenpflücken verbringen«, erinnert sich Cage. »Das würde einen Mann aus mir machen.« Tatsächlich sah er in diesem Sommer mehr profanes Obst als Früchte vom Baum der Erkenntnis.

In seinem letzten High-School-Jahr hörte Cage von der kürzlich gegründeten Liberal Catholic Church. St. Alban's, das Gotteshaus, befand sich in exotischer Umgebung in den Hollywood Hills. Im Jahre 1921 erbaut, war es verschwenderisch im spanischen Stil ausgestattet, bot vierhundert Gläubigen Platz und verfügte über eine prachtvolle Orgelempore. Der Gottesdienst war ein theatralisches Gemisch der wichtigsten westlichen und östlichen Kulte.

Cage war, wie er sagte, »fasziniert«. »Es gab da Wolken von Weihrauch, jede Menge Kerzen und Prozessionen in und um die Kirche«, erinnert er sich. Er beschloß, der Gemeinde beizutreten und später auch Meßdiener zu werden. John sen. und Crete leisteten erbitterten Widerstand und sagten schließlich, er habe zu wählen – zwischen ihnen und der Kirche. Cage rief sich die Mahnung Jesu ins Gedächtnis, Vater und Mutter zu lassen und ihm zu folgen. Er suchte den Geistlichen der Liberal Catholic Church auf, Reverend Tettemer, legte ihm das Ultimatum dar und verkündete, er habe sich für die Kirche entschieden. Tettemer riet ihm, er solle nach Hause gehen und kein Narr sein. »Religionen gibt es viele«, schimpfte er, »Vater und Mutter nur einmal.«

In jenem Jahr war Cage Redaktionsmitglied von *Le Flambeau*, der französischsprachigen Zeitung, die die Schüler monatlich herausbrachten. Er hielt die Abschiedsrede seiner Klasse und wurde, wegen seiner »Verdienste und Vorzüge an Wissen, Führung und Charakter«, von der Fakultät zum *Ephebian* ernannt. In der Schar der 408 Schulabsolventen war er, wie der um einige Jahrgänge ältere Kimmis Hendrick sich erinnert, »bestimmt unter den Brillantesten und Vielversprechendsten«, und er schloß mit dem besten Notendurchschnitt in der ganzen Geschichte der Schule ab. Das alles ist, wie sein frühes Interesse für Musik, erwähnenswert, sollte jedoch nicht überbewertet werden, weil vieles davon auch für manche seiner Altersgenossen gilt, von denen man seither nichts mehr gehört hat.

Cage bereitete eine Schulabschiedsrede über eßbare Pilze vor.

»Niemand von uns wußte damals irgend etwas über Pilze«, erinnert sich Kimmis Hendrick, »aber wir liebten alles Exotische.« Cage amüsierte sich sehr bei der Vorstellung, daß jeder seine Rede ernst nehmen würde. »Jeder wird denken, ich will mehr damit sagen, als ich sage!« sagte er lachend.

## III

Kurz vor seinem siebzehnten Geburtstag inskribierte sich Cage am Pomona College in Claremont, nordöstlich von Los Angeles. Seine Eltern waren entzückt; keiner von beiden hatte eine Collegeausbildung genossen. Pomona, gegründet 1888, wollte sich einen exklusiven Anstrich geben und nahm deshalb nur 750 Studenten jährlich auf (darunter auch Vladimir Ussachevsky, ein anderer künftiger Komponist). Die Studiengebühren, die dreihundert Dollar betrugen, waren gleich hoch wie die der Privatcolleges an der Ostküste.

Der in den Urkunden als Jonathan Cage verzeichnete Student bezog Wohnung in der West Sixth Street Nr. 347 in Claremont. Die Photographien aus dieser Zeit zeigen ihn als vitalen, selbstsicheren und – nichts Ungewöhnliches für sein Alter – recht narzißtischen jungen Mann. Es existieren keine schriftlichen Hinweise auf seine Teilnahme an irgendwelchen musikalischen Ereignissen oder Organisationen. Sicher ist jedoch, daß er die Bekanntschaft von Tamio Abe machte, einem japanischen Tennisspieler, der wegen einer Verletzung pausierte und einige Vorlesungen besuchte, um seine Rekonvaleszenz zu einem guten Zweck zu nutzen. Abe war in Beethovens Streichquartette vernarrt und besaß eine große Sammlung von Schallplatten, die er seinem Freund vorspielte. Es ist auch bekannt, daß Cage mit Don Sample zusammenarbeitete, um eine Ausstellung mit modernen Gemälden zustande zu bringen.

Trotz seines anfänglichen Mißerfolgs bei den Liberal Catholics hielt Cage in seinem ganzen ersten Studienjahr am Pomona College an der Absicht fest, Geistlicher zu werden. Im Laufe des zweiten änderte er die Richtung und beschloß, Schriftsteller zu werden. Er gewann den zweiten Preis in einem Schreibwettbewerb und schrieb sowohl Prosa als auch Gedichte. Er begann das Werk von Gertrude Stein zu lesen. Die Studentenzeitung beschrieb ihn als einen »prominenten Schriftsteller auf dem Campus«, und die Literaturzeitschrift des College, *Manuscript*, veröffentlichte in ihrer Ausgabe vom 10. Januar 1930 eine Kurzgeschichte von Jonathan Cage, *Der unbefleckte Medawering*, die sehr interessant ist in Hinsicht auf die entgegenkommende Ästhetik ihrer weiblichen Hauptfigur.

»Verlaine Medawering haßt leidenschaftlich jede Art von Schmutz. Wenn auch stark hingezogen zu der schönen Dorothy, weigert er sich doch, ein Sandwich mit ihr zu teilen, über das Fliegen gekrochen sind. Er schaudert vor ihrem jüngeren Bruder zurück, weil die klebrigen Finger des Jungen mit Schokolade beschmiert sind. Sie drängt ihn, Schönheit sogar in Büchern mit schmutzigen Einbänden und fleckigen Seiten zu sehen.«

Das Schreiben, sagte Cage später, war seine Reaktion auf einen ungerichteten schöpferischen Ausdrucksdrang. Es war ihm noch gar nicht eingefallen, daß er ja auch Musik schreiben konnte. »Wenn man die Neigung verspürt, etwas zu machen«, erklärte er, »ist Schreiben eine Weise, ohne andere Übung schöpferisch tätig zu sein.«

Hand in Hand mit dem Wandel seiner beruflichen Pläne ging ein Nachlassen seines Eifers. Im zweiten Semester jenes Jahres bekam er in all seinen Fächern mangelhafte Leistungen attestiert. Bestimmte Eintragungen in seinen Pomona-Akten lassen auf eine neuartige Aufsässigkeit schließen. Als Erstsemester hatte er seine Freizeit mit Schwimmen, Tennis und Reiten verbracht, im Sommer des Jahres 1928 war er mit Rucksack und Zelt unterwegs gewesen. Jetzt bestanden seine Hauptbetätigungen aus Stehlen, Schlafen und Reden, und den ganzen Sommer 1929 über »bewies ich lediglich, daß ich weder Charakter noch Willen, noch Rückgrat habe«.

»Mir ging es nicht anders als sehr vielen jungen Leuten«, erklärte Cage. »In unserer Erziehung werden tausend Dinge gestreift, aber wir werden nie dazu angehalten, uns in einer bestimmten Richtung vorzuarbeiten. Wenn ein Schüler gar die Neigung zeigt, sich auf eine einzige Sache zu konzentrieren, wird er gewöhnlich entmutigt.« Er war auch gründlich enttäuscht von dem, was ihm als ineffiziente, reglementierte Lehrmethodik erschien. Der Wendepunkt kam, als der Geschichtsprofessor der ganzen Klasse die Aufgabe gab, eine bestimmte Anzahl von Seiten eines Buches zu lesen. Cage war schockiert, als er sah (obwohl das nicht das erstemal gewesen sein kann), wie hundert Studenten in der Bibliothek Exemplare desselben Buches lasen. Das schien ihm offensichtlich ein falscher Weg. Um seine Beobachtung aus späteren Jahren zu paraphrasieren: Warum lasen die hundert Studenten nicht hundert verschiedene Bücher, um dann all ihr Wissen auszutauschen und einander zur Verfügung zu stellen? »Wir saßen da wie Verbrecher«, sagte er später voller Empörung, »gezwungen, dasselbe zu lesen.«

Anstatt sich der Herde anzuschließen, ging Cage ins Magazin der Bibliothek und las das erstbeste Buch eines Autors, dessen Name mit Z anfing – ein System antizipierend, das er Jahre später noch bewußter und produktiver anwenden sollte –, danach noch weitere Bücher, ausgesucht nach dem Zufallsprinzip, wobei er sich auf diese Weise in angemessener Zeit auf seine Prüfungen vorbereitete. Er bekam die beste Note. »Das überzeugte mich, daß die Anstalt nicht korrekt geführt wurde«, erzählt Cage. »Wenn ich etwas derart Perverses tun und damit durchkommen konnte, mußte das ganze System falsch sein.«

Cage entschloß sich, diesem System fortan keinerlei Aufmerksamkeit mehr zu schenken. Er ging dazu über, Prüfungsantworten im Stil von Gertrude Stein zu schreiben. »Ich bekam eine Eins für die erste und verpatzte die zweite«, erinnert er sich. »Danach verlor ich das Interesse an der ganzen Sache.« Der Akteneintrag für Juni 1930 lautet: »Kehrt voraussichtlich nicht zurück. Reise nach Europa.« Wie brachte er seine Eltern dazu, ihm die Reise zu finanzieren? »Ich sagte meiner Mutter und meinem Vater, daß für einen zukünftigen Schriftsteller eine Europareise viel sinnvoller sei als die Fortsetzung des Studiums.« So überredete er sie und trampte zuerst nach Galveston in Texas, wo er die Schiffspassage nach Frankreich buchte.

# Kapitel vier

## I

Der erste Ort, den Cage aufsuchte, war Paris. Was Cage dort hauptsächlich beschäftigte, war aber nicht die Schriftstellerei, sondern die Architektur. »Vor allen Dingen faszinierte mich die Gotik«, erinnert er sich. »Ich studierte die Flamboyantarchitektur des fünfzehnten Jahrhunderts.« Zu diesem Zweck frequentierte er die Bibliothèque Mazarin. Eine Zeitlang – seine Berichte schwanken zwischen sechs Wochen und mehreren Monaten – wartete er bereits vor der Öffnungszeit an der Tür und ging erst, wenn die Bibliothek geschlossen wurde.

Auf einem der Pariser Bahnhöfe traf er Jose Pijoan, einen seiner früheren Lehrer am Pomona College. Pijoan fragte ihn, was er in Paris mache; als Cage es ihm sagte, bekam er buchstäblich einen wütenden Tritt in den Hintern. Pijoan sagte ihm, er sei ein Narr, und er solle sich statt dessen lieber mit moderner Architektur beschäftigen. Es ist in der Tat überraschend, daß Cage sich in dieser Beziehung ganz auf das Mittelalter festgelegt hatte, während er in der Literatur neben Aischylos am liebsten Gertrude Stein mochte. »Geh morgen zu Goldfinger«, bellte Pijoan. »Ich werde es einrichten, daß du bei ihm arbeiten kannst. Er ist ein moderner Architekt.«

Ernö Goldfinger war nicht viel älter als Cage. 1902 in Budapest geboren, hatte er in der Schweiz und an der École Nationale et Supérieure des Beaux-Arts in Paris studiert. Das Architekturstudium basierte damals auf der Teilnahme an Werkstattseminaren anerkannter Praktiker. 1924 hatte Goldfinger sein eigenes Büro aufgemacht. (Von einem Praktikanten wurde Jahre später erzählt, seine Lehrzeit habe nur einen Vormittag gedauert: Er habe seinen Mantel nachgeschickt bekommen.) Goldfinger, eine stattliche und dominierende Erscheinung, gehörte zu der vielgestaltigen und innovativen Künstlerwelt des Paris der zwanziger Jahre. Zu seinen Freunden zählten einige der führenden Surrealisten, der Dadaist Marcel Duchamp und Helena Rubinstein.

Er schickte seinen Schützling an die Arbeit, die darin bestand, »die Maße von Räumen zu nehmen, die er modernisieren sollte, Telefonanrufe entgegenzunehmen und griechische Säulen zu zeichnen«. Das waren Aufgaben, wie sie von einem Studenten bewältigt werden konnten, der sonst nichts konnte; die Zeichnungen griechischer Säulenordnungen stellten darüber hinaus eine nützliche – wenn auch reichlich konservative – Übung dar für einen Möchtegernarchitekten.

Während seiner Zeit in Paris begann Cage sich für Malerei zu interessieren. Er studierte alte deutsche Kunst, Expressionismus und gegenstandslose Malerei und versuchte selbst etwas zu malen. Dann stellte ein anderer Collegegefährte ihn einer der einflußreichsten Frauen der musikalischen Welt von Paris vor, der Baronin d'Estournelles. Eines Abends wurde Cage gebeten, ihr eine Beethoven-Sonate vorzuspielen. Er spürte, daß seine Technik nicht ausreichte, um den ersten Satz in Angriff zu nehmen, bot aber erfreut an, das Andante zu spielen. Die Baronin erhob Einspruch gegen seine Bescheidenheit und sagte, er solle weiterspielen; sie lobte seinen Anschlag, als er geendet hatte. Dann stellte sie ihn Lazare Levy vor, dem führenden Klavierlehrer am Konservatorium. Cage wurde als Schüler akzeptiert, nahm aber nur eine oder zwei Stunden. »Ich merkte, daß sein Unterricht auf technische Vervollkommnung ausgerichtet war«, erzählte Cage. Das aber hatte ihn noch nie interessiert. Was Levy ihm jedoch bot, war eine Einführung in die Musik der Klassik. Cage bekam Freikarten für ein Bach-Festival. »Ich war davon wie betäubt«, erinnert er sich. »Es war ganz einfach schön.«

Auf eigene Initiative besuchte Cage ein Konzert mit moderner Klaviermusik, das, mit John Kirkpatrick als Solist, Werke von Strawinsky und Skrjabin bot. In einer Musikalienhandlung kaufte er sich einen Sammelband mit moderner Klaviermusik, *Das neue Klavierbuch*, dazu die *Préludes* von Skrjabin und die *Inventionen* von Bach, und übte intensiv.

Nach einem Monat Arbeit für Goldfinger hörte Cage zufällig mit an, wie dieser mit einigen Freundinnen sprach. Er sagte, für einen Architekten sei es unerläßlich, sein Leben ausschließlich der Architektur zu widmen. Seine Bauwerke seien eine direkte Widerspiegelung seines Temperaments. Für Goldfinger hatte der Schöpfer von Architektur ein Künstler zu sein, der in der Lage war, die technischen Möglichkeiten der Zeit zu ergreifen und sie den sozialen Erfordernissen entsprechend zu nutzen. Dazu war bedingungsloses Engagement erforderlich. Cage fühlte sich sehr zu anderen Dingen hingezogen – Poesie, Malerei und Musik; er spürte, daß er sein Leben nicht einer einzigen Disziplin verschreiben könne, und sagte das auch mit allem Ernst seinem Chef. Bald darauf verließ er das Atelier.

Er begann unter Heimweh zu leiden und versuchte es zu mildern, indem er Walt Whitmans *Grashalme* las. Seinen Eltern kündigte er brieflich an, er werde wieder heimkommen. »Sei kein Narr«, schrieb ihm Crete zurück. »Bleib so lange wie möglich in Europa. Nimm soviel Schönheit in Dich auf, wie Du kannst. Wahrscheinlich wirst Du so bald nicht wieder hinkommen.«

Nach sechs Monaten verließ Cage Paris – nicht in Richtung Heimat, sondern, einer Laune folgend, nach Capri – und beendete das Jahr 1931 mit einer ziellosen Reise, die ihn nach Biskra, Madrid, Berlin, Italien und Nordafrika führte. Er malte und schrieb Gedichte. »In Sevilla fühlte ich, daß ich mich an einem Wendepunkt befand, und ich spürte eine plötzliche Freude, als ich gewahr wurde, daß ich verschiedene Musikstücke gleichzeitig hören konnte.« Irgendwo auf dieser Reise – vielleicht auf Mallorca – hatte er ein Klavier zur Verfügung und versuchte sich zum erstenmal als Komponist: Er schrieb sehr kurze Stücke auf der Grundlage eines komplexen mathematischen Systems in der Nachfolge der strukturalen Ordnung Bachs. Cage glaubte jetzt, daß er nicht nur schreiben, sondern auch malen und komponieren und sogar tanzen konnte, und zwar alles ohne technische Vorkenntnisse. Durch den Kontakt mit moderner Kunst hatte er die Überzeugung gewonnen, daß er selbst all diese Dinge genauso gut könne wie die großen

Meister. »Bedauerlicherweise«, erinnert sich Cage, »hörten sich meine Eigenkompositionen für mich selbst ganz schrecklich an.« Er warf seine ersten Partituren weg, um nicht soviel Gepäck mitschleppen zu müssen.

## II

Im Herbst 1931 kehrte Cage nach anderthalb Jahren in Europa in die Vereinigten Staaten zurück. Er fuhr mit einem alten Ford über Land und kehrte ins Haus seiner Eltern zurück, in Pacific Palisades im Nordwesten von Los Angeles. Weiter schreibend und malend, arbeitete er eine neue Kompositionsmethode aus, indem er zu literarischen Texten improvisierte. Er vertonte experimentelle Arbeiten aus der Zeitschrift *transition*, Texte von Gertrude Stein und Chöre aus den *Persern* von Aischylos. Ebenso schrieb er eine *Allemande* und verarbeitete Verse aus dem Buch Ekklesiastes, Lieder, die bis in die späten achtziger Jahre als verloren galten. »Diese Kompositionen waren am Klavier improvisiert«, erklärt Cage, »und rasch aufgeschrieben worden, bevor sie in Vergessenheit gerieten. Stilistisch sind diese Lieder sozusagen Transkriptionen in repetitiver Sprache, auf repetitive Weise vertont.«

Cage begann sich in wachsendem Maße für die Musik Schönbergs zu interessieren. Schönberg, 1874 in Wien geboren, war als Musiker weitgehend Autodidakt. Seine zögernde Revolution erwuchs aus Errungenschaften der vorhergehenden Generation. Das tonale System, die Grundlage des abendländischen musikalischen Denkens seit dem siebzehnten Jahrhundert, war allgegenwärtig geworden, und manche Komponisten, insbesondere Brahms und Wagner, hatten Musik geschrieben, deren Harmonik und formale Neuerungen in die Gefahr gerieten, ihren Sinn zu verlieren.

Schönberg erkannte, daß die Grenzen der tonalen musikalischen Sprache sich in jeder erdenklichen Richtung so weit ausgedehnt hatten, daß sie die Möglichkeit von Kommunikation nicht mehr verbürgen konnte. Mit seinem Werk versuchte er sich an der Lösung des Problems.

Er entwickelte sich stilistisch in einer so raschen Gangart, wie sie viele andere Komponisten lebenslang nicht erreichen. Seine Versuche in der Tonsprache der alternden Romantik wichen Werken, die in wachsenden Zeitspannen fluktuierende oder aufgehobene Tonalität einbezogen. Tonale Konstellationen tauchten auf, wurden aber nicht ständig als Zentren umkreist. Um etwa 1908 erfolgte die »Emanzipation der Dissonanz«, was für Schönberg bedeutete, daß die Dissonanz für das musikalische Bewußtsein der Moderne ebenso *verständlich* war wie die Konsonanz. Damit hatte er in seinem Werk das tonale System überwunden.

Seit Anfang der zwanziger Jahre begann Schönberg diese Praxis in der sogenannten seriellen oder Zwölftonmusik zu systematisieren. Er nahm eine Grundgestalt – gewöhnlich ein melodisch geprägtes Bruchstück – und abstrahierte daraus eine Reihe, die alle zwölf Töne der chromatischen Tonleiter einbezog. Das war nicht als hegemonistischer Stil, sondern als Versuch gedacht, die bedrohten Funktionen der tonalen Harmonik zu ersetzen. Das Schema der in der Reihe verkörperten Intervallbeziehungen ersetzte die Tonalität als Grundlage der Einheit des Werkes, sogar dann, wenn es traditionellen kontrapunktischen Verfahren unterzogen wurde – Umkehrung, Krebs, Krebsumkehrung und Fragmentierung. Schönberg betonte immer wieder den Bezug seiner Kompositionen zur Tradition. Er schrieb, seiner eigenen Aussage nach, »Zwölfton-*Kompositionen*, nicht *Zwölfton*-Kompositionen«.

Als Schönberg noch in Europa war – wo er durch den wachsenden Einfluß der Nazis bald in Lebensgefahr geraten sollte –, stieß Cage auf den Namen Richard Buhlig, der in den Vereinigten Staaten die Erstaufführung der *Drei Klavierstücke*, op. 11, übernommen hatte, des ersten Werks Schönbergs, das der Tonalität vollständig abschwor. Cage schaute im Telephonbuch nach und sah, daß Buhlig in Los Angeles wohnte. Er rief an und fragte, ob er ihn besuchen dürfe, er sei an diesem Stück von Schönberg interessiert. Buhlig weigerte sich brüsk und hängte auf.

Im Vorjahr hatte Cage sen. sich eine Vorrichtung zum Schutz gegen Blitzschlag patentieren lassen. Ebenso arbeitete er an einem Dehydrierungsapparat, auf den er 1932 und 1938 Patente erwarb. Die Ölfirma, für die das Patent bestimmt war, benutzte es nie.

Angesichts finanzieller Schwierigkeiten gaben die Cages ihr Haus in Pacific Palisades auf und zogen in eine Wohnung in Los Angeles. Es war der Höhepunkt der Depression. Seit dem Schwarzen Freitag von 1929 fielen die Aktienkurse in schwindelerregende Tiefen. Im Laufe des Jahres 1931 meldeten 2298 Banken Konkurs an. Die einzige wachsende statistische Ziffer war die der Arbeitslosen, mit Gesamtzahlen von eineinhalb Millionen im Jahre 1929 bis fünf Millionen im Jahre 1930, neun Millionen 1931 und elf Millionen 1932.

Cage konnte sich keinen Konzertbesuch leisten. Er wurde Gärtner auf dem Gelände eines Motels in Santa Monica und arbeitete für eine Wohnung und einen großen Raum über einer Garage als Lohn, darüber hinaus als Gastkoch für exotische Festessen. Er beschloß, etwas Geld aus seiner Begeisterung für moderne Malerei und Musik zu schlagen, und ging von Haus zu Haus, um allen erreichbaren Santa-Monica-Hausfrauen Vorträge über moderne Kunst anzubieten, gehalten von ihm selbst, zehn Stück für zwei Dollar fünfzig. »Ich wollte nicht Professor werden, nur durchkommen«, erinnert sich Cage. »Ich erklärte den Hausfrauen, ich verstünde eigentlich nichts von diesen Themen, sei aber davon begeistert. Und ich versprach, mich so gewissenhaft vorzubereiten, daß ich jede Woche einen einstündigen Vortrag halten könnte.« Dank dieser Vorträge machte er die Bekanntschaft der Arensbergs, die eine große Sammlung von Werken Duchamps besaßen.

Die Vorträge fanden in dem großen Raum über der Garage statt. Trotz der verzweifelten wirtschaftlichen Lage kamen immer mehr als zwanzig Hausfrauen, die das Ganze zu seinem bisher profitabelsten Unternehmen machten. Jede Woche forschte und studierte er in der Public Library von Los Angeles. Er fand heraus, daß die anberaumten Termine einen hervorragenden Lernanreiz darstellten. »Auf diese Weise«, erinnert sich Cage, »brachte ich mir alles selbst bei, was auf diesen beiden Gebieten der modernen Kunst vor sich ging.« Damals begriff er auch, »daß Musik nicht eine Sache des Gefühls ist, sondern daß man sie konstruiert«.

Das Ergebnis dieser Vorträge war eine ausgeprägte Liebe für die Malerei von Mondrian und für die Musik von Schönberg. Was Cage an der Zwölftonmusik so reizvoll fand, war, »daß diese zwölf Töne alle gleich wichtig waren, daß keiner davon wichtiger war als ein anderer. Es ergab sich ein Prinzip, das man mit dem eigenen Leben in Beziehung setzen und akzeptieren konnte, während die Prinzipien des Neoklassizismus sich dazu nicht eigneten, sie hatten mit dem eigenen Leben nichts zu tun.«

Als Cage sich entschloß, über Schönberg zu reden, konnte er keinerlei Schallplattenaufnahmen finden, und mit Ausnahme des Menuetts aus der *Suite für Klavier*, op. 25, war die Musik für ihn zu schwierig zu spielen. Richard Buhlig fiel ihm ein; er nahm sich vor, ihn erneut um Hilfe anzugehen.

Als er um die Mittagszeit an Buhligs Tür klopfte, war niemand da. Er pflückte sich einen dünnen Ast von einem Baum, zupfte ein Blatt nach dem anderen ab und rätselte dabei: »Er wird heimkommen, er wird nicht heimkommen ...« Die Antwort dieses Orakels lautete stets, Buhlig werde heimkommen, und so wartete er weiter. Erst um Mitternacht tauchte Buhlig auf, und als Cage ihm sagte, wie lange er gewartet hatte, lud Buhlig den jungen Mann ein, hereinzukommen. Aber die Reaktion auf Cages Vorschlag, seinen bevorstehenden Vortrag über Schönberg mit Musikbeispielen zu illustrieren, bestand in einer unmißverständlichen Absage in gepflegtem Mittelklasse-Amerikanisch. Dennoch vereinbarten sie ein Treffen, denn Buhlig äußerte ein gewisses Interesse an Cages eigenen Kompositionen.

Irgendwie schaffte Cage seinen Schönberg-Vortrag. Kurz danach stand er am verabredeten Tag wieder vor Buhligs Tür – ein halbe Stunde zu früh. Buhlig öffnete und sagte: »Sie sind eine halbe Stunde zu früh. Kommen Sie zur richtigen Zeit wieder.« In seiner Tasche hatte Cage Bücher, die er in die Bibliothek zurückbringen mußte; also entschloß er sich, das in der Zwischenzeit zu erledigen. Als er wieder bei Buhlig anklopfte, war er eine halbe Stunde zu spät, und sein zukünftiger Lehrer reagierte wütend. Zwei Stunden lang belehrte er ihn über das »absolut fundamentale Wesen der Zeit«, besonders in der

Musik und ganz besonders für jeden, der ihr sein Leben widmen wollte.

In seinem Buch *Silence* erfährt man, daß Cage diese Belehrung in seiner ersten Unterrichtsstunde bei Buhlig zuteil wurde, während er in *Für die Vögel* einen anderen Zeitpunkt nennt. In keiner der beiden Darstellungen erfährt man etwas über seine gefühlsmäßige Reaktion auf diese Schimpftirade noch über ihre weitergehenden Wirkungen auf Pünktlichkeit und Arbeitsdisziplin (für die Cage heute so berühmt ist). Nur der Bezug zur Musik scheint wichtig. »Seither«, erinnert sich Cage, »habe ich die Zeit immer als die wesentliche Dimension aller Musik betrachtet.«

Buhlig sagte Cage, daß er Klavier unterrichte, nicht Komposition, daß er aber sein Bestes tun werde, ihm zu helfen. Nach Prüfung der ihm vorgelegten Stücke schlug er vor, daß Cage etwas über musikalische Struktur lerne. Die Stücke seien nicht wirklich komponiert, sagte er, denn es fehle ihnen der feste strukturelle Rahmen. Er empfahl ihm Ebenezer Prouts Lehrbücher über Harmonie und musikalische Form. Darüber hinaus stellte er ihm eine seiner Schülerinnen vor, Grete Sultan, die bereits bei Edwin Fischer und Claudio Arrau studiert hatte; Cage und Grete Sultan sollten sehr viel später zusammenarbeiten, zuerst 1956 und, bedeutend enger, seit Mitte der siebziger Jahre. »Buhlig war ein wunderbarer, kultivierter Mensch«, erinnert sich Cage, »er brachte mir viel bei.«

Im Jahre 1933 versuchte Cage Geld zu verdienen, indem er Aufträge für Recherchen annahm. »Ich übernahm Bibliotheksaufträge«, erinnert er sich, »entweder für meinen Vater oder für andere Leute – Leute, die sich für das Amt des Gouverneurs bewarben, die irgendwelche Informationen haben wollten oder was immer.« Crete hatte ein auf Kommissionsbasis arbeitendes Kunsthandwerksgeschäft eröffnet, um Künstlern die Möglichkeit zu geben, ihre Arbeiten zu verkaufen; manchmal stand auch Cage hinter dem Ladentisch. In ruhigen Stunden komponierte er im Hinterzimmer des Geschäfts.

Eines Tages kam eine junge Frau herein, groß, dünn, mit einer auffallenden Adlernase. »Es war Liebe auf den ersten Blick, nicht bei ihr, wohl aber bei mir«, erzählt er. »In dem

Augenblick, als ich sie sah, war ich auch schon überzeugt davon, daß wir heiraten würden.« Er fragte, ob er ihr behilflich sein könne. Sie sagte, sie brauche keine Hilfe gleich welcher Art. Er zog sich an seinen Tisch zu seinen Noten zurück; die junge Frau schaute sich eine Zeitlang um und verschwand dann wieder. Er war sicher, daß sie wiederkommen würde.

Als sie tatsächlich wiederkam, hatte sich Cage bereits sorgfältig zurechtgelegt, was er ihr sagen wollte; er bat sie, abends mit ihm essen zu gehen. Ihr Name war, wie sich herausstellte, Xenia. Xenia Andreevna Kashevaroff kam aus Juneau, Alaska, und war eine von sechs quecksilbrigen Töchtern von Andrew Petrovitch Kashevaroff (1863–1940), einem orthodoxen russischen Priester. Er war Bibliothekar an der Alaska Territorial Library, Kurator des Museums und ein geschätzter Schriftsteller über lokale Themen. Als Xenia ein Kind war, gründete sie mit Freunden einen Club mit einer einzigen Regel: keinerlei Dummheit. Jetzt studierte sie Kunst am Reed College.

Eingedenk seines ersten Eindrucks ergriff Cage die Gelegenheit, die das Abendessen bot, beim Schopf und bat Xenia um ihre Hand. »Es brachte sie etwas aus der Fassung«, erinnert er sich, »und sie sagte, sie brauche Bedenkzeit.«

Zwischen März und Mai des Jahres 1933 arbeitete Cage an einer Klarinettensonate. Buhlig schlug ihm vor, das Stück an die Zeitschrift *New Music Quarterly* zu schicken, um die Chancen einer Veröffentlichung zu sondieren. Ihr Herausgeber war Henry Cowell, ein Mann, den Buhlig sehr respektierte, ein waghalsiger Komponist und reich an Kontakten, was moderne Musik betraf. Seine *New Musical Resources* waren 1930 vom Verlag Knopf veröffentlicht worden; sein bekanntestes Werk ist *Banshee*, die erste Komposition, in der Klänge von direkt angeschlagenen und gezupften Klaviersaiten benutzt werden. Er gab im Dezember 1929 ein Konzert am Pomona College, wenn es auch keinerlei Anhaltspunkt gibt, daß Cage sein Konzert besuchte.

Cowell bot nicht an, die Sonate zu veröffentlichen, ermöglichte jedoch eine Aufführung bei einem seiner Konzerte in San Francisco. Cage trampte hin und kam am Nachmittag des Aufführungstages an. Er mußte entdecken, daß der Klarinettist sich die Noten erst am selben Tage angeschaut hatte und nach einem flüchtigen Blick darauf zu der Ansicht gekommen war, das Ganze sei unspielbar. Cage spielte das Stück daraufhin selbst auf dem Klavier vor. Weiteren Anstoß erregte es, als Cage es dem Soloklarinettisten des Los Angeles Philharmonic Orchestra zeigte. »Das ist doch keine Art zu komponieren«, sagte er und empfahl Cage statt dessen, wie Mozart zu komponieren.

In den folgenden Monaten entwickelte Cage ein Kompositionsverfahren, bei dem er chromatische Tonleitern in zwei Lagen benutzte; er verwendete es in seiner *Sonata for Two Voices*, die in Santa Monica entstand und Buhlig gewidmet wurde. Die Instrumentierung bzw. Besetzung ist nicht wichtig, vorausgesetzt, die Angaben für die Tonumfänge werden beachtet; sie kann, wenn gewünscht, nach jedem Doppeltakt variiert werden. Die obere Oktave der tieferen Stimme ist dieselbe wie die untere Oktave der hohen. Cage führte die Regel ein, daß keine Tonhöhe innerhalb der gemeinsamen Oktave wiederholt werden durfte, wenn nicht wenigstens elf andere Tonhöhen vorgekommen waren; keine Tonhöhe in jeder der beiden anderen Oktaven durfte wiederholt werden, bevor nicht alle fünfundzwanzig Töne ihres jeweiligen zweioktavigen chromatischen Bereichs erklungen waren.

Diese Technik weist einige Ähnlichkeit mit Schönbergs Reihenschema auf; aber das ist doch weitgehend eine oberflächliche Ähnlichkeit. Es mag sich eher um eine Wiederaufnahme früherer Versuche einer mathematischen Komposition gehandelt haben. Denn Cages Methode ähnelt hier einem zu lösenden Puzzlespiel, sie erwuchs nicht aus einer lange währenden Beschaftigung mit Atonalität, wie es bei Schönbergs Kompositionen der Fall war. Diese ganze Phase im musikalischen Schaffen von Cage ist sehr intellektuell, das heißt, eher intellektuell als intuitiv. Das soll nicht heißen, daß intellektuelle Arbeit uninspiriert und kalt sein muß; alle Methoden erwachsen aus genauer Prüfung und häufig aus dem besten Wissen ihres Urhebers. Die hier angewandte Fünfundzwanzigtonmethode mit ihrer quasimathematischen Leitstruktur ist jedoch gerade im Lichte von Cages späterer Entwicklung interessant.

Die *Sonata for Clarinet* steht in gewisser Hinsicht dem Verfahren Schönbergs näher. Während der erste und der letzte Satz einen weniger rigorosen Versuch in der Fünfundzwanzigtontechnik darstellt, wobei die Tonhöhen des einen das rückläufige Pendant des anderen bilden, benutzt der kurze Mittelsatz eine Zwölftonreihe, die vorgestellt, umgekehrt und von rückwärts gespielt wird; die rückläufige Form wird mit leichten Veränderungen wiederholt, gefolgt von einer entfernt verwandten Zwölftonreihe und einer rückläufigen Umkehrung.

Anfang 1934 zog Cage nach Carmel auf der Halbinsel Monterey. Ursprünglich eine Missionssiedlung, war Carmel von den ersten Jahren des zwanzigsten Jahrhunderts an von Dichtern und Schriftstellern wie Upton Sinclair, Mary Austin, Robinson Jeffers, Jack London und Sinclair Lewis, aber auch von Aktivisten der politischen Linken und Lebenskünstlern bevölkert worden.

Wie immer knapp bei Kasse, suchte Cage im Wald nach Erdbeeren; was er fand, waren Pilze. Er nahm sie mit in die Bibliothek, verglich sie mit Abbildungen in Pilzbüchern, um sicherzugehen, daß sie eßbar waren. Pilze wurden sein Hauptnahrungsmittel. Aber obwohl sie ihn satt machten, konnten sie seinen Bedarf an Nährstoffen doch nicht vollständig abdecken. Die Folge war, daß er hin und wieder unter Schwächeanfällen litt.

Cage verdiente sich einen kärglichen Lebensunterhalt mit Geschirrspülen und Gemüseputzen in den Blue Bird Tearooms an der Ocean Avenue. Für einen Zwölfstundentag erhielt er einen Dollar. »Ich spülte alles Geschirr, die ganzen Töpfe und Pfannen«, erinnert er sich, »schrubbte den Fußboden und säuberte und zerkleinerte das Gemüse, beispielsweise ganze Stiegen von Spinat; und wenn die Besitzerin vorbeikam und mich müßig herumstehen sah, schickte sie mich auf den Hof hinaus, um Holz zu spalten.« Das einzig Gute war, daß er mehrfach täglich umsonst ein Steak essen konnte.

Einmal sollte ein berühmter Konzertpianist einen Soloabend im Sunset Auditorium bestreiten, und Cage entledigte sich seiner Pflichten so rasch wie möglich, um die Aufführung nicht zu verpassen. Der Zufall wollte es, daß er einen Sitzplatz unmittelbar neben der Besitzerin der Blue Bird Tearooms bekam, die mit ihrer Tochter hergekommen war. Cage sagte ihnen guten Abend. »Sie schaute weg und flüsterte mit ihrer Tochter«, erzählt er. »Und beide standen auf und verließen den Saal.« Es war nicht das erstemal, daß er mit sozialer Hochnäsigkeit konfrontiert wurde. Er erinnert sich, schon früher einer Stellung als Anwaltsgehilfe verlustig gegangen zu sein, weil er seinen Vorgesetzten eingeladen hatte, ihn in ein Konzert zu begleiten.

Seine Aktivitäten spiegelten die Themen seiner früheren Vorträge vor den Hausfrauen wider. Er schrieb eine Menge Musik; während der Zeit in Carmel beendete er am 7. März 1934 sein *Solo with Obbligato Accompaniment* und am 5. April die dazugehörenden *Six Short Inventions*. Dann zog er nach Ojai nordwestlich von Los Angeles um, wo er die *Composition for Three Voices* schrieb. Das *Solo* benutzt eine Vielzahl von rhythmischen Kanons; die *Composition* erweitert die Fünfundzwanzigtontechnik der *Sonata for Two Voices* durch dreizehn Töne von d bis d', die von allen drei Stimmen erreicht werden. Die Stimmen durchlaufen ihre jeweiligen Gruppen von fünfundzwanzig Tonhöhen bei nur gelegentlichen Vorwegnahmen und Überkreuzungen. Cage versucht den möglichen Zusammenfall von Tonhöhen dadurch zu vermeiden, daß er sie gleichmäßig über die Takte verteilt. Manche Reihen werden als Motive mit Transpositionen und kleineren rhythmischen Abwandlungen benutzt.

Ebenso begeistert, wie er komponierte, malte er auch, und zwar das, was er später als »verstohlene Blicke auf die Landschaft« bezeichnete – Landschaften, die den Einfluß von van Gogh erkennen ließen. Dann befaßte er sich vorrangig mit der Darstellung der Reflexe auf gekrümmten Oberflächen wie etwa Autoscheinwerfern – wobei er einfache Formen malte, beispielsweise das Spiegelbild von Gebäuden, die durch die optische Brechung auf vielfältige Weise entstellt wurden. Als nächstes experimentierte Cage mit abstrakten Formen. »Was mich damals interessierte«, berichtet er, »war der sehr dünne Auftrag von Ölfarbe auf Leinwand, und zwar nicht mit dem Pinsel, sondern mit Stahlwolle, so daß ich das Bild gewissermaßen auf die Leinwand rieb.« Er konnte sich nicht entscheiden zwischen

Malerei und Musik, obwohl er die Notwendigkeit der Entscheidung einsah; Gounod und auch Schönberg hatten gemalt, aber zuerst und vor allem waren sie Komponisten.

Cage zeigte seine Arbeiten den Leuten, die er respektierte; seine Gemälde zeigte er Galka Scheyer – der Malerin und Sammlerin, die die Künstler des Blauen Reiters von München in die Vereinigten Staaten geholt hatte – und Walter Arensberg, der eine große, von dem Dadaisten Marcel Duchamp zusammengetragene Sammlung besaß.

Die Hörer seiner Musik ermutigten ihn mehr als die Betrachter seiner Bilder. Wie abschreckend die Aufführung der *Clarinet Sonata* auch gewesen sein mochte, die Partitur hatte Henry Cowell doch so sehr interessiert, daß er Cage vorschlug, ein Semester lang bei ihm zu studieren. Buhlig war sich mittlerweile darüber klargeworden, daß er Cage keine große Hilfe mehr sein konnte. »Als ich Cage zuerst begegnete, und zwar um 1932«, schrieb Cowell später, »komponierte er merkwürdige kleine Klavierstücke mit einem ungewöhnlichen Gespür für das Klangbild, das von seltsamen tonalen Kombinationen erzeugt wurde. Er studierte dissonanten Kontrapunkt und Komposition bei mir in Kalifornien.« Dieses Interesse von Cowell war ein weiterer starker Anreiz für Cage, sein Leben künftig der Musik zu widmen, eher jedenfalls als der Architektur oder bildenden Kunst.

»Henry Cowell schaute sich meine Arbeiten an«, erinnert sich Cage, »und meinte, daß von allen lebenden Meistern nur Schönberg für mich in Frage käme.« Viele Komponisten haben Cage beeindruckt; Grieg in seiner Jugend und jetzt Cowell, später dann Varèse, Satie, Ives und zeitweilig Boulez. Zu dieser Zeit aber gab es für ihn und seine Generation nur eine Alternative: Schönberg oder Strawinsky. »In den dreißiger Jahren haben wir Bartók nicht ernst genommen«, stellte Cage fest. »Wir hielten Strawinsky und Schönberg für die Vertreter der einzigen beiden Richtungen, die man legitimerweise einschlagen konnte.« Cowells Vorschlag bestätigte Cages eigene Neigung. Da seine musikalische Ausbildung beträchtliche Lücken aufwies, schlug Cowell vor, er solle zunächst in New York bei Adolph Weiss studieren. Als das Frühjahr 1934 seinem Ende entgegenging, trampte Cage auf einem Güterzug in Richtung Osten.

## III

Trotz seines deutsch klingenden Namens war Adolph Weiss 1891 in Baltimore geboren worden und von 1924 bis 1927 der erste gebürtige Amerikaner gewesen, der bei Arnold Schönberg studiert hatte. Er war einer der bahnbrechenden Erforscher der formalen oder numerischen Dimensionen des Serialismus, dessen Experimente auch die Niederschrift von Musik in Zahlenreihen umfaßten, die dann in Noten transkribiert wurden.

Während Schönberg sehr darum besorgt war, daß alles, was er geschrieben hatte, auch aufgeführt wurde, wurde sehr wenig von Weiss' Musik je gespielt. »Infolgedessen war er auch ein so verbitterter, schlechtgelaunter Mensch«, sagt Cage. »Ich wußte genau, daß ich so nicht werden wollte.« Vielleicht auch in bezug auf diese Erfahrung sagte Cage später, daß man eine Komposition nie für abgeschlossen halten sollte, bevor man sie nicht gehört habe. Als die Jahre vergingen und Cages Arbeiten mit zunehmender Aufmerksamkeit aufgenommen wurden, erregte das Weiss' Zorn, »einfach deshalb, weil ich berühmt wurde. Er war sich sicher, daß ich in gewisser Weise unredlich war, weil er sein ganzes Leben lang immer redlich gewesen war und nie berühmt wurde.«

Auch Henry Cowell war in New York und lehrte an der New School für Social Research die Fächer Moderne Harmonielehre, Musik der Völker der Erde und zeitgenössische Musik. Cage wurde sein Assistent, was ihn davon befreite, Studiengebühren bei Cowell zu entrichten.

Cage wohnte in billigen möblierten Zimmern und übernahm »einen ziemlich wichtigen Job als Wandanstreicher beim Christlichen Verein Junger Frauen in Brooklyn«. An vielen Tagen war er allerdings lediglich mit der Lektüre der alten Zeitungen beschäftigt, die er zum Schutz der Böden verwendete. Die Lächerlichkeit dieser Tätigkeit wurde noch dadurch gesteigert, daß man immer beschäftigt aussehen mußte, wenn der Hausmeister zufällig vorbeikam.

Einmal wurde Cage des Voyeurismus bezichtigt. Das Personal sah vor dem Betreten eines Raumes durchs Schlüsselloch: Wenn der Schlüssel des Insassen nicht von der Innenseite her steckte, durften sie annehmen, der Raum sei leer, und eintreten. Cage wurde zum Leiter gerufen und mußte sich anhören, er habe eine Dame durchs Schlüsselloch beobachtet. Lebhaft beteuerte er seine Unschuld. Der Leiter sprach ihn frei – die Dame war als notorische Lügnerin bekannt.

Abends spielte Cage Bridge mit Mr. und Mrs. Weiss, manchmal auch mit Cowell, zu anderen Zeiten mit dem amerikanischen Symphoniker Wallingford Riegger. Um Mitternacht hörten sie auf. Aber wie spät er auch zu Bett gehen mochte, Cage stand um vier Uhr morgens auf und bereitete bis acht Uhr das Pensum vor, das er für den täglichen Unterricht bei Weiss zu absolvieren hatte. Im letztmöglichen Augenblick sprang er in die U-Bahn, um nach Brooklyn zu fahren. »Ich sah jeden Morgen dieselben Leute im selben Wagen«, erzählt er. »Auch sie hatten sich alle in der letzten Minute auf den Weg gemacht, und wie ich konnten sie ihren Job nicht ausstehen.« Zurückgekehrt nach Manhattan, aß er etwas, studierte Harmonielehre und Komposition bei Weiss und spielte dann wieder Bridge bis Mitternacht. Cage verbrachte etwas mehr als ein Jahr in New York; dann ging er zurück an die Westküste, zu Schönberg.

# Kapitel fünf

## I

Schönberg wohnte in North Rockingham in einem dunklen Haus im spanischen Stil. Im Rückblick sagte Cage: »Er war nicht sehr groß und hatte, was seine Kleidung anbetraf, einen ziemlich schlechten Geschmack. Er war nahezu kahl und machte einen ruhelosen Eindruck.« Er hatte keinen Flügel zu Hause, nur ein Klavier. Zu seinen Tennispartnern zählten George Gershwin und die Marx Brothers.

Nachdem sich Cage einmal für Schönberg als Lehrer entschieden hatte – eine rätselhafte Wahl, wie zunehmend deutlich werden wird –, wurde das Studium bei Schönberg für ihn ungemein interessant. In einer aufschlußreichen Beobachtung, die er William Duckworth mitteilte, konstatierte Cage dieses Grundmuster der Lehrerwahl in seinem Leben: »Ich habe nicht bei irgend jemandem Musik studiert; ich habe bei Schönberg studiert ... Ich bin immer, soweit es nur ging, zum Chef der Firma gegangen.«

Als sie einander zum erstenmal begegneten, sagte Schönberg zu Cage: »Womöglich können Sie sich meine Preise gar nicht leisten.« Cage sagte, er brauche ihm die Preise gar nicht zu nennen, er habe absolut kein Geld. Schönberg fragte ihn, ob er sein Leben der Musik widmen wolle. Und Cage sagte ja – ein Versprechen, das er seither immer wieder vor Augen gehabt hat. »In diesem Falle«, schloß Schönberg, »werde ich Sie umsonst unterrichten.«

Der Zeitverlauf von Cages Studium bei Schönberg ist nicht klar. Sicherlich begann es nicht 1933, wie Cage einst behauptete. Und es ist auch nicht wahrscheinlich, daß Cage im Herbst 1934 zu Schönberg kam, wie Calvin Tomkins vermutet. David Nicholls hat nachgewiesen, daß Schönberg am 31. Oktober

1934 in Amerika ankam, aber erst elf Monate später von Boston nach Hollywood umzog. Seine These ist, daß Cage im Mai 1935 nach Kalifornien zurückkehrte und im Juni oder Juli Schönbergs Kurs an der University of Southern California belegte.

Wesen und Ausmaß ihrer Beziehung ist nicht dokumentiert. Hans Keller, ein englischer, aus Australien stammender Musiker und Kritiker, ging sogar so weit, Cages »Phantasien über einen Unterricht bei Schönberg« mit herber Kritik zurückzuweisen. »Solange Schönberg lebte, hörten wir nichts von einem Studium von Cage bei ihm«, schrieb Keller, »Schönberg hätte ihn gar nicht angenommen. Was immer er bei Schönberg tat, er kam nie zum Studium bei ihm.« David Nicholls verbürgt sich für Cages Besuch des sechswöchigen USC-Kurses; Stuckenschmidts Schönberg-Biographie erwähnt, daß Cage den Sommerkurs belegte. Daß Schönberg Cage unterrichtete, ist nicht notwendigerweise bemerkenswert. Stuckenschmidt berichtet, daß er in Wien nur die vielversprechendsten Schüler annahm, während er sich in den Vereinigten Staaten – und besonders in Kalifornien, wohin er hauptsächlich seiner Gesundheit wegen gezogen war – durchaus nicht immer das Beste herauspicken konnte und oft Kurse für Anfänger zu geben hatte. Cages eigener Bericht lautet folgendermaßen: »Ich studierte Kontrapunkt bei ihm zu Hause und besuchte alle seine Kurse an der USC und, nachdem er umgezogen war, an der UCLA. Ich hatte auch einen Harmonielehrekurs bei ihm belegt.« Einer dieser Kurse wurde, Cage zufolge, nur von drei oder vier Studenten besucht.

»Schönberg war ein großartiger Lehrer. Er vermittelte immer den Eindruck, uns mit den musikalischen Prinzipien vertraut zu machen«, erinnert sich Cage. »Meiner Ansicht nach war er ein außergewöhnlicher Mensch.« Immer wieder erzählt er: »Ich betete ihn im wahrsten Sinne des Wortes an.«

»Bei ihm zu studieren bedeutete, wirklich zu glauben, was er zu sagen hatte«, berichtet Cage weiter. »Es bedeutete nicht, sich mit ihm auseinanderzusetzen, wie das so viele Collegestudenten mit ihren Lehrern tun, die sie sich möglicherweise gar nicht ausgesucht haben ... Der einzige Grund dafür, daß ich zum Studium bei Schönberg ging, war der, daß ich an das glaubte, was er zu sagen hatte.«

So entschieden war das Parteigängertum Cages für Schönberg, daß er, als anläßlich eines Konzerts mit Werken von Strawinsky, dessen Musik als die des »größten lebenden Komponisten der Welt« angekündigt wurde, empört ins Büro des Konzertagenten marschierte und ihm erklärte, er solle doch besser zweimal nachdenken, bevor er solche Behauptungen in ebender Stadt aufstellte, in der Schönberg lebte.

Cage erinnert sich einer Gelegenheit, als Schönberg die Studenten seines Harmonielehrekurses mit einem kontrapunktischen Problem an die Wandtafel schickte, bei dem ihr üblicher Cantus firmus benutzt wurde, nämlich C D F E D C. Jeder Student präsentierte seine Lösung, Schönberg prüfte sie und bat um weitere. Nachdem Cage neun Lösungen geboten hatte, sagte er, wenn auch etwas unsicher, mehr Lösungen gebe es nicht. »Auch das ist richtig«, antwortete sein Lehrer und fragte dann: »Welches Prinzip liegt allen diesen Lösungen zugrunde?« Cage war sprachlos und brachte keine Antwort heraus. Die Frage blieb ungelöst, und jahrzehntelang kam er nicht auf die Antwort. Diese Episode ließ ihn Schönberg nur noch mehr bewundern als vorher; »er stieg einfach in meiner Achtung«, erinnerte sich Cage.

Die Unterrichtsmethoden Schönbergs waren autoritär und völlig mitleidlos. Wie Cage erzählte, »hielt er seine Studenten in der Situation ständigen Versagens«. Einmal brachte er einer Studentin ein Klavierstück bei. Sie erhob Einwände und sagte, das sei zu schwierig für sie. Er fragte sie, ob sie Pianistin sei, was sie bejahte. »Dann setzen Sie sich ans Klavier«, bellte Schönberg. Sie tat es und sagte, sie werde das Stück langsam spielen, um Fehler zu vermeiden. »Spielen Sie es im richtigen Tempo und machen Sie keine Fehler!« befahl er. Sie begann. Alsbald unterbrach er sie und wies darauf hin, daß sie Fehler machte. Sie begann erneut. »Sie spielen es nicht schnell genug«, bemerkte Schönberg. Sie unternahm noch mehrere Versuche und wurde jedesmal unterbrochen. Schließlich brach das Mädchen in Tränen aus und erklärte schluchzend, sie habe sich gerade an diesem Morgen einen Zahn ziehen lassen müssen.

Schönberg sagte: »Müssen Sie denn zum Zahnarzt gehen, um Fehler zu machen?«

Unaufhörlich beklagte sich Schönberg darüber, daß keiner seiner Schüler genug ordentliche Arbeit leistete. Wenn ein Student seine Regeln befolgte, fragte er ihn, warum er sich nicht etwas mehr Freiheit herausnehme; wenn einer sie jedoch nicht allzu genau nahm, bekam er zu hören, warum er sie nicht befolge. Einmal fragte er den Studenten Gerard Strang, warum er die Regeln gebrochen habe, worauf Strang erwiderte: »Ich wollte sehen, was Sie dazu sagen.« Schönberg gab zurück: »Warum befolgen Sie nicht die Regeln und sehen, was ich dazu sage?« Bei einer anderen Gelegenheit geriet er über die geringe Produktivität einer Studentin in Harnisch und bat die Gruppe zu entscheiden, ob sie vom Unterricht ausgeschlossen werden sollte. Er schickte sie hinaus, drehte sich um, als sie den Raum verließ, und sagte mit einem charmanten Lächeln: »Natürlich behalten wir sie!«

Schönberg schaute sich Cages Kompositionen nie an. Als Cage ihm einmal ein langes Fugenthema präsentierte, bestand der einzige Kommentar, den Schönberg abgab, darin, ihm anzuraten, es sich für seine erste Symphonie aufzusparen. Alle Kommentare, die Cage zu den Arbeiten seiner Mitschüler abgab, machte Schönberg lächerlich. Als Cage versuchte, ihn über die Zwölftontechnik auszufragen, die Schönberg nie zum Unterrichtsthema machte, sagte er: »Das geht Sie nichts an.« Erst Jahre später sollte Cage ein gutes Wort von Schönberg über sich berichtet bekommen. Peter Yates erzählte ihm, er habe Schönberg einmal gefragt, ob irgendeiner seiner Schüler in Amerika interessant gewesen sei. In einem Brief hatte Schönberg ihm, unter anderen, Lou Harrison genannt, aber nicht Cage. Die erste Antwort auf Yates' Frage war die, es gebe keine; dann aber hatte er gelächelt und Cage erwähnt, aber hinzugefügt: »Natürlich ist er kein Komponist, sondern ein Erfinder – ein genialer Erfinder.«

## II

Während Cage in New York studierte, hatte Xenia die Vorzüge seines Heiratsangebotes durchdacht und sich dann für ihn entschieden. Sie heirateten in Yuma, knapp hinter der Grenze zu Arizona, in der Nähe der Wüste, um fünf Uhr morgens an einem sonnigen Vormittag, dem 7. Juni 1935. Zuerst wohnte das Paar bei seinen Eltern. Im Jahre 1937 hatten sie dann eine eigene Wohnung, Walcott Way Nr. 1916 in East Hollywood. Die Ehe sollte zehn Jahre halten.

In den Monaten vor der Hochzeit war Cage so produktiv gewesen wie gewöhnlich und hatte die *Three Pieces for Flute Duet,* das Soloklavierstück *Quest* und *Two Pieces* für Klavier geschrieben. Die *Two Pieces* ähneln den Arbeiten, die er vor seiner Zeit in New York fertiggestellt hatte, und zwar insofern, als er als Alteration nur Erniedrigungszeichen benutzt und alle Bezeichnungen für Phrasierung und Dynamik wegläßt. Sie sind jedoch auf andere Weise konstruiert, indem sie die Zwölftonreihe als Quelle für ein begrenztes Repertoire kleiner Motive benutzen. Diese Motive werden gleich zu Beginn präsentiert und nicht transponiert oder rhythmisch verändert – ein Verfahren, das entweder den Willen zu Selbstbeschränkung, Organisation statt Freiheit und eine neue Strenge oder das Mißlingen organischen Schaffens vermuten läßt. Durch Wiederholung, und manchmal auch durch Ostinati, entsteht ein Werk, das, wie Paul Griffith anmerkt, »absolut nichts mit anderer in den dreißiger Jahren des zwanzigsten Jahrhunderts komponierter serieller Musik zu tun hat«.

Bezeichnenderweise schrieb Cage auch ein nahezu zwanzig Minuten langes *Quartet* für unspezifiziertes Schlagzeug. Nach der Erstaufführung sagte Crete: »Mir hat es gefallen, aber wo willst du all das denn aufstellen?« Es war der Anfang einer langen Phase von Arbeiten für Schlagzeug. Was Cage bewogen haben mag, dieses Quartett zu schreiben, ist nicht deutlich; das Werk steht dem Lehrer, den er verehrte, geistig sehr fern und hat mehr mit den Arbeiten einer Reihe weniger bekannter Künstler zu tun. Im Jahrzehnt von 1910 bis 1920 hatten die Futuristen in ihren Schriften, Gemälden und Kompositionen die

Dynamik mechanischer Prozesse gefeiert. Filippo Marinetti, das Oberhaupt der Gruppe (vor allem deshalb, weil er das obligate Manifest geschrieben hatte), war ein Stückeschreiber und Dichter, der Klänge im experimentellen Sinne benutzte. Luigi Russolo schuf eine »Geräuschkunst« mit Lärmmaschinen eigener Erfindung. Cage kann durchaus Bekanntschaft mit den Werken dieses oder jenes Futuristen geschlossen haben, als er in Europa war, obwohl er nie irgendeine Kenntnis von ihnen oder irgendeine spezielle Dankesschuld hat erkennen lassen. Weiter war da George Antheil, den Cage kurz getroffen hatte und dessen *Ballet mécanique* eine Reihe von Industriegeräuschen einbezieht. Edgar Varèse war 1935 auf dem Weg nach Amerika und brachte seine packende *Ionisation* (1931) für dreizehn Schlagzeuger mit. Andere Komponisten ohne greifbare Beziehung zur europäischen Musik hatten unabhängig davon begonnen, die Dimensionen des Schlagzeugs zu erkunden, beispielsweise Amadeo Roldán und, in Stücken wie *Toccata*, Carlos Chávez. Cowells Neoprimitivismus zielte ebenfalls in diese Richtung.

Ein weiterer denkbarer Anstoß ist die Kenntnis der Verwendung von Schlagzeug in anderen Kulturen: die Musik der Karibik; die Gamelanmusik, die Cage in Cowells Kursen kennengelernt haben kann; und die balinesische Musik im besonderen, über die Colin McPhee 1935 in *Modern Music* referierte.

Während in der Vergangenheit ein Komponist hauptsächlich aus den Quellen der musikalischen Kultur des eigenen Landes schöpfte, gehörte Cage zur ersten Generation von Künstlern, die sich auch den Einflüssen fremder Kulturen aussetzten, wenn auch die tiefere Verbundenheit mit solchen Welten zwangsläufig fehlte. Das zeigt sich an Cages Stücken für Schlagzeug. Verschiedene Einflüsse aus ganz verschiedenen kulturellen Zusammenhängen regten seinen Erfindergeist an.

In dieser seiner ersten Erkundung von Schlaginstrumenten und der Reichweite der dabei eingesetzten Mittel sehen wir den ersten deutlichen Beweis für sein Bemühen um Originalität. »Ich hatte Cowells *New Musical Resources* und ... *The Theory of Rhythm* gelesen. Ebenso hatte ich Chávez' *Towards a New*

*Music* gelesen«, erinnert sich Cage. »Beide Bücher vermittelten mir das Gefühl, daß alles, was die Musik an Möglichkeiten bot, bereits erreicht worden war. Also war ich der Meinung, ich würde nie irgendwelche gesellschaftlich wichtige Musik komponieren können. Nur wenn ich in der Lage wäre, irgend etwas Neues zu *erfinden*, wäre ich für die Gesellschaft nützlich. Aber das war damals ganz unwahrscheinlich.«

Galka Scheyer, die Cage hinsichtlich seiner visuellen Arbeiten um Rat gefragt hatte, bevor er New York verließ, fand das *Quartet* interessant. Sie stellte ihn Oscar (auch Oskar) Fischinger vor. Es war damals noch immer die Frühzeit des Tonfilms, und Fischinger machte abstrakte Filme als Begleitung zu Musik. Bevor er mit Cage zusammentraf, hatte er populäre Klassiker wie die *Ungarischen Tänze* von Brahms benutzt. Galka Scheyer glaubte, es sei für beide gut, wenn sie zusammenarbeiteten. Fischinger beauftragte Cage also, die Musik zu einem seiner Filme zu schreiben, und um Cage mit der Art und Weise, wie sie hergestellt wurden, vertraut zu machen, stellte er ihn als seinen Assistenten an. »Ich bewegte verschiedenfarbige an Drähten aufgehängte Pappkartons. Ich hatte eine lange Stange mit einer Hühnerfeder, die ich bewegte und dann wieder still hielt«, erzählte Cage. »Ich durfte mich nicht mehr bewegen – er saß mit der Kamera in einem Lehnstuhl –, dann drückte er auf den Knopf, und dann kam die nächste Einstellung. Am Ende war es ein schöner Film, in dem alle diese Vierecke, Dreiecke, Kreise und anderen Dinge sich bewegten und ihre Farbe wechselten.«

Eines Tages, mitten in der Arbeit, vertraute Fischinger Cage an: »Alles in der Welt hat seinen eigenen Geist, und dieser Geist wird hörbar, wenn man ihn in Schwingung versetzt.« »Das brachte mich auf Trab«, erinnert sich Cage. »Er setzte mich auf die Fährte der Erkundung der Welt um mich herum, die seither kein Ende gefunden hat – mit Schlagen und Strecken, Kratzen und Reiben an allem nur möglichen.« Cages Begeisterung für etwas, was ein anderer als recht wunderliches und folgenloses Ansinnen aufgegeben haben würde, ist wohl nicht nur eine Bestätigung seiner Vorliebe fürs Experiment, sondern auch ein erster Hinweis auf seine Auffassung der spirituellen

Dimensionen der Musik – die allerdings ihrem Wesen nach mit der Sinnlichkeit der Alltagswelt verbunden ist. »Ich war kein Spiritist«, sagte Cage, »aber ich begann alles, was ich sah, zu beklopfen.«

Unter dem Einfluß von Fischinger bereitete Cage ein neues Schlagzeugwerk vor. Das *Trio* verlangt nur eine recht schmale Palette von Schlaghölzern, schmal besonders im Vergleich zu älteren Schlagzeugwerken anderer Komponisten: Holzstöcke und Bambusstäbe von abgestufter Länge, Tom-Toms, Baßtrommeln. Bei der Aufführung, so Cage, tut man gut daran, die verschiedenen Spieler mit ihren Instrumenten und Hölzern räumlich zu trennen; unklar ist, ob dieser charakteristische Vorschlag aus der Zeit der Komposition des Stückes stammt oder aus späteren Jahren.

Xenias Interesse an handwerklicher Arbeit bewog sie, eine Lehre bei Hazel Dreis zu machen, einer Buchbinderin (»Es war eine richtige Handbuchbinderei, keine Maschinenwerkstatt«, wie Cage einst emphatisch betonte), die bei Lawrence de Coverley in London studiert hatte, und Cage begann bei dieser Gelegenheit zu lernen, wie man Bucheinbände entwirft. Hazel Dreis besaß ein großes Haus, in dem auch ihre Lehrlinge wohnten. Die Cages zogen dort ein. Abends wurden die Lehrlinge Musiker, die Cages Schlagzeugkompositionen spielten, so wie er sie niederschrieb. Die Arbeit mit diesen ungeschulten Laien zog er der mit ausgebildeten Musikern vor – zu frisch war die Erinnerung an jenen Klarinettisten, der seine *Sonata* als unspielbar bezeichnet hatte.

Cage versichert, es sei nicht nur Experimentierlust, sondern auch Armut gewesen, die ihn dazu bewog, sich seine Instrumente vom Schrottplatz zu holen. »Jeder«, sagte er von den Mitbewohnern in Hazel Dreis' Haus, »war arm wie eine Kirchenmaus.« Um sich ein kleines Zubrot zu verdienen, unternahm er wieder Recherchen, diesmal für Rechtsanwälte der Gegend, die ihm monatlich etwa fünfzig Dollar eintrugen und ihn damit zu der einzigen Person machten, die, abgesehen von Hazel Dreis, etwas Geld ins Haus brachte. Alle Obstbäume, die auf die Gehsteige von Santa Monica hinausragten, wurden als Gemeinschaftseigentum betrachtet und im Sommer leergepflückt. Cage durchkämmte die Trödelläden der Gegend und kaufte Bremstrommeln, Radkappen und Bettfedern, die sich als Schlaginstrumente verwenden ließen; ebenso benutzte er Küchengeräte und die Holzblöcke, die Bestandteile von Hazel Dreis' Buchbinderwerkstatt waren.

Aus seinem Studium bei Schönberg zog er nun immer weniger Nutzen. Merkwürdig und aufschlußreich ist, daß ein seinem Wesen nach so amerikanischer moderner experimenteller Komponist sich der strengen Obhut dieses europäischsten aller europäischen Lehrer verschrieben hatte – es gab andere, mit denen er hätte zusammenarbeiten können, die seiner eigenen Arbeitsweise näherstanden. Worin Cage und Schönberg jenseits aller Differenzen in der Methode jedoch übereinstimmten, war die Klarheit und Ernsthaftigkeit ihres Bemühens. »Ich stehe zu meinem Werk, immer, unbeugsam«, schrieb Schönberg. Im Unterricht nahm er eine Notengruppe und sagte: »Das machte Bach mit diesen vier Noten, Beethoven das, Brahms das und Schönberg« – in der dritten Person – »dies!« Cage glaubt, diese Einstellung ererbt zu haben. Wie oft sich sein Kompositionsstil auch geändert haben mag, jede Wandlung wurde nur vollzogen, wenn sie absolut notwendig schien.

In anderer Hinsicht waren Cage und Schönberg weit voneinander entfernt. Als Cage ermuntert wurde, Außenseiter aufzutreiben, die seine Schlagzeugkonzerte besuchten und Gefallen daran fanden, bat er auch Schönberg, doch einmal vorbeizukommen und die Buchbinder in Aktion zu hören. »Ach, ein Konzert?« antwortete Schönberg mit unergründlichem Gesicht. »Ich habe an dem Abend keine Zeit.« Cage erbot sich, in der folgenden Woche ein Konzert zu arrangieren. »Nein«, antwortete sein Lehrer, »ich werde an keinem Abend Zeit haben.«

Ihre pädagogische Beziehung wurde von handgreiflicheren Schwierigkeiten getrübt als Schönbergs mangelndem Interesse an der Arbeit seines Schülers. Die traditionellen musikalischen Fähigkeiten von Cage waren, wie wir gesehen haben, von unterschiedlicher Qualität. Er hatte einen »schönen Anschlag«, aber »keine Stimme«. Jahre später erzählte Cage: »Als ich Tante Phoebe das letztemal sah, sagte sie: ›Du bist auf dem falschen Dampfer‹.« Ein bestimmter Mangel war es, der den Graben zwischen Cage und Schönberg tiefer machte. »Uns beiden wurde klar«, erinnert sich Cage, »daß ich kein Gespür für Harmonik hatte.« Für Schönberg war harmonisches Gespür die Voraussetzung, um Komponist werden zu können, er begriff Harmonik nicht nur als koloristische Akkordbildung, sondern als die zentrale strukturbildende Kraft eines musikalischen Werkes. Ohne dieses Gefühl für Harmonik, warnte Schönberg, würden Cages kompositorische Bemühungen immer zum Scheitern verurteilt sein. Es würde sein, als ob er mit dem Kopf durch die Wand zu rennen versuchte. Eingedenk seines Versprechens, sein Leben der Musik zu widmen, antwortete ihm Cage: »In diesem Falle will ich mein Leben darauf verwenden, mir den Kopf an dieser Wand einzurennen.«

»Es kann sein«, sagte er rückblickend, »daß ich genau das seither getan habe.« Ein Jahrzehnt nach jenem Gespräch schrieb Cage, Schönbergs Warnung klinge für ihn wie die seiner Großmutter, »wenn sie sagte, ich müßte noch einmal geboren werden. Das mag richtig oder falsch gewesen sein, jedenfalls hatte es nichts mit dem zu schaffen, was ich tat.« Ob nun – im Sinne Schönbergs – blind oder taub für Harmonik oder nicht, mit den Jahren entwickelte Cage strukturbildende Mittel auf anderer Grundlage und mit anderem Zentrum, und zu gegebener Zeit umging er die traditionellen Bedeutungen und Funktionen von Struktur insgesamt, indem er diesen für einen westlichen Komponisten wahrscheinlich schwerwiegenden Mangel in einen Vorteil für sich ummünzte.

»Ich hatte bei Weiss Harmonielehre studiert, ohne Gefallen daran zu finden oder irgendeine natürliche Neigung, sie zu gebrauchen«, notierte Cage um 1940. »Der Grund, daß ich kein Interesse dafür aufbringen konnte«, fuhr er fort, »war der, daß die ganze Harmonielehre nichts zum *Geräusch* zu sagen hatte.« Cage »sah die Veröffentlichung von Schlagzeugkompositionen in *New Music*, hörte Schönberg sie Unsinn nennen und zweifelte, ob das Unsinn war«.

Das Ende kam, als Schönberg vor einer großen Gruppe von Studenten der University of Southern California verkündete: »Mein Ziel, wenn ich Sie unterrichte, liegt darin, es Ihnen unmöglich zu machen, Musik zu komponieren.« Die anderen

Studenten faßten seine Worte eher als hilfreich denn verheerend auf, weil sie eine derart hohe Meinung von ihm hatten. Cage dagegen lehnte sich innerlich dagegen auf – weniger gegen Schönbergs Worte als gegen seine Person, obwohl er nicht laut protestierte. Unverdrossen hielt er sich an sein gegebenes Versprechen, sein Leben der Musik zu widmen; und sehr bald schon ging es ohne seinen Lehrer weiter.

## III

Wie Cage sich bereits bewußt zu werden begann, war der Mangel an Gemeinsamkeiten mit Schönberg nur die Spitze eines Eisbergs. Immer öfter erntete er abfälliges Unverständnis von Leuten, die sich Musiker nannten. In wachsendem Maße spürte er, daß die Musik die trägste und reaktionärste aller Künste war. Jetzt, da er sich erst richtig auf die Musik zu konzentrieren begann, waren es in zunehmendem Maß die Maler und Tänzer, die seinem Werk zum Durchbruch verhalfen.

Vom Wintersemester 1937 an war Cage Assistent an der UCLA-Grundschule; als Begleiter spielte er Bartók, Copland, Hindemith und Skrjabin. Ebenso bot er Schlagzeugunterricht an der UCLA an und wurde Mitglied der Training School Faculty in Westwood. Eine einflußreiche Bezugsperson für die Tänzer, denen er hier begegnete, war Martha Graham. Wie sie interessierten sich viele Tänzer für neue Musik, die sie für ihre Darbietungen auch in Auftrag gaben. Cage improvisierte am Klavier bei den Übungsstunden einer Modern-Dance-Truppe und begann bald darauf, Schlagzeugstücke für sie zu komponieren.

Dann wurde er gebeten, für das jährliche Wasserballett des Schwimmteams der UCLA etwas zu komponieren. Er war der Meinung, unter Wasser könnten die Schwimmer keine Musik hören. Um bestimmte Zeitzeichen zu geben, verfiel er darauf, einen Gong ins Wasser zu hängen. Als er ihn ausprobierte, fand er heraus, daß das Untertauchen den Klangbereich progressiv verkleinerte und der Klang an Tonhöhe einbüßte. Dieser Effekt entzückte Cage so, daß er ihn in vielen späteren Kompositionen wiederverwendete, auch in solchen, die in keinerlei Zusammenhang mit einem Wasserballett standen.

Im Sommersemester 1938 tat Cage sich mit Tante Phoebe zusammen und bot an der UCLA einen Kurs an mit dem Titel »Musikalische Begleitung für rhythmischen Ausdruck«. Er fand statt vom 25. Januar bis zum 10. März jeweils dienstags von vier bis sechs Uhr nachmittags; fünfzehn Dienstage für zwölf Dollar. Die Schüler wurden ermutigt, mit allen Arten von Schallquellen zu experimentieren – mit Luftballons, die mit nassen Fingern gerieben oder mit Reis gefüllt und geschüttelt wurden, oder mit Heizkörpern, die mit Reifen angeschlagen wurden. Cage entfernte den Deckel seines Klaviers und schlug die Saiten mit verschiedenen Gegenständen an.

Im Sommer hatte er eine Stelle als Lehrer – dank einer Empfehlung von Cowell, der Cage einen Besuch bei Lou Harrison in San Francisco vorgeschlagen hatte. Lou Harrison unterrichtete am nahegelegenen Mills College und holte auch Cage an seine Fakultät. Im Vertrauen auf seine UCLA-Erfahrungen komponierte Cage nun Musik für die Choreographin Marian van Tuyl. Es war ein aufregender und produktiver Sommer, denn drei der anerkanntesten zeitgenössischen Tanztruppen und einige der Glanzlichter der Chicago School of Design waren gleichzeitig an der Fakultät, unter den letzteren György Kepes und László Moholy-Nagy. Die Collegepräsidentin, Aurelia Henry Reinhardt, war eine Anhängerin von Gertrude Stein. Im Juli machte Cage die Bekanntschaft der Frau von George Antheil, die die Möglichkeit eines Briefwechsels mit Antheil eröffnete.

Einmal reiste Cage nach San Francisco, und es wurden ihm an einem Tag vier Aufträge angeboten. Er wählte den Auftrag von Bonnie Bird, die früher der Truppe von Martha Graham angehört hatte und jetzt an der Cornish School in Seattle lehrte.

# Kapitel sechs

## I

Nellie Centennial Cornish (1876–1956) hatte 1911 die Cornish School of Music in Seattle gegründet; sieben Jahre später war die Schule in ein neues Gebäude an der Ecke Harvard Avenue South und East Roy Street umgezogen, mit einem Anbau, der damals die Radiostation und heute eine Töpferwerkstatt beherbergt. Cage schätzte besonders die von Nellie Cornish vertretene Auffassung, die Schüler sollten sich nicht spezialisieren, sondern in jedem angebotenen Fach etwas lernen.

Bonnie Bird wurde im Jahr der Schulgründung geboren. 1938, einige Monate vor Cages Ankunft in Seattle, hatte sie geheiratet. Cage wurde ihr ständiger Komponist und Klavierbegleiter in ihren Kursen. Er begann bald, ein Schlagzeugorchester aufzubauen.

Unter den Kollegen, mit denen Cage an der Cornish School zusammentraf, waren Doris Dennison, die Dalcroze-Eurhythmie unterrichtete, und eine außergewöhnliche schwarze Tänzerin namens Syvilla Fort. Syvilla Fort wohnte in Seattle und hatte die Prüfungen an der Cornish School schon absolviert, sie besuchte aber weiterhin die von Bonnie Bird angebotenen Kurse und verdiente sich die Studiengebühren durch Arbeit als Mannequin.

Es war das Zusammentreffen mit einem anderen Tänzer, das zu weitreichenden Wirkungen in Cages Leben führen sollte, nämlich mit Merce Cunningham. Cunningham wurde am 16. April 1919 in Centralia, Washington, als jüngster von zwei Söhnen geboren. Der Vater arbeitete gern im Garten; die Mutter hatte amüsanterweise denselben herben und beherrschenden Habitus im Umgang mit Männern wie Cages Mutter Crete. Der junge Merce bekam seine ersten Tanzstunden im Alter von zehn

Jahren zu Hause. Als er zwölf Jahre alt war, lernte er Step- und Gesellschaftstanz bei Maude Leon Barrett; mit ihr und ihrer Tochter Marjorie ging er Mitte der dreißiger Jahre an der Westküste auf Tourneen. Mrs. Barrett pflegte zu sagen, sie stehe mit einem Fuß im Grabe und hüpfe auf dem anderen, um draußen zu bleiben. Nach seinem High-School-Abschluß studierte er ein Jahr in Washington, D.C., ging dann nach Seattle und schrieb sich an der Cornish School ein, anfangs als Schauspielschüler, später, nachdem er in eine der Klassen von Bonnie Bird übergewechselt war, als Eleve im Fachbereich Tanz, wo er auch seine erste Choreographie vorbereitete.

Cage ermutigte die Studenten in seiner Tanz- und Kompositionsklasse, sich für ihre Tänze die Musik selbst zu schreiben. Viele Tänzer spielten auch in seinem Schlagzeugorchester. Das erste Schlagzeugkonzert in Seattle war für den 9. Dezember anberaumt.

## II

Unter denen, die das Plakat mit der Konzertankündigung sahen, war auch Morris Graves. Graves sollte sich später als ewiges Enfant terrible in königlichen Kreisen bewegen, damals war er nur einer von vielen Künstlern im Raum Seattle, unbekannt, aber extravagant und überspannt im Auftreten. Schnell entschlossen nahm er sich vor, Cages Konzert zu besuchen – um sich darüber lustig zu machen. Er erschien mit einem großen Sack voller Erdnüsse, einer Lorgnette mit Puppenaugen anstelle der Gläser und einer ganzen Schar von Anhängern. Jedermann bereitete sich auf Ärger vor. Eine gewisse Mrs. Beck äußerte angesichts seiner maßlosen Anstalten: »Wenn Graves irgendwelchen Ärger macht, werft ihn raus.«

Seinen Erwartungen zum Trotz wurde Graves gewahr, daß ihm die Musik gefiel. Gegen Ende des dritten Satzes von Cages *Quartet* rief er begeistert: »Jesus allenthalben!« Die Männer in seiner Umgebung, die das für das erwartete Zeichen hielten, ergriffen ihn, hoben ihn hoch und legten ihn dann im Mittelgang ab. Da erblickte Graves den ausladenden Busen von

Mrs. Beck, der über ihm dräute. Es sprach ihre Silhouette. »Ich bin Mrs. Beck.« »Guten Abend, Mrs. Beck«, antwortete Graves. Mrs. Beck sagte den Männern, sie sollten ihn in den Innenhof werfen. Wieder frei – und von den raschen Trommelwirbeln des Schlußsatzes von *Quartet* begleitet –, begann sich Graves unverzüglich in Marsch zu setzen. »Sein Tanz«, so Mrs. Beck später, »war sehr graziös.«

Am nächsten Tag bat Graves um Aufnahme in Cages Orchester. Später wohnten Graves, Xenia und Cage auf derselben Etage einer Mietskaserne. Das Ehepaar hatte drei Zimmer, Graves wohnte in einem Zimmer am anderen Ende des Korridors. Cage hatte sich kürzlich ein Exemplar von Joyce' eben erst veröffentlichtem *Finnegans Wake* gekauft und las das Kapitel »Der Aumvaise und der Gnadshoffer« laut vor, um sie alle drei damit zu unterhalten.

»Zwei Meter lang, der Kopf ein Wirbelwind«, sagte Cage später über Graves. Graves besaß einen alten Ford, aus dem er alle Sitze entfernt und durch einen Tisch mit Stühlen ersetzt hatte, so daß der Wagen zu einem kleinen möblierten Zimmer geworden war. »Eines Tages fuhr er bei einer Imbißbude vor«, erzählt Cage in *A Year from Monday*, »öffnete die Tür und rollte einen roten Teppich auf dem Gehsteig aus.« Dann schritt Graves über den Teppich, betrat die Imbißbude und bestellte etwas zu essen, einen Hamburger oder ein Salatsandwich. »Eine Menschenmenge strömte zusammen in der Erwartung, daß irgend etwas Merkwürdiges passieren würde. Aber alles, was Graves tat, war folgendes: Er aß sein Sandwich, bezahlte die Rechnung, ging zum Wagen zurück, rollte den Teppich zusammen, stieg ein und fuhr davon.«

»Ein andermal«, erzahlt Cage, »füllte er einen Kinderwagen mit Steinen und machte mit Schnüren einen Anhänger aus Zahnbürsten dazu. Das Ganze schob er in die Stadt hinunter bis zum Olympic-Hotel und weiter bis in dessen Hauptspeisesaal. Dann wählte er einen Tisch, legte einen Stein auf jeden Stuhl bis auf einen, setzte sich und bestellte sein Abendessen.«

Während ihres Aufenthaltes in Seattle arrangierten Xenia und Cage in der Schule eine Ausstellung handgebundener Bücher. Kurz darauf betrieben sie eine Ausstellung von Bildern Alexej von Jawlenskys – die von Galka Scheyer zum erstenmal in Amerika präsentiert wurden. Auch Graves malte und stellte in der Schule aus.

Ein anderer Maler, dessen Bekanntschaft Cage damals machte, war Mark Tobey (gest. 1976). Ihr enger Kontakt beschränkte sich auf eine kurze Zeit, aber als beide in Seattle wohnten, trafen sie sich häufig. »Tobey«, sagte Cage, »hatte großen Einfluß auf meine Sichtweise.«

Er bewunderte die Komplexität von Tobeys Arbeiten und die diffuse Art der Aufmerksamkeit, die sie erforderten. Das Wichtigste aber, worauf Tobey ihn hinwies, war die Bedeutung der alltäglichen Dinge. Cage hat mehrfach von einem Spaziergang erzählt, den er mit Tobey und einigen anderen Freunden unternahm, von der Cornish School zu einem japanischen Restaurant, in dem sie essen wollten. Normalerweise ein Weg von einer dreiviertel Stunde, dauerte der Weg diesmal mehrere Stunden. »Fortgesetzt blieb er (Tobey) stehen, um überall irgend etwas Überraschendes in Augenschein zu nehmen – an einer Barackenwand oder in einer Lücke zwischen Dingen oder Gebäuden ... was wir, wenn wir so gingen, normalerweise gar nicht wahrnahmen, und sein Blick verwandelte alles unverzüglich in ein Kunstwerk. Er war auf das kleinste Detail aufmerksam. Für ihn war alles lebendig. Er hatte ein außergewöhnliches Gespür für die Präsenz der Dinge.« Cage war begeistert und überrascht. »Es war das erstemal, daß ein anderer mir eine Lektion in unvoreingenommenem Sehen erteilte, jemand, der das, was er sah, nicht mit etwas verglich, was er vorher gesehen hatte.«

Einige Jahre später, nachdem er in New York heimisch geworden war, besuchte Cage eine Ausstellung in der Willard Gallery – wo schon sehr früh Werke von Tobey und Graves hingen. Als er an einer Kreuzung der Madison Avenue auf den Bus wartete, wurde er gewahr, daß das Betrachten des Straßenpflasters zu seinen Füßen eine ebenso bereichernde Erfahrung war wie die weißen Bilder Tobeys, die er sich gerade angeschaut hatte. Es war eine bestimmte Art von Aufmerksamkeit, die in späteren Jahren für Cages Ästhetik sehr bedeutsam werden sollte. Beim Warten auf den Bus entstand:

»ich schaute zufällig auf das Muster des Straßenpflasters,
Auf dem ich stand; ich sah
keinen UnteRschied zwischen dem
Betrachten von Kunst und dem Schauen
anderswohin«

## III

Das erhaltene Werk von Cage bis zum Ende der dreißiger Jahre ist stilistisch deutlich ausgeprägt; es verlangt in punkto rhythmische Komplexität und Struktur nach einem Kommentar.

Das erste Jahrzehnt seiner kompositorischen Arbeit stellt einen qualitativ bedeutsamen Durchlauf durch die Geschichte rhythmischer Komplexität dar – zu einer Zeit, da die abendländische Musik sich aus einer längeren Phase der Vernachlässigung rhythmischer Elemente löste. Genauere Nachprüfung lehrt, daß etwa die Musik des späten Mittelalters eine hochkomplexe Rhythmik benutzte, nicht etwa deshalb, weil alle mittelalterlichen Musiker Virtuosen waren, sondern weil die Rhythmusauffassung eher auf additiver als auf durch Teilung entstandener Metrik beruhte. Die Avantgarde der Mitte des zwanzigsten Jahrhunderts brachte Musik hervor, deren Rhythmik die Grenzen von Notation und Technik – und damit auch von Wahrnehmbarkeit – erreichte und überdies von den jeweils handelnden Personen der Aufführung mitbestimmt wurde. Die Klavierstücke von Karlheinz Stockhausen und Pierre Boulez sind die wichtigsten Beispiele für dieses Phänomen. In den achtziger Jahren folgten ihnen in England die Komponisten der »new complexity« wie Brian Ferneyhough und Richard Barrett. Zwischen 1500 und 1950 lag eine lange Phase rhythmisch wenig herausfordernden Komponierens, die in Europa durch die ungleichartigen, barbarischen Rhythmen Strawinskys und in Amerika durch Komponisten wie Charles Ives beendet wurde. Gardner Read weist darauf hin, daß die erste Notierung von Quintolen um 1870 auftaucht, ungefähr zur gleichen Zeit wie der erste Gebrauch von 5/4-Takten.

In einem solchen Kontext wirkt die rhythmische Komplexität

von Cages frühem Werk gewagt, ohne doch bemerkenswert zu sein. Seine wirklichen rhythmischen Neuerungen sollten erst noch kommen, wie wir sehen werden; Stücke wie *Music of Changes* und *Water Music* sind für den Begriff von Rhythmus und Notierung ebensolche Herausforderungen wie für den Ausführenden.

Bemerkenswert war Cage in den dreißiger Jahren als Meister der Schlagzeugkomposition. In der klassischen Musik hatte der Schlagzeuger immer als der arme Vetter des Orchesters gegolten, dessen Rolle darin bestand, Akzente zu setzen, weshalb er hauptsächlich die Fähigkeit entwickeln mußte, endlose Strecken von *tacet*-Pausen durchzuzählen. Cage war einer der ersten, der für ein Ensemble aus lauter Schlagzeugern schrieb, und es ist bemerkenswert, daß seine Mitwirkenden weder in Santa Monica noch in Seattle ausgebildete Musiker waren.

Fischinger hatte Cage einen beinahe mystischen Respekt vor allen Klängen gelehrt. Dazu kam, daß Cage immer schon Sympathie empfunden hatte für den unschuldigen Underdog. Wenn die musikalischen Regeln Geräusche ausschlossen, so war eben eine Musik aus Geräuschen geboten. »Alle Klänge sind in der Musik sinnvoll«, sagte er einem Reporter, »wenn sie in der Musik vorkommen.« Er war der Meinung, Komponisten sollten »jene Gebiete von Klängen absuchen, die bisher noch nicht als musiktauglich betrachtet worden sind«.

Diese Vorliebe für Geräusche im Gegensatz zu genau definierten Tönen paßte gut zu seinem Mangel an Handwerk und Harmoniegefühl. Sie drängte ihn zum Experimentieren mit ganz andersartigen Prinzipien der musikalischen Struktur. In seinem *Trio* beispielsweise benutzte er Motive und Pausen von gleicher Länge, die in seinem kompositorischen Material kreisförmig angeordnet wurden. Das Stück entwickelte sich dadurch, daß sich eines der Motive im Kreis nach vorn oder rückwärts auffächerte. Klanglich, strukturell und motivisch sind die auf diese Weise geschriebenen Stücke äußerst elementar. Die Motive sind einfach, und die Struktur erlaubt weder Komplexität noch Spielraum für Abweichungen; sie wird entweder erfüllt und befolgt oder nicht. Kaum entwickelt, ließ Cage diese Techniken wieder fallen.

In seiner Präsentation von *Credo*, im Jahre 1937, äußerte Cage einen weiteren neuartigen Gedanken: »Während es in der Vergangenheit hauptsächlich um den Widerspruch von Dissonanz und Konsonanz gegangen ist, wird es in der unmittelbaren Zukunft um den Widerspruch zwischen Geräuschen und sogenannten musikalischen Klängen gehen.« Die praktischen Folgen dieser Idee blieben unklar.

Aber er entwarf einen dritten bahnbrechenden Gedanken, der zur strukturalen Grundlage seiner Musik des nächsten Jahrzehnts werden sollte. Die offensichtliche Basis der Strukturierung von Musik für Schlagzeug war die Dauer. Cage entwarf ein System, das er »mikro-makrokosmische rhythmische Struktur« nannte und in dem die kleinen Kompositionseinheiten zu den großen im Verhältnis gleicher zeitlicher Länge standen wie die großen zum Ganzen. »Die großen Kompositionseinheiten«, formulierte er einst, »hatten dieselben Proportionen wie die Phrasen einer einzigen Einheit.« »Man konnte«, fährt er fort, »die Struktur zu Beginn einführen, indem man sie betonte, und dann zu weitgehenden Variationen übergehen.«

Paul Griffith hat verschiedene Vorläufer von Cages Verfahren ausfindig gemacht: ironischerweise im Werk von Strawinsky – in Stücken wie *Les Noces* und *Le Sacre du printemps* – und in Antheils *Ballet mécanique*. Colin McPhees numerische Transkription der Ostinato-Tonhöhen in balinesischer Musik kann Cage auf den Gedanken eines analogen Prozesses in der Rhythmik gebracht haben, genau wie er später Zahlenkolonnen von Satie als Beweis dafür herangezogen hat, daß Satie sie als rhythmische Struktur benutzt hat. Cage bringt sein Verfahren in Beziehung zu seiner Arbeit mit Tänzern, weil Zeitdauer der gemeinsame Nenner von Geräusch und Bewegung ist; sein neues strukturbildendes Mittel erleichterte ihm das Schreiben von Kompositionen für Tänzer.

In dem Sinne, wie Cage es entwickelt, bietet das System keinen regelmäßigen, metrischen Pulsschlag, der wie ein Vordergrund für die Klänge funktioniert. Statt dessen gibt es das ohne Betonungen und Akzente behandelte Zeit-Maß, das immer mehr als ein Raum-Maß erscheint. Es gibt wenig Variation in der Zeit-Gestaltung, damit die mathematischen Proportionsverhältnisse einfach bleiben. Cage sagte damals: »In meiner Musik gibt es nichts von diesem *bumm*, bumm, bumm ... ein Takt wird strikt als ein Maß von Zeit genommen – kein *eins*, zwei, drei, vier –, das ich mit verschiedenen Klängen fülle.« Später erklärte er: »Es war nicht die rhythmische Struktur, mit der ich mich beschäftigte, sondern die Phraseologie und die Beziehung der Teile zueinander.«

Dieser Typus von Struktur ist der Feind jeder Art von Selbstausdruck durch Musik. Wenn Selbstausdruck für Cage beim Komponieren ausschlaggebend gewesen wäre, hätte er sich wahrscheinlich nicht in der Richtung entwickelt, die er tatsächlich einschlug. Während für den Erfinder der seriellen Musik die Technik »kein anderes Ziel hatte als Verständlichkeit« und letzten Endes den Versuch darstellte, Kommunikation möglich zu machen, war der Formalismus der Serie für Cage genau so weit attraktiv, wie er musikalische Kommunikation ausschloß. Natürlich findet Kommunikation statt, aber mit der Musik, nicht mit dem Medium als Objekt; nicht durch Musik, sondern mit ihr. Dieses Ziel wird auch durch seine eingeschränkte Klangfarbenpalette ersichtlich. Calvin Tomkins schreibt, daß Cage durch seine Arbeit mit Tänzern dazu bewogen wurde, in Übereinstimmung mit einer äußeren Struktur zu komponieren, die durch die bereits choreographierten und zeitlich abgesteckten Bewegungen festgelegt war.

Da Cages strukturbildende Mittel eher auf Zeit als auf Harmonik beruhten, konnten sie durch alle möglichen Klänge, gleichgültig ob Geräusche oder Töne mit definierter Höhe, artikuliert werden, aber auch durch Stille. Stille ist das schwächste Element der Musik. Klänge dauern eine bestimmte Zeit, haben einen Ort im Raum und eine gewisse Dynamik, Klangfarbe und Tonlage, wenn nicht sogar definierbare Tonhöhe; während Stille nur als Dauer definiert werden kann.

Die Komponisten haben die Stille im allgemeinen ebenso benutzt wie das Schlagzeug: nämlich um ihrer emphatischen oder dramatischen Funktion willen. (Bei Beethoven beispielsweise unterstützt die Stille gewöhnlich die Klänge, auf die sie folgt, und hebt sie hervor.) Ein Großteil der Musik spiegelt nur die anerkannten Ideen ihrer Zeit. Die Angst des Westens vor der Leere läßt sich auch an dem armseligen Gebrauch von Stille als bloßem Komma vor dem Taktbeginn ablesen. »Merkwürdigerweise«, sagte Cage 1958, »weiß das Zwölftonsystem nichts von der Null.« Neu war es, Stille hervorzuheben und sie dadurch mit einem unabhängigen Wert auszustatten, sie nicht nur als Ergänzung von Klängen zu nutzen. Anton Weberns Instrumentalmusik seit 1908 wies in diese Richtung. Der Futurist Marinetti war ein Meister der Stille und bezog in *I silenzi parlano fra di loro* und *Battaglia di ritmi* Pausen von acht und vierzig Sekunden bzw. bis zu drei Minuten ein.

In New York, noch vor der eigentlichen Entwicklung seiner rhythmischen Struktur, neigte Cage dazu, Klang und Stille gleich zu behandeln, was Weiss Anlaß gab, sich zu beklagen, weil Cage, kaum hatte er begonnen, »auch schon zu Ende war mit dem Stück«. In Arbeiten wie dem *Duet for Two Flutes*, sagte Cage, »führe ich Stille immer gleich unmittelbar nach dem Anfang ein, wo jeder Komponist, der alle fünf Sinne beisammenhat, dick auftragen würde ... Ich wurde dünner und dünner.« Wie Calvin Tomkins überzeugend dargelegt hat, geschah etwas Ähnliches gleichzeitig in der Bildhauerei, und zwar durch den Gebrauch des »negativen Raumes«, des offenen Raumes als integrales Kompositionselement.

Cages Aufmerksamkeit für die Stille stellt, wie die Aufwertung von Geräuschen, seine Strategie der Einbeziehung des Ausgeschlossenen und Verbotenen unter Beweis. Die Beschäftigung mit dem Schlagzeug, mit Geräuschen und Stille entfernte ihn endgültig von den Kompositionsmethoden Schönbergs. Ende der dreißiger Jahre ließ er das oft überstrapazierte Wort »Musik« fallen und benutzte, ähnlich den Futuristen, eher Ausdrücke wie »Geräuschkunst« oder »Klangorganisation«, wenn es um seine Werke für Schlagzeug ging. Der Ausdruck »experimentelle Musik« störte ihn, weil er Ignoranz und Willkür der Komponisten implizierte.

Cage war nicht nur an Klängen interessiert, wie sie von traditionellen – und sei es exotischen – Instrumenten oder gefundenen Gegenständen erzeugt wurden; er interessierte sich auch für die neuen Schallquellen, die die moderne Technologie bot. Ende der dreißiger Jahre verfügten in Amerika fast alle

Haushalte über Elektrizität, die meisten hatten ein Radio. Es waren bereits Experimente unternommen worden, die Elektronik in die Musik einzuführen – so von Milhaud, Toch und Hindemith –, aber Cage hatte Vorbehalte. Im Falle der »Ätherwellenmusik« äußerte er sich beispielsweise skeptisch, da die Spieler traditionelle Instrumente nur nachahmten. Marinetti hatte bei Konzertauftritten Schallplatten benutzt: Man hörte Babygeschrei, das Gurren eines Mädchens, die Geräusche eines Boxkampfes. Es gibt einen Text von ihm, in dem er über die Verstärkung von sonst unhörbaren Klängen nachdenkt – dem, was Cage später »kleine Klänge« nannte.

Während der Recherchen für seinen Vater hatte Cage angefangen, sich für die Benutzung aufgezeichneter Klänge in der Musik zu interessieren, und sich in die jüngsten Verfahren von Radioaufzeichnungen eingearbeitet. Im Gespräch mit einem Zeitungsreporter sagte er eine »elektronische Musik« voraus, »in der neue Töne zu hören sein werden und photoelektrische Hilfsmittel vorkommen, die die Zeit nach Sekundenbruchteilen messen und die sonderbarsten Dinge möglich machen«. In einem Manuskript aus der Zeit um 1940 stellte er sich vor, wie, »durch den Erwerb einer Bibliothek von Schablonen, d. h. einer Filmbibliothek, die Erforschung von Klängen im ganz praktischen Sinne ermöglicht werden kann ... Ich glaube, daß der Film das Geräusch für musikalische Zwecke und elektrische Mittel Töne für musikalische Zwecke verfügbar machen werden.« Mit diesen Vorstellungen im Hinterkopf drängte er seinen Vater, ein Gerät zu entwerfen, »das reichhaltige Möglichkeiten zur Hörbarmachung der Obertonstruktur eines Tones« bot. Eines Tages, sagte er 1941 voraus, »werden Konzerte inmitten eines phantastischen Gewirrs von Drähten und elektrischen Leitungen stattfinden«.

Cage präsentierte all das in seinem *Credo*, einem 1937 gehaltenen Vortrag vor der Seattle Arts Society. »Ich glaube, daß die Verwendung von Geräuschen, um Musik zu machen, so lange andauern und zunehmen wird, bis wir zu einer Musik gelangen, welche mit Hilfe elektrischer Instrumente produziert wird, die alle beliebigen hörbaren Klänge für musikalische Zwecke bereitstellen.« Er fuhr fort: »Für die synthetische Produktion von Musik werden photoelektrische, filmische und mechanische Medien erforscht werden.« Im Manuskript hatte er überdies noch den Satz stehen: »Bestehen wir auf Musik, die aus den Materialien des zwanzigsten Jahrhunderts verfertigt ist.«

Ein Vortrag, den er am 8. Oktober des folgenden Jahres bei Pro Musica in Seattle hielt – »Einige Aspekte moderner Musik« –, geht in dieselbe Richtung. »Wenn Sie moderne Musik mit ihren sehr kleinen Intervallen schrecklich finden«, warnte er, »können Sie vor der Musik der Zukunft nur erschauern – wenn die Instrumente erst einmal so gut geworden sind, daß sie den Bedürfnissen der Komponisten genügen.«

Ein Grund für Cages unerbittlichen Experimentierwillen blieb stets konstant und wurde nur immer verschieden betont: Es ist die Vorstellung, daß Musik, die in diesem Falle auf Geräuschen beruht, von allen Leuten benutzt werden kann, um ihre – oft als unangenehm erlebten – Erfahrungen des Alltagslebens zu integrieren, und nicht dazu, einen ästhetisch höheren Bereich abseits der Welt zu hegen. »Durch künstlerische Organisation«, schrieb Cage in einer Pressemitteilung aus dem Jahre 1942, »können Stadtgeräusche ihren nervenaufreibenden Charakter verlieren und zu Materialien einer höchst dramatischen und expressiven Kunstform werden.« Unklar ist, wann und wie Cage auf diese Weise zu denken begann. Seine Sicht ist ein Echo der Lektüre Maxim Gorkis, für den »Ästhetik die Ethik der Zukunft« ist; und wie Terry Measham es ausdrückte: »Die Kunst zeigt uns, wie wir unsere Traditionen energetisch an in stetigem Wandel begriffene Bedingungen anpassen können. Das ist die Art und Weise, wie die Kunst das Leben steigert.«

»Die Leute mögen meine Konzerte verlassen und denken, sie haben ›Lärm‹ gehört«, erklärte er 1943, »aber dann werden sie ganz plötzlich die Schönheiten in ihrem Alltagsleben hören. Meine Musik ist von therapeutischem Wert für Stadtbewohner.« Diese Ideen wurden in einem Programmheftbeitrag von 1940 ausgeführt. Das Hören von Schlagzeugstücken, erklärt Cage, »ist gänzlich verschieden vom Hören der Musik von, beispielsweise, Beethoven. Bei Beethoven sind wir vor den Geräuschen des Alltagslebens zeitweilig geschützt oder von ihnen ausgenommen. Im Falle von Schlagzeugmusik aber werden wir gewahr, daß wir den Lärm beherrscht oder ihn uns unterworfen haben. Wir triumphieren über ihn, und unsere Ohren werden für seine Schönheiten empfänglich.«

William Carlos Williams schrieb über die Uraufführung von Cages *First Construction* von 1939:

»Ich spürte, daß Lärm, der beziehungslose Lärm des Lebens wie der in der U-Bahn, nicht ausgekostet worden war, wie das mit einem nachklingenden Beethoven der Fall gewesen wäre, sondern tatsächlich gemeistert, unterworfen. Der Komponist hat dieses verhaßte Etwas, das Leben, genommen und sich durch seine Musik zum Herrn darüber aufgeschwungen. Das Ärgernis war nicht abgewehrt, gemäßigt, übertüncht, sondern zunichte gemacht und das Leben dadurch zum Sieger erhoben worden. Das ist ein bedeutsamer Unterschied. Durch das Hören solcher Musik, die scheinbar nur Lärm ist, wurde ich, als ich in der Realität auf wirklichen Lärm stieß, gewahr, daß ich darüber hinausgewachsen war.«

## IV

Das Personal der Radiostation der Cornish School erbot sich, Cage bei der Erforschung der Anwendungsmöglichkeiten elektrischer Verfahren behilflich zu sein. Er experimentierte mit der Verstärkung leiser Klänge und war hoch erfreut, als er im Studio Plattenteller mit variabler Drehzahl entdeckte. Er plante, Platten als Instrumente zu benutzen, die verschiedene Frequenzen und sirenengleiche Glissandi produzierten.

Anfang 1939 wurde er gebeten, für die Aufführung von Jean Cocteaus *Les Mariés de la tour Eiffel* in Seattle die Musik zu schreiben; er nahm das zum Anlaß, seine neuen Ideen in einer Komposition auszuprobieren, und schrieb ein Sechsminutenstück für gedämpftes Klavier, Becken und zwei Plattenteller mit variabler Drehzahl. Auf dem ersten wurde eine Victor-Frequenzaufnahme, 84522B, und eine Sinus-Dauerton-Aufnahme, Nr. 24, gespielt; auf dem zweiten die Victor-Frequenzaufnahme 84522A. Als Rundfunkaufnahme gedacht (wie Marinettis *Ra-*

*diophones Theater*), wurde das Stück von Cage, Xenia, Doris Dennison und Margaret Jansen in zwei getrennten Studios aufgenommen, im Kontrollraum gemischt und die kurze Entfernung zum Theater hinüber gesendet. Die *Imaginary Landscape No. 1* wurde als Begleitung zu Cocteaus Stück am 24. März 1939 uraufgeführt und später am Mills College für Marion van Tuyls Tanzstück *Horror Dream* benutzt; es darf den berechtigten Anspruch darauf erheben, als die erste elektroakustische Komposition zu gelten.

In *Imaginary Landscape* benutzte Cage auch zum erstenmal sein System der rhythmischen Struktur. Die einfachen Figuren, die das Stück bilden, fügen sich in ein Schema von vier Teilen, bestehend aus dreimal fünf Takten, die durch Zwischenspiele getrennt sind, die wiederum additiv länger werden – von einem Takt bis zu drei Takten; das Stück endet mit einer viertaktigen Coda.

Nach seinem Konzert vom Dezember 1938 schickte Cage einen Rundbrief an zahlreiche Komponisten, in dem er sie einlud, Kompositionen für Schlagzeug zu schreiben und einzureichen. Lou Harrison – unter anderen – reagierte begeistert. Im Oktober 1939 erhielt Cage, der bereits eine Zeitlang von der Existenz des Stückes gewußt hatte, ein eigenes Exemplar von *Ionisation*, Varèse' Werk für dreizehn Schlagzeuger. In den nächsten Jahren gab es immer mehr Schlagzeugkompositionen, vor allem wohl dank Cages Initiative; 1942 hatte er von über hundert Stücken Kenntnis.

Aber zunächst bestand die Reaktion auf das Konzert darin, daß die finanzielle Situation sich verbesserte. Morris Graves spendete ein Paar puertorikanischer *maracas*, Nicolas Slonimsky zehn Dollar für ein Paar Bongos und ein *guero*. George Mantor – ein versessener Schwertlilien-Sammler und -Gärtner, wie jeder Leser von *Silence* weiß – gab zwei Dollar für acht Bronzestangen, die wie Ambosse klangen. Mitte der vierziger Jahre war das Arsenal der Cage Percussion Players eindrucksvoll angewachsen und umfaßte eine Nohtrommel, zehn Tom-Toms, Bongos, *quijadas*, Röhrenglocken, Tempelgongs, einen Schildkrötenpanzer, Rasseln, Fingerbecken, ein Zildjianbecken und ein Tamburin, drei Maultrommeln, ein Tritonshorn, neun

Eßstäbchen, eine Baßtrommel mit Pedal (damals eine Seltenheit), eine Ratsche, ein Waschbrett, sechs Gardinenstangen und eine Tischglocke.

Im Januar 1939 hatten die Cage Percussion Players an der University of Idaho gastiert. Mark Tobey, der Romancier John Steinbeck und seine Frau (die damals in Los Gatos wohnten) und Nancy Wilson Ross, Cages Kollegin in Seattle, finanzierten ein Konzert, das Ende des Jahres in Seattle stattfinden sollte. Bedauerlicherweise mußte Cage am Tage der Aufführung einen seiner Mitwirkenden ersetzen: Mercier Cunningham war von Martha Graham aufgefordert worden, sich ihrer Truppe anzuschließen.

Martha Graham (1804–1991) hatte früh beim Vaudeville begonnen und 1926 in Manhattan ihr Solodebüt gegeben. Sie war mehr als eine Choreographin; sie war die Schöpferin eines Tanzstils, der auf die Einheit von Körper und Geist und auf äußerste physische Kontrolle im Dienste dramatischen Einsatzes abzielte. Ihr frühes Interesse an den amerikanischen Indianerkulturen führte sie zur Beschäftigung mit Geschichte und Mythologie, die sie auf charakteristische Weise in ihren Tanzstücken verarbeitete.

Cunningham zog im September nach New York und tanzte seine erste Rolle im Dezember; Cage sollte ihn vier Jahre lang nicht wiedersehen.

Das bevorstehende Konzert vor Augen, verbrachte Cage den ganzen November mit der Komposition von *First Construction (In Metal)* für sechs Schlagzeuger und einen Assistenten, der, wie der Titel erahnen läßt, metallene Instrumente zu spielen hatte, darunter Donnerbleche und die Saiten eines Klaviers; zum erstenmal benutzte Cage auch den Wassergong, den er für das Wasserballett der UCLA entworfen hatte. Sowohl der Titel als auch der Untertitel des Werkes verweisen auf Bildhauerei und das formale Verfahren des Konstruktivismus. Paul Griffith hat zu bedenken gegeben, daß die metallischen Schallquellen auf die Klangwelt der balinesischen Musik Bezug nehmen, dieselbe Musik, die, wie wir gesehen haben, auch die Konzeption der rhythmischen Struktur beeinflußt haben könnte.

*First Construction* ist eines der überzeugendsten frühen

Stücke von Cage. Die rhythmische Struktur geht weit über das hinaus, was neun Monate zuvor in der *Imaginary Landscape* stattfand, und sie wird mit lehrbuchhafter Klarheit eingesetzt. Die Palindromstruktur des Stückes ist 4/3/2/3/4, ein Gesamtkomplex von sechzehn Einheiten, jede Einheit ein $^4/_4$-Takt. Diese Proportionen sind schon bei einem flüchtigen Blick auf die Eröffnungstakte der Partitur zu erkennen.

Die sechzehntaktige Struktur wird sechzehnmal benutzt. Viermal zu etwas, was man sehr frei die »Exposition« des Werkes nennen könnte: eine Vielzahl von Motiven, gebildet durch kontrastierende Rhythmen und Instrumentation, die dann in den folgenden Abschnitten weiterentwickelt werden, woraus sich eine Struktur von 3/2/3/4 ergibt. Das Stück endet mit neun Takten, die von der Proportionsregel ausgenommen sind, so daß das ganze Stück 256 Takte lang ist. Die Uraufführung von *Construction* fand am 9. Dezember im Cornish Theatre statt. Ebenfalls aufgeführt wurde eine frühe mikrotonale Komposition, *Dirge*, von Mildred Couper, für zwei Klaviere, von denen eines einen Viertelton tiefer gestimmt war als das andere.

Im darauffolgenden Jahr schrieb Cage die *Second Construction* für Schlagzeugquartett. Sie hat, genau wie die erste, eine Sechzehn-mal-sechzehn-Taktstruktur, geteilt in 4/3/4/5 Einheiten. In den letzten sechs Abschnitten wird diese Struktur aber außer acht gelassen, zugunsten der Weiterentwicklung des eröffnenden Schlittenglöckchensolos in einer Art Fugenform, die Cage später nie mehr interessierte. Seine Begeisterung für elektrische Technik war durch die Realisierung der *Imaginary Landscape* noch gesteigert worden; er war sich jedoch klar darüber, daß die Weiterverfolgung solcher Projekte mit beträchtlichen Kosten verbunden sein würde, die zusätzliche Unterstützung durch irgendwelche Institutionen erforderte. Deshalb begann er, in Frage kommende Institutionen und Geschäfte um Spenden anzugehen. Sein Ziel war die Einrichtung eines eigenen Tonstudios. In einem Brief an George Antheil schreibt er: »Ich tue alles, was ich kann, um ein ›Zentrum für experimentelle Musik‹ aufzubauen. Zweck dieses Zentrums wird es sein, Forschungs-, Kompositions- und Aufführungsarbeit auf dem Gebiet von Klängen und Rhythmen zu leisten, die im Symphonieorchester nicht benutzt werden. Das Endziel soll der Gebrauch elektrischer Instrumente sein, die das gesamte erwünschte Feld des Klanges verfügbar machen werden.«

Sowohl Aurelia Henry Reinhardt am Mills College als auch László Moholy-Nagy an der Chicago School of Design wollten das »Zentrum« beherbergen, hatten aber nicht die Mittel, es selbst zu unterhalten. Das war die traurige Tatsache, mit der Cage im Lauf seiner Bemühungen um Verwirklichung dieses Traums immer wieder in Konflikt kam.

# Kapitel sieben

## I

Syvilla Forts Tanzabend im Cornish Theatre war für einen Freitag im März 1940 anberaumt worden, aber Anfang der Woche hatte sie noch keine Musik für ihr schwungvolles Solo mit dem Titel *Bacchanale*. Dienstags bat sie Cage, ihr aus der Klemme zu helfen; er war der einzige verfügbare Komponist.

Cage brachte Metronom und Stoppuhr mit und bat Syvilla Fort um die Zeitmaße ihres Tanzes. Wie es seine Gewohnheit war, wollte er diese Struktur zu einer rhythmischen Form in Beziehung setzen, die er noch entwickelte. Die Instrumentierung erwies sich jedoch als schwierig. Das Cornish Theatre hatte nur einen kleinen Aufführungssaal ohne Seitenkulissen und ohne Orchestergraben. Cage konnte nicht für ein Schlagzeugensemble schreiben, weil dann Syvilla Fort selbst keinen Platz mehr gehabt hätte. Das einzige verfügbare Instrument war ein kleiner Flügel ganz vorn auf der Bühne. Ein Klavierstück hätte Cage ebenden Typus von Tonhöhen-Organisation auferlegt, wie er ihn während seines Studiums bei Buhlig, Weiss und Schönberg kennengelernt hatte, aber er konnte kein afrikanisches Tonhöhensystem finden. »Ich wußte, daß alles andere bei *Bacchanale* nicht gehen würde«, erinnert sich Cage, »es war ein energiegeladenes, ja barbarisches Stück.«

Da er nur ein Klavier zur Verfügung hatte, entschloß er sich, es zu verändern und zu manipulieren. »Mir wurde klar, daß das, was falsch war, das Klavier war und nicht meine Ideen«, erzählt er, und er fügt hinzu: »Ich hatte sehr gewissenhaft gearbeitet!« Er erinnerte sich, wie Henry Cowell mit dem Klavier umgegangen war, indem er den Deckel abgenommen und die Saiten geschlagen, gezogen und gezupft, sie gedämpft und mit Stopfnadeln präpariert hatte. »Er benutzte ein Stopfei«, erzählt Cage, »das er durch die Saiten zog, während er auf der Tastatur trillerte; das brachte ein Glissando der Harmonien hervor.« Besonders schätzte Cage *The Banshee* (1925). »Es war sehr anregend für ihn«, schrieb Cowell, »als er meine eigenen Sachen für Klaviersaiten kennenlernte und studierte. Ich gab das um 1930 auf ... um Musik zu schreiben, die eher symphonisch war. Das ärgerte John. Ich sagte: ›Warum machst du es denn nicht?‹, also fing er an und präparierte die Saiten, was ich nie getan hatte.« Cage schien sich nicht bewußt gewesen zu sein, daß ähnliche Dinge in der Unterhaltungsmusik vor sich gingen, so das Eindrücken von Heftzwecken in die Hämmerchen von Klavieren zur Imitation des Cembaloklanges oder im Jazz das Einflechten von Papierstreifen in die Saiten.

Cage versuchte, den Klang des Klaviers durch hineingesteckte Gegenstände zu verändern, wobei er in rascher Folge Zeitungen, Zeitschriften, Aschenbecher, Bücher und eine Pastetenplatte ausprobierte und immer einige Tasten anschlug, um das Ergebnis zu hören. Es zeigte sich, daß der Klang sich tatsächlich im gewünschten Sinne veränderte, daß aber die Gegenstände dabei dauernd im Resonanzkörper umherhüpften, so daß die Klänge nicht konstant blieben. Man mußte eine Befestigung finden. Also steckte Cage einen Nagel zwischen die Saiten – er rüttelte sich los und fiel ab. Dann hatte er den Einfall, daß das Eindrehen einer Holzschraube zwischen jeweils zwei Saiten dafür sorgen würde, daß der Ton konstant bliebe. Nach längerem Herumprobieren schrieb er das *Bacchanale* am Ende für ein Klavier mit einem kleinen Bolzen, Schrauben mit Muttern und einigen Dichtungsringen. »Ich war begeistert, als ich merkte, daß mittels einer einzigen Präparation zwei verschiedene Klänge produziert werden konnten«, erinnert sich Cage. »Der eine war hallend und offen, der andere leise und gedämpft. Der leise wurde hörbar, wenn man das Pedal bediente.«

Das Instrument verfügte über den dynamischen Spielraum eines Cembalos. Verschiedene Register der Tastatur ergaben nicht mehr eine Skalenfolge mit festen Tonhöhen, sondern verschiedene Klangfarben. Die Beziehung der musikalischen Notierung zum Hörergebnis war nicht auf die direkte Weise vorhersehbar, wie sie in der abendländischen Notierung entwickelt worden war; wenn ein Es notiert war, konnte das Anschlagen der Es-Taste einen hellen, klingelnden, rasselnden oder einen dumpfen Klang erzeugen, modifiziert jeweils durch das Pedal; und das Anschlagen von Es in einer anderen Oktave ergab erneut ein anderes Resultat. Nur die Erinnerung an die Partitur gab Hinweise auf das, was zu erwarten war. »Die Notierung war nur noch eine Art der Produktion«, erklärte Cage. »Der Ausführende hatte nicht mehr den Eindruck, daß er in der Lage sein würde, das Stück und die Klänge, die es enthalten würde, beim ersten Lesen unverzüglich zu erfassen.«

So entstand das »präparierte« – in früheren Äußerungen manchmal auch »alterierte« – Klavier. Cage war in der Lage, im Cornish Theatre ein Schlagzeugensemble unterzubringen – im Klavier selbst, unter den Fingern eines einzigen Spielers. »Ich lud Mark Tobey und Morris Graves ein, sich das anzuhören«, erinnert er sich. »Sie waren ganz entzückt davon. Ebenso Syvilla und ich und Xenia. Wir freuten uns alle ganz irrsinnig. Als Lou Harrison davon hörte, sagte er: ›Verdammt! Warum ist mir das nicht eingefallen?‹«

Genaugenommen hatte Cage schon früher mit erweiterten Klaviertechniken experimentiert. Als er 1938 mit seiner Tante Phoebe an der UCLA unterrichtete, hatte er bereits Klaviersaiten mit verschiedenen Gegenständen manipuliert; und in der *First Construction* hatte er das direkte Spiel der Klaviersaiten vorgeschrieben. Der Klavierpart der *Second Construction* schreibt Handdämpfung und die Anwendung eines Stahlschiebers vor; darüber hinaus ist die Einführung einer Schraube und, zwischen A und Es in der Diskantoktave, Dämpfung mit einem Stück Pappe vorgesehen.

Das präparierte Klavier sollte im nächsten Jahrzehnt zum wichtigsten stilbildenden Instrument von Cage werden. Es stand in derselben Beziehung zur Klangfarbe wie der mikro-makrokosmische Rhythmus zur Struktur – es war eine Neuerung, die reichlich ausgebeutet werden konnte, die seinen weiteren musikalischen Wanderungen aber auch bestimmte Grenzen setzte. Er schrieb bis zum Ende der fünfziger Jahre für dieses Instrument, und wie wir sehen werden, beeinflußte das auch seine Schreibweise für andere Instrumente. Vierzig Jahre nach seiner Erfindung widmete Cage Syvilla Fort einige Verszeilen:

»Wären zwei KomponiSten dagewesen,
seYs drum, dann
hättest du Vorfühlen können,
ob der andere dIr deine Musik schreibt.
GlückLicherweise
war ich gerade alLein
dA.«

Die Cages bereiteten sich darauf vor, Seattle in Richtung San Francisco zu verlassen. Wie gewöhnlich war das Geld knapp; Cage fertigte Kopien von nützlichen Artikeln an, indem er sie auf der Maschine abschrieb. Als Cowell ihm das Manuskript seines Buches über Rhythmik gab, das nicht im Buchhandel verfügbar war, schrieb Cage es vollständig mit der Hand ab. Das Haushaltsbuch des Paares verzeichnete im Januar Ausgaben für Essen, Hotels, Reisen und Persönliches; Cage steckte ein Zehncentstück in einen Spielautomaten und gewann eine Armbanduhr.

Im Mai waren sie immer noch in Seattle. Es gab Aufführungen von Cages Musik für Tanzstücke – *America was Promises* und *Spiritual*, und Syvilla Fort wiederholte *Bacchanale* und *Spiritual* am 5. Juni. Im September wohnten die Cages in Richmond, einem Stadtteil von San Francisco, und John arbeitete für die Works Progress Administration.

## II

Diese Organisation war eine pragmatische Keynessche Reaktion auf die Wirtschaftskrise im Geist des New Deal, den Präsident Roosevelt am 4. März 1933 verkündet hatte. Für die Dauer ihrer Existenz beschäftigte die WPA insgesamt achteinhalb Millionen Menschen bei – niedrigen – Lohnkosten von insgesamt rund elf Milliarden Dollar. Die Projekte, die sie durchführte, waren meist wenig rentabel, aber höchst nützlich: Zwischen 1935 und 1938 wurden 2500 Krankenhäuser, 5900

Schulen, 13 000 Spielplätze, 78 000 Brücken, 651 000 Meilen Autobahn gebaut oder instand gesetzt, 20 000 Morgen Wald wieder aufgeforstet. Es wurden warme Mahlzeiten an arme Kinder verteilt, Kindergartenplätze für die Kinder werktätiger Mütter geschaffen, Alphabetisierungskurse für Immigranten veranstaltet. Für bundesstaatliche Theaterschaffende, Künstler und Schriftsteller wurden Stipendien und Zuschüsse bereitgestellt; mehr als zweieinhalbtausend öffentliche Gebäude wurden durch »Kunst am Bau« ausgeschmückt, und zahlreiche Handbücher wurden geschrieben.

Ende der dreißiger Jahre wurde die WPA in wachsendem Maß durch Selbstherrlichkeit auf seiten der Unterstützten mißbraucht. Das Künstlerprogramm mußte eingestellt werden. Von 1938 an arbeitete die WPA mehr und mehr auf dem militärischen Sektor, beim Bau von Werkzeugmaschinen und Kasernen, Flugplätzen und Nachschubfabriken. Nach Ausbruch des Krieges, der Vollbeschäftigung mit sich brachte, wurde die WPA 1943 liquidiert.

Cage bewarb sich beim WPA Music Project, aber die Verantwortlichen akzeptierten seine Arbeit nicht. Das Music Project förderte nur ausübende Künstler mit traditionellen Instrumenten, die über Land geschickt wurden, um Gesangvereine u. ä. zu gründen. Statt dessen wurde ihm vorgeschlagen, sich am Freizeitprogramm zu beteiligen, wo man Kurse in Stickerei, Weberei, Holzschnitzerei, Töpferei, Korbflechterei, Erster Hilfe oder Schwimmen organisierte. Cage sollte zu den anleitenden »Animateuren« gehören.

Er arbeitete in Krankenhäusern und Gemeindezentren. Seine erste Aufgabe bestand darin, die Kinder der Besucher eines Krankenhauses in San Francisco zu unterhalten. Das mag den ersten Anstoß zu *4′ 33″* gegeben haben, behauptet er. »Ich durfte keinerlei Lärm machen ... die Patienten durften ja nicht gestört werden. Also dachte ich mir Spiele aus, bei denen das Herumgehen um die Zimmer und das Zählen eine Rolle spielten ... die mit irgendeiner Art von Rhythmus im Raum zu tun hatten.«

Er arbeitete mit schwarzen und mit italienischen Kindern. In einer katholischen Schule unterrichtete er nach Schulschluß chinesische Kinder in einer Gruppe von Freiwilligen. »Ich kam mit den Chinesen bestens zurecht, weil ich sehr tolerant bin und die Chinesen höchst diszipliniert sind« – so faßt er es zusammen. Er stellte alle möglichen Resonanzkörper, z. B. Blumentöpfe auf und forderte die Kinder zur Improvisation auf. Sie machten alle dasselbe – offenbar wußten sie nicht, wie sie ihre Freiheit nutzen sollten. Cage fragte sich, ob sie anders handeln würden, wenn sie allein waren; also ging er ans andere Ende des großen Raumes und tat, als ob er nicht zuhörte. »Im Handumdrehen entstand Musik«, erinnert er sich, »und allmählich spielten sie die schönsten Sachen.«

Die Klasse löste sich auf, weil sich seine jungen Schutzbefohlenen darüber beklagten, daß er ihnen nichts über Kontrapunkt beibrachte. Diese Geschichte – und die Art und Weise, wie er sie darstellt – ist typisch für die erste Hälfte seiner Laufbahn. Jahre später überlegte er: »Ich glaube, die Lehrer dieser Schule waren es, die annahmen, daß ich mit den Kindern nichts Richtiges arbeitete.«

Während seines Aufenthalts in San Francisco schrieb Cage 1940 die *Living Room Music* für vier Ausführende, die auf Haushaltsgegenständen, Möbeln oder Bauteilen spielten. Das Tonvolumen nimmt vom ersten bis zum vierten Spieler allmählich ab: die ersten drei benutzen die drei Mittelfinger beider Hände, der vierte die Fäuste. Das Stück hat vier Sätze – »To Begin«, »Story«, »Melody« und »End«. Der Text zu »Story« stammt von Gertrude Stein – »es war einmal eine zeit da war die erde rund und man konnte immer rund und rund um sie herum gehen« –, vertont in raschen Sechzehntelnoten in einer Struktur von sieben mal sieben Takten. Die »Melody« (nur mit Kreuzen als Vorzeichen) kann auf jedem passenden Instrument gespielt werden. Die Einfachheit des Stückes erinnert an die Musik, die er ehedem für die Buchbinder schrieb; es gibt Parallelen zur *Musique d'Ameublement* von Satie, obwohl unklar ist, ob Cage dieses Stück damals bereits kannte.

Ab 29. Januar 1941 leitete Cage einen weiteren Schlagzeugkurs am Mills College: fünfzehn Wochen lang je eine Stunde mittwochs. Der Kurs, so das Vorlesungsverzeichnis, schloß die

»systematische Prüfung neuer Klangmaterialien« ein, bei »besonderer Betonung des Klanges in Bezug zum modernen Tanz«.

### III

Cages Werke aus dieser Zeit sind oft mit denen der West Coast Group oder der Californian Percussion School, mit Komponisten wie Cowell, Lou Harrison, William Russell, Harry Partch, dem frühen Erforscher mikrotonaler Skalen, und später Alan Hovhaness in Verbindung gebracht worden. Im Frühjahr 1941 organisierten Cage und Harrison gemeinsam ein Konzert im California Club in San Francisco und beschlossen, auch gemeinsam ein Schlagzeugstück zu schreiben, bei dem Cages rhythmische Struktur als gemeinsame Basis benutzt werden sollte. Sie einigten sich auf eine Dauer von sechs Minuten, die in Gruppen von Achteln aufgeteilt wurde, notiert, aus Gründen der Übersichtlichkeit, in $^4/_4$-Takten mit einer gegebenen Metronomgeschwindigkeit; und sie entschieden sich für Metallinstrumente, darunter ein Wassergong und japanische Tempelgongs, die durch Reibung am Rand zum Klingen gebracht wurden. Da die Klänge nicht genau vorhersehbar sind, schlagen sie vor, daß »der Ton früher einsetzen kann als notiert«. Die Instrumente können durch andere ersetzt werden, vorausgesetzt – wie Cage bereits für *Living Room Music* vorschrieb –, daß der allmähliche Tonhöhenabfall respektiert wird. Cage schrieb die Noten für die erste und die dritte, Harrison für die anderen Stimmen; Harrisons Stimmen beinhalteten Gruppen von neuneinhalb Takten, Cages Schema beinhaltete in der dritten Stimme sieben und vierzehn Takte, die erste Stimme ist ein freies Solo.

Die Partitur ist auf April datiert. Es war das erstemal, daß Cage bei der Komposition mit jemandem zusammengearbeitet hatte – wenn auch die meisten Vereinbarungen telephonisch getroffen wurden. Jahre später sagte er: »Ich habe immer gern im Team gearbeitet.« In bezug auf *Double Music* fügte er hinzu: »Je mehr Egos beteiligt sind, um so größer ist die Chance, das Ego gänzlich auszuschalten.« Zwischen März und April 1941 arbeitete Cage darüber hinaus an seiner *Third Construction*, die Xenia zu ihrem Hochzeitstag gewidmet wurde.

Cage und Harrison arbeiteten auch bei einer Schallplattenaufnahme von Harrisons *Third Symphony* zusammen, nachdem sie das Werk durch Publikumsentscheid ausgewählt hatten. In der Werbung bezeichneten sie die Schallplatte als »erste Aufnahme von Musik als organisiertem Klang«; Cage hatte den Ausdruck »organisierter Klang« in einem Artikel von Varèse in *Commonweal* gefunden. Als sie Varèse ein Vorausexemplar der Platte schickten, antwortete er mit einem Telegramm, in dem er ihnen untersagte, seinen Ausdruck zu benutzen. Cage und Harrison blieb nichts anderes übrig, als sich zu entschuldigen, weil die Aufnahme bereits gepreßt und ausgeliefert worden war.

Vom 18. Mai bis zum 1. Juni war Cage erneut für das Recreation Project tätig und unterrichtete an einer Außenstelle der University of California in Mendocino County. Im Juni kehrte er ans Mills College zurück, wo er erstmals Virgil Thomson begegnete. Auch mit Moholy-Nagy pflegte Cage wieder Umgang und hielt zusammen mit ihm einen Kurs ab. Moholy-Nagy lud Cage ein, an der Chicago School of Design einen Kurs in experimenteller Musik zu geben. Das schien, wenn auch keine großen Verdienstmöglichkeiten, so doch neue Möglichkeiten zu eröffnen, und Cage zog für den Sommer nach Chicago, wo er eine Wohnung in der Nähe von Chinatown mietete.

Die School of Design war dem Bauhaus verpflichtet. Der Aufstieg Hitlers hatte nicht nur Musiker wie Schönberg über den Atlantik fliehen lassen, sondern auch bildende Künstler. Neben Moholy-Nagy umfaßte der Lehrkörper Ludwig Mies van der Rohe und Josef Albers, der Farbenlehre und Design lehrte; Albers' Frau gab Kurse in Weberei. Gastkünstler aus ganz Amerika gingen ein und aus. In Cages erstem Jahr erschien Harry Partch und veranstaltete eine »Ton-Deklamation« seiner Werke *Chinese Poem* und *Hitch-hikers' Ballad*, und Mark Tobey kam aus Seattle und lehrte, kritisierte und malte.

Cages Programmankündigung im Vorlesungsverzeichnis verspricht »Erkundung und Gebrauch neuer Klangmaterialien;

Erforschung manueller, vokaler, mechanischer, elektrischer und filmischer Mittel; Klang in Theater, Tanz, Drama und Film; Gruppenimprovisation; kreativen musikalischen Ausdruck; Probe und Aufführung experimenteller Musik; das Orchester«. Die Klasse stellte ihre erste von Cage geleitete Gruppenimprovisation am 18. November vor. Der von seinen Klassen erzeugte Lärm führte zu einer Reihe von Klagen.

Ebenso arbeitete Cage an der University of Chicago als Begleiter der Tanzklassen von Katherine Manning und schrieb Musik zu Tänzen von Gertrude Lippincott. Seit *Double Music* und *Third Construction* zeigte er die Neigung, gefundene und erfundene Instrumente zu benutzen. Auf der Suche nach Metallpfeifen, mit denen er experimentieren wollte, ging er zum nächsten Autofriedhof. Nachdem er eine Zeitlang herumgewühlt hatte, fragte ihn der Wächter, warum er solche Pfeifen wolle. Er antwortete, er brauche sie, um damit Musik zu machen. Als wäre es das Selbstverständlichste von der Welt sagte der Wächter: »Warum probieren Sie es nicht mal in einem Klempnerladen?«

Im Studio einer der Rundfunkstationen von Chicago bereitete Cage eine zweite und eine dritte *Imaginary Landscape* vor. Im Jahre 1942 ist überdies die Rede von einer vierten *Construction*, die aber offenbar nie zustande gekommen ist. *Imaginary Landscape No.* 2 benutzt Blechdosen – wie bereits *Third Construction* – und eine durch einen Tonabnehmer verstärkte Drahtspule. Die dritte *Imaginary Landscape* benutzt eine sehr viel ehrgeizigere Reihe von Schallquellen: eine batteriebetriebene Sirene, eine mit einem Tonabnehmer verbundene Drahtspule, einen Hörfrequenz-Oszillator und drei drehzahlvariable Plattenteller, wie er sie bereits in Seattle benutzt hatte, von denen in diesem Falle zwei Aufnahmen konstanter Frequenzen und der dritte eine Aufnahme mit Generatorgejaul abspielten, zuzüglich einer Marimba mit einem einfachen Kontaktmikrophon. Cage verlangt, daß die Lautsprecher so aufgestellt werden, daß der Orchesterklang wirkt, als käme er von einem einzigen Punkt (in späteren Jahren gab er dem gegenteiligen Effekt den Vorzug). Durch den vermehrten Gebrauch elektrischer Instrumente wurde die Begrenztheit der traditionellen

Notation immer deutlicher; es war schwierig, Beginn, Verlauf und Ende eines Klanges genau zu markieren.

*Imaginary Landscape No. 3* wurde am 3. März 1942 im Chicago Arts Club uraufgeführt, mit einem neuen Schlagzeugensemble, dessen Mitwirkende Xenia, Manning, Brabazon Lindsay, Marjorie Parkin und Stuart Lloyd waren.

Das bis dahin entstandene Werk von Cage erregte sowohl Kritik als auch Begeisterung. Ein Gesichtspunkt, der von den Gegnern ins Spiel gebracht wurde, war der, daß die Aufführung der Musik keinerlei handwerkliche Fähigkeit voraussetzte – was bedeuten sollte, daß die Musik wertlos sei. Ein anderer Kritikpunkt war, daß das alles ein alter Hut sei – bekannt von George Antheil und Edgar Varèse – und Cage nichts wirklich Neues zu bieten habe.

Interesse kam zumeist von künstlerisch gebildeten Mitgliedern des Publikums. Man schrieb Cage Briefe, in denen man ihn zum Aufbau von Schlagzeugensembles um Rat fragte. Manche seiner Ratschläge wurden dann auch befolgt. Die positiven Kommentare in den Medien gingen auf dieses Phänomen ein. Die *Chicago Sun* nannte die Schlagzeugkonzerte die »neueste Manie in Kreisen der musikalischen Intelligenzija«, und nach dem Konzert im Arts Club nahm das *American Magazine* Kontakt zu Cage auf und ließ ihn in seiner Kolumne »Interessante Leute« zu Wort kommen.

Cage verbrachte auch weiterhin viele Stunden mit der Abfassung von Briefen, in denen er um Unterstützung für sein Zentrum für experimentelle Musik bat. Auf die Rückseite seines Verzeichnisses von Schlaginstrumenten kritzelte er eines Nachts: »An Elektrik interessierte Komponisten: Jacob Weinberg, Henry Brant, Paul Bowles, William Schumann (sic).« Er schrieb an Filmstudios, Universitäten, Stiftungen, Laboratorien und allerlei Tycoons. Carl Seashore von der University of Iowa, der bahnbrechende Arbeit auf dem Gebiet der Musikpsychologie leistete, brachte großes Interesse zum Ausdruck, konnte aber – wie Moholy-Nagy und Aurelia Reinhardt – dem Zentrum nur eine Heimstatt, keine finanzielle Unterstützung bieten.

## IV

Während der Vorbereitung des Konzerts im Arts Club war Cage mit zahlreichen einflußreichen Leuten zusammengetroffen, und er hielt Verbindung mit Radio CBS, dessen Büros im selben Gebäude untergebracht waren wie der Club. Man ermutigte ihn, mit Davidson Taylor bei CBS New York Verbindung aufzunehmen, um zu fragen, ob er an Hörspielmusik interessiert sei.

Taylor war interessiert und fragte Cage, ob er an einen bestimmten Drehbuchautor denke. Cage fiel Henry Miller ein, eine interessante Wahl; und er wurde ermächtigt, ihm den Auftrag anzubieten. Miller schlug die Adaption eines seiner Bücher vor und empfahl Cage, sie zu lesen; da sie als pornographisch eingestuft wurden, hatte er einen Empfehlungsbrief zu schreiben, damit Cage sie aus der Bibliothek ausleihen konnte. Als er sie gelesen hatte, war sein Eindruck, sie seien nicht besonders für den Rundfunk geeignet. Als Miller es ablehnte, etwas eigens für ihn zu schreiben, nahm Cage Kontakt zu einem anderen Autor auf, Kenneth Patchen, dessen *Journal of Albion Moonlight* er mit Genuß gelesen hatte. Patchen schrieb daraufhin *The City Wears a Slouch Hat*, die mäandernde Chronik eines männlichen Helden – »die Stimme« – in einer namenlosen Stadt.

Als ersten Schritt bat Cage den Toningenieur von CBS, ihm zu sagen, welche Klänge er für das Stück benutzen könne, und er erhielt die Antwort: Alles ist möglich. Nun verbrachte er Stunden in der U-Bahn, fuhr mit geschlossenen Augen kreuz und quer in der Stadt herum, lauschte den Geräuschen und schrieb – Worte und Töne. »Ich wollte ein musikalisches Kontinuum herstellen«, erklärte er später, »die benutzten naturalistischen Klänge sollten auch mit dem Thema des Textes zusammenhängen.«

Ins Studio kam er mit 250 beschriebenen Seiten – für die Aufnahme war ihm eine knappe Woche zugestanden worden. Der Tonmeister sagte ihm, daß das Ganze zwar technisch machbar, aber praktisch unmöglich, weil zu teuer, sei. Cage hatte daraufhin vier Tage, um eine neue einstündige Begleitmusik zu dem Stück zu schreiben. Er arbeitete Tag und Nacht, fast ohne zu schlafen, und komponierte nun für die elektrischen Apparaturen und Schlaginstrumente, an die er gewöhnt war. Xenia schrieb alles ab, und die Spieler standen bereit, um sofort zu proben. *The City Wears a Slouch Hat* wurde programmgemäß gesendet.

Nach der Sendung erhielt Cage eine große Zahl begeisterter Briefe aus dem Westen und dem Mittelwesten des Landes. Sein Ansehen schien zu wachsen. Max Ernst, den das Ehepaar Cage in Chicago kennengelernt hatte (er war erst 1941 in die Vereinigten Staaten gekommen und sollte bis 1953 bleiben), lud Cage großzügig ein, bei Aufenthalten in New York die Wohnung zu benutzen, die er sich mit Peggy Guggenheim teilte. Peggy Guggenheim war im Begriff, ihre berühmte Galerie Art of this Century zu eröffnen, und schlug ihm vor, zur Feier der Eröffnung ein Konzert mit Schlagzeugkompositionen zu dirigieren; sie würde dafür die Kosten für den Transport der Instrumente von und nach Chicago übernehmen. Xenia hatte kürzlich einen kleinen Geldbetrag geerbt, und daraufhin, sagt Cage, im Rückblick seine Naivität offenbarend, »gingen wir nach New York, um unser Glück zu machen.«

## V

Sie verließen Chicago im Frühjahr 1942 mit gerade genug Geld für den Autobus und kamen in New York mit zusammen nur fünfundzwanzig Cents an. Cage benutzte ein Fünfcentstück, um Max Ernst anzurufen, der sich aber nicht an seine Stimme erinnerte. Schließlich fragte ihn Ernst, ob er durstig sei, lud ihn zum Cocktail ein und hängte rasch auf. Cage erzählte Xenia von dem Wortwechsel. Sie schickte ihn mit einem weiteren Fünfcentstück los, um noch einmal bei Ernst anzurufen. Sie hätten nichts zu verlieren, sagte sie, aber alles zu gewinnen. »Ach, Sie sind es!« rief Max Ernst jetzt erfreut aus. »Wir haben seit Wochen auf Sie gewartet. Ihr Zimmer ist bereit. Kommen Sie sofort rüber!«

Cage fand New York äußerst anregend – nicht gerade die

allgemeine Hetze in der Stadt, wohl aber die Leute, die er damals kennenlernen konnte. Nach New York kamen viele Künstler auf der Flucht vor den Nazis, und die Stadt wurde auf einmal so strahlend und aufregend wie Paris. Wenige Abende in der Guggenheim-Wohnung am East River reichten aus, so Cage, »einem die Bekanntschaft mit einer ganzen Welt amerikanischer und europäischer Künstler zu vermitteln«. Man hat Cage nachgesagt, er prahle mit seinen berühmten Bekanntschaften. Aber gleichgültig, ob es sich um Wichtigtuerei oder um das einfache Vergnügen an einem bestimmten Niveau des Umgangs handelt – die Namenliste seiner Bekanntschaften des Jahres 1942 ist eindrucksvoll: Abgesehen von Virgil Thomson, mit dem er bereits bekannt war, begegnete er André Breton, Piet Mondrian und Gypsy Rose Lee. Peggy Guggenheim war damals bereits an Jackson Pollock interessiert, und Joseph Cornell war ein häufiger Besucher; später lernte er Gorki und Matta kennen, den er für brillant hielt. Ein anderer Pionier des abstrakten Expressionismus, Robert Motherwell (1915–1991), stellte 1943 in Peggy Guggenheims Galerie aus. »Ich war völlig sprachlos«, erinnerte sich Cage. »Alle zwei Minuten kam irgendeine Berühmtheit ins Haus.«

Sein Ehrgeiz wuchs in dem Maße, in dem sich neue Konzerte und Projekte abzeichneten. Er wollte nun wirklich ein berühmter Künstler werden. Sein Selbstvertrauen wuchs, als es ihm gelang, ein Schlagzeugkonzert für das Museum of Modern Art als Teil der Feiern zum zwanzigsten Jahrestag der Gründung der League of Composers zu arrangieren. Aber bald verließ ihn das Glück.

Mit seiner Frau besuchte er eines Abends Edgar Varèse. Es war, wie Cage in aufschlußreicher Wortwahl berichtete, »die erste Dankespflicht, in der ich stand ... weil er mir mit seinem Werk vorangegangen war«. Die Damen nahmen am einen Ende des Raumes Platz, die Herren am anderen. Nach einer kleinen Weile kam Xenia zu ihrem Mann herüber und sagte, sie wolle gehen. Cage wußte, daß er mit ihr aufbrechen mußte. Er dachte an seinen Vater, der gesagt hatte: »Deine Mutter hat immer recht, auch dann, wenn sie unrecht hat.«

Als sie auf der Straße waren, berichtete ihm Xenia, daß ihre

Unterhaltung mit Louise Varèse bald auf das Telegramm gekommen sei, mit dem Varèse Harrison und Cage verboten hatte, den Ausdruck »organisierter Klang« zu benutzen. Louise Varèse hatte gesagt, daß das Werk ihres Mannes mit dem Werk eines Karikaturisten nichts zu tun habe. Als Cage später gefragt wurde, wie er diese Bemerkung aufgefaßt habe, antwortete er mit ausweichender Vorsicht: »Nun, Xenia faßte sie als Beleidigung auf.«

Martha Graham hatte einen Brief geschrieben, der ihm den Eindruck vermittelte, er könne Begleiter in ihren Tanzklassen werden und vielleicht auch für sie komponieren. Daraufhin besuchte er sie und erinnert sich: »Es war am Spätnachmittag und ganz dunkel. Sie machte kein Licht an. Sie erschien mir sehr geheimnisvoll und mächtig, und ich geriet sofort aus dem Konzept.« Als sie miteinander sprachen, »bekam ich heraus, daß sie gar nichts Derartiges gemeint hatte, daß sie überhaupt nicht wollte, daß ich für sie arbeitete«. Als er sie ohne Anstellung wieder verließ, fühlte er sich »erleichtert, befreit ... von ihrer Macht«.

Ebenso stellte es sich heraus, daß – trotz der Leserbriefe zu *The City Wears a Slouch Hat* aus dem Westen und dem Mittelwesten – das Hörspiel an der Ostküste nicht sehr wohlwollend aufgenommen worden war.

Als Peggy Guggenheim erfuhr, daß Cage ein Konzert im Museum of Modern Art arrangiert hatte, wurde sie wütend, strich das geplante Konzert in ihrer Galerie, weigerte sich, für den Transport der Instrumente zu bezahlen, und stellte klar, was bis dahin nicht klar gewesen war, daß nämlich Cage und Xenia nur vorübergehend bei ihr wohnen konnten. Als Cage das alles hörte, brach er in Tränen aus.

In einem Zimmer der Wohnung saß ein Mann in einem Schaukelstuhl und rauchte eine Zigarre. Es war Marcel Duchamp. Er fragte Cage, warum er weine, und Cage erklärte es ihm. Duchamp gab wenig zur Antwort, »aber er übte eine so starke Wirkung aus, daß ich mich etwas beruhigte ... er blieb gelassen mitten im größten Unglück«.

Die Cages saßen ohne einen Pfennig da, ohne Arbeit und ohne Bleibe. Den ganzen Sommer 1942 über wohnten sie bei der Tänzerin Jean Erdman und ihrem Gatten, dem Mythologen Joseph Campbell, in deren Wohnung am Waverley Place. Erdman plante ein Programm für die Bennington Summer School in Zusammenarbeit mit Merce Cunningham. Sie schlug vor, daß Cage für seine Wohnung bezahle, indem er ihr Kompositionen liefere. Er schrieb *Forever and Sunsmell* für Singstimme und Schlagzeugduo für einen ihrer Tänze und für einen von Merce Cunningham choreographierten Tanz *Credo in US* für Schlagzeugquartett mit Klavier und Plattenspieler oder Radio. Zum erstenmal verwendet Cage hier fremdes Klangmaterial, das er durch das Prokrustesbett seiner eigenen rhythmischen Struktur verändert und entstellt. Auf dem Plattenspieler sollten Dvořák, Beethoven, Sibelius oder Schostakowitsch laufen – besonders populäre klassische Komponisten der Zeit. Die Verwendung des Radios ist äußerst interessant; es wird alles einbezogen, was zur gegebenen Zeit im Rundfunk passiert. In den fünfziger Jahren sollte Cage das Radio sehr oft einsetzen.

Das Arrangement mit Jean Erdman löste das Wohnungsproblem, aber noch immer fehlte es dem Paar an Geld. »Es war das erstemal, daß ich tatsächlich gar nichts mehr hatte, nicht einmal einen Fünfer«, erinnert sich Cage. Aber in dieser Situation stellte er seine charakteristische Spannkraft angesichts eines unlösbaren Problems unter Beweis. Er habe sich wie befreit gefühlt, sagt er, und beschreibt die aussichtslose Lage, als ob sie etwas Positives gewesen sei. »Ich legte mir ganz einfach die Einstellung zu, daß die Leute mir eben Geld geben mußten«, sagte er. Er schrieb an Freunde in Chicago und anderswo und bekam auf diese Weise etwa fünfzig Dollar zusammen. John Steinbeck, den Cage aus Kalifornien kannte, kam zu Besuch und nahm das Paar in den 21 Club in der 52nd Street mit. Der Club war berühmt und teuer; Cage war geradezu entsetzt, als er entdeckte, daß das Abendessen, zu dem Steinbeck sie einlud, mehr als hundert Dollar kostete.

Am Ende des Sommers hatte Cage eine Handvoll Aufträge für Tanzkompositionen, fünf Dollar pro Minute Musik. Seine Eltern wohnten jetzt in New Jersey, und Cage recherchierte manchmal für seinen Vater in der Bibliothek. John sen. arbeitete an diversen Projekten für Unterseeboote und Flugzeuge; 1946 erhielt er ein Patent auf das von ihm entwickelte »unsichtbare Leitstrahl-Sichtsystem«.

Die Beteiligung Cages an dieser Arbeit seines Vaters erwies sich als vorteilhaft, nicht nur, weil er Geld dafür bekam. Am 7. Dezember 1941 hatten zwei junge Soldaten ihre Ausbildung in einer behelfsmäßigen Radarstation absolviert und dabei einen ganzen Himmel voller Flugzeuge entdeckt, die sich von Norden her näherten. Edgar Rice Burroughs, der Erfinder von *Tarzan*, schöpfte frische Luft im Garten seines Hauses in Honolulu und wurde gewahr, daß auf Pearl Harbor offenbar gerade ein außerordentlich realistischer Übungsangriff niederging. Tage später waren die Vereinigten Staaten in den Zweiten Weltkrieg verstrickt.

Da die Erfindungen von John sen. kriegswichtigen Zwecken dienten und Cage nachweislich daran beteiligt war, mußte er nicht zum Militär. »Wäre ich einberufen worden, hätte ich den Kriegsdienst nicht verweigert«, sagte er einmal. Typischerweise galt seine Hauptsorge der Fortführung seiner Arbeit. »Natürlich gibt es viele Beispiele von Leuten, die in der Lage waren, in der Armee ihre Arbeit fortzusetzen ... Vielleicht wäre es gewesen wie bei Daniel in der Löwengrube ... Nein, ich hätte mich nicht dagegen gewehrt. Andererseits bin ich froh, nicht eingezogen worden zu sein, weil ich noch nie in meinem Leben ein Gewehr benutzt habe.«

Cage konnte also in seiner Arbeit fortfahren, wenn auch mit den üblichen praktischen Hindernissen. Im November 1942 bat ihn die Sängerin Joan Fairbanks um eine Arie. Drei Jahre zuvor hatte er sich ein Exemplar von *Finnegans Wake* gekauft, aber nie die Zeit gehabt, es ganz zu lesen. Jetzt blätterte er die Seiten auf der Suche nach einer Passage durch, die er vertonen konnte, und fand den Abschnitt, der mit »Nacht für stillsegelnde Nacht« beginnt. In dem Stück, das daraus entstand – *The Wonderful Widow of Eighteen Springs* –, gibt es keinerlei vor-kompositionelle Vorschrift, nicht einmal bezüglich der rhythmischen Struktur. »Die Musik«, sagt Cage, »resultierte aus dem vom Text vermittelten Eindruck.« Wie in *Forever and Sunsmell* soll ohne Vibrato gesungen werden, und es kann jede erdenkliche Transposition vorgenommen werden, um den Part in einer niedrigeren Stimmlage auszuführen. Er besteht, bei willentlicher Knappheit der eingesetzten Mittel, aus Permutationen von drei als A, B und F notierten Tönen und wird von Klängen des geschlossenen Klavieres begleitet: Das Gehäuse wird auf vier verschiedene Arten mit Fingern oder Knöcheln angeschlagen.

In Gegensatz zur wiegenliedhaften Einfachheit von *Widow* tritt Cages nächstes Werk für präpariertes Klavier, *In the Name of the Holocaust*, das am Tag nach Weihnachten 1942 abgeschlossen wurde und für einen Tanz von Merce Cunningham gedacht war. Cages kritische Einstellung zum Chaos des Krieges und sein Glaube an persönliche Beziehungen als Gegenmittel waren ihm bei der Niederschrift höchst gegenwärtig; im Titel, der ein Wortspiel (Holocaust – *Holy Ghost*) beinhaltet, liegt Desillusionierung, wenn nicht sogar Bitterkeit. *Imaginary Landscape No. 3* ist ebenfalls in der Absicht entstanden, Krieg und Verheerung kenntlich zu machen, wie auch *Credo in US* ein Stück gewesen war, das den Krieg reflektierte (eine Anmerkung zum Gebrauch des Radios empfiehlt, der Spieler möge »Nachrichtensendungen in nationalen oder internationalen Krisenzeiten« vermeiden) und »eine Art Satire auf Amerika«. Im neuen Jahr schrieb Cage die sehr viel heller gestimmten *Four Dances* für Klavier, Schlagzeug und wortlose Stimme.

## VI

Cages Konzert im Museum of Modern Art fand am 7. Februar 1943 statt. Unter den Ausführenden waren auch Xenia und Cunningham. Das Ereignis wurde lautstark propagiert und eingehend rezensiert, zum Beispiel in *Life* am 15. März. Naivehrgeizig, wie er war, schwelgte Cage erneut in dem Gefühl, jetzt habe er sein Glück gemacht. »Ich entdeckte aber«, sagte er rückblickend, »daß es im Hinblick auf Beschäftigung oder Förderung nichts nützt, daß man bekannt ist.«

Auf dem Programm standen *First Construction* und *Imaginary Landscape No. 1*. Das Geräuscharchiv von CBS hatte elektronische Ausrüstung zur Verfügung gestellt. Auch ein neues Stück tauchte auf, *Amores*, das aus zwei Soli für präpariertes Klavier und zwei Trios für Schlagzeug bestand; eines dieser letzteren verwendet das Walzer-Finale des *Trio* von 1936 wieder. Die Klavierpräparierung ist nicht weiterentwickelt, aber die Richtung ist ausgeprägter als zuvor. Cage fordert vom Pianisten, zu spielen, ohne das Gefühl, ein präpariertes Klavier oder überhaupt ein Klavier zu spielen. Wie er es ausdrückt: »Das Ergebnis sollte ein Instrument sein, das auf überzeugende Weise seine eigenen charakteristischen Eigenschaften besitzt und die des Klavieres nicht einmal ahnen läßt.«

Der lateinische Titel des Stückes gibt keinen Hinweis darauf, daß *Amores* das erste Werk von Cage ist, in dem sich sein Interesse an östlichem Denken zeigt. Einem Reporter von *Time* sagte er: »*Amores* ist dazu ausersehen, ich würde sagen: Liebesgefühle zu erwecken.« Das Stück ist ein Versuch, die Kombination des Erotischen und der Ruhe zum Ausdruck zu bringen; diese Idee stammt aus dem Kanon traditioneller indischer Weisheit. Lou Harrisons Rezension aus dem Jahr nach der Uraufführung scheint äußerst treffend: »*Amores*«, schrieb er, »schlägt vielleicht den letzten Ton der romantischen Ära an; es erreicht in jedem seiner Elemente ein Maximum an Personalisierung.«

# Kapitel acht

## I

Cage mochte ruhig versuchen, in seiner Musik Erotik und Ruhe zu versöhnen und Vertrauen und Liebe als die eigentliche Heimstatt der Schönheit in einer Welt des Krieges postulieren – beides war völlig losgelöst von der Tatsache, daß Cage zwar vom Militärdienst freigestellt, in seiner eigenen Wohnung aber um so tiefer in den Krieg verstrickt war.

Die bevorstehende Trennung von Xenia war nicht nur der Verlust einer Beziehung, einer wichtigen Beziehung, sondern auch ein Zeichen des Verlusts sexueller Identität und Orientierung. Als Katalysator läßt sich im nachhinein Merce Cunningham ausmachen; er und Cage sollten nicht nur als Künstler, sondern auch privat Partner werden. Was genau passierte, ist nicht eindeutig rekonstruierbar und nicht wichtig. Die beiden Protagonisten haben die ganze Geschichte immer als Privatsache behandelt. (Allerdings wurde ein junger Redner bei einer Tagung der Stanford University 1992 vom Vorsitzenden für eine Erwähnung von Cages Homosexualität gerügt, weil Cage sie eben nie erwähne.) Die Details sind unwichtig angesichts des Zieles des vorliegenden Buches. Wichtig ist nur, daß sich eine Ehekrise und eine Krise der sexuellen Orientierung ereignete und daß Cages Lebensentscheidungen, Werk und Denken in diesen Kontext gestellt werden müssen.

Es ist möglich, die Titel von Cages Werken von 1944 als Allegorien dieses Schlüsselpunktes seiner Entwicklung zu lesen: *The Perilous Night*, *Root of an Unfocus*, *Spontaneous Earth*, *The Unavailable Memory of Prelude for Meditation*, *Four Walls*. Er schrieb in wachsendem Maße für präpariertes Klavier statt für Schlagzeug, weil im Getümmel von New York »jeder so sehr mit seinen eigenen Angelegenheiten befaßt war … daß es leichter war, allein an einem präparierten Klavier zu arbeiten, als eine Gruppe von Leuten zum Spielen von Schlagzeug zusammenzubringen«. Für Xenia schrieb Cage *A Valentine Out of Season* für präpariertes Klavier. Im Jahre 1945 trennte sich das Paar. Im Dezember wohnte Cage allein in einem Apartment im sechsten Stockwerk mit Blick auf den East River; im Laufe des folgenden Jahres zog er an den schicken Sutton Place um, wieder mit Blick auf den Fluß. Nach der Scheidung arbeitete Xenia als Museumskuratorin; sie lebte weiterhin in New York.

Cages Verwirrung und Traurigkeit kommt in einer sechssätzigen Suite für präpariertes Klavier zum Ausdruck, *The Perilous Night*, geschrieben im Winter 1943–44. Diesmal ist das Klavier nicht nur mit Holz präpariert: »Meine Mutter hatte die Idee, natürliche Dinge zwischen die Saiten zu stecken«, sagte er später. Der Titel des Stücks stammt aus einer irischen Legende, die er aus einem von Joseph Campbell gesammelten Band mit Mythen in Erinnerung hatte. Die Musik erzählt von den Gefahren des Liebeslebens, vom Elend dessen, »das zusammengehörte und zersprang«, von der »Einsamkeit und Furcht unglücklicher Liebe«. Lou Harrison schrieb von »Geflüster um eine unbekannte Intrige in irgendeinem jenseitigen Schlafgemach«.

*The Perilous Night* ist sehr eindringliche Musik; Jasper Johns hat eine Reihe von Bildern dazu gemalt. Heute erinnert sich Cage deutlicher an dieses Stück als an *Four Walls*, das nur wenige Monate später geschrieben wurde und viermal so lange dauert. Ein Kollege berichtet, daß Cage über *The Perilous Night* länger gesprochen habe als über irgendein anderes seiner Werke, daß er, zu *Four Walls* befragt, es nur als »ein langes Klavierstück, das ich in den vierziger Jahren geschrieben habe« bezeichnet habe. Nach seiner Uraufführung beim Perry Mansfield Workshop in Steamboat Springs, Colorado, wurde *Four Walls* nicht mehr gespielt (obwohl es zur Aufführung nur ein präpariertes Klavier und eine Sängerin erfordert) noch auch nur erwähnt, bis Margaret Leng Tan es 1985 wiederausgrub und 1990 eine Schallplattenaufnahme davon machte.

Es ist nicht nur interessant, daß Cage *The Perilous Night* so lebhaft im Gedächtnis behalten hat, sondern auch, daß er *Four*

*Walls* so schwach erinnert. Der Gebrauch von rhythmischer Struktur und Phasen von Stille stellt *Four Walls* in eine Entwicklungslinie technischer Kontinuität. Stilistisch – und in seiner schwer faßbaren Stimmungsdimension – ist es in bezug auf die Werke dieser Jahre eher diskontinuierlich; im Kontext seiner früheren und besonders seiner späteren Entwicklung ist es eine Verirrung und wahrscheinlich, wie der Neandertaler, ein Fehlstart, der auf ein Nebengleis und ins Abseits führt.

Das Stück benutzt Stille als strukturbildendes Mittel in einem solchen Ausmaß – nämlich bis zu vierundvierzig Takten Pause –, daß sie autonom zu werden scheint. In bezug auf Rhythmus und Tonhöhen ist es einfacher als alles Vorhergehende; sein nächstes Äquivalent aus derselben Phase ist das passend betitelte *Prelude for Meditation* für präpariertes Klavier mit seiner winzigen Spanne von Klängen und seiner rhythmischen Einfachheit. Anstelle der Vielfalt und Abstraktheit der Kompositionen für Schlagzeug und präpariertes Klavier treffen wir hier auf die statische Durchsichtigkeit diatonischer Akkorde in einfachen Rhythmen, die manchmal an Eric Satie erinnern und die auf Cages Kompositionsarbeit in den späten vierziger Jahren und Stücke wie *Suite for Toy Piano* (1948) vorausweisen.

Offenbar suchte er nach einer Balance der Emotionen, die er später in der Stille der Leere finden sollte. In *Four Walls* schlägt er einen Parallelweg ein: Er sucht nach Ausgewogenheit in der aufgehobenen Stille kontemplativer Ekstase. Die psychische Erschütterung ist deutlich faßbar, der Text spricht von Tod und Trennung, Klage und Verzückung.

Merce Cunningham spricht die folgenden Zeilen in der siebten Szene, und die Worte werden – wie in Trance – wiederholt:

»Süße liebe süße liebe meine kehle gurgelt
der mystische mund führt mich so gewandt
meine kehle gurgelt der mystische mund führt mich so gewandt
und die tiefschwarze nachtigall wandelte sich weidenartig
und die tiefschwarze nachtigall wandelte sich weidenartig
beraubt durch der liebe rauhe behandlung«

## II

Cage wirkte in diesen Monaten so verstört, daß mehrere Freunde ihm ernstlich rieten, sich einer Psychoanalyse zu unterziehen. Er ging zu einem Jungianer zu einer Vorbesprechung – warum die Jungsche Analyse gerade Künstler anzieht, ist eine reizvolle Frage. Was dabei geschah, beschreibt Cage folgendermaßen: »Es muß so um 1945 gewesen sein. Ich war sehr verwirrt ... einige Freunde rieten mir, einen Analytiker aufzusuchen. Alles, was der Psychoanalytiker mir zu sagen vermochte, lief darauf hinaus, daß ich mit seiner Hilfe mehr Musik würde schreiben können. Tonnen von Musik! Ich bin nie wieder hingegangen.« Etwas früher erzählte er die Geschichte folgendermaßen:

»Ich habe nie eine Psychoanalyse gemacht. Ich werde Ihnen erzählen, wie das kam ... Als ich den Analytiker zu einer Art Vorbesprechung aufsuchte, sagte er: ›Ich bin in der Lage, Sie so zu festigen, daß Sie viel mehr Musik schreiben können als jetzt.‹ Ich sagte: ›Um Gottes willen! Ich schreibe ja schon viel zuviel.‹ Seine Ankündigung hatte mich wirklich abgeschreckt.«

Die vorliegende Information ist zu spärlich, um erschließen zu können, ob dieser Analytiker ein Grobian war, der sich nur um Anpassung und Erfolg des Analysanden bemühte. Cage ist ungeheuer produktiv, aber in vielen anderen Situationen scheint es, als wolle er immer das Maximum an Produktivität erreichen. Es mutet unwahrscheinlich an, daß gerade die Verheißung eines Mehr an zu leistender Arbeit ihn von weiteren Besuchen abgeschreckt hat.

»In bezug auf die Psychoanalyse war ich immer sehr empfindlich«, schreibt Cage in *Silence*. »Ich kannte Rilkes Bemerkung gegenüber einem Freund, der ihn zu psychoanalytischer Behandlung überreden wollte. Rilke sagte, er wisse, daß die Analyse fähig sei, seine Teufel auszutreiben, aber er habe Angst, daß sie seine Engel ebenfalls vertreibe.« Im Jahre 1972 erwähnte Cage »die Dinge, die wir über Freud wissen, der die Unmöglichkeit des Handelns in die Welt setzte: Schuldgefühl, Scham, Bewußtsein«.

Das Objekt dieser Vorbehalte ist eher Cage selbst als die Psychoanalyse. Wenn die Psychoanalyse wirkt – darüber kann nur der Analysand entscheiden –, macht sie Strukturen und Gewohnheiten bewußt, die unsere Beziehung zur Welt und zu uns selbst behindern oder erleichtern. Das gewünschte Ergebnis ist, daß der Analysand lockerer, freier und handlungsfähiger wird. Man wird mit sich selbst konfrontiert, was angestrengte Introspektion erfordert. Cage war nicht geneigt, sich einer solchen Konfrontation auszusetzen, vielleicht deshalb, weil sein pragmatisches Temperament sich der Introspektion widersetzte. Vielleicht fühlte er, daß das, was er über sich selbst erfahren würde, mehr Schuldgefühl und Scham als Handlungsfähigkeit mit sich bringen würde.

Der Bericht über diese Episode ist von Interesse in Hinsicht darauf, daß Cage über alles ganz offen zu sprechen scheint, uns aber keineswegs ein direktes Verständnis dessen vermittelt, was passierte. Wir wissen, daß Cage geschieden worden war und einen Analytiker aufsuchte, aber wenn er sagt: »Ich werde Ihnen erzählen, wie das kam«, verschleiert er in Wirklichkeit das meiste. Die Unzulänglichkeiten einer Person offenbaren sich in der Art ihres Erzählens: Sprünge, Ungereimtheiten, Widersinnigkeiten und Versehen sind aufschlußreicher als Klarheit und Eindeutigkeit. Aber was heißt »Unzulänglichkeit«? Warum diese Wertung? Das Leben ist, wie Cage anderswo auseinandersetzt, eine Einheit, also sind die Unzulänglichkeiten Teil der Person; sie mögen ein Handikap sein, aber sie können auch den Weg zum Erfolg definieren, wie wir im Falle von Cage sehen werden, und wenn sie in die Persönlichkeit integriert werden, können sie zu den besten Leistungen beitragen.

Dic Störung blieb nicht auf sein Gefühlsleben beschränkt. »Ich war«, erinnert er sich, »sowohl in meinem Privatleben als auch in meiner öffentlichen Arbeit als Komponist Opfer dieser Verwirrung.« Die in New York und Chicago geschriebenen Werke – die mit den Verheißungen persönlicher Beziehungen und den Schrecknissen einer Kriegsgesellschaft befaßten Stücke wie *Imaginary Landscape No. 3*, *Credo in US*, *In the Name of the Holocaust* – waren dazu bestimmt, seine Gefühle und Ideen zum Ausdruck zu bringen und mitzuteilen. Expression aber, Ausdruck, erzeugt Mißverständnisse. »Ich wurde gewahr, daß, wenn ich sorgfältig und gewissenhaft etwas Trauriges schrieb, die Hörer und Kritiker zum Lachen neigten«, erinnert er sich. »Ich konnte die akademische Idee nicht akzeptieren, daß der Zweck von Musik Kommunikation sein sollte.«

Am Ende dieser Entwicklungslinie stand *The Perilous Night*, mit Cages abgründigstem Gram und Kummer gesättigt, während ein Kritiker schreiben konnte, das Stück klinge »wie ein Specht in einem Glockenturm«. »Ich hatte ein gut Teil Emotion in diesem Stück verarbeitet, und das teilte sich offensichtlich überhaupt nicht mit«, berichtet Cage. »Oder ich teilte etwas mit, aber alle anderen Künstler sprachen eine andere Sprache, und das nur für sich selbst. Die ganze musikalische Situation machte auf mich mehr und mehr den Eindruck einer babylonischen Verwirrung.« Und er fährt fort: »Ich entschloß mich, das Komponieren aufzugeben, bis ich einen besseren Grund dafür gefunden hatte als Kommunikation.«

Cage lehnte Kommunikation vorrangig nicht nur wegen schlechter Kritiken ab. Unverständnis auf seiten der Zuhörer und Kritiker ist ein Berufsrisiko jeder Kunst mit Neuerungsanspruch, was Cage immer in Kauf nahm. Aber die Suche nach einer unpersönlichen Kunst begann bei ihm schon sehr früh. Nur durch die Vermeidung von Ausdruck würde es künftig gelingen, sich von der Verstrickung in Leidenschaften frei zu machen.

Er brauchte ein neues Ziel seiner Arbeit und seines Daseins, einen Grund, der seinem Leben Klarheit und Richtung geben würde, eine Antwort auf die Schwierigkeiten, auf die er in seinem privaten und beruflichen Leben gestoßen war. Die Bestandteile der Lösung seines Problems waren bereits gekostet und geschmeckt worden – sie brauchten nur eine neue Sinngebung, eine Richtung, auf die sich bauen ließ. Was »für mich die Funktion erfüllte, die eigentlich die Psychoanalyse hätte erfüllen sollen«, war das spirituelle Denken – nicht das der christlichen Tradition seiner Kultur noch das der europäischen Mythen, wie er sie bei Joseph Campbell kennengelernt (und in den *Four Walls* verarbeitet) hatte, sondern das des Fernen Ostens, das sich in *Amores* angekündigt hatte.

# III

Gita Sarabhai war eine junge Frau, die aus einer reichen indischen Familie stammte. Aus Sorge über den ärgerlichen Einfluß westlicher Musik auf die Musik ihres Vaterlandes war sie für ein halbes Jahr nach New York gekommen, um den Gegner an der Quelle und aus erster Hand zu studieren. Sie traf Cage, und die beiden kamen überein, daß er ihr zeitgenössische Musik und Kontrapunkt beibringen und sie ihn im Gegenzug über indische Musik und die dahinterstehenden Traditionen und Ideen aufklären sollte. Cage hatte ganz allgemein Interesse an der Musik der Völker; er hatte Cowells Kurse besucht und sich in den dreißiger Jahren von der rhythmischen Komplexität der Nbudi-Musik angezogen gefühlt. »Wir waren beinahe jeden Tag zusammen«, erinnert sich Cage, »oft trafen wir auch Lou Harrison.« Was ihm als erstes auffiel, war die Ähnlichkeit seiner rhythmischen Struktur mit der *tala*, die den Rhythmus in der indischen Musik organisiert. Der Unterschied war allerdings das »westliche Merkmal der Existenz von Anfang und Ende«.

»Gerade zu der Zeit lernten wir die östliche Behandlung rhythmischer Strukturen kennen, da wir zutiefst das Bedürfnis nach jener anderen Tradition des Ostens spürten«, sagte Cage mit für ihn ganz untypischem Gebrauch der ersten Person Plural: »geistiger Friede, Selbsterkenntnis«. Eine erste Andeutung dieser anderen geistigen Tradition erhielt er, als er Gita Sarabhai eines Tages fragte, was ihr Lehrer als die Funktion von Musik betrachtet habe. Sie sagte, das Ziel der Musik liege darin, den Geist zu reinigen und zu beruhigen und ihn dadurch für göttliche Einflüsse empfänglich zu machen.

»Und ich glaube, das ist richtig«, schließt Cage. »Ich war zutiefst beeindruckt und kam auf der Stelle zu der Überzeugung, daß genau *das* das eigentliche Ziel der Musik war.«

Lou Harrison hatte frühe englische Musik studiert und war zufällig zur gleichen Zeit über eine Feststellung von Thomas Mace gestolpert, der im siebzehnten Jahrhundert nahezu dieselbe Idee in beinahe identischen Begriffen formuliert hatte. Die Verbindung zwischen Kunst und dem Göttlichen zog sich als dünner, aber leuchtender Faden durch die ganze Geschichte, vom gregorianischen Choral bis zu den Gospels, von Dante bis Tolstoi, der gesagt hatte: »Die Kunst erweckt religiöse Gefühle.« »Das ist der traditionelle Grund für das Komponieren«, schrieb Cage, »den ich, seit ich ihn kennenlernte, immer akzeptiert habe.« Daraus ergab sich eine neue Klarheit und Zielstrebigkeit und die Verstärkung seiner Vorbehalte gegen den expressiven Charakter von Musik. »Alle Kunst vor der Renaissance, die westliche wie die östliche, hat dieselbe Grundlage gehabt, nur ist die östliche Kunst dieser Grundlage weiterhin treu geblieben«, sagte Cage, dabei vielleicht etwas rasch ausgreifend; »erst in der Renaissance entstand die häretische Idee des Ausdrucks.«

Bedeutsamerweise verlieh die Auffassung, daß Musik eine spirituelle Funktion hat, seinen kompositorischen Aktivitäten einen neuen Bezugspunkt und eine neue Klarheit. Einige Jahre später eröffnete Cage seinen Aufsatz mit dem Titel *Forerunners of Modern Music* mit einem Absatz über das Ziel der Musik: »Musik ist erbauend, denn von Zeit zu Zeit setzt sie die Seele in Schwung.« Seine spirituellen Erfahrungen nahm er nun als Ansporn zum Handeln, während das Christentum diese Erfahrungen nur abtötete. Gita Sarabhais Hinweise gaben ihm zu verstehen, daß Musik – und später jegliche Disziplin – der Ort war, wo er seine spirituellen Sehnsüchte ausagieren konnte.

Aber es waren noch viele Fragen offen. Was ist ein »gereinigter« und »ruhiger« Geist? Was sind »göttliche Einflüsse«? Im Laufe der Jahre kam Cage zu der Überzeugung, daß ein solcher Geist in lärmender und ruhiger Umgebung gleichermaßen gelassen ist, »dem Nullpunkt so nahe wie möglich«, daß göttliche Einflüsse alles umfassen, was sich »während des schöpferischen Vorgangs ereignet. Da ist nichts, was nicht göttlich wäre.«

Cages persönliches Leid hatte ihn sowohl zur Musik als auch zur Spiritualität zurückgeführt und die beiden Dimensionen miteinander verknüpft. Sein spiritueller Hunger veranlaßte ihn zu umfassender Lektüre. Zu etwa der gleichen Zeit, als er mit Gita Sarabhai zusammenarbeitete, studierte er die Schriften von Ananda Coomaraswamy, einem spirituellen Lehrer, der zum

Mitarbeiterstab des Museum for Fine Arts in Boston gehörte. Eine Zeitlang hielt er Vorträge an der Brooklyn Academy of Music; Cage besuchte sie und eignete sich dabei Coomaraswamys Satz an, daß die Verantwortung des Künstlers darin liegt, die Natur in ihrer Wirkungsweise nachzuahmen.

Zu diesem Schluß hätte Cage auf dem einen oder anderen Wege schon früher kommen können, aber erst jetzt war er aufgeschlossen dafür; aber diese Idee brauchte auch, obwohl unmittelbar überzeugend, eine gewisse Zeit zur Klärung. Welche »Wirkungsweise« hat die Natur? Unser Verständnis dessen, was dieser Ausdruck bedeutet, so Cage im Jahre 1963, verändert sich mit den Fortschritten in der Wissenschaft. Soll man die Natur imitieren, oder soll man nachahmen, wie die Natur wirkt oder schafft?

Cage verschlang die Werke des Mystikers Meister Eckehart aus dem vierzehnten Jahrhundert. Gita Sarabhai gab ihm die Predigten und Aussprüche von Ramakrishna zu lesen. Anfang des neunzehnten Jahrhunderts in einem kleinen bengalischen Dorf geboren, kam Ramakrishna im Alter von sechzehn Jahren nach Kalkutta. Der Materialismus der Stadt stieß ihn ab. 1855 wurde er Priester im Tempel von Dakeshineswar, wo er den ganzen Rest seines Lebens verbrachte. Weithin als Heiliger anerkannt, wurde er von vielen Menschen unterschiedlichster Glaubensrichtungen und Gesellschaftstraditionen aufgesucht, und nach seinem Tode wurde eine Ramakrishna-Mission gestiftet. Für Ramakrishna war Religion wie ein See, zu dem die Durstigen aus verschiedenen Richtungen kommen. Alle geben dem Wasser unterschiedliche Namen, und es ist doch immer ein und dasselbe.

## IV

Cages Studium des Werkes von Coomaraswamy vertiefte sein Verständnis und seine Kenntnis der neun ständigen Gefühle der hinduistischen Theorie. Vier davon sind weiß: das Heroische, das Erotische, das Heitere und das Wunderbare. Vier sind schwarz: Angst, Zorn, Kummer und Widerwille oder »das

Abstoßende«. Im Mittelpunkt steht, ohne Farbe, die Ruhe, der die anderen Gefühlsformen entgegenstreben. Coomaraswamy gab zu bedenken, daß sich diese Gefühle im westlichen wie im östlichen Denken kodifiziert finden.

Cage versuchte, musikalische Entsprechungen dieses Schemas zu schaffen. Die zentrale Emotion, Ruhe, wurde zu seinem Leitstern und zu einem Weg, sich selbst für »göttliche Einflüsse« aufgeschlossen zu halten. »Meine erste Reaktion war die, diese Idee im Gespräch soweit zum Ausdruck zu bringen, wie ich konnte«, erzählt er.

Cages Studium der östlichen Philosophie schlug sich in seinen anspruchsvolleren Kompositionen aus der zweiten Hälfte der vierziger Jahre nieder. Im Februar begann er mit der Arbeit an seinem *magnum opus* für präpariertes Klavier, den *Sonatas and Interludes*; er sollte mehr als zwei Jahre lang daran arbeiten, von Zeit zu Zeit von Freunden behelligt, die wissen wollten, wie wohlbekannte Melodien – beispielsweise »God Save the King« – auf dem präparierten Klavier klängen. Im Jahr darauf gab Lincoln Kirstein ein Ballett bei Cage in Auftrag, das sein erstes Orchesterwerk werden sollte, Ausdruck der indischen Auffassung der Jahreszeiten: Frühjahr als Schöpfung, Sommer als Erhaltung und Bewahrung, Herbst als Zerstörung und Winter als Ruhe. *The Seasons* ist auf den Februar 1947 datiert und besteht aus einem Satz für jede Jahreszeit mit jeweils einem Vorspiel, beginnend mit dem Winter und endend mit dem Herbst, und einer Rekapitulation des ersten Vorspiels ohne die Wiederholungen (die einzigen Unterschiede gehen auf Fehler beim Abschreiben zurück). Die Premiere des Balletts fand, mit dem Bühnenbild von Isamu Noguchi, am 18. Mai statt.

*The Seasons* ist ein Werk, das Cages Bemerkung, er habe keinen Sinn für Harmonie, bedeutend abschwächt. Es mag richtig sein, daß er Harmonie nicht strukturbildend gebraucht, aber ihr lokaler Gebrauch – ihre Klangfarbenfunktion – ist auffallend. »Danach zu urteilen«, schrieb ein Kommentator, vielleicht etwas vorschnell, »könnte Cage einer der besten Klangfarben-Komponisten der Mitte des zwanzigsten Jahrhunderts gewesen sein.« Rezensenten der Zeit verglichen sein Werk mit dem Werk Schönbergs, Ravels und Strawinskys.

Das Stück ist auch ein Grenzstein auf Cages innerem Weg. Mit dem Blick auf das Ziel von Musik war er bestrebt, ihm nahezukommen; die Philosophie des Ostens schien der Schlüssel dazu zu sein. Die *Sonatas and Interludes* bringen sowohl psychologische Klassifizierung ins Spiel als auch einen höheren Zweck. »Eine Aktivität, die in einen einzigen Prozeß die vielen einbezieht«, sagte Cage 1949, »und sie, obwohl manche Gegensätze zu sein scheinen, in Richtung Einssein führt, trägt zu einer guten Lebensweise bei.« In *The Seasons* versucht er sich an einer Idee von Ordnung, die aus zyklischen Prozessen erwächst, und bemüht sich, eine programmatische musikalische Entsprechung dazu zu finden. Wie *Four Walls* ist das Stück unpersönlich, aber von dieser Welt – nur scheint alles besser verstanden und höher organisiert.

Wie wir sehen werden, sollte die Suche nach der Ruhe und Stille im Mittelpunkt auch weiterhin mit unpersönlichen Mitteln weiterverfolgt werden, wenn auch ganz anders als bisher. Zunächst aber fesselte Cage immer noch der Zyklus der Jahreszeiten; dessen indische Deutung prägte auch das *String Quartet* von 1948/49. In den fünfziger Jahren erwog er die Zusammenarbeit mit Allen Ginsberg an einem Jahreszeiten-Projekt. Und immer wieder bezog er die Jahreszeiten der indischen Theorie auf vier seiner engsten Freunde: David Tudor sollte die Schöpfung sein, das Frühjahr; Jasper Johns Bewahrung und Sommer; Merce Cunningham Zerstörung und Herbst; Robert Rauschenberg Ruhe und Winter.

Die anderen Werke, die Cage im Laufe des Jahres 1947 schrieb, waren weniger eng mit der Einübung ins östliche Denken verknüpft. Die *Music for Marcel Duchamp* war als Begleitung zu der farbigen Zeichentrickfilmsequenz in Hans Richters Film *Dreams that Money Can Buy* gedacht und benutzte eine rhythmische Struktur von 2/1/1/3/1/2/1, die so abgemessen war, daß sie genau die Dauer der Sequenz ausfüllte. Cage unterrichtete und wurde, wie üblich, gelegentlich zu Vorträgen eingeladen, unter anderem in Matty Haims Studio. Am 25. Mai präsentierte er moderne chromatische Musik in Pittsburgh. Von Woody Guthrie, dem berühmten Bluessänger, erhielt er einen Brief, in dem Guthrie schrieb, wie sehr ihm

Maro Ajemians neue Einspielung von *Amores* gefallen habe, und am 4. September kam ein Telegramm: »Wünsche Dir Freude, Heiterkeit und einen baldigen Besuch in meinem Land. In Liebe, Gita.«

# Kapitel neun

## I

Den ganzen Sommer 1948 über bemühten sich Cage und Cunningham um Möglichkeiten, aufzutreten und zu unterrichten. Cage hielt einen Vortrag im Outliner's Club in Oakland, Kalifornien; unter den Anwesenden war auch Andy Warhola, ein Student im zweiten Studienjahr, der bald darauf den Schlußvokal aus seinem Namen streichen sollte. Das Black Mountain College in North Carolina machte von sich reden. Alle möglichen interessanten Leute unterrichteten dort, u. a. im Jahre 1945 Robert Motherwell. Cage und Cunningham bekamen das Angebot, dort aufzutreten, aber nur gegen Unterkunft und Verpflegung, ohne Gage. Sie akzeptierten diese Bedingung und blieben einige Tage (vielleicht sogar länger) im August, zwischen zwei Engagements in Virginia und Chicago.

Cage hatte Zeit genug, drei Stücke fertigzustellen – *Experiences No. 1*, *In a Landscape* für Klavier oder Harfe und die *Suite for Toy Piano*. In einer Diskussionsrunde beschrieb er das Ziel seiner Musik in Begriffen des gesellschaftlichen Fortschritts. Eines Tages, sagte er, wird eine neue Gesellschaft aus der gegenwärtigen »Schizophrenie« entstehen, und zwar durch die Gemeinschaft, die wir für uns selbst erkämpft haben; dieser Prozeß beginnt mit der Musik und endet mit einer gemeinsamen menschlichen Natur. Die höchste Form, Musik zu gebrauchen, gleicht dem Gebrauch anderer Dinge und intendiert »die Integration aller Fähigkeiten eines Menschen durch die Ordnung der Komposition«.

Schon lange hatte sich Cage für das Werk von Erik Satie interessiert; in den zwanziger Jahren der führende Kopf der Gruppe *Les Six* in Paris, war Satie in den Jahrzehnten danach in Vergessenheit geraten. Er war Alkoholiker und trug sieben Jahre lang dieselben grauen Samtanzüge. Er liebte den Regen und besaß viele Regenschirme; immer dann, wenn es zu regnen begann, brach er zu langen Spaziergängen auf. In der weitgehend germanisch geprägten Umwelt von Black Mountain war Satie noch ein großer Unbekannter. Cage arrangierte ein Festival mit Werken dieses Komponisten. Nach dem Abendessen wurden jeweils halbstündige Konzerte mit Einführungsvorträgen gegeben; später überredete Cage die College-Autoritäten, diese Vorträge zum Ende des Sommersemesters zu veröffentlichen. Die Hauptaufführung des Festivals am 14. August bot Saties Theaterstück *Le Piège de Méduse*, mit einer Besetzung von lauter künftigen Stars. Cage spielte Klavier, der Text war von Mary Caroline Richards übersetzt worden, das Bühnenbild stammte von Willem und Elaine de Kooning. Cunningham spielte den Jonas, einen »teuren mechanischen Esel«, und Elaine de Kooning Frisetta, die Tochter von Baron Medusa, der wiederum von dem Architekten Buckminster Fuller gespielt wurde.

In diesem Sommer baute Fuller die erste der Kuppeln, mit denen er sich einen Namen machte. Sie brach auf der Stelle zusammen. »Er freute sich darüber«, erinnert sich Cage. Buckminster Fuller hatte auch gesagt: »Ich lerne nur, wenn ich Fehler mache«, und das erinnert uns an John Cage sen., den unermüdlichen Erfinder.

Strenge und Ernst zeichnen Cages Musik jener Phase aus. Die fünf Sätze seiner *Suite for Toy Piano* benutzen neun verschiedene Tonhöhen der phrygischen Tonart. Die modale Einfachheit von *In a Landscape* erinnert an Satie. Möglicherweise identifizierte sich Cage mit dem Franzosen. Ein viele Jahre später geschriebener Brief könnte sich ebenso auf Satie wie auf Cage selbst beziehen: »Er wußte in all seiner Einsamkeit und in seiner Tapferkeit, wo sein Zentrum war: in ihm selbst, und in seiner Liebe zur Musik … Er war eine Ausnahmeerscheinung … der ernsthafteste Diener der Kunst.« In einem Vortrag äußerte Cage die Idee, daß ein damals kaum bekanntes programmatisches Orchesterstück von Satie, *Socrate*, einen Typus von rhythmischer Struktur benutzte, der seiner eigenen ähnlich war; aus demselben Grund interessierte ihn das Werk Anton Weberns, das er zuerst auf Empfehlung von Lou Harrison gehört hatte. (Webern war einige Monate nach Ende des Zweiten Weltkrieges von einem Angehörigen der amerikanischen MP erschossen worden.) Durch die Benutzung dieser Struktur, so Cage, vermochte Satie mit den gewohnten strukturbildenden Grundlagen der traditionellen Harmonik zu brechen – der Hauptvertreter dieser traditionellen Harmonik war für ihn Beethoven.

Cages ketzerische Polemik im Wortlaut: »Bei Beethoven werden die Teile einer Komposition mittels der Harmonik definiert. Bei Satie und Webern werden sie durch Zeitlängen definiert. Die Frage der Struktur ist so grundlegend und es ist so wichtig, darüber Einigkeit zu erzielen, daß wir jetzt fragen müssen: Hatte Beethoven recht, oder haben Satie und Webern recht? Ich antworte unverzüglich und unzweideutig, Beethoven irrte sich, und sein Einfluß, der ebenso weitreichend wie beklagenswert ist, war für die Kunst der Musik tödlich.«

Viele Mitglieder des Black-Mountain-Lehrkörpers fühlten sich dadurch beleidigt, und der Plan einer Veröffentlichung der Cage-Vorträge wurde fallengelassen.

Insgesamt war die Aufnahme von Cage und Cunningham am College ausgezeichnet. Es gab viele Partys, und auf einer dieser Partys traf Cage einen der Maler-Studenten von Black Mountain, Robert Rauschenberg. Rauschenberg, 1925 geboren, war erst vor kurzem von der Académie Julien in Paris zurückgekehrt; er war ein recht naiver und scheuer junger Mann, für den die Malerei »die beste Art und Weise« war, »um mit mir selbst zurechtzukommen«. Cage hatte den Eindruck, daß er und Rauschenberg in vielerlei Hinsicht ähnlich dachten. Kunst war für Rauschenberg »ein Mittel, umfassend und leidenschaftlich in einer Welt zu existieren, die eine Menge mehr in sich birgt als Malerei.« Ein andermal sagte er: »Ich mache etwas, was dem Mangel an Ordnung entspricht, den ich sehe. Mir tun Leute sehr leid, die Dinge wie Suppendosen oder Spiegel oder Colaflaschen häßlich finden, weil sie jeden Tag von solchen Dingen umgeben sind; das muß sie traurig machen.« Für ihn war ein gutes Kunstwerk eines, das den Menschen geistig verändert. Wenn es diese Funktion nicht erfüllt, ist es entweder schlecht, oder es wird nicht genau betrachtet.

Rauschenberg brachte es fertig, Cage insofern geistig zu verändern, indem er ihn lehrte, gegenständliche Kunst zu schätzen, mit der Cage über ein Jahrzehnt lang nichts mehr hatte anfangen können. »Es war wunderbar, als ich Rauschenberg zum erstenmal traf«, berichtete Cage. »Beinahe unverzüglich hatte ich das Gefühl, daß wir uns kaum zu unterhalten brauchten, wir hatten ja so viele Gemeinsamkeiten. Auf jedes der Werke, die er mir zeigte, reagierte ich auf der Stelle. Keine Kommunikation zwischen uns – wir waren geborene Komplizen!« Inwieweit die Übereinstimmungen und Ähnlichkeiten zwischen Menschen aus kühler Rationalität stammen und inwieweit aus unbestimmteren Schichten wie dem Temperament, ist eine reizvolle Frage (man kann Leute intensiv verabscheuen, die dennoch vollständig mit einem übereinstimmen).

Cage und Cunningham hatten während ihres Aufenthalts in Black Mountain ihr Auto nicht benutzt; als sie es aus der Garage holten, um heimzufahren, entdeckten sie, daß es vollgefüllt war mit Gemälden, Zeichnungen und Nahrungsmitteln – Geschenken von Studenten und Lehrern.

## II

Als sie wieder in New York waren, führte Dimitri Mitropoulos die *Fünf Orchesterstücke* von Schönberg auf (op. 16, 1909), und zwar am 22. Oktober. Cage ging mit Cowell hin und war überwältigt.

Die *Sonatas and Interludes* waren im März 1948 fertig geworden. Sie waren nicht in einem Zug geschrieben worden; die sechste Sonate war die zuletzt entstandene. Am 11. Januar 1949 wurden die sechzehn Sonaten und vier Zwischenspiele von Maro Ajemian uraufgeführt, einem Virtuosen, der bereits im Alter von sechs Jahren Preise gewonnen hatte und später der jüngste Musiker gewesen war, der je an der Juilliard School Aufnahme gefunden hatte. Unter den Zuhörern waren auch Conlon Nancarrow, der Hauskomponist des Pianisten, der auf

Einladung von Minna Lederman gekommen war, und Burgess Meredith. Das Werk wurde im weiteren Verlauf des Jahres in einer Sondernummer von *New Music* veröffentlicht.

Wenn die Bezeichnung »Sonate« hier irgend etwas bedeutet, dann eher im Sinne des achtzehnten Jahrhunderts als im Sinn der Romantik. Cage schrieb: »Die ersten acht, die zwölfte und die letzten Sonaten wurden, unterschiedlich proportioniert, in rhythmischen Strukturen von AABB geschrieben, während die beiden ersten Zwischenspiele keine Strukturwiederholungen aufweisen. Die Struktur wird in den letzten beiden Zwischenspielen und in den Sonaten neun bis elf ausgetauscht, die jeweils ein Vorspiel, Zwischenspiel und Nachspiel haben.« Die Sonaten XIV und XV haben dieselben inneren Proportionen, dasselbe Tempo und eine Reihe gemeinsamer Motive. Sie sind als Paar benannt, Gemini, mit einem hinzugefügten Verweis auf das Werk des Bildhauers Richard Lippold. (In seiner Ausstellung vom April und Mai 1948 in der Willard Gallery hatte Lippold seine *Five Variations Within a Sphere* Cage gewidmet; seine Frau Louise studierte bei Cunningham.)

Die Rolle der rhythmischen Struktur, ihre Beziehung zum Inhalt und ihre Brauchbarkeit wechselten. Die Werke der frühen dreißiger Jahre setzen die Struktur ein und umreißen sie durch Ostinati und dynamische Konfigurationen. Später, in den vierziger Jahren, füllen die Töne zwar die Zeit aus, aber nicht im Sinn der Struktur. Cage erforscht die Möglichkeiten von Klängen innerhalb von Strukturen zur Artikulation dieser Strukturen. Die *Sonatas and Interludes* machen, wie Virgil Thomson anmerkt, »ständigen Gebrauch von der Pause als zeitlichem Element innerhalb der Komposition«.

Aber Cages gedankliche Welt änderte sich, und manche seiner Werkzeuge erwiesen sich als unangemessen. Die Art und Weise, wie er die rhythmische Struktur handhabte, war befremdlich akademisch; und die Struktur war unzureichend mit dem Material verknüpft, das er benutzte. Manchmal scheint Cage eine rhythmische Struktur nur einzuführen, um sie alsbald wieder außer acht zu lassen. Die *Music for Marcel Duchamp* ist laut Cage – und laut den Partituranweisungen – in Zyklen von elf Takten strukturiert. Und doch endet sie mit sieben Wiederholungen von vier 5/4-Takten – die vier Takte bestehen zumeist aus acht zu Triolen zusammengefaßten Tönen, die damit die Taktgrenzen überschreiten –, die in langsamem Tempo gespielt werden. Das hat keinerlei – weder hörbare noch auf der Notenseite sichtbare – Beziehung zu der »offiziellen« Struktur.

Die *Sonatas and Interludes* bezeichneten auch einen Wandel in Cages Einstellung zur Komposition für das präparierte Klavier. Wie Paul Griffith zu bedenken gegeben hat, war Cage nahe daran, ein Meisterwerk hervorzubringen, ein gefährlich-sklerotisches Stück Unwiderruflichkeit, vor dem er zurückschreckte. Die Vorarbeiten der Präparation für fünfundvierzig Tasten erforderten zwei oder drei Stunden Zeit, und die Instruktionen der Partitur waren komplizierter denn je. Das präparierte Klavier war aus der Schwierigkeit entstanden, ein Schlagzeugensemble zusammenzubringen; aber nun war ein Konzert noch viel schwieriger geworden: Wenn lange Pausen vermieden werden sollten, brauchte man ein halbes Dutzend Klaviere, und es war nur allzu leicht, das Instrument schlecht zu präparieren, so daß Cage diese Arbeit selbst übernahm, auf die er manchmal mehr als zehn Stunden verwendete – sogar für Konzerte wie die mit William Masselos und Maro Ajemian, die ihn und seine Musik gut kannten.

Cage hatte eine Kompositionsweise für das präparierte Klavier entwickelt, die er »überlegte Improvisation« nannte, wobei er an seinem Steinway Präparierungen ausprobierte, »wie man beim Umherstreifen am Strand Muschelschalen sucht«. Wenn er mit der Präparierung zufrieden war, maß er die dafür verwendeten Gegenstände mit einem hölzernen Lineal ab und notierte sich das Ergebnis mit einer Gewissenhaftigkeit, die mit den Jahren noch zunahm. Er bewahrte übriggebliebene Schrauben und Muttern in verschiedenen Umschlägen auf, die er in einer Blechbüchse sammelte; und mit dem Blick auf Reproduzierbarkeit legte er sich fertige Sätze von Präparierungsmaterialien für bestimmte Stücke an. Je genauer aber Cages notierte Vorschriften wurden, um so deutlicher merkte er, daß eine bestimmte Präparierung sich auf zwei Klavieren nicht auf dieselbe Weise auswirkte, weil jedes eben ein Unikat ist. Die Saiten verschiedener Klaviere sind von verschiedenen Typen und Längen, und die Position des Steges variiert leicht. Sogar die kleinste Abweichung bei einer Präparierung kann bestimmte Harmonien unterdrücken oder hervorheben, und manche Gegenstände wie Schrauben mit ihrem sich verjüngenden Durchmesser produzieren ganz unterschiedliche Klänge, die davon abhängen, wie tief sie eingedreht werden. Wie ein Praktiker es ausgedrückt hat: Man sollte soviel wie nötig nachhelfen, indem man versucht, einen bestimmten Ton hervorzuheben und seine Klangfarbe zu verstärken, nicht zu verwischen oder eine bestehende Ähnlichkeit von Tonen beizubehalten – man muß also immer seine Ohren gebrauchen.

III

Im Frühjahr 1949 bedachte das National Institute of Arts and Letters Cage mit einem Preis. Er belief sich auf tausend Dollar, und Cage benutzte das Geld, um nach Paris zu reisen. Er mietete sich eine Wohnung in der Rue Saint-Louis, östlich von Notre-Dame auf der Ile Saint-Louis. Im April besuchte er Palermo und rezensierte für eine New Yorker Zeitung eine Aufführung von Schönbergs *Pierrot Lunaire* mit der vierundsiebzig Jahre alten Marya Freund.

Cage führte auch seine Satie-Studien weiter. Er geriet an eine dreisätzige Suite, die Saties Idee einer *Musique d'Ameublement* verwirklichte, und studierte Saties Notizhefte. An den Rändern verstreut enthielten sie Zahlenkolonnen, die Cages Überzeugung erhärteten, daß Satie mit rhythmischen Strukturen ähnlich seinen eigenen komponiert habe. Diese aufregende Entdeckung erzählte er dem Komponisten Darius Milhaud, der Satie gut gekannt hatte. Milhaud aber sagte, daß sich Saties Zahlen nur auf Dinge des täglichen Lebens bezogen.

Henri Saugnet lieh Cage ein einzelnes Notenblatt mit dem Titel *Vexations*. Das Stück besteht aus einem kurzen Thema, elf Achteltöne lang, die zuerst monodisch, dann unter Hinzufügung von Akkorden gespielt werden sollen. Darüber hatte Satie in eleganter Handschrift die Anweisung notiert: »achthundertundvierzigmal zu spielen« – nachdem der Ausführende, wie er verlangte, sich in einen Zustand »innerer Unbeweglichkeit« versetzt hatte.

Die meisten Leute, die von dem Stück hörten, hielten es für einen Scherz; genauso, wie sie auch andere Titel und Anweisungen Saties interpretierten, *Acht birnenförmige Stücke*, *Sieben Präludien für einen struppigen Hund*, »wie eine Nachtigall mit Zahnschmerzen«. Cage fand Saties absurde Stücke anziehend, er spürte aber auch, daß sie ernste Gedanken in sich bargen. Er sah *Vexations* in einer neuen Zeitschrift mit dem Titel *Contrepoints* gedruckt und besorgte sich eine Photokopie in der Absicht, eine Aufführung zu arrangieren.

Virgil Thomson hatte angeregt, Cage solle sich mit zwei jungen französischen Komponisten in Verbindung setzen, Serge Nigg und Pierre Boulez. Das Werk von Nigg erwies sich als ohne jedes Interesse für ihn, das von Boulez aber beeindruckte ihn gewaltig. Unmittelbar nach seiner Ankunft unternahm er einen Spaziergang in die Rue Beautreillis; er hinterließ Partituren und Schallplatten mit einem Begleitschreiben für Boulez, der daraufhin auch prompt einen Gegenbesuch bei Cage machte. Als Boulez Cage seine *Deuxième Sonate* für Klavier vorspielte, fühlte Cage sich beeindruckt von der Komplexität dieser Musik, die ihn an Webern erinnerte. »Ich war wirklich verblüfft über den Aktivismus dieser Musik«, erinnert er sich, »über die vielen Aktivitäten, die sie in sich barg.« Cage spielte Boulez seine *Sonatas and Interludes* vor und zeigte ihm einige seiner Schriften.

Der Kreis um Boulez umfaßte den Poeten und Dramatiker Armand Gatti, Pierre Joffroy, den Journalisten und Autor, die Komponisten Pierre Souvchinsky und, etwas weiter entfernt, Pierre Schaeffer sowie Bernard Saby, von Boulez in aller Kürze als »Experten in chinesischer Kultur, Schmetterlingen und Moosen« bezeichnet. Pierre Schaeffer benutzte elektronisch modifizierte natürliche Klänge, eine Technik, die er Musique concrète nannte. Dank Boulez traf Cage auch mit Messiaen zusammen, und auf dessen Einladung hin demonstrierte er das präparierte Klavier vor einer Klasse des Konservatoriums.

Cage holte routinemäßig seine Post im Büro des American Express ab. Eines Tages fand er einen Brief der Guggenheim

Foundation, die ihm offenbar seine Sünden erlassen hatte und ihm ein Stipendium gewährte. Ohne die üblichen drückenden Geldsorgen fühlte sich Cage nun endlich frei genug, mit der Arbeit an einem Streichquartett zu beginnen. Das Guggenheim-Stipendium offenbart einen Richtungswechsel in der amerikanischen Kunstförderung, wenn man sich vor Augen hält, daß Schönberg im Januar 1945 um einen Zuschuß nachgesucht hatte – um die Projekte *Die Jakobsleiter* und *Moses und Aron* vollenden zu können –, der ihm verweigert worden war.

Im Juni kam Cunningham nach Paris. Er trat mit Tanaquil de Clerq und Betty Nicholls auf, begleitet von Cage, im Studio von Jean Hélion in der Rue de l'Observatoire im sechsten Arrondissement. Alice B. Toklas, die Gefährtin von Gertrude Stein, war anwesend und bat um einen Stuhl. Die übrigen Zuschauer und Zuhörer standen. »Es war wild«, sagte sie später über den Tanz. Weitere erfolgreiche Aufführungen fanden im Vieux Colombier statt.

Mitte Juni gelang es Boulez, unter Mithilfe von Pierre Souvchinsky und Suzanne Tezenas ein Konzert von Cage zu arrangieren. Cage spielte die *Sonatas and Interludes* in einem privaten Raum vor einem hundertköpfigen Publikum. Boulez führte ihn als Schüler Schönbergs ein.

Durch seine guten Beziehungen in Frankreich verhalf Cage seinem Freund Boulez zur Publikation seines Werks, und man feierte das Ereignis – und gleichzeitig Cages Abschied – mit einer großen Party bei Armand Gatti.

Cage kehrte nach New York zurück, mit Saties *Vexations*, der *Musique d'Ameublement*, Boulez' *Deuxième Sonate*, den ersten Seiten seines eigenen *String Quartet* und einigen dünnen chinesischen Papierbögen für Lou Harrison im Gepäck.

Während ihres Aufenthaltes in Paris hatten Cage und Cunningham ernsthaft über die Gründung einer Cunningham-Tanztruppe nachgedacht. Inzwischen setzten sie, gelegentlich von weiteren Tänzern verstärkt, ihre Zusammenarbeit mit einem Repertoire fort, das weitgehend auf Cages Stücken für präpariertes Klavier zu Choreographien von Cunningham beruhte, etwa *Root of an Unfocus*, *Tossed as it is Untroubled*, *The Unavailable Memory Of*, *Mysterious Adventure*, *Spontaneous*

*Earth*, *Totem Ancestor*, die *Experiences* und sogar *Amores* und *A Valentine Out of Season*. Ihre Zusammenarbeit war ganz anders geartet als etwa Martha Grahams Zusammenarbeit mit Musikern. Während sie nach totalitärer Beherrschung der Musik durch den Tanz strebte, zogen Cage und Cunningham ein Konzept vor, in dem die Musik »mit dem Tanz identisch ist, aber nicht mit ihm kooperiert«, wie Cage es einmal ausgedrückt hat. In der Zeitschrift *Dance* wurde Cages Auffassung wiedergegeben, »daß Tanz und Musik einander ergänzen und doch in der Lage sein sollten, jeweils für sich allein zu stehen«. Das war ein Prinzip, das Cage und Cunningham in den kommenden Jahrzehnten mit großem Erfolg weiterentwickeln sollten; es entstand als Idee und wurde praktiziert, bevor es angemessen theoretisch dargestellt wurde.

Cage besuchte eine Aufführung von Weberns *Symphonie*, op. 21, mit dem New York Philharmonic Orchestra. Er war so überwältigt von dem Stück, daß er den Saal vor dem folgenden Rachmaninow-Werk verließ. Im Foyer traf er einen großen Mann, der sich aus denselben Gründen abgesetzt hatte. Sie stellten einander vor; der Name des Mannes war Morton Feldman (1926–1988), und er war Komponist. Auf der Stelle verstanden sie sich glänzend. Cage zeigte Feldman Boulez' *Deuxième Sonate*. Feldman empfahl mit Nachdruck, die amerikanische Erstaufführung einem bebrillten jungen Pianisten namens David Tudor anzuvertrauen. Tudor war 1926 in Philadelphia geboren worden und hatte Orgel und Theorie bei H. William Hawks, Klavier bei Irma Wolpe Rademacher und Analyse und Komposition bei Stefan Wolpe studiert; begonnen hatte er als Organist. Seine technischen Fähigkeiten waren außerordentlich; einen großen Teil der Vorbereitung leistete er, ohne die Tastatur überhaupt zu berühren, weil er sich seiner Reflexe vollständig sicher war. Später wurde er so bewandert im Umgang mit indeterminierten Partituren, daß er, wie der Komponist Roman Haubenstock-Ramati es ausdrückte, »die Rosinen in einem Stück Obstkuchen spielen konnte«.

Die Vorbereitung, der sich Tudor nun unterzog, war wahrhaft gründlich. Sobald er die Partitur des Boulez-Stückes erhalten hatte, lernte er sie auswendig, und zum besseren Verständnis des Werkes lernte er auch Französisch, so daß er sich in die Literatur vertiefen konnte, die Boulez gelesen hatte: René Char, Mallarmé und Antonin Artaud.

Cage hatte mit der League of Composers bereits verabredet, daß William Masselos die amerikanische Erstaufführung des Werkes bestreiten sollte. Bei einem Besuch von Masselos stellte Cage fest, daß Masselos nicht in der Lage gewesen war, die Musik zu studieren; Masselos sagte, er sei keineswegs verärgert, wenn Tudor die Aufgabe übernehme. Also war es Tudor, der am 17. Dezember 1950 die *Deuxième Sonate* als amerikanische Premiere darbot.

Inzwischen hatte Tudor auch einige Klavierstücke von Cage studiert, und am 11. November begleitete er damit Cunninghams jüngst zusammengestellte Tanztruppe. Die Verbindung mit Tudor erwies sich als ein großes Glück für Cage. In den fünfziger Jahren fand er in ihm einen geistig aufgeschlossenen, ergebenen und virtuosen Mitstreiter. Die Art und Weise, wie Tudor es lernte, Cages Musik in klangliche Wirklichkeit umzusetzen – so sein Gebrauch einer Stoppuhr zur Bestimmung komplizierter Rhythmen –, sollte ihrerseits Cages Schreibweise beeinflussen. Tudor war nicht nur ein Pianist, sondern quasi ein eigenständiges Instrument, für das Cage, Feldman und viele andere schrieben.

## IV

Cages Wohnung in diesen Jahren lag an der Kreuzung von Grand Street und Monroe Street im Schatten der Williamsburg Bridge; die Bewohner nannten das Mietshaus nach seinem Besitzer Bozza Mansion. Unter den Nachbarn waren die Lippolds und der Maler Ray Johnson. Der Leichenwagen, den Richard Lippold fuhr, wurde als Instrumententransporter in Dienst genommen. Lippold baute das oberste Geschoß des Hauses für Cage um und machte einen großen weißen Loft mit sieben hohen Fenstern daraus; die Möblierung bestand aus einem Flügel, einigen Sitzkissen und Kokosmatten auf dem

Boden. »Ein alter Schuh hätte«, so Isamu Noguchi, der Bühnenbildner, »in diesem Raum schön ausgesehen.«

Hier veranstaltete Cage nun kleine Privataufführungen. Die Wohnung zog Maler, Schriftsteller und junge Musiker an, und *Harper's Bazaar* und *Vogue* schickten Models, die dort photographiert wurden, wenn kein anderes Mittel zur Zahlung der Miete gefunden worden war. Von Anfang an schien Cage der Rädelsführer der Szene. »Er hat eine Gruppe junger Komponisten um sich versammelt, die an seinen Lippen hängen«, schrieb Henry Cowell.

Cage, Tudor und Feldman trafen sich beinahe täglich in der Dachwohnung; bald zog auch Feldman im Bozza Mansion ein. Es wurde ständig experimentiert. Eines Abends verließ Feldman mitten in einer längeren Unterhaltung den Raum und kam mit einer Komposition auf Millimeterpapier zurück, notiert auf drei Ebenen mit hohen, mittleren und tiefen Klängen, die durch ein regelmäßiges Zeitmaß geteilt waren, mit Zahlen auf den verschiedenen Ebenen zur Spezifizierung der Zahl von Klängen, die in dem angegebenen Register erscheinen sollten. Cage und Boulez unterhielten einen lebhaften Briefwechsel, in dem sie ihre neuesten Ideen und Entdeckungen austauschten; Tudor und Cage entzifferten gemeinsam die aus Paris ankommenden Briefe. Auch Cowell und Virgil Thomson sah Cage häufig, sie produzierten gemeinsam die *Party Pieces*. Jeder übernahm eine »Runde« Musik, wobei er immer nur den letzten Takt seines Vorgängers zu sehen bekam; er fuhr mit einer Reihe von Takten fort und gab das Blatt dann an den nächsten im Kreis weiter. Cage schrieb an Boulez: »Wir alle hätten es gern, wenn Du entweder hier in New York oder wir alle bei Dir in Paris wären. Das würde ein wunderbares Leben sein.«

Cage diskutierte seine neuesten ästhetischen und philosophischen Ideen in seiner *Lecture on Nothing*, einem Text, den er unter Verwendung seiner rhythmischen Struktur geschrieben hatte. Viele seiner Freunde fanden die neueste Richtung seines Denkens verwirrend. Eine Frau stürmte während einer Lesung aus dem Raum und schrie: »John, ich mag dich wirklich, aber das hier kann ich auch nicht eine Minute länger aushalten!« Für die nachfolgende Fragestunde hatte Cage sechs irrelevante

Antworten vorbereitet, die er durch Werfen einer Münze auswählte. Eine der Antworten lautete: »Hätten Sie letzten April in Palermo Marya Freund Arnold Schönbergs *Pierrot Lunaire* singen hören, ich bezweifle, daß Sie dann diese Frage gestellt hätten.«

Immer noch arbeitete er an seinem in Paris begonnenen *String Quartet*, und im April benutzte er dieselbe Technik bei den *Six Melodies for Violin and Keyboard*, »kleinen Schnitzelchen von Ideen, die vom *String Quartet* übriggeblieben waren«. *A Flower* für Singstimme und geschlossenes Klavier, auf den Juni 1950 datiert, benutzt eine doppelte rhythmische Struktur, sieben mal sieben Einheiten im 5/4-Takt, geteilt nach dem Verhältnis 1/3/1/2, aufgepfropft auf fünf mal fünf Einheiten im 10/4-Takt, geteilt nach dem Verhältnis ½/1½/½/1/1½, eine weitere Verfeinerung, die den Gedanken nahelegt, daß, wie Paul Griffith anmerkt, »das alte Verhältnisprinzip in seine Dekadenzphase eingetreten war«. In seinem hörbaren Ergebnis erinnert das Stück an Werke aus den vierziger Jahren, etwa *The Wonderful Widow*. Cage dachte auch über eine Oper nach, instrumentiert unter anderem mit einem präparierten Klavier. Das Libretto sollte auf der Legende von Mila Repa beruhen, einem tibetischen Heiligen, der die Gestalt einer Distel annahm und sich über die Landschaft wehen ließ. Diese Idee ließ er aber bald wieder fallen.

Im Sommer dieses Jahres stellte Cage das *String Quartet in Four Parts* fertig, das am 12. August 1950 im Black Mountain College uraufgeführt wurde. Das *String Quartet* ist ein weiterer Schritt vorwärts, über die *Sonatas and Interludes*, über *A Flower* und seine *Mila-Repa*-Idee hinaus; erfolgreich, da sich Cage bewegt, ohne noch zu wissen, wohin. Die rhythmische Struktur ist gleichbleibend 2½/1½/2/5/6/5½/1½. Cage benutzte eine von ihm so genannte Skalentechnik, die er aus seiner Erfahrung mit dem präparierten Klavier destilliert hatte. Der Anschlag einer einzigen Taste kann mehrere Töne in einem bestimmten Tonhöhenverhältnis hervorbringen. Auch im *String Quartet* werden die Töne, die eine gegebene Melodie begleiten können, auf ähnliche Weise konstant gehalten. So konnten Stücke aus einzelnen Tonhöhen und aus Kombinationen konstruiert werden, die vom Melodieverlauf bestimmt waren. Als Theorie mag das eine recht dürftige Werkstatt-Extrapolation sein, die eine Praxis aufgreift und sie zur Aufstellung von Regeln benutzt, die willkürlich sind, weil sie in einer Situation ohne reale Ähnlichkeit benutzt werden; aber Cage erzeugt ausgezeichnete Hörergebnisse. Andererseits ist die Harmonie des Stückes begrenzt. Ein fixiertes Bündel von Akkorden wird eingesetzt, die nicht transponiert werden dürfen. Das wird deutlich in einem zur gleichen Zeit geschriebenen Stück für Klavier oder Harfe, *In a Landscape*.

Das *Quartet* ist diesem Prinzip gemäß wie eine monophone Melodielinie auf einem präparierten Klavier erfaßbar; wenn mehr als eine Tonhöhe erklingt, ist dieses Element der Melodielinie als Aggregat aufgefaßt worden, so als hätte es eine Schraube in sich. Auf diese Weise behandelt Cage jedes Instrument als Einzelelement, so daß die nähere Bestimmung des Titels – *in Four Parts* – keine Tautologie ist. Die Skalen erscheinen das ganze Stück hindurch in derselben Instrumentierung und Höhenlage, obwohl die Melodielinie gehört werden kann, wie sie sich durch jede der separaten Tonhöhen des Aggregats hindurchbewegt. Der langsame Satz scheint mit der Arpeggierung eines harmonisierten e-moll-Dreiklanges einzusetzen, komponiert aber wurde eine Folge dreier Aggregate, A nach E, As nach G, Fis nach B nach H.

Cage benutzt die Skalentechnik im *String Quartet* mit großer Strenge und rhythmischer Einfachheit. Entsprechend wäre es schwierig, das Werk bei der Aufführung zu romantisieren; es muß ohne Vibrato gespielt werden, mit demselben Bogenstrich für jeden einzelnen Ton.

Die Einfachheit des Werkes erinnert erneut an Satie; auch ist das Bemühen um Ausdruckslosigkeit spürbar; Strenge und Abkühlung von Leidenschaften. Im engen Bezug dazu ist die Auseinandersetzung mit mystischem Gedankengut zu sehen. In dem im März 1949 publizierten Aufsatz *Forerunners of Modern Music* hatte Cage Meister Eckehart mit der Äußerung zitiert, daß »ein Mensch in seiner Aufmerksamkeit nur allein sein kann«, eine Auffassung, die er in späteren Jahren nicht mehr teilen sollte. Wie die *Sonatas and Interludes* »kreist« das

*String Quartet* um den hinduistischen Komplex der neun ständigen Gefühle mit der Ruhe im Zentrum. Wie *The Seasons* geht es um die indische Vorstellung der Jahreszeiten als Schöpfung, Bewahrung, Zerstörung und Ruhe; man läßt den Wirbel individueller Leidenschaften hinter sich und gelangt zu einem globalen zyklischen Plan, der aber durchaus materiell bleibt, ähnlich wie in *Four Walls*.

Die Tempovorschriften legen eine Bewegung in Richtung Stille nahe. »Ruhig fließend« wird gefolgt von »Langsam wiegend«. Der langsame dritte Satz ist überschrieben mit »Beinahe stehend«. Die Akkorde fallen auf die eine oder andere der beiden Halben jedes Taktes. Die Idee des Einsseins wird durch die Tendenz zu einem einzigen zentralen Klang zum Ausdruck gebracht. Der Satz benutzt einen Kanon als einzige Melodielinie; die Tonhöhen der zweiten Hälfte des Satzes sind die rückläufigen Schritte der ersten. Das war kompositorisch eine komplexe Übung. Da die rhythmische Struktur kein Palindrom ist, bedurfte es eines kleinen Schwindels, bis die rückläufigen Intervalle paßten.

Was Cage durch die Einbeziehung dieser strengen Rückläufigkeit zu erreichen versuchte, war nicht nur eine Art Ökonomie. Er ging hier schon in eine Richtung, die die fernöstliche Philosophie nahelegte – die Aufgabe des persönlichen Willens. Mit dieser Idee hatte er bereits bei den *Party Pieces* mit Cowell und Thomson gespielt; hier verfolgt er sie energisch weiter. Dank Joseph Campbell war er unlängst auf eine irische Sage gestoßen. In Cages Fassung lautet sie:

»Ein irischer Held, dessen Mutter gestorben war, wurde von seiner Stiefmutter aufgefordert, sich auf eine Reise zu einer Insel zu machen, die unter dem Meer lag, und von dort einige goldene Äpfel heimzubringen. Wenn er binnen Jahresfrist nicht zurück wäre, würde er das Recht auf den Thron einbüßen, auf den dann einer seiner Stiefbrüder Anspruch hätte. Für die Reise wurde ihm eine elende zottige Mähre gegeben. Kaum war er aufgebrochen, als die Mähre ihm zurief: ›Schau in mein Ohr. Da wirst du eine Metallkugel finden. Wirf sie auf den Weg vor uns, und wir werden ihr folgen, wohin sie sich auch wendet.‹ Ohne zu zögern, tat der Prinz, wie ihm bedeutet wurde, und so überstanden sie, ihren Weg aufs Geratewohl fortsetzend, viele gefährliche Situationen. Schließlich, als sie dem Erfolg schon ganz nahe waren, sagte das Pferd: ›Jetzt nimm dein Schwert und schneide mir die Kehle durch.‹ Der Prinz zögerte, aber nur einen Augenblick lang. Kaum hatte er das Pferd getötet, als es sich – siehe da! – auch schon in einen Prinzen verwandelte, der, wäre da nicht die Gutwilligkeit des Helden gewesen, eine elende Schindmähre hätte bleiben müssen.«

Zu diesem Märchen wäre vieles zu sagen; seine Bedeutung wird später erörtert werden. Hier ist es relevant, weil Cage in seinem mit »Beinahe stehend« überschriebenen Satz den Spieler auffordert, sich eine Kugel vorzustellen, »die vor Ihnen dahinrollt«. Im *String Quartet*, sagte Cage, »ist die Einbeziehung von streng gesetzten konventionellen Harmonien eine Frage des Geschmacks, aber die bewußte Kontrolle fehlte«. Später sagte er: »Es ist eine Art von Musik, die nicht von Ihren Vorlieben und Abneigungen abhängt.« Cage hatte eine intuitive Ahnung des Weges, den sein Werk einschlagen sollte, aber er kannte die Legende noch nicht, die ihm zur gedanklichen Klärung und Umsetzung in die Tat verhelfen sollte.

# Kapitel zehn

## I

Im Jahre 1869 – nur sechzehn Jahre nachdem Kommodore Perry die Bucht von Yedo angelaufen und Japan in die moderne Welt hineingestoßen hatte – wurde Daisetz Teitaro Suzuki (sein Vorname lautet genauer Daisetsu) in Kanazawa geboren, einem prosperierenden Zentrum des Reisanbaus zweihundert Meilen nordöstlich von Tokio. Sein Vater, der Arzt war, starb, als er sechs Jahre alt war; mit achtzehn Jahren wurde Suzuki Englischlehrer in einer Provinzschule. Nach dem Tode seiner Mutter war er aller finanziellen Verpflichtungen hinreichend ledig, um mit Unterstützung eines älteren Bruders die Kaiserliche Universität von Tokio besuchen zu können.

Seine Universitätsbesuche waren sporadisch; den Großteil seiner Zeit verbrachte er mit Zen-Studien bei Shaku Soyen in Kamakura. Beim »Parlament der Religionen« anläßlich der Weltausstellung von Chicago (1893) traf Soyen einen Verleger aus dem nahegelegenen La Salle, der einen Übersetzer suchte. Shaku Soyen empfahl ihm seinen Schüler. Suzuki übernahm den Übersetzungsauftrag und zog 1897 nach Chicago, wo er Sanskrit lernte und in seiner Freizeit zusammen mit Dr. Paul Carus das *Tao Tê King* des Lao-tse ins Englische übersetzte. Zwischen 1908 und 1911 reiste und arbeitete er in Europa und kehrte dann nach Japan zurück, wo er Beatrice Earskine Lane heiratete, der er sehr viel früher in New York begegnet war.

Im Laufe der Jahre sollte sich Suzuki immer mehr der Aufgabe widmen, gewöhnlichen Menschen in Japan, Europa und Amerika die Lehren des Zen-Buddhismus näherzubringen. Warum er das tat, besonders im Westen, ist eine reizvolle Frage. »Er ist weder Mönch noch praktizierender Zen-Meister«, schrieb ein zeitgenössischer Journalist. »Er lehrt eher wie ein

Laientheologe.« Die Bereitschaft Suzukis, Zen zum westlichen Denken und zu westlicher Religion in Beziehung zu setzen – und die Tatsache, daß er Bücher schrieb, dreißig auf japanisch und zwanzig auf englisch –, erregte den Argwohn vieler traditioneller Zen-Buddhisten. Sein offenkundigstes Ziel war humanistischer Art; er spürte, daß Zen der Rastlosigkeit des modernen Lebens abhelfen und seinem spirituellen Mangel etwas entgegensetzen konnte.

Nach dem Zweiten Weltkrieg kam Suzuki von der University of Chicago an die Columbia University; die Crane Plumbing Company of Illinois gewährte ein Stipendium, und Homer Friess, Ryosaku Tsunoda und William Theodore de Bary im Fachbereich Religion willigten dankbar ein. Suzuki hielt eine ganze Reihe von Vorträgen an der Columbia University, seit den späten vierziger Jahren bis wenigstens 1957, und in dieser ganzen Zeit lehrte er auch anderswo, 1951 zum Beispiel eine Zeitlang an der University of California in Berkeley.

Wenn er an der Columbia University unterrichtete, wohnte er in Butler Hall und später, ab 1953, in der Wohnung im zweiten Stock, die der Familie seines jungen Assistenten Mihoku Okamura gehörte. »Er geht gern ins Kino«, enthüllte eine zeitgenössische Zeitschrift, »wobei er eine spezielle Vorliebe für Kostümfilme wie *Hamlet* mit Sir Lawrence Olivier hat.« Er hortete alte Kleidungsstücke als Staub- und Putzlumpen und kurze Bindfäden.

Sein Unterricht war ungewöhnlich, weil er sich weder auf Religion noch auf Philosophie festlegen lassen wollte und Studienanfänger ablehnte; dagegen durften Gäste als Beobachter teilnehmen. Nur zwei oder drei Studenten belegten den Kurs innerhalb ihres regulären Studiengangs, und doch waren alle Sitzplätze belegt, und man stand gedrängt bis an die Eingangstür – Philosophiestudenten, Maler, Bildhauer, Naturwissenschaftler und Psychoanalytiker (darunter Karen Horney). Der einzige Musiker, der im allgemeinen anwesend war, war John Cage.

Wann genau Cage Suzukis Vorlesungen zu besuchen begann, ist unklar. Cage erwähnt häufig, daß er Ende der vierziger Jahre hinging. Im Jahre 1951 waren bereits deutliche Wirkungen spürbar; die erste schriftliche Erwähnung Suzukis tauchte in Cages *Juilliard Lecture* von 1952 auf. Der Besuch der Vorlesungen im ganzen Jahr 1952 ist belegt.

Anfangs fanden die Kurse im Fachbereich Religion statt, in einem ziemlich niedrigen und düsteren Saal mit Marmorfußboden und großen Türen aus dunklem Holz. Später fand Suzuki eine Heimstatt im siebenten Stock des Philosophenturms. Dort redete er unter den wachsamen, aus einer gerahmten Photographie auf ihn herabblickenden Augen des Pragmatisten John Dewey, freitags von vier bis sieben Uhr. Auf beiden Seiten des Raumes waren hohe Fenster, und in der Mitte stand ein langer, mit Aschenbechern bedeckter Tisch; rings um den Tisch und an den Wänden entlang waren Stühle aufgestellt. Suzuki trat gewöhnlich am Arm seines Schülers Mihoku Okamura ein. Seine Bücher trug er in einem Umhängetuch bei sich. Nachdem er die Bücher ausgepackt hatte, begann er ganz ruhig, klar und sicher über Zen-Philosophie zu sprechen, gewöhnlich nach einem Manuskript. Gelegentlich zeichnete er eine Skizze oder ein Ideogramm an die Wandtafel, beim Reden streichelte er manchmal seine Bücher. Die meisten seiner Zuhörer schliefen an irgendeinem Punkt ein. Wie Cage es beschrieb: »Suzuki sprach nie laut. Wenn schönes Wetter war, wurden die Fenster geöffnet; die von La Guardia startenden Flugzeuge flogen von Zeit zu Zeit direkt über uns und übertönten alles, was er zu sagen hatte. Nie wiederholte er, was er beim Vorbeifliegen der Flugzeuge gesagt hatte.«

Cage erinnert sich: »Man fragte sich oft, ob man überhaupt irgend etwas gelernt oder verstanden hatte. Das Verständnis kam später – oder gar nicht.« Insbesondere drei Vorträge hat er im Gedächtnis behalten: »Während er sie hielt, konnte ich mir nicht um alles in der Welt klarmachen, wovon eigentlich die Rede war. Erst eine ganze Woche später, als ich auf der Suche nach Pilzen im Wald umherstreifte, dämmerte es mir.« Dem Geist von Zen treu, stellt Cage den Vortrag Suzukis und die Offenbarung – das spätere Verständnis – nebeneinander, insistiert aber nicht auf einer kausalen Verbindung zwischen beiden Fakten.

Die Theologieprofessoren unter den Hörern, etwa de Bary,

Yampolski, Houston Smith und Ruth Fuller, scheinen rückblickend dahingehend übereinzustimmen, daß die Vorlesungen und Seminare nicht außergewöhnlich und eher popularisierend als akademisch waren, »eben gut für einen, der nach einem Guru Ausschau hielt«, wie jemand sagte. Professor de Bary fügt hinzu, daß Cages Beschreibung »das Klima genau getroffen« habe.

Cage kam nicht ohne Vorbildung zu Suzukis Kursen. Ende der dreißiger Jahre hatte er an der Cornish School Nancy Wilson Ross' Vorträge über Zen und Dada gehört. Später las er *Zen in English Literature and Oriental Classics* von R. H. Blyth, dem bahnbrechenden Haiku-Übersetzer. Dann traf er Allan Watts, dessen *Spirit of Zen* 1939 erschienen war. Cage las sein Buch, besuchte seine Vorlesungen und fand sich bald mit ihm in einem Kreis zusammen, der Jean Erdman, Joseph Campbell und Ananda Coomaraswamys Witwe umfaßte. In den vierziger Jahren kehrte Watts in den Schoß der Christenheit zurück, und zwar als Universitätspfarrer für Studenten der Episkopalkirche an der Northwestern University bei Chicago. Er brachte gewisse Vorbehalte gegenüber Cages Zen-Verständnis zum Ausdruck, was sich später aber als Mißverständnis herausstellte.

Cages kontemplative Sensibilität und Empfänglichkeit für östliches Denken war klar und stark; seine ersten Begegnungen mit Zen waren von der Erwartung einer neuen Sinngebung und Lebensführung geprägt. Die Entwicklung seines emotionalen und geistigen Lebens ging Hand in Hand mit dem wachsenden Einfluß von Suzukis Lehre. Suzuki war der Lehrer und Meister, den er offenbar gesucht hatte. Im Fall des Lehrers Schönberg hieß es: »Ich habe nicht bei irgend jemandem Musik studiert; ich habe bei Schönberg studiert.« Ganz ähnlich jetzt: »Ich habe nicht bei irgend jemandem Zen studiert; ich habe bei Suzuki studiert.« Auch hier: der »Chef der Firma«.

Die Lehren Suzukis hatten eine verblüffende Wirkung auf Cage. Er spürte, daß sie ihn begrifflich und emotional ins Erwachsensein katapultierten; daß sie für ihn die Funktion einer Psychoanalyse erfüllten. Die Beschäftigung mit Zen bot eine existentielle Einbettung, die ihm in vieler Hinsicht angemessen war. Für sein Leben, sein Werk und sein Denken ist Zen von ausschlaggebender Bedeutung.

## II

Historisch gesehen, ist Zen von China nach Japan gekommen und breitete sich ab dem dreizehnten Jahrhundert dort aus. Im Gegensatz zum traditionellen Buddhismus betont Zen einen praktischen, direkten spirituellen Weg und legt in einer der Hauptschulen das Schwergewicht auf die unvermittelte, plötzliche Erfahrung der Erleuchtung in der alltäglichen Wirklichkeit.

Suzuki fuhr einst nach Hawaii, um an einer Tagung über das Wesen der Realität teilzunehmen. Der Vorsitzende fragte ihn, ob er glaube, daß der Tisch, um den herum sie saßen, rund sei. Suzuki sagte ja. Der Vorsitzende fragte ihn, in welchem Sinne der Tisch real sei. Suzuki sagte: »In jedem Sinne.«

Die Welt schreitet voran und entwickelt sich ohne unsere Erlaubnis. Es wird heiß oder kalt sein, Regen wird fallen, Bäume werden im Wind rauschen; unsere Maschinen werden die Geräusche hervorbringen, die sich aus der Art und Weise ergeben, wie wir sie benutzen – Planierraupen rasseln, Triebwerke pfeifen und dröhnen. Zen erfordert Demut. Das Christentum aber machte sich die in der Aufklärung begründete und in der atheistischen Moderne zur Blüte gekommene Idee zu eigen, daß die Menschen die Welt mit ihrem Verstand lenken können. Ein radikaler Empirismus ist der Schlüssel zu Zen. »In jedem Augenblick zeigt sich alles, was passiert«, stellt Cage fest. »Alles ist im Vordergrund präsent.«

Es gibt keinen Punkt, von dem aus sich beurteilen ließe, auf welche Bereiche des Lebens man sich konzentrieren und welche man außer acht lassen soll. »Es gibt kein übriges Leben«, sagt Cage. »Das Leben ist eins.« Und er stellt fest: »Ob das richtig ist oder falsch, darauf kommt es nicht an, ein ›Fehler‹ gehört nicht zur Sache, denn sobald etwas passiert, ist es authentisch, es ist das, was es ist.« Im Gespräch mit einem Kollegen sagte Cage einst, er stimme nicht mit seiner Äußerung überein, es gebe zuviel Elend auf der Welt. »Was?« sagte der Mann verwundert. »Glauben Sie etwa, es ist noch nicht genug?« Cage erwiderte: »Ich glaube, es ist genau die richtige Menge davon da.«

»Man kann sich im Wind treiben lassen, ein Segel setzen und warten, was passiert«, sagt er. »Wir sind alle Helden, wenn wir nehmen, was kommt, wenn unsere innere Heiterkeit ungetrübt bleibt.« Oder gar: »Wirklich heldenhaft ist es, *die Situation, in der man sich befindet, zu akzeptieren.* Ja!« Nach der Lehre des Zen soll man sich bemühen, Kommentare, Urteile und Erinnerungen, alles, was die Wahrnehmung des Augenblicks stört, auszuschalten. Schauen Sie sich an, was passiert, bevor Sie zu dem Schluß kommen, Sie wüßten, was passiert. In den sechziger Jahren sagte Cage: »Ich glaube nicht, daß wir wirklich am Wert der Dinge interessiert sind. Wir sind an der Erfahrung der Dinge interessiert.«

»Es obliegt uns«, so Cage, »jedes Ding so zu sehen, wie es ist.« Einen Komponisten zu bekritteln und sein Werk anzugreifen sind zwei verschiedene Aktivitäten. Komponieren ist nicht dasselbe wie Musik aufführen oder hören. Als Cage 1958 sein *Concert for Piano and Orchestra* komponierte, zeigte er jede Seite dieser verschiedenartig notierten Partitur seinen Freunden. Einer fragte, wie eine bestimmte Seite wohl klinge. »Du hörst sie nicht«, korrigierte Cage, »du schaust sie dir an.«

Der Brennpunkt ist der gegenwärtige Augenblick. »Einmaligkeit«, berichtet Cage, »steht dem Hier-und-Jetzt-Sein äußerst nahe«; oder wie René Char es ausdrückte: »Jeder Augenblick ist jungfräulich, sogar der wiederholte – man kann nichts genau wiederholen, nicht einmal sich selbst!« Ein Ereignis wäre nur eine Wiederholung, wie Cage formuliert, wenn wir dächten, wir besäßen es.

Suzuki sprach von Ungehindertheit und wechselseitiger Durchdringung. »Ungehindertheit«, wie Cage sie definierte, »ist, wenn man sieht, daß im gesamten Raum jedes Ding und jedes menschliche Wesen im Zentrum steht und das am meisten geehrte von allen ist.« »Wechselseitige Durchdringung bedeutet, daß jedes dieser am meisten geehrten Dinge und Wesen in alle Richtungen strömt und dabei alle anderen Dinge und Wesen durchdringt oder von ihnen durchdrungen wird, ohne Rücksicht auf Zeit und Raum.«

Das bekannte Emblem des Tao zeigt, wie sich Gegensätze in einem Kreis miteinander verzahnen, aber auch, wie jeder davon in sich den Keim des Ganzen und damit wiederum den anderen trägt. Es ist aufschlußreich, daß sich sogar ein so offensichtlich westliches Symbol der Ganzheit wie Maurits Eschers endlose Treppe nur in einem paradoxen Kreis um sich selbst dreht. Suzuki erklärt:

»Jede individuelle Realität spiegelt etwas vom Allgemeinen wider und ist gleichzeitig, wie Individuen, ganz sie selbst. Es existiert ein System vollkommener Beziehungen zwischen individuellen Existenzen und auch zwischen Individuen und Universalien, zwischen besonderen Objekten und allgemeinen Ideen. Dieses vollkommene Netz gegenseitiger Beziehungen nennen wir wechselseitige Durchdringung.«

Die Leuchtkraft des Lichtes ist für Suzuki die beste physikalische Analogie der universalen wechselseitigen Durchdringung. »Das Grundwesen des Lichtes«, so Suzuki, »liegt darin, sich zu mischen, ohne alle anderen Dinge zu überlagern, zu behindern oder zu zerstören. Ein einziges Licht spiegelt in sich selbst alle anderen Lichter wider, allgemein und individuell.« Dieses Prinzip läßt sich auch auf unser Verständnis von miteinander in Beziehung stehenden Menschen anwenden. »Sie und ich – wir sind von Natur aus verschieden und komplementär«, schrieb Cage. »Zusammen sind wir durchschnittlich wie null, daß heißt wie die Ewigkeit.«

Das Prinzip der wechselseitigen Durchdringung setzt sich über die extremsten begrifflichen Distinktionen hinweg. Gegensätze sind Korrelate oder Ergänzungen. Nichts, Leere oder Negation, ist dem Sein gleich, wenn nicht sogar überlegen. Spirituelle Einsicht ist, so Suzuki, »nur durch Transzendierung des Dualismus von Sein und Nichtsein erreichbar.« Cage kommt auf verschiedene Weise ebenfalls darauf zu sprechen. »Der Mensch ist von Anfang seines Lebens an zerstört. Nichtigkeit ist eine gegenwärtige Bedingung«, gibt er zu bedenken. »Jedes Etwas ist ein Echo von Nichts.« Nirgendwo ist das, »wo wir sind«. Das sind Tatsachenfeststellungen, keine Anlässe für Nihilismus. »Niemand büßt nichts ein, weil nichts mit Sicherheit besessen wird.«

Der radikale Empirismus bringt die Sensibilität für die Paradoxie hervor, die Wirklichkeit in all ihrer Subtilität. Man kann die Besonderheit von allem erkennen; man kann seine Verbindung mit allem anderen und auf einer bestimmten Ebene auch seine Identität erkennen. Cage zitiert Thoreau, der sagt: »Ja und Nein sind Lügen. Eine richtige Antwort zielt nicht darauf ab, etwas festzusetzen, sondern eher darauf, alles im Fluß zu halten.« Wir tun gut daran, das Ja *und* das Nein im Auge zu behalten, nicht das Entweder-Oder. Suzuki diskutierte einst das Prinzip des Yu, des Nichtwissens, das nie Wissen werden kann. »Gegen Schluß lachte er leise, ohne irgendeine Leistung zu behaupten«, erinnerte sich Cage, »und sagte dann: ›Ist das nicht lustig? Da komme ich den ganzen weiten Weg von Japan her, um Ihnen etwas zu erklären, das sich seinem Wesen nach nicht erklären läßt!‹«

William Duckworth setzte Cage einst auseinander, wie widersprüchlich es sei, sich gegen aufgezeichnete Musik auszusprechen (was er, wie wir sehen werden, getan hat), aber dennoch sein Werk auf Schallplatten festzuhalten, weil das die Leute eben wollten. »Widersprüche beunruhigen mich nicht«, erwiderte Cage. »Inkonsistenz, das wissen wir von Emerson, ist durchaus nichts Schlechtes.«

Die übliche westliche Auffassung des Kausalprinzips ist unangemessen. Im Osten werden nicht Ursache und Wirkung betont; der Nachdruck wird statt dessen auf das Hier und Jetzt gelegt. Die Realität, sagte Suzuki, »ist nur wahrnehmbar, wenn alle Spuren des Kausalprinzips aus unserer Sicht der Dinge getilgt sind«. Wie Cage das ausdrückt: »Die Wahrheit ist, daß alles alles andere verursacht.« Und: »Wenn jemand sagt, daß es keine Ursache und Wirkung gibt, dann ist damit gemeint, daß es eine unberechenbare Unendlichkeit von Ursachen und Wirkungen gibt, daß in Wirklichkeit jedes Ding im gesamten Raum und jeder Zeit mit jedem anderen im gesamten Raum und jeder Zeit verbunden ist.«

Wenn man sich mit dem Prinzip der Ursächlichkeit auseinandersetzt, stößt das Ich an seine Grenzen. Wie Geschmack und Klassifizierung ist auch das kausale Denken eine Art Umweg und Fehlleitung unserer Erfahrung. »Diese Frage ›warum‹«, sagt Cage, »ist dasselbe wie die Frage nach dem Besten oder dem meisten. Es sind sehr eng miteinander verbundene Fragen, die eher dazu führen, daß man sich von seiner Erfahrung lossagt, als daß man sich mit seiner Erfahrung identifiziert.«

»Die Leute sagen manchmal ängstlich: Ein Grundstück, eine
Saite, ein Sonnenuntergang, sie besitzen
nichts, alles im Spiel«

Ähnliche Passagen tauchen auf den jeweils gleichen Seiten von *Silence* und *A Year from Monday* auf.

Im Gespräch über das Werk von Cage beschrieb Ray Kass Zen als »Mystik auf der Ebene von ›Reich mir mal die Kartoffeln‹«. Cage gibt zu bedenken: »Fortschritt kommt nicht in Frage, das ist ein zu enger Begriff. Sie müssen im Sinne von Wandlungen des Lebens denken. Wenn der Herbst zum Winter wird, wenn die Blumen sterben ... ist das dann Fortschritt?« Aber, fügt er hinzu, »was passiert, ist nicht Inaktivität«.

Zen geht nicht nur von einem radikalen Empirismus aus, es arbeitet mit einem radikalen Pragmatismus. Eine Dame aus Oregon schrieb einst an Cage und bat ihn, ihr zu erklären, woran man ein Kunstwerk erkennen könne. Er schlug vor, sie solle doch ihre Sicht ändern und alles ästhetisch betrachten – dann sei alles Kunst. Und er formulierte das Ganze in einem ansehnlichen Postskriptum neu, indem er vorschlug: »Sie fangen einfach an zu schauen; mit anderen Worten: Sie fangen an, aus sich herauszugehen und die Welt um sich herum zu betrachten, und dann verändert sich Ihr Geist.« Es gibt »keinen Grund, vorsichtig vorzugehen im dualistischen Sinne von Erfolg oder Mißerfolg, Schön oder Häßlich, Gut oder Böse, man sollte sich ganz einfach an das halten, was Meister Eckehart vorschlug – nicht fragen, ob man etwas Rechtes oder Falsches tut«.

Das, was man tut, läßt sich mit der gleichen Klarheit ins Auge fassen wie alles übrige. »Was ich wirklich glaube«, sagt Cage, »wird von meinen Handlungen vollkommen deutlich gemacht.« Da es bei diesem Tun keinen »Fehler« gibt, kann nichts von dem, was jemand getan, rückgängig gemacht werden. »Ein Irrtum«, postulierte Cage, »ist einfach das Versäumnis, sich von einer Konzeption unmittelbar auf eine Wirklichkeit umzustellen.« In der Zen-Kalligraphie gilt es als ausgemacht, daß, wenn die gezogene Linie abbricht, die Energiespur doch erhalten bleibt. Cage benutzt keinen Radiergummi; sein Gebrauch bedeutet »...daß eine Handlung vollzogen wird, von der gesagt wird, diese Handlung soll nicht bestehen, deshalb wird sie getilgt«. Dann beobachtet er verblüffenderweise eine Wechselbeziehung zwischen dem spirituellen Wert dieser Handlung und dem finanziellen Wert des Materials, ohne einem von beidem die Priorität zu geben: »Nehmen Sie jetzt die Malweise, die wir aus dem Fernen Osten kennen, wo das Material, auf das man malt, so kostbar ist, daß man keinen Strich zu machen wagt, der eine Korrektur erfordert. Also bereitet man sich innerlich vor, bevor man den Strich macht. Man weiß, daß, wenn man einen Strich macht, man ihn auch so stehenläßt. Die Möglichkeit der Korrektur hat mit dieser Art von Handlung nichts zu tun.«

## III

Während einer seiner Vorlesungen malte Suzuki eine eiähnliche Gestalt an die Tafel, auf halber Höhe links davon einen großen Buchstaben, der den Geist, und, als leerer Raum im Innern des Buchstabens, das Ich darstellte. Der Raum rund um die obere Hälfte des Ovals stellte die Welt der Relativität dar und der um die untere das, was Suzuki das Absolute nannte, »das, was Eckehart«, wie Cage einfügt, »den Grund nannte«. Das Ich tritt mit der Welt durch seine Sinneswahrnehmungen in Beziehung und begegnet dem Absoluten in Träumen und in seinem Unbewußten. Es ist nur ein Splitterchen eines Kontinuums. Wie Suzuki erklärte: »Das Ich kann sich von diesem großen Geist, der durch es hindurchgeht, abschneiden oder sich ihm öffnen«; »ganz gleich, ob diese Erfahrung«, wie Cage verdeutlicht, »durch den Tag oder durch die Nacht in es eindringt.«

»Anstatt sich davon abzuschneiden, kann das Ich auch mit seiner Erfahrung fließen«, fuhr Suzuki fort. »Ebendas will Zen: daß dieser Fluß stattfindet. Zen möchte, daß das Ich sich dem Geist öffnet, der außerhalb seiner ist. Wenn Sie den Weg der Meditation im Schneidersitz wählen, bei dem Sie durch Disziplin nach innen gehen, werden Sie frei vom Ich. Sie benutzen Ihre Vorlieben und Abneigungen nicht mehr, um sich in der Welt der Relativität zu schützen, sondern Sie wachsen damit.«

Die traditionellen Zen-Künste und -praktiken unterstützen diesen Prozeß: die Teezeremonie, das Blumenarrangieren, Bogenschießen, Kalligraphie und Poesie, insbesondere die Kunst des Haiku. Das, was jemand zustande bringt, hängt von seiner geistigen Klarheit zum Zeitpunkt der Tat ab. Beim Bogenschießen spannt man den Bogen, der Pfeil schnellt jedoch erst von der Sehne, wenn der Geist leer ist. Bei einem Haiku-Gedicht wird beurteilt, wie wenig Denken darin manifest ist, wie nahe es der reinen Beobachtung kommt. Je einfacher eine Zeile, um so mehr Wahrheit enthält sie. Das Haiku evoziert und läßt nicht nachklingen. Man schreibt nicht »Der April ist der grausamste Monat«, sondern: »Ich höre den plätschernden Regen/In ein Becken tropfen.«

Zen ist ein immanenter Weg der Annäherung, der die Begriffe in einen sehr viel engeren Rahmen von Nützlichkeit und Notwendigkeit einspannt als üblich, es ist jedoch keineswegs ein antiintellektueller Weg. Begriff und Realität werden als zwei verschiedene Dinge gesehen, und ersterer kommt letzterer gewöhnlich in die Quere. Cage sagte 1958: »Ich will nicht, daß es etwas *bedeutet*. Ich will, daß es etwas *ist*.« Er unterstreicht: »Kein Ding im Leben erfordert ein Symbol, weil es genau das ist, was es ist.« Es ist ein unnötiger Umweg, über das begriffliche Denken den Weg zum eigenen Leben zu finden. »Wenn man sich anklammert oder versucht, das Leben zu zwingen, mit einem abstrakten Begriff von Leben übereinzustimmen, so ist das nur absurd«, warnte Cage. »Die Absurdität rührt von der Künstlichkeit des Ganzen her, davon, nicht zu leben, sondern zuerst eine Idee davon haben zu müssen, wie man leben sollte, und es dann stolpernd und strauchelnd zu versuchen.« »Seien Sie aufmerksam«, empfiehlt er, »aber hüten Sie sich vor Erklärungen.«

Cage sagt, er möge es nicht, wenn »ein besonderes Ding ein Symbol eines anderen besonderen Dinges« sein soll. Wenn aber, fügt er hinzu, auf das Prinzip der wechselseitigen Durchdringung anspielend, »jedes Ding in der Welt als Symbol jedes anderen Dinges in der Welt gesehen werden kann, dann gefällt mir das«. Dabei »braucht nichts mit irgend etwas anderem verbunden zu werden, weil die Dinge zunächst ja nicht unversöhnlich getrennt waren«. Die Trennung ist nur da, um uns vor dem Leben zu schützen.

Der Zen-Weg ist keine hübsche Idee; Zen ist praktisch. Wenn Sie die künstliche Klarheit begrifflichen Verständnisses nicht mehr brauchen und »statt dessen bereit sind, sich auf die Erfahrung einzulassen, kommt Ihnen die Welt weitaus offener entgegen«. Cage schreibt:

»Ich kann die Beziehung zwischen einer mannigfachen Zahl von Elementen akzeptieren, so wie wir das tun, wenn wir die Sterne betrachten, eine Gruppe von Sternen entdecken und sie den ›Großen Bären‹ nennen. Dann mache ich daraus ein Objekt. Ich gebe mich nicht mehr mit irgendeinem Wesen ab, das aus Elementen oder separaten Teilen besteht, ich habe ein fixiertes Objekt vor mir, das ich veranlassen kann, in genauen Grenzen zu variieren, weil ich im voraus weiß, daß ich es mit sich selbst identisch finde ... Was das Sternbild zu einem Objekt macht, ist die Beziehung, die ich seinen Komponenten auferlege. Aber ich kann mich weigern, diese Beziehung zu postulieren.«

*Koan* und *mondo* sind die traditionellen Frage-und-Antwort-Techniken im traditionellen Zen, die das begriffliche Denken kurzzuschließen helfen. Sie gelten eher für die Welt des Absoluten als für die der Relativität. Beide werden vom Lehrer an den Schüler gerichtet; das *koan* wird bedacht, beantwortet und erneut beantwortet, während das *mondo* eine unverzügliche Replik erfordert. Die gestellte Frage, etwa »Wie hat dein Gesicht ursprünglich ausgesehen, bevor dein Vater und deine Mutter geboren wurden?«, läßt sich nicht verstandesmäßig beantworten. Andere Fragen, die verwirrend scheinen, etwa »Was ist Buddha?« oder »Warum hat Bodhidharma keinen Bart?«, bedürfen einer Antwort, die, wenn Worte benutzt werden, eher auf das Faktum des Findens einer Lösung verweist, als daß sie diese Lösung bildet.

Direkte Wahrnehmung erfordert die Aufgabe von Vorlieben und Abneigungen. Alles, was einen veranlaßt, die eigenen Erfahrungen geringzuschätzen, gehört zu einem selbst. »Es ist nur irritierend zu denken, man wäre gern anderswo«, konstatiert Cage. Es gibt keinen langweiligen Augenblick. »Langeweile greift nur um sich, wenn wir sie in uns selbst erwecken.« Wir versuchen oft, uns davon zu überzeugen, daß die Welt genau so ist, wie wir sie uns wünschen; manchmal wirken wir auf die Welt ein, um sie so zu machen, wie wir sie uns wünschen. Es gibt jedoch keinen Elfenbeinturm. Wie Cage es ausdrückt, wird der Prinz eines Tages herauskommen und Buddha werden. Früher oder später werden Sie gewahr, daß das Glas des Bilderrahmens das Licht der Lampe widerspiegelt; oder Sie sind gerade in eine Dvořák-Symphonie vertieft, in der grandiosen Umgebung einer gotischen Kathedrale, wenn die Glocken im Turm neun Uhr in der falschen Tonart schlagen. Das ist es, was tatsächlich geschieht, und der Umstand, daß es uns irritiert, könnte als die hartnäckige Weigerung gesehen werden – möglicherweise ein Überbleibsel von Infantilismus –, diese Tatsachen zu akzeptieren.

»Jedes Ding auf der Welt«, gibt Cage zu bedenken, »stellt uns die Frage: ›Was bringt dich auf den Gedanken, daß du mich nicht mögen könntest?‹« Der Geist kann das Verlangen, die Schöpfung zu verbessern, aufgeben und als getreuer Empfänger von Erfahrung durch konzentrierte Aufmerksamkeit agieren, ohne Vorurteil. »Wenn Sie sich fragen, warum wende ich mich ab«, schrieb Cage, »statt sich mit Vergnügen abzuwenden, können Sie etwas über sich erfahren.« In der Praxis des Zen heißt es, man möge, wenn etwas eine Minute lang langweilig ist, es zwei Minuten aushalten, und wenn es dann immer noch langweilig ist, vier Minuten; am Ende wird man entdecken, daß es interessant ist. Cage empfiehlt uns, »Augen und Ohren zu öffnen und das Leben jeden Tag als so vollkommen zu sehen, wie es ist«.

»Alles, was kommt, akzeptieren, ungeachtet der Folgen, heißt furchtlos sein oder voll von jener Liebe, die aus dem Gefühl des Einsseins mit allem kommt«, konstatierte Cage. »Unsere Wonne liegt im Nichtbesitz. Wenn man am sicheren Besitz von nichts festhält, kann man alles genießen, was einem angeboten wird.« Ohne Bevorzugung von etwas ist alles, auf das wir stoßen, genau passend. »Als ich nach etwas Irrelevantem Ausschau hielt, merkte ich, daß ich es nicht finden konnte«, sagt

Cage, denn Unordnung ist, wie Henri Bergson einmal sagte, bloß die Ordnung, nach der man nicht suchte. Manche Erfahrungen eröffnen aber einen weiteren Horizont und größere Tiefe (eine Einschränkung, die Cage in den siebziger Jahren wieder aufgibt).

Vorlieben und Abneigungen führen zu extremen Erfahrungen; zu Lust, wenn etwas stattfindet, das wir lieben und schätzen, zu Schmerz, wenn das Gegenteil der Fall ist. Ohne solche Bevorzugungen »wird Ihre Lust universaler sein«, und damit meint Cage »sowohl konstanter als auch raumgreifender«.

Cage nahm weiterhin Wertungen vor. Er hat keine Lieblinge unter seinen Werken (abgesehen von einer Voreingenommenheit für *4′33″*), hält aber manche Stücke, etwa *Metamorphosis*, für nicht gut. Er schaut sich das Zentrum des Stückes an, wie er das nennt, und findet es nicht völlig dem angemessen, was es zu sein versucht. Denselben Weg geht er bei seiner Kritik an *Imaginary Landscape No. 2* und immer dann, wenn er in seinem späteren visuellen Werk gute Ideen von schlechten trennt. Ein anderes Wertungskriterium, das er benutzt, ist nicht »besser« oder »schlechter«, sondern mehr oder weniger interessant. Die *Second Construction* putzt er im Lichte seiner Ideen über die Zukunft der Musik herunter. Das ist, sagt er, »ein dürftiges Stück. Mir war nicht deutlich bewußt, als ich es schrieb, daß es dürftig ist; ich hielt es für interessant. Aber es hat einen Überhang an Theorie und Erziehung; es ist in Wirklichkeit eine Fuge, aber eine neue Art Fuge. Heutzutage und in meinem Alter glaube ich, daß Fugen nicht interessant sind.«

Wenn es auch richtig ist, daß Zen allen Nachdruck auf die spontane unvermittelte Erfahrung legt und alle Intellektualisierung in die Schranken weist, wird Disziplin dennoch nie verworfen; erleuchtete Spontaneität erwächst nur aus höchst gründlichem Training und Vorbereitung. Wie Cage sagt: »Handeln ist ein Wunder, um zu handeln, muß ich alles und mich selbst aus dem Weg schaffen.« Disziplin ist eine klärende Übung, die vom Willen ausgeht und das Ich betrifft. Cage verweist darauf, daß das Wort Disziplin sich von derselben Wurzel ableitet wie *disciple*, Schüler. Man gibt sich selbst auf und lenkt sein Leben aus dem Kern seines Wesens heraus. »Disziplin bedeutet eher, daß man sich selbst ergibt, als daß man erwartet, daß sich die Dinge einem ergeben«, wie Cage das formuliert. »Disziplinen sind wichtig als Disziplinen. Das spezifische Wesen der Disziplin ist nicht so wichtig wie die Disziplin selbst.« Er gibt zu bedenken: »Die Frage ist nicht, was soll ich tun oder wie soll ich es tun, sondern wie erreiche ich den Zustand der Diszipliniertheit, wie kann ich wirkliche Disziplin erlernen, um mich selbst aufzugeben.«

»Wenn der Geist diszipliniert ist« – Cage gibt einen Satz Meister Eckeharts wieder –, »geht das Herz rasch von Angst zu Liebe über.« Im modernen Westen wird der Wille weitgehend mißverstanden. Er dient nur dazu, der Außenwelt die Gebote des Ichs aufzunötigen. Seine weitaus wichtigere Funktion ist aber die, zwischen Ich und Realität zu vermitteln und beide miteinander zu versöhnen. Um den jüdischen Theologen A. J. Heschel zu zitieren: »Unser Wille ist selbst Gehorsam, Antwort, Befolgung.« In zweiter Linie ist der Wille die Kraft, mit der das Ich sich auf Realität einläßt, um sich die eigenen Wünsche zu erfüllen. Cage entscheidet sich für die Klarheit des Willens im ersteren Sinne, als Mittel zur Annahme der Realität. »Der Geist ist leer«, sagt Cage, womit sich dieser Geist von allem anderen distanziert, »das sich irgendwie beschäftigt«.

Eine Zen-Geschichte erzählt, wie einst ein Mann auf der Kuppe eines Berges stand. Mehrere Menschen, die gemeinsam unten auf der Straße wanderten, sahen ihn und begannen über die Gründe zu spekulieren, warum er da oben stehen mochte. Als sie den Gipfel erreichten, legten sie ihm ihre Vermutungen vor. »Hast du dein Haustier verloren?« fragte einer. Der Mann antwortete, er habe keines. »Hast du deinen Freund verloren?« fragte ein zweiter. Nein, sagte der Mann. »Genießt du etwa den frischen Windhauch hier oben?« fragte ein dritter. Der Mann verneinte das.

»Wenn du all das verneinst«, fragte schließlich einer der Reisenden, »warum stehst du dann hier oben?«

Der Mann sagte: »Ich stehe nur so da.«

»Was wir tun, tun wir ohne Vorsatz«, schrieb Cage. »Der höchste Vorsatz ist der, keinerlei Vorsatz zu haben. Das bringt einen in Übereinstimmung mit der Natur und ihrer Wirkungsweise.«

Für jeden, der den Zen-Weg erlernt hat, wie für jeden, der in seiner Auseinandersetzung mit dem Leben einen – philosophischen, psychoanalytischen oder spirituellen – Sprung getan hat, ereignen sich dieselben Dinge im Leben wie zuvor. Man bleibt denselben Irrtümern unterworfen, und über dem Horizont tauchen dickere Wolken auf. Cage zitiert voller Schadenfreude den Schluß eines Buches von Suzuki, und zwar den Ausspruch eines Mönchs, der da sagte: »Jetzt, da ich erleuchtet bin, fühle ich mich genauso elend wie zuvor.«

Vor dem Zen-Studium, erzählte Suzuki seinen Studenten, sind die Menschen Menschen und die Berge Berge. Während des Zen-Studiums geraten die Dinge in Verwirrung. Nach dem Zen-Studium sind die Menschen wieder Menschen und die Berge Berge. Jemand fragte nach dem Unterschied zwischen vorher und nachher. Suzuki antwortete: »Kein Unterschied, nur die Füße sind ein wenig vom Boden abgehoben.«

Cages Zen-Erfahrung ist von seiner angeborenen heiteren Wesensart gefärbt. Das Leben, schreibt er, »ist im wesentlichen ein Anlaß zur Freude«. »Hier sind wir, laßt uns ja sagen zu unserer gemeinsamen Präsenz im Chaos«, schlägt er vor. »Alles ist ein Vergnügen; wir besitzen es nicht und brauchen daher auch nicht seinen Verlust zu fürchten.« Wenn alle Erfahrungen ein Vergnügen für Sie sind, »dann haben Sie es ›geschafft‹. Und was Sie geschafft haben, ist die Welt des Geistes, und sie ist göttlich geworden.« Bei mehreren Gelegenheiten zitierte Cage das japanische *nichi nichi kore ko nichi* – »jeder Tag ist ein schöner Tag«.

Das also sind die Hauptzüge von Zen, wie Cage es verstanden hat, und sie bilden den Schlüssel zum Verständnis des Werkes, Lebens und Denkens seiner Reifezeit. Sie ermöglichen auch ein Verständnis der Art und Weise, wie seine Anschauung der Kunst sich gewandelt hat. Die Beschäftigung mit Zen brachte verschiedenartige Aspekte seiner Ästhetik zur Reife, so die Unpersönlichkeit des Schaffensprozesses und den Glauben, daß die moderne Musik dazu beitragen könne, die Hörer mit dem modernen Leben zu versöhnen. Sie führte auch zu einer erneuten Aufnahme asketischer Tendenzen. Sie klärte sein Verständnis und seine Auffassung dessen, was Schönheit konstituiert, was Kunst konstituiert und welche Funktion Kunst hat. Sie vermittelte Cage eine genauere Beurteilung solcher anziehenden, aber verwirrenden Ideen des indischen Denkens, die sich in Sätzen wie »den Geist nüchtern und ruhig und damit empfänglich für göttliche Einflüsse machen« und »die Natur in ihrer Wirkungsweise nachahmen« niederschlagen. Überaus deutlich ist, daß mit Zen ein rascher Wandel in Cages musikalischer Welt einsetzte, daß er von nun an einen Weg einschlug, der zu ihm paßte – und für den er berühmt wurde.

## IV

Die in der westlichen Welt vorherrschende Auffassung von Schönheit ist die, daß sie die eine Seite einer Dualität ist, der Dualität dessen, was schön ist und was nicht. Schönheit ist in der Natur entweder teilweise oder latent manifest, vor allem in besonderen Gegenständen. In der Kunst muß sie konstruiert und gepflegt werden. Weite Bereiche des Alltagslebens werden verworfen und sind jeder Aufmerksamkeit unwert, andere Bereiche des Lebens werden im Gegensatz dazu herausgehoben. »Bedauerlicherweise«, sagt Cage in seiner elliptischen Art, »hat das europäische Denken es mit sich gebracht, daß tatsächliche Dinge, die sich ereignen – etwa plötzliches Innehalten oder plötzliches Niesen –, nicht für tief gehalten werden.« In Cages Darstellung: »Man entscheidet sich, ob einem das Vorhandene gefällt oder nicht, und allmählich entwickelt sich ein Bündel von Vorlieben und Abneigungen.« Der Geschmack wird kodifiziert; er wird zu einem sozialen und historischen Ordnungsmuster.

Für Cage ist die westliche Kunst eher dazu bestimmt, die Realität zu transformieren oder zu verbessern, als unser Bewußtsein oder Verständnis davon zu mehren. Die Auseinandersetzungen über die Beziehung zwischen Kunst und Leben reichen wenigstens bis Aristoteles zurück. Laut Schiller ist die erste Funktion der Kunst die Herrschaft der Form über das Material.

André Malraux gibt zu bedenken, daß die Kunst nicht darauf abzielt, die Realität nachzuahmen, sondern zu transformieren. In jüngerer Zeit äußert sich Mario Vargas Llosa, wenn er die Rolle der Beobachtung für den Romancier diskutiert, dahingehend, daß sein Produkt dann Kunst wird, wenn es »gewissenhafte formale Behandlung erlebt, die es mit dem Charakter des Außergewöhnlichen ausstattet«.

All diese Meinungen, so Cage, beruhen auf der Annahme und der Konstruktion eines Ichs. Sie machen unser Selbst größer, indem sie dem denkenden Geist die Illusion vermitteln, er sei wichtiger, als er es in Wirklichkeit ist; die Wiederholung und Rekapitulierung traditioneller Musik verfestigt beispielsweise »den Glauben, daß man Herr im eigenen Haus ist«. Ästhetischen Konstruktionen nachjagend, verfehlen wir das Leben.

Cage hat dem entgegengehalten, daß er auf eine solche Kunst lieber verzichte. »Ich kann mir eine Welt ohne Kunst vorstellen, und sie wäre nicht einmal ein schlechter Ort«, gibt er zu bedenken. »Wenn da ein Lebensbereich dunkel genug wäre, um jeden Lichtstrahl von Kunst fernzuhalten, möchte ich in dieser Dunkelheit sein, wenn nötig umherirrend, aber lebendig.« Er hielt es für schwierig, Musik zu hören, die allzu vertraut ist, und stellte fest: »Es ist nahezu unmöglich, in Gegenwart eines sattsam bekannten Meisterwerks lebendig zu bleiben.«

Wie man erwarten darf, ist die Musik der Brennpunkt von Cages herabsetzenden Äußerungen. Der Bereich verfügbarer Klänge ist geteilt und strukturiert, bestimmte Bereiche werden mit Vorzug behandelt. Definierte Tonhöhen werden von Geräuschen geschieden. Klänge sind keine Klänge mehr, wie Cage sagt, sondern Buchstaben – A, B, C, D, E, F, G –, und »wenn ein Klang so bedauernswert ist, keinen Buchstaben zur Verfügung zu haben ... wird er aus dem System ausgeschlossen, und zwar deswegen: weil er ein Geräusch ist und nicht zur Musik gehört«. An diesem Punkt, so Cage, hören Klänge auf, in sich selbst folgenreich zu sein; was wichtig ist, sind die Beziehungen zwischen ihnen. Gleichzeitig erklingende Töne werden den Gesetzen der Harmonielehre unterworfen (oder des Kontrapunkts, den Cage übersieht). »Sogenannte Harmonie«, wetterte er, »ist eine erzwungene abstrakte vertikale Beziehung, die das spontan sich vermittelnde Wesen der darunter gefaßten Klänge verdeckt. Sie ist künstlich und unrealistisch.«

In der westlichen Musik werden nicht nur einige Klangkategorien und bestimmte ausgewählte Beziehungen privilegiert, sondern manche Stücke – und die Hervorbringungen bestimmter Individuen – werden auch höher bewertet als andere. Es gibt große Komponisten und Meisterwerke: Wir stellen uns vor, so Cage, daß Klänge eben nicht Klänge sind, sondern Beethoven. Wenn bestimmte Komponisten den Ruf haben, sie seien Vermittler ästhetisch, wenn nicht sogar spirituell höherer Einsicht in die Welt, kann jede andere Einsicht entsprechend entwertet werden.

»Da gibt es alle Zeit der Welt fürs Studium von Musik«, gab Cage zu bedenken, »aber fürs Leben gibt es kaum mehr Zeit.« »Die Kunst wird vom Leben getrennt«, stellte er fest, »und um sie zu erreichen, müssen wir erst das Zentrum von jemand anderem durchqueren.«

Das Bild, das Cage entwirft, ist somit das einer sich verengenden Pyramide des guten Geschmacks. »Wenn ein Komponist eher die Verantwortung spürt zu machen, als zu akzeptieren«, postulierte er, »scheidet er alle die Ereignisse aus dem Bereich der Verantwortung aus, die nicht die zu diesem Zeitpunkt mögliche Welle von Tiefe ahnen lassen; er nimmt sich selbst ernst, möchte als ein großer Mensch gesehen werden; damit mindert er seine Liebe, und dauernd muß er sich angstvoll fragen, was die Leute von dem halten werden, was er macht.«

Es gibt bestimmte Grade der Abstraktion; Cage erwähnt beispielsweise das, was Virgil Thomson die französische, eher auf der Phraseologie als auf der Metrik beruhende Rhythmik nannte, die »geatmeter« Musik näher stehe als der in Takte eingeteilten Musik. Jede dualistische Ästhetik ist gleichwohl sehr brüchig. »Eine Fuge«, stellte Cage fest, »ist ein recht kompliziertes Spiel, das aber durch ein einziges Geräusch von – sagen wir: einem Feuerwehrfahrzeug – zerstört werden kann.«

Cage mied Konzerte mehr und mehr. Wenn er an einem Festival teilnimmt oder länger irgendwo zu Gast ist, besucht er jedes musikalische Ereignis. »Ich vermeide Konzerte nicht«, erklärt er, »aber ich würde nicht kommen, wenn ich zu Hause wäre.« Er hörte auch auf, noch irgendwelches Vergnügen an Popmusik zu empfinden. Als er 1942 in Chicago wohnte, hatte er einmal eine Jam Session in Evanston besucht, wobei er sich Notizen zu dem machte, was die vier anwesenden Schlagzeuger spielten. Später sollte er dem Jazz gegenüber eine noch größere Abneigung entwickeln als gegenüber der Rockmusik, weil es beim Jazz nicht nur regelmäßigen Rhythmus, sondern auch das gab, was er als den dialogischen Zuschnitt und die zerebrale Eigenschaft des Jazz bezeichnete. »Musik als Diskurs (Jazz) funktioniert nicht«, schrieb Cage. »Wenn Sie eine Diskussion führen wollen, führen Sie sie und benutzen Sie dazu Wörter.« Er sagt ganz einfach: »Ich liebe Klänge, und ich liebe sie tatsächlich mehr als das, was wir ihnen angetan haben.« Auf die Frage, ob sein Interesse an Musik mit den Jahren abgenommen habe, antwortet er: »Nein, an Musik bin ich immer weniger interessiert gewesen.«

Cage setzt sich nicht mit den Prämissen traditioneller Musik auseinander. Er verwirft sie insgesamt und aus Gründen, die nur aus seiner eigenen Position erschlossen werden können. Seine Bemerkungen dazu zeigen dieselbe Art von Unverständnis, die er schon als Jugendlicher an den Tag legte. »Wenn man musikalisch ist, macht einen das automatisch dumm und unfähig zum Zuhören?« fragte er. »Welcher ist musikalischer, der Lastwagen, der an einer Fabrik vorbeifährt, oder der Lastwagen, der an einer Musikhochschule vorbeifährt?«

Im Lichte von Zen wurde Cages Weltsicht organischer und konsistenter als zuvor. Seine Gedanken zur Musik gewannen an Klarheit. Er ging von der Überzeugung aus, daß »unser wichtigstes Geschäft unser Alltagsleben« ist; Kunst kann nicht darum besorgt sein, die Realität zu verbessern, und wenn wir die Welt direkt erfahren, müssen wir unsere Vorlieben und Abneigungen beiseite lassen. So identifizierte er seine neuen Ziele, und alsbald dachte er schon über die Techniken nach, sie zu erreichen. Seine kühnste Neuerung sollte nicht nur sein Denken zusammenfassen, sondern von da an auch die Grundlegung seiner Methode bilden. Der neue Weg integrierte auch viele seiner früheren Positionen in einem fest gegründeten System.

Jahrelang hatte Cage in der Musik danach gestrebt, auf unpersönliche Weise Werke hervorzubringen. Im Jahre 1944 hatte er zu bedenken gegeben, daß »die Persönlichkeit eine allzu wackelige Sache« sei, »als daß sich darauf eine Kunst aufbauen« ließe; sie hat ihren Platz, weil sie ja das konstituiert, »was mit dem Wort Stil bezeichnet wird«, aber keinen privilegierten. Jetzt fand der Personalismus auch in Cages neuem System einen Platz. »Manchmal halten die Leute die Künste für Gelegenheiten zum Selbstausdruck«, sagte er. »Ich stelle sie mir als Gelegenheit zur Selbstveränderung vor.« Er beharrt darauf, daß er keine Meisterwerke schreibt (will sagen: Er unternimmt nicht den Versuch dazu) und daß er das Bedürfnis hat, nichts Besonderes zu sein (was auf dem Wege der Umkehrung nahelegt, daß er durchaus etwas Besonderes ist). Auch der Begriff der Inspiration wird abgelehnt. »Inspiration muß um jeden Preis vermieden werden«, schrieb er und fügte erklärend hinzu: »Ich würde lieber in einer weniger exponierten Situation leben.«

Cages Begriff von Selbstausdruck stimmt, sofern er überhaupt irgend etwas bedeutet, mit dem von Mies van der Rohe an der Chicago School überein, der, von einer Studentin beschuldigt, seinem Kurs fehle es an Raum zum Selbstausdruck, diese Studentin aufforderte, sie möge ihren Namen schreiben, und als sie damit fertig war, antwortete: »Genau das. Das ist es, was ich Selbstausdruck nenne.«

Cage war jetzt auf der Suche nach einer Musik, die eher handelt als spricht, eher mit der Aktivität der Vibration des Klanges befaßt ist als mit dem Gebrauch dieses Klanges für musikfremde Zwecke. »In meinem Werk gibt es keine innere Bedeutung«, stellte er 1951 fest. »Mein Werk und die Klänge, die ich benutze, existieren ausschließlich um ihrer selbst willen, ohne Beziehung zu etwas anderem.« »Es ist sehr schwer, einem einzelnen Klang *irgendeine* Bedeutung zu verleihen«, gab Cage an anderer Stelle zu bedenken. Und immer wieder sagte er: »Ich habe nichts zu sagen, und ebendas sage ich, und das ist die Poesie, die ich brauche.«

Ein anderer Aspekt, den wir von früheren Zeiten her kennen und der jetzt wiederauftaucht, ist sein Eintreten für die im traditionellen Musikbetrieb ausgeschlossenen Klänge und Geräuschelemente. Cage sah sich zunehmend von seinem Interesse für Umweltgeräusche im Alltagsleben in Anspruch genommen – Geräusche, die die Kategorien der Musik überschreiten. »Schließen Sie die Augen und lauschen Sie auf den Verkehr«, sagte er. »Das ist ganz unabhängig vom Taktschlag, oder? Und die Klänge fallen nicht mit den Tönen der Dur- oder Molltonleitern zusammen, oder?«

Cage definierte eine Aktivität als modern – als zeitgenössisch oder interessant, nicht unbedingt mit Erfolg verbunden –, wenn sie nicht durch die Dinge, die sich ereignen, gestört werden. »Musik ist heute Musik, wenn sie nicht durch Umweltgeräusche unterbrochen wird«, schrieb er. »Ein Husten oder das Geschrei eines Babys werden ein gutes Stück moderner Musik nicht ruinieren.«

Die Überzeugung, daß »unser wichtigstes Geschäft das Alltagsleben« ist, die sich mit seiner langgehegten Vorstellung verband, zeitgenössische Musik könne dazu beitragen, die Hörer ins moderne Leben zu integrieren, wurde manchmal fast missionarisch vorgetragen: »Die Kunst ist nützlich in dem Maße, wie sie dazu dient, jemanden mit dem Leben, das er führt, besser bekannt zu machen.« Anderswo sagte er: »Kunst und unsere Beteiligung daran werden uns irgendwie mit dem eigentlichen Leben, das wir führen, vertraut machen.« »Wozu sind die Künste gut«, fragte er, »außer dazu, die Freude am Leben zu wecken?« Manchmal beschrieb Cage dieses Ziel auch in spirituellen Wendungen, daß Kunst nämlich die Aufgeschlossenheit für göttliche Einflüsse steigere. »Kunst soll für jedermann nützlich gemacht werden«, empfahl er, »also wird jedermann auch schon im Alltag Zugang zum Himmelreich haben.«

»Sich selbst überlassen, müßte die Kunst etwas sehr Einfaches sein – es wäre ausreichend für sie, bloß schön zu sein«, führte Cage einst aus. »Wenn sie nützlich ist, sollte sie vor lauter Schönheit überfließen und auf die anderen Aspekte des Lebens übergreifen, so daß sie, auch wenn wir ohne Kunst sind, doch unsere Handlungen oder unsere Reaktionen auf die Umwelt beeinflußt.« In einer genaueren Formulierung: »Die Funktion der Kunst in der gegenwärtigen Zeit ist es, uns vor all den logischen Verkleinerungen zu bewahren, die wir jederzeit auf den Fluß der Ereignisse anzuwenden versucht sind. Uns dem Prozeß näherzubringen, der die Welt ist, in der wir leben.«

Was Cage vorschlug, war »eine Sicht der Künste, die sie nicht vom übrigen Leben trennt, sondern eher die Differenz von Kunst und Leben verwischt«. »Ich würde nicht sagen, daß wir daran interessiert sind, die Schranke zwischen Kunst und Leben zu zerstören oder unkenntlich zu machen«, erklärte er. »Ich würde sagen, wir sind an der Feststellung interessiert, daß es keine Schranke zwischen beiden gibt.« Die Kunst kann als »eine Art Versuchsanstalt fungieren, in der man das Leben ausprobiert«.

Zuzeiten scheint Cage einem die Vermutung nahezulegen, er tue mit seiner Musik den Leuten einen Gefallen. »Wenn ihre Ohren nicht von mir beansprucht werden, werden sie später von etwas anderem beansprucht werden, und das könnte sehr viel schmerzhafter sein«, gab er zu bedenken. Oder umgekehrt, wenn manche Leute seine Musik unangenehm finden, »steht es ihnen frei, ins Alltagsleben hinauszugehen, um herauszufinden, daß das Alltagsleben besser ist als das, was sie im Konzertsaal gehört haben«.

Obwohl diese Haltung schon seit mehr als fünfzehn Jahren bei ihm beobachtet werden kann, hat sie sich doch in der Tendenz leicht gewandelt; anstatt Lärm und Geräusch meistern und unterwerfen zu wollen, soll man sie nun in ruhiger, unangestrengter Beobachtung annehmen.

Für Cage waren das alles keine Ideen, die ihm als Gerüst für seine Musik dienten, sondern formulierte Lebensweisen, wobei die Worte ihm helfen sollten, Entsprechendes auch in seiner Musik zu schaffen. Klänge versetzen ihn in Entzücken, insbesondere unerwartete. »Es ist sehr schön«, überlegt Cage, den Verkehrsgeräuschen lauschend. »Ich finde es schöner als Musikhören.« Das Wort, das im Mittelpunkt seiner Wertung von Klängen steht, ist das Wort *Schönheit*. Peter Yates erinnert sich an eine

Begebenheit: Als er mit Freunden einen Tisch fürs Abendessen quer durch den Raum schleppte, stürzte plötzlich Cage herein und fragte: »Was war da eben für ein schöner Klang?«

Er scheint nicht nur psychologisch, sondern auch physiologisch eine Ausnahmeerscheinung zu sein. »Ich habe noch nie irgendwelche Klänge gehört, die mir nicht gefallen hätten«, sagt er. Egal, wie groß das Volumen des Klanges ist. Auf einem Flughafen in Tokio war gerade ein japanischer Politiker aus Europa eingetroffen, und das Flugzeug wurde näher an die Gangway herangelotst, um den wartenden Photographen bessere Möglichkeiten zu bieten. »Die meisten Leute hatten die Finger in den Ohren stecken«, erinnert sich Cage, »während ich meine Ohren ungeschützt ließ, um zu hören, was es da zu hören gab.« Wenn man ihm klarmacht, daß seine Art des Erlebens einen gewissen Geisteszustand voraussetzt, antwortet er: »Nun gut, so ist mein Geisteszustand eben meistens.«

Die positiven Äußerungen Cages stehen in Gegensatz zu seiner schroffen Ablehnung traditioneller Musik, bei der er besonders zu Übertreibung und Dogmatik neigt. Die Komponisten, besonders manche der Komponisten, die für die größten gehalten werden, täten gut daran, sich nicht soviel um die Meinung anderer Leute zu kümmern, meint er. Er zieht dabei nicht in Betracht, welche Vorteile das traditionelle Verfahren neben seinen Mängeln besitzt, ebenso wie sein eigenes System nicht nur aus Verdiensten besteht. Die besten Praktiker verfolgen im wesentlichen dieselben Ziele, und zwar alle miteinander, trotz der Unterschiede der jeweiligen erklärenden Sprache; ineffizientes Handeln rührt häufig aus der Vermischung von dem, was einer tut, mit dem, wie er davon spricht. Jeder, der sich mit dem Judentum beschäftigt, weiß, daß er sich mit denselben Gegenständen abgibt wie ein anderer, der den Buddhismus studiert. Die Unterschiede ergeben sich aus der Hervorhebung dieser oder jener Methode oder dieses oder jenes Beschreibungssystems. So lassen sich Cages Aktivitäten im tiefsten Sinne auch als identisch mit denen von Mozart sehen – oder sogar von Beethoven.

Cage war zu einer Ästhetik gelangt, die im Grunde optimistisch und leicht zugänglich war: Steigerung von Freude und Genuß angesichts von allem, was geschieht. Und doch war er im Begriff, eines der verwirrendsten künstlerischen Werke der Geschichte zu vollbringen, das von den meisten Leuten als unverständlich und anmaßend abgelehnt wurde.

Der Kern des Problems liegt darin, daß Cages Position sich grundlegend von derjenigen unterscheidet, mit der künstlerische Arbeit gewöhnlich in Angriff genommen wird. Um ein Beispiel zu geben: Cages Ablehnung der meisten Aspekte traditioneller musikalischer Materialorganisation hat die völlige Vermeidung der musikalischen Konventionen zur Folge, auf denen der musikalische Ausdruck beruht. Cage beginnt damit, seine Ideen nicht auszudrücken, sondern sie zu exemplifizieren.

## V

Cage erinnert sich an ein Gespräch mit Suzuki nach einem bestimmten Vortrag: »Ich ging zu ihm und brachte die Einsicht zum Ausdruck, daß ich eine Verbindung zwischen meiner Arbeit und seinen Lehren vollzogen habe. Er sagte ganz einfach: ›Ich verstehe von Musik rein gar nichts.‹« Cage fragte ihn, was er über Kunst zu sagen habe, und er antwortete, auch darüber habe er nichts zu sagen.

»Ich wollte Zustimmung von ihm«, berichtet Cage. »Als ich sie nicht bekam, ging ich einfach meinen Weg weiter.« Die Antwort Suzukis, überlegte er an anderer Stelle, »kann sehr wohl eine Zen-Antwort gewesen sein: eine Lehre ohne Lehrer. Jedenfalls bekam ich damals und dort keinerlei Hilfe von ihm und mußte selbst denken.«

Cages Beschäftigung mit Zen und die Verpflanzung von Zen in den Bereich des Westens werfen ganz allgemein interessante Fragen zu den Mechanismen und Verzweigungen des sozialen Wandels durch das Zusammentreffen von Kulturen auf. Der Stil kann sich wandeln, um Ziele zu erreichen, die anderswo in anderer Form schon erreicht worden sind. Cage fragt zu Beginn von *Silence*: »Was ist heute Zen, in Amerika zur Mitte des zwanzigsten Jahrhunderts?« Und er erklärt: »Ich spürte, daß sich Zen in verschiedenen Zeiten und an verschiedenen Orten ändert, und ich bin nicht sicher, was Zen gewesen ist jenseits des Hier und Jetzt.«

Zen hat sich als nützliche Handhabe für die musikkritische und akademische Klassifizierung von Cage erwiesen, genau wie er im Sinne von Dada oder der Postmoderne diskutiert wird. Entwicklungen bei Dada, gibt David Ernst zu bedenken, »spiegeln sich später in der Musik von Cage wider«, und Cage bestätigt: »Kritiker, die meine Aktivitäten ganz allgemein mit Dada in Verbindung bringen, gehen nicht irre.« »Ich bin in den zwanziger Jahren groß geworden, mir war klar, daß es Marcel Duchamp gab und so weiter. Ich mochte Dada sehr.« (»Der Surrealismus steht in Verbindung mit der Therapie, während Dada mit Religion in Verbindung steht«, schlägt Cage andernorts vor, was wiederum seine Vorliebe für letzteren erklärt.)

Es wäre jedoch irreführend, Cages Werk auf solche Kategorien zu reduzieren. Er selbst beharrte unnachgiebig darauf, daß Zen nicht für seine Musik verantwortlich sei. Der Versuch, die meisten Dinge, die Menschenwesen zustoßen, im Sinne einer einzigen Ursache zu erklären, ist der Todeskuß für die Nützlichkeit und Genauigkeit jedweder Theorie. Es gibt viele Gründe dafür, warum jemand etwas tut, und es ist nichts Ungewöhnliches, wenn diese Motivationen sich nicht miteinander vertragen oder gar im Widerstreit miteinander liegen. Kategorisierungen dieser Art sind oft ein akademisches Übel. Besser wäre es, sich auf die eigenen Erfahrungen zu verlassen. Cage hat sein Werk aus vielen Gründen hervorgebracht, die umfassender und persönlicher sind, als man durch akademische Kategorien zu erfassen vermag.

Das interessanteste Werk ist, bevor es zum Exemplar einer Kategorie wird, ganz einfach es selbst. Cage teilt mit einem Großteil künstlerischer Arbeit, der die Kennmarke postmodern angeheftet wurde, die Vermeidung von Werturteilen, wenn auch aus ganz verschiedenen Gründen, und sein Denken schließt den Optimismus, ja sogar die Überzeugung ein, daß die reale Welt existiert, was ein Teil der Postmoderne ablehnen würde. Seine Neigungen – beispielsweise seine Tendenz, Kunst für fähig zu halten, die Menschen ins Alltagsleben zu integrieren – existieren vor den Begriffen und Kategorisierungen und vor den Studien – auch dem Zen-Studium –, durch die sie geklärt und entwickelt wurden.

# KAPITEL ELF

## I

Die *Sixteen Dances*, geschrieben im Frühjahr 1950, stellen Entwicklungen in Cages musikalischem Verfahren unter Beweis, die parallel zu den umwälzenden Wandlungen in seinem Denken verliefen. Merce Cunningham hatte eine sechzehnsätzige Suite choreographiert, die Themen der indischen Philosophie widerspiegelte, darin den *Sonatas and Interludes* von Cage ähnlich. Cunningham wollte »entsprechend eine Musik, die Emotionen zum Ausdruck brachte«.

Im Laufe ihres Briefwechsels hatte Cage erfahren, daß Boulez Diagramme, die dem magischen Quadrat ähnelten, als Teil seiner vorkompositorischen Arbeit benutzte und darin Zahlen eingesetzt hatte, um die Reihenbildung strenger zu gestalten. Cage nahm an, er könne diese Idee für seine eigenen Zwecke fruchtbar machen. »Ich fragte mich, wie eine klare graphische Darstellung der rhythmischen Strukturen zu bewerkstelligen sei, die ich benutzen wollte«, erklärte er. »Schließlich verfiel ich darauf, Tabellen zu benutzen. Anstelle von Zahlen trug ich Klänge, Gruppen von Klängen, in die Reihe ein.« Cage berichtet in *Silence*: »Die Elemente der Skalen wurden unsystematisch in Tabellen eingetragen, und die Kompositionsmethode brachte Bewegungen auf diesen Skalen ins Spiel, analog zu den Bewegungen, die bei der Konstruktion eines magischen Quadrats benutzt werden.«

Aus diesem Experiment ergab sich ein wahrer Durchbruch. »Während ich die Klänge und Klangaggregate auf diesen Diagrammen notierte, merkte ich, daß sie dadurch, daß ich sie aufschrieb, sich selbst genügten.« Anstatt die tabellarischen Übersichten zur bewußten Strukturierung des Stückes zu benutzen, benutzte er die Tabellen nun eher, um sie zu vermeiden.

»Ich kam zu dem Schluß«, erinnerte sich Cage, »daß ich entsprechend den Bewegungen in diesen Tabellen komponieren konnte, anstatt meinem eigenen Geschmack zu entsprechen.«

Zen hatte Cages Verständnis von Schönheit, von Kunst und ihrer Funktion geläutert, und im Lichte dieses neuen Verständnisses entwickelte er eine neue Weltsicht, die sich viele seiner früheren Tendenzen einverleibte und synergetisch verstärkte. Hier jedoch stand der bemerkenswerteste Sprung ins Ungewisse bevor: Es ging darum, sich nicht nur vom Ausdruck zu entfernen, sondern auch die eigentliche Grundlage des persönlichkeitsgebundenen Kunstwerks zurückzuweisen – die ästhetische Auswahl. Mit *Sixteen Dances* tat Cage einen beachtlichen kühnen Schritt in den Bereich der Komposition mit Zufallsoperationen. Fortan sollte er zunehmend umfassendere Weisen zur Determination des künstlerischen Materials entwickeln – persönliche Auswahl. Die Komposition mit Zufallselementen sollte den Ausschluß all der Vorlieben, Abneigungen, Geschmacks- und Erinnerungselemente aus seiner Musik erlauben, die er schon lange im allgemeinen zu vermeiden gesucht hatte. Genau wie der Mann auf der Bergkuppe, der einfach nur so dasteht, kam Cage zu der Einsicht: »Ich handle nicht in Absichten; ich befasse mich mit Klängen.«

Cage hatte zum erstenmal bereits in seinem *String Quartet* seine persönlichen Vorlieben und Abneigungen zu vermeiden versucht, besonders in der zweiten Hälfte des dritten Satzes. Aber es bedurfte des Kontaktes mit Zen, um sein Ziel gedanklich zu klären und es in die Tat umzusetzen. Das Hörergebnis war vergleichsweise primitiv: die lineare Mutation eines Prozesses, den Cage noch ganz im Banne seiner traditionellen, geschmacksorientierten Kompositionsweise in Bewegung setzte; er mußte damals den Schluß des Satzes sogar korrigieren, damit er in sein rhythmisches Schema paßte. Obwohl er die individuellen Skalen von *Sixteen Dances* ausgewählt hatte, war der Gebrauch von Zufallsoperationen, um zu einer großen Zahl von Determinationen zu gelangen – anstelle einer einzigen Regel, die einen automatischen Prozeß in Gang setzen sollte –, doch ein bezeichnender Schritt nach vorwärts. Zufallsoperationen wurden danach zur Signatur aller Aktivitäten von Cage, so daß *Sixteen Dances* als eine Art Wendepunkt zu bezeichnen ist.

In anderer Hinsicht war das Stück jedoch auch mit der Vergangenheit verbunden, weil Cunninghams Wunsch nach einer emotiven Musik es mit der expressiven Deutung der indischen Philosophie verknüpfte, die Cage jetzt hinter sich ließ. Als Übergangsziel, sagte er, »wollte ich sehen, ob ich einen Auftrag für ›expressive‹ Musik erfüllen konnte, während ich gleichzeitig von Zufallsoperationen Gebrauch machte«.

Seine frühere Schreibweise verlor sich nicht mit einem Schlage. Im März 1951 beschrieb Cage seine Kompositionstechnik so, als ob keiner der Sprünge der vorhergehenden Monate je stattgefunden hätte. »Ich nehme meine Klänge, wenn ich mich entschieden habe, was sie sein sollen«, sagte er, »und plaziere sie in diesen Hintergrund von Stille. Das reduziert die Struktur der Komposition auf reinen Rhythmus und nichts sonst.« Er bekräftigt, daß es »die *Sixteen Dances* waren, mit denen ich – vertrauensvoll – den Bereich des Zufalls betrat«. Das Konzept der Zufallskomposition aber kristallisierte sich erst beim Schreiben des Stückes heraus. Cage stürzte sich voller Verve auf den Zufall, aber wie bei so vielen Entdeckungen mußte sich auch hier der Zufall gegen das alte System erst durchsetzen.

## II

*Sixteen Dances* wurde am 21. Januar 1951 im Rahmen von Cunninghams Programm im Hunter Playhouse uraufgeführt. Seit langem war die Arbeit an dem Nachfolger des Stücks, dem *Concerto for Prepared Piano and Chamber Orchestra*, im Gange. Im Sommer davor begonnen, wurde es im Februar fertiggestellt.

Das Klavier hat in diesem Stück dreiundfünfzig präparierte Töne, die die verfügbaren Register umspannen; benutzt werden die bereits vertrauten Schrauben, Muttern und Gummistreifen – zuzüglich eines erstmals eingesetzten Plastiksteges, der mikrotonale Tonhöhenabweichungen produziert. Das Kammerorchester ist mit zweiundzwanzig Instrumentalisten disponiert, wobei mit Ausnahme der Klarinette keine doppelte Besetzung vorkommt. Zu den Schlaginstrumenten gehören ein Wassergong, ein Radio, ein metallener Behälter (etwa ein Papierkorb), eine Drahtrolle an einem Tonabnehmer, ein elektrischer Summer und die Aufnahme eines Generators.

Das *Concerto* ist rhythmisch einfach und textlich dünn; das Grundtempo sind konstante Halbe von vierundfünfzig M.M. Die rhythmische Struktur ist 3/2/4/4/2/3/5. Die Gesamtstruktur ist in drei Sätze geteilt: 3/2/4 im ersten, 4/2/3 im zweiten und 5 im letzten. Die Struktur des ersten und zweiten Satzes bildet ein Palindrom, von dem sich der dritte in monistischer Vereinzelung abhebt.

Während den *Sixteen Dances* Zufallselemente hinzugefügt wurden, war das *Concerto* von Anfang an als aleatorisches Werk gedacht, und Cage benutzte es teilweise zur Konsolidierung seiner Entdeckungen. Es läßt sich als musikalisches Sinnbild seiner Entwicklung in den vorhergehenden fünf Jahren sehen. Die Instrumentation umfaßt sogar zwölf Jahre Entdeckungsarbeit, von Wassergong und Drahtspule bis hin zum präparierten Klavier. Cage charakterisiert das Stück folgendermaßen: »Ich machte daraus ein Drama zwischen dem Klavier, das romantisch und expressiv bleibt, und dem Orchester, das den Prinzipien der östlichen Philosophie folgt.« Im ersten Satz, so Cage laut Calvin Tomkins, »sollte das Klavier die Auffassung zum Ausdruck bringen, Musik solle improvisiert oder erfühlt sein, während das Orchester nur die Permutationstabellen zum Ausdruck brachte, ohne jeden daran beteiligten persönlichen Geschmack. Im zweiten Satz führte ich größere konzentrische Bewegungen auf der Tabelle für Klavier wie für Orchester aus, mit der Idee, der Pianist solle anfangen, seinen persönlichen Geschmack aufzugeben. Der dritte Satz hatte nur eine Reihe von Bewegungen auf der Tabelle für beide und eine Menge Pausen.«

Jede Zelle auf den tabellarischen Skizzen war einzig, zusammenhanglos, nur auf sich selbst bezogen; aber da das Kompositionssystem das Auftauchen jeder Zelle gleich wahrscheinlich machte, sah Cage auch jede als koextensiv im Verhältnis zu den anderen. Die Komposition mit Tabellen ermöglichte es ihm so, eine erste Verbindung zwischen dem Klang und dem Zen-Prinzip der wechselseitigen Durchdringung herzustellen, obwohl sie durch die monophone Textur beeinträchtigt wurde, der das Schema verpflichtet war.

Die Sonderstellung des dritten Satzes im rhythmischen Plan könnte als prophetisch bezeichnet werden, denn Cage führte darin das Hilfsmittel ein, das den Eckpfeiler seiner Zufallsoperationen bilden sollte. Eine Zeitlang hatte er einen sechzehnjährigen High-School-Studenten unterrichtet, den in Nizza geborenen Christian Wolff. Sein Vater, der Verleger Kurt Wolff, war unmittelbar vor dem Zweiten Weltkrieg aus Deutschland in die Vereinigten Staaten gekommen und hatte hier den Verlag Pantheon Press gegründet. Der junge Christian Wolff, einer der wenigen Leute, die mit Fug und Recht von sich sagen konnten, sie hätten bei Cage so etwas wie Kompositionsunterricht im konventionellen Sinne genossen, wurde nicht nur von Cage, sondern auch von Tudor und Feldman geschätzt, und zwar so sehr, daß er bald ein vollberechtigtes Mitglied des Bozza-Haus-Clans wurde. »Er war ganz bemerkenswert«, erinnerte sich Cage, »und ich glaube, ich habe mehr von ihm gelernt als er von mir.«

Im Gedenken an die Großzügigkeit Schönbergs nahm Cage von Wolff kein Honorar für seinen Unterricht. Der junge Mann bezeigte Cage seine Dankbarkeit, indem er ihm die neuesten Publikationen aus dem Verlag seines Vaters mitbrachte. Da er wußte, daß Cage brennend an fernöstlicher Philosophie interessiert war, schenkte er ihm eines Tages die gerade im Pantheon-Verlag erschienene neue englische Übersetzung des *I Ging*.

Die Ursprünge des *I Ging* liegen jenseits der Reichweite historischer Dokumentation. Wie alle Texte derart entlegener Herkunft, ob nun die *Ilias*, das *Gilgamesch*-Epos oder die *Veden*, gilt es im allgemeinen als aus mündlicher Überlieferung hervorgegangen. Es erwuchs darüber hinaus aus praktischem Gebrauch, denn das *I Ging* ist unter anderem ein Orakelbuch, dessen zwei Hauptteile mit vierundsechzig Orakelbildern und den Kommentaren dazu operieren.

Es gibt eine Reihe von Erklärungen dafür, wie diese Einteilung zustande kam. Im alten China, heißt es, wurde die Zukunft vorausgesagt, indem man einen Schildkrötenpanzer ins Feuer warf. Wenn die Hitze den Panzer zum Zersplittern brachte, konnte der Wahrsager das Muster der Sprünge deuten, genau wie im alten Rom die Suche nach Vorzeichen die Seher bewog, in den Eingeweiden von Rindern nach Spuren des künftigen Geschicks Ausschau zu halten. Anhänger dieser These äußern die Vermutung, daß die Sprünge und Risse des Schildkrötenpanzers allmählich in vierundsechzig verschiedene Muster eingeteilt wurden.

Viel weniger einfallsreich ist die Vermutung, daß sich die Bilder aus der Mathematik des Orakelprozesses selbst entwickelten. Ein erstes Orakel wurde in binärer Form ausgesprochen, ja oder nein. Im Laufe der Jahrhunderte wurden die Möglichkeiten kombiniert, indem man die beiden zusammenlegte, was vier mögliche Antworten anstelle von zweien ergab (0/0, 0/1, 1/1, 1/0), weiter dann mit drei in einem Trigramm, das acht mögliche Antworten ergab. In der Form, in der das *I Ging* dann überliefert wurde, besteht das Schema aus sechs ungeteilten (——) und sechs geteilten (– –) Linien. Jeweils sechs Linien zusammengefaßt ergaben eine der vierundsechzig möglichen Kombinationen der acht Trigramme. Die vierundsechzig Orakelbilder werden Hexagramme genannt.

Derjenige, der das *I Ging* benutzt, legt durch Zufall fest, welches Hexagramm befragt werden soll, und zwar entweder durch das Werfen dreier Münzen oder durch das Ziehen von Schafgarbenstengeln, einer für jede Linie, die das Hexagramm von der Grundlinie aus aufbauen. Die Weisheit jener Zeit sah alle Lebensumstände als zwangsläufig dem Wandel unterworfen an; die Orakel repräsentieren keine Zustände, sondern Tendenzen der Bewegung. Es findet ein Kreislauf statt, der von der Sequenz der Symbole für jedes Hexagramm dargestellt wird, und zwar von der Position, die am meisten Yin ist, zu der, die am meisten Yang ist – daher der zweite Titel des Werkes, *Buch der Wandlungen*. Man befragt das Orakel nicht, um zu erfahren, ob das, was man sich wünscht, eintreffen wird, sondern um klarer zu erkennen, wie man sich in den Fluß von Aktivität eingliedern soll, um harmonischer und damit ergiebiger zu leben. Ob man nun Münzen wirft oder Schafgarbenstengel zieht, das Ergebnis der Hexagramme liefert eine Voraussage, die die Wandelbarkeit des Lebens hervorhebt: Die Linien sind bewegt oder ruhend. Wenn eine oder mehrere der sechs Linien bewegt sind, wird nicht nur das so erzeugte Hexagramm befragt, sondern auch das Hexagramm (mit Bezug auf die unmittelbar gegebene Situation), das geschaffen wird, wenn alle bewegten Linien als ihr Gegenteil gelesen werden – eine ungeteilte Linie in Bewegung wird zu einer geteilten Linie und umgekehrt.

Um die Mitte des elften Jahrhunderts v. Chr. nahmen King Wen und sein Sohn, der Herzog von Dschou, die vierundsechzig Hexagramme und setzten sie in Beziehung zu spezifischen moralischen Ratschlägen. Das *I Ging* wurde dadurch ebensosehr zu einem Buch der Weisheit wie zu einer Lehre der Wahrsagekunst.

Die neue Pantheon-Ausgabe bot die englische, von Cary Baynes angefertigte Übersetzung einer deutschen Übersetzung von Richard Wilhelm. Wilhelm war ein idealer Übersetzer gewesen, weil er nicht nur die chinesische Sprache beherrschte, sondern auch praktische Erfahrung mit dem *I Ging* hatte. Er hatte in den Jahren nach 1911, also nach der Revolution in China, gelernt, wie es zu benutzen war. Er hatte die Philosophie, auf der es beruhte, bei Lao Nai-hsuan in Tsingtao studiert. Die Übersetzung war in Zusammenarbeit mit seinem Lehrer entstanden und noch einmal ins Chinesische rückübersetzt worden, um ihre Genauigkeit zu überprüfen; Wilhelm hatte seine Arbeit im Sommer 1923 in Peking beendet.

Man hatte Cage das *I Ging* bereits vor Jahren einmal gezeigt. Lou Harrison lenkte seine Aufmerksamkeit auf ein Exemplar der Übersetzung von James Lagge, die 1882 veröffentlicht worden war, in der Public Library von San Francisco. In einem Interview im Jahre 1971 sagte Harrison, er habe es im Laufe seiner Kompositionsarbeit benutzt, ohne genauer zu spezifizieren, auf welche Weise. Zu einer Zeit, als Cage, so Harrison, »sehr unruhig war und dauernd fragte und suchte, erzählte ich ihm eines Tages von dem Werk, das ich in Los Angeles begonnen hatte (meine Manuskripte sagen mir, daß das 1943 war) und in dem ich das *I Ging* bei einer Reihe von Bestimmungsverfahren benutzt hatte«. Den Hörern seiner Norton

Lectures erzählte Cage im Jahre 1989: »Ich hatte damals keinerlei Verwendung dafür.« Jetzt, zu Beginn des Jahres 1951, wußte er nicht nur seine Philosophie besser zu würdigen, sondern fand auch, daß es einen durchaus praktischen Zweck erfüllen könnte. »In dem Augenblick, als ich das Buch aufschlug«, sagte Cage, »und die Tabellen und Hexagramme sah, die benutzt wurden, um Orakel zu erhalten ... sah ich eine Verbindung zu den Tabellen, die ich für mein *Concerto* benutzt hatte.«

Die neue Fassung des *I Ging* wurde zuerst 1951 veröffentlicht, der Schlußsatz des *Concerto for Prepared Piano and Chamber Orchestra* wurde im Februar desselben Jahres fertiggestellt. Da der zweite Satz auf den 2. Oktober 1950 datiert ist und Wolff die Möglichkeit gehabt haben kann, ein Vorausexemplar mitzubringen, läßt sich Cages Entdeckung des *I Ging* auf Ende 1950 und Anfang 1951 festlegen.

Der dritte Satz hatte im ursprünglichen Plan eine strukturelle Sonderstellung gehabt; jetzt ließ ihm Cage auch eine besondere Kompositionsmethode angedeihen, indem er das *I Ging* benutzte, um auf den Tabellen sowohl die Bewegungen des Klaviers als auch die des Orchesters zu determinieren.

Wie in den vorhergehenden Sätzen hatte die Tabelle sechzehn Reihen und vierzehn Kolumnen, die aus den bereits benutzten Tabellen stammten. Cage war an dieses Format gebunden, aber da das Produkt 224 war, war es schwierig, es zu den vierundsechzig Hexagrammen des *I Ging* in Beziehung zu setzen. Die ungeteilten Linien im *I Ging* repräsentierten das Orchester, die geteilten das Klavier. Wenn nur ruhende Linien entstanden, wurde diese Zelle des neuen Diagramms durch die entsprechende Zelle des Orchester- oder Klavierparts ersetzt, wie gerade zweckdienlich. Wenn eine Linie sich von ungeteilt zu geteilt bewegte, konnte die Zelle mit dem Orchester beginnen und mit dem Klavier enden. Wenn sie sich von geteilt zu ungeteilt bewegte, trat das Umgekehrte ein. Cage legte zwei zusätzliche Diagramme für die Bewegungen an, um die Abfolge der ausgewählten Zellen zu determinieren.

Der Gebrauch von *I Ging*-Zufallsoperationen im *Concerto* machte es zu einem Meilenstein seiner Entwicklung. Das Sinnbild, das es verkörperte, war zeitgemäß; es war in seinen letzten stummen Takten sogar vorausweisend. Das *Concerto* wurde in der Julius Hartt School of Music in Hartford, Connecticut, mit Cage als Solisten und dem Hartt Chamber Orchestra unter Moshe Paranow uraufgeführt.

Fortan war die praktische Basis der gesamten Kompositionsarbeit von Cage, das Gütesiegel und die Technik, die er weiterzuentwickeln suchte, die der Zufallsoperationen – gewöhnlich mit Bezug auf das *I Ging* erzeugt. Durch das nichtintentionale Machen von Kunst setzte er nun seine Weltsicht in die Praxis um. Mit der Notwendigkeit konfrontiert, sein Leben als einzelner leben zu müssen, fand John Cage einen Weg der Lebensführung, der in wachsendem Maße die Balance zwischen seinen verschiedenen anlagebedingten Neigungen zustande brachte. Mit seinem Zen-Studium hatte er einen plötzlichen Sprung gemacht, was sein Denken betraf. Mit den Zufallsoperationen und dem *I Ging* konnte er jetzt einen ähnlich dramatischen Sprung in seinem Werk wagen. Das wiederum konnte dazu beitragen, zu klären, wer er war und wie er sich verstand.

Während das magische Quadrat, ausgehend von Zahlen, Tabellen erforderlich machte, entdeckte Cage bald Wege, das *I Ging* zu »Zahlen in Beziehung zu setzen, die größer oder kleiner sind als vierundsechzig, so daß jede Frage, die eine Reihe von Möglichkeiten in sich enthält, beantwortet werden kann«. Später benutzte er die variable Skala von Gerber, um jede Spanne in Vierundsechzigstel zu teilen.

Der Gebrauch von Schafgarbenstengeln war für Cages Zwekke zu zeitraubend; statt dessen benutzte er ein Münzorakel, bei dem Fünf- oder Fünfundzwanzigcentstücke eingesetzt wurden. Die Erzeugung von genügend Hexagrammen für ein ganzes Stück – insbesondere für ein Stück von annehmbarer Länge – erforderte aber sogar bei dieser Methode noch viel zuviel Zeit. Cage warf noch auf dem kürzesten Weg in der U-Bahn Münzen, um die Zeit so effizient wie möglich zu nutzen. »Alle möglichen fremden Leute kamen auf mich zu und fragten: Wofür tun Sie das?« erinnerte er sich. »Dann kamen wir ins Gespräch, und manchmal erfuhr ich etwas von ihnen.« Er beschwatzte Besucher, für ihn zu würfeln. Jahre später benutzte er eine computergesteuerte Version des Orakels. Aber zu keinem Zeitpunkt dachte er ernstlich daran, es durch einen Zufallsgenerator zu ersetzen. »Ich habe Vertrauen zum *I Ging*. Es ist das älteste Buch der Welt«, erzählte er 1969 mit entwaffnender Offenheit einem Reporter. Die Voraussetzung seines Vertrauens, räumte er ein, war »ein Wertesystem, aber das stützt sich auf nichts Positiveres in mir als auf meine Sentimentalität ... Ich bin voll von solchen Widersprüchen und sehe keinen Grund, warum das nicht so sein sollte.«

Cage wendete also das *I Ging* an, um Zufallsoperationen für seine Musik zu erzeugen. Unklar ist, wie oft oder wie umfassend er dieses Orakel sonst befragte. Daniel Charles vertraute er an, er habe es nicht nur in seiner Musik benutzt, sondern auch in seinem Alltagsleben, »immer dann, wenn ich ein Problem hatte. Ich benutzte es sehr häufig auch zu praktischen Zwecken, um meine Artikel zu schreiben und meine Musik ... Für alles.« In einer der Geschichten, die seinen Vortrag mit dem Titel *Indeterminacy* bilden, erzählt er, wie er einst das *I Ging* für einen sehr skeptischen Richard Lippold befragte.

Einige Jahre lang hat Cage die orientalische Astrologin Julie Winter konsultiert – eine seltene Anleihe bei einer Richtung, die zu Irrationalität und Aberglauben führen kann –, aber er mißtraut der Wahrsagekunst. »Ich mochte beispielsweise das Drama oder Melodrama im Zusammenhang mit Tarot nicht«, sagte er. »Der Gehängte und all das.« Im *I Ging* hingegen gibt es mehr inhaltsleeren Rat als Schicksal. »Ich benutze das *I Ging*, wenn es nützlich ist, genauso wie ich am Wasserhahn drehe, wenn ich trinken will«, erzählte Cage. »Im allgemeinen frage ich: ›Was hast du dazu zu sagen?‹, und dann höre ich einfach nur auf das, was es sagt, und achte darauf, ob das ein Echo bei mir hervorruft oder nicht.« Im Laufe der Jahre hat Cage diese Zuflucht jedoch immer weniger benutzt. Er verwendet das Orakel nur dann, wenn er beunruhigt ist, »aber ich bin geraume Zeit nicht beunruhigt gewesen – das heißt, ich bin nicht so beunruhigt gewesen, daß ich es nötig gehabt hätte, es zu befragen«.

Wenn die Beschreibung zutreffend ist, brachte ihn der erste Blick ins *I Ging* auf die Idee zu einem Stück, das, als sich das

*Concerto* gerade mit den *Sixteen Dances* überschnitt, unverzüglich über die Grenzen des *Concerto* hinausging. »Auf der Stelle entwarf ich das ganze Verfahren für *Music of Changes*«, sagte Cage – der Titel spielt auf den Untertitel des *I Ging* an. Damit begann die lange und zermürbende Kompositionsarbeit an einem seiner umfangreichsten Werke, und zwar zu einer Zeit, da seine finanzielle Situation so desolat war wie nie. »Ich rannte zu Morty Feldman hinüber, um ihm den Entwurf zu zeigen, und ich erinnere mich immer noch, wie er sagte: ›Ja! Das ist es!‹«

## III

Die Arbeit an *Music of Changes* begann, nachdem das *Concerto* im Februar 1951 abgeschlossen war. Der erste Teil, etwa dreieinhalb Minuten lang, ist auf den 16. Mai datiert; der zweite, sechzehneinhalb Minuten lang, auf den 2. August; und der dritte und der vierte Teil, beide etwa zehneinhalb Minuten lang, auf den 18. Oktober bzw. 13. Dezember

Die rhythmische Struktur des Stückes ist $3/5/6\frac{3}{4}/6\frac{3}{4}/5/3\frac{1}{8}$. Um sie flexibler zu gestalten, entschloß sich Cage, die Tempi zu variieren, und zwar nach einer mittels des *I Ging* erzeugten Tabelle. »Bei jedem strukturellen Einschnitt«, erklärte Cage in einem Vortrag von 1958, »am Anfang beispielsweise und dann wieder im vierten und neunten Takt, bestimmten Zufallsoperationen die Stabilität des Tempos oder den Tempowechsel.« Andernorts sagte er: »Alle paar Takte, bei jedem strukturellen Einschnitt, wurde es schneller oder langsamer, oder es blieb konstant.«

Cage gestaltete die Diagramme achteckig, so daß jedes davon auch zu den vierundsechzig Hexagrammen in Beziehung gesetzt werden konnte, um die Schwierigkeiten zu vermeiden, die bei den Diagrammen im *Concerto* aufgetreten waren. In den Diagrammen für die Klänge stellte er die Klänge in die ungeradzahligen und die Pausen in die geradzahligen Räume. »Alle zwölf Töne waren in allen vier Elementen eines gegebenen Diagramms präsent«, erklärte er, »gleichgültig, ob eine Linie des Diagramms in horizontalem oder vertikalem Sinne gelesen wurde. Nachdem diese Zwölfton-Forderung einmal erfüllt war, wurden Geräusche und Tonwiederholungen mit aller Freiheit verwendet.«

Die Klänge des Stückes schließen Tonclusters ein (und zwar nach den von Henry Cowell vorgegebenen Konventionen notiert), weiter Zuknallen des Klavierdeckels, Schlagen des Gehäuseunterbodens, Schlagen mit einem Beckenschlegel an den Rahmen, Dämpfung der Saiten, Erzeugung eines Glissandos auf den Saiten und verschiedene Pedaleffekte. Cowell äußerte die Vermutung, daß Cage sich hier dem Versuch widmete, herauszufinden, wie nahe man mit dem nichtpräparierten Klavier dem Klang eines präparierten Klaviers kommen kann.

Um jedes Segment für sich schreiben zu können, legte Cage zunächst das Tempo fest und die Anzahl der Lagen in jeder Einheit. Während das *Concerto* noch monophon gewesen war, sollte jede Einheit des neuen Stückes aus zwischen einer und acht unabhängig voneinander komponierten Lagen bestehen. So konnte er besser nach dem musikalischen Korrelat der wechselseitigen Durchdringung suchen. »Wenn die Klänge in das Zeit-Raum-Kontinuum eintreten, haben sie ihr Zentrum in sich selbst«, schrieb er, »sie sind gefeit gegen die Indienstnahme durch jedwede Abstraktion, und die vollen 360 Grad ihres Umfangs sind frei für das unendliche Spiel wechselseitiger Durchdringung.« Dann komponierte er den großen Bogen jeder Lage der Einheit. Wenn Stille bzw. Pause geboten war, maß er die erforderliche zeitliche Länge ab und ließ Raum dafür. Aber er spezifizierte auch bestimmte Tonhöhen und legte Dauer, Dynamik und Klangfarbe eines Tons fest.

Um die Häufigkeit von wiederholten Figuren zu reduzieren, wurde die Hälfte der Klang-, Dauer- und Dynamikdiagramme – entweder die gerad- oder die ungeradzahligen – als »bewegt«, die andere Hälfte als »ruhend« bezeichnet. In den bewegten Diagrammen wurde jedes Element, sobald es benutzt worden war, durch ein anderes ersetzt. Dieser Prozeß zufälligen Austauschs hing von zwei Faktoren ab: ob ein Diagramm zu einem gegebenen Punkt bewegt oder ruhend war und welche anderen Diagramme gleichzeitig benutzt wurden.

Bei der Festlegung der jeweiligen Dauer benutzte Cage nicht das *I Ging*, sondern die Tarotkarten. »Ich hatte jede Dauer mit diversen Permutationen notiert«, erklärt er, »bei den kürzesten beginnend und mit den längeren fortfahrend, die zueinander hinzuaddiert wurden.« Durch Mischung und Ziehung von Tarotkarten wählte er eine endlose Zahl additiver Zeitlängen aus, »die das Merkmal hatten, bei den kürzesten anzufangen und allmählich immer länger zu werden«. »Das alles aber«, stellt er fest, »tritt in der *Music of Changes* nie deutlich in Erscheinung.« Interessant ist, daß Cage als Orakel das Tarot benutzte und keine anderen Spielkarten. Gleichwohl verwendete er die Tarotkarten nie wieder; sie verraten einen schmutzigen Daumen – seltene Konzession an die europäische Unreinheit (in einem eher technischen als moralischen Sinne).

Nach Abschluß dieses Prozesses wurde die nächste Lage komponiert, und der Prozeß wiederholte sich, bis der ganze Abschnitt fertiggestellt war. Nur ein Klang, der eine Rolle in der nächsten Phrase spielte, tauchte dann noch einmal auf. Der Aufwand an Anstrengung zur Generierung von Zufallsoperationen für alle diese Parameter eines Stückes von halbstündiger Dauer war gewaltig. »Du mußt dir vorstellen, daß ich eine große Menge Zeit damit verbringe, Münzen zu werfen«, schrieb er an Boulez als Entschuldigung für die Skizzenhaftigkeit des Briefes, »und die Leere im Kopf, die das mit sich bringt, beginnt auch meine restliche Zeit auszufüllen.«

Zufälligkeit hatte sich im *Concerto* nur auf die Tonhöhen bezogen; folglich stellte der weitere Bereich der Zufallsoperationen in dem neuen Stück einen großen Fortschritt dar. Allem Anschein nach spielte die persönliche Auswahl noch immer eine Rolle; »die *Music of Changes* habe ich komponiert«, sagte Cage, indem er ihren Entwurf mit dem der *Sonatas and Interludes* vergleicht, »indem ich Klavier spielte, auf Unterschiede achtete und eine Auswahl traf.« Er erfand auch die Pedalanweisungen. Manchmal ergaben die Zufallsoperationen unmögliche Zumutungen; in diesem Falle muß der Spieler nach Gutdünken verfahren, so daß auch hier der Zufall die Bedingungen schafft, unter denen eine Wahl getroffen wird. Noch während der Komposition des Stückes wurde Cage von Henry Cowell belehrt, er befreie sich nicht vollständig genug von allen seinen Vorlieben, ein Urteil, das er als neue Herausforderung auffaßte.

Das Kompositionssystem erbrachte eine Reihe aufschlußreicher Überraschungen. Cage erwartete beispielsweise, daß der vierte Satz raumgreifender und die Klänge darin allmählich lauter werden würden, was aber nicht der Fall war. Trotz der Beweglichkeit der Diagramme kehren einige Figuren wieder (so beispielsweise das zweite System auf S. 43 der Partitur).

Zeitlängen sind auf traditionelle Weise notiert, aber nicht metrisch gruppiert, so daß beispielsweise eine Sechzehntelnote ganz für sich allein stehen kann, ohne den Kontext einer vorhergehenden Note oder eine Pause. Um die Möglichkeit der Nebeneinanderstellung von Noten zu haben, die sowohl schreib- wie lesbar sein sollten, stellte Cage eine Viertelnote mit einer Standardgröße von 2,5 cm dar, so daß gleiche Zeitlängen auch auf der Seite gleich viel Raum einnahmen. Metrisch komplexe Dauern konnten so leicht in die metrische Struktur eingefügt werden, indem ihre Position auf der Seite ausgearbeitet wurde.

David Tudor probierte jeden Abschnitt aus, sobald er fertig wurde. Anspruchsvoll wie immer, eignete er sich bestimmte mathematische Verfahren an, um die Tempoanweisungen im Sinne der mit der Uhr zu messenden Zeit zu konvertieren. »Es war ein sehr schwieriger Prozeß und für ihn sehr verwirrend«, erinnerte sich Cage. »Tudor widmete sich dieser Musik ganz und gar. Damals *war* er die *Music of Changes.*« Tudor führte den ersten Teil davon an der University of Colorado in Boulder am 5. Juli auf, erneut dann am 19. August am Black Mountain College. Am 16. Dezember berichtete die *New York Times* von der ersten vollständigen Aufführung. Judith Malina, die später zum Film ging, und Julian Beck hatten, von Cage ermutigt, von August an das Cherry Lane Theater in der Commerce Street in New York für ihr Living Theater gemietet; in diesen Räumen fand die Premiere am Neujahrstag des Jahres 1952 statt.

*Music of Changes* eröffnete eine Phase der Stabilität von Cages Kompositionstechnik, die ungefähr ein Jahr dauerte. Die Diagrammtechnik für *I Ging*-Zufallsoperationen probierte er zu dieser Zeit meist in Klavierwerken aus. Die *Seven Haiku* und *For MC and DT* von 1952 benutzten sowohl dieselben Diagramme als auch dieselbe Notierungsweise. Die *Haiku* sind, darin mit den Gedichten übereinstimmend, um jeweils drei Einheiten von fünf, sieben und fünf Viertelnoten herum aufgebaut. Die Struktur von *For MC and DT* ist graphisch realisiert, mit der Seite als »Rahmen« der proportional notierten Zeit.

Wie der Schluß des *Concerto* sind die sechzehn Pausentakte, die *Waiting* eröffnen, eine Vorahnung, und der Titel läßt sich symbolisch verstehen. Die Ausgangsmaterialien des Stückes sind wiederholte Sequenzen, und die Zeitlängen sind als die Zahl ihrer Wiederholungen berechnet.

Die *Two Pastorales* sind auf den 9. November 1951 und 31. Januar 1952 datiert. Sie benutzen nur zwei Lagen, bieten eine dünnere Textur als *Music of Changes* und erfordern vom Interpreten weniger Virtuosität. Das erste Stück diente als Musik für einen Tanz von Merle Marsicano, *Idyll*, den er am 9. November 1951 aufführte. Seine rhythmische Struktur ist $2/3\frac{1}{2}/5\frac{1}{2}$, von Cage als Tempoänderung realisiert. Die Pedalanweisungen waren von Cages Geschmack bestimmt; er benutzt sie, um einen stärkeren Nachhall der Klänge hervorzubringen.

Die Höhepunkte der Diagrammtechnik wurden in der vierten und der fünften *Imaginary Landscape* und in *Williams Mix* erreicht. *Imaginary Landscape No. 4* entstand aus einem Kompositionsauftrag der neuen Music Society – und als Reaktion auf Cowells Vorwurf, die *Music of Changes* sei nicht frei von geschmacklichen Vorlieben. Cage schrieb ein Vierminutenstück für zwölf Radios, an denen jeweils zwei »Spieler« hantierten, der eine war zuständig für das Programm, der andere für Lautstärke und Klangreinheit. Zum erstenmal schrieb Cage die Parts in proportionaler Notation aus, wie sie aus der Angleichung von Zeit und Raum in *Music of Changes* entwickelt worden war; er verzichtete jedoch auf konventionelle Notenköpfe. »Ich dachte«, so Cage, »daß das Werk dazu dienen könnte, geschmackliche Vorlieben mehr und mehr aufzugeben, daß ich das Radio nicht mochte und daß ich vielleicht fähig sein würde, es zu mögen, wenn ich es in meiner Arbeit benutzte« (obwohl er bereits früher, in *Credo in US* und im *Concerto*,

Radio benutzt hatte). Sein Hauptziel aber war es weiterhin, nicht nur sich selbst, sondern auch den Kompositionsprozeß von Vorlieben und Abneigungen zu befreien. Wenn er das Radio benutzte, konnte er das musikalische Material – Tonhöhen und ähnliches – nicht im voraus definieren, er konnte nur bestimmen, ob und wie Klänge produziert werden sollten: die Einstimmung, Dynamik und Dauer jedes Radioklanges und die Kombinationen der zwölf Parts. Das waren die Materialien, auf die der Zufall sich bezog, und das hörbare Ergebnis konnte Klang, Störung und Stille sein. »Ich schrieb die Musik für Radios in dem Gefühl der Sicherheit, daß niemand mehr in der Lage sein würde, darin meinen persönlichen Geschmack ausfindig zu machen«, berichtet Cage.

Die Idee zu dem Stück reichte einige Jahre zurück. Wie *4′ 33″* im folgenden Jahr – und wie sein allgemeines Ziel der Vermeidung persönlicher Vorlieben und Abneigungen – mußte es warten, bis es zur Reife kam, in dem Maße, wie sich sein Denken und seine Techniken weiterentwickelten. In dem 1949 geschriebenen Vortrag *Forerunners of Modern Music* hatte er die Möglichkeit eines »Stückes für Radios als Instrumente« erörtert, das »die Frage der Methode als Nebensächlichkeit erscheinen lassen« würde.

Cage schrieb das Stück zwischen dem 5. und dem 27. April 1951, während er gleichzeitig noch in der Frühphase der Niederschrift von *Music of Changes* war. Die Uraufführung wurde für den 10. Mai im McMillan Theater der Columbia University anberaumt – um 20 Uhr 30, Eintritt frei. Bei einem Spaziergang auf der East 43rd Street, einige Häuserblocks südlich von Radio City, kam Cage an einem Radioladen vorbei und sah im Schaufenster eine Reihe von RCA-Victor-Radios, praktisch, kompakt, »jedes acht Pfund schwer und zum Preis von fünfunddreißig Dollar, mit einem ›Golden-Throat‹-Akustiksystem«. Der Geschäftsführer des Geschäfts kam mit Cage überein, ihm zwölf davon zu leihen.

Am Abend der Uraufführung baute Cage die Radios auf der Bühne auf, wobei er wie ein Schauspieler wisperte: »Ah, zwölf ›Golden Throats‹!« Das Publikum war zahlreich. *Imaginary Landscape No. 4* wurde gegen den Willen von Cage im Programm zuletzt gespielt, weil ein jüngst erschienener Artikel von Virgil Thomson, der Verbindungen zwischen Cages Musik und neuen Entwicklungen in der abstrakten Malerei nahelegte, das Interesse an seiner Arbeit und insbesondere an dem Radiostück angeregt hatte, so daß es nun den Höhepunkt bilden sollte.

Die anderen Kompositionen waren so lang, daß *Imaginary Landscape* erst um Mitternacht beginnen konnte. Unter den Interpreten waren Beck und Judith Malina, Remy Charlip, Lou Harrison, Richard Miller, der Dichter Harold Norse, Richard Stryker und andere, hauptsächlich Musiker. Das Publikum platzte vor Erwartung. »Cage dirigierte in großem Ernst aus seiner Partitur«, erinnert sich Norse. »Der Effekt war ähnlich dem einer nächtlichen Autofahrt auf einem Highway, bei der Neonlichter aufblitzen und Geräuschfetzen von Radios und Motoren vorbeiwehen.« In und außer Hörweite trudelten Bruchstücke vorbei. Das Wort »Korea« kehrte immer wieder:

> »In Korea. Und an der Hauptfront der Feind
> Tommy Spillane bewegt sich von der Grundlinie weg
> Jetzt, meine Damen, denken Sie daran,
> wenn der Waschtag kommt
> Aber Mutter, ich kann es dir nicht sagen«

Zu alldem gesellten sich, bei spontanem Applaus, Bruchstücke aus einem Violinkonzert von Mozart. »Wenn man diese Rede- und Musikfetzen aufschnappte«, berichtet Norse, »mit langen Pausen dazwischen, hatte das eine beunruhigende Wirkung.« In seiner Rezension des Konzerts wies Henry Cowell darauf hin, daß das Stück ruiniert worden sei, weil es zu spät gespielt worden war, die meisten Radiostationen hatten um diese Zeit bereits Sendeschluß gehabt. »Es war sicher nicht das, was Lou Harrison einen tollen Reißer zu nennen pflegte«, räumte Cage in einem Brief an Boulez ein. Gleichwohl widersetzte er sich Cowells Behauptung, die Aufführung sei durchgefallen. »In Wirklichkeit«, korrigierte er, »gab es noch jede Menge Sendungen.« Die vorgeschriebenen Klangvolumina waren alle recht niedrig. »Ich wußte, daß das Stück durch den Gebrauch von Zufallsoperationen im wesentlichen ruhig ausfallen würde und daß sehr wenig Klang darin war, sogar am hellichten Tage.«

Nach dem Konzert trug eine Prozession von Helfern die Golden Throats und die Schlaginstrumente auf den Gehsteig hinaus. Richard Lippold tauchte mit seinem Leichenwagen auf, der sie in die dunkle Nacht hinausfuhr.

Wie viele Menschen im ersten Hochgefühl der Offenbarung warb auch Cage begeistert um neue Zen-Anhänger. Peter Yates charakterisierte Cage zu Beginn der fünfziger Jahre als »steif, leise sprechend, ziemlich humorlos, aufrichtig; wenn er einen Raum betrat, tat er es wie ein Bodhisattwa, die Füße schienen immer ein Stück weit über dem Boden«. Einige Jahre später erinnert sich Jasper Johns Cages entwaffnender Neigung, ohne jeden Anhalts- oder Bezugspunkt mitten im Gespräch Erklärungen zum Buddhismus abzugeben. Alles, was er sagte, hatte einen philosophischen Aspekt.

Der plötzliche Wandel seines Denkens entfremdete ihm einige seiner früheren Verbündeten. Hazel Johnson zum Beispiel, die Cage in den frühen fünfziger Jahren an der Bennington Summer School begegnet und damals sehr von seinem Werk eingenommen war, war ganz ungläubig, als sie ihn Mitte der fünfziger Jahre wiedertraf. »Ich traute meinen Ohren nicht. Damals auf dem Campus sagten alle: ›Er kann nicht ernst sein‹«, erinnerte sich Hazel Johnson. »Und plötzlich dieser oberpriesterliche Ton. ›Unsere neue Musik ist so und so. Unsere neue Musik und unser neuer Tanz.‹ Hör schon auf damit. Wir kennen dich. Ich meine, das hier ist John. Ich erinnere mich, bei einer Party gesagt zu haben: ›Was meinst du damit? Was soll denn das heißen?‹ Und dann all dies Gerede über Stille, Stille, Stille. Was ich damals nicht wußte, war, daß er in diese Zen-Geschichte hineingeraten ist. Er war eben« – ein Vorwurf, der Cage selten gemacht wird – »ein Proselytenmacher, und genau das war es, was in der Luft lag.«

Nicht jeder war von der plötzlichen Intensität seines Zen-Engagements verwirrt. Im Jahre 1950 besuchten Cage und Cunningham auf einer Tournee auch Denver. Cage spielte seine *Sonatas and Interludes*; Cunningham hatte eine Meisterklasse an der McLean School. Eine der teilnehmenden Frauen verblüffte ihn durch ihre Tanzkunst; ihr Name war, wie sich herausstellte, Carolyn Brown.

# IV

Carolyn Brown, geborene Rice, hatte ihr Bühnendebüt im Alter von drei Jahren gehabt – als Blume bei einer Aufführung der Denishawn-Tanzschule, die ihre Mutter Marion Rice in Fitchburg, Massachusetts, betrieb. Während ihrer High-School-Zeit tanzte sie vor verwundeten Soldaten. Lokale Stars wie Gladys Hight in Chicago drängten sie, eine Tanzkarriere anzustreben. Ihr Ehrgeiz ging jedoch dahin, Schriftstellerin zu werden. Sie machte am Wheaton College ihren Abschluß in Philosophie und leitete und choreographierte nur nebenbei die Tanzgruppe im College.

Nach der Heirat mit einem jungen Ingenieur aus dem Nordwesten im Juni 1950 zog sie mit ihm nach Denver, wo sie an einer Privatschule Schauspiel und Tanz unterrichtete. Obwohl sie an ihrer literarischen Karriere arbeitete, wurde sie doch in wachsendem Maße in die Welt des Tanzes hineingezogen. Carolyn Brown wurde Mitglied der Tanztruppe von Jane McLean, was wiederum zu ihrer Teilnahme an einer der Meisterklassen von Cunningham führte.

Auf einer Party nach einem ihrer Konzerte in Denver schwatzte Cage mit einer Gruppe von Zuhörern, als plötzlich ein ziemlich hagerer junger Mann ihn fragte: »Glauben Sie, daß Ihre Musik irgendeine Verwandtschaft mit der von Anton Webern hat?« Cage war überrascht; er begegnete wenig Leuten, die Webern kannten, hier, an einem Provinzcollege wie der McLean School, hätte er es am wenigsten erwartet.

Es stellte sich heraus, daß der junge Mann der fünfundzwanzig Jahre alte Ehemann von Carolyn Brown war. Obwohl er sein Studium an einer Technischen Hochschule abgeschlossen hatte, war Earle Brown in seiner ganzen Collegezeit als Jazztrompeter durchs Land gezogen, hatte darüber hinaus bei Kenneth McKillop Instrumentationslehre und Komposition studiert – und zwar auf der Grundlage der Lehren von Joseph Schillinger – und später noch Komposition und Kontrapunkt bei Roslyn Brogue Henning. Jetzt lehrte er in Denver die Schillinger-Technik. Ebenso studierte er in aller Gründlichkeit zeitgenössische Kunst, insbesondere das Werk von Alexander

Calder und Jackson Pollock. Brown hatte seine ersten Schritte in Richtung eines Kompositionsstiles gemacht, der Situationen und Logiken ähnlich den visuellen Werken hervorbrachte, die er bewunderte – Versuche, die Ende 1952 zu zukunftsträchtigen Arbeiten führen sollten.

Cage und Cunningham wurden gewahr, daß sie viele Gemeinsamkeiten mit Carolyn und Earle Brown hatten. Mit Earle teilte Cage das Interesse an den bildenden Künsten, das unter Musikern und Komponisten ungewöhnlich war, und er fand seine Musik sehr originell und interessant. In Carolyn gewann Cage eine nachdenkliche Partnerin, die seinem neuen Interesse an Zen sympathetisch gegenüberstand. »Wir sprengten eine Reihe von Cocktailpartys, indem wir das Ganze beherrschten«, erinnert sich Earle Brown der Zeit ihrer ersten Bekanntschaft in Denver. »John und Merce und Carolyn und ich redeten das Blaue vom Himmel herunter – über Philosophie, Tanz, Musik und bildende Kunst.« Cunningham und Cage luden das junge Paar ein, sie in New York zu besuchen, so daß sie alle zusammenarbeiten könnten. Der Zeitpunkt ihres Zusammentreffens war zufällig, aber die Browns traten in Erscheinung, als Cage mitten in einem Umbruch seines Denkens und seines Werkes steckte. Es begann eine äußerst fruchtbare Beziehung. Cunningham bekam eine virtuose Tanzpartnerin, die in seiner Truppe die nächsten zwanzig Jahre mit ihm zusammenarbeiten sollte.

Cage hat die Vermutung ausgesprochen, daß die Ankunft der Browns in New York Feldman in Aufruhr versetzt habe. »Die enge Beziehung, die ich zu Morty, David und Christian hatte, wurde durch das Eintreffen von Earle jäh unterbrochen«, sagte er. Earle Brown beharrt darauf, daß das nicht ganz richtig sei. Feldman entzweite sich tatsächlich mit ihm, aber erst einige Monate später; anfangs wurde das Paar sehr herzlich aufgenommen. »Morty lud uns zu sich ein, zusammen mit einem Schriftsteller-Freund von ihm namens Daniel Stern«, erinnert sich Earle Brown, »und überraschte uns mit gebackenen Muscheln.«

Feldman war manchmal geschwätzig und beherrschend; beispielsweise hatte er ein starkes Hoheits- und Territorialbewußtsein in bezug auf den Washington Square Park, der in der Nähe seiner Wohnung lag, oder er bestand darauf, daß sie immer auf einer bestimmten Seite saßen. Außerdem verblüffte er die Browns mit dem Ansinnen, ihm den Namen ihres Psychoanalytikers zu nennen. Daß sie ohne Analytiker auskämen, glaubte er nicht. Anfangs aber sahen die Browns ihn häufig, und auf seine Weise war auch er sehr freundlich zu ihnen.

Robert Rauschenberg, der junge Maler vom Black Mountain College, war ebenfalls nach New York gekommen. Er hatte inzwischen geheiratet – Sue Weil, in die er sich 1947, in fernen Tagen an der Académie Julien in Paris, verliebt hatte. Die Heirat fand 1950 statt, und ihr Sohn, Christopher, wurde am 16. Juli 1951 in New York geboren; Ende des Jahres wurde die Ehe bereits geschieden.

Inzwischen arbeitete Rauschenberg mit blauen phototropisch hergestellten Bildern – Carolyn Brown war eines seiner Motive. Im Laufe des Jahres 1951, während der Arbeit an *Music of Changes*, *Imaginary Landscape No. 4* und anderen Stücken, war Cage der Koproduzent von Rauschenbergs Werk. »Cage war daran beteiligt, weil er der einzige war, der einen Wagen besaß und bereit dazu war«, erinnerte sich Rauschenberg. Der Maler leimte fünfzig der größten Papierbögen zusammen, die er besaß, und legte sie auf der Straße aus. Cage fuhr mit seinem Ford erst durch Farbe und dann quer über die Bögen. »Die einzige Richtlinie, die er hatte, war die, auf dem Papier zu bleiben«, merkt Rauschenberg an.

Im Laufe der vergangenen Jahre hatte seine bahnbrechende Arbeit mit Schlagzeug, elektrischen Instrumenten und präpariertem Klavier Cage wachsende Anerkennung und sogar billigende Aufnahme verschafft. Sein Name wurde in weiteren Kreisen bekannt, er kam in Comics, in Zeitungsartikeln und 1964 erstmals in einem Kreuzworträtsel vor. Sein Werk der zurückliegenden zehn Jahre zog auch weiterhin Aufmerksamkeit auf sich, manchmal sogar kommerzielle Aufmerksamkeit. Die Rezensionen besserten sich. Seine Werke wurden in Südamerika aufgeführt; Herbert Eimert arrangierte eine Sendung im Norddeutschen Rundfunk; er kam in Japan ins Gespräch. Nach dem Ausbruch des Koreakrieges wurden seine *Three Dances for Two Prepared Pianos* in Bali gesendet. Cage hatte die Hoffnung, »die Balinesen davon zu überzeugen, daß Amerika den Osten liebt«. Nebenbei gesagt: Dieser Trick paßt in den Kontext regierungsamtlicher Bemühungen um den politischen Einsatz »humanistischer« Musik gegen die Sowjetunion. Cage stellte lakonisch fest: »Sie taten ihre Arbeit und ich meine. Ich wurde nicht dafür bezahlt.«

Insbesondere die *Music for Marcel Duchamp* (1947) – und der Gesamteindruck von Cages Werk – weckte die Aufmerksamkeit von Filmemachern. Ein Mitarbeiter von *Film Music Notes* hatte im Mai 1949 die Vermutung geäußert, eines Tages werde »ein Comicredakteur einsehen, daß er eine bombensichere Sache verschlafen würde, wenn er sich nicht die Dienste von Cage für den Comic sicherte«. Im April 1951, tief in der Arbeit an *Music of Changes* und *Imaginary Landscape No. 4* steckend, wurde Cage gebeten, Musik für einen Film über das Werk von Jackson Pollock zu liefern. Die künstlerischen Leiter, Hans Namuth und Paul Falkenberg, hatten ursprünglich geplant, balinesische Musik zu verwenden, aber Pollock wollte etwas Amerikanisches. So wandte sich seine Frau, Lee Krasner, an Cage. Wie Cage später Irving Sadler erzählte: »Ich konnte Pollocks Werk nicht leiden, weil ich den Mann nicht ausstehen konnte.« Pollock, erinnert er sich anderswo, »war im allgemeinen sturzbetrunken, und er war mir als Person tatsächlich dermaßen unangenehm, daß ich ihm nicht begegnen mochte. Ich erinnere mich, daß ich, wenn er mir auf einer Straßenseite begegnete, immer sofort auf die andere hinüberwechselte.« Das ist wahrscheinlich der stärkste Ausdruck von Abneigung auf seiten von Cage, der überliefert ist. Er wies Lee Krasners Ansuchen ab, empfahl sie jedoch an Feldman weiter, der eine Tuschzeichnung als Gegenleistung annahm.

Bald danach bat Burgess Meredith, der die Uraufführung der *Sonatas and Interludes* besucht hatte, Cage um Musik für einen Film über das Werk von Alexander Calder, den er geschrieben und produziert hatte. Die Partitur gewann einen Preis im ersten Art Film Festival im September 1951 in Woodstock, einer Stadt, die noch nicht ahnte, was Cage ihr elf Monate später bieten würde. Er wurde gebührend gefeiert bei der Verleihungszeremonie, die am 16. November im Hörsaal des Hunter College stattfand.

Nichts von diesen Ereignissen vermochte etwas an dem Umstand zu ändern, daß er verzweifelt arm war. Die warnenden Voraussagen seiner Eltern Jahre zuvor waren nicht ganz unrealistisch gewesen: »Es kann sein, daß zwischen Musik und Armut ein Zusammenhang besteht«, hielt er fest. Er verkaufte die Bilder von Mark Tobey, die er so eifrig zusammengetragen hatte. *Vogue* zahlte ihm im Dezember 1951 fünfzig Dollar für die Benutzung seiner Wohnung als Photoatelier für Modeaufnahmen. Das Werbematerial, das er für seine eigenen und die Konzerte von Tudor und William Masselos entwarf, trug dem Textildesigner Jack Lenor Larsen einige graphische Arbeit ein.

Eine Gefahr, die Cage stets vor Augen hatte, war die, daß bezahlte Arbeit ihn von seiner wahren Betätigung als Komponist abhalten würde. Er erinnerte sich, eines Tages »einen Mann getroffen zu haben, der das sehnliche Bedürfnis hatte, Künstler zu werden. Weil er aber kein Geld hatte, übernahm er in Hollywood einen Job, um etwas Geld zu machen. Und dieser Job weitete sich aus, und er machte Geld, aber er machte nie mehr irgendwelche künstlerischen Dinge.« Um die Wende der fünfziger Jahre entschloß sich Cage, sich nur dazu zu zwingen, Geld mit irgendeiner entfremdeten Arbeit zu verdienen, wenn er es unbedingt brauchte. »Ich konnte es lange ohne Arbeit aushalten. Ich meine, ohne einen Job zu übernehmen«, wie er hinzufügte.

Zu Beginn des Jahres 1951 verbrachte Cage zwei oder drei Tage mit der Suche nach einem Gelderwerb – vergeblich. »Also«, berichtete er trocken, »entschloß ich mich, nicht mehr länger herumzusuchen, sondern meine eigene Arbeit zu machen«; »meine Arbeit auf mein Komponieren zu beschränken und mich nicht um eine andere Art von Tätigkeit zu bemühen« – »und, wenn nötig, als Folge davon zu sterben«.

Cage arbeitete verbissen an seiner *Music of Changes*, so verbissen, daß er Tudor Anweisungen gab, wie das Stück zu Ende zu führen sei, wenn er plötzlich stürbe. Um seine Lage, wenn auch nur geringfügig, zu verbessern, schickte er Briefe an alle, die er kannte, und bot ihnen Aktienanteile an dem Stück an. »Würden Sie Ihren Reichtum gern mit ins Grab nehmen?« fragte er in seinem kompromißlosen, nahezu aussichtslosen Rundschreiben. Sorgfältig verzeichnete er die Namen aller Anteilseigner in einem Heft; die Gesamteinnahmen beliefen sich auf etwa 250 Dollar. Als Cage in weniger rauhen Zeiten gefragt wurde, ob seine Wohltäter – insbesondere seine Eltern – denn auch ihre Dividende erhalten hätten, antwortete er: »Bei weitem nicht genug.«

Das war, wie er es ausdrückte, seine »heroische Periode«. Er arbeitete »ohne Rücksicht auf die Ökonomie«. »Ich schenkte der Tatsache, daß ich kein Geld hatte, keinerlei Aufmerksamkeit, und das bewog mich, meine Arbeit fortzusetzen, wie ich es für richtig hielt«, sagte er vor seinem Harvard-Publikum. Als ihm Jahre später ein junger Komponist erklärte, er wolle mit der Musik seinen Lebensunterhalt verdienen, erwiderte Cage: »Sie müssen sich entscheiden, ob Sie Ihren Lebensunterhalt verdienen oder Musik machen wollen.« »Wenn man in wirtschaftlich gefährlicher Lage lebt«, gab er in einem Brief aus dem Jahre 1964 zu bedenken, »dann ist man tapfer, nämlich sozial tapfer.«

»Wir saßen alle im selben Boot«, so Earle Brown. Rauschenberg aß unreife Bananen, die er an den Landungskais ergattern konnte. Die Freunde halfen einander, wann und wie sie konnten. Cage kaufte 1951 einen Rauschenberg aus dessen erster Ausstellung in der Betty Parsons Gallery; Earle Brown kaufte eines der schwarzen Bilder für sechsundzwanzig Dollar dreißig, weil das zufällig gerade der Betrag war, den er als Rückerstattung von der Telephongesellschaft bekommen hatte.

## V

Mit den fünfziger Jahren kam auch die Tonbandmusik auf. Bis dahin hatten die Aufzeichnungsmedien aus Schallplatte, Rundfunk und photoelektrischen Mitteln bestanden; seit dem Zweiten Weltkrieg war die Tonbandtechnologie in raschem Aufstieg begriffen. Das Magnetband hatte sich gewandelt – von der Metallspule (gefährlich, wenn das Band im Lauf riß) zur Plastikspule. Musique concrète, aus bereits aufgezeichneten Klängen abgeleitete Musik (die aneinandergereiht, übereinanderkopiert, rückwärts, verlangsamt oder beschleunigt gespielt wurde), wurde zuerst in den späten vierziger Jahren in Frankreich komponiert, besonders von Pierre Schaeffer, dessen Groupe des Recherches Musicales bis in die siebziger Jahre die institutionalisierte Brutstätte für elektroakustische Arbeiten blieb und Komponisten von Luc Ferrari bis Denis Smalley anzog.

Karlheinz Stockhausen, etwas jünger als Boulez, entwickelte ähnlich wie dieser die serielle Musik weiter, die von Webern ausging und neue Wege beschritt. In Paris zeichnete er eine verlorengegangene *Étude* auf, die, im Dezember 1952 fertiggestellt, konkrete Klänge benutzte. Wieder in Deutschland, leistete er bahnbrechende Arbeit auf dem Gebiet der elektronischen Musik, für die er Klänge verwendete, die nicht nur elektronisch behandelt, sondern auch elektronisch erzeugt und auf Band aufgezeichnet wurden. Es war Stockhausen, der 1953 zusammenstellte, was seither oft als die erste rein elektronische Komposition bezeichnet worden ist, *Studie I*.

Cunningham benutzte manche Elemente dieser neuen Musik als Begleitung für seine Tänze. Im Jahre 1952 choreographierte er seine *Collages I* und *II* zu Schaeffers *Symphonie pour un homme seul* und im darauffolgenden Jahr seine *Fragments* zu einer Tonbandarbeit von Boulez, *Étude à un son* und *Étude 2*.

Cage spürte ein wachsendes Bedürfnis, mit Tonband zu experimentieren; als Jean Erdman anrief und fragte, ob er eine Begleitmusik zu ihrem Tanz *Portrait of a Lady* zu schreiben bereit sei – sie hatten sich knapp zwei Wochen zuvor gesehen, als er in ihrer Schule an der Fifth Avenue einen Vortrag mit dem Titel *Music für the Dance* gehalten hatte –, sah er das als Chance und stürzte sich mit der für ihn bezeichnenden Verve in die Arbeit. In achtzehn Stunden stellte er am 12. Januar 1952 seine fünfte *Imaginary Landscape* fertig, für etwa zweiundvierzig Aufnahmen, »wobei die Partitur auf Magnetband zu realisieren« war. Das Stück war eine Collage von Fragmenten, die aufgezeichnet und auf Tonband überspielt worden waren, »eher als Schallquellen behandelt als das, was sie in Wirklichkeit waren«. In *Imaginary Landscape No. 4* hatte Cage Radios benutzt, um seine Abneigung in bezug auf das Radio zu überwinden; hier benutzte er hauptsächlich Jazzaufnahmen, teils deswegen, weil »der Tanz einen Charakter hatte, der populäre Musik nahelegte«, teils deshalb, um seine Abneigung gegen den Jazz zu überwinden.

*Imaginary Landscape No. 5* ist ein weiteres Werk mit *I Ging*-Diagrammen und einer 5/5-Struktur, die, beinahe wie das *Concerto*, ein Sinnbild des kompositorischen Weges von Cage bietet: »Beim vierten großen strukturellen Einschnitt taucht das Zeichen M-I auf, in der Bedeutung *Mobility – Immobility* (Bewegtheit – Ruhe).« Das bezieht sich auf die Methode der Komposition anhand des *I Ging*. Jean Erdman tanzte zu dem Stück am 18. Januar im Hunter Playhouse, in einem Programm, das auch *Daughters of the Lonesome Isle* einschloß.

Cage wollte unbedingt ein komplexeres Tonbandwerk komponieren. Seine Bewerbungen bei der Ford- und der Rockefeller-Stiftung wurden abgelehnt; einer seiner Kontakte aus der Black-Mountain-Zeit war die Rettung.

Als Student am Black Mountain College hatte Paul Williams sich für Minimalarchitektur zu interessieren begonnen – für den Bau von komfortablen Wohnungen zu Niedrigstpreisen. Bald nach dem Abgang vom College hatte er eine andere frühere Black-Mountain-Studentin geheiratet, Vera. Der Vater des jungen Architekten war als Erfinder zum Millionär geworden – im Gegensatz zu Cages Vater – und hatte dem Sohn nach seinem Tod eine stattliche Erbschaft hinterlassen. Williams' erste philanthropische Tat bestand darin, fünftausend Dollar für ein »Tonband-Projekt« zur Erforschung der Möglichkeiten elektroakustischer Musik zu stiften.

Das Geld stellte ein wöchentliches Stipendium von vierzig Dollar für die fünf Mitglieder des Projektteams dar: Cage, Tudor und Brown (der ebenfalls sehr arm war), dazu Louis und Bebe Barron (geboren 1923 bzw. 1928). Sie teilten sich die Arbeit zwischen dem Studio der Barrons in der Bowery, wo Originaltonaufnahmen katalogisiert und aneinandergeklebt wurden; Cages Atelier, wo die Schneidearbeit erledigt wurde; und dem Rangertone-Studio in New Jersey, wo die Kopien hergestellt wurden. Eine kurze Unterbrechung trat ein, als

Boulez zu Besuch kam; er übernachtete im Bozza-Haus, und Cage und Brown zogen vorübergehend mit der Ausrüstung in Cunninghams Wohnung um.

Alle Materialien für das Projekt mußten von dem Stipendiumgeld gekauft werden. Die Ausrüstung war spärlich. Die Barrons hatten zwei Tonbandapparate; Cage arbeitete in seinem Atelier mit Rasierklingen, Glasscheiben, Körperpuder und Klebeband.

Während seiner kurzen Lebenszeit brachte das Studio vier Werke hervor. Eine Tanz-Auftragsarbeit, *For Magnetic Tape* von Christian Wolff, wurde im März begonnen. Für einen Film von Ian Hugo produzierten die Barrons Musik mit dem Titel *For an Electronic Nervous System, No. 1*; später sollten sie elektronische Musik für Science-fiction-Filme herstellen. Die meiste Arbeit wurde in eine Komposition investiert, die Cage nach ihrem Förderer *Williams Mix* betitelte. Übriggebliebene Tonbandschnipsel des Stücks wurden bald von Earle Brown in seinem *Octet I* verarbeitet.

Cage, Tudor und die Browns nahmen eine Vielzahl von Geräuschen und Klängen als Ausgangsmaterial für die Kompositionen auf und kopierten und katalogisierten sie dann im Studio, wobei sie schließlich fünf- bis sechshundert Klänge zusammengetragen hatten. Für *Williams Mix* benutzte Cage ein Diagramm zur Erzeugung einer Zufallsstruktur aus sechsundvierzig Quadraten, geteilt in 5/6/16/3/11/5. Er plante ein dichtes Stück mit bis zu sechzehn Klangschichten, zwei auf jeder von acht Spuren. Für das Archivmaterial wurde eine Taxonomie entworfen: A stand für Stadtgeräusche, B für Geräusche auf dem Land, C für elektronisch, D für manuell erzeugte Klänge, eingeschlossen musikalische; E für Klänge, die vom Wind erzeugt wurden (unter diese Kategorie fielen auch Gesänge und Lieder). Kategorie F war »leisen Klängen« vorbehalten – Klänge, die so dünn waren, daß ein Verstärker erforderlich war, um sie hörbar zu machen. Jeder Klang wurde dann danach klassifiziert, ob seine Frequenz, Obertonstruktur oder Amplitude konstant (c) blieb oder variierte (v). Die Bezeichnung Cvvv bezog sich also auf einen elektronischen Klang, dessen Frequenz, Obertonstruktur und Amplitude während seiner gesamten Dauer variierten. Solche Operationen führten beispielsweise zur Aufnahme eines Bruchstücks aus Beethovens *Neunter Symphonie* in den Klangkatalog. In seinen vorhergehenden Stücken hatte Cage sich darum bemüht, seine Aversion gegen Radio und Jazz zu überwinden; jetzt gaben ihm seine Zufallsoperationen die Möglichkeit, seine Widerstände gegen Beethoven anzugehen.

Da Cage eher mit Zeit im Sinne von Uhrzeit als mit metrischer Zeit arbeitete, wurde die Struktur der Zeitdauern in Inches Bandlänge angegeben wie in *Imaginary Landscape No. 5*. In dieser Hinsicht folgte er den bahnbrechenden Arbeiten der Europäer. Stockhausen beispielsweise gab die serialisierten Dauern seiner *Étude* in Zentimetern an, ein interessantes Beispiel dafür, wie numerische Genauigkeit in serieller Musik und Aleatorik für ganz verschiedene Zwecke benutzt wurde.

Das Tempo wurde, wie in der *Music of Changes*, durch einen Faktor *n* modifiziert, mit dem die Proportionen eines Abschnitts multipliziert wurden. Die Anzahl der Lagen jedes Abschnitts wurde festgelegt, innerhalb der Lage dann eine Dauer und ob sie Klang oder Stille sein sollte; wenn Klang, dann selektiert der Zufall sein dynamisches Gefälle (seinen Einsatz) und die Art und Weise, wie er vergeht und welcher der sechs Typen von Klang benutzt werden.

Längen und genauere Spezifizierungen wurden sorgfältig im Maßstab eins zu eins auf Millimeterpapier eingetragen. Danach wurde dann das Band geschnitten, wie nach dem »Schnittmuster eines Schneiders«. Wenn der Schnitt ausgeführt war, wurde die entsprechende Stelle der Partitur mit einem roten Tüpfelchen versehen. Bald war die ganze Partitur mit Brandlöchern von Zigaretten und Kaffeeflecken übersät. Bei einer Bandgeschwindigkeit von fünfzehn Inches (38 cm) pro Sekunde dauert jede Seite nur 1⅓ Sekunden; das fertige Stück, das etwas über viereinhalb Minuten dauert, beläuft sich auf 192 Partiturseiten.

Wieder erforderte die Komposition, wie schon die *Music of Changes*, Hunderte von Münzorakeln nach dem *I Ging*. Wenn man das Bozza-Haus besuchte, lief man Gefahr, drei Münzen und ein Blatt Papier ausgehändigt zu bekommen. Zu diesem

Zeitpunkt waren mehr als ein Dutzend Leute an der Arbeit beteiligt, darunter Earle Brown, Cunningham und M. C. Richards. »Die Menge an Arbeit, die ich zu leisten hatte«, erinnert sich Cage, »war so gewaltig, daß David (Tudor) alle meine Kompositionstechniken erlernte und ... mit mir zusammen komponierte.« Er schrieb an Boulez: »Tudor hat die übereinanderliegenden Schichten sieben bis elf komponiert. Ein Student aus Illinois hat die Arbeiten ausgeführt.«

Der Student war Ben Johnston, der Anfang des Jahres mit Cage zusammengetroffen war. Johnston war gebeten worden, für ein Stück, das an der Universität aufgeführt werden sollte, die Musik zu schreiben, und der Autor, Arthur Gregor, unterbreitete das Ergebnis Cage, um dessen Meinung zu erfahren. Cage sagte, er finde es interessant, und empfahl die Verwendung. Während der Proben zu dem Theaterstück wurde er in letzter Minute gebeten, einen Vortrag zu halten und an einer Diskussionsrunde teilzunehmen. Nach seinem Vortrag, den er am 2. Mai hielt, ertönte ein regelrechter Schrei der Entrüstung – der Vortrag wurde später in *Silence* aufgenommen. Johnston stellte sich Cage vor und lud ihn zum Kaffee in seine Wohnung ein; Cage schlug ihm vor, er möge doch im Sommer nach New York kommen, so daß sie zusammenarbeiten könnten. »Für mich war es das erste Unterrichtsjahr, und ich hatte keine Zeit für alle die Vorbereitungen«, erinnerte sich Johnston. »Als ich in New York ankam und er entdeckte, daß ich nichts von den Dingen fertig hatte, um die er mich gebeten hatte, mußte ich für ihn Tonbänder für *Williams Mix* schneiden.«

Tudor beteiligte sich nur wenig an der Bandschneidearbeit; Johnston arbeitete nur den Sommer 1952 daran. Cages Hauptmitarbeiter in dieser Zeit war Earle Brown. Es gab damals keine direkte U-Bahn-Verbindung; Brown zog es vor, von seiner Wohnung in Greenwich Village zum Bozza-Haus zu Fuß zu gehen, hin und zurück, und das jeden Tag. Die beiden saßen an den entgegengesetzten Seiten eines gewaltigen Tisches mit Rasierklingen, Tonbändern und Puder und schnitten und klebten zwölf Stunden täglich mit nur gelegentlichen Unterbrechungen. »Er lehrte mich Geduld«, erinnert sich Brown. »John und ich führten diese endlosen Unterhaltungen – wir redeten über

Gott und die Welt; und manchmal vergingen zwanzig Minuten, in denen keiner von uns ein Wort sagte.«

Bei der Schneidearbeit entdeckten sie, daß verschiedene Schnittechniken den Einsatz und das Verklingen von Bandgeräuschen beeinflussen. Cage arbeitete mit diesem Phänomen, indem er die verschiedenen Schnittweisen in der Partitur spezifizierte; es gab das freie, unregelmäßige Schneiden, es gab sogar das Zerkrümeln der klangspeichernden Schicht – in der Partitur durch ein grünes Pluszeichen angemerkt. An Boulez schrieb er: »Die Einsätze und Ausblendungen sind spezifische Schnitte des Bandes ... ebenso gibt es das Gegen-den-Strich-Bürsten des Granulats (was auch die Obertonstruktur in Mitleidenschaft zieht). Ich habe Einzel- und Doppelschnitte organisiert ... und dann ein +-Zeichen benutzt, um auf kompliziertere Schnitte und Kurven hinzuweisen, die im Augenblick des Schnitts erfunden werden.« Die spontanen Schnitte waren eine weitere Form von Improvisation, die er im Laufe der fünfziger Jahre in vielen Stücken ausprobierte.

Bei der Vorbereitung zu dem Calder-Film hatte es einige Probleme mit der Synchronisierung gegeben; der Schnitt von *Williams Mix* aber brachte ernsthafte Schwierigkeiten mit sich. Da Brown und Cage auf verschiedenen Spuren gearbeitet hatten, mußten die Bänder in Abständen überprüft werden, damit man sah, ob die entsprechenden Teile zueinander paßten, und es stellte sich heraus, daß es häufig Diskrepanzen gab. Da die beiden Komponisten nicht glauben mochten, daß einer von ihnen ganz einfach sorglos gearbeitet hatte, beschlossen sie, auf Unterschiede in der Wahrnehmung zu achten. Beide nahmen dasselbe Lineal und dieselbe Bandlänge, und jeder markierte damit ein Inch. Die Schnittpunkte fielen nicht zusammen. Brown, so ergab sich, kniff ein Auge beim Abmessen zu, Cage hielt beide Augen offen. Cage versuchte, ein Auge zu schließen; Brown hielt später beide Augen offen. Das Problem blieb. Schließlich kamen sie überein, daß einer von ihnen für die letzte Synchronisierung verantwortlich sein sollte. Dann entdeckten sie, daß Temperatur und Luftfeuchtigkeit darauf hinwirkten, daß sich das Bandmaterial in winzigem, aber signifikantem Ausmaß zusammenzog oder ausdehnte.

Im Lichte seiner neuen Denkweise interpretierte Cage diese Schwierigkeiten als weiteren Anreiz zur Aufgabe der Kontrolle; aus demselben Grund feierte er auch die Unwiederholbarkeit von Klavier-Präparationsmaßnahmen. »Ich nahm unser Scheitern bei der Erzielung völliger Synchronie als Omen«, hielt er fest. »In Zukunft sollten wir uns eher in Richtung des Unfixierten vorwärtsbewegen, als daß ich meine Methoden änderte, um noch genauere Fixierung zu erreichen.«

Eines Tages klingelte mitten in der Schneidearbeit das Telephon. »Ich glaube, es war Pepsi-Cola«, rätselt Brown im Rückblick. »Sie wollten, daß er einen Werbespot für sie schrieb, oder sie hatten vor, seine Musik für kommerzielle Zwecke zu nutzen.« Tatsächlich war es eine Frau, die da im Auftrag der J. Walter Thompson Company anrief. Die Firma war 1864 gegründet und vierzehn Jahre später von J. Walter Thompson erworben worden. Es handelte sich um eine der ersten Werbeagenturen, die sich international betätigte. JWT war in den fünfziger Jahren ein Marktgigant geworden, der wissenschaftliche Errungenschaften wie Motivationsstudien in der Marktforschung geschickt und waghalsig zu nutzen verstand. Cage wurde von der Dame mit einem der Direktoren weiterverbunden. »Mr. Cage«, fragte der, »sind Sie bereit, Ihre Kunst zu prostituieren?« Mit quälenden Hungervisionen vor Augen antwortete Cage: »Natürlich bin ich das. Was wollen Sie, was soll ich tun?« Sie trafen eine Verabredung für Freitag um zwei Uhr.

»Nachdem er sich einige Aufnahmen angehört hatte, sagte einer der Direktoren zu mir: ›Warten Sie einen Augenblick.‹ Die sieben Direktoren steckten die Köpfe zusammen. Dann kam einer von ihnen zu mir herüber und sagte: ›Sie sind zu gut für uns. Wir wollen Sie für Robinson Crusoe aufsparen.‹«

Cage und Brown hörten freitags gewöhnlich um zwei Uhr mit der Arbeit auf und gingen dann zur Columbia University, um Suzuki zu hören. Cage, Cunningham, Rauschenberg und die Browns gingen auch zusammen ins Kino. An den meisten Sonntagabenden besuchte Cage, von Cunningham und den Browns begleitet, seine Eltern, anfangs in ihrer Wohnung in der Fifth Avenue, später in Montclair, New Jersey, zum Abendessen und einer Runde Scrabble. Ein dreihundert Seiten starkes

Lehrbuch über Theorie und Nutzung der Elektronik für die Industrie, das John Cage sen. zusammen mit C. J. Bashe verfaßt hatte, war gerade veröffentlicht worden. Die Radarforschung von John sen. war sehr tief in die Materie vorgedrungen. Andere konnten aufgrund seiner Forschungen neue Entdeckungen machen. In den frühen fünfziger Jahren arbeitete er an Problemen der Fernsehtechnologie. Er erfand eine verbesserte Kathodenstrahl-Bildröhre, experimentierte mit Farbübertragungsverfahren und Großprojektionen.

Wie manche anderen seiner Arbeiten führte auch das nicht zu Anerkennung oder finanzieller Entschädigung. RCA hatte bereits mit Farbe zu arbeiten begonnen; John sen. versuchte auf Lizenzgebühren zu klagen. Eines Tages tauchte er bei seinem Sohn auf und verkündete: »Ich komme gerade von meinem Rechtsanwalt, und der ist der Meinung, mir ständen rückwirkend Lizenzgebühren für alle jemals gesendeten Fernsehprogramme in Farbe zu.« Das hätte bereits damals Beträge in Millionenhöhe ergeben, und er versprach, seinem Sohn und dessen Kollegen die allerbeste Ausrüstung für ein Studio für elektronische Musik zu kaufen. Leider gewann er den Prozeß nicht.

Während der Arbeit an *Williams Mix* entzweiten sich Feldman und Earle Brown. Immer wenn ein Band fertiggeschnitten und geklebt war, wurde es zum Colonel Ranger's Studio in New Jersey hinübergebracht und kopiert. Eines Abends hielten Cage, Feldman, Earle und wahrscheinlich auch Carolyn Brown auf dem Heimweg bei einem Imbißstand an, um einen Happen zu essen. Feldman kritisierte Boulez und seinen Hang zur Mathematik. Earle verteidigte den Franzosen – nicht zuletzt deshalb, weil er ja selbst von der Naturwissenschaft und der Mathematik herkam. Ohne daß Brown das bewußt geworden wäre, faßte Feldman seine Reaktion als persönlichen Angriff auf. Nachdem sie nach Manhattan zurückgekehrt waren und Feldman abgesetzt hatten, klärte Cage Brown darüber auf, daß sein Freund wütend war. Tatsächlich ignorierte Feldman Brown daraufhin, und zwar drei oder vier Jahre lang. Bei Konzerten, erinnert sich Brown, umarmte Morty, wenn er und seine Frau ins Foyer kamen, »Carolyn herzlich, mich dagegen ließ er völlig links liegen«.

Cage stand jetzt auf gutem Fuße mit Edgar Varèse. »Varèse kam häufig den ganzen Weg vom Village herauf und kletterte die sechs Treppen hoch bis oben, wo ich arbeitete«, erinnerte sich Cage. Es stellte sich heraus, daß er (wie Henry Cowell von derselben Generation) sich sehr für die Aktivitäten des Jüngeren interessierte. Während der Arbeit an *Williams Mix* besuchte Varèse Cage im Studio der Barrons, »und es kam zu einer Unterhaltung über Harmonie ... und wir beide kamen, in einer Atmosphäre von Heiterkeit, Übermut und so weiter, übereinstimmend zu dem Schluß, daß alles, was in bezug auf Harmonielehre wissenswert war, einem in einer halben Stunde beigebracht werden konnte«.

Das Projekt »Music for Magnetic Tape« zog sich bis zum Frühjahr 1953 hin und kulminierte in einem Konzert, auf dessen Programm *Williams Mix*, das *Octet* von Brown und andere elektronische Werke europäischer und amerikanischer Komponisten standen, die meist von Cage angesprochen worden waren. Das Konzert fand am 22. März als Teil des Festivals für zeitgenössische Musik der University of Illinois statt. Nur die ersten Abschnitte (5 und 6 des rhythmischen Schemas) von *Williams Mix* wurden schriftlich niedergelegt. Seine öffentliche Uraufführung erlebte das Stück erst 1954 bei den Donaueschinger Musiktagen.

## VI

Cage benutzte Zufallsoperationen anfangs neben den früheren, auf Auswahl beruhenden musikalischen Stilmitteln. Die rhythmische Struktur aber, die bereits vor Cages Beschäftigung mit Zen altersgrau geworden war, bildete mit dem Zufall ein unbefriedigendes Gespann. Ähnlich zeigte auch das Diagrammsystem, das Cage nur wenige Monate vor seiner Hinwendung zu den Zufallsoperationen zu benutzen begonnen hatte, bereits Nachteile. Cages Auffassung von Klang als kontinuierlichem Feld kollidierte mit der Art und Weise, wie Klangmaterialien im Diagrammsystem in verschiedenen Feldern katalogisiert wurden. Darüber hinaus war er bemüht, auch den Willen soweit wie möglich auszuschalten. Bei der Arbeit mit dem Zufall ergab sich die Frage, wie die Zusammensetzung der Kompositionsmaterialien zustande kommt; bei der Diagrammtechnik war besonders problematisch, daß Cage damit beginnen mußte, die möglichen Inhalte des Werkes auszuwählen, um erst dann den Zufall zum Tragen kommen zu lassen.

Zufallsoperationen hatten ihrerseits ihre Mängel. Der Zeitaufwand zur Erstellung der *I Ging*-Orakel – an Computersteuerung konnte noch nicht gedacht werden – war ein besonderes Problem. Eines der Hauptmerkmale von Cages Werk im Laufe des kommenden Jahrzehnts war die Suche nach geeigneteren Wegen der Zufallsausnutzung. Nach dem magischen Quadrat, Tarot und der ersten Verwendung des *I Ging* experimentierte er abwechselnd mit dem Mischen von Spielkarten, mit dem Zeichnen von Sternkarten und mit dem Falten von Papier, um bestimmte Punkte zu isolieren oder Unregelmäßigkeiten auf der Oberfläche hervorzuheben. Nach seiner Phase von Diagrammstücken – von *Music of Changes* bis zu *Williams Mix* – benutzte Cage lieber ein Punkt- als ein Diagrammsystem und versuchte dann, die beiden zu kombinieren, um ihre jeweiligen Unzulänglichkeiten auszugleichen. In der *Music of Changes* experimentierte er mit Punktierungsnotation und begann bald danach mit Notierungen für Live-Aufführungen von Werken, bei denen er die chronometrische Zeit benutzte, wie er sie von Tudors Probentechnik zur *Music of Changes* übernommen hatte, beginnend mit *Water Music* und am offensichtlichsten in der Serie, die den Titel *Ten Thousand Things* erhalten sollte.

Cage war der erste Künstler, der seine Arbeit auf den Zufall gründete. Er war jedoch keineswegs der erste, der den Zufall benutzte; mehrere Künstler hatten in irgendeinem Stadium des Kompositionsprozesses bereits zum Zufall gegriffen. Mozart schrieb Würfel-Walzer, in denen die Ordnung des musikalischen Materials dem Zufall anheimgestellt wurde – später sollte Cage diese Musik in *HPSCHD* benutzen –, und auch Bach schrieb ein Zufallsstück. Im zwanzigsten Jahrhundert fügte der Dadaist Tristan Tzara Bruchstücke von Sätzen, die aus einer Zeitung ausgeschnitten waren, und andere, aus einem Hut hervorgezauberte, zusammen. Duchamp brachte sowohl musikalische als auch malerische Werke durch Zufallsselektionen hervor (»Ich muß meiner Zeit um fünfzig Jahre voraus gewesen sein«, erzählte er Cage später).

Rein historisch betrachtet, könnte Cages Verwendung des Zufalls abgeleitet oder opportunistisch erscheinen. Die Technik (an der sich das Interesse schnell erschöpfen konnte) war bereits zuvor benutzt worden; in den leidvollen Zeiten zwischen den Kriegen schien sie geboten – aber im optimistischen Nachkriegsamerika? Viele der für Cage ausschlaggebenden Gedanken waren ebenfalls bereits früher geäußert worden, und zwar seit den Zeiten der Klassik. Es gibt so viele Vorläufer und keinerlei historische Notwendigkeit.

Das ist eine, wenn auch eindimensionale Auffassung. Eine andere könnte bei Cages eigenen Gründen für die Verwendung von Zufallsoperationen einsetzen. Was für Cages Verwendung von Zufallsoperationen besonders bezeichnend ist und sie auszeichnet, ist die Verschmelzung seiner tiefen und idiosynkratischen Motive und der Ernsthaftigkeit, mit der er sie verfolgt und sie in die Tat umsetzt. Der Zufall wird zu einer Disziplin, die mit Integrität eingesetzt wird, um Tendenzen der eigenen Persönlichkeit wie Impersonalismus, Askese, Akzeptanz der Welt und mystische Ziele darzustellen.

Das Konzept der Dialektik existierte vor Marx, und das Konzept des Unbewußten wurde bereits vor Freud benutzt. Marx und Freud transformierten die Konzepte, die sie übernahmen, auf eine Weise, die sie allgemein nutzbar machte. Cage verwendete Zufallsoperationen auf eine Weise, die sich vom Vorausgehenden deutlich unterschied, und doch sind sie nicht allgemein nutzbar geworden (es gibt keine »Zweite Schule von Los Angeles«, von Zufallskomponisten); trotz Cages Einfluß haben seine spezifischen Praktiken keine Verbreitung gefunden. Ihr Erfolg rührt nicht so sehr daher, daß sie eine angemessene Reaktion auf soziale Bedingungen wären, wie im großen und ganzen bei seinen Vorgängern, sondern vielmehr aus ihrer übergreifenden, von Cage wiederum verfeinerten Eignung für sein ganz persönliches Geflecht von Leben, Werk und Denken. Der Zufall war für Cage nicht die Sackgasse, die er für andere geworden war. Durch die Arbeit damit konnte er sich dem

Ganzen seines Wesens zuwenden. Als produktive Lösungen für Tendenzen und Spannungen führten Zufallsoperationen nicht zu Verknöcherung und Versteinerung, sondern gaben dem Werk erst seine Richtung, die es stets kohärent beibehielt.

Cages Leistungen sind, wie zu Beginn festgestellt, intelligibel mit Bezug auf ein einziges, sowohl heuristisches als auch apodiktisches Thema: Cage, der »sich selbst verfertigt« durch eine sich selbst läuternde, zunehmend angemessene Richtung, durch Systeme und Aktionen, die ihrerseits seine innere Welt klären helfen. Seine Zen-Erfahrung vermittelte ihm eine Weltsicht, die seine anlagebedingten Neigungen bestätigte, lokalisierte und synergetisch verstärkte und manche seiner Fragen beantwortete; die Zufallsoperationen gaben ihm angemessene praktische Mittel an die Hand. Das soll nicht heißen, daß es Cage in gewisser Hinsicht vorherbestimmt war, Zen zu entdecken und mit Zufallsoperationen zu komponieren, sondern daß Zen und Zufall, in welchen Prozessen sie sich auch niederschlugen, die bei weitem angemessenste Form für den Menschen waren, der er geworden war – eine weitaus passendere und umfassendere Form, als die meisten Menschen sie je erreichen. Während die Größe eines Beethoven oder eines Mozart in ihren Fähigkeiten liegt, die Wendung nach innen zu vollziehen und ihre volle Menschlichkeit zu integrieren, liegt der Erfolg von Cage – und vielleicht auch seine Größe – in seiner Übernahme und Adaption eines globalen Systems, bis es ihm vollkommen paßte.

Cages Operationen ziehen allen gebräuchlichen Formen musikalischer Analyse den Boden unter den Füßen weg. Der Versuch, Musik zu verstehen, hält sich im allgemeinen an Struktur, Formverlauf und Regelmäßigkeit eines Stückes auf verschiedenen Ebenen und in unterschiedlichen Dimensionen. Eines der Bewertungskriterien ist, ob und inwieweit eine angemessene neue Balance zwischen Form und Inhalt gefunden worden ist – weder einfach noch redundant, noch ohne weiteres rückgängig zu machen. Eine bestimmte Musik steht zu den Intentionen eines Komponisten in Beziehung; die spezifische Weise der Beurteilung dieser Musik besteht darin, die Qualität und Integrität der Ziele des Komponisten und das Ausmaß zu beurteilen, in dem die Musik sie erfüllt.

Bei einer auf Zufallsoperationen beruhenden Musik lassen sich solche Kriterien entweder gar nicht anwenden oder nur in abgeschwächter Form. Wie Cage in *Silence* anmerkte, identifiziert der Zufall den Komponisten, aber auf dieser »Identifikation« läßt sich nicht aufbauen. Komponieren besteht in der Einleitung der Prozesse, die zu der Partitur führen, oder – wie Cage das später ausdrückt – in der Vorbereitung der Materialien und Spezifizierung der Prozesse, die ein Interpret zu durchlaufen hat, um sich auf die Aufführung vorzubereiten. Cage erlegt ihm auf, »Fragen zu stellen, anstatt Entscheidungen zu treffen«.

Über ein solches Stück kann man nur sprechen, indem man die bei seiner Niederschrift benutzten Zufallsprozesse beschreibt. Eine konventionelle Analyse kann nirgends einhaken. Sogar die Psychoanalyse kann nur Einsicht in das Bedürfnis liefern, diese Methode zu benutzen, nicht aber in das Produkt, das sie hervorbringt. Man muß weiter zurückgehen und sich genau anschauen, *was Cage gemacht hat*, oder einfach nur spielen oder zuhören – so erklären sich die andernfalls verblüffend pedantischen Vorworte von Cage zu seinen Schriften. Mit reiner Form war er bereits in seinen Vorträgen der späten vierziger und beginnenden fünfziger Jahre beschäftigt, wo er sich Mühe gibt, die strukturellen Unterabschnitte herauszustellen, in die er, genau wie seine Musik, auch seine Rede unterteilt hat (»hier sind wir nun am Beginn der dreizehnten Einheit des vierten großen Teiles dieser Rede«). Diese Tendenz erreichte ihren Höhepunkt in der *Lecture on Nothing*, mit ihren vierzehn Wiederholungen desselben Abschnitts, die nur durch die Zahlenfolgen unterschieden werden.

Da Cages Arbeit mit Zufallsoperationen für konventionelle Annäherungen an Musik unzugänglich bleibt, ist das, was er tut und tun kann, häufig mißverstanden worden. Ein Weg zur Vermeidung solcher Mißverständnisse ist der, wenigstens einmal selbst mit Zufallsoperationen zu arbeiten, um irgendeine – textuelle, visuelle oder musikalische – Form von Werk hervorzubringen, weil das die erforderliche Einstellung und die praktische Anwendbarkeit der Technik auf der Stelle erklärt. Wie Cage einst einem Fragesteller aus dem Publikum erwiderte: »Vielleicht würden Sie es verstehen, wenn Sie es einmal selbst machten.« Allerdings läßt sich eine ganze Reihe immer wiederkehrender Mißverständnisse gleich vorwegnehmen. Cage griff zu Zufallsoperationen nicht aus Faulheit, damit er leichter komponieren konnte. Sie bildeten vielmehr eine Disziplin, anhand deren er die für Zen so wesentliche Aufhebung von Vorlieben und Abneigungen erreichen konnte. Die traditionellen Disziplinen der östlichen Philosophie sind nach innen gerichtet: Zazen, Yoga. »Ich habe nie im Schneidersitz meditiert«, erzählt Cage, »weil ich genug gesessen habe und auch jetzt noch sitze.« Er suchte eine Disziplin, um sich selbst – in Suzukis Terminologie – dem Geist des Ganzen öffnen zu können durch die Welt der Relativität, und fand in den Zufallsoperationen einen Weg, den er in all seinen Aktivitäten praktizierte.

»Der Zufall«, gab Cage zu bedenken, »ist ein Sprung über die Reichweite des eigenen Selbst hinaus.« Und er fügte hinzu: »Ich schreibe unter Zuhilfenahme von Zufallsoperationen, um meine Musik von jeder Art von Vorliebe und Abneigung zu befreien.« »Durch das Werfen von Münzen zur Festlegung der Facetten meiner Musik fessele ich mein Ich, so daß die Musik weitgehend von mir selbst frei bleibt.« In *Empty Words* erklärte er dasselbe ausführlicher: »Zufallsoperationen ... sind ein Mittel zur Festlegung einer einzigen unter einer Vielzahl von Antworten und gleichzeitig zur Befreiung des Ichs von seinem Geschmack und seiner Erinnerung, seiner Sorge um Macht und Profit, zur Beruhigung des Ichs, so daß die übrige Welt eine Chance hat, in die Erfahrung des Ichs einzutreten, gleichgültig ob draußen oder drinnen.«

Der Zufall überlistet im Kompositionsprozeß nicht nur geschmackliche Vorlieben, sondern liefert auch Material fürs Aufführen und Zuhören; denn auch hier sind individuelle Vorlieben nicht das wichtigste. Das, was geschieht oder geschehen wird, läßt sich nicht aus dem konstruieren, was bereits geschehen ist. Interpreten und Zuhörer können jedoch das, was geschehen wird, in Erfahrung bringen, wenn sie sich dem kompositorischen Prozeß wiederholt aussetzen. Zufall führt zur Offenheit für Entdeckungen, während Komponieren anhand von Intuition oder Inspiration, laut Cage, verhindert, daß überhaupt irgend etwas gelernt wird. »Was man braucht, ist nicht Inspiration«, postulierte Cage, »sondern ein besseres Verständnis dafür, welche Fragen gute Antworten hervorbringen würden.« Man kann erkennen, daß eine Frage nicht gut ist, und zwar daran, daß die Antworten uninteressant sind. Eine radikale Frage – eine, die der Sache auf den Grund geht – läßt sich gar nicht so leicht ausdenken.

Endlich wußte Cage denn auch die Antwort auf die von Schönberg gestellte Frage, als er Cage vor so vielen Jahren gebeten hatte, das Prinzip zu benennen, das den acht oder neun von seinem Schüler ersonnenen Lösungen zugrunde gelegen hatte. Jetzt wurde Cage gewahr, daß sein Fehler darin gelegen hatte, das Prinzip – genau wie die Lösungen – als fixierte Aussage aufzufassen. »Das Prinzip, das allen Lösungen zugrunde liegt, wirkt in der Frage, die gestellt wird«, bemerkte er. »In Wirklichkeit war es seine Frage, die alle Lösungen hervorbrachte, und er hätte das sicherlich akzeptiert.«

Zufallsoperationen machen für Cage alle Dinge neu. Es ist unmöglich, Experte in bezug auf das Unbekannte zu werden – das heißt, Fakten, Meinungen und Kategorien darauf anzuwenden. Man kann jedoch Erfahrungen im Umgang mit einem leeren System sammeln, das das Unbekannte so zu sehen erlaubt, wie es ist.

Ein anderes Mißverständnis der Zufallsoperationen besteht darin, daß das Konzept eines Stückes – als das Interessanteste – in den Mittelpunkt gestellt wird und die tatsächlichen Klänge unwichtig werden. Das mag ein Weg für den Praktiker sein, an die Arbeit mit Zufallskomponenten heranzugehen, aber er führt letztlich nicht weit und ist sicher nicht der, den Cage selbst sich zu eigen machte. Seine Technik hebt sich selbst auf; sie kann nicht gesehen und nicht gehört werden, denn sie hinterläßt, wie wir das in bezug auf die musikalische Analyse gesehen haben, keine Spur, nichts, das zergliedert werden kann. Sie ist eine Disziplin, die wirkliche Klänge liefert, das einzig Wichtige, und man kann diese Klänge dadurch um ihrer selbst willen würdigen, und das ist das andere Wichtige.

Ein schwerer wiegender Vorwurf ist der, daß man, um Musik

in diesem Sinne schätzen zu können, Cages Ziele im voraus kennen muß. Wenn man in der Lage wäre, der Musik zu lauschen und die Klänge selbst spontan zu hören, bestünde kein Bedürfnis nach Cages Programm; wenn man das nicht spontan kann, braucht man die Theorie, um die Erfahrung schätzen zu können, und dann wäre die Theorie vielleicht an sich ausreichend und die Musik überflüssig. Das alles wirft Fragen auf in bezug auf das, was bei der Rezeption von Cages Werk wirklich passiert. Die Tatsache aber, daß Cage nicht bloß ein Denker ist, schließt nicht aus, daß er auch als Denker sehr nützlich sein kann.

Man gerät leicht in Verwirrung angesichts des Vorhabens der Aufgabe der eigenen Vorlieben und Abneigungen und der begrifflichen Strukturierung, das für Cage zu den Zufallsoperationen führte. Auch die Äußerungen von Cage selbst sind in diesen Punkten nicht völlig klar.

Bedeutet die Aufgabe von Vorlieben und Abneigungen, daß sie nicht mehr existieren oder daß wir aufhören, ihnen Priorität einzuräumen? Die Antwort besteht aus drei Teilen: Was Cage dazu meint, was wirklich der Fall ist und wie diese beiden Teilantworten sich zusammenfügen. Cages eigene Auffassung war die, daß »Vorlieben, Geschmack und Emotionen entkräftet werden müssen; alle Wälle müssen geschleift werden. Was mich selbst angeht, so versuche ich, mich davon zu lösen«. Und er fährt fort: »Sie können ein Gefühl verspüren und dabei doch denken, das ist nicht so wichtig ... Es ist genau wie das Hühnchen, das ich mir im Restaurant bestellt habe: Es hat mit mir zu tun, aber es ist nicht sehr wichtig.« Wie er einem Reporter in Chicago sagte: »Wir können Schokoladeneis mögen, aber wenn es gerade mal ausgegangen ist, werden wir nicht gleich in Tränen ausbrechen.« Oder anders ausgedrückt: »Ich bin bereit, Gefühle zu haben, aber ohne ihr Sklave zu sein.« »Das Problem ist nicht, *nicht zu wollen*, sondern hinsichtlich des eigenen Willens frei zu sein.« Die Aufgabe besteht eher darin, dem eigenen Ich die ständige Verringerung der Präsenz von Gefühlsregungen aufzuerlegen – »im Versuch, mich frei zu machen« –, als ein für allemal Befreiung zu erlangen.

Die Idee der Aufgabe begrifflicher Strukturierung gibt Anlaß zu ähnlicher Verwirrung. Meint Cage wirklich, daß wir uns der Begriffe vollständig entledigen sollen oder daß sie unser geistiges Leben nicht mehr beherrschen oder daß ihnen ganz einfach ihr eigener und angemessener Bereich eingeräumt werden soll? Die Antwort liefe erneut darauf hinaus, das herauszuarbeiten, was Cage denkt, und das, was wirklich der Fall ist, und die beiden Teilantworten miteinander zu verknüpfen. Wie wir im letzten Kapitel gesehen haben, gibt Cage der unvermittelten Erfahrung den Vorzug vor dem begrifflichen Verständnis; er hält es für möglich, die begriffliche Beziehung zwischen Elementen der Realität zu vermeiden. In *Silence* äußert er sich folgendermaßen: »Ich verliere meine Fähigkeit, Verbindungen herzustellen, weil diejenigen, die ich herstelle, die natürliche Komplexität verringern«; »wenn wir das zweite von zwei gleichen Objekten sehen, gelingt es uns nicht mehr, das erste zu erinnern.«

Die – wenigen oder vielen – Momente, in denen man die Welt auf diese Weise anschaut, sind zutiefst bereichernd und verführen zum Staunen. Eine überraschend hohe Zahl komplexer Aktivitäten kann ohne den Einsatz des reflexiven Bewußtseins ausgeführt werden – insbesondere, wenn man die Fähigkeit dazu hegt und pflegt; ich kann beispielsweise zu dem Café auf dem Hügel hinaufgehen wollen und das völlig ruhigen Geistes tun, indem ich einfach das Kopfsteinpflaster oder die Dächer der Häuser betrachte, und in diesen wenigen Minuten *ist* mein Körper mein Wunsch und meine Entscheidung, zu jenem Café hinaufzugehen. Auf einer anderen Ebene ist mein Spaziergang dorthin das Ergebnis meiner menschlichen Entwicklung, das heißt, daß mein Bewegungsapparat je nach meiner Absicht quasi automatisch funktioniert. Häufig hängt eine Aktivität von diesem nichtreflexiven Handeln ab, etwa auch beim Spielen eines Musikstücks.

Gleichwohl hat die begriffliche Strukturierung einen wichtigen Raum in vielen anderen Lebensbereichen. Sie wird nicht nur gebraucht, um die Aufgabe zu lösen, wie man eine Neutronenbombe baut oder berechnet, wie groß das Loch in der Ozonschicht ist, sondern auch, um komplexe Situationen im Leben zu reflektieren, sagen wir beispielsweise: das Fertigwerden mit einer zerrütteten Ehe. Was tue ich, wie A. J. Heschel sagt, wenn ich mit der Bewunderung der Sterne fertig bin?

So wie Cage offenbar erkennt, daß Vorlieben und Abneigungen nicht ein für allemal verschwinden, sieht er auch begriffliche Struktur und unvermittelte Erfahrung in ständig alternierender Bewegung begriffen. Bei Zufallsoperationen beispielsweise besteht das Bedürfnis, den Nullpunkt zu erreichen, soweit Erwartungen betroffen sind, und, sobald eine Entdeckung gemacht wurde, diesen Nullpunkt neu zu bestimmen, so daß die Entdeckungsarbeit fortgesetzt werden kann. Auf die Frage, wie das zu bewerkstelligen sei, erwiderte Cage: »Das ist eine gute Frage. Es ist genau das Problem, mit dem ich mich fortgesetzt herumschlage, und es ist sehr schwierig, weil wir ein Gedächtnis haben. Daran besteht kein Zweifel. Und wir sind nicht dumm. Dumm wären wir, wenn wir keinerlei Gedächtnis hätten. Und doch ist es dieses Gedächtnis, von dem man sich zu befreien hat, und das zur gleichen Zeit, da man daraus Nutzen ziehen muß. Es ist völlig paradox.«

In bezug auf das Problem des Intellekts äußert sich Cage recht inkonsistent und wenig präzise. Es ist nicht möglich, jegliche begriffliche Organisation aufzugeben; man kann sich nur fortgesetzt darum bemühen, sie an ihren angestammten Platz zu verweisen. Cage drückt das etwas entschiedener aus: »Ich behalte nur soviel Organisation bei, wie fürs Überleben nützlich ist«. Die Sprache ist nützlich für viele Arten von Kommunikation; später wird sich Cage auch in diesem Punkt ziemlich unrealistisch äußern.

Aber es gibt auch sehr ausgewogene Gedanken von ihm zu diesem Thema. Manche Situationen, beobachtet er, erfordern mehr Organisation als andere. Nachdem er sich für Schach zu interessieren begonnen hatte, beschrieb er das Spiel als »Gegengewicht zu meinem Interesse am Zufall«, denn wenn man Schach spielt, begibt man sich in eine Situation, die ihrem Wesen nach organisiert ist. »Spiele sind sehr schwerwiegende Erfolgs- und Mißerfolgssituationen«, sagte er, »... und wenn ich einen falschen Zug mit meinem Springer mache, verliere ich.« Ähnlich klassifiziert Cage, wenn er wilde Pilze sammeln geht und ißt, seine Funde in eßbare oder giftige, andernfalls könnte er sterben.

An anderer Stelle schlug Cage vor: »Befreit den Geist von seinem Verlangen, zusammenzuziehen und zu sammeln.« Wir brauchen von allem etwas. Verschiedene Aktivitäten sind mehr oder weniger transzendent – das heißt: Das Ausmaß, in dem Verlangen und begriffliche Strukturierung außer acht gelassen werden können, variiert. Cage glaubte, daß die Musik beispielgebend sein könnte, weil in der Musik mehr als anderswo Intellekt, Vorlieben und Abneigungen ausgeschlossen werden konnten. »Wir können die Einstellung von *moksa* annehmen, und das heißt: Befreiung von all jenen anderen Bestrebungen«, erklärt er.

Das bedeutet aber nicht, daß die Musik in aller Reinheit ein Ziel widerspiegelt, von dem das übrige Leben abweicht, sondern daß es ganz einfach im Wesen der Musik liegt, fähig zu sein, die Alltagsbestrebungen zu transzendieren. Musik ist genau dadurch beispielhaft, daß sie ist, was sie sein kann – keine Einstellung zum Leben, sondern das Leben selbst. »Die Komposition eines Musikstückes ist kein Alltagsleben«, erläutert Cage. »Was man tut, wenn man ein Musikstück schreibt, ist nicht das, was man tut, wenn man ein Abendessen kocht oder die Straße überquert. Also sollte man diese anderen Dinge nicht so tun wollen, wie man ein Musikstück schreibt.« Beispielsweise: »Wenn ich kein Musikstück schreibe, sondern etwas anderes tue, verwende ich keine Zufallsoperationen.«

Das Vermeiden von Vorsatz und Absicht durch Zufallsoperationen hängt paradoxerweise von der vorsätzlichen Aufstellung der Parameter ab, in deren Rahmen der Zufall wirken soll. »Meine Wahl«, erläutert Cage, »besteht in der Wahl der Fragen.«

Obwohl er behauptet, es gebe keinen Unterschied zwischen Kunst und Leben, ist bereits die Konzertsituation selbst eine hinreichend außergewöhnliche Situation, ein besonderer Teilbereich des Lebens, und die Unterscheidung zwischen ihm und dem Ganzen des Lebens verschwindet auch nicht, wenn Musik von Cage gespielt wird – sie lockert sich, verblaßt, wird beweglich wie Wasserdampf an einem Fenster, der sich niederschlägt und abgewischt werden kann. Wie Noel Carrol angemerkt hat: »Cages Geräusche sind keine Alltagsgeräusche«; es sind Beispiele und Stichproben – Exemplifizierungen von Alltagsgeräuschen »in dem Sinne, wie die Material-Musterbücher der Schneider einerseits für etwas anderes stehen, gleichzeitig aber ihre eigene physische Materialität haben«.

Wie wir gesehen haben, hatte die Beschäftigung mit Zen dramatische und rasche Auswirkungen auf Cages Werk und Denken. Dieser entscheidende, plötzliche Denkanstoß fiel in die Jahre zwischen etwa 1948 und 1953. In der Folgezeit fuhr er fort, seine neuen Ideen weiterzuentwickeln, und bemühte sich, seine Aktionen kohärenter zu machen.

Als er zum erstenmal mit Zufallselementen operierte, bemerkte er, daß er auf bestimmte Resultate hoffte. »Als ich zum erstenmal Münzen warf«, schrieb er, »dachte ich mir manchmal: Ich hoffe, daß das und das herauskommen wird.« In der Folge zwang er sich, Vorstellungen wie diese aufzugeben. »Wenn wir mit Zufallsoperationen arbeiten wollen«, erklärte er, »müssen wir auch die Ergebnisse akzeptieren.« Sowohl die Technik als auch die Reichweite der Zufallsoperationen ließen sich noch erweitern. Cage wurde sich, wie wir gesehen haben, der Mängel der Diagramme bald bewußt und versuchte neue Mittel zu entwickeln. Die Werke der Jahre 1951 und 1952 zeigen darüber hinaus Konzessionen an den Geschmack, die er in späteren Werken zu vermeiden bestrebt war. Die Notizen zu seinem Stück *Waiting* (datiert auf den 7. Januar 1952) enthalten auch die Anweisung »präpariert oder unpräpariert wenn präpariert (nach Belieben)« – eine Instruktion, die später ausgemerzt wurde, als das Stück gedruckt erschien.

Die Transzendierung aller Vorlieben und Abneigungen bedeutete einen ständigen Kampf. Anfangs konnte Cage einen gehörigen Fortschritt erzielen, wenn er auch in den fünfziger Jahren seine fortgesetzte Tendenz, alles zu bewerten, bemerkte und dazu feststellte: »Ich ärgere mich, daß mir das passiert.« Die Schwierigkeiten, die er empfand, wenn er vertraute, klassische Musik hörte – eines Abends zuckte Cage auf einer Party zurück, als im Hintergrund die Aufnahme einer Brahms-Symphonie erklang –, minderten sich, und er fühlte sich von ihrer

Struktur weniger in Versuchung geführt. »Ich beginne die alten Klänge zu hören, so als ob sie nicht abgedroschen wären«, erzählt er, und er hörte »sogar anerkannte Meisterwerke ... ja Beethoven auf neue Weise«. Beispielsweise: »Im Falle von Mozart gelang es mir, den ausgehaltenen Klarinettentönen begeistert zu lauschen.« Als er 1989 über die Möglichkeit nachdachte, klassische Musik als Sammlung von jeweils gleichberechtigten Klängen zu hören, hielt er fest: »Wahrscheinlich verfahren nicht sehr viele Leute so. Aber man kann es machen«, und zwar »durch aufmerksames Hören in der Art, wie man auf Dinge hört. Von Raum umgeben, anstatt durch das verknüpft, was wir Beziehungen nennen – oder ganz beziehungslos.« Man kann seine Hörweise ändern, indem man sich jeden Klang als aus seinem eigenen Zentrum hervorgehend konstruiert.

Die Beschäftigung mit Zen bot Cage auch einen festen Rahmen für seine Einstellung zu sozialen Beziehungen. »Unser Leben wird nicht zerstört durch die Unterbrechungen, die andere Leute und Dinge uns ständig aufzwingen«, stellte er fest. Weder diese Unterbrechungen noch unser Ärger darüber müssen zu Zorn anwachsen. Was uns irritiert, bewahrt uns gleichzeitig vor der Verknöcherung, es zeigt uns, daß wir es akzeptieren und uns weiterentwickeln müssen. Cage »studiert Unterbrechungen«. »Störungen? Unterbrechungen? Heißen Sie sie willkommen«, empfahl er. »Sie geben Ihnen die Möglichkeit zu erfahren, ob Sie diszipliniert sind. Auf diese Weise brauchen Sie sich nicht mit dem Lotossitz herumzuplagen.«

Das ergibt eine zweifellos praktische, interessanterweise aber nur partielle Definition von Disziplin, die sich auf Passivität als Weg zur Ruhe konzentriert. Worauf Cage hier und anderswo abzielt, ist das Annehmen der Dinge. »Unsere Verantwortung gilt uns selbst«, schrieb er, »und die höchste Form davon ist Nichtverantwortlichkeit sich selbst gegenüber, und das heißt die ruhige Übernahme jeder Verantwortung anderen und den Dingen gegenüber, die sich aufdrängt.« Das aber versteht Cage bezeichnenderweise nicht als Aufruf zur Resignation, sondern zur Hoffnung: »Das, womit wir wirklich konfrontiert sind, sind in jedem Falle wir selbst. Ob Sie in der Höhle des Löwen sind oder wo immer, es gibt stets Zugang zu einem erfüllten Leben durch das Akzeptieren der Situation, in der Sie sich befinden. Bevor ich pessimistisch werde, finde ich eher einen Weg, positiv vorzugehen. Pessimismus und Trostlosigkeit sind kein Teil von mir.«

Das ist eine Einstellung, mit der man leben kann, aber Cage macht sie nicht zu einem externen Maßstab, dessen Anforderungen man gerecht werden muß, wie es das Christentum versucht hat. »Kein ›man muß und man sollte‹ und keine Schuld«, schrieb er (»keine Schuld« ist eines der Leitmotive des *I Ging*).

Dieser Einstellung treu, machte Cage nur widerstrebend Gebrauch von den Hilfsmitteln moderner Büroorganisation. Er betrachtet seine Weigerung, einen Anrufbeantworter zu benutzen, als soziale Pflicht (immerhin interessant, weil dieser Apparat es ja, wenn er auf den Gebrauch bei Abwesenheit beschränkt bleibt, mehr Menschen ermöglicht, Kontakt aufzunehmen), weil er glaubt, für andere erreichbar zu sein sei eine »Frage der Moral«. »Ich sollte fähig sein, mich unterbrechen zu lassen. Ich meine, es hat seine Richtigkeit, wenn das Unterbrochenwerden mich nicht mehr aufregt ... Wenn ich telephoniere, freue ich mich, daß ich telephoniere, und ich freue mich an meiner Arbeit, wenn ich arbeite.«

Cage erklärt seine Weise der Beziehung zu anderen Menschen in Zen-Begriffen. »Ich glaube, eine der wichtigsten Lehren der Zen-Philosophie ist die, daß jedes Wesen, ob empfindend oder nicht, im Zentrum des Universums steht.« Deshalb begegnet man jedem Ding mit Ehrerbietung. Cage hat diese Einstellung mit seiner Verwendung von Zufallsoperationen verknüpft, wenn er zu bedenken gibt, daß Ziel- und Absichtslosigkeit auch »aus Respekt vor anderen ›Zentren‹« eingesetzt werde. Man erlaubt es »jeder Person, genau wie jedem Klang, das Zentrum der Schöpfung zu sein«.

Was er glaubt und praktiziert, ist, daß man Emotionen, Vorlieben und sogar begriffliche Verbindungen für sich selbst behalten soll. »Meine Gefühle gehören sozusagen mir«, sagt er, »und ich sollte sie nicht anderen aufdrängen.« Sie »bedeuten etwas für mich, aber ich möchte nicht, daß sie jemand anderem aufgezwungen werden ... Sie erniedrigen Gefühle nicht, sondern lassen sie da, wo sie walten können, ohne andere Menschen zu verletzen.« In der Einleitung zu seinen *Themes and Variations* sagt er: »Liebe = Raum um die geliebte Person lassen.« Die Fähigkeit, zwei Dinge miteinander zu verbinden, ist ein Privileg jedes Individuums, ein Privileg, von dem man in der Öffentlichkeit nichts sehen soll.

»Ich denke, daß ich das Recht – und genaugenommen auch das Bedürfnis – habe, ich selbst zu sein, solange ich lebe! ... Aber ich versuche, dieses Faktum, ich selbst zu sein, *für mich selbst* zu behalten, ich versuche es nicht anderen aufzudrängen.« Und damit »störe ich Ihr Zentrum nicht und Sie nicht meines«, sagt Cage und fährt mit einem seltenen Hinweis in Richtung Liberalismus fort: »Diese Vorstellung ist da erwachsen, wo es Demokratie gegeben hat.« »Ich glaube, die goldene Regel, die so oft als das wirkliche Zentrum des Christentums bezeichnet worden ist, ist ein Fehler: ›Liebe Deinen Nächsten wie *Dich* selbst.‹ Ich halte das für einen irrigen Gedanken. Wir sollten unsere Nächsten so lieben, wie *sie* sich selbst lieben sollten.«

Ein Kollege berichtet freimütig: »Er ist sehr eigen in seinen Ansichten, aber er erzählt einem diese Ansichten nur, wenn man sie ihm geradezu aus der Nase zieht.« »Er sagt, er liebt Musik«, sagt Earle Brown, »aber ich weiß nicht genau, ob er sie wirklich mag oder nicht.« Brown erinnert sich eines Konzertes, das er mit Cage besuchte und auf dessen Programm auch Frederic Rzewskis *The People United Will Never Be Defeated* stand, ein mächtiges, bombastisches Werk mit lautstarkem politischem Programm. Da dieses Stück in jeder Hinsicht in diametralem Gegensatz zu Cages Kompositionsbestrebungen stand, fragte sich Brown, was Cage dem Komponisten wohl sagen werde. Mit wunderbarem diplomatischem Geschick schüttelte Cage Rzewski die Hand und rief: »*Quel tour de force!*«

Größere Schwierigkeiten hat Cage, sich zu entschließen, ob er eingreifen soll, wenn manche Interpreten sein Werk unangemessen oder falsch aufführen. Am Tage nach einer entsetzlichen Aufführung, die er aber nicht unterbrach, obwohl er unter den Zuhörern war, sagte Cage wehmütig: »Da muß wohl tatsächlich eine Art Webfehler bei mir vorliegen, daß ich diese mißliche Lage nicht bereinigt habe.« Im Rückblick kam er zu dem Schluß, es wäre sicher unangemessen gewesen, wenn er das Ganze durch böses Geschrei beendet hätte; statt dessen hätte er aufs Podium gehen, die Musiker unterbrechen und ihnen und dem Publikum erklären sollen, daß das Stück inkorrekt aufgeführt werde, und dann den Versuch unternehmen sollen, ihnen zu sagen, wie es richtig zu spielen sei.

Ein Grundthema durchzieht Cages Aktivitäten – das der Sparsamkeit. Wie ein Krieger versucht er jedes Ding als das zu sehen, was es ist, und gerade genug Energie zu verausgaben, um darauf hinzuwirken, daß etwas geschieht. Bemerkenswert ist, daß das moralisch Erwünschte – etwa anderen Leuten erlauben, zu sein, was sie sind – auch immer das Praktischste im Sinne ökonomischen Handelns ist. Cage hat eine weise Bescheidenheit, die sich auf das Machbare konzentriert. Auf die Frage, welche Rolle dem Dichter in der Gesellschaft zukomme, antwortete er beispielsweise: »Ich glaube, es kommt nicht sehr darauf an, wie ich das sehe.« Unsere Verantwortung liegt darin, uns selbst leicht zu machen und zu öffnen. »Wenn wir die Welt von unseren Schultern nehmen, merken wir, daß sie nicht herunterfällt«, sagte er. »Wenn man sie läßt, trägt sie sich selbst.«

## VII

*Williams Mix* war ein zeitlich aufwendiges Projekt, und Cage machte eine Reihe von Riesenschritten in seinem Werk und seinem Denken, als er und seine Freunde das Stück im Laufe des Jahres 1952 allmählich zusammenbastelten.

In der ersten Hälfte des Jahres produzierte Cage ein neues, besonders theatralisches Werk. Der Solist spielt nicht nur Klavier, sondern auch eine Sirene und Radio und wird später dafür eingesetzt, sieben Spielkarten zu mischen und zu handhaben, eine Spielzeugente in einem Topf mit Wasser umherzupusten und das Klavier an Ort und Stelle mit vier Gegenständen zu präparieren, und zwar in etwas mehr als dreißig Sekunden.

(Cage spezifiziert die zu präparierenden Saiten nicht genauer; sie brauchen im folgenden Teil des Stücks auch gar nicht gespielt zu werden.) Die Partitur besteht aus zehn großen Blättern, die zusammengefügt werden müssen, um daraus ein einziges Blatt zu machen, das für die Zuhörer sichtbar sein soll, damit sie die Vorgänge mitverfolgen können – in jeder Einzelheit.

Andere in den Diagrammen verzeichnete, aber nicht ausgewählte Aktivitäten umfassen das Anzünden eines Streichholzes und das Ausblasen mit geschlossenen Zähnen, das Anzünden einer Zigarette, das Spielen einer aufsteigenden Tonleiter auf einer Entenpfeife und einen Gruß: »Hello!?«

Cages ursprünglicher Plan war der, dem Stück einen »mobilen« Titel zu geben, der je nach dem Aufführungsort oder – in einer späteren Fassung – nach dem Aufführungsdatum variierte. Es wurde an der New School for Social Research in New York uraufgeführt und später, am 29. August 1952, wiederholt. Bald bekam es den Namen *Water Music*, und wie Cage in einer Einladung an Nicolas Slonimsky schrieb: »Im Gegensatz zu der von Händel spritzt es hier wirklich.« Slonimsky besuchte (mit Tudor) eine Aufführung, zu der er später schrieb: »Es spritzte nicht wirklich, und ich flüsterte meinem Nachbarn meine Enttäuschung ins Ohr.«

Dem in *Imaginary Landscape No. 4* erprobten Gebrauch der proportionalen Notation entsprechend wurde auch die *Water Music* in chronometrischer Notation aufgezeichnet, wobei die mittels des *I Ging* erzeugten Zahlen mit Faktoren wie einer ganzen, einer halben oder einer Viertelsekunde multipliziert wurden, um die Zeitlängen festzulegen. Die Struktur des Stückes besteht aus zehn Gruppen von zehn, jeweils vier Sekunden dauernden Einheiten, die eine Gesamtlänge von sechs Minuten und vierzig Sekunden ergeben. Cage schrieb in seinen Anmerkungen: »Jede Vierzigsekundeneinheit bestimmt Überlagerungen, Zeit je nach Münzwurf; entweder 1/4 (Sek.), 1/2 (Sek.) oder 1 (Sek.).«

Die Dauern werden eher durch Dezimalstellen als durch Brüche spezifiziert: 3.2175 bedeutet also drei Minuten, einundzwanzigdreiviertel Sekunden, .215 bedeutet einundzwanzigeinhalb Sekunden. Diese Notierung sollte später in den Zeitdauerstücken der kommenden Jahre weitergetrieben werden, die unter dem Titel *Ten Thousand Things* bekannt geworden sind.

*Water Music* schließt bestimmte spurenhafte Konzessionen an den Geschmack ein. Die Eröffnungsanweisung verlangt, daß die Dynamik des Radios »nach Belieben des Spielers im Skalenbereich zwischen 5 und 6 geändert werden« kann. Unbenutzte Elemente der Diagramme schlagen vor, daß, wenn die Zigarette eingesetzt wird, der Interpret »auf Wunsch rauchen« kann; die Diagramme für die Überlagerungen besagen, daß, wenn das *I Ging* vierundsechzig ergibt, das gelesen werden soll als »freier Klang vierte Überlg. (Joker)«.

Während des Sommers 1952 war Cage wieder am Black Mountain College, und zwar auf Einladung von Lou Harrison, der jetzt Leiter des Fachbereichs Musik war. Seit dem Beethoven-Debakel, glaubte Harrison, war so viel Zeit verstrichen, daß sein Freund ruhig wieder einmal in Erscheinung treten konnte. Mit Cage kamen Cunningham und Tudor. Robert Rauschenberg war seit seiner Scheidung auf Reisen gewesen – er hatte für eine Baufirma in Casablanca gearbeitet und dann in Italien mit seinen Skulpturen für einen kurzen Aufruhr gesorgt. Bevor er zurückkehrte, vertraute er diese Werke dem Arno an. Inzwischen war er wieder in New York, wohnte in einer Dachwohnung in der Fulton Street und stieß ebenfalls zu seinen Freunden in North Carolina.

Cage und seine Gefährten beanspruchten den größten Speiseraum des Colleges für die dreiviertelstündige Aufführung einer abwechslungsreichen theatralischen Performance. Das Formschema für die Darbietung war durch Zufallsoperationen erzeugt worden. Eine ganze Reihe »disparater Aktivitäten« fand statt, manchmal simultan, manchmal hintereinander. Cage trug von der obersten Stufe einer Trittleiter herab eine seiner »Lesungen« vor. Cunningham tanzte, um das Publikum herum und mit ihm. Tudor spielte Klavier. Rauschenberg spielte zerkratzte Schallplatten auf einem uralten, aufziehbaren Victrola-Plattenspieler mit Schalltrichter; seine weißen Gemälde hingen von den Dachsparren herab. Mary Carolyne Richards, Dichterin und Töpferin, zeitweilige Gefährtin und künftige Biographin des Dichters Auden, Charles Olsen auf den obersten Sprossen einer weiteren Stehleiter und zwei andere Mitwirkende projizierten Dias und Filme auf verschiedene Flächen der Wände. Diese »konzertierte Aktion« ist häufig als der Prototyp der Multimedia-Happenings der sechziger Jahre bezeichnet worden. Das Publikum, so Cage, »war auf vier isometrischen dreieckigen Einzelflächen verteilt, deren Scheitelpunkte einen kleinen, viereckigen Spielbereich definierten. Ich freute mich, als ich im weiteren Verlauf des Sommers erfuhr, daß in Amerikas erster Synagoge in Newport, Rhode Island, die Gemeinde auf dieselbe Weise plaziert war – sich selbst gegenüber.«

# Kapitel zwölf

## I

»Von Rhode Island«, erinnert sich Cage, »ging ich nach Cambridge.« Dort, an der Harvard University, entdeckte er eine echofreie Kammer, einen Raum, der so schalltot und hallfrei war wie technisch überhaupt möglich. »In diesem bemerkenswerten Raum«, berichtet der *Harvard University Catalog* des Jahres 1949/50, »werden 99,8 Prozent oder mehr der in einer Schallwelle verfügbaren Energie in einer einzigen Reflexion über einen Frequenzbereich von 60 bis 20 000 oder mehr Schwingungen pro Sekunde absorbiert.«

Stille war lange eine wichtige Facette der Musik von Cage gewesen; man denke nur an *Duet for Two Flutes* und *Sonatas and Interludes*, an den vielleicht symbolischen Schluß des Klaviers in *A Flower* und *The Wonderful Widow*, aber auch an die Funktion der Stille in neueren Werken, beispielsweise als Kontinuitätsbruch in *Two Pastorales*. Und bezeichnenderweise gehören die längsten Zeitwerte in *Imaginary Landscape No. 4* den Pausen. Cages Zen-Studium machte die Stille auch philosophisch interessant; er faßte sie als Manifestation der von ihm gesuchten Leere in der Musik auf. Er bat darum, in der echofreien Kammer sitzen zu dürfen, »mit der Absicht, zu hören, wie es eigentlich war, nichts zu hören. Ich erwartete buchstäblich, nichts zu hören.«

Obwohl die Anekdote mit dem echofreien Raum eine der bekanntesten Geschichten über Cage ist (»jeder, der mich kennt, kennt diese Geschichte«, behauptet Cage), ist nicht genau klar, wann sie eigentlich stattfand. Überdies waren an der Harvard University damals zwei echofreie Kammern in Betrieb, und es läßt sich nicht mit Sicherheit ermitteln, welche der beiden von Cage benutzt wurde.

Die erste der beiden war Bestandteil der Cruft Laboratories, die zu einem der technischen Fachbereiche gehörten. Es war eine einfache Kammer aus dickem Beton, fensterlos, mit einer einzigen schweren Tür. Sie hatte ein Volumen von 2039 Kubikmetern und war geteilt durch einen schmalen Laufsteg, der, von den vier oberen Ecken an Drähten hängend, über dem Boden verlief; zwanzigtausend Schaumstoffplatten an den Wänden dämpften und verschluckten Schall und Echo. Das ist die echofreie Kammer, deren akustische Eigenschaften oben erwähnt wurden. Die Cruft-Kammer wurde 1943 erbaut, sie sollte den Forschungen von Frederick Vinton Hunt (1905 – 1972) dienen, der akustische Geräte auf ihre Kriegstauglichkeit testete. Später stand sie im Dienst der allgemeinen Schall- und Vibrationsforschung in Lufträumen und Flüssigkeiten. Sie wurde im Spätherbst des Jahres 1971 zerstört.

Die zweite Kammer war eine Einrichtung des von Stanley Hall (1906–1973) in der Memorial Hall betriebenen Psychologischen Instituts. Die Memorial Hall war 1878 als Gedenkstätte für die Harvard-Absolventen erbaut worden, die im Bürgerkrieg ihr Leben gelassen hatten; 1947 wurden das Kellergeschoß und Teile des Parterres Heimstatt des Psychologischen Instituts. Das psychoakustische Labor diente seit dem Krieg der Hörgeräteforschung. Sein echofreier Raum, sehr viel kleiner als der der Cruft Laboratories, war in eine Ecke des Kellergeschosses eingezwängt, die an den Kohlenkeller und die Herrentoilette grenzte.

Es kommt kaum darauf an, um welche der beiden Kammern es sich tatsächlich handelte. Die Ungewißheit darüber scheint irgendwie sogar angemessen zu sein. Das Wichtige aber ist, daß Cage, als er in der Stille der Kammer Platz nahm, überrascht war. In diesem schalldichten Raum, der weit davon entfernt war, völlig schalltot zu sein, konnte er mit aller Deutlichkeit zwei anhaltende und ziemlich laute Töne hören – einen konstanten singenden hohen Ton und einen hämmernden dumpfen Pulsschlag. Cage vermutete anfangs, daß da irgend etwas mit dem Raum nicht stimmte. Verwirrt verließ er die Kammer und fragte den diensthabenden Ingenieur, um was es sich handeln könnte. »Beschreiben Sie die Geräusche«, forderte ihn der

Ingenieur auf. Cage tat das. Der Ingenieur sagte, daß es sich nicht um Mängel der Kammer handele; vielmehr habe er die Geräusche gehört, die beständig von seinem eigenen Körper hervorgebracht würden – der hohe Ton sei das Klingen seines Nervensystems, der tiefere sein herzschlaggetriebener Blutkreislauf.

»Ich hatte ernstlich und ganz naiv gedacht, es gäbe wirklich Stille«, erinnerte sich Cage. »Also ... hatte ich die Stille gar nicht wirklich auf die Probe gestellt.« Jetzt dagegen merkte er, daß Stille in dem Sinne, wie er sie aufgefaßt hatte, gar nicht existierte. »Wie sehr wir auch versuchen mögen, Stille zu erzeugen«, beobachtete Cage, »es gelingt uns doch nicht. Es gibt keine Stille, die nicht klangträchtig ist.«

Wenn aber »Stille« ein gültiger Begriff bleiben sollte, mußte Cage ihn im Lichte seiner Erfahrung neu definieren. Bis dahin hatte sein Eintreten für das Prinzip des Nichtdualismus und der wechselseitigen Durchdringung ihn nicht daran gehindert, die Scheidung von Klang und Stille aufrechtzuerhalten. Jetzt hatte die Erfahrung ihn korrigiert; er sah, daß der Unterschied nur in seinem Kopf bestand. Die Dichotomie mußte derart neu definiert werden, daß ihre Quelle ersichtlich wurde: Intention versus Nichtintention, Absicht gegen Unabsichtlichkeit.

»Die Situation, in der man sich befindet«, sagte Cage, »ist nicht objektiv (Klang – Stille), sondern eher subjektiv (nur Klänge), im einen Fall werden Töne absichtlich hervorgebracht, im anderen (Stille genannt) unabsichtlich.« Stille ist die Absenz von Vorsatz und Absicht. Die Erfahrung der Leere, die im Klang als Stille verkörpert ist, ist nicht verfügbar wie Süßigkeiten auf dem Regal eines Geschäfts; sie mußte aufgesucht und erreicht werden durch Arbeit an sich selbst – durch Ausbruch aus der Gewohnheit unreflektierten Einwirkens auf die Welt oder ungeprüften Fürwahrhaltens, dadurch, daß man sich zum bescheidenen, aber erfolgreichen Empfänger dessen machte, was tatsächlich geschieht. »Stille ist nicht Akustik. Sie ist ein Wandel des Geistes. Eine Kehrtwendung.« Und Cage fügt hinzu: »Ihr habe ich meine Musik gewidmet.«

Im Hinblick auf sein lange währendes und wachsendes Interesse an Stille kann das als weiteres Beispiel für die Art und

Weise gesehen werden, wie anlagebedingte Tendenzen im Laufe der Zeit zu begrifflicher Klarheit und dann zu praktischem Erfolg gebracht werden. Der Besuch in der echofreien Kammer »gab all dem eine Richtung, was bei mir, wenn auch noch nicht im Detail, als Neigung vorhanden war«. In der Tat, »wir mußten uns Stille vorstellen, um unsere Ohren öffnen zu können«.

## II

Seit wenigstens fünf Jahren hatten Cages Beschäftigung mit östlicher Philosophie, sein Hang zur Stille und, wie man sagen darf, seine Vernarrtheit ins Experiment ihn dazu bewogen, das Äußerste an musikalischer Kühnheit ins Auge zu fassen: ein Musikstück ohne Klänge. Nur Stille. Weit zurück im Jahre 1947 – oder vielleicht 1948 – hatte Cage die Idee in einem Vortrag erwähnt, *A Composer's Confessions*, der als Teil eines Festivals mit multidisziplinärem Gedankenaustausch von Künstlern und Denkern gehalten worden war. Sein erster Eindruck war der, daß ein »stummes« Stück, ein Stück Stille, »im europäischen Kontext unverständlich« sein würde. »Ich wollte das Ganze nicht als etwas Leichtes oder gar als Scherz hinstellen, nicht einmal vor mir selbst«, erinnerte sich Cage. »Es war mir völliger Ernst damit, und ich wollte damit leben können.« Im Jahre 1949 sah er dann eine neue Serie von Bildern Robert Rauschenbergs: völlig schwarze und – was ihn noch mehr interessierte – völlig weiße Gemälde.

»Ich wollte nicht, daß die Farbe mir zu etwas dient«, hatte Rauschenberg in seiner üblichen bündigen Weise gesagt. Was Cage daran faszinierte, war die Tatsache, daß die weißen Bilder darauf aufmerksam machten, daß, mit Rauschenbergs Worten, »eine Leinwand nie leer ist«; Staub läßt sich darauf nieder, man sieht Schatten, Spiegelungen usw. Die Leinwände waren »Spiegel der Luft«, keineswegs passiv, sondern, wie Calvin Tomkins sagte, »hypersensibel«.

Die weißen Leinwände vermittelten Cage »den Mut« oder »die Erlaubnis«, sein stummes Stück zu komponieren. »Erlaubnis« ist ein interessantes Wort, das auch anderswo in Cages Werkstattberichten auftaucht – Cowell und Carlos Chávez beispielsweise »gaben mir die Erlaubnis, den Bereich der Musik zu betreten« – und das auf die Notwendigkeit der Bestätigung durch andere hinzuweisen scheint. Auf Rauschenbergs Leinwände folgte der ahnungsvolle Einsatz von Stille im letzten Satz des *Concerto* und in *Waiting*; die echofreie Kammer war zum rechten Zeitpunkt gekommen.

Für Cage war ein stummes Stück das Äußerste an Nichtdualität, das Äußerste an Absichtslosigkeit, das Äußerste an Nichthandeln in Kunst und Leben, der Flucht- und Nullpunkt zwischen Erfahrung und Darstellung des Lebens. Das Stück, das er schrieb, *4′33″*, war eine der frühesten Äußerungen seines neuen Verfahrens, aber er gab damit auch im wesentlichen seine neue Position und Lebensführung bekannt. Das Stück hebt sich selbst auf. Es ist wie ein Bullauge, durch das wir uns das anschauen können, was der Fall ist. »Wenige Komponisten hinterlassen ein solches Testament«, schrieb Herbert Henck.

Cage komponierte es auf genau dieselbe Weise wie alle anderen Werke dieser Zeit, indem er nämlich *I Ging*-Operationen auf die rhythmische Struktur anwendete. Da in dem Stück mit Absicht keine Klänge produziert werden sollen, wird die Struktur nur durch die Klänge erhellt, die akzidentell auftreten; als Blüte seiner neuen Ideen verwies es die alten auf den Rang einfach redundanter Konzepte, die keinerlei vitale Beziehung mehr zu dem hatten, was er tat. Cage baute ein dreisätziges Stück dadurch auf, daß er kurze Zeitspannen von Stille akkumulierte, die durch Zufallsoperationen bestimmt wurden: »Ich weiß, es klingt absurd«, sagte er Jahre später lachend, »aber es kann sein, daß ich einen Fehler beim Zusammenzählen gemacht habe.« Bei der Berechnung kam er auf vier Minuten und dreiunddreißig Sekunden, die denn auch bald nach der Uraufführung – bei der sie irreführend *Four Pieces* genannt wurden – den Titel des Werkes abgaben. Dennoch verletzt es seine selbstgesetzten Grenzen; zusammen mit den Pausen zwischen den einzelnen Sätzen dauert *4′33″* immer länger, als sein Titel angibt.

Die Uraufführung war für ein Konzert angesetzt, das David

Tudor am 29. August 1952 für den Artists' Benevolent Fund in der Maverick Concert Hall geben sollte. Alle Leute im Bozza-Haus wußten bereits, was kommen würde; ganz selbstverständlich teilten sie alle ihre Ideen miteinander. Niemand im Publikum aber (darunter auch Musiker der New Yorker Philharmoniker) konnte sich vorgestellt haben, daß nach einem Abend avantgardistischer Musik üblichen Schlages – erweiterte Tonalität, technische Kompliziertheit, viel Virtuosität – John Cage vier Minuten und dreiunddreißig Sekunden Stille bieten würde.

Jeder, der lauschte, hörte den Wind in den Bäumen, dann den aufs Dach tropfenden Regen und zu gegebener Zeit das verblüffte Gemurmel anderer Publikumsmitglieder. Nach dem Schlußstück gesellte sich Cage zu Tudor, Feldman und Brown, deren Werke ebenfalls dargeboten worden waren; es sollten Fragen beantwortet werden. »Es gab eine lebhafte Diskussion«, erinnert sich Earle Brown. »Einen höllischen Aufruhr ... er versetzte einen Großteil des Publikums in Wut.« Wie Peter Yates so eindrucksvoll beobachtet hat: »Das Publikum war darauf vorbereitet gewesen, geschockt, aber nicht, in Bestürzung versetzt zu werden.« Ein ortsansässiger Künstler stand schließlich auf und schlug mit flauer Vehemenz vor: »Wir aus Woodstock, laßt uns diese Leute aus der Stadt treiben.«

Als Irwin Kremen Geburtstag hatte, bekam er von Cage eine Partitur des Werkes; außerdem eine große Packung Kirscheis, die sie in Gesellschaft von Cunningham, Tudor, M. C. Richards und Kremens Freundin Barbara Herman in deren New Yorker Wohnung verspeisten. Diese Partitur – auf den August 1952 datiert – wurde in *Source* veröffentlicht. Sie weicht von der später bei Peters publizierten darin ab, daß sie in Zeit-Raum-Notierung geschrieben ist, mit 1/8 Inch (0,3 cm) als Äquivalent von einer Sekunde Stille. Die Längen der Sätze variieren von Version zu Version: Kremens Manuskript hat 30″, 2′23″ und 1′40″ wie bei der Uraufführung, während die veröffentlichte Partitur 33″, 2′40″ und 1′20″ angibt.

*4′33″* ist ausführlich als kulturelles Wahrzeichen unserer Zeit gepriesen worden, als »die Schlüsselkomposition dieses Jahrhunderts«, wie John McLure 1969 vermutet hat. David Tudor sagt:

»Es war eine der intensivsten Hörerfahrungen, die man überhaupt machen kann.« Cage hat die Leute auch weiterhin in Erregung, in Verwirrung und in Wut versetzt; die zeitgenössische Musik ist zu neuen Entwicklungen und Kontroversen aufgebrochen. Cage produzierte andere Werke, die ebenfalls auf den Klängen eines realen Ortes basierten. In den siebziger Jahren benutzte er das *I Ging*, um vier Stellen in Manhattan ausfindig zu machen, die aufgesucht und an denen gelauscht werden mußte, und um einen Fußweg durch den Campus der University of Wisconsin zu bestimmen, den dreihundert Menschen in völliger Stille beschritten als *Demonstration of the Sounds of the Environment*. Andere Komponisten zogen nach. In *Listen* von Max Neuhaus wird »ein Publikum, das ein konventionelles Konzert oder einen herkömmlichen Vortrag erwartet, in einen Bus verfrachtet, ihre Handflächen werden mit dem Wort *listen* bestempelt, und sie werden in und durch eine existierende Klangwelt geleitet«. Neuhaus machte das in den Jahren 1966 und 1968 mehrfach mit seinen Hörern, die er in Kraftwerke und U-Bahnstationen führte.

Cages sehr kurzes stummes Stück jedoch, das zuerst kam, hat gewissermaßen eigenständige Geltung erlangt, es ist unübertroffen und verweigert jeden Versuch einer Klassifizierung. Hin und wieder diskutierten Theoretiker darüber, ob das noch Musik genannt werden kann und was es mit unserer Definition von Musik zu schaffen hat. Trotz der Aufmerksamkeit, die *4′33″* auf sich gezogen hat, zweifelt Cage daran, »ob es von vielen Leuten verstanden wird«. Oft wird darauf Bezug genommen, ohne daß die Leute in der Lage wären, den korrekten Titel zu nennen: *1′33″* oder *4′55″* wurde es genannt; Henry Cowell betitelte es 1954 mit *4′36″*, und Lejaren Hiller, ein späterer Mitarbeiter von Cage, nannte es *4′44″*. Cage, dessen neue Denkweise ihn einige Freunde gekostet hatte, verlor nach *4′33″* noch einige mehr.

Er behandelt das Werk mit Ehrerbietung: »Mein wichtigstes Stück ist mein stummes Stück.« Er stellt es über alles andere, was er geschrieben hat. »Es vergeht kein Tag, an dem ich nicht von diesem Stück Gebrauch mache in meinem Leben und Werk«, erklärt er. »Ich denke immer daran, bevor ich das nächste Stück schreibe.«

## III

Cage hatte jahrelang versucht, Musik und Spiritualität in seinem Werk miteinander zu verbinden. Nach *4'33"*, das diese Tendenz als Quintessenz besiegelt, ist es möglich, sowohl die Ernsthaftigkeit seines Versuchs als auch seine ausgeprägten und aufschlußreichen Idiosynkrasien zu bewerten.

Als Jugendlicher hatte Cage ernsthaft über eine Berufung als Geistlicher nachgedacht. Seine Einstellung zu seinem Werk scheint manchmal davon gefärbt. Calvin Tomkins, ein überaus scharfsichtiger Kommentator von Cage, verglich ihn einst mit einem Missionar, und Jasper Johns nennt ihn »teils Prediger, teils Lehrer«. Als er sich zu seiner Überzeugung äußerte, daß in unserer geistigen Einstellung ein dringender Wandel geboten sei, vertraute Cage selbst Roger Reynolds an: »Man könnte mich gut und gern mit einem fundamentalistischen protestantischen Prediger vergleichen.«

Daß spirituelle Dinge einen Teil seines Lebens bildeten, ist immer deutlich gewesen. Wer ihn reden hörte, wer liest, was er geschrieben hat, oder aufmerksam einen Großteil seiner Musik hört, weiß, daß Aufgeschlossenheit für »göttliche Einflüsse« genau das ist, woraus Cages Musik erwächst. Und doch hat auch Cage Schwierigkeiten – sozialer wie persönlicher Herkunft –, diese Neigung im späten zwanzigsten Jahrhundert auszuleben. Obwohl er sein Werk in einem spirituellen Programm verankert, verspürt er der Religion gegenüber doch bedenkliche Ambivalenz; und sein spirituelles Streben konzentriert sich auf einen sehr reinen, aber engen Ausschnitt des Lebensspektrums.

Im Jahre 1989 gefragt, ob er glaube, daß zwischen seinen religiösen Neigungen der Jugendzeit und seinem späteren Zen-Studium eine Verbindung bestehe, antwortete er rundweg, das glaube er nicht. Da sei nicht nur keine Kontinuität, sondern Diskontinuität. Wenn Zen mit denselben Dingen befaßt ist wie das Christentum, »braucht man gar nicht erst zu konvertieren. Dann kann man gleich da bleiben.« Cage wandte sich dem Fernen Osten zu, wie er erklärt, »wegen des Aromas – und auch deshalb, weil der Osten einen angesprochen hat, als die westliche Kirche schon gar nicht mehr sprach, sozusagen«. Die Kirche hatte ihre Vitalität eingebüßt, sie war doktrinär geworden. An anderer Stelle berichtete er, wie »Kirche und Sonntagsschule, als ich aufwuchs, immer leerer wurden und bald nichts mehr hatten, was man brauchte ... Ich war beinahe vierzig Jahre alt, bevor ich entdeckte, was ich brauchte – im östlichen Denken ... Ich war hungrig – ich hatte Durst. Alle diese Dinge waren in der protestantischen Kirche da« – der Kirche seiner Vorfahren, mit der er aufgewachsen war –, »aber sie waren in einer Form vorhanden, in der ich sie nicht brauchen konnte.«

Als er einmal gefragt wurde, ob er sich als Buddhist betrachte, sagte er, er betrachte sich als Komponist. Auf die Frage, ob er an Gott glaube, erwiderte er: »Was für eine wunderbare Frage. Sicher nicht in einem anthropomorphen Sinne. Meine religiöse Prägung habe ich dem Zen-Buddhismus zu verdanken ... Ohne seinen Einfluß hätte ich nicht komponieren können. Nirwana ist auch Leid. Der Himmel ist mit uns. Diese Überzeugungen tauchen in meinem Werk auf, deutlicher als die stereotype Formel ›Ich glaube an Gott‹. Ich ziehe vor: ›Jeder Tag ist ein schöner Tag.‹«

»Stereotype Formel« ist hier der entscheidende Ausdruck; Cage scheint eher etwas gegen die Religion als Institution und rituelle Praxis einzuwenden zu haben als gegen ihren spirituellen Gegenstand. In seinen Werken und Schriften lassen sich zahlreiche verstreute religiöse Anspielungen finden, aber es findet sich auch die schonungslose Behauptung: »Das ist genauso dumm, wie an Gott zu glauben ... Wir wissen ... daß Gott nicht existiert.« In ruhiger Stimmung betrachtete er die Anordnung der Blätter an einem Ast und äußerte die Vermutung, daß »niemand, nicht einmal Gott, das alles so eingerichtet haben könnte«.

Manchmal benutzt Cage die Begriffe der traditionellen Religion, zum Beispiel wenn er Mila Repa als tibetanischen Heiligen beschreibt oder von den göttlichen Dingen spricht, die »bei der Schöpfung« passieren. Seine biblischen Lieder schrieb er kurz nach der Aufgabe des Ziels, Geistlicher zu werden. Zu anderen Zeiten scheinen seine Auffassungen völlig andersartig, etwa wenn er von unserer Gegenwart mitten im Chaos spricht. Man steigert seine Fähigkeit, auf die Welt zu reagieren, postulierte er bei einer anderen Gelegenheit, »wenn man den allgemeinen Grundregeln des christlichen Lebens folgt«, aber er fügt hinzu: »Ich selber neige dazu, eher darauf zu achten, meinen Zug zu erreichen, als die Ziele des Christentums.«

Wie erwähnt, hat Cage davon gesprochen, daß er »sozusagen einen Schutzengel« habe. »Sozusagen« ist ein Wink, daß die Beschreibung nicht ganz angemessen ist; die Idee des Schutzengels ist nicht das, was man von der christlichen Religion her kennt. Als er Jahre später über Gita Sarabhais Formel »den Geist nüchtern und ruhig und damit für göttliche Einflüsse aufgeschlossen machen« nachdachte, gab er ganz in diesem Sinne zu bedenken: »Ich könnte das leicht verändern und es nicht so ›kirchlich‹ sagen.«

In Cages Einstellung zur Religion ist also eine Ambivalenz erkennbar. Er war versucht, das Religiöse vom Spirituellen zu trennen, ersteres dem Christentum und letzteres dem östlichen Denken zuzuordnen: starre Tradition gegen vitale Entdeckung. Nur bei Meister Eckehart sah er beide Elemente versöhnt.

Wie Cage seine spirituellen Sehnsüchte kanalisierte – am deutlichsten wird dies in der Entwicklung seiner Kunst –, ist durchaus idiosynkratisch. Sein Weg ist nicht der einzige zur Erreichung des von Gita Sarabhai vorgeschlagenen Zieles noch gar zur Integration der Menschen in ihrem Alltagsleben – im Sinne seines Programms. »Ich würde nicht sagen, daß es der beste Weg ist«, räumt Cage ein, »aber es ist ein Weg.« Seine Annäherung ist transzendental – er ließ sogar den Zyklus der Jahreszeiten hinter sich. Sie zielt auf die Realität des Universums in seiner immanenten, nichtpartikularistischen, letzten Dimension, auf das Universum in seiner ungeschiedenen Ganzheit. Das ist ein reiner, in mancher Hinsicht aber extrem enger Ausschnitt des kosmischen Spektrums.

Wovon Cage sich in wachsendem Maße löst, ist die Vorstellung, daß das Universum auf einer anderen Ebene auch aus geschiedenen Einheiten zusammengesetzt ist, darunter menschliche Wesen, deren Regeln und Leidenschaften ebenfalls die Empfänglichkeit für göttliche Einflüsse nähren. Ein Mensch atmet und sein Herz schlägt, der Mond nimmt zu und ab, die

Gezeiten kommen und gehen, und ebenso kommen und gehen die Jahreszeiten, das ist auch für Cage gewiß.

Wiederholung und Periodizität müssen nicht unbedingt als militärische Verschwörung gesehen werden. Die nichtwestliche Musik, etwa die Kodo-Trommeltechnik oder die traditionelle afrikanische Rhythmik, ist rhythmische, orgiastische Musik, die auf magische Weise die Zeit aufhebt. Cage dagegen will regelmäßige Taktschläge nicht mehr tolerieren – »sie erscheinen mir unnatürlich. Sie erscheinen zu anthropomorph«. Ganz in diesem Sinne übt man sich in manchen mystischen Richtungen, zum Beispiel dem Tantrismus oder in bestimmten Richtungen des chassidischen Judentums, sich den göttlichen Einflüssen im reinen, unreglementierten Hier und Jetzt zu öffnen, im Alltag oder in der Sexualität.

Östliche musikalische Systeme, das japanische, das balinesische, das indische – mit Gamelans, Kotos, Tablas oder Khêns –, sind nach Tonhöhen und Rhythmik genau organisiert. Je mehr sie sich ihrer spirituellen Funktion bewußt ist, um so genauer ist häufig die Disziplin der Regeln und Schemata.

Die frühen Zen-Gärten wie Daisen-In aus dem sechzehnten Jahrhundert ernüchtern und beruhigen den Geist durch die stilisierte Darstellung der Welt; sie sind Orte der Kontemplation – geharkter Sand beispielsweise repräsentiert Wasser. Im Lauf der Zeit wurden Zen-Gärten abstrakter – Ryoanji beispielsweise –, das war das Ergebnis einer historischen Entwicklung, genau wie die Maja-Textilien in Mittelamerika zuerst Figuren abbildeten; später aber wurden diese Figuren zu geometrischen Formen abstrahiert.

Kunst, die im traditionellen Sinne expressiv ist, hat ihre eigene Gültigkeit. Sie kann uns mit unserer menschlichen Hinfälligkeit aussöhnen und sie integrieren; man halte sich den Reichtum der späten Quartette Beethovens vor Augen. Cages Proklamation, er wolle sein Werk von seinen Gefühlen freihalten, ist ebensosehr eine persönliche wie eine rationale Entscheidung. Auf die Frage, ob er Emotionen mit Exzeß und Überschwang assoziiere, antwortete er: »Man könnte sie mit allen möglichen Dingen assoziieren – mit Eifersucht, Haß, Furcht, Zorn, Kummer« – negative Assoziationen. »Alle guten können in schlechte verkehrt werden. Die meisten Morde passieren unter Leuten, die einander lieben. Liebe soll ja die Menschen blind machen. Wenn man blind ist, kann man überfahren werden. Man weiß doch schon lange, daß Gefühle gefährlich sind. Man muß sich von seinen Vorlieben und Abneigungen befreien.«

Cages Werk ist reich an Lehren zum Genuß der Welt in ihrer ganzen Unvollkommenheit. Es sagt uns nichts darüber, wie wir mit unseren inneren Unvollkommenheiten umgehen, ihnen begegnen, geschweige denn sie genießen sollen. Seine Lehren sind Lehren transzendentaler Freiheit; diese ist einfach da und sorgt sich nicht um die heroische, schmerzliche Prüfung des Willens, der mit den komplizierten Widersprüchen des Lebens fertig werden muß. Cage schult und benutzt den Willen, aber nur, um die Leidenschaften zu umgehen: wie die Rakete, die ihren Treibstoff zur Flucht aus der Welt in einen spannungsfreien Raum benutzt, in dem Treibstoff unnötig ist.

Ein bedeutsames Beispiel für Cages sehr engen Gesichtskreis ist seine heftige Opposition gegen die Idee der Improvisation. Seine frühesten Äußerungen sind Ausnahmen: das *Credo* von 1937 beruht auf der Voraussetzung, daß, wenn eine Methode der rhythmischen Strukturierung einmal weitgehend akzeptiert ist, »auch die Mittel zur Gruppenimprovisation ungeschriebener, aber kulturell wichtiger Musik vorhanden sein werden«, wobei Jazz und orientalische Musik als Beispiele aufgeboten werden. Diese Idee probierte Cage in seinen experimentellen Musikkursen in Chicago aus, wie an anderer Stelle beschrieben. Danach etabliert sich eine anhaltende Abneigung gegen jede Form von künstlerischer Spontaneität.

Und doch ist für viele Interpreten das Improvisationserlebnis durchaus nicht persönlich geprägt. Es ist vielmehr so, als ob ein bestimmter Klang zu einem besonderen Zeitpunkt erzeugt werden müßte oder man ihn, genauer, zu einem bestimmten Zeitpunkt geschehen ließe, ohne jede Kluft zwischen Entschluß und Ausführung. Bezeichnenderweise erfordert das, wenn es angemessen realisiert werden soll, gute Koordination und vollendete Spieltechnik.

Das zu sehen war aber nicht Cages Sache. Ausnahmsweise war er an diesem Punkt voller Vorurteile. Daß die Aktion der

Klangerzeugung bei notierter wie auch bei improvisierter Musik dieselbe ist, hat er nie gelten lassen.

Spontaneität ist kein persönlicher Prozeß. Sie ist jedoch im Raum und in der historischen Zeit beheimatet, so daß sie häufig als hölzerne Wiederholung klischierter Reaktionen in Erscheinung tritt – ebendas, was Cage als einziges sehen will, wenn er von Spontaneität spricht. Sie kann gepflegt werden und dadurch freier werden. In der Zen-Kalligraphie ist der Sekundenbruchteil vor dem Auftreffen des Pinsels auf dem Papier ein Moment, in dem der Wille seine Kontrolle aufgibt, *konton haikai.* Beim Zen-Bogenschießen vollzieht sich das Loslassen des Bogens spontan. Verblüffenderweise beobachtete Cages *bête noire,* Jackson Pollock, daß an seinem wilden Action-painting nur dann etwas auszusetzen war, »wenn ich den Kontakt verliere«.

Cage stellte einmal die Frage: »Wie kann ich es anstellen, damit ein B aus mir selbst kommt und nicht aus meinem Gedächtnis, Geschmack oder meiner Psychologie?« Er stellt fest, daß »in völliger Leere alles stattfinden kann«. »Um zu sehen, muß man die Einbildungskraft hinter sich lassen, und dazu wiederum muß man absolut still stehen – wie mitten in einem Sprung«, aber er scheint gar nicht zu bemerken, daß alles das auch die Basis der Improvisation bilden könnte. Eine seltene Ausnahme bildet seine Aussage – im Laufe einer Diskussion über die Aufführung indeterminierter Musik –, daß nur der Interpret den angemessensten Klang auf die bestmögliche Weise für das besondere Instrument hervorbringen könne, »angemessen, das heißt der Stille angemessen«.

Wie bereits in meiner Einleitung angedeutet, muß jeder Mensch einen Platz finden, an dem er sein Leben zwischen den Polen von Hell und Dunkel, Einheit und Zerstreuung, Ruhe und Leidenschaft führen kann. Sowohl in seinen Neigungen als auch in seinen Idiosynkrasien ist Cage deutlich einseitig: Er neigt zu Askese, Strenge, Transzendenz, Ruhe, Gelassenheit, Leere, Heiterkeit. Eine der klassischen Weisen der Bewältigung dieses menschlichen Drahtseilaktes ist die Unterscheidung zwischen dem apollinischen und dem dionysischen Charakter: Jener steht im Zeichen von Licht, Einheit, Beschränkung und

Ruhe, der andere in dem von Dunkelheit, Zerstreuung, Leidenschaft und Überschwang. Träger mystischer Kraft werden häufig mit Attributen wie Glanz in den Augen und inneres Feuer ausgestattet. Der apollinische Weg ist für viele christliche Traditionen kennzeichnend, besonders für die Methodisten. An Cages fünfundsiebzigstem Geburtstag schilderte Norman O. Brown seinen Freund im Sinne dieser klassischen Dichotomie.

Cage, argumentiert Brown, ist der Apolliniker par excellence. Im Gegensatz zu dem verrückten Aktionismus von Morris Graves, stellt Cage fest, »würde ich nicht einmal davon träumen, eine Axt zu nehmen und einen Ofen in Stücke zu hauen. Noch würde ich mich auf den Boden werfen.« Brown verweist darauf, daß Nüchternheit und Ruhe die Essenz der apollinischen Disziplin sind. »Nicht zerstörend, sondern aufbauend.« Und er fährt fort: »Apollinisch meint den Drang, das separate Leben des Individuums zu vervollkommnen, den Schmerz der separaten Identität durch die verführerischen Wonnen ästhetischen Genusses wettzumachen … Das apollinische Bewußtsein wird von der Frage umgetrieben: Ist das Leben lebenswert? … und es findet im ästhetischen Genuß eine bejahende und heitere Antwort.« Apollo ist der Leuchtende, der Gott des Lichts. Cage notiert: »Ich war mit einem sonnigen Temperament ausgestattet«; und seine Musik scheint so leicht und klar wie das Licht. Apollo ist überdies der Gott der Grenzen, der Definitionen, der Trennungen, der klaren und deutlichen Gedanken.

Browns allgemeine These wird bekräftigt, wenn man die spezifischen Details untersucht. Der apollinische Charakter hat etwas Adliges und fühlt sich unbehaglich in der Menge. Wie im dritten Kapitel bereits ausgeführt wurde, fühlte sich Cage als Verbrecher und war von Abscheu erfüllt, wenn er aufgefordert wurde, denselben Text zu lesen wie seine Mitstudenten im College. Später, beim Gespräch über seine Musik, äußert er sich sehr aufschlußreich dazu, daß er keinerlei Bedürfnis hat, seine »Gefühle auf jemand anderen zu übertragen. Das heißt nur schlafende Hunde wecken; an der Oberfläche scheint es human zu sein, aber in Wirklichkeit setzt es uns herab, und deshalb wollen wir davon absehen.«

Cage scheint nicht nur seine eigenen Emotionen zu umgehen; sein Bedürfnis, frei zu sein von Zwang, läßt ihn vor jeder Situation auf der Hut sein, in der sich die Emotionen einer Gruppe auf ein einziges Objekt richten. »Ich hatte gerade den *Messias* zusammen mit Mrs. Henry Allen Moe gehört, und sie sagte: ›Mögen Sie dieses Hallelujah nicht?‹, und ich sagte: ›Nein, ich kann es nicht ertragen.‹ Daraufhin sagte sie: ›Mögen Sie es nicht, wenn etwas Sie bewegt?‹, und ich sagte: ›Ich habe nichts dagegen, aber ich mag es nicht, wenn ich dazu gedrängt werde!‹«

»Zufallsoperationen sind ein apollinisches Verfahren«, gibt Brown zu bedenken. Das apollinische Ich stellt die Fragen, »und die Ergebnisse sind einstimmig und unzweideutig«. Zufallsoperationen umgehen die Qual der Ungewißheit, »sie sind immer untadelig«.

Umgekehrt haben alle Verfahren, die Cage im Laufe der Jahre hinter sich ließ, im allgemeinen dionysischen Charakter. *Four Walls* suchte, wie bereits ausgeführt, die Stille der Verzückung und ist damit voll von menschlichen Bestrebungen. Der Gebrauch von Tarotkarten bei der Komposition von *Music of Changes* hatte ein gut Teil Unreinheit an sich und rührte an das Absolute auf dem Wege über das Unbewußte – das behagte ihm nicht. Dasselbe gilt für die Geschichte von der elenden Schindmähre, die Cage mit dem Schluß des *String Quartet* in Zusammenhang bringt. Außergewöhnlich ist sie, weil sie die einzige europäische Legende ist, die er zitiert, und weil sie eine sehr viel reichere Atmosphäre hat als die fernöstlichen Geschichten, die er viel häufiger zitiert. Er nimmt, manchmal in fragmentarischer Form, in *Silence*, in *A Year from Monday* und in *X* darauf Bezug. Die einzige andere europäische Legende in Cages Leben, auch sie irisch und auch sie aus einer Sammlung von Joseph Campbell, gab einem anderen frühen Stück den Titel, *The Perilous Night*.

Durch die Arbeit mit Zufallsoperationen versuchte er, alle Spuren seiner geschmacklichen Vorlieben auszubügeln, auch indem er Fehler und Hindernisse einbaute, so die Pedalbehandlung in *Music of Changes* und *Two Pastorales*, die improvisierten Schnitte in *Williams Mix*, die Klavierpräparierung in *Waiting* oder die Rauchanweisung in *Water Music*.

Die apollinische Tendenz läßt dem Gefühl und der Leidenschaft, besonders in ihren komplizierten Ausprägungen, wenig Raum. Genau wie Spiritualität als Lebenserfahrung sich in die hohle Politik und in das formelle Ritual der Religion verkehren kann, so können auch apollinische Neigungen zu Angst vor Gefühlen entstellt werden. Interessant ist, daß Cage, obwohl er sagt, er habe »immer Glück« – das ist ein Zustand – und er sei meistens heiter – das ist eine Einstellung –, doch nicht sagt, er sei glücklich – das wäre ein Gefühl. Es ist dieser Übergang vom Untertreiben zur Unterdrückung von Gefühlen, der den Idiosynkrasien, Widersprüchen und Brüchen in Cages Aktivitäten zugrunde liegt. Seine Blindheit für die paradoxe Gültigkeit der Improvisation ist ein extremes Beispiel dafür, seine Ablehnung des regelmäßigen Rhythmus ein Zwischenstadium, seine asketischen und transzendentalen Neigungen oder sein Unbehagen der Masse Mensch gegenüber gehören ganz allgemein ebenfalls dazu. Der Versuch, den einen Pol anzunehmen und den anderen abzulehnen – ihn eher zu verdrängen als zu integrieren –, gelingt nie völlig. Verdrängung bedeutet nicht Beseitigung, im Gegenteil: Sie bedeutet erhöhten Druck. Das Verdrängte bricht wieder hervor. Und die Wiederkehr des Verdrängten macht sich, auf ganz inkongruente Weise, als Schandfleck bemerkbar.

»John Cage«, schloß Norman O. Brown, ist »der Extremfall eines Künstlers, der den Gegensatz von apollinischen und dionysischen Tendenzen erleidet, ein lebendes Oxymoron ... Wenn beide Seiten einer ungelösten Streitfrage sich immer wieder behaupten, ist dies dennoch keine dialektische Verschmelzung, kein Zusammenfall der Gegensätze.« Das ist die Ironie eines lebenden Oxymorons; man hat beide Pole in sich, so daß man ebensogut eine Lösung des Gegensatzes leben könnte, auch wenn eine abschließende Lösung nie erreicht werden kann.

Bezeichnend ist, daß in den *Bakchen* des Euripides der verhängnisvolle Makel des hartnäckig apollinischen Königs Pentheus – der Makel, der ihn, einer gegen viele, dazu verurteilt, Glied für Glied von einer rasenden Menge von Frauen, darunter seiner Mutter, zerrissen zu werden – darin besteht, jenem Gott aus dem Ausland, Dionysos, den angemessenen Tribut darzubringen.

Die oben angeführten Aspekte sind Beobachtungen, keine kritischen Einwände. Sie sollen das Verständnis des von Cage eingeschlagenen Weges fördern. John Cage hat nicht unrecht; er ist ganz einfach John Cage. Er hatte bestimmte anlagebedingte Neigungen, und seine Musik sollte eine bestimmte spirituelle Ausrichtung haben. Er fand seinen existentiellen Ort, eine Weltsicht, die ihn in die Lage versetzte, von seinen angeborenen Gaben und Mängeln Gebrauch zu machen. Und das heißt, daß Cage nicht nur für die Vögel ist; er ist ein aus dem Käfig entflogener Vogel.

»Spatzensitzen Schnabelwachsen verrät *sich* durch Getschilp
winzigkomisch WIRKUNG FLÜCHTIGes Zwitschern
Maßnahme Geräuschvollrausch Wir hören!«

## IV

Die keimende Anerkennung der Medien für Cages Werk brach jäh ab, als sich seine Beschäftigung mit Zufallsoperationen erweiterte und vertiefte. Cunningham hatte ebenfalls darunter zu leiden, daß man ihn als großartigen Tänzer anerkannte, aber von seinen Experimenten nichts wissen wollte. Cage dagegen blieben ein paar Großkritiker gewogen, darunter besonders Peggy Glanville-Hicks und später Peter Yates.

In kürzester Zeit bedrohte seine neue Orientierung einige seiner wertvollsten Freundschaften. In ihrem Briefwechsel entwickelten er und Boulez sich zu regelrechten Kontrahenten: Zufall gegen Serialismus, Nichtkontrolle gegen Kontrolle. Bei einem Gedankenaustausch mit Peter Yates hämmerte Boulez an die Unterseite eines Klaviers und bellte: »Das ist nicht im musikalischen Kontinuum vorgesehen.« Cage machte Boulez auf milde Weise lächerlich, indem er Boulez' Neigung, Musik zu Literatur in Beziehung zu setzen, als Beispiel dafür zitierte, wie die »Komponisten in Europa fortgesetzt Musik mit irgend etwas anderem zusammenmixen«. Als sie sich entzweiten, fühlte sich Cage, wie er sich erinnert, mehr als Boulez persönlich getroffen. Während Cages Europatournee im Herbst 1958 – nachdem Boulez seinen Artikel *Alea* veröffentlicht hatte, der, wie Cage meinte, nicht nur sein eigenes Werk herabsetzte, sondern auch manche seiner Elemente zu des Schreibers eigenen Zwecken auszubeuten versuchte – schleppte Stockhausen Boulez mit zu dem Hotelzimmer, in dem Cage wohnte. Cage soll sich angeblich geweigert haben, die Tür zu öffnen. In den frühen sechziger Jahren vertiefte sich der Konflikt. Als Boulez 1962 nach New York kam, konnten sie nicht mehr miteinander reden.

Gegen Ende der fünfziger Jahre durchlief Cage einen ähnlichen Prozeß mit Karlheinz Stockhausen, der ebenfalls nicht in der Lage war, sich mit Cages Bedürfnis nach Aufgabe der Kontrolle und – die andere Seite der Medaille – seiner Aufgabe aller traditionellen musikalischen Fähigkeiten und Kompetenzen anzufreunden. Er überschreite die Grenzen des Erlaubten, sagte Stockhausen über Cage; er repräsentiere in seinem anarchischen Protest gegen die europäische Tradition den letzten Bestimmungsort seiner eigenen Entwicklung – ein musikalisches Niemandsland; er sei ein Komponist, der die Aufmerksamkeit mehr durch seine Aktionen und seine Philosophie als durch seine Produktionen auf sich lenke. In den siebziger Jahren konnten auch sie kaum mehr miteinander reden, und laut einem Informanten kam das, was Cage für Stockhausen empfand, der Verachtung sehr nahe.

Auf einer bestimmten Ebene waren diese Dispute Auseinandersetzungen zwischen der amerikanischen und der europäischen Kultur. Dennoch war der Umstand, als Komponist in Amerika geboren zu sein, nicht gleichbedeutend mit experimentellem Komponieren. Viele amerikanische Komponisten waren fest in der europäischen Tradition verwurzelt. Andererseits war kein Europäer zum Traditionalismus verurteilt: die Musik von Boulez und Stockhausen ist in vieler – und offenkundiger – Hinsicht höchst experimentell. Was Cage tat, als er sich Zufallsoperationen zuwandte, wäre aber in einer anderen Ära als der Moderne unmöglich gewesen: Erst in dieser Zeit war ihm eine Reihe verschiedener Elemente verfügbar (amerikanische

Experimentierlust, europäische Tradition, östliche Mystik), und es gab die kulturelle Psychologie, die es ermöglichte, einen so abstrakt-transzendentalen Weg zu beschreiten – und später dafür gefeiert zu werden. Auf sozialer und kultureller Ebene operierte Cage von einem Untergrund der Moderne aus. Boulez, Stockhausen und viele andere Komponisten hatten sich ganz ähnlich einer Aufgabe verschrieben, die in einer anderen Ära unvorstellbar gewesen wäre, aber doch so offenkundig modern war, so humanistisch, so rationalistisch, so sehr Teil des Nachkriegsklimas. Vielleicht war aber auch etwas weniger Rationales in den Einwänden der Serialisten am Werk. Vielleicht wollten sie mit dem, was Jung in seiner Einführung in das *I Ging* den Schrecken der Zufälligkeit nennt, nichts zu tun haben. Zu keiner Zeit ist, in Gedanken und Werken, so viel ausgeschlossen gewesen wie im modernen Westen.

Seit der Mitte der fünfziger Jahre begannen viele Komponisten in begrenztem Ausmaß bewußte Kontrolle zu vermeiden, indem sie Teile ihrer Werke zusammenstellten, ohne zuvor jedes Detail geplant zu haben. Das ist zum Teil dem Beispiel von Cage zu verdanken: Häufig benutzten die Komponisten Zufallsoperation und, wie in Kürze dargestellt werden wird, indeterminierte Techniken.

Was alle diese Experimente charakterisierte, war die Einbeziehung von Nichtkontrolle in ein kontrolliertes Gesamtsystem. Luciano Berio entwarf ein Notationssystem, das bestimmte Kästchen benutzte, eingeklammertes Material, das innerhalb des definierten Abschnitts nach Belieben gespielt werden konnte. Iannis Xenakis begann statistische Mittel zu benutzen, um Details seiner Musik zu erzeugen, aber innerhalb eines bewußt determinierten Systems. »Es ist mein Privileg, meine Musik zu kontrollieren, und mein Vergnügen«, sagte er. »Das ist meine Definition des Künstlers: zu kontrollieren … Ich bewundere Cage sehr, als Menschen, aber was ist Zufall? Wenn man glaubt, den Zufall so zu benutzen wie er, kann es durchaus sein, daß man bloß irrational handelt. Die Intuition von Cage ist gefährlich, er hat einen Stil und eine Mentalität von mystisch-romantischer Improvisation, wodurch unwissende Seelen in Unruhe versetzt werden.«

Zum Teil waren solche Innovationen dem Zeitgeist ebensosehr zu verdanken wie Cage. Stockhausen beispielsweise entwickelte »variable«, »polyvalente« und »statistische« Elemente in seiner Kompositionsarbeit und Notation der fünfziger Jahre, beharrt aber darauf, daß sie aus seiner eigenen, unabhängigen Lektüre und Denkweise erwuchsen.

Boulez fand einen eigenständigen Weg zum kontrollierten Einsatz des Zufalls, wobei er sich seine Erklärungsschneise durch die Entdeckung eines Werkes von Stéphane Mallarmé schlug. Unter Berufung auf die lateinische Wurzel eines Zufallsspiels (ein sehr europäisches Verfahren), *alea*, nannte er sein musikalisches Verfahren »aleatorisch«. In der Folge sind aleatorische Elemente in einem weiten Spektrum von Kompositionsstilen selbstverständlich geworden. Cages Arbeit mit Zufallselementen wurde in dieselbe Rubrik eingeordnet, was ihn verstimmte, weil seine Ziele keineswegs mit dem Begriff Aleatorik übereinstimmen. Die Assimilation seiner Neuerungen steht jedoch noch aus, nicht nur, weil das im allgemeinen ohnehin Zeit braucht, sondern auch, weil seine Musik so persönlich, so eigenständig ist, daß es nicht wundernehmen würde, wenn sein direkter Einfluß auf die moderne Kompositionstechnik unbedeutend bliebe.

In den auf die Uraufführung von *4′33″* folgenden Monaten war Cage in der Hauptsache damit beschäftigt, einen Weg zur Beschleunigung der Zufallsoperationen zu finden. Die *Music of Changes*, die fortgesetzte Arbeit an *Williams Mix* und die sehr kurzen Zeitwerte des stummen Stückes führten ihm allesamt vor Augen, wie erdrückend zeitaufwendig die Arbeit mit dem *I Ging* war. Wenn die *I Ging*-Zufallsoperationen mit der Ölfarbenmalerei vergleichbar waren, so brauchte er nun ein kompositorisches Äquivalent von Wasserfarben, das ihn in die Lage versetzen würde, zumindest gelegentlich schneller zu schreiben.

Seine ersten Experimente brachten Papier ins Spiel, eher als Material denn als Mittel zum Informationstransport. Im Oktober 1952 komponierte er seine erste *Music for Carillon* für M.C. Richards, wobei er das Tempoproblem löste, indem er verschieden geformte Stücke Papier benutzte, die gefaltet wurden, und dann an den Faltecken Löcher ausschnitt. Diese Löcher wurden als Schablonen »für Punkte im vom *I Ging* festgelegten Zeitraum« benutzt.

Die Schablonenmethode lieferte schnellere Ergebnisse als die Diagrammtechnik, aber Cage wünschte sich etwas noch Leichteres. In einer Reihe kurzer Stücke, *Music for Piano*, versuchte er über die Schablonenidee hinauszugelangen. Er schrieb die Nummer 1, 2 und 4 am 19. Mai 1953 und Nummer 3 im Juni; Nummer 20 ist auf den 8. August datiert. »Ich schaute auf mein Papier«, erzählt Cage. »Plötzlich sah ich, daß die Noten, alle Noten, bereits dastanden.« Er entwarf ein Verfahren, das ihn in die Lage versetzen würde, alle Details seiner Kompositionen aus den kleinen Flecken und Unregelmäßigkeiten abzuleiten, wie man sie auf Papierbögen findet. Es hatte symbolischen ebenso wie praktischen Wert; es machte die unerwünschten Merkmale des Papiers zu seinen bezeichnendsten – es gibt nicht einmal visuelle Stille. Das Verfahren warf darüber hinaus Fragen in bezug auf die Wiederholbarkeit auf. Die Unregelmäßigkeiten beziehen sich nur auf die Originalbögen, mit denen man arbeitet. Auf den Durchschlägen sind andere, davon verschiedene Unregelmäßigkeiten. Als Cage zum erstenmal Artikel anhand dieser Technik schrieb – wobei er an seiner Neigung festhielt, Worte in derselben Weise zu behandeln wie seine Kompositionen –, wurden die Abschnitte bei der Veröffentlichung wieder entsprechend verschoben.

Stück Nr. 1 wurde mit jeweils einem System fertiggestellt. Cage setzte sich eine zeitliche Grenze und markierte dann so viele Unregelmäßigkeiten auf einem Blatt, wie er in dieser Zeit finden konnte. Dann wurde ein Blatt Notenpapier auf diese Originalseite gelegt und die Unregelmäßigkeiten als Tonhöhen eingetragen. Daraufhin wurden die Dynamikwerte von Pianissimo bis Fortissimo ausgewählt.

Stück Nr. 2, für Louise Lippold in ihrer Rolle als Tänzerin, ist durch unregelmäßige Striche geteilt, die die Noten zu Takten zusammenfassen und den Versuch verraten, die neue Technik mit der rhythmischen Struktur zu versöhnen. Normale, gezupfte und gedämpfte Töne sind als solche bezeichnet; die Dynamik bleibt dem Interpreten überlassen.

Beim Rest der Reihe von 1953 wurde die Zahl der Unregelmäßigkeiten, die gefunden werden sollten, mittels des *I Ging* festgelegt; über die Erhebungen und Flecken wurde wie zuvor Notenpapier gelegt. Zufallsoperationen legten fest, ob der Ton normal, gezupft oder gedämpft gespielt werden sollte; eine einzige Münze entschied darüber, ob das Notensystem im Baß- oder Sopranschlüssel zu lesen war. Zeitdauer, Pedalbehandlung, Tempo und Dynamik waren freigestellt.

Die neue Technik der Punktfindung hatte den erwünschten Beschleunigungseffekt; ein neues Stück von der Länge einer Seite konnte in wenigen Minuten komponiert werden. Die Grenzen der Technik lagen darin, daß sie nur einzelne Tonhöhen lieferte, keine Konstellationen und Akkorde wie in der *Music of Changes*. »Die begrenzte Natur dieses Universums von Möglichkeiten bringt Ereignisse hervor, die an die ersten Sprechversuche eines Kindes oder an die Tastversuche eines Blinden denken lassen«, schrieb Cage.

Zuerst sollten mehrere Stücke zusammen gespielt werden, wobei die Anordnung und die Überlagerungen dem Zufall überlassen blieben. Dieses Verfahren erweiterte die musikalische Darstellung der wechselseitigen Durchdringung. Es ergaben sich »Ereignisse, die nur deshalb zueinander in Beziehung stehen, weil sie zur gleichen Zeit stattfinden«. Später wurde diese Methode etwas für Cage Typisches, ein Erkennungszeichen. Quantität wird durch die Schichtung von Ereignissen erzielt; dies vielleicht als Kompensation für die Weigerung, traditionelle Vorstellungen von Qualität in Schöpfung oder Ausdruck zuzulassen.

Die Stücke Nr. 4 bis 19 wurden von Cage und David Tudor als Begleitung zu Cunninghams Tanznummer *Solo Suite in Space and Time* uraufgeführt. Cunninghams langgehegte Pläne waren endlich in Erfüllung gegangen, und 1953 wurde die Merce Cunningham Dance Company gegründet – mit Carolyn Brown, Anita Dencks, Remy Charlip und Paul Taylor. Von Beginn an war Cage ihr musikalischer und administrativer Leiter.

Noch während der Arbeit an *Music for Piano* begann Cage mit einer neuen Reihe komplexer Stücke, in denen er die

Diagramm- und die Punkt-Kompositionstechnik zu kombinieren hoffte. Auf das Prinzip der geschichteten Klavierstücke zurückgreifend, entwarf er eine Reihe von Werken, die einzeln oder zu mehreren gleichzeitig gespielt werden konnten.

Cage spürte jetzt deutlich, daß die neuen Zufallsoperationen mit dem bisher benutzten Typus von rhythmischer Struktur nicht zu vereinbaren waren. In den neuen Stücken versuchte er sich erstmalig an einer eher offenen als geschlossenen rhythmischen Struktur. Jedes Stück sollte aus derselben übergreifenden Struktur einer Reihe unabhängiger Einheiten gleicher Größe bestehen: dreizehn Einheiten, geteilt in 3/7/2/5/11/14/7/6/1/15/11/3/15, zusammen 100, im Quadrat 10 000. Diese Struktur, so Cage, »ereignete sich eben«, was möglicherweise einen Zufallsursprung verrät, aber ob durch Zufall oder mit Absicht – 10 000 ist eine verheißungsvolle Zahl. Im Taoismus und im chinesischen Buddhismus bezieht sie sich auf das Unendliche oder auf die materielle Vielfalt des Universums. »Es passierte eben, daß die Zahlenreihe, die diesem Werk zugrunde liegt, sich auf 100 x 100 beläuft, das heißt 10 000«, schreibt Cage in dem Begleittext der Komposition. »Das ist, vorübergehend, angenehm zu denken: Die Welt, die 10 000 Dinge.« *Ten Thousand Things* nannte Cage denn auch für sich die gesamte Serie der Stücke.

Von ihrem Gebrauch in *Water Music* an wurde die chronometrische Zeit zur Grundlage der Notation der Reihe, und die Stücke wurden nach den Dauern benannt, die sich dafür ergaben. Im Mai schrieb Cage *57 1/2''*, für einen Streicher und dann fünf andere Streicherstücke: *1' 5 1/2''* Broadus Earle gewidmet und auf den 14. Juni datiert; *1' 1 1/2''* Sekunden (wie im Manuskript geschrieben) für Matthew Raimondi, auf den 28. Juni datiert; *1'18''* für Seymour Barab, 29. Juni; *1'14''* für Walter Trampler, 30. Juni; und *59 1/2''* für Claus Adam, 2. Juli. Die ersten fünf davon wurden im darauffolgenden Jahr einem einzigen Werk für Streicher einverleibt. Die Stücke sind für ein viersaitiges Instrument bestimmt. Die Notation bezieht sich nicht auf den Klang, der produziert, sondern auf das, was getan werden soll – auf die Stelle, an der die Schwingung einer Saite unterbrochen werden soll. Die Anweisungen gelten für Vibrato, für Bogendruck und Ansatz des Bogens; sie stellen an den Interpreten hohe technische Ansprüche. Ebenso fordert Cage fremde Geräusche, die nicht von dem Instrument hervorgebracht werden.

Im Sommer 1953 arbeitete Cage kurz an einem Tonbandstück, das als Teil der Reihe gedacht war, wobei er das für *Williams Mix* angelegte Archiv von Klangmaterialien benutzte; ebenso entwarf er Verfahrensweisen für ein Werk für Singstimme. Beide Arbeiten wurden nicht fertiggestellt.

Spätere Stücke der Reihe beziehen Bruchteile von Dauern mit ein, was sich sowohl begrifflich als auch praktisch als problematisch erwies. Nach *59½″* kamen *34′46.776″* und *31′57.9864″* für Klavier, *45″ for a speaker* (1954), *26′1.1499″ for a string player* (1955) und *27′10.554″ for a percussionist* (1956).

Im Januar 1954 kehrte Cage zum Punkt-Notationssystem zurück, um *Music for Carillon Nos. 2 and 3* als Geburtstagsgeschenk für Tudor zu komponieren. Er lokalisierte Unregelmäßigkeiten auf einem großen Stück Pappe und knipste an diesen Stellen Löcher hinein, die dann die Tonzeichen des Stückes wurden. Daraufhin konnten Transkriptionen für die spezifischen Glocken angefertigt werden, die benutzt werden sollten. Für Nr. 2 las Cage die Pappe von oben nach unten; für Nr. 3 las er sie erneut, aber diesmal mit der Unterseite nach oben gedreht.

Tudor präsentierte die Erstaufführung von *4′33″* in New York am 14. April 1954 in der Carl Fischer Concert Hall. Die Länge der einzelnen Sätze war dieselbe wie bei der Woodstock-Uraufführung. Jetzt aber erhielt das Stück substantielle Aufmerksamkeit seitens der Presse. In der *New York Post* erschien eine im wesentlichen wohlwollende und scharfsichtige Notiz von Nancy Seely, überschrieben: »Das Hören eines tropfenden Klaviers«. Noch Monate später wurde an verschiedenen Stellen auf das Konzert Bezug genommen.

Da Crete mit ihrem Mann in Upper Montclair wohnte, nahm sie die Gelegenheit wahr, die Aufführung zu besuchen. *4′33″* war für den ersten Teil des Programms angesetzt worden, gefolgt von *Music of Changes.* Unmittelbar vor Beginn des stummen Stückes flüsterte Crete ihrem Nachbarn zu, es sei »wie ein Gebet«. Etwa fünfundvierzig Minuten später, als Tudor die *Music of Changes* beendet hatte, lehnte sich der Nachbar herüber und antwortete: »Lieber Himmel, was für ein langes und inbrünstiges Gebet.« Auch Earle Brown war bei dem Konzert anwesend; seine *Twenty-Five Pages* (1952) wurden zum erstenmal öffentlich aufgeführt. In der Pause kam Crete auf ihn zu. »Johns Mutter und Vater dachten immer, ich sei viel vernünftiger als John«, erklärt er. »Und Johns Mutter begrüßte mich und sagte: ›Wirklich, Earle, glauben Sie nicht, daß John diesmal etwas zu weit gegangen ist?‹«

## V

Das Bozza-Haus war zum Abbruch bestimmt; die ganze Gegend sollte zu einem neuen schicken Wohnviertel werden. Es war das Jahr 1953. Cage und seine Nachbarn bekamen Bescheid, daß sie ihre Wohnungen zu räumen hätten.

Merce Cunningham hatte eine Zeitlang in der East 17th Street gewohnt, Hausnummer 12, »in einem durchschnittlich alten fünfstöckigen Brownstone, in dem ganz normale Leute wohnten«, wie James Britton, ein Nachbar, es später ausdrückte. »Die wenigen verbliebenen verkrüppelten Häuser wie unseres waren von monströsen vieleckigen Geschäftshochhäusern umgeben.« Da er keine bewohnbare Bleibe zu einem annehmbaren Preis finden konnte, zog Cage für einige Monate bei Cunningham ein. »Ihr Fußboden war meine Decke«, erinnerte sich Britton. »Sie zitterte, wenn Cunningham tanzte.«

Im Dezember 1953 hatten Paul und Vera Williams Cage gebeten, eine kleine Anzeige in seine Konzertprogramme einzurücken: »GESUCHT CA. 4000 AR, HÜGELIG, ÜBERWIEGEND BEWALDET, MIT FLUSS ODER SEE UND HAUS, BIS ZU 50 MEILEN IM UMKREIS VON N.Y.C., TEL. WILLIAMS, WA6-4744.« Paul Williams wollte seine Erbschaft dazu nutzen, Haus- und Grundbesitz zu erwerben, um auf lange Sicht ein Zentrum für Musik, Theater und Tanz aufzubauen. Es sollte auch ein Tonstudio geben, in dem Cage experimentieren konnte, soviel er Lust hatte.

Gefunden wurde ein altes Bauernhaus am Ende eines nicht

leicht zu begehenden felsigen Pfades an der Willow Grove Road in Stony Point, Rockland County, eineinviertel Stunden von New York entfernt. Es wurde unter dem Namen »The Land« bekannt. Der Kern der dort Wohnung beziehenden Gemeinschaft bestand aus alten Freunden aus Black Mountain: Vera und Paul Williams, Mary Caroline Richards, dem Bildhauer David Weinrib und seiner Frau Karen. David Tudor entschloß sich mitzumachen. Im August 1954 zogen Cage und die anderen ein.

Paul Williams' Plan war es, mehrere Häuser zu bauen, so daß die Gemeinschaft sich vergrößern konnte. Er wollte im Sinn der »minimalen« Architektur bauen, ohne jede Beschränkung durch Planungsauflagen der Stadtentwicklungsbehörden. Im Laufe der nächsten Jahre wurde ein Finanzierungssystem ausgearbeitet; jedes Mitglied erklärte sich bereit, dreißig Jahre lang monatliche Ratenzahlungen an Williams zu leisten. Jeder konnte so lange wohnen bleiben, wie er wollte, durfte aber, wenn er auszog, nichts mitnehmen. Als die neuen Unterkünfte fertig waren, bestand die »Kommune« aus etwa elf Häusern, einem harten Kern von Erwachsenen (darunter George Ancone und Patsy und Lamone Davenport) und einem Dutzend Kindern. Obwohl nicht als Künstlerkolonie geplant, waren die meisten Leute, die sich für die Idee interessierten, doch mit Kunst oder Kunsthandwerk befaßt. Wie Cage Daniel Charles erzählte, war es ein – vielleicht etwas anachronistisches – Experiment, Eigentum durch Nützlichkeit zu ersetzen.

Für vierundzwanzig Dollar fünfzehn monatlich, zuzüglich eines Unkostenbeitrages für den gemeinsam genutzten Jeep, mietete Cage zwei kleine Zimmer, etwas mehr als sechs mal drei Meter, die durch einen engen Küchenbereich getrennt waren. Er legte den Fußboden mit Kokosmatten aus und hängte eine große weiße Hängematte auf. Ganz am Anfang hatte er sich das Bauernhaus mit Tudor, Richards und den Weinribs geteilt und oben auf dem Dachboden gewohnt, mit einem Wespennest als Gesellschaft. Als er in der Stadt lebte, war er von Lärm und Hetze umgeben gewesen, aber er konnte sich zurückziehen. Hier auf dem Land war es draußen ruhig, aber im Innern der Gemeinschaft ging es hoch her. Um sich ein wenig Privatleben zu erhalten, ging er in den nahegelegenen Wäldern spazieren.

Der Überfluß an Pilzen fiel ihm ins Auge; da es August war, waren sie überreichlich und in allen Farben vorhanden. Cage hatte während seiner Zeit in Carmel, im Jahre 1934, versucht, Nahrungsmittel in der Natur zu sammeln – aber er war nicht sehr weit gekommen. Jetzt beschloß er, sich Zeit zu nehmen und alles Erforderliche über Pilze zu lernen. Er sammelte und lieh sich Bücher, fand sie anfangs jedoch verwirrend. Er rief den 4-H Club in New York an, einige Meilen südöstlich von Stony Point. Eine Sekretärin sagte, sie würde zurückrufen; bevor sie es tat, rief Cage erneut an, und man schlug ihm vor, Guy G. Nearing als Experten zu befragen. »Kommen Sie her, wann immer Sie wollen. Ich bin beinahe immer zu Hause, und ich werde Ihnen Ihre Pilze bestimmen«, versicherte Nearing ihm. Er wurde Cages Meister beim Sammeln von Pilzen und anderen eßbaren Wildpflanzen. Wenn das Wetter zum Pilzesammeln zu trocken war, sammelten sie Flechten, über die Nearing ein Buch veröffentlicht hatte.

Cage hat in seinen Büchern über einige der eher unangenehmen Erfahrungen berichtet, die sich aus seinem neuen Interessengebiet ergaben. In diesem ersten Frühjahr im Wald von Stony Point sammelte er Stinkmelde. Seine Eltern kamen zu Besuch, und er gab ihnen etwas davon nach Hause mit; den Rest kochte er für mehrere Personen zum Abendessen. In seiner Begeisterung aß er selbst eine besonders großzügig bemessene Portion. Es folgten Kaffee und eine Runde Poker; Cage aber lag mit Brechreiz und Durchfall darnieder. Die Gäste fuhren ihn eilends ins Spring-Valley-Krankenhaus, wo ihm der Magen ausgepumpt wurde. Als sein Blutdruck auf fünfzig sank, verabreichte man ihm Adrenalin.

»Am nächsten Morgen«, erzählte Cage, »fühlte ich mich, als ob ich Bäume ausreißen könnte ... Ich las einen Hinweis an der Wand, der besagte, daß man, wenn man nicht bis Mittag sein Bett geräumt habe, einen weiteren Tag bezahlen mußte.« Daraufhin klingelte er und sagte der Schwester, daß er kein Geld habe, um einen weiteren Tag im Krankenhaus zu bezahlen, und gehen wolle. »In kürzester Zeit wurde ich vor die Tür gesetzt.« Als er nach Hause kam, erleichterte es ihn zu erfahren, daß seine Tischgefährten nicht so sehr gelitten hatten, und seine

Eltern waren gewarnt worden, bevor sie etwas von der Stinkmelde gegessen hatten. Stinkmelde, entdeckte Cage später, wird leicht mit Nieswurz verwechselt, der hochgiftig ist.

Vera Williams, die besorgt war, ihre Kinder könnten Cages verhängnisvollem Beispiel folgen, gab ihnen Anweisung, auf gar keinen Fall seine Pilze zu berühren, weil sie alle tödlich giftig seien. Einige Tage später, als sie Steaks zum Abendessen zubereitete, machte sie selbst als Beilage Pilze. »Als sie anfing, die Pilze zu schmoren, hörten die Kinder mit allem auf, was sie gerade taten, und beobachteten sie aufmerksam«, berichtete Cage. »Als sie das Essen auftrug, brachen sie in Tränen aus.«

Cage wurde, auf durchaus angenehme Weise, geradezu pilzbesessen. Er spürte, daß sie ihm als eine Art Gegengewicht zu seiner Beschäftigung mit Zufallsoperationen dienten. Aber das erklärt natürlich nicht seinen eifrigen Erwerb nicht nur von Pilzhandbüchern, sondern auch eines Pilz-Aschenbechers, eines Pilz-Teesiebes, eines Pilz-Ansteckers und einer breiten Krawatte mit Pilzmotiv. Im Jahre 1956 schickte Morris Graves ihm aus Edmonds im Staate Washington einen gemalten Brief; auf einem großen Blatt Luftpostpapier waren da sechs schön gemalte Pilzarten zu sehen und darunter die Worte: »Lieber John / Jam jam? Morris.«

Cage nahm jede Gelegenheit wahr, Pilze aufzuspüren. Wenn er im Vorbeifahren welche am Straßenrand sah, hielt er an, wodurch er häufig die Aufmerksamkeit der Autobahnpolizei auf sich lenkte. Einmal machte Cage zusammen mit Cunningham und zwei weiteren Freunden einen Umweg von wenigstens einer Stunde, um nach Morcheln zu suchen, die aber nicht da waren. In späteren Jahren stiegen die Trinkgelder für den Fahrer der Dance Company in beträchtliche Höhen, nicht nur, weil er stundenlang im Wald herumfahren mußte, sondern auch, damit er anhielt, wenn Cage im Vorbeifahren irgendwelche Pilze sah.

In den ersten Monaten seiner neuen Pilzbegeisterung wurde Cage eingeladen, einen Beitrag für eine humoristische Sondernummer der *United States Lines Paris Review* zu verfassen. Was er ablieferte, war *Music Lover's Field Companion*, der erste von vielen sardonischen Versuchen, Musik und Pilze zueinander in Beziehung zu setzen.

1. *Lucretia »Crete« Harvey*

2. *John Milton Cage sen.*

3. *John Cage, Kalifornien, etwa 1918*

4. *Mit John sen. und G.A.W. Cage, 1916*

5. *In Detroit, 1918*

6. *Radio KNX, Hollywood, etwa 1930*

7. *Nach Beendigung der High School, 1927*

8. *Während der Arbeit an* Sonatas and Interludes, *1947*

*9. Der echofreie Raum, Cruft Laboratories, Harvard University, späte vierziger Jahre*

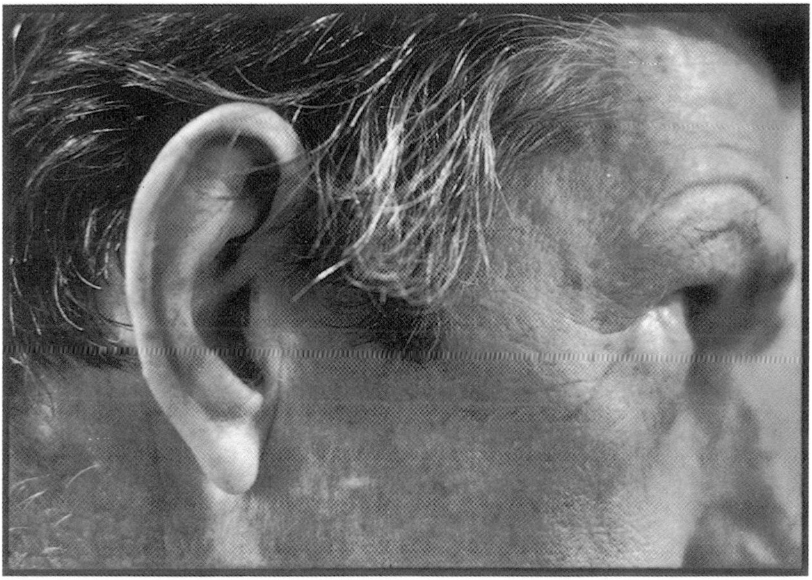

10. *Ein glückliches Neues Ohr*

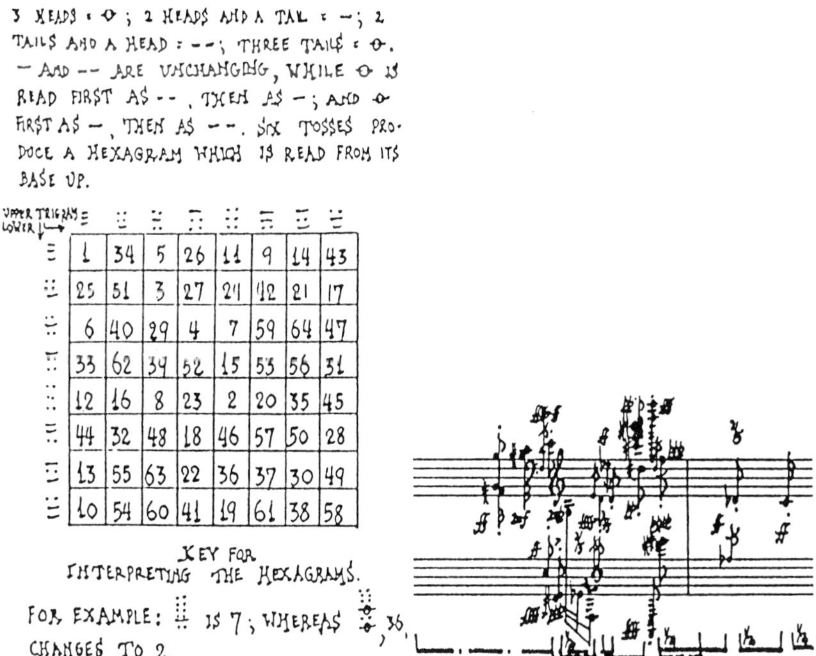


11. *Manuskriptbruchstück aus* Music of Changes *(1951)*

12.
*Bei der Untersuchung von Pilzen in Stony Point, 1954/55*

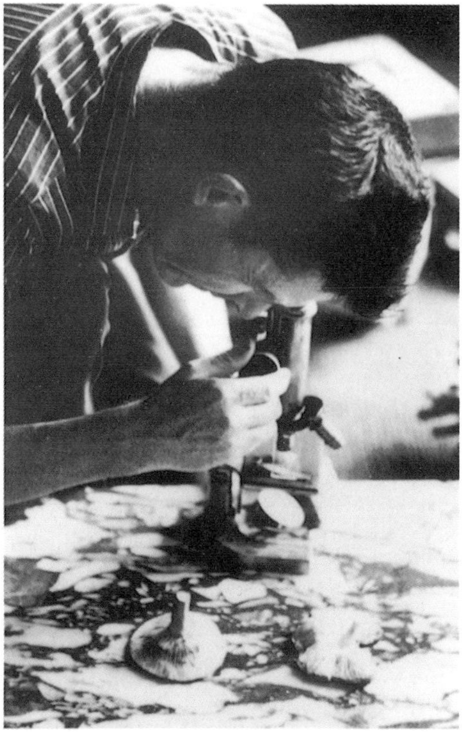

13.
*Das* Golden-Throat-*Radio des Typs, wie er für* Imaginary Landscape No. 4 *(1951) benutzt wurde*

14. *Auf Pilzsuche, 1958*

15. *Im Flugzeug mit Karlheinz Stockhausen, 1958*

16. *Vor der Aufführung von* Music Walk *in Düsseldorf, etwa 1959*

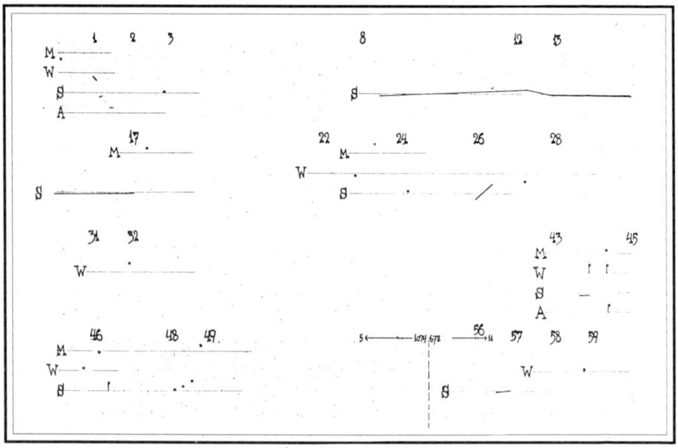


17. 27′ 10.554″ für einen Schlagzeuger *(1956)*

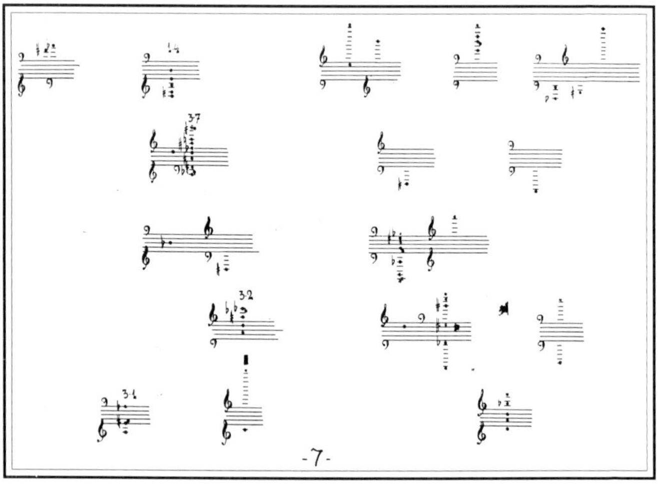


18. Winter Music *(1957)*

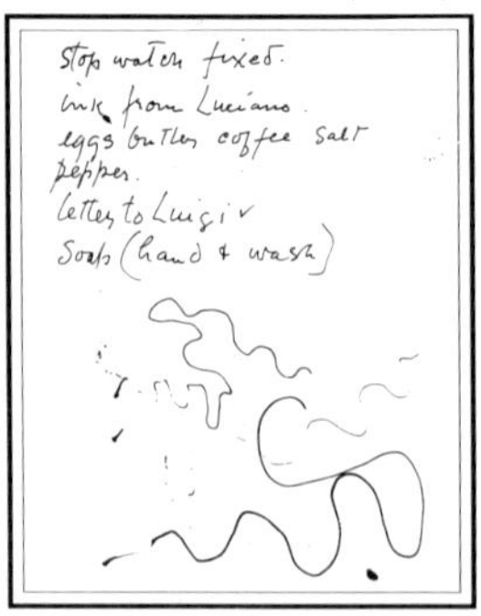


19. *Kritzeleien aus Mailand*, 1959

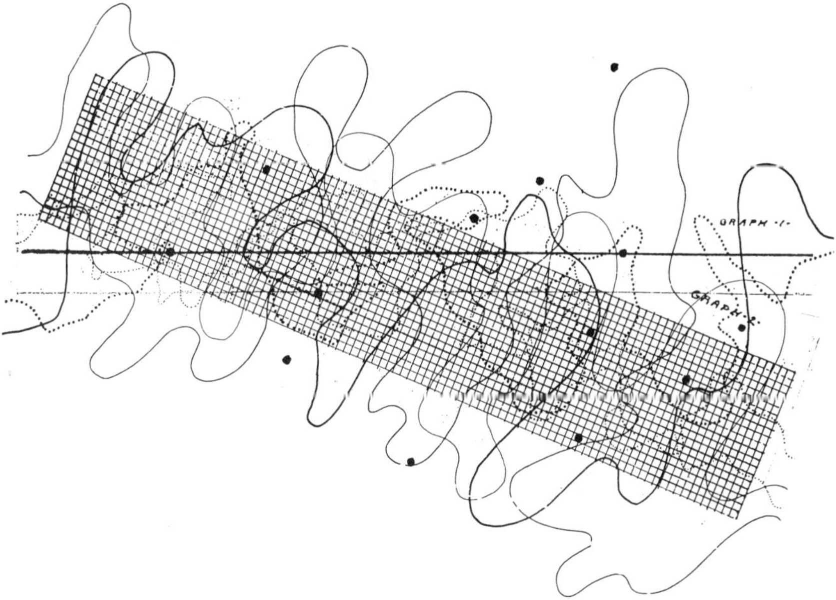


20. *Eine mögliche Überlagerung von* Fontana Mix *(1958)*

21. *Mit Suzuki in Japan, 1962*

22. *Mit Cunningham, frühe sechziger Jahre*

23. *Bei einem Konzert in Japan, 1962*

24. *»Bedauerlicherweise – europäische Harmonie«*

25. *In den frühen siebziger Jahren*

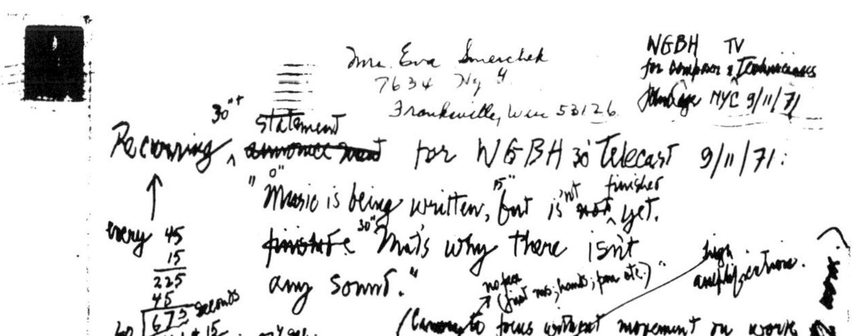


26. *Die dritte Seite der Partitur von* WGBH-TV *(1971)*

27. *Auf Pilzsuche, frühe siebziger Jahre*

28. *Bei der Probe von* Études australes *mit Grete Sultan, 1979*

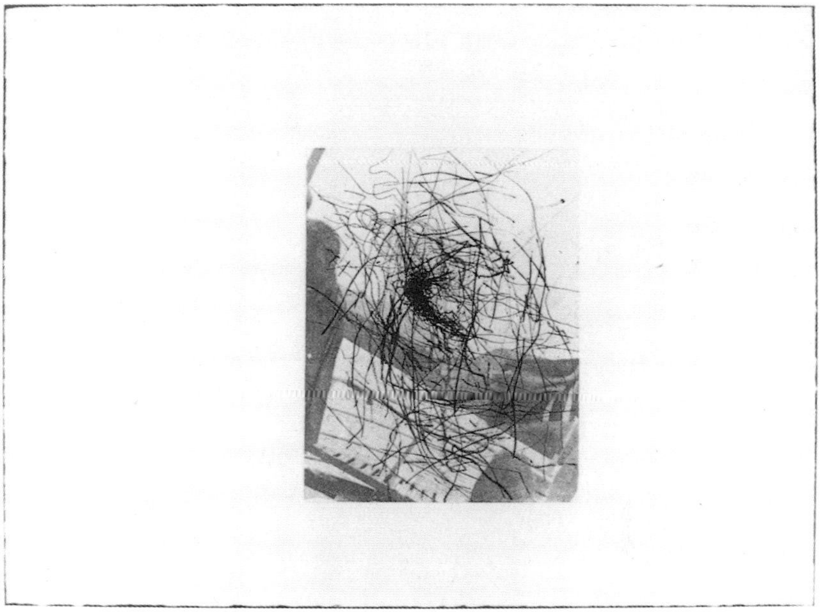

29. *Tag 6 von* Seven Day Diary (Not Knowing) *(1978)*

30. An der Oberfläche *(1980-1982)*

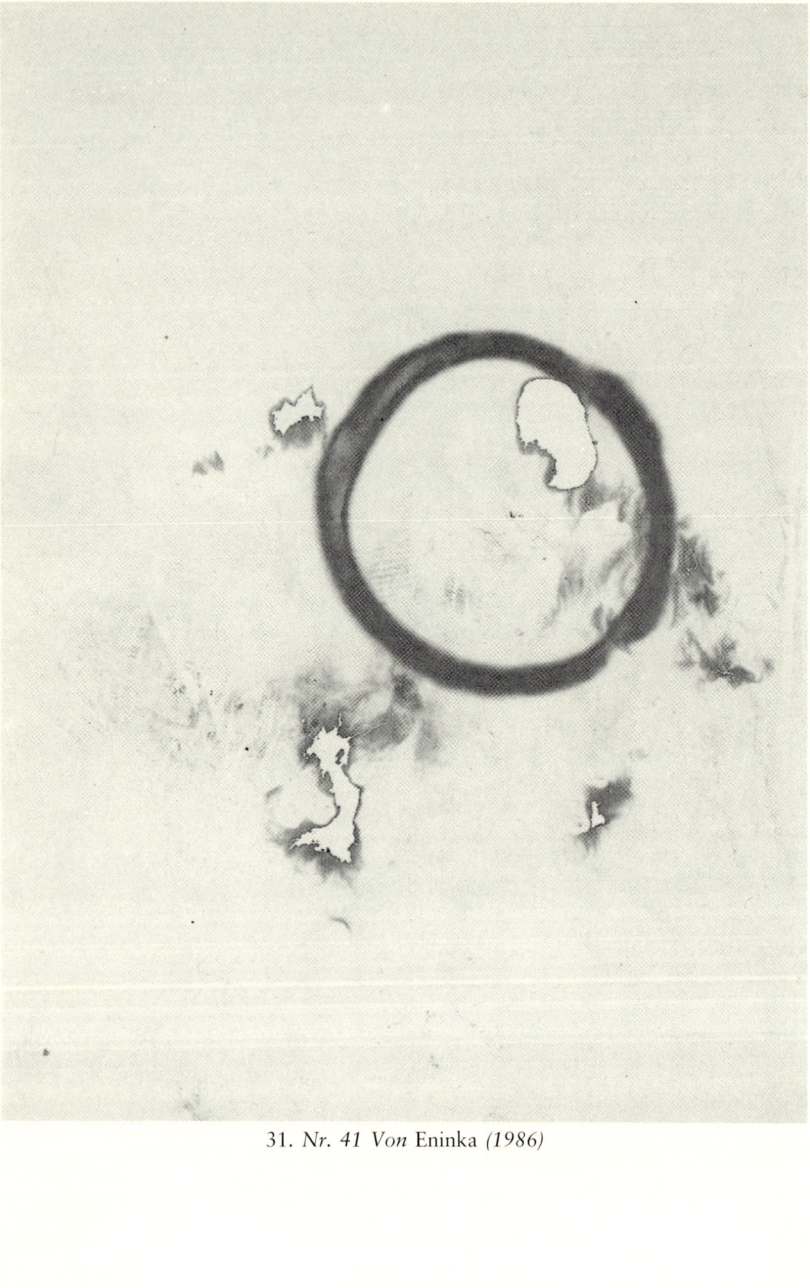

31. *Nr. 41 Von* Eninka *(1986)*

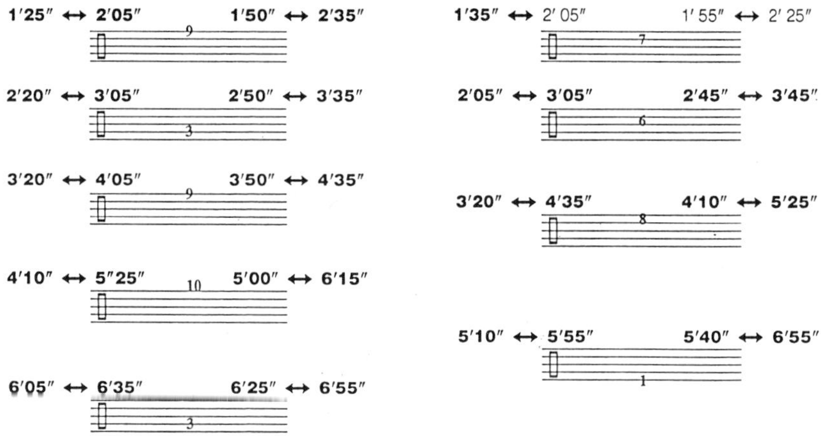


32. *Auszug aus* One[4]

33. *Eine Aufführung von* Europeras I *und* II *im Jahre 1988*

34. *Cage und Norman O. Brown, Wesleyan University, 1988*

35. *Malend in Mountain Lake, 1988*

Das Interesse für Pilze erwies sich in der Folge sogar als gewinnbringend. Cage gewann dank seiner Pilzkenntnisse eine Fernseh-Quizshow; in New York lehrte er nicht nur über Satie und Thomson, sondern auch über Pilzbestimmung. In den späten fünfziger Jahren verkaufte er die von ihm gesammelten Pilze an Emile de Antonio, genannt Dee, der sie weiterverkaufte an die Creative Food Services, die wiederum erstklassige Restaurants wie das Four Seasons in New York belieferten. Das war hinreichend einträglich – allein im September 1959 nahm Cage durch diese Verkäufe 208.95 Dollar ein –, um sich schließlich für fünfzig Dollar einen Pilztrockner aus zweiter Hand zu kaufen.

Gegen Ende des ersten Sommers in Stony Point setzte Cage seine Arbeit an den *Ten Thousand Things* fort. Zwischen August und September bereitete er *26′1.1499″ for a String Player* unter Mitarbeit von Tudor vor, ein Werk, dem er, auf den Seiten 34 bis 58, mit leichten Veränderungen fünf der sechs Stücke einverleibte, die er im vergangenen Jahr in New York geschrieben hatte. *34′46.776″* und *31′57.9864″* folgten, beide für präpariertes Klavier, beide seinen neuen Wohnungsgebern gewidmet. Diese beiden Stücke waren seine letzten substantiellen Werke für präpariertes Klavier. Für die Art der Präparierung gab es nur ganz allgemeine Anweisungen, die überdies, wie die Ad-hoc-Präparierungen in der *Water Music*, im Laufe der Aufführung ausgeführt werden sollen. Die Notation zerlegt die Dynamik in Stärke des Anschlags, Geschwindigkeit des Anschlags und Distanz von der Tastatur – eine Unterteilung, die rein theoretisch geblieben wäre, hätte es nicht die wunderbaren Fähigkeiten Tudors gegeben, der die Unterschiede mehr oder weniger handgreiflich erfahrbar zu machen verstand.

Cages neue Einstellungen und seine neuen Techniken schienen geradezu die Schleusen geöffnet zu haben: seine Experimentierlust war umfassender, tiefer und verfuhr schneller als je zuvor – so erweiterte er die Grenzen der traditionellen Definitionen von Schönheit, Musik und Komposition, wandelte die Notierungsweise immer wieder ab und veränderte die Erwartungen, die man an Aufführung und Interpretation stellte.

Die Klavierstücke beendete er gerade rechtzeitig vor seiner

Abreise zu einer Tournee, die er zusammen mit Tudor durch Europa unternahm. Am Samstag, dem 2. Oktober 1954, stachen sie von Manhattan aus auf der *Maasdam* mit Kurs auf Cobh in Irland, Southampton, Le Havre und Rotterdam in See. Cage sollte Ende des Monats beim Composers' Concourse in London einen Vortrag halten und beabsichtigte, einen Text zu schreiben, der auf der Struktur von *Ten Thousand Things* basierte. Am Sonntag morgen kollidierte die *Tofevo*, ein französisches Schiff, mit der *Maasdam*, die daraufhin gezwungen war, in ihren Heimathafen zurückzukehren. Es folgte eine Reihe chaotischer Tage; die meisten Passagiere – darunter auch Cage und Tudor – waren Leute mit begrenzten Mitteln, die sich kaum die Reise leisten konnten. Es gab einen Sitzstreik vor den Südsee-Wandmalereien im Ballsaal, Protest gegen die Nachlässigkeiten der Holland-Amerika-Linie, gegen die schlechte Unterbringung auf dem Schiff und mangelnde Ausweich-Reisemöglichkeiten. Schließlich charterte die Gesellschaft dann doch ein Flugzeug der KLM nach Amsterdam, für die sechzig »Härtefälle«, wie das ein Sprecher formulierte, Leute, die es sich am wenigsten leisten konnten, auf ein späteres Schiff Ende der Woche zu warten. Unter diesen sechzig waren auch Cage und Tudor.

Am 17. Oktober präsentierten sie die *Water Music* und die neuen Stücke in Donaueschingen und die neuen Stücke noch einmal am 19. in Köln; am 25. spielten sie in Frankreich in einem von Pierre Schaeffer arrangierten Konzert und setzten ihre Tournee im November dann in London fort. In Hotels, Restaurants und Zügen bemühte sich Cage, den Text fertigzustellen, den er sich auf dem Schiff zu schreiben vorgenommen hatte. Er wurde auf dieselbe Weise geschrieben wie die anderen Stücke, und er schloß eine Reihe von Begleitgeräuschen ein – Schnarchen, Schläge auf den Tisch, Husten, Zischen, Nasenschnauben usw. Das alles machte ihn, wie Cage im Rückblick gewahr wurde, zu einem »irgendwie hermetischen Artikel«. Durch Zufallsoperationen war eine Länge von 39′ 16.95″ festgelegt worden; das war für Cage zu kurz, um das ganze Manuskript laut vorzulesen, also mußte man aus praktischen Gründen im Rahmen der *Ten Thousand Things* einmal eine

Ausnahme machen: Es entstanden runde *45' for a Speaker*. In einem gewissen Sinne, sagte Cage im Laufe des Vortrages, ist »Zeit ... der Titel dieses Stückes«, wodurch er sein kontinuierliches Interesse an der Beziehung zwischen Ideen und Wirklichkeit dokumentierte.

Die neuen Klavierstücke wurden in den Vereinigten Staaten zum erstenmal am 15. Dezember in New York aufgeführt.

## VI

Um das Jahr 1954 herum fand nach einer kurzen Konzertreihe mit Werken amerikanischer und europäischer Komponisten eine Party in Sari Dienes Studio in der 75th Street statt. Cage und Feldman gingen hin und trafen dort Jasper Johns, der zu dieser Zeit gerade seine *Construction with Toy Piano* fertiggestellt hatte. Kürzlich hatte Johns Rauschenberg kennengelernt. Die beiden Künstler wurden bald Partner; Cage, Cunningham, Rauschenberg und Johns gingen von da an häufig als vierblättriges Kleeblatt aus, zum Beispiel in die San Remo Bar im Village. Es war eine ergiebige Wechselbeziehung, in der sie Ideen austauschten, arbeiteten und gemeinsame Unternehmungen betrieben. In ihrer Arbeit für die Cunningham Company war es Cage, der die meisten Entscheidungen traf.

Die vier gehörten zu einem größeren Kreis schwuler Künstler um Emile de Antonio, Cages Pilzaufkäufer. Im Jahre 1955 beschloß Dee in seiner Eigenschaft als Vorstandsmitglied der Rockland-Stiftung, ein Konzert mit Cage und der Cunningham Company in der Clarkstown High School in New City zu veranstalten.

Cage hatte vor kurzem eine neue Reihe von Stücken, *Music for Piano*, fertiggestellt, die Nummern 21 bis 36 und 37 bis 52. Wie die Reihe von 1953 waren sie ausgehend von den Unregelmäßigkeiten im Papier komponiert worden, aber mit einem anderen Verfahren, und sie umfaßten Geräusche innerhalb und außerhalb des Klaviergehäuses.

Am Abend des Konzerts – dem 15. Oktober 1955 – warnte die Polizei alle Ortsansässigen, in ihren Wohnungen zu bleiben, denn es fiel sintflutartiger Regen, und die Straßen waren überflutet. Trotz dieser Warnungen war der Konzertsaal dicht besetzt. Es kamen lokale Musikliebhaber, Avantgardekünstler und einfache Neugierige. Die Cage-Fans aus New York waren von Beginn an begeistert; die meisten Musikliebhaber aus Rockland County lauschten einige Augenblicke lang verblüfft und schickten sich dann zum Gehen an, aber nur, um gewahr zu werden, daß sie durch die Sintflut ringsum tatsächlich eingesperrt saßen wie in einer Falle. »Draußen war es noch schlimmer als drinnen«, erinnerte sich Cage.

Aber er fuhr fort, seine Botschaft in mehr oder weniger unmöglichen Konzerten unter die Leute zu bringen. Am 23. Oktober führte er seine Musik in der New School for Social Research im Rahmen eines Rundfunkkonzerts von *Music and Musicians of the Village* auf. Neben ihm wurden Jazz- und Folk-Musiker präsentiert, darunter Rocco Costello, der italienische Dudelsackpfeifer, und sein singender Freund Patsy. Vom 8. bis 9. November nahm Cage an der University of California an Seminaren und Diskussionen über Kompositionen von Studenten teil, wobei er einen öffentlichen Vortrag hielt und zusammen mit Tudor konzertierte. In Santa Barbara schrieb er im November *Speech* für fünf Radios plus einen Nachrichtensprecher, der Nachrichten aus zwei Zeitungen oder Zeitschriften vorliest. Am 18. November war er zum Portland State College weitergezogen.

Cage stellte am 14. Januar des folgenden Jahres fertig, was sich als das letzte der *Ten-Thousand-Things*-Stücke erweisen sollte, nämlich *27′ 10.554″ for a Percussionist*. Die vier Linien jeder Seite markieren vier Typen von Schallquellen: Metall, Holz, Fell und andere – »elektrische Hilfsmittel, mechanische Arrangements, Radios, Pfeiftöne usw.«. Die vertikale Position der Noten bezeichnet nicht die Tonhöhe, sondern das Tonvolumen. Es gibt sehr große Dynamiksprünge, und die Dichte der Klänge ist manchmal größer als aller Wahrscheinlichkeit nach praktizierbar, was Cage zu dem Vorschlag bewog, das Stück könne »in jeder Richtung« gelesen werden.

Zusammen mit Feldman arrangierte Cage für den 30. Mai ein Konzert in der Carl Fischer Hall in New York. Er stellte eine weitere Reihe von Stücken der *Music for Piano* fertig, die Grete Sultan gewidmeten Nummern 53 bis 68, die dann von ihr, Tudor, Cage und Maro Ajemian in diesem Konzert aufgeführt wurden. Daneben wurden ein Werk von Christian Wolff, die Streichquartette von Feldman und die *Fünf Stücke* von Webern aufgeführt, gespielt vom Juilliard-Streichquartett. Cage schrieb an die Firma Ampex und bat um die leihweise Überlassung von elektronischem Gerät, so daß *Williams Mix* und das *Octet* von Brown aufgeführt werden könnten. »Bedauerlicherweise«, schrieb Cage an Jacques Barzun, »hat Ampex meinen Brief mit der Bitte um Geräte und Lautsprecher nicht beantwortet. Weil ich den Apparat dennoch auf irgendeine Weise an diesem Programm beteiligen möchte, mache ich eine neue Komposition für acht Radios – nach einem anderen Plan als meinem früheren Stück für zwölf.« Plötzlich auftretende Rückenschmerzen zwangen ihn, das Bett zu hüten, aber er bekam seine *Radio Music* dennoch rechtzeitig zur Uraufführung am 13. fertig.

Im Herbst 1956 begann Cage die erste Reihe seiner gelegentlichen Kurse an der New School for Social Research anzubieten, die er bis 1960 fortsetzte. Dieser Kurs – »Komposition experimenteller Musik« – wurde von einigen Pionieren der experimentellen Kunst der nächsten Generation besucht, die dann die Avantgarde der sechziger Jahre bildeten: George Brecht, Al Hansen, Dick Higgins, Allan Kaprow und Jackson MacLow. Cage entwickelte einen pädagogischen Stil, der eher auf Gedankenaustausch als auf seiner Autorität beruhte: Er beschrieb, was er gerade machte, jeder Student beschrieb, was er gerade machte, und es wurden Meinungen ausgetauscht, aber keine Bewertungen abgegeben. Dieses Unterrichtsverfahren erwuchs aus der Ablehnung traditioneller Lehrmethoden, die bis in seine Collegezeit zurückreichte, und aus der Idee der Respektierung anderer, die auch im Zen-Buddhismus sehr ausgeprägt ist.

»Ich erzählte den Leuten zu Beginn der Unterrichtsstunde, es sei meine Absicht, sie eher nach unvertrauten als nach vertrauten Ideen Ausschau halten zu lassen«, erinnert sich Cage. »Wenn ich den Eindruck hatte, daß sie sich nicht mehr bewegten, versuchte ich sie zu irritieren, um sie in Bewegung zu versetzen.« Der Kurs »begann im allgemeinen damit, daß ich die Studenten dahin brachte, daß sie wußten, wer ich war, das heißt: welches meine Aktivitäten und Bemühungen waren, und ich wollte, daß sie ebenso herausfanden, wer sie selbst waren und was sie taten. Mir ging es nicht um eine Lehrer-Schüler-Beziehung, die eine Sammlung von Material ins Spiel brachte, das ihnen vermittelt werden mußte. Wenn es nötig war, gab ich ihnen einen Überblick über frühere Werke von mir und anderen, zumeist aber legte ich das Schwergewicht auf das, was ich gerade machte, ich zeigte ihnen, was ich machte und warum ich daran interessiert war. Dann warnte ich sie; wenn sie nicht anders mit den Dingen umgehen wollten, als sie es taten, würden sie meinen Kurs verlassen müssen. Meine Funktion war es – wenn ich denn überhaupt eine Funktion hatte –, sie zur Veränderung anzuregen.«

Die Beteiligung an seinem Kurs war nicht besonders lebhaft, aber nur wenige sprangen ab. Das einzige, worauf Cage bestand, war, daß die Teilnehmer Arbeiten mitbrachten, die sich praktisch realisieren ließen, und das bedeutete im allgemeinen: in dem kleinen Raum, in dem der Kurs stattfand, wo es nur einen Schrank mit ein paar Schlagzeuginstrumenten gab, ein verstimmtes Klavier und das, was die Studenten selbst mitbrachten. »Machbarkeit ist für mich immer wesentlich gewesen«, wiederholt Cage. »Ich hasse den Künstler, der Dinge macht, die nicht ausgeführt werden können.«

# Kapitel dreizehn

## I

Kein Musikstück kann je zweimal auf dieselbe Weise aufgeführt werden – das gilt für Beethovens Neunte wie für Boulez' *Pli selon pli*. Die Interpreten werfen durch die Entscheidungen, die sie treffen, neues Licht auf das Werk. Manchmal sind diese Entscheidungen von größter Wichtigkeit, so die Instrumentierung und Dynamik der *Kunst der Fuge* von Bach (ein Beispiel, das Cage selbst benutzt), so die Registerwahl bei Orgelmusik oder die Interpretation von Tempoangaben; aber sogar dann, wenn eine Entscheidung getroffen und geprobt worden ist, ist der Absicht, eine bestimmte authentische Spielweise hervorzubringen, nie voller Erfolg beschieden.

Cage hatte schon vor Jahren die Einzigartigkeit musikalischer Ereignisse bemerkt. »Eine Trommel ist völlig verschieden von einer anderen«, sagte er, als es um seine Schlagzeugmusik ging, »und anstatt sich die beste Trommel zu wünschen, müssen Sie eben die Trommel benutzen, die Sie haben.« Seine Versuche der genauen Wiederholung von Effekten bei der Präparierung verschiedener Klaviere hatten ihn darüber belehrt, daß auch zwei Klaviere nicht dasselbe sind; in *Double Music* war es äußerst schwierig, den Einsatz der Tempelgongs zu kontrollieren, die durch Reibung zum Klingen gebracht werden. Allerdings hatte er immer schon variable Elemente in seine Kompositionen eingefügt. Bei manchen seiner Frühwerke, etwa *Sonata for Two Voices* und *Composition for Three Voices*, ist die Instrumentierung nicht genau festgelegt. Der Gebrauch des Radios, von *Credo* an, bedeutet, daß keine Vorhersage dessen, was zu hören sein wird, mehr möglich ist. In jüngster Zeit hatten seine Experimente mit der Notation – etwa in der Reihe *Music for Piano*, wo die Tempi dem Interpreten überlassen bleiben, oder in *Ten Thousand Things* – bewußt auf deutliche Unterschiede zwischen verschiedenen Aufführungen hingearbeitet.

Der Kreis von Komponisten um Cage hatte andere Wege erkundet, aus der Einzigartigkeit des Zeitpunktes der Aufführung Kapital zu schlagen, und zwar schon seit den frühen fünfziger Jahren. Wolff begann Partituren zu schreiben, in denen die Aktionen eines Spielers durch die der anderen festgelegt werden; die Spieler werfen einander Töne zu wie Bälle. Feldman mit seinen graphischen Partituren legte wenig Wert auf notengetreue Wiederholbarkeit. Earle Brown unternahm Vorstöße in diese Richtung mit Werken wie *December 1952* – dem ersten gänzlich graphischen Werk seit den systemlosen Neumen des Mittelalters – und *Twenty-Five Pages,* jener zusammen mit *4′33″* in New York aufgeführten Partitur für Klavier, deren Blätter in jeder denkbaren Art und Weise angeordnet und die auch um ihre horizontale Achse gedreht werden konnten. Solche Ideen lagen in der Luft. Im Jahre 1956 veröffentlichte Stockhausen sein *Klavierstück XI*, ein einziges Notenblatt mit neunzehn Abschnitten, die in jeder Reihenfolge gespielt werden können; eine Anweisung am Ende jedes Abschnitts bestimmt das Tempo, gewöhnlich auch die Dynamik und manchmal sogar andere Eigenschaften des darauffolgenden Abschnitts. Cage sprach über das Werk in einem Vortrag des Jahres 1958. Otto Luening hatte in seiner Frühzeit mit kontrollierter Improvisation gearbeitet; Cowell schrieb einige Stücke, in denen der Interpret die Reihenfolge der musikalischen Ereignisse wählen konnte.

Die neue Musik hob damals die essentielle Unwiederholbarkeit der musikalischen Aufführung hervor. Das läßt sich sicherlich auch soziologisch deuten. Genau wie der Aufstieg der Photographie, die die früher der Malerei zufallende darstellende Funktion monopolisierte (und transformierte), einen Ansporn zur Entwicklung der abstrakten Malerei darstellte, tauchte gleichzeitig mit der massenhaft verbreiteten Musikkonserve eine Musik auf, die auf der Einmaligkeit des Augenblicks basierte.

Obwohl selbst ein Pionier auf dem Gebiet von Musik für

Magnetband, begann sich Cage Aufnahmen von Instrumentalmusik zu widersetzen. »Schallplattensammlungen«, grollte er, »das ist keine Musik«; sie bieten keine »musikalische Erfahrung«, obwohl das ihre Funktion zu sein scheint. Viele Male hat Cage erzählt, wie er einmal ein Konzert mit Strawinskys *Feuervogel* mit dem Komponisten selbst als Dirigenten besuchte. Ein kleiner Junge, der die Suite offensichtlich mehrfach als Schallplattenaufnahme gehört hatte, wandte sich zu seiner Mutter und sagte laut und gebieterisch: »Aber *so* geht das doch nicht!« Bei einer anderen Gelegenheit hörte Cage einen Jungen rufen: »Warum drehen sie die Platte nicht um und spielen die andere Seite?«

In der zweiten Hälfte der fünfziger Jahre erwachte in Cage ein neues und ernsthaftes Interesse an der Komposition von Musik in all ihren verschiedenen Dimensionen. Es erwuchs nicht nur aus der Anerkennung der Idee, daß komponierte Musik funktionieren konnte, sondern es entsprach seiner Denkweise und seiner kompositorischen Entwicklung. Und es war, wie immer, tief in seiner allgemeinen Weltauffassung verankert. Es stand in Beziehung zu der in der Zen-Philosophie verwurzelten Betonung des Gegenwärtigen als dem einzigen Ort unserer unmittelbaren Erfahrung, zum davon abgeleiteten Mißtrauen dem Gedächtnis gegenüber, das durch Vorlieben und Abneigungen gekennzeichnet ist. Das Gefühl der Wiederholbarkeit ist Teil des Mythos, daß einem irgend etwas auf der Welt gehöre.

Andere Komponisten versuchten, in ihren Gedanken über musikalische Zeit dem Gegenwärtigen gerecht zu werden, insbesondere Stockhausen, der in einem Aufsatz aus dem Jahre 1960 von der »Konzentration auf das Jetzt« schrieb; aus dem Jetzt ergäben sich vertikale Schnitte, die die Ewigkeit durchdringen. Cage ist in dieser Hinsicht weniger theoretisch.

Der Ausdruck, den sich Cage zur Bezeichnung von Musik zu eigen machte, die auf Unwiederholbarkeit beruhte, war »Nichtdeterminiertheit«. Während diese Nichtdeterminiertheit in Kommentaren oft mit Zufallsoperationen verquickt und verwechselt worden ist, sind die beiden Begriffe doch ganz verschieden voneinander, obwohl sie im Falle von Cage im selben Grundprinzip verankert sind und nichtdeterminierte Materialien durch Zufallsoperationen erzeugt werden.

*Winter Music* für eine Zahl von einem bis zwanzig Pianisten war Cages erste größere Exkursion ins Reich der Nichtdeterminiertheit. Das Stück wurde im Januar 1957 geschrieben. Es ist Rauschenberg und Johns gewidmet. Tudor und Cage spielten es am 7. Februar im Hobart and William Smith College in Geneva, New York, und am 20. Februar im Akron Art Institute; und dann, von Masselos und Grete Sultan verstärkt, noch einmal am 30. April in der Fischer Hall.

Im Laufe des Jahres begann Cage mit der Arbeit an seinem umfangreichsten Werk seit dem *Concerto*, nämlich am *Concert for Piano and Orchestra*. Es ist ein sehr ehrgeiziges Stück, vor allem in bezug auf den Klavierpart, der auf seinen vierundsechzig Seiten vierundachtzig verschiedene Kompositionstechniken mit entsprechend verschiedenen Notationsarten einführt, manche in der Art von *Ten Thousand Things*, andere in der von *Winter Music*. Einige Stellen nehmen die Notation von Werken vorweg, die er in naher Zukunft schreiben sollte, etwa *Variations, Fontana Mix* und so weiter.

Coomaraswamys Formel »Nachahmung der Natur in ihrer Wirkungsweise« bedeutete für Cage noch immer sehr viel. Auf seinen Streifzügen durch die Wälder beeindruckte ihn immer wieder der Reichtum der Natur (man denke nur an den Überfluß von Pilzarten). Für die Operationsweise in seiner Musik nahm er sich diesen Überfluß zum Vorbild. Anstatt von einem besonderen strukturellen Brennpunkt auszugehen, wie er das früher zu tun bestrebt gewesen war, faßte er jetzt eine Methode ins Auge, mit der man so viele Kompositionsmethoden wie möglich vereinigen konnte. Die Abwesenheit einer festen Struktur verwischt den Unterschied zwischen Kunst und Leben. »Das einzig Konsistente in diesem Stück«, sagte Cage, »war, daß ich nicht konsistent zu sein brauchte.«

Die Natur bot ihm auch ein Bild der Nichtdeterminiertheit. Wenn man sich ein Blatt anschaut, sagte er, so weist es einem keinen einzigen und festen Standpunkt zu, von dem aus es betrachtet werden muß. Die Musik könnte auf dieselbe Weise vorgehen, im Gegensatz zur traditionellen europäischen Auffassung, nach der der Willen des Komponisten jedermann zwingt, auf dieselbe Weise zuzuhören.

Die indeterminierte Kompositionsweise wirft neues Licht auf die Aktivität des ausführenden Musikers. Er wird weitaus mehr sein als ein »Interpret«; seine Kreativität wird in einem sehr viel weiteren Bereich gefordert als bei anderen Formen notierter Musik. Auch die Funktion des Komponisten ändert sich. Sogar im Hinblick auf die *Music of Changes* fragte Cage: »Was ist eigentlich komponiert worden?« Die Funktion des Komponisten wird in mehr oder weniger offensichtlichem Maße bescheiden und beschränkt sich darauf, ein musikalisches Ereignis zu initiieren oder zu ermöglichen. Die Kompositionsarbeit vermählt nicht mehr Form und Inhalt, denn das wird unnötig sein: Der Inhalt kann vorbereitet sein, für den der Interpret eine Form liefern muß, oder es kann eine Form gegeben sein, innerhalb deren der Interpret einen Inhalt zur Erscheinung bringen muß. Wie wir gesehen haben, war Cage seit langem an der Klärung des Unterschiedes von Form und Inhalt interessiert. Überdies stellt Nichtdeterminiertheit den Status des Komponisten in Frage. Warum werden die Stücke unter dem Namen des Komponisten berühmt? Warum sind sie sogar betitelt? Entstehen solche Merkmale und Eigenschaften aus der Bemühung um Privateigentum und Profit?

Ganz ähnlich ändert sich auch die Beziehung zwischen dem Komponisten und dem Interpreten. Die Komposition eines indeterminierten Werkes setzt gegenseitigen Respekt und gegenseitiges Vertrauen voraus. Interessanterweise ist es bei Cage oft der Komponist selbst, der die Entdeckungen macht, indem er das Werk aus lauter Fragen komponiert; in der oder jener Form existiert das Stück für die Interpreten, und sie müssen sehr überlegt, sehr absichtsvoll vorgehen und sich disziplinieren, um eine Aufführung einzustudieren. »Wenn Sie all dieses Material einstudiert haben«, fragt die Pianistin Margaret Leng Tan, »können Sie da wirklich eine spontane Aufführung zustande bringen? Es ist eine Entdeckung für ihn, weil er es so zum erstenmal hört, aber es ist keine Entdeckung für mich – weil ich sie schon vorher gemacht habe.«

Der Unterschied zwischen der Musik auf dem Papier und

ihrer Aufführung war zumindest in einem Falle so schlagend, daß Cage seine »eigene« Musik nicht mehr wiedererkannte. »Das ist hübsch. Was ist es?« fragte Cage bei einer Abendeinladung nach einem oder zwei Gläsern. Seine Gastgeberin rief aus: »Aber das kann doch nicht Ihr Ernst sein!«

## II

Rauschenberg und Johns hatten mit Emile de Antonio die Möglichkeit einer Retrospektive der kompositorischen Arbeit von Cage erörtert. Dee hatte weitreichende Kontakte, und die beiden Künstler verdienten Geld, indem sie Schaufensterauslagen entwarfen; der Rest der benötigten Summe, kamen sie überein, konnte durch die Organisation einer Ausstellung zusammengebracht werden. »Schließlich überredeten wir uns selbst dazu, daß das Ganze machbar sei«, erinnert sich Johns.

Als Rauschenberg Cage den Plan vortrug, fühlte er sich geschmeichelt, aber es widerstrebte ihm, das Ganze voranzutreiben. Nur mit Widerwillen sah er seine früheren Werke aufgeführt; mehr und mehr neigte er dazu, sein Interesse auf das zu konzentrieren, was er noch nicht geschrieben oder erst kürzlich geschrieben hatte. Überdies arbeitete er intensiv an dem *Concert* und hatte wenig freie Zeit. Seine Freunde versicherten ihm, sie würden schon alles Erforderliche in die Wege leiten. David Tudor erbot sich, die Programmauswahl zu übernehmen. Die Uraufführung des *Concert* sollte der Höhepunkt werden. Cage stimmte zu.

Er intensivierte seine Arbeit an dem Stück sogar noch, um den festgesetzten Termin, Mai 1958, einzuhalten. Und es gelang ihm, noch zwei andere Stücke fertigzustellen, die *Seven Haiku* und *Variations I*. Beide sind auf den Januar 1958 datiert und Tudor gewidmet, letzteres als verspätetes Geburtstagsgeschenk. *Variations I* ist die erste einer Reihe von indeterminierten Partituren, in denen Spielanweisungen durch die Überlagerung transparenter Plastikfolien erhalten werden; die Bedeutung der Figuren auf den Blättern bleibt in jeweils verschiedenem Ausmaß dem Interpreten überlassen. Die Transparentfolien entwickelten sich aus dem Punktsystem: anstatt durch die Überlagerung von Stücken Komplexität bei der Aufführung zu erreichen, wie in *Music for Piano*, wird hier Komplexität durch die an den Interpreten delegierte kompositorische Aktivität erzeugt, und zwar durch Überlagerung von Notationsschichten und durch das Ablesen komplexer Anweisungen.

Die Retrospektive von fünfundzwanzig Jahren kompositorischer Arbeit fand am 15. Mai 1958 in der New York Town Hall statt. Neben dem Konzert wurde eine Ausstellung von Partituren Cages, darunter *Water Music, Haiku* und das *Concert*, in der Stable Gallery im Obergeschoß gezeigt (Rauschenberg hatte gleichzeitig eine Ausstellung im Parterre). Mehrere Seiten der Partituren wurden verkauft; Cage schrieb sie neu, um seine Exemplare komplett zu behalten. Nach der Vorbesichtigung am 5. Mai erhielt die Ausstellung viel Lob von den Kritikern.

De Antonio, Johns und Rauschenberg hatten sich selbst als »Impresarios Inc.« angekündigt und auf Tudors Vorschlag hin ein Programm zusammengestellt, das aus *Six Short Inventions* (1933), *First Construction* (1939), *Imaginary Landscape No. 1* (1939), *The Wonderful Widow of Eighteen Springs* (1942), *She is Asleep* (1943), *Sonatas and Interludes* (1946–48), *Music for Carillon* (zum erstenmal aufgeführt, unter Benutzung eines zwei-oktavigen elektrischen Instruments von Schulmeid), *Williams Mix* (erste New Yorker Aufführung) und der Uraufführung des *Concert* bestand. Das Ereignis wurde von George Avakian aufgezeichnet und später als ein Set von mehreren Schallplatten veröffentlicht.

In einer seltenen Regung von Solidarität fand sich die gesamte künstlerische Avantgarde New Yorks zusammen. Wie für das ganze Jahrhundert bezeichnend – und verblüffenderweise – waren die meisten Zuhörer Maler, proportional gefolgt von den Tänzern; die Maler hatten ihre Händler angewiesen, die Logenplätze aufzukaufen. Der Anfang des Konzerts wurde mit Wohlwollen aufgenommen. Bei den neueren Werken machten sich erste Buhrufe und Pfiffe bemerkbar und wurden immer lauter, bis sich das Auditorium schließlich spaltete: in diejenigen, die begeistert applaudierten, und diejenigen, die lärmend ihre Mißbilligung äußerten. Obwohl die Werke sorgfältig ausgewählt worden waren, war sogar die Reaktion der Spielenden auf das *Concert* gemischt, insbesondere auf die Dirigiertechnik, bei der der Dirigent seine Arme wie die Zeiger einer Uhr zu bewegen hatte, um das Verstreichen der relativen Zeit anzudeuten. »Merce dirigierte, und es war schön«, erinnert sich Cage. Tudor spielte Klavier, und Anahid Ajemian, die Schwester von Maro und spätere Gattin von George Avakian, war eine der drei Geigerinnen.

Hinterher sprach Avakian mit einem Maler aus dem Publikum, der 1913 die legendär gewordene Pariser Uraufführung von Strawinskys *Sacre du printemps* besucht hatte. Der alte Mann war der Meinung, diese Retrospektive habe genausoviel Hohn und Spott auf sich gezogen, aber auch mehr Beifall. Cage äußerte sich der Presse gegenüber: »Ich mag alle Kommentare, freundliche und feindselige.« Er war bewegt von der Fürsorge seiner Freunde und hob alle Glückwunschtelegramme, die er von Remy Charlip und anderen erhalten hatte, sorgfältig auf; aus seinem chinesischen Kalender riß er das Blatt für den 15. Mai ab und verwahrte es.

Gegen Ende dieses Sommers fuhr Cage mit Tudor nach Europa. Bei den Darmstädter Ferienkursen für Neue Musik hielt Cage im September drei Vorträge über *Composition as Process*, die eine Diskussion über Nichtdeterminiertheit einschlossen. Zu denen, die er dort traf, gehörte auch Nam June Paik, ein junger koreanischer Komponist, Maler und Gründer und einziges Mitglied des Instituts für avantgardistischen Hinduismus. Ende des Monats war Cage in Stockholm, und in seinem Hotelzimmer bereitete er einen neuen Vortrag für die bevorstehende Weltausstellung in Brüssel vor. *Indeterminacy*, wie er ihn betitelte, bestand aus einer Reihe von Geschichten (dreißig, als er ihn zum erstenmal hielt), deren jede in einer Minute gelesen werden muß, so daß die Geschichte, je länger sie ist, um so schneller gelesen werden muß. »Bei der Zusammenstellung der Geschichten auf ungeplante Weise«, schrieb er, »wollte ich zeigen, daß alle Dinge – Geschichten, Zufallsgeräusche aus der Umgebung und in weiterem Sinne auch Lebewesen – in Beziehung zueinander stehen und daß diese Komplexität evidenter wird, wenn sie nicht durch die Idee einer Beziehung im Geist einer Einzelperson vereinfacht wird.«

Cage hielt den Vortrag Anfang Oktober bei der Brüsseler Ausstellung und ließ ein Konzert für zwei Klaviere mit Tudor darauf folgen; Stockhausen war unter den Besuchern. Cage präsentierte diesen Vortrag im Frühjahr 1959 erneut im Teachers's College, Columbia, und ließ ihn im späteren Verlauf des Jahres in einer einzigen Sitzung während des Mittagessens aufzeichnen. Nach dem Brüsseler Vortrag vereinten Cage und Tudor ihre Kräfte mit denen von Cunningham und den Browns; Bruno Maderna sollte Earle Browns *Indices* für großes Orchester als Begleitung für Cunninghams Tanz *Springweather and People* dirigieren. Es erwies sich als unmöglich, eine elektrische Gitarre oder irgendein Schlaginstrument aufzutreiben. Also wurde viel Mühe darauf verwendet, eine Klavierfassung für Tudor herzustellen. »In letzter Minute stimmten die Behörden zu«, erzählte Cage in einer der Geschichten aus einer erweiterten Fassung von *Indeterminacy*. Aber unmittelbar vor der geplanten Aufführung starb der Papst. Aber da Belgien ein streng katholisches Land war, »wurde alles gestrichen«, ohne Hoffnung auf Neuterminierung.

Am 14. Oktober traten Cage und Tudor in der Galerie 22 auf und spielten *Variations I* und, als Premiere, *Music Walk*, die die *Rheinische Post* als »die Sensation des Tages« bezeichnete. Ende des Monats waren sie in Köln, wiederum durch Cunningham und Carolyn Brown verstärkt. Während seines Aufenthalts dort rief Cage Mary Bauermeister an. Im Jahre 1934 geboren, hatte Mary Bauermeister zunächst vorgehabt, Naturwissenschaften zu studieren, wandte sich 1953 aber der Malerei zu; 1961 wurde sie Schülerin von Stockhausen und 1967 dessen zweite Frau. Als Cage in ihrer Wohnung stand, erinnerte er sich der folgenden Vorgänge: »Plötzlich näherte sich mir Nam June Paik, schnitt mir die Krawatte ab und begann mir an den Kleidern zu zerren, als ob er sie zerreißen wollte.« Paik schüttete Cage den Inhalt einer Shampooflasche über den Kopf. »Unmittelbar hinter ihm war ein weit offenes Fenster. Wir standen im sechsten Stock, und plötzlich hatte jeder den Eindruck, er würde sich hinausstürzen.« Statt dessen stürmte Paik aus dem Zimmer, wobei er alle Anwesenden erstarrt und sprachlos vor Schrecken zurückließ. Einige Minuten später klingelte das Telephon; es war Paik, der verkündete, daß die Aufführung von *Homage to John Cage* vorüber sei.

Mailand war eine ruhige Stadt, in der das Jahr für Cage zu Ende gehen sollte. Luciano Berio (geboren 1925) hatte drei Jahre zuvor zusammen mit Maderna ein Studio für elektronische Musik aufgebaut und hatte Cage eingeladen. Von November 1958 bis März 1959 arbeitete er dort.

Berio hatte Cathy Berberian geheiratet, eine junge amerikanische Sängerin, die mit einem Fulbright-Stipendium nach Mailand gekommen war, aber es war Cage, der als erster ihr Potential als Sängerin experimenteller Musik entdeckte. »Sie haben diese phantastische Stimme hier in Ihrem eigenen Haus«, sagte er zu Berio, »warum schreiben Sie nicht etwas für sie?« Berio begann mit der Arbeit an *Circles* für weibliche Stimme, Harfe und zwei Schlaginstrumente – das Stück wurde 1960 fertig –, und Cage schrieb mit der für ihn charakteristischen Schnelligkeit die Cathy Berberian gewidmete *Aria*. Mit Farben wurden zehn Singstile definiert, mit schwarzen Punkten die Begleitgeräusche in der Art von *Ten Thousand Things*. Die Tonhöhen waren durch die vertikale Position der farbigen Linien definiert. Für Cathy Berberian war es der Beginn einer lebensentscheidenden Laufbahn, und Cage und sie sollten noch häufig zusammenarbeiten.

Cage war zunehmend daran interessiert, verschiedene Werke zu produzieren, die gleichzeitig aufgeführt werden konnten oder auch nicht. Zusammen mit der *Aria* bereitete er *Fontana Mix* vor, das, wie die Legende besagt, nach seiner Mailänder Zimmerwirtin benannt war. Die Partitur ähnelt der von *Variations I* – eine Mischung von transparenten und opaken Blättern, eine gerade Linie und ein graphisches Gitternetz. Es existiert eine Einkaufsliste, geschrieben auf die Rückseite einer förmlichen Einladung zu einem Empfang in Brüssel: »Tinte von Luciano«, steht darauf, »Eier Butter Kaffee Salz Pfeffer«, und dann gibt es eine Reihe von Linien der Art, wie man sie auch in der Partitur sehen kann. *Fontana Mix* ist im Laufe der Jahre in vielen verschiedenen Formen realisiert worden, am bekanntesten aber ist Cages eigene, im Studio di Fonologia entstandene, die die Partitur benutzte, um festzulegen, welche Schallquellen eingesetzt werden sollten, wie sie manipuliert und auf vier Spuren aufgenommen und geschnitten werden sollten. Cage stellte seine Version im Februar 1959 unter technischer Mitarbeit von Mario Zucchen fertig.

## III

*Lascia o Raddoppia* war eine ungeheuer populäre Fernseh-Quizshow, die jeden Dienstag von Mike Bongiorno moderiert wurde. Die ganze Aufmachung war aus Amerika importiert. Jeder Mitspieler beantwortete Fragen zu einem Thema seiner eigenen Wahl. Im Laufe der Zeit wurden die Fragen schwieriger und die Geldprämien höher. Beantwortete ein Bewerber eine Frage falsch, mußte er ausscheiden und durfte nur die Hälfte seines Gewinns behalten; beantwortete er fünf Wochen lang jede Frage richtig, konnte er fünf Millionen Lire gewinnen – damals etwa achttausend Dollar. So kam es, daß Cage eine italienische Fernsehpersönlichkeit wurde, und das zur Hauptsendezeit.

Er beantwortete Fragen über Pilze, unter Beihilfe eines Dolmetschers, und jede Woche führte er, bevor er die Fragen beantwortete, ein eigenes Stück auf, immer ein anderes. In der ersten Woche spielte er die Solos für präpariertes Klavier aus *Amores* und beantwortete dann jede Frage richtig. In der zweiten Woche benutzte er Klarsichtfolien, um ein neues Theaterstück zusammenzustellen, *Water Walk*, das entfernt an *Water Music* erinnerte. Es ist, was die Zeitwerte betrifft, weniger festgelegt (seine Dauer von drei Minuten ist nur in Fünf-Sekunden-Intervallen notiert) und auch nicht so virtuos, dagegen extravaganter, was die Liste seiner Ingredienzen angeht: Es gibt viele Flüssigkeiten; Rosen in einer Vase, einen Ofen und einen Schnellkochtopf, einen Gummifisch, eine Wachtelpfeife, eine Gänsepfeife, eine Badewanne, einen explodierenden Papierkorb und eine Flasche Campari. »Warum lachen Sie immer?« fragte Bongiorno danach vor dem Publikum mit seinem üblichen mild sarkastischen Grinsen. »Es ist eben eine Situation, die einen zum Lachen bringt«, erwiderte Cage mit scheinbarer Unschuld, aber einer Spur von Abwehr.

Nachdem er die Fragen dieser Sendung wiederum richtig beantwortet hatte, brach Cage Ende der Woche auf, um Peggy Guggenheim in Venedig zu besuchen (ihr Streit vor sechzehn Jahren war längst vergessen), und schrieb an seine Eltern: »Verbrachte die letzten vier Tage bei Peggy in Venedig. Sie erinnert sich sehr gern an Euch. Hat sechs schöne Hunde, und wir wurden zusammen für die Zeitung photographiert. Ich sammelte Klänge für die Musik nächsten Dienstag.«

Die Klänge, die er sammelte, waren Bestandteil seiner nächsten Sendung, *Sounds of Venice.* Immer noch waren seine Antworten richtig; inzwischen war er bereits eine Berühmtheit und wurde jeden Tag von Autogrammjägern, Photographen und Interviewbittstellern bedrängt. Die G.-Bresadola-Gesellschaft für Mykologie ernannte Cage zum Ehrenmitglied und sandte ihm via Bongiorno einen Katalog ihrer Ausstellung vom vorigen September. Ein kleines italienisches Mädchen schickte ihm eine Glückwunschkarte – »Buonviaggio e buoni funghi«. Die Presse stellte ihn als klassischen Amerikaner dar, groß, mit viereckigem Kinn, »angenehm an Frankenstein erinnernd«. Cage war eine Kuriosität, nicht nur als Amerikaner und als jemand, der alles über Pilze wußte, sondern auch als einer, der so seltsame Musik auf so komischen Instrumenten spielte. »Demnächst wird er elektronische Pilze erfinden«, spöttelte ein Reporter.

Auf die Frage, ob er nervös sei, als er zum viertenmal aufzutreten hatte – mit dem Risiko, die Hälfte seines Preisgeldes einzubüßen –, antwortete er, er fühle sich auch nicht ein bißchen nervös, denn selbst im schlimmsten Fall würde er noch mehr mit nach Hause nehmen als den Gegenwert eines Guggenheim-Stipendiums.

»In die Kabine für zwei Millionen fünfhundertsechzigtausend Lire«, verkündete Bongiorno. »Wir geben Ihnen einen Umschlag mit sieben Farbphotographien von Pilzen. Sie sollen uns folgende Fragen beantworten: Welche davon stellt den Pilz Poliporus frondosus dar? Ist er eßbar oder nicht? Wächst er auf dem Boden oder auf Bäumen?« Cage antwortete: »Es ist Nummer sieben. Es ist ein eßbarer Pilz, und er wächst auf Holz.«

In der fünften und letzten Woche forderte Bongiorno ihn auf, alle Arten von weißsporigen Pilzen zu benennen. Cage hatte sich auf diese Frage vorbereitet. Aus der verglasten Kabine heraus begann er sie langsam in alphabetischer Reihenfolge aufzusagen. Dann bemerkte er die Gesten des rasenden Publikums, die ihn auf die Uhr über seinem Kopf hinwiesen: Schneller, schneller! Aber er konnte die Uhr nicht sehen und fuhr fort, mit scheinbar sorgloser Gleichgültigkeit. Eine Sekunde vor dem Zeitlimit wurde er fertig!

Ironischerweise bedurfte es dieser Fernsehshow, um Cage zum erstenmal von finanziellen Sorgen zu befreien. Nach den erforderlichen Umtausch-Transaktionen erhielt er etwa sechstausend Dollar. Als er im März heimkehrte, war er in der Lage, sich für zweitausend Dollar einen Steinway-Flügel und für 2336 Dollar einen Volkswagen-Bus für die Cunningham Company zu kaufen.

Schon bald war Cage wieder unterwegs und beteiligte sich am 18. April an einer Diskussionsrunde bei einer Tagung über Zen-Buddhismus in der amerikanischen Kultur im Sarah Lawrence College. Inzwischen war ein Brief von Gianfranco Mingozzi in Rom angekommen, der eine Reihe von Profil- und En-face-Photos von ihm erbat. Sein Vorgesetzter hatte Cage in *Lascia o Raddoppia* gesehen. Federico Fellini spielte mit dem Gedanken, ihn für seinen neuen Film mit dem geplanten Titel *La dolce vita* zu engagieren, aber weiter gedieh das Interesse des Filmemachers nicht.

## IV

Cages erster Kontakt zu Virgil Thomson hatte sich Ende der dreißiger Jahre ergeben, als er ihm von Seattle aus geschrieben hatte; 1941 waren sie einander dann begegnet. Die Beziehung hatte sich verschlechtert, als Thomson Cage nach der Uraufführung von *Imaginary Landscape No. 4* gesagt hatte, das sei eigentlich nicht die Art von Stück, die man vor einem zahlenden Publikum aufführen könne. »Danach hatten wir Schwierigkeiten«, bekannte Cage offen. Dennoch war er eine Zeitlang mit einem Buchprojekt über Thomsons Musik beschäftigt.

Im Lauf der Zeit schrieb Cage zahlreiche Gelegenheitsstücke zu Ehren von Johns, Rauschenberg und Nam June Paik, aber das Buch über Thomson ist einmalig, die einzige längere Studie von Cage über andere Arbeiten und Ideen als seine eigenen. Interessant ist – aus der Sicht von Cages Sympathie für das unpersönliche Werk und seinem Widerstand gegen psychoanalytische Introspektion –, daß das Projekt scheiterte, als er sich bewußt wurde, daß er sich nicht nur mit Thomsons Musik, sondern auch mit seinem Leben auseinanderzusetzen hatte; und daß »es tatsächlich kein Mittel gab, die beiden in diesem Fall voneinander zu trennen«. Cage stellte fest: »Ich versuchte, Wandlungen in Thomsons Musik durch Veränderungen in seinem Leben zu erklären.«

Thomson erhob Einwände, weil er der Meinung war, insbesondere das zweite Kapitel sei »eindeutig unfreundlich«, und bat Cage, mit der Arbeit aufzuhören. Darauf folgte eine Reihe von Unterbrechungen und Neuansätzen, die bei Cage Unsicherheit auslösten, wo er eigentlich stand. Das Buch wurde schließlich von einer Freundin von Thomson übernommen, Kathleen O'Donnell Hoover; als Cage Einspruch erhob, drohte Thomson, er werde selbst zur Feder greifen. Cage beteuerte, jedermann kenne seinen Schreibstil. Sie einigten sich auf einen dritten Herausgeber, Herbert Weinstock vom Verlag Alfred A. Knopf. Als schließlich die Fahnen vom Verlag Yoseloff eintrafen, fand Cage, *The Life of Virgil Thomson* sei eigentlich doch Kathleen Hoover zuzuschreiben und sein Beitrag sei offenkundig bearbeitet worden. »Ich fand das nicht in Ordnung und unserer Verabredung völlig entgegengesetzt«, stellte Cage fest. Von diesem Zeitpunkt an sah er Thomson nur noch sehr selten. Der endgültige Bruch kam in den frühen siebziger Jahren, als Thomson Cage als einen »Rattenfänger auf direktem Weg zur Spielzeugwarenmesse« bezeichnete. Cage sagte einem Journalisten: »Diese letzte Behauptung hat mich wirklich verletzt.«

Kurs Nr. 424 an der New School for Social Research war

im Studienjahr 1957/58 Cages Kurs über die Musik von Virgil Thomson gewesen. Nr. 244 war die Fortsetzung des Kurses über experimentelle Musik, und es gab noch einen weiteren, den er über die Musik von Satie hielt. Die Auseinandersetzung über das Buch brachte Cage nicht davon ab, im Jahre 1959/60 erneut einen Kurs über Virgil Thomson anzubieten.

Er hielt ihn zusammen mit zwei anderen Kursen. Die ursprüngliche Anmeldungszahl für seinen Kurs über Pilzbestimmung – »Pilzverwaltung« – belief sich auf schmeichelhaft hohe vierzig, danach aber schwankte die Zahl der Teilnehmer und fiel manchmal auf ein Dutzend. Manche nahmen nur teil, weil man, wenn man sich für irgendeinen Kurs an der New School eintrug, von einigen Fluglinien Preisermäßigungen bei Flügen nach Europa bekam. Viele hatten das Vorlesungsverzeichnis durchgeschmökert und gefunden, daß die billigsten Kurse die von Cage waren. Später erhielt er eine Postkarte aus Europa von einem früheren Studenten, der einige Pilze erkannt hatte.

Der dritte Kurs jenes Jahres war der über experimentelle Komposition, der im darauffolgenden Jahr noch einmal fortgesetzt wurde. Unter den Studenten, die sich für 1959/60 einschrieben, war ein junger japanischer Komponist namens Toshi Ichiyanagi. Der kompromißlose Individualismus des jungen Mannes bestätigte aufs schönste den Weg, den Cage in seiner Pädagogik eingeschlagen hatte. Am Ende des Wintersemesters wollte Cage den Fortschritt, den jeder Student gemacht hatte, kurz zusammenfassen; er kommentierte die einzelnen Arbeiten und die Richtung, die jeder eingeschlagen hatte. In den Ferien sollte man das durchdenken und mit größerer Experimentierlust wiederkommen. Anfangs erhob niemand Einwendungen. Als er dann einige Anmerkungen zur Musik von Ichiyanagi zu machen begann, starrte der junge Mann an Cage vorbei und sagte kategorisch: »Ich bin nicht Sie.« Für Cage bestätigte das, daß »der Lehrer der beste ist, der mit den Schülern studiert. Sie haben jeder verschiedene Dinge zu lernen. Hoffen wir, daß sie nicht dieselben Dinge zu lernen haben. Wir können uns dann miteinander unterhalten, wir müssen nicht konkurrieren.«

Cage wichtigste pädagogische Beschäftigung zu der Zeit – es

war fast eine traditionelle Lehrer/Schüler-Beziehung wie zehn Jahre zuvor mit Christian Wolff – war die Arbeit mit Ben Johnston. Wie bereits erwähnt, hatte Cage Johnston getroffen, als er mit der Arbeit an *Williams Mix* begann, und der junge Mann hatte ihm den ganzen Münzwurf-Sommer des Jahres 1952 hindurch geholfen. Johnston hatte inzwischen eine Guggenheim-Studienbeihilfe für die Arbeit an der Columbia University bekommen, war aber frustriert angesichts der eigensüchtigen Kontrolle, die Milton Babbitt über die elektronischen Musikeinrichtungen ausübte. Cage empfahl ihm, mit Richard Maxfield zusammenzuarbeiten, aber das wurde von der akademischen Politik vereitelt. Statt dessen fuhr Johnston einmal im Monat nach Stony Point hinauf, um Cage zu konsultieren. »Es war wirklich sehr wertvoll«, bemerkte Johnston. »Er hielt mich nicht davon ab, das zu tun, was ich gerade tat; er kritisierte einfach – sehr einfühlsam und scharfsichtig.« Später half Cage Johnston bei der Beschaffung eines Fulbright-Stipendiums, so daß er mit Pierre Schaeffer in Frankreich zusammenarbeiten konnte.

Im Januar 1960 stellte Cage sein *Theater Piece* fertig, das am 7. März mit Cunningham und Carolyn Brown als Tänzern im Square Theater aufgeführt wurde, mit Arline Camun als Sängerin (sie hatte bereits an der Retrospektive mitgewirkt) und drei Musikern, darunter Tudor. Im Februar wurde die *Music for Amplified Toy Pianos* fertig, eine neue Partitur mit acht Blättern Transparentpapier, die Anweisungen für ein bis fünf Spielzeugklaviere ergaben. Zwischen Januar und Mai bereitete Cage *WBAI* vor, »Material zur Herstellung eines mechanischen Programms«, das hauptsächlich als Hilfspartitur für verschiedene frühere Stücke benutzt wurde. Im Juni produzierte Cage in Richard Maxfields Studio ein Neun-Minuten-Tonband-Stück als Begleitung zu *The Marrying Maiden*, einem Theaterstück seines früheren Schülers Jackson MacLow; der Text wurde teilweise durch Zufallsoperationen erzeugt.

Im Juli stellte Cage dann seine *Cartridge Music* für »verstärkte leise Klänge« fertig, eine weitere Partitur mit Transparentpapier, aus der der oder die Spieler Anweisungen zur Hörbarmachung sonst unhörbarer Klänge zu entnehmen hatten. Um diesen Effekt zu erzielen, steigerte Cage die Zahl der Tonabnehmer, die ein bezeichnendes Merkmal der zweiten und der dritten *Imaginary Landscape* gewesen waren. Die Klänge erreichten dadurch Orchesterproportionen. Zudem schrieb er den Interpreten vor, Federn, Drahtspulen, Zahnstocher, Pfeifenreiniger, kleine Zweige, Garnrollen oder Nägel einzusetzen. Frühe Aufführungen benutzten beispielsweise einen kleinen japanischen Papierschirm oder Miniaturfahnen. Wie bei der *Music for Amplified Toy Pianos* sollten die Lautsprecher rund um das Publikum angeordnet sein. »Alle Ereignisse, die gewöhnlich als unerwünscht gelten wie Rückkopplungen, Brummen, Heulen usw., sollen in dieser Situation akzeptiert werden«, schrieb Cage in der Partitur vor.

Cage hat wieder und wieder gesagt, daß ein hervorstechendes Merkmal seiner Arbeit das Theatralische sei. Das verweist nicht nur auf das *Theater Piece* oder Zen-Kabarett wie *Water Music* oder *Water Walk*, sondern auch auf die introspektive, aber komische Handlung von Stücken wie *Cartridge Music*. Da Cages Musik darauf angelegt ist, Emotionen zu transzendieren, können die Zuschauer in einer seiner Live-Aufführungen das Drama selbst entwerfen, das sie in einer Konzertsituation zu finden gewohnt sind.

Im Oktober bestritt Cage Aufführungen in Mary Bauermeisters Studio in Köln. Im Januar 1951 sollte er an der Abendschule des Pratt Institute in Brooklyn sprechen. Er benutzte seine *Cartridge Music*, um vier verschiedene Vorträge zu strukturieren, die ganz oder teilweise, selbständig oder gleichzeitig mit zwei, drei oder vier Spielern und mit jeder erdenklichen Zahl von schon aufgezeichneten Vorträgen gehalten werden können. Die brennenden Probleme für die Studenten, hatte man Cage vor seiner Darbietung gesagt, waren Fragen wie: »Wohin gehen wir? Und was tun wir?«, und diese Fragen, sagt er, wurden die Themen und später auch die Titel der Vorträge. Aber wenn das auch erklärt, wie Cage zu seinen Titeln kam, ist es vielleicht doch bezeichnend, daß es auch einen Maler gab, nämlich Gauguin, der 1897 eine großformatige Leinwand bemalte und dem Bild den Titel gab: »Woher kommen wir? Wer sind wir? Wohin gehen wir?«

## V

Im Jahre 1961 trat Cage seine Tätigkeit als Dozent am Center for Advanced Studies der Wesleyan University an. Im Jahr zuvor hatte er Crete von seiner neuen Tätigkeit erzählt, und sie hatte ihn gefragt: »Wissen die denn, daß du Zen-Buddhist bist?« Es war die längste Zeitspanne, die er von zu Hause fort war seit seinem Umzug nach Stony Point.

Am 23. Februar wurde ein Seminar über »Wege zur Hingabe« abgehalten. Cage entwarf seinen Vortrag über das Thema als Serie von Spielkarten: achtundzwanzig mit Texten von verschiedener Länge und achtundzwanzig weitere mit verschiedenen Zahlen. Nach dem Mischen beider Kartensets ergab die erste Zahlenkarte die in Sekunden gemessene Dauer der ersten Textkarte und so weiter. Die Texte behandeln auf lockere Weise alles, was mit Hingabe und Bindung zu tun hat. Der freie Wille besteht für Cage darin, daß wir durch ihn die Möglichkeit haben, uns in verschiedene Weisen der Bedingtheit hineinzufinden. »Wir sind frei wie Vögel«, schrieb er. »Nur sind die Vögel nicht frei. Wir sind so gebunden wie Vögel, auf genau dieselbe Weise.« Die Vögel, könnte Suzuki gesagt haben, leben in Zen, aber nicht durch Zen. Cage erzählte: »Künstler sprechen viel von Freiheit. Also ging Morton Feldman, in Erinnerung an den Ausdruck ›frei wie ein Vogel‹, eines Tages in einen Park und beobachtete eine Zeitlang unsere gefiederten Freunde. Als er zurückkam, sagte er: Wißt ihr? Die sind nicht frei. Sie streiten sich fortgesetzt um ein bißchen Futter.«

Cage setzt sich, wie bereits gesagt, für die Vögel ein.

Im Laufe des Vortrages erzählte Cage auch von seinen Studien bei Schönberg und Goldfinger; wie er letzteren verließ, weil er sein Leben nicht der Architektur zu widmen vermochte, wie er aber Schönberg fünf Jahre später versprach, sein Leben der Musik zu widmen, obwohl das bedeutete, sein Leben damit zu verbringen, sich den Kopf an der Wand der Harmonik einzurennen.

Nach dem Seminar erzählte Cage einem Reporter: »Ich bin mehr daran interessiert, bei jedem einzelnen das Gewahrwerden der Natur seiner eigenen Erfahrung zu wecken, als daran, ihm meine Erfahrung aufzuzwingen.« Das war für all seine Aktivitäten mit den Studenten charakteristisch. Bei einem Theaterabend präsentierte er beispielsweise LaMonte Youngs *Poem*, das ein Telephonbuch benutzt, um die Anweisungen für eine Aufführung zu erzeugen, bei der Alltagsgegenstände benutzt werden. Ein Student berichtet: »Radios knatterten, Stühle, Bänke, Besen, Tische wurden über den Boden geschoben, Gongs ertönten, die Studenten schrien gellend ... sogar ein Feuerlöscher wurde in Betrieb gesetzt ... (bis er leer war).« Cage sagte ihm: »Die Kunst hat immer die Funktion gehabt, die Leute für das Leben in ihrem Umkreis wach zu machen.«

In seiner Zeit am Wesleyan College lernte Cage eine Reihe von Leuten kennen, darunter Victor Butterfield, den Präsidenten der Universität, und einen anderen Dozenten, Edgar Anderson von der University of Washington, mit dem er in den Wäldern auf Pilzsuche ging. Er traf Richard K. Winslow, der, trotz seines gänzlich anderen Kompositonsstiles und trotz seiner alarmierenden Gewohnheit, plötzlich stillvergnügt vor sich hin zu singen, ein heftiger Verfechter von Cages Werk wurde. Umgekehrt half auch Cage Winslow und verbrachte beispielsweise drei Zwölfstundentage damit, Winslows *Ikon* für die Uraufführung am College abzuschreiben. Ein weiterer neugewonnener Freund war Norman O. Brown, ein psychoanalytisch orientierter Historiker und Theoretiker und kompromißlos klarer Denker, der seit 1946 am Wesleyan College unterrichtete. Er war ein Jahr älter als Cage, optimistisch und indeterministisch wie er, in anderer Hinsicht aber einer ganz unterschiedlichen, leidenschaftlichen, dionysischen Sicht des Lebens ergeben und Widerpart der ordnungsliebenden Askese, die Cage in künstlerischer Hinsicht pflegte. »Wenn ich die Wahl hätte, würde ich lieber betrunken als nüchtern sein«, erklärt Brown.

Im Laufe seiner Lehrtätigkeit versuchte Cage erneut, seinen jetzt zwanzigjährigen Traum der Gründung eines Zentrums für experimentelle Musik zu verwirklichen – wiederum ohne Erfolg. Die University Press des Colleges fand sich jedoch, ermutigt durch Winslow, bereit, die erste Sammlung von Cages Schriften unter dem angemessenen Titel *Silence* herauszubringen, ein wichtiges Dokument von Cages bekanntesten *prises de positions* bis 1960. Sie wurde am 26. Oktober 1960 veröffentlicht. Die Rezensenten waren interessiert, aber häufig ratlos.

Auch die Kompositionen wurden veröffentlicht. Im März und April 1953 hatte Cage mit der Universal Edition in Europa wegen der Möglichkeit einer Veröffentlichung der *Music of Changes* korrespondiert (Alfred Schlee lieh sich eine Kopie von Stockhausen als Prüfungsexemplar für den Verlag), aber daraus war nichts geworden, genausowenig wie das Projekt der *Sonata for Clarinet* bei *New Music* Jahre zuvor. Nur *Amores* war im Musikalienhandel greifbar. Seit er im Stony Point lebte, war es schwierig, Cages Arbeiten in die Hand zu bekommen. Also schickte er sein Notenmaterial an den Schirmer-Verlag. Mr. Heinsheimer dort sagte, Cages Musik bereite ihnen nur Kopfschmerzen; das einzige Stück, das ihm zusagte, war die *Suite for Toy Piano* von 1948, aber der Titel müsse geändert werden. Cage antwortete, das sei nicht nötig, weil er die Noten wieder mit nach Hause nehme.

Als er dann das Tonband für *The Marrying Maiden* vorbereitete, ließ Cage plötzlich den Stift sinken und beschloß, nichts mehr zu tun, bis er einen Verleger gefunden habe. Er schaute die Sparte Musikverlage im Branchenverzeichnis durch, und sein Blick fiel auf die Nummer der C. F. Peters Corporation. Walter Hinrichsen hatte 1948 die New Yorker Filiale des Verlages eröffnet. Ein Streicher, mit dem Cage bekannt war, hatte ihm erzählt, wie sehr Hinrichsen an amerikanischer Musik interessiert sei. Als Cage anrief, sagte ihm der wagemutige, aber keineswegs leichtsinnige Hinrichsen durchaus freundlich, seine Frau habe bereits vor längerer Zeit den Wunsch geäußert, der Verlag möge doch Cages Werk publizieren. Am selben Tag trafen sie sich zum Mittagessen und unterzeichneten einen Exklusivvertrag.

Als Cage noch am Wesleyan College unterrichtete, gab die Montreal Festivals Society ein Werk für großes Orchester bei ihm in Auftrag. Beinahe zehn Jahre zuvor hatte er die Basis seiner Zufallsoperationen in den Unregelmäßigkeiten von Papierbögen gefunden; jetzt benutzte er die Lichtpunkte des Himmels. Er entwarf ein komplexes Kompositionssystem, indem er tschechoslowakische Sternkarten benutzte, die er im Observatorium des Colleges entdeckt hatte. Er verwendete Transparentfolien und Zufallsoperationen, um Sterne auszuwählen, die dann als Noten aufgezeichnet wurden, und ihre Kombinationen festzulegen. Im März 1961 probierte er das Verfahren im kleinen Maßstab aus. Nachdem er ein drei-oktaviges Arrangement der *Music for Carillon No. 1* fertiggestellt hatte, benutzte er die Sternkarte des *Atlas coeli* für *Music for Carillon No. 4*. Cage griff immer wieder auf die Sternkarten als Quelle für Zufallsoperationen zurück, und ihr Gebrauch und seine Notationsweise in seinen späteren Werken wurden von anderen Komponisten zitiert, beispielsweise von Stockhausen in dessen *Sternklang* (1971).

Der Arbeitstitel des Montreal-Stückes war *Atlas Eclipticalis*, nach dem großen Kreis von Sternen um die Sonne. Cage plante achtundsechzig Stimmen, die sämtlich oder teilweise gespielt werden sollten und jeweils aus vier Seiten mit fünf Systemen bestanden, wobei jedes System sechzig Sekunden dauerte. Jede Stimme ist einem Freund oder Kollegen gewidmet, darunter Mary Bauermeister, Luciano Berio, Morton Feldman, Toshi Ichiyanagi, Mauricio Kagel, Richard Lippold, Nam June Paik, Steve Paxton und Karlheinz Stockhausen. Cunningham und Tudor sind die Widmungsträger der Paukenstimmen. Die zweite Posaune ist interessanterweise (man denke an Cages Wertschätzung des *Don Giovanni*) seinen Eltern gewidmet. Ichiyanagi half bei einem Teil der Manuskriptvorbereitung, und als die Stimmen fertiggestellt waren, wurde das Werk in verschiedenen Zusammenstellungen aufgeführt.

Bei der vollständigen Uraufführung, die gleichzeitig mit *Winter Music* stattfand, dirigierte Cage selbst – am 3. August 1961 bei der International Week of Today's Music in Montreal. Eine von Strawinsky besuchte Aufführung in Venedig provozierte einen Tumult. Ein alter Mann klopfte mit seinem Krückstock auf seinen Sitz und schrie: »Jetzt bin auch ich Musiker!« Auf die Frage, ob der Tumult so groß gewesen sei wie der Aufruhr bei der Uraufführung seines *Sacre du printemps*, antwortete Strawinsky großsprecherisch: »Einen Skandal wie meinen hat es nie wieder gegeben.«

## VI

Anfang 1962 erhielt Richard Lippold den Auftrag, eine Skulptur für das Vestibül des Pan-Am-Gebäudes hinter dem Grand-Central-Bahnhof in New York zu schaffen. Da er nicht wollte, daß sein Werk mit irgendeiner Musik berieselt werden sollte, sprach er sich dafür aus, daß Cage für eine Klanginstallation sorge.

Cage glaubte, es sei am praktischsten, auf die Dinge zurückzugreifen, »die schon da waren«: das Angebot jener Berieselungsmusik, für das Pan Am bereits einen Vertrag hatte, die in die Wände eingebauten Lautsprecher und die Fernsehbildschirme mit photoelektrischen Zellen, die das Abspielen, Zerstäuben und Filtern der Musik auslösen würden. Da die Zellen niemals zweimal in derselben Kombination aktiviert werden würden, würde das Resultat ständig variieren: Mehrere Monate lang wurde der Vorschlag erwogen, es wurden die Bell Telephone Laboratories am Murray Hill konsultiert. Schließlich wurde der Plan abgelehnt, und als Kompromiß erhielt Lippold Stille im Vestibül zugesichert.

Cage wurde in jenem September fünfzig Jahre alt, und seine Freunde legten zusammen, um ihm das gewichtige zweibändige Werk *Mushrooms, Russia and History* von V. P. und R. G. Masson zu kaufen. Die vierundzwanzig Unterzeichner sind Norman O. und Beth Brown, Merce Cunningham, Ralph Ferrara, Jasper Johns, Elaine de Kooning, Minna Lederman, Louise und Richard Lippold, Lois Long, Susan und David McAllester, Paula Madawick und Tucker Madawick (Lois Longs Kinder aus erster Ehe), Guy Nearing, M. C. Richards, David Tudor, Paul, Vera und Sarah Williams, Richard K. und Betty Winslow und Christian Wolff.

Zusammen mit Ferrara, Long, Guy Nearing und Esther Dam gründete Cage die New York Mycological Society. Die Regeln der Satzung sahen ursprünglich keine Bestallung eines Präsidenten vor, worin sich schon seine Neigung zum Anarchismus äußerte. Die Gründungsmitglieder waren der Meinung, es müßten Protokolle geführt werden, also waren ein Sekretär und ein Schatzmeister erforderlich, aber niemand brauchte Verantwortung zu tragen – alle Entscheidungen wurden gemeinsam getroffen. Die New York Society war nur eine von vielen pilzforschenden Gesellschaften, denen Cage in den sechziger Jahren als Mitglied angehörte; er war stellvertretender Vorsitzender (Ost) des People-to-People Community Program Committee on Fungi, der 1964 eine Auszeichnung für seine hervorragenden Beiträge zur Amateur-Pilzforschung erhielt, und um diese Zeit trat er auch der Tschechoslowakischen Pilzforschungsgesellschaft bei.

Einige Wochen nach seinem Geburtstag reisten Cage und Tudor nach Seattle und zur Cornish School zurück – und zu Morris Graves, der zu ihrem dortigen Konzert kam und dreimal auf den Sitz vor ihm schlug, um seine Zustimmung zum Ausdruck zu bringen. Dann setzten sie ihre Tournee am 28. zur University of Hawaii fort. Im folgenden Monat schifften sie sich zu einer sechswöchigen Konzertreise nach Japan ein, in deren Verlauf es Cage gelang, Suzuki wiederzubegegnen. Am 24. schrieb er in Tokio sein Stück *0′ 00″* – und führte es gleichzeitig auch auf –, das Toshi Ishiyanagi und Yoko Ono gewidmet war (die damals noch verheiratet waren). *0′ 00″* ist ein »Solo, das von irgend jemandem auf irgendeine Weise aufzuführen« ist, aber trotz der weitreichenden Indeterminiertheit ist es eines der Stücke von Cage, in denen Disziplin im Vordergrund steht. Die Hauptanweisung lautet: »In einer Situation mit maximaler Verstärkung (kein Feedback) eine disziplinierte Aktion ausführen.« Die erste Aufführung war eine erweiterte Abschrift des Manuskripts, wie wir aus einer Notiz wissen, die am nächsten Tag hinzugefügt wurde. *0′ 00″* ist eine sehr direkte Darstellung des Alltäglichen. Der Untertitel lautet *4′ 33″ (No. 2).*

Cage bezieht sich auf das Stück darüber hinaus in Wendungen, die von seinem Freund Hidekazu Yoshida stammen. Anscheinend hatte Yoshida eine Zen-Einstellung zur Welt und schätzte gleichzeitig die entsprechende Einstellung bei Cage. Als sie eines Tages Herrigels *Zen und die Kunst des Bogenschießens* diskutierten, merkte Yoshida an, daß es, neben den berühmten Meistern, die mit verbundenen Augen ins Schwarze treffen könnten, auch einen angesehenen Bogenschützen gebe, der nie getroffen habe, nicht einmal am hellichten Tage. Bei einer anderen Gelegenheit gab Yoshida zu bedenken, daß die drei Zeilen des Haiku Nirwana, Samsara und der spezifischen individuellen Aktion entsprächen, die durch Nicht-Handeln vervollständigt würde. Cage wandte das auf sein Werk an, indem er sich *Atlas Eclipticalis, Variations IV* (die erst im folgenden Jahr entstanden) und *0′ 00″* als eine den Zeilen eines Haiku entsprechende Trilogie vorstellte.

Cage sollte das Stück in den folgenden Jahren auf ganz verschiedene Weisen aufführen – die Partitur verlangt, daß nicht zwei Aufführungen aus derselben Aktion bestehen sollen –, indem er ein Glas Wasser trank (»wir könnten uns ganz einfach entschließen, ein Glas Wasser zu trinken«, wie er in seiner *Lecture on Nothing* sagte) oder die Post beantwortete. Es war ein einfach zu notierendes Stück, eine weitere Wasserfarben-Aufführung, das in namhafte Werke wie *WGBH-TV* (1971) und zahlreiche, manchmal etwas behelfsmäßige Aufführungen in den achtziger Jahren einging, wenn der Arbeitsdruck wenig Zeit für die Vorbereitung neuen Materials ließ. Die Idee zu *0′ 00″* war bereits seit einiger Zeit im Schwange gewesen; Cage hatte ein Jahr zuvor einem Reporter in Kanada erzählt, er habe den Plan, eine Küche auf der Bühne aufzubauen und Frauen mit Kontaktmikrophonen an den Ärmeln kochen zu lassen, so daß ihre Bewegungen aus dem Kochen ein Konzert machen würden.

Von Dezember bis Neujahr arbeitete Cage in Stony Point an *Variations III* – einer weiteren Partitur aus Transparentpapier – und im weiteren Verlauf des Jahres 1963 an *Variations IV*. Der Höhepunkt des Jahres war die Welturaufführung von Saties *Vexations*, einem Stück, das Cage 1949, während seiner Zeit in Paris, in einer Schublade gefunden hatte. Bereits 1950 hatte er die Möglichkeit einer Aufführung erwogen. Sein Interesse an Satie war seither ständig gewachsen. »Die Relevanz von Satie steht nicht zur Frage – er ist unerläßlich«, hatte Cage 1958 geschrieben.

Die meisten Leute, die von *Vexations* gehört hatten, hielten es für einen typischen Scherz von Satie. Cage dagegen nahm es völlig ernst. »Wenn Sie darüber nachdenken«, beschied er einige Reporter, »gibt es sehr viel mehr als achthundertvierzig Wiederholungen im Leben – beispielsweise die Telephonrechnung bezahlen.« Er arrangierte es, daß die erste Aufführung im Pocket Theater in der Third Avenue am 9. September um sechs Uhr abends begann.

## VII

Es waren einige wenige Leute im Auditorium, als Viola Farber, sonst Tänzerin in der Cunningham Company, zu spielen begann. Um acht Uhr waren es zweiundzwanzig. Ohne jede Unterbrechung legte Robert Wood seine linke Hand auf die Tastatur, um die Baßfigur zu spielen, als Viola Farber den Klaviersessel räumte. Auf Wood folgte MacRae Cook und darauf dann John Cale (der wenig später eine Rockband gründen sollte). Cage selbst übernahm die fünfte Schicht und wurde seinerseits von Wolff, David del Tradici, Tudor, Philip Corner, James Tenney und Joshua Rivkin abgelöst.

Früh am Morgen des 10. September schlief Cage auf einer Matratze unten in den Umkleideräumen ein. Im Vestibül wurden Notrationen ausgegeben – Kaffee, Hühnerbrühe, Gebäck und Pfirsiche. Cage erwartete, daß das Publikum kommen und gehen würde, und gab, als er zum erstenmal die Idee einer Aufführung ins Auge faßte, die Losung aus: »Sie klinken sich ein wie in eine Fernsehserie.« Unter den Zuhörern war ein hoher Anteil von Beatniks, Sari Dienes war von Beginn an dabei, und auch Max Neuhaus hörte von neun Uhr bis morgens um drei zu. Ein Musikstudent korrigierte eine Examensarbeit in Buchführung, das Redaktionsmitglied der *New York Times* schlief ein. Ein junger Mann namens Saul Stollman ging hinaus, weil er fürchtete, hypnotisiert zu werden. Gelegentlich nickte der Spieler ein und spielte einen falschen Ton – »die Präsenz menschlicher Fehlbarkeit ist integraler Bestandteil des Ganzen«, sagte Cage.

Der letzte Aufführungsteil gehörte wieder Viola Farber, die sich diesmal mit einer Rose im Haar zeigte. Sie rundete das Stück am 11. September um 12 Uhr 40 ab. Der Champagner floß, aber es wollte keine rechte Unterhaltung aufkommen. Cage fuhr nach Stony Point zurück als ein anderer Mensch, wie er an sich selbst beobachtete. »Wir merkten alle«, überlegte er später, »etwas war in Bewegung gekommen, das weit über das hinausging, was irgendeiner von uns sich vorgestellt hatte.«

Wie bei vielen seiner Projekte hatte Cage die Idee seit langem gehegt und dabei eine Art Begleitprogramm entworfen. Er hatte eine ähnliche Aufführung eines eigenen Stückes geplant – nämlich eine zerkratzte Aufnahme von Dvořáks *Humoresque* von Mischa Elman, die er dreizehn Stunden lang ohne Unterbrechung spielen wollte. Das Publikum hätte freien Eintritt gehabt, jedoch beim Verlassen des Saales zahlen müssen: je früher, um so mehr. Diese nichtrealisierte Idee gemahnt nicht nur an die Aufführung von *Vexations*, die bald folgen sollte, sondern auch an die in *Europeras III* und *IV* benutzten verkratzten Schallplatten – fünfundzwanzig Jahre später.

Untypischerweise verzeichnet Cages Kompositionsverzeichnis für das Jahr 1964 eine Lücke. Andere Probleme beschäftigten ihn. Er mußte sich mit dem Tod von seinem Vater auseinandersetzen, der am 4. Januar im Alter von achtundsiebzig Jahren zu Hause in Montclair gestorben war. Cage ermutigte seine Mutter, die in Los Angeles verbliebene Familie zu besuchen. »Du wirst es dort gut haben«, drängte er. »Aber John«, erwiderte Crete, »du weißt doch genau, daß es mir nie gefallen hat, es gut zu haben.«

Die Uraufführung von *Atlas Eclipticalis* in New York war für den 6. Februar anberaumt. Feldman hatte einige Zeit zuvor gesagt: »Damit wir was von der Gunst des Publikums abkriegen, muß es das, was es braucht, von Leonard Bernstein bekommen.« Und tatsächlich war es Bernstein, der das New York Philharmonic Orchestra in einem Konzert dirigierte, das die neue Musik einem größeren Auditorium zugänglich machen sollte: *Atlas* und Earle Browns *Available Forms I* wurden kombiniert mit Vivaldis *Vier Jahreszeiten* und Tschaikowskys *Symphonie pathétique.*

Bei der Probe arbeitete Bernstein auf einen verantwortungsbewußten und ernsthaften Zugang zu den Stücken hin und leitete die Spieler bei der Lektüre der Stimmen an, denn die

Notation des Cage-Werkes war doch wenig vertraut. *Atlas Eclipticalis* wurde zusätzlich noch durch eine neue Technologie kompliziert: Max Matthews von den Bell Telephone Laboratories hatte ein Klangsystem aufgebaut, das von James Tenney bedient werden sollte, der auch bei der *Vexations*-Premiere mitgespielt hatte. An jedes Instrument waren Kontaktmikrophone angeschlossen, die mit einem zentralen Mischpult verbunden waren und nach Zufallsoperationen gemischt und über sechs Kanäle ausgestrahlt wurden.

Wie bei *Concert* gab es keinen Dirigenten als Vermittler der Komposition; die chronometrische Leitung des früheren Werkes wurde hier von einem mechanischen, von Paul Williams angefertigten Dirigenten übernommen – ein Metallkasten auf einem Ständer, mit einem rotierenden Arm, um den Zeitverlauf im Rahmen der Achtminutendauer des Stückes anzuzeigen, und farbigen Lichtsignalen zur Markierung der Unterabschnitte.

Das Eröffnungskonzert war ausverkauft. Der Aufführung von *Atlas Eclipticalis* ging ein Experiment in computerisierter Klangerzeugung durch ein britisches Fabrikat namens Pegasus und eine freie Improvisation des Orchesters voraus (vielleicht nicht das beste Vorspiel zur Musik von John Cage). Sobald das Cage-Stück begann, fing das philharmonische Publikum zu murren an – und bald darauf auch hinauszugehen. Nach dem Verstreichen der acht Minuten hatte sich das Auditorium halb geleert, und damit war das Zuhören auch dem gläubigen und agnostischen Teil unmöglich gemacht. Bis dann die Werke von Feldman und Brown aufgeführt wurden, war nur noch ein Drittel der Zuhörer verblieben.

Das Programm wurde dreimal wiederholt. Am Sonntag war auch Crete unter den Zuhörern und kam neben einer Frau zu sitzen, die ihr Mißfallen an *Atlas* besonders lautstark unter Beweis stellte. Als das Stück zu Ende war, wandte sich Crete ihr zu und verkündete: »Ich bin die Mutter des Komponisten.« »Grundgütiger Himmel!« erwiderte ihre Nachbarin rasch. »Ihr Sohn ist großartig! Würden Sie ihm bitte sagen, wie sehr ich das genossen habe.« Cage äußerte sich später folgendermaßen dazu: »Wenn Sie es nicht mögen – sogar Höflichkeit ist ein bedingter Reflex.«

Stockhausen besuchte die zweite Aufführung. Cage mußte jetzt bemerken, daß nicht nur das Publikum feindselig auf die neuen Stücke reagierte, sondern daß auch das Orchester zischte, als er und seine Freunde sich verbeugten. Am dritten Abend kam es bei *Atlas Eclipticalis* soweit, daß die Orchestermitglieder lachten und miteinander plauderten, Tonleitern oder Melodien anstelle ihrer Stimmen spielten und in die Kontaktmikrophone sangen oder pfiffen, manche traten sogar auf den elektronischen Geräten herum. Bernstein schien die Lage nicht mehr im Griff zu haben. Nachher sprach Cage mit Carlos Mosley, dem Vorstand des Philharmonic, und mit den Gewerkschaftsvertretern des Orchesters; Bernstein wandte sich an das ganze Orchester und übte schärfste Kritik an allen Mitgliedern.

Probleme mit den ausführenden Künstlern belasteten die Arbeit von Cage vor und nach dem Debakel mit den Philharmonikern. Am schlimmsten war es mit den vielen ungebundenen Mitwirkenden, die für Orchesterkonzerte erforderlich waren, vollständig problemlos dagegen nur mit einzelnen Interpreten, die Cage nahestanden – Masselos, Ajemian, Tudor und Tan. Die *Atlas*-Aufführung in Venedig provozierte, wie bereits erwähnt, beinahe einen Tumult. Die Präsentation am 4. Mai 1964 im Texas Tech überraschte mit einem Trompeter, der mit Ausschnitten aus *Annie Get Your Gun* aufwartete. Die Uraufführung von *Cheap Imitation* (1972) führte zu einem ähnlichen Schlachtfeld, und als das Los Angeles Philharmonic Orchestra 1977 *Renga* aufführte, grinsten die Orchestermitglieder, kicherten und erzählten sich Witze, und einer von ihnen schrieb sogar an die *Los Angeles Times*, um mitzuteilen: »Keine musikalische Ausbildung ist erforderlich für diesen … quasiintellektuellen Schund: … nur die Fähigkeit, dreißig schreckliche Minuten lang Lärm zu machen. Ich schämte mich, auf der Bühne zu sitzen und meinen Beitrag zu *Renga* zu leisten.« Noch 1990 bei einem Festival im schottischen Glasgow, wo Cage ein gefeierter Komponist war – und sein Status als großer alter Mann gewissermaßen gefestigt –, schlug wenigstens ein Orchestermusiker bei einer Aufführung von *Atlas Eclipticalis* seine Noten gar nicht erst auf, sondern spielte, wann immer er Lust hatte.

Der Zwischenfall mit dem Philharmonic Orchestra vermittelt

Einblick in die Erwartungen von Cage und die der Orchestermusiker. Letztere hatten keinerlei Übung im Umgang mit dem Stück oder mit etwas Ähnlichem – es war nicht einfach anders, es war allem, was sie zu spielen gewohnt waren, strikt entgegengesetzt. Sie hatten keine Vorstellung davon, warum das Stück so war, wie es war, oder wie sie die Aufführung in Angriff nehmen sollten. Vielleicht hielten sie es sogar für gefährlich nihilistisch. Unter den Musikern des Philharmonic Orchestra war auch Saul Goodman, ein berühmter Paukist und Autor eines Standardwerks und Lehrbuches der Schlagzeugtechnik. Die Art und Weise, wie dieser gebildete Musiker das Stück beschrieb, vermag zu verdeutlichen, wie dürftig es verstanden wurde:

»Anstelle von Noten hatten wir eine graphische Darstellung zu befolgen ... Uns wurde das so erklärt: Wenn auf dieser Graphik die Linie nach oben führte, wurde von einem erwartet, daß man etwas nach oben Führendes spielte, und wenn die Linie nach unten führte – oder abwärts, wie wir sagen –, wurde von einem erwartet, daß man etwas nach unten Führendes spielte. Es war keine rhythmische Struktur vorhanden, man konnte alles spielen, was man wollte, man konnte alles improvisieren, was man wollte.«

Solche Irrtümer verweisen weniger auf einen Mangel an Hingabe und Interesse als auf die Realitäten berufsmäßigen Orchestermusikertums, bei dem Zeit knapp ist, selbst für die neuesten Stücke. Ohne Verständnis dessen, was Cage erreichen wollte, erschien vieles von dem, was passierte, vorsätzlich willkürlich. Die Stimmen trugen traditionellen Erwägungen in bezug auf die Ausgewogenheit der Instrumente nicht Rechnung, so daß es passieren konnte, daß ein Spieler das, was er oder sie spielte, völlig von dem überflutet und übertönt fand, was ein anderer spielte. Überdies hinterließ die Zufallsmischung des Inputs von den Kontaktmikrophonen bei den Spielern Verwirrung und Irritation, als sie merkten, daß das, was sie spielten, unter Umständen gar nicht zu hören war. »Selbst wenn man seine Wahl gewissenhaft traf«, merkt Earle Brown an, »konnte man ausgeblendet werden. Vielleicht wurde man gehört. Vielleicht auch nicht ... Das führt zu einer psychischen Verfassung, in der man sich fragt: ›Wozu tue ich das hier eigentlich?‹«

Die Schärfe der Reaktion mag überraschend gewesen sein, aber irgendeine Art von Widerstand seitens der Musiker war leicht vorhersehbar. Aufschlußreich ist, daß Cage sich weigerte, hinsichtlich seiner Ziele Kompromisse zu schließen, und weiter optimistisch hoffte, daß die Musiker lebhafteres Interesse zeigen und geistig offener werden könnten, ja sogar werden sollten. In dieser einen und einzigen prinzipiellen Ausnahme von seinem Empirismus läßt Cage es zu, daß sich sein Optimismus über das Bestehende hinwegsetzt. »Ich glaube, er erwartet, daß alle Leute erleuchtet sind«, kommentiert Earle Brown, »achtundneunzig Buddhas in einem Orchester.« In seiner Kompromißverweigerung erlaubte sich Cage eher den Luxus von »sollte« als den von »ist«. Fortan aber war es Cage deutlicher bewußt, daß seine Musik besser verstanden werden mußte, um besser gespielt zu werden, und das führte später zu dem ganz konkreten Schritt, mehr Probenzeit zu fordern, damit die Musiker mit seiner Musik besser vertraut werden konnten.

Der April war ein freundlicher Monat: Cage reiste mit Johns und Lois Long nach Hawaii, nachdem er vom Music Department der dortigen Universität eingeladen worden war, am Ost/West-Kolloquium teilzunehmen – er für den Westen, Toru Takemitsu für den Osten.

Cage begann sich in wachsendem Maße für das Werk von Marshall McLuhan und Buckminster Fuller zu interessieren. Er kannte Fuller seit 1948, seit der Aufführung von *Le piège de Méduse* im Black Mountain College. Im Laufe der Jahre hatte sich das weitreichende Denken Fullers deutlich herauskristallisiert – das C60-Karbonmolekül sollte auf den Namen Buckministerfullerene getauft werden. Etwa 1968 sagte Cage, daß »das Werk und Denken von Buckminster Fuller von höchster Wichtigkeit« für ihn sei, und Fullers Ideen, namentlich in bezug auf das »Raumschiff Erde« und die globalen Versorgungsnetze, haben seit damals nicht an Bedeutung verloren.

Ähnlich stark war Cage von den Ideen McLuhans angezogen. Oberflächlich betrachtet feierte dieser die Unmittelbarkeit des elektronischen Zeitalters mit seinen Massenmedien, die die

Welt zu einem »Weltdorf« machten, eigentlich aber war McLuhan ein traditionalistischer, im Kern religiöser Mensch, und für ihn wie für viele andere erwuchs sein Ruhm aus dem Mißverständnis dessen, womit er befaßt war. Seine Apotheose erfuhr er in einer Miniaturrolle in Woody Allens *Annie Hall.*

Während seines Aufenthaltes in Hawaii machte Cage eine Erfahrung, die ihn in der optimistischen Auffassung des sozialen Fortschritts bestätigte, die die beiden Männer teilten, und ihn zu einer näheren Auseinandersetzung mit McLuhan bewog. Die Universität steht am Südende von Oahu, der Insel, auf der auch Honolulu liegt. Cage, Johns und Long wohnten am Nordende, von der Universität durch einen hohen Bergrücken getrennt. Als sie Tag für Tag durch den Nord und Süd verbindenden Tunnel fuhren, bemerkte Cage auf den Bergketten eine Art Zinnen wie die der europäischen Burgen des Mittelalters. »Sie wurden früher«, so einer der Einheimischen, »zur Verteidigung genutzt; von dort oben wurden vergiftete Pfeile auf die Feinde darunter abgeschossen.« Zur Zeit von Cages Besuch, knapp ein Jahrhundert später, war die Bergkette untertunnelt worden, und beide Seiten lebten inzwischen in friedlichem Miteinander. »Wir haben, wie Fuller dargelegt hat«, schloß Cage, als er erläuterte, was er aus dieser Geschichte gelernt hatte, »eine Insel auf der Erde. Alles ist nur ein einziges Stück Land, und es kann verbunden werden.«

Das Nachdenken über diese Fragen veranlaßte Cage zu einer Ehrung der Ideen Fullers – *Diary: How to Improve the World (You will only make matters worse).* Der erste Teilabschnitt wurde 1965 begonnen, und zwar für eine Veröffentlichung im folgenden Jahr. Bis 1973 schrieb Cage ein weiteres Dutzend, bis er dann, unter der Nixon-Regierung weniger hoffnungsvoll in bezug auf die Wahrscheinlichkeit einer Verbesserung der Welt, mittendrin abbrach und das betreffende Teilstück erst 1982 fertigstellte.

Als er seiner Mutter zum erstenmal erzählte, daß er über die Verbesserung der Welt schrieb – es war 1967 –, reagierte sie bezeichnenderweise mit unerwarteter Strenge: »John! Wie kannst du es wagen? Du solltest dich schämen! Ich muß mich über dich wundern.« Er fragte, ob angesichts der Weltlage nicht durchaus Anlaß für Verbesserungsbestrebungen sei. Sie sagte: »Natürlich ist es das. Das ist durchaus sinnvoll.«

Daß Cage 1964 kein einziges Werk fertigstellte, hatte seinen Grund vor allem darin, daß er, wie er einem wißbegierigen Freund mitteilte, »1964 Briefe schrieb«. Die geplante Welttournee der Dance Company machte eine fortgesetzte Korrespondenz wegen Buchungen und Kreditbeschaffungsmaßnahmen erforderlich – jetzt oder nie, lautete die Devise von Cage und Cunningham. Mitte des Jahres begann die sechsmonatige Tournee: siebzig Engagements, beginnend in Straßburg und Paris (mit gemischten Kritiken), dann Venedig und Wien. Das einwöchige Gastspiel im Sadler's Wells Theatre in London wurde so begeistert aufgenommen, daß drei weitere Wochen im Phoenix an der Charing Cross Road gebucht werden mußten, die auch bald ausverkauft waren. Die Tournee führte dann weiter über Skandinavien, die Tschechoslowakei und Polen und endete im Fernen Osten: in Japan und Indien und (am 3. November) mit der unwahrscheinlichen Ehre einer Aufführung auf Geheiß des Königs in Thailand.

Nach der Rückkehr nahm die Company ein wohlverdientes Sabbatjahr. Viola Farber mußte aufgrund eines Unfalls ihre tänzerische Laufbahn beenden, und Rauschenberg ließ seine Stellung als Bühnenbildner fahren, nachdem er sich mit Cunningham entzweit hatte. Die Truppe war tief verschuldet. Und doch war ihr Ansehen rasant gewachsen, angespornt vor allem durch den Erfolg in London. Im folgenden Jahr wurde die Cunningham Dance Foundation gegründet, und neue Mitglieder traten der Truppe bei. Jasper Johns wurde künstlerischer Berater; wegen seiner anderweitigen Verpflichtungen ging er nicht mit der Company auf Reisen und delegierte oft Aufträge (eine bemerkenswerte Ausnahme war sein Bühnenbild für *Walkaround Time*, das auf Duchamps *Großem Glas* basierte). Tudor blieb Musiker und Cage musikalischer Leiter der Truppe, assistiert von Toshi Ishiyanagi und einem jungen Elektronik-Wunderkind, Gordon Mumma.

## VIII

Im Frühjahr 1965 lud Alvin Lucier Cage ein, ein Konzert an der Brandeis University zu geben. Cage nahm an, unter der Bedingung, daß das Programm auch Werke von Lucier und Christian Wolff bot. Der Fachbereich Musik in Brandeis war vollauf mit den Entwicklungen in der seriellen Musik beschäftigt, und Lucier hoffte, daß seine Einladung da einen Ausgleich schaffen würde. Er nahm allerdings an, daß das ganze Institut eher zur Gleichgültigkeit neigen würde; deshalb richtete er es so ein, daß das Konzert im Rose Art Museum auf dem Campus, unter der Schirmherrschaft von Sam Hunter stattfand.

Cage wählte *0′ 00″* zur Aufführung aus und kündigte an, er werde ein neues Werk für Endlosschleifen vorbereiten. In einem Schreiben an Lucier forderte er, daß zumindest achtundachtzig solcher Tonbänder angefertigt würden, »so viele wie Tasten auf dem Klavier sind«. Er äußerte keine Präferenzen in bezug auf das, was auf den Bändern sein sollte – später verlangte er, daß die Schnitte gemacht werden sollten, ohne daß derjenige, der die Schnitte ausführte, wußte, was auf den Bändern war –, sagte jedoch, er würde gern »einmal eine Nicht-Pop-Version hören«. Dann schickte Cage Beschreibungen von Schnittechniken, wie er sie bei *Williams Mix* entworfen hatte: horizontale und vertikale Schnitte mit verschiedenen Schnittwinkeln, die Klänge mit verschiedenen Einsätzen produzierten und vorwärts, rückwärts, verkehrt herum und seitwärts gespielt werden konnten.

Auf einem Handzettel, der das Konzert ankündigte, versuchte Cage einen Titel zu finden. Unter »Rose Art Museum: John Cage and Alvin Lucier« schrieb er Beau Arts Mix, ersetzte dann den ersten Buchstaben durch ein R, fügte ein x hinzu und strich das s weg: Reaux Art Mix. Auf der Rückseite des Papiers versuchte er es mit Reau Ar und hielt plötzlich inne – der Titel, beschloß er, sollte sein: *Rozart Mix*.

Die Universität hatte Cage im Gästehaus untergebracht. Lucier und seine Studenten hatten gut die Hälfte des Minimums der achtundachtzig geforderten Endlosschleifen fertiggestellt, und er verbrachte einen Großteil seiner Zeit damit, im Gästezimmer den Rest zusammenzubasteln. »Jeder, der Cage damals kannte, wußte, wie sehr er Klimaanlagen verabscheute«, erinnerte sich Lucier. »Ich habe noch deutlich im Gedächtnis, wie er später sagte, weil er so lange in diesen Räumen habe ausharren müssen, habe er schließlich doch gelernt, sich damit abzufinden.«

Das Rose Art Museum war klein, aber geräumig und auf zwei Ebenen erbaut, die durch eine offene Treppe verbunden waren, so daß jede Ebene von der anderen aus eingesehen werden konnte. Am 5. Mai fand das Konzert statt. Bevor das Publikum hereinkam, begann Cage mit der Aufführung von *0′ 00″*, indem er Briefe auf einer mit Verstärker versehenen Schreibmaschine beantwortete, auf einem laut quietschenden Stuhl sitzend, den er aus New York mitgebracht hatte und dessen Geräusche ebenfalls verstärkt wurden. Hin und wieder schlürfte er Wasser, wiederum verstärkt durch ein um den Hals gelegtes Mikrophon eines Flugzeugpiloten des Zweiten Weltkrieges.

Darauf folgte Luciers Stück, *Music for Solo Performer*. Nach einer längeren Pause in seiner kompositorischen Arbeit hatte Lucier begonnen, ins Reich der Bio-Musik einzudringen, indem er physiologische Prozesse von Lebewesen hörbar machte. Unter Benutzung einer Ausrüstung, die Edmond Dewan ihm geliehen hatte, ein Physiker an der nahegelegenen Hanscombe Air Base, experimentierte er mit der Umwandlung von Hirnströmen in Klänge. Lucier war abgeneigt gewesen, das im Konzert vorzuführen – für den Fall, daß es nicht klappte –, aber Cage war auf die ihm charakteristische Weise hartnäckig und begeistert.

An Luciers Kopfhaut wurden Elektroden angelegt, die die Alphawellen auffangen sollten. Die Alphaströmung wurde verstärkt, durch ein Flachpaßfilter geleitet und über Lautsprecher abgespielt, deren Schwingungen an eine Reihe von Schlaginstrumenten weitergegeben wurden: die Trommelfelle, die in Mitschwingung versetzt wurden, Metallinstrumente, die durch die sich rasch bewegenden Schalltrichter der Lautsprecher angeschlagen wurden. Ein Schwellenschalter speiste, wenn betätigt, eine Stereoaufnahme beschleunigter Alphawellen ein.

Luciers Aufgabe bestand in dem Versuch, das, was normalerweise eine automatische Hirnfunktion war, bewußt zu kontrollieren. Er durfte weder schauen noch sich Bilder vorstellen, weil jede visuelle Ablenkung die Alphawellen abgeschnitten hätte.

Im Verlauf des Stückes wurden die kleinsten, aus Autos demontierten Lautsprecher von der gewaltigen Verstärkung zerstört, aber ihre geborstenen Schalltrichter fuhren fort, Klickgeräusche auszusenden; einer fiel aus seinem Zylinder und tanzte wie ein sterbender Fisch auf dem Fußboden herum.

Als nächstes Stück kam *For 1, 2 or 3 People* von Christian Wolff, mit Lucier an einem gestrichenen und verstärkten Becken, Wolff an der elektrischen Gitarre und Cage, der eine Säge spielte. Das Stück steht in markantem Gegensatz zu allem, was Cage geschrieben hat. Wie bei einer Reihe anderer Stücke Wolffs, die wir analysiert haben, als wir den Begriff der Indeterminiertheit einführten, hängt sein Erfolg von der sofortigen Reaktion auf die unvorhersehbaren Wahlentscheidungen der anderen Musiker ab, wobei es eine gefährliche Nähe zur Improvisation ins Spiel bringt und eine interpersonelle, übergreifende Spontaneität, die Cage nie gutheißen würde.

Das Konzert endete mit *Rozart Mix*. Lucier und eine Reihe älterer Studenten nahmen die Bänder, legten sie in die Wiedergabegeräte ein und wickelten sie um die Mikrophonständer. Einige zogen Schuhe und Strümpfe aus, um durch die Flut von Tonbandschleifen im Erdgeschoß zu waten. Die Tonbandgeräte liefen, setzten gelegentlich aus und wurden manchmal neu bestückt, bis der größte Teil des Publikums gegangen war.

Im Laufe des Briefwechsels, mit dem sie das Konzert in die Wege geleitet hatten, war Lucier verblüfft gewesen, Cage so hartnäckig darauf bestehen zu sehen, daß er Kopien der gesamten Korrespondenz bekam. Mehrere Monate später schickte ihm der Verlag Henmar Press die Partitur von *Mix*, die, wie er entdeckte, aus ihren Briefen mit einigen hinzugefügten Notizen bestand. Während *0′ 00″* eine Aufführung für einen geschäftigen Mann ist, war das hier ein frühes Beispiel einer Partitur für einen geschäftigen Mann, in der lieber handgeschriebene Notizen wiederverwendet wurden, als daß man sich die Mühe macht, eine neue, ordentliche Fassung von Anweisungen zu produzieren.

Ende Mai schrieb Cage, als er mit Jasper Johns in Edisto Beach war, den Artikel »Mosaic« für die *Kenyon Review*, und zwar eine Rezension von Steins Ausgabe der Briefe Schönbergs, die ihm im März zugeschickt worden war. In dem Artikel setzte Cage das ganze Buch (jeden Buchstaben, den Schutzumschlag, die biographischen Notizen, das Inhaltsverzeichnis und die Register) zu vierundsechzig in Beziehung, indem er das *I Ging* entscheiden ließ, welchen Teil des Buches er diskutieren solle und mit wie vielen Worten. »Die Herausgeber sollen es nehmen oder bleiben lassen«, hatte er noch in Brandeis beim Mittagessen gesagt.

Ein Auftrag für das French-American-Festival zeitigte *Variations V*, die am 23. Juli mit Cunningham und seiner neu zusammengesetzten Truppe im Lincoln Center aufgeführt wurden. Das Ziel des Werkes, schrieb Cage, »liegt darin, eine Umgebung zu installieren, in der die aktiven Elemente sich gegenseitig durchdringen ... so daß der Unterschied zwischen Tanz und Musik etwas weniger deutlich ist als gewöhnlich«. Er hatte sich darangemacht, Mittel und Wege zu finden, wie der Klang durch die Bewegung der Tänzer beeinflußt werden konnte. Mit Hilfe Tudors entdeckte er deren viele, von denen sich jedoch nur zwei als unmittelbar praktikabel erwiesen. Der eine bestand aus einem Dutzend Metallantennen, jede etwa zwei Meter hoch und rund zwei Zentimeter dick; wenn ein Tänzer in den Bereich ihres aktiven Radius von etwa anderthalb Metern kam, wurde ein Klang ausgelöst. Die andere Möglichkeit bestand aus einer Anzahl photoelektrischer Zellen in einer Reihe mit den Bühnenbeleuchtungen, die Klänge aussenden sollten, wenn die Tänzer die Lichtschranken durchbrachen. Am Bühnenrand angebracht funktionierten sie nicht, also wurden sie im letzten Augenblick am Fuß der Antennen angebracht. »An die materiellen Gegebenheiten anpassen«, schrieb Cage.

Billy Kluver, der in den Bell Laboratories mit einem Laserprojekt befaßt war – er hatte mit Jean Tinguely an dessen *Homage to New York* zusammengearbeitet –, legte zehn Photozellen aus, die zehn Tonbandgeräte und zehn Kurzwellenradios zu aktivieren hatten. Cecil Coker entwarf einen Transistorschaltkreis, der von Whitford Wittnebet gebaut wurde. Filme und Videobilder von Nam June Paik und Stan van der Beek wurden projiziert; in dem Werk wurden auch einige der frühesten Schlagzeuggeräte des Synthesizerpioniers Robert Moog verwendet. »Nicht fokussiert«, notierte Cage. Die Komplexität seiner Projekte und sein wachsendes Ansehen bedeuteten, daß Cage mit anderen Leuten nicht so sehr zusammenarbeitete als vielmehr delegierte, und er war sich der Vorteile eines solchen Verfahrens zweifellos bewußt.

Während die Partitur von *Rozart Mix* im gleichen Zug geschrieben wurde, wie die Idee Form annahm, ist *Variations V*, wie Cage es selbst beschreibt, eine »A-posteriori-Partitur«. Er hat sie Mary Sisler gewidmet und zwischen September und Oktober in Stony Point verfaßt. Die Zahl der Wörter für jeden Kommentar in der Partitur wurde durch Befragung des *I Ging* festgelegt. »Veränderte Funktion des Komponisten«, notierte Cage, »telephonieren, Geld auftreiben.«

## IX

Im Winter 1965 fand sich Cage häufig zu denselben Partys ein wie die Duchamps. Er war Duchamp 1942 zum erstenmal begegnet, bald nach seiner und Xenias Ankunft in New York, und er hatte Musik zu der Duchamp-Sequenz des Filmes von Hans Richter (1947) geschrieben. Seither hatten sich ihre Wege verschiedentlich gekreuzt. In den fünfziger Jahren sah ihn Cage auf der McDougall Street in Greenwich Village. »Er machte eine Geste, die ich für ein O.K. hielt«, schrieb Cage. Wahrscheinlich auf Einladung von Duchamp trafen Cage und andere mit ihm in einer Wohnung im Village zusammen. »Die Unterhaltung wandte sich Drogen zu«, erinnerte sich Cage. Duchamp meinte, Drogen würden wohl nie ein ernsthaftes soziales Problem werden, die Leute würden nicht mehr davon nehmen, als sie jetzt Cointreau oder Crème de menthe tränken.

Duchamp war ein leidenschaftlicher Schachspieler. Edward Lasker, ein amerikanischer Großmeister, reihte ihn unter die fünfundzwanzig besten Schachspieler der Vereinigten Staaten in den zwanziger und dreißiger Jahren ein. Er initiierte in den fünfziger Jahren einen Blindschachwettbewerb, an dem auch Max Ernst teilnahm. Cage arbeitete mit beiden bei einer Ausstellung in der Galerie eines Schacheleven von Duchamp zusammen, Julien Levy. »Die Bilderwelt des Schachspiels« stellte Gemälde, Musik und Schachstellungen vor, darunter auch *Chess Pieces* von Cage.

»Ich wollte ihm nicht mit meiner Freundschaft zur Last fallen, auch wenn ich ihn bewunderte«, erinnert sich Cage. Duchamp erwies allem, was mit Musik zusammenhing, jedes erdenkliche Zeichen von Geringschätzung; »er nahm Anstoß an einer Kunst«, fügt er hinzu, »bei der die Leute auf Katzendärmen herumkratzten«. Dennoch machte die Art und Weise, wie sich Cage in den fünfziger Jahren entwickelt hatte, Duchamp für ihn nur noch interessanter. Vor langer Zeit, im Jahre 1913, hatte Duchamp zusammen mit seinen Schwestern Yvonne und Madeleine das *Musical Erratum* produziert, indem sie aufnotierte Töne wahllos aus einem Hut griffen und sie niederschrieben; sie brachten damit ein Stück hervor, das aus durch Zufall isolierten Tönen ohne Zeitwerte bestand. Als sich Cage und Duchamp in den frühen sechziger Jahren in Venedig begegneten, sagte Cage: »Ist das nicht merkwürdig, Marcel? In dem Jahr, in dem ich geboren wurde, haben Sie Zufallsoperationen benutzt.« Sein Gesprächspartner lächelte und erwiderte: »Ich muß meiner Zeit um fünfzig Jahre voraus gewesen sein.«

Auf einmal bekam der Kontakt zu Duchamp eine gewisse Dringlichkeit. »Ich sah ihn jeden Abend, viermal hintereinander«, erinnerte sich Cage, »und bemerkte, daß in seinem Gesicht eine Schönheit lag, die man, sagen wir mal, mit dem nahen Tod assoziiert oder mit einem Gemälde von Velazquez.« »Sein Gesichtsausdruck war eher der eines gemalten Porträts als der einer lebenden Person; ich schloß daraus, daß er nicht mehr lange zu leben hatte«, sagte Cage an anderer Stelle. »Mir wurde plötzlich klar, daß ich verrückt war, mich von ihm fernzuhalten, und daß nur noch wenig Zeit blieb.«

Cage »rückte an« bei Teeny Duchamp – geborene Alexina Sattler, die Duchamp 1954 geheiratet hatte – und fragte, ob sie glaube, daß ihr Gatte ihm Schachunterricht erteilen würde. Sie meinte, das könne gut sein, und Duchamp wollte dann auch nur wissen, ob Cage die Grundzüge kannte. Sie trafen eine Verabredung, daß er ihn besuchen kommen solle, und saßen von da an ein- oder zweimal wöchentlich zusammen, wenn die Umstände es erlaubten. »Ich benutzte Schach als Vorwand, mit ihm zusammenzusein«, erinnerte sich Cage. Es war seine Absicht, so oft wie möglich die Gesellschaft Duchamps zu suchen, und er ließ den Dingen ihren Lauf, ohne auf sie einzuwirken. Er erinnerte sich, daß Schönberg ihm einmal bedeutet hatte, sich um seine eigenen Angelegenheiten zu kümmern, also sprach Cage Duchamp nicht auf dessen Werk an. »Wir lernten Marcel nicht dadurch kennen, daß wir ihm Fragen stellten«, konstatierte er, »sondern indem wir mit ihm zusammen waren.«

Da er ein sehr viel schwächerer Schachspieler war als Duchamp, spielte Cage im allgemeinen mit Teeny. Duchamp saß rauchend am anderen Ende des Raumes, warf gelegentlich einen flüchtigen Blick auf ihr Spiel, äußerte hin und wieder Einwände »und machte zwischendurch ein Nickerchen. Er pflegte zu sagen, wie dumm wir beide seien.« »Wollen Sie denn nie gewinnen?« herrschte er Cage an. »Er sagte nicht, daß das möglich sei, er sagte es sehr anklagend«, erinnerte sich Cage. »Ich war so verletzt, daß ich mich fragte, ob ich nicht aufstehen und gehen sollte. Als wir uns am nächsten Tag trafen, war er wieder die Freundlichkeit in Person. Ich glaube, Teeny hatte ihm irgend etwas gesteckt.« »Es machte mir eine solche Freude, mit ihm zusammenzusein«, erklärte er, »die Vorstellung zu gewinnen war ganz nebensächlich.« Erfreut war er auch, als er hörte, daß Duchamp auf die Frage, welche Art von Beziehung sie denn zueinander hätten, geantwortet habe: »Wir sind Kumpel.«

Die beiden waren einander in vieler Hinsicht ähnlich. Duchamp war mit einer geradezu cartesianischen Erfindungsgabe ausgestattet – »an allem zweifelnd«, sagte er einst, »mußte ich etwas finden, das es zuvor noch nicht gegeben hatte«. Wie Cage spürte er, daß es leichter war, den Wünschen anderer Leute nachzukommen, weil man dann seine Ruhe hatte. Ihr scheinbar gemeinsames Interesse an Zufallselementen verbarg ganz verschiedenartige Perspektiven. »Ihr Zufall ist nicht derselbe wie meiner«, sagte Duchamp (ohne sich ausdrücklich an Cage zu wenden), denn er sah im Zufall eine Ausdrucksform der unbewußten Persönlichkeit. In anderen Fragen waren sie offensichtlich uneins. Duchamp neigte dazu, die Ideen zu einem Werk, etwa zum *Großen Glas*, für wichtiger zu halten als ihre Verwirklichung. »Ständig äußerte er sich gegen die Netzhaut-Aspekte der Kunst«, hielt Cage fest, »während ich auf der Körperlichkeit des Klanges und der Aktivität des Hörens beharrt habe.« »Man könnte sagen, daß er das Gegenteil von dem sagte, was ich sagte«, und dann fügte er mit merkwürdiger Logik hinzu: »Und doch fühlte ich mich so sehr in Übereinstimmung mit allem, was er tat, daß ich die Vorstellung entwickelte, daß in der Musik immer das Gegenteil von dem richtig ist, was in den bildenden Künsten richtig ist.«

Cage produzierte im März 1966 *Variations VI* für »eine Vielzahl von Klangsystemen«. Es war wie ein Puzzle, das aus einer Auswahl von Symbolen auf Transparentpapier bestand: Dreiecke für Lautsprecher, Halbkreise für Schallquellen und halbierte kurze Linien für Komponenten wie Verstärker, Vorverstärker, Filter und Regler. »Man lasse die Notation sich auf das beziehen, was getan werden soll«, gab Cage vor, »nicht auf das, was gehört wird oder gehört werden soll.« Ebenso macht er eine in den sechziger Jahren ganz seltene Konzession an die Improvisation. »Gegen Ende der Aktivität«, schreibt er, »kann – ohne jede vorgefaßte Meinung – jede andere (und jede mögliche Zahl von) Interpretation(en) dieses Materials, als hier angegeben, benutzt werden.«

Auf der Straße zwischen Rochester im Staat New York und Philadelphia bereitete Cage *Diary: Audience 1966* für eine Aufführung im Mai in New York vor. Mit bezeichnender Selbstdisziplin legte er zu Beginn jeder Etappe der Reise fest, wie viele Wörter für die nächste Aussage des Textes erforderlich waren, formulierte und revidierte sie während der Fahrt im Kopf, fuhr an den Straßenrand und schrieb sie nieder, überprüfte die Länge der nächsten Aussage und fuhr wieder los. Bis er Philadelphia erreichte, war das Stück fertig.

Im weiteren Verlauf des Jahres entstand *Music for Carillon*

*No. 4 # 2. Variations VII* »für verschiedene Mittel« wurde während der Nine Evenings of the Armory Show uraufgeführt, gesponsert von den Experiments in Art and Technology. Sie übermittelten Klänge aus einer Hotelküche, einem Vogelhaus, von der Straße und aus einer Untergrundbahnstation. Cage ging mit Tudor und Gordon Mumma für die Cunningham Company auf Tournee, wobei 1966 und 1967 *How to Kick, Pass, Fall and Run* geboten wurde, eine Reihe von Geschichten nach genau demselben Muster wie *Indeterminacy*, die als »irrelevante« Begleitung zu einem »heiteren« Tanz dienten. »Seitlich von der Bühne sitzend, an einem Tisch mit Mikrophon, Aschenbecher, meinen Texten und einer Flasche Wein, erzähle ich jede Minute eine Geschichte, wobei ich einige Minuten verstreichen lasse, in denen ich überhaupt keine Geschichte erzähle«, schrieb Cage. »Manche Kritiker sagen, ich stehle den anderen die Show. Aber das ist nicht möglich, weil niemand mehr etwas stiehlt.«

In London aßen die drei Musiker häufig in einem indischen Restaurant, das Tudor in der Nähe der Haltestelle Euston entdeckt hatte. Eines Abends lernte Cage im Saville Theatre einen jungen Komponisten namens Gavin Bryars kennen und nahm eine Reihe von dessen Stücken für ein neues Projekt an, eine Sammlung von Partituren und Partiturauszügen, die er zusammentrug, um den Überfluß an Notierungsweisen moderner Musik zu demonstrieren.

*Die Geschichte vom Soldaten* von Strawinsky wurde am 15. Juli von Lukas Foss im Lincoln Center geleitet. Anstatt das Werk zu choreographieren oder Schauspieler zum Erzählen der Geschichte einzusetzen, wurden die Rollen zwischen drei Komponisten aufgeteilt. Der Erzähler war Aaron Copland, und der Soldat wurde von Elliot Carter gespielt. Den Teufel, der den Sieg davonträgt, mimte Cage.

»Jeder war der Meinung, ich sei gut gewesen in der Rolle«, kommentiert Cage trocken. Die *Village Voice* beschrieb John Cage »als den perfekten Teufel«. »Er verschlang seine Rolle, spie Feuer und Rauch und gestaltete seine Zeilen mit großer Intensität«, lobte ihn die *New York Times.* »Es war wie Bela Lugosi cum Boris Karloff, dem Publikum gefiel das.«

Auch Strawinsky war unter den Zuhörern und wußte Cages Darbietung zu schätzen. Unklar ist, wer den Vorschlag gemacht hatte, die beiden sollten einander treffen, auf jeden Fall rief Cage einige Tage später Strawinsky in einem Hotel in der Fifth Avenue an. Strawinsky erwies sich als äußerst interessanter und witziger Mann, und ihre Unterhaltung war sehr angenehm. »Wissen Sie«, gestand Cage an einem bestimmten Punkt des Gesprächs, »der Grund, aus dem ich nie irgendeine Anstrengung unternommen habe, Ihre Bekanntschaft zu machen, war der, daß ich dem Werk von Schönberg so ergeben und sein treuer Anhänger war.« Strawinsky erwiderte: »Der Grund, weswegen ich Schönbergs Musik nie gemocht habe, ist der, daß sie nicht modern ist.« Cages Antwort ist nicht überliefert, aber im Rückblick erklärte er, daß der alte Russe eigentlich »ganz recht gehabt habe«.

Strawinskys Bemerkung erinnerte Cage an die Angewohnheit von Schönberg, eine Reihe von Noten an die Tafel zu malen und seiner Klasse zu beschreiben, wie sie von Bach, Beethoven, Brahms und, auf sich selbst in der dritten Person verweisend, Schönberg verwendet worden waren. Mit anderen Worten, er hielt sich für die nächste Etappe einer Tradition, und er legte viel Zurückhaltung, in gewissem Maße sogar Fatalismus hinsichtlich der Richtung an den Tag, die seine Entdeckungen erahnen ließen.

Cage hatte, wie wir gesehen haben, von Schönberg gelernt, nie eine Veränderung vorzunehmen, bevor sie nicht notwendig war; aber das setzt keine ähnliche Einstellung zur Tradition voraus. Als er Jahre später darüber nachdachte, meinte Cage, er fühle sich Strawinsky näher »in dem Wunsch, eher eine Entdeckung zu machen, als die Tradition zu bestätigen«. Cage fühlte sich zu Neuerungen nicht gedrängt; Erfindung war für ihn ein Schlüsselwort, aber keine Marotte. Er war bestrebt, sich selbst und seine Kunst ernst genug zu nehmen, weder zu leicht noch zu gewichtig, und seine Ernsthaftigkeit war nicht an dem, was war, sondern an dem, was kommt, ausgerichtet, auf die Sonnenseiten.

Seine Freundschaft mit den Duchamps wuchs. Sie erbaten von Cage ein vollständiges Verzeichnis seiner Werke. Im September 1966 verbrachte Cage zwei Wochen mit ihnen in ihrem Sommerhaus in Cadaques an der Costa Brava. Im folgenden Jahr hatten Freunde und Gönner Cages die erforderlichen Gelder und Zusagen zusammengetragen, damit er an der University of Cincinnati als Gastkomponist tätig sein konnte. Noch im selben Jahr erschien eine neue Sammlung seiner Schriften, *A Year from Monday*. In wachsendem Maße wurde er für Preisverleihungen würdig befunden, von den ehrenvollen bis hin zu den läppischen, und wurde beispielsweise informiert, er sei zum Ritter der Mark-Twain-Bruderschaft ernannt worden – »in Anerkennung Ihres hervorragenden Beitrages zur amerikanischen Gelehrsamkeit durch Ihr Schweigen«.

Zum erstenmal war Geld nicht mehr Gegenstand ständiger Sorge. Cage gab einen Großteil davon für den Unterhalt seiner Mutter aus, wie er das zuvor bereits für seinen Vater getan hatte, und wurde ihre einzige Stütze. Crete hatte 1965 einen zweiten Herzanfall erlitten und mußte jetzt, zum großen Bedauern ihres Sohnes, ständig in einem Pflegeheim versorgt werden.

Schon war unter Cages Einfluß eine neue Generation von Komponisten herangewachsen. Max Neuhaus (geboren 1939) war von Paul Price an der Manhattan School of Music in Schlagzeugtechnik ausgebildet worden. Er komponierte, war vor allem aber als Interpret bekannt und produzierte 1967 seine eigene Version von *Fontana Mix*, *Fontana Mix-Feed*. Dem Engländer Cornelius Cardew gelang es auf irgendeine Weise, gleichzeitig ergebener Anhänger von Cage und Stockhausen zu werden (er arbeitete einige Parts von *Carré* aus), bevor er sich im letzten Jahrzehnt eines kurzen Lebens einem ostentativ proletarischen Stil zuwandte.

Wie schon erwähnt, arbeitete Cage mit Ichiyanagi, Johnston, Mumma und Lucier zusammen und hatte 1966 die Bekanntschaft von Gavin Bryars gemacht. Eine Aufführung von *Imaginary Landscape No. 4* im Jahre 1959 an der University of California in Berkeley war von LaMonte Young koordiniert worden, mit einem blutjungen Terry Riley am zehnten Radio. Die neue Generation stellte ihre eigenen Ensembles und Verbände zusammen; Fluxus oder die Once Group arbeitete mit

Neuhaus am Schlagwerk, Mumma am Horn, Robert Ashley am Klavier und David Behrman am Cello, und Mumma, Lucier und Ashley bildeten die Sonic Arts Union. Eine hingekritzelte Notiz ist erhalten geblieben, auf der die Nummer CH32368 steht und als Erläuterung »Mr. Higgins«, was die Vermutung nahelegt, daß Cage Dick Higgins um 1956 kennenlernte. Mitte der sechziger Jahre war Cage in New York in regelmäßigem Kontakt mit jungen Leuten und hatte eine Reihe wöchentlicher Treffen in Higgins' Stadthaus arrangiert. John Brockman, der daran teilnahm, erinnerte sich: »Die Abende hatten kein besonderes Programm, Cage war einfach nur da und leitete eine Diskussion. Er äußerte einige Ideen, und das Gespräch ging quer durch den ganzen Raum.« »Es waren alles gebildete Leute, voll von intellektuellem Hunger und intellektuellem Verlangen«, fuhr Brockman fort, vielleicht etwas romantisch. »Die meisten von ihnen schlugen glanzvolle Laufbahnen ein.«

# Kapitel vierzehn

## I

Die sechziger Jahre waren die Zeit der Jugend, Abenteuer und Revolution, Kühnheit und Fortschritt mischten sich mit Chaos und Exzeß. Für viele Leute, wenn auch nicht für so viele, wie es damals den Anschein hatte, bedeuteten Drogen Bewußtseinserweiterung; für andere waren sie nur eine neue Form der Ablenkung und Zerstreuung in einem verworrenen Leben. Für viele Leute, wenn auch wiederum nicht für so viele, wie es damals den Anschein hatte, waren die sechziger Jahre eine Zeit politischen Erwachens, mit neuen Parolen und unverhofften Möglichkeiten: Cohn-Bendit und Malcolm X und Martin Luther King. Für andere war Politik nur eine Pose oder ein ausgedehntes Spielfeld für die eigenen projizierten Unzulänglichkeiten.

Ganz ähnlich unterschieden sich auch die Musiker in bezug auf Klarheit und Tiefe ihrer Ideen und Motive. In dieser Hinsicht ist die avantgardistische Doppelnummer von Nam June Paik und Charlotte Moorman bezeichnend. Paik hatte sich bei der *Homage to John Cage* in der Wohnung von Mary Bauermeister auffällig gemacht, als er jemandem eine Krawatte abschnitt. Dick Higgins widmete Paik *Danger Music*, das lediglich aus der Anweisung bestand: »Klettere in die Vagina eines lebenden Wales.« *Playable Music No. 4* operierte mit dem Befehl: »Schneide dir ganz langsam mit einer Rasierklinge in den linken Arm (mehr als zehn Zentimeter).« Nach der ersten »Aufführung« verlangte ein Zuschauer ein Dakapo.

Moorman, eine hochbegabte Cellistin mit klassischer Ausbildung, begann Anfang der sechziger Jahre mit der Aufführung von Cages Werken für Streicher. Ihre Realisierungen seiner Stücke waren durch dramatische, häufig zerstörerische Gesten charakterisiert. Bei *26′1.1499″* beispielsweise waren die Begleitgeräusche das Zerschmettern einer Pepsi-Cola-Flasche und einer Glasscheibe mit einem Hammer.

Zusammen produzierten Moorman und Paik *Variations on a Theme by Saint-Saëns*, die daraus bestanden, daß Moorman jenen Ohrwurm für Cellisten spielte, *Der Schwan*, auf halber Strecke aber in ein zwei Meter hohes, mit Wasser gefülltes Ölfaß kletterte, wieder herausstieg und das Stück tropfnaß beendete. *TV Sculpture* brachte kleine, funktionierende Fernsehbildröhren ins Spiel, die von Paik als einzige Bedeckung der Brüste von Charlotte Moorman eingesetzt wurden, so daß der Ausdruck »Glotze« eine neue und buchstäbliche Bedeutung bekam. Solche Aktionen machten die beiden zu einem umstrittenen Paar; es wurden Prozesse geführt, die sich zu exemplarischen Fällen für die Grenzen künstlerischer Freiheit entwickelten.

Kunst muß nicht – und sollte wahrscheinlich auch nicht – bequem sein, Raserei und die Energie des Wahns können ebensogut in die Dienste von Concept-art treten wie in die des eingeborenen amerikanischen Schamanen. Das Dionysische in allen seinen Formen hat ebensolche Gültigkeit wie das Apollinische, aber nur dann, wenn es unsere Menschlichkeit fördert. Dazu muß es Seele haben, dazu muß es eine Zielrichtung haben, und diejenigen, die seine Vorreiter sind, werden, wenn auch nur vage, wissen, was sie tun. Es ist möglich, das wilde, ungestüme Werk von Paik und Moorman anzuschauen und bei Moorman eine chaotische Energie und ungerichtete Brillanz, bei Paik eine offen sichtbare Kraft wahrzunehmen, für abstrakte Wutanfälle aufgewendet, die dem Nihilismus entgegenführen.

Die meisten Leute, die zum erstenmal mit Cages Werk in Berührung kommen, sind abgestoßen oder angezogen von seiner effektvollen Schauspielerei und Selbstdarstellung: die Klavierbehandlung und Theatralität von *Water Music* oder *Water Walk*; der Sarkasmus, dreißig oder vierzig Histörchen zu nehmen und sie *Indeterminacy: New Aspect of Form in Instrumental and Electronic Music* zu nennen; oder die Chuzpe, im voraus sechs Antworten auf Fragen vorzubereiten. Wie Conlon Nancarrow einst bemerkte: »Cage ist ziemlich gut darin, Aufführungen aufzuführen.« Was sein Werk rettet, ist, daß man dahinter die Ernsthaftigkeit der Absicht errät. In den sechziger Jahren vergaß Cage gelegentlich, seinen Geist nüchtern und ruhig zu halten: wenn er mit Steinen auf Klavierschemel eindrosch, wenn er mit Eisenrohren auf den Klavierboden schlug, wenn er eine singende Yoko Ono über die halbe Tastatur zog. Erst später lernte er, mit dem Feuer zu spielen.

## II

Bei einer Lesung in Port Royal, Kentucky, machte der Dichter Wendell Berry Cage mit dem *Journal* von Henry David Thoreau bekannt. Für Cage bedeutete das einen Neuanfang, der sein Werk und sein Denken in den kommenden Jahren entscheidend beeinflussen sollte. Schon im November 1967 verriet die Zeitschrift *Focus* ihren Lesern: »Er liest jetzt die gesammelten Werke.« Im folgenden April schrieb sich Cage als Mitglied bei der Thoreau Society ein. In einem Brief an Walter Harding, einen Sekretär der Gesellschaft und Thoreau-Biographen, berichtet er, wie »sehr mir die Bücher über Thoreau gefallen, die ich mir mit meinen Freunden teile. Letzte Nacht ... setzte ich meine Lektüre des *Journal* fort. Zufällig geriet ich im zweiten Band an jenen großartigen Mondscheinspaziergang.«

Es war das erstemal, daß Cage sich näher mit Thoreau beschäftigte. Als Collegestudent war er bewegt gewesen, als er *Über die Pflicht zum Ungehorsam gegen den Staat* las. In den Gründungsjahren der Mycological Society von New York hatte er W. Stephen Thomas eingeladen, zum Thema »Henry David Thoreau: Amateur-Mycologist« zu sprechen. Aber all das gab kein spezielles Interesse zu erkennen, ebensowenig der Umstand, daß er *Grashalme* von Whitman gelesen hatte, um damals in Paris sein Heimweh zu bekämpfen (er spürte keine besondere Vorliebe für Emerson, den anderen Schriftsteller des transzendentalistischen Triumvirats).

Thoreau (1817–1862) wird im allgemeinen als kompromißloser Idealist beschrieben, der sich den wichtigen Fragen des Lebens widmete, indem er sich auf die Details eines einfachen Lebens konzentrierte und die Verwirrungen überschüssiger und überflüssiger Aktivität vermied. Zwei Jahre lang lebte er in einer einfachen Blockhütte unter Bäumen, bloß ein paar Steinwürfe weit vom sandigen Ufer eines Sees bei Walden in New England, der seinem bekanntesten Werk auch seinen Namen gab. Er schrieb: »Ich ging in die Wälder, weil ich bewußt und mit Vorsatz leben und mich nur mit den wesentlichen Dingen des Lebens auseinandersetzen wollte ... Ich wollte tief leben und das Mark des Daseins einsaugen ... und wenn es sich als scheußlich erweisen sollte, warum sich dann der ganzen und echten Scheußlichkeit aussetzen ... oder wenn es erhaben war, es aus Erfahrung kennenlernen.«

Jedem Ding schenkte er die konzentrierte Aufmerksamkeit, die es verdiente, »um beständig einzig die Tatsachen zu beachten«, wie er das in *Walden* ausdrückte – indem er, mit Cages Worten, »Augen und Ohren offenhielt und in seiner Tagesarbeit in jedem Augenblick präsent blieb«. Wie Lewis Mumford zu bedenken gab: »Thoreau suchte in der Natur all die mannigfaltigen Eigenschaften des Seins; er war nicht nur auf der Suche nach der Ähnlichkeit oder den Unterschieden, die klassifizierte Register herzustellen und ein System aufzubauen helfen.« Seine Erfahrungen lehrten Thoreau »zumindest das .... daß jemand, wenn er vertrauensvoll in Richtung seiner Träume ausschreitet und sich darum bemüht, das Leben zu führen, das er sich ausgemalt hat, Erfolg haben wird, den er in den gewöhnlichen Stunden nicht erwartet hat«. Als er gegen Ende seines Lebens von einer Verwandten gefragt wurde, ob er seinen Frieden mit Gott gemacht habe, antwortete er: »Ich habe nicht gemerkt, daß wir je miteinander im Streit gelegen hätten.«

Der Abscheu, den Thoreau vor Reglementierung und belanglosen Tätigkeiten hatte, machte ihn zum Prototyp des amerikanischen Anarchisten. »Wenn ein Mensch aus dem Takt gerät«, beobachtete er, »dann vielleicht deshalb, weil er auf eine andere Trommel hört.« Seine Weigerung, Steuern zu bezahlen, teilweise aus Protest gegen den mexikanischen Krieg, brachte ihn 1846 für eine Nacht ins Gefängnis.

Seine Schriften, insbesondere *Über die Pflicht zum Ungehor-*

*sam gegen den Staat* (»Jene Regierung ist die beste, die überhaupt nicht regiert, und wenn die Menschen darauf vorbereitet sind, wird das die Art von Regierung sein, die sie haben werden«, ein Satz, der zur Quelle eines der Texte in Cages *Song Books* von 1970 wurde), haben einen – im Verhältnis zu ihrem Umfang – ganz unverhältnismäßigen Einfluß gehabt und Mahatma Gandhi und Martin Luther King inspiriert. Die Bibliographie von Gandhis *Hind Swaraj* zitiert zwei Titel von Thoreau; im Jahre 1919 ging er mit Exemplaren des *Zivilen Ungehorsams* hausieren.

Cage fand in Thoreau seine wichtigste Inspirationsquelle. Von *Song Books* (1970) an wurde dessen Werk zur Fundgrube von Material, sei es in Gestalt von Worten wie in *Empty Words* (1974) oder Graphiken wie in *Renga* (1976) oder später für Cages eigenes visuelles Werk wie in *Seventeen Drawings by Thoreau* (1978). Cage ließ sich auch von Thoreaus sozialen und politischen Ideen beeinflussen und wurde in den folgenden Jahren zum selbsternannten Anarchisten.

Was zog Cage letztlich so stark an Thoreau an und brachte im Kielwasser dieser Begegnung so umfangreiche Arbeiten hervor? Jedesmal, wenn Cage eine enge Verbindung zu einem Künstler oder Denker eingeht – Schönberg, Duchamp, Thoreau und später Joyce oder Rauschenberg, Johns, McLuhan und Fuller –, beruht die Anziehung nicht nur auf offenkundigen Entsprechungen der Ideen, auf einzelnen, rationalen Entscheidungen oder der Strenge der Beweisführung, sondern auch auf weitreichenderen Ähnlichkeiten, die sich an unscheinbaren Gemeinsamkeiten in der Veranlagung erkennen lassen. Cage hätte Robert Rauschenberg begegnen, einige anregende Unterhaltungen mit ihm führen und ihn nie wieder sehen können; aber beide waren bei einer Position angelangt, aus der sie einander viel zu bieten hatten. Im Falle Thoreaus hätte Cage ebenfalls auf Vorschlag Berrys das *Journal* lesen, daran Gefallen finden und dann zu Emerson greifen können, aber die verschiedenen Wege ihres Lebens und Denkens liefen darauf hinaus, daß er in Thoreaus Werk »jede Idee« fand, »die ich gehabt habe und die einen Schuß Pulver wert ist«.

## III

Inmitten des schwindelerregenden Optimismus der sechziger Jahre geriet Cage über den Nutzen der Technologie in eine Begeisterung wie seit seinem *Credo* von 1937 nicht mehr. Für Cage »erweitert die Elektronik die Kraft von Körper und Geist. Die Elektronik wird schnell zu einer unbegrenzten, universalen Macht ... Wir lassen die Renaissance hinter uns und treten in das elektronische Zeitalter ein.«

Seine Faszination an kleinsten Geräuschen wurde zu einem Interesse, die Welt des Mikrokosmos hörbar zu machen. »Klang ist Vibration«, erzählte er einem Reporter der *Newsweek*, »alles vibriert. Es gibt also keinen erfindlichen Grund, warum wir nicht alles hören können sollten.« Er schlug vor: »Wenn wir über die Grenzen der Wahrnehmung hinaus vordringen, besteht die Möglichkeit, daß die Wahrnehmung selbst erweitert werden wird.« Wir könnten dann vielleicht den Klang der DNA hören oder den eines Pilzes, wie er Sporen produziert: »Pilze machen Geräusche, und wir sollten ihnen lauschen.« Bei einer anderen Gelegenheit übertrug er dieselbe Idee auf einen Aschenbecher: »Als ich in die echofreie Kammer ging, konnte ich mich selbst hören. Nun gut, anstatt mich selbst zu hören, möchte ich jetzt diesen Aschenbecher hören ... Dank der entsprechenden Technologie werde ich sein Innenleben hören können.« Solchem Hören ließe sich eine zeremonielle Form geben. »Stellen Sie sich Leute vor, die Gegenstände auf einen zentralen Platz bringen«, schlug Cage vor. »Sie würden in der Lage sein, ihren Angeboten zu lauschen.«

Anfang 1968 realisierte Cage *Reunion*. Von Tudor, Mumma und David Behrman wurde eine bestimmte Anzahl kontinuierlich arbeitender Klangsysteme vorbereitet. Die Klänge variierten entsprechend der Stellung der Figuren auf einem speziell präparierten Schachbrett, das von Lowell Cross vom Polytechnical Institute in Toronto gebaut worden war. Die von den Schachfiguren geöffneten Schranken lösten das Abspielen von Musikpassagen von Cage, Tudor, Mumma oder Behrman aus; da die Klangsysteme fortschreitend arbeiteten, führte sogar ein wiederholter Zug zu einem anderen Klang.

Teeny Duchamp sah zu, während Cage und Marcel Duchamp die Partie spielten. Der Abend begann mit großem Publikum. Cage und Duchamp unterbrachen die Partie nach mehreren Stunden, als das Haus leer war, und beendeten sie am nächsten Morgen. Duchamp hatte sich selbst das Handikap eines fehlenden Springers auferlegt, war aber immer noch in der Lage, seinen Schüler zu schlagen.

*Reunion* kann als der dritte Teil von *4′ 33″* aufgefaßt werden, so wie *0′ 00″* der zweite war. Cage erzählte Daniel Charles, daß sein erstes stummes Werk »einen oder mehrere Interpreten ins Spiel brachte, die keinen Klang erzeugten. Das zweite ... verweist darauf, daß von einer Einzelperson eine Verpflichtung anderen gegenüber erfüllt werden muß, teilweise oder vollständig. Im dritten werden zwei oder mehr Leute zusammengebracht, die in einem verstärkten Kontext ein Spiel spielen. Eine Partie Bridge oder Schach oder irgendein anderes Spiel kann ein spezifisches – ein weiteres seinem Wesen nach stilles – musikalisches Werk werden.«

Überall in der westlichen Welt entstanden Studios für elektronische Musik. Es wurden Aufführungsgeräte entwickelt wie die von EMS, deren Schaltpulte heute mit stiller Nostalgie betrachtet werden. Brian Eno erinnert sich, bei seinen ersten Aufführungen einen Signalgenerator geschwenkt zu haben.

Die eindrucksvollsten Entwicklungen des auf *Fontana Mix* folgenden Jahrzehnts gab es auf dem Gebiet angewandter Computertechnologie. An vorderster Front der Computerkomposition stand Lejaren Hiller jr. Neben dem Studium der Chemie hatte Hiller in den späten vierziger Jahren in Princeton als Musiker geglänzt, unter der Leitung von Milton Babbitt und Roger Sessions. Die nächsten elf Jahre verdiente er sich seinen Lebensunterhalt als Naturwissenschaftler, anfangs bei du Pont und später als Dozent an der University of Illinois. Im Jahre 1955 begannen er und Leonard Isaacson – obwohl Hiller auch weitere drei Jahre lang kein hauptberuflicher Musiker werden konnte – mit der Arbeit an der viersätzigen *Iliac Suite* für Streichquartett, die sie im folgenden Jahr präsentierten: die erste Partitur, die vollständig von den gewaltigen Maschinen und Lochkarten generiert wurde, die damals den neuesten Stand der Computertechnologie bildeten. Hiller beschrieb die *Suite* als eine Gruppe von Experimenten, die als technischer Durchbruch signifikant, aber ohne große eigenständige künstlerische Verdienste waren. Seine Ziele bei der Computerkomposition waren entsprechend bescheiden, zumal er sie als heuristisches Mittel zum Verständnis der Prinzipien auffaßte, die hinter den ästhetischen Merkmalen der Musik stehen. »Mein Ziel bei der Komposition mittels Computerprogrammierung«, stellte er fest, »ist nicht die unmittelbare Realisation einer ästhetischen Einheit, sondern die Bereitstellung und Bewertung von Techniken, durch die dieses Ziel eventuell verwirklicht werden kann.«

Trotz solcher Bescheidenheit zog das Experiment die Aufmerksamkeit vieler Leute auf sich und führte dazu, daß Hiller ins Music Department der Universität umzog. Dort baute er 1959 in einem Dachgeschoß auf der gegenüberliegenden Straßenseite des Music Building das University Electronic Music Studio auf – das zweite größere internationale Studio nach dem an der Columbia University. Seine Arbeit lief der von anderen parallel, etwa Johnston, Salvator Martirano oder Kenneth Gaburo, ohne daß sie je eine Gruppe oder Schule gebildet hätten.

Als Cage 1967 noch in Cincinnati war, kamen Hiller und er zu dem Entschluß, gemeinsam ein Projekt durchzuführen. Wie Hiller sich erinnert, rief Cage ihn an und sagte: »Ich würde gern Computermusik mit Ihnen machen. Wäre es möglich, daß ich nach Illinois komme?« Laut Cage rief Hiller an und »sagte, er könne es einrichten, daß ich ein Stück unter Benutzung seines Computers komponieren könne, und würde gern wissen, ob ich daran interessiert sei«. Wie auch immer, Hiller fädelte für Cage eine Anstellung am Center for Advanced Studies ein, die ihm ein befristetes Gehalt verschaffte, ohne daß er dafür zu unterrichten brauchte. Er bekam für 1967/68 einen Vertrag, der noch für das darauffolgende Jahr verlängert wurde.

Cage mietete sich eine Wohnung in Champaign. Es war ein langer, enger Raum in Höhe der Baumkronen. Hiller hatte Gary Grossman abgeordnet, die Maschine zu programmieren, aber Cage erinnert sich: »Als ich nach Illinois kam, war der Programmierer, den er für mich ausgewählt hatte, nirgendwo zu finden. Also verbrachte ich beinahe zwei Wochen mit Nichtstun, und schließlich sagte Jeremy, daß er die Programmierungsarbeiten übernehmen würde.«

Die beiden Männer machten sich ans Werk, zwei verschiedene Projekte im Kopf. Das erste, ein technisch anspruchsvolles Werk, das nie zur Reife kam, war *Ten Thunderclaps*, unter dem vorläufigen Arbeitstitel *Atlas Borealis*. Die Donnerschläge kamen von den zehn hundertbuchstabigen Wörtern, die einige der wenigen nichtsyntaktischen Elemente von James Joyce' *Finnegans Wake* bilden. Cage stellte sich »die Transformation eines lebenden Orchesters und Chores in einen echten Hurrikan« vor. Er antizipierte den Einsatz eines Streichorchesters, bei dem gegen Ende auch Bläser mitwirken sollten. Das Stück sollte »auf dieselbe Weise komponiert« werden »wie *Atlas Eclipticalis*, anhand von Sternkarten. Aber die Streichinstrumente sollen, genau wie der Chor, mit Mikrophonen ausgerüstet sein, um die tatsächlichen Klänge so zu verwandeln, daß sie den Eindruck fallenden Regens machen.« Oder, wie im *Mushroom Book* erklärt:

»Stimmen, die Joyces *Ten Thunderclaps* singen,
elektronisch verstärkt, um den tatsächlichen Eindruck
von Donner zu vermitteln;
Streicher, die nach Sternkarten spielen
und ähnlich verstärkt werden, um den tatsächlichen
Eindruck von Regentropfen zu vermitteln.

Cage stellte sich vor, daß die Materialien, auf die der Regen zu fallen scheinen würde, die Geschichte der Technologie rekapitulieren würden: auf Wasser, auf Erde und auf Metall. »Der letzte Donnerschlag wird die elektronische Technologie unserer Ära darstellen«, wie er anmerkte, wobei er darin ein Echo von McLuhan angedeutet sah. »In diesem Stadium wird der Regen nicht mehr auf irgend etwas fallen, sondern einfach als Klang in der Luft existieren, deshalb werde ich im letzten Teil wahrscheinlich auch Blasinstrumente einsetzen.«

In Illinois war er nicht in der Lage, das Stück zu produzieren, aber noch Jahre später hegte Cage die Hoffnung, es realisieren zu können. Ende der achtziger Jahre hatte er die Idee jedoch aufgegeben. Er wollte nichts mehr mit den bürokratischen institutionellen Verfahren zu schaffen haben, die für ein so umfangreiches Werk erforderlich sein würden (obwohl er bei *Roaratorio* mit dem IRCAM und bei *Essay* mit dem Brooklyn Center zusammengearbeitet hatte). Darüber hinaus hatte er den Eindruck, daß andere die Möglichkeiten, die die Elektronik bot, erschöpfend erkundeten und der Bereich, in dem er am innovativsten war, der der traditionellen akustischen Instrumente war. Die Entwicklung von Mischtechniken bedeutete, daß seine Ideen bemerkenswert leicht hätten durchgeführt werden können, aber er hatte eine echtzeitliche elektronische Transformation und lebendige Interpreten gewollt, »mehr wie Magie«.

Das zweite Projekt von Cage und Hiller erwies sich als eine der weitreichendsten Unternehmungen von Cage, und ihr Katalysator war eine ganz unwahrscheinliche Quelle. Antoinette Vischer war eine untersetzte Frau mittleren Alters aus Basel, die auf einem regelrechten Kreuzzug begriffen war, um über die Vergabe von Aufträgen neue Cembalomusik zu beschaffen. Zu der Zeit, als Cage in Chicago war, hatte sie bereits über vierzig Stücke von so verschiedenen Komponisten wie Berio, Brown und Duke Ellington zusammengetragen. Eine Zeitlang hatte sie auch Cage mit Bitten um ein Stück zugesetzt. Er ließ sich Zeit mit der Antwort; schon einmal hatte er ein ähnliches Ansuchen von Sylvia Marlowe abgeschlagen. »Ich habe das Cembalo schon immer gehaßt«, erklärte Cage. »Es erinnert mich an eine Nähmaschine.«

Er und Hiller saßen in einem Wohnwagen hinten im Garten der Familie Hiller beisammen und diskutierten den Auftrag, und allmählich nahmen ihre Ideen festere Gestalt an. Sie sahen die Möglichkeit, die sehr begrenzte Dynamik und Klangfarbe des Cembalos in die Komplexität eines gewaltigen Mixed-Media-Ereignisses einzubauen, das Vielfalt in der Quantität finden würde: eine Reihe von Cembalosoli, Tonbändern und verschiedenen visuellen Elementen. Das Werk würde eine Größenordnung haben, die nur unter Verwendung eines Computers zu verwirklichen wäre. Es sollte *HPSCHD* heißen, nach den sechs für die Computerübertragung notwendigen Buchstaben des Wortes »harpsichord« (Cembalo).

In *HPSCHD* konnten Hillers Anwendung der mathematischen Wahrscheinlichkeitsrechnung und Cages religiöser Gebrauch des Zufalls zusammenfinden. Hiller arbeitete so hart und trug so viel zu dem Projekt bei – darunter beispielsweise das KNOBS-Programm, das die kommerzielle Aufnahme begleitete, die aus zufallsbestimmten Anweisungen für Ton- und Volumenregelung am Stereogerät des Empfängers bestand –, daß er als Mitkomponist anerkannt wurde, der diese Zusammenarbeit zur extensivsten machte, die Cage bis dahin eingegangen war (sogar die Zusammenarbeit bei *Double Music*, einem sehr viel kürzeren Stück, war postalisch und fernmündlich vonstatten gegangen). »Wir arbeiteten ohne Probleme zusammen«, erinnerte sich Cage. »Ich war immer an seiner Arbeit interessiert, weil er geistig so unberechenbar ist.« Um die Zeit der Uraufführung notierte Hiller: »Jeder einzelne Ton war eine beiderseitig getroffene Entscheidung. Es war wohl ziemlich einzigartig, daß die Bestrebungen zweier Komponisten so ineinander verflochten waren, daß man sie nicht mehr entwirren kann.«

Wie wir gesehen haben, war das größte praktische Problem, mit dem sich Cage seit seinem Umschwung zu Beginn der fünfziger Jahre auseinanderzusetzen hatte, die Erzeugung hinreichend vieler Zufallsoperationen. Das neue Werk würde es erfordern, etwa 18 000mal eine Münze zu werfen. Hiller schlug vor, sie sollten einen Zufallsgenerator zu Rate ziehen. Cage bestand darauf, das *I Ging* zu benutzen. Die Rettung erschien in Gestalt von Ed Kobrin, einem anderen Komponisten, der gleichzeitig auch ein Kollege von Mumma war. Wie Hiller bemerkte, wurden Hexagramme in binärer Weise notiert, und Kobrin schrieb ein Programm in Fortran, das die Mechanismen des *I Ging* direkt simulierte, bis hin zur Nachbildung der Hexagramme in Druckform. Damit war es möglich, eine große Anzahl von Zufallsoperationen innerhalb von Sekunden zu generieren.

Von da an mit der Option konfrontiert, massenhaft produzierte, computergenerierte Zufallsoperationen zu benutzen, kam Cage zu dem Schluß: »Wenn man eine Frage hat, für die man eine große Zahl von Antworten will, ist es ökonomisch, den Computer zu benutzen. Wenn man aber eine Frage hat, auf die man nur eine Antwort haben will, ist es besser, sie selbst zu suchen.« Einige Jahre später installierte Cage einen Computer in seiner Wohnung, der unter anderem Hexagramme generieren konnte, und damit hatte er stets einen Bestand an Ausdrucken zur Verfügung – »so habe ich einen großen Vorrat an Antworten auf Fragen, die ich noch gar nicht gestellt habe«. Nachdem die Computerisierung die *I Ging*-Zufallsoperationen im Überfluß verfügbar gemacht hatte, kehrte Cage zu konventionelleren Notierungen zurück bzw. entwickelte sie fort. Die Transparentpapier-Techniken, wie sie in Stücken wie den frühen *Variations* benutzt worden waren, oder Wasserfarben-Zufallstechniken zur Lokalisierung von Unregelmäßigkeiten im Papier beispielsweise wurden weniger häufig eingesetzt.

Die erste Aufgabe bestand für Hiller und Cage darin, Tonhöhenmaterial für die Bänder zu erzeugen. Es wurden zweiundfünfzig Tonbänder angefertigt, von denen jedes eine andere Skala benutzte, die die Oktave in fünf bis sechsundfünfzig Töne teilte (amüsanterweise wurde die chromatische Tonleiter ausgelassen). Daraufhin definierten die beiden Komponisten einen Bereich der Intonationsabweichung – die halbe Distanz zwischen zwei beliebigen Tönen –, so daß jeder Ton zwei Bereiche hatte, den einen mit Bezug zum oberen, den anderen mit Bezug zum unteren Nebenton. Die oberen und unteren Bereiche wurden jeweils in vierundsechzig Teile gegliedert, so daß sie sich zum *I Ging* in Beziehung setzen ließen, was für jeden Ton 129 Varianten ergab, den Ton selbst eingeschlossen. Auf diese Weise sonderten die Zufallsoperationen 885 000 Tonhöhen für die Bänder aus und operierten damit.

Jede dieser Tonhöhen wurde dann mit einer Dauer versehen. Eine Klangfarbe wurde nach Sinus-, Sägezahn- oder Wellenmerkmalen selektiert; eine Einsatz- und Ausklingzeit wurde ermittelt und eine maximale Amplitude. Routinen wurden von Matthews' Music-IVB-Programm verwendet. Ein IBM 7094 und der ILIAC II, der für die *Iliac Suite* benutzt worden war und hier zum letztenmal vor seiner Ausmusterung Verwendung fand, mußten sowohl für die Komposition als auch für die Bandsynthese gekoppelt werden. Die von Hiller geschriebenen Programme überstiegen häufig die Kapazität der beiden Computer, was zu einem gewissen Maß den Zufall wieder neutralisierte. Cage erinnert sich: »Wir konnten nur sehr wenige Zufallsoperationen integrieren.«

Das Hörergebnis war extrem komplex. »Siebzehn zusammengemischte Bänder ergaben Kammermusik«, sagte Cage. »Wenn, sagen wir mal, vierunddreißig Bänder zusammengemischt wurden, hatte das Ergebnis die Dichte und Qualität eines Orchesters. Alle zweiundfünfzig Bänder zusammen aber klangen wie etwas nie zuvor Gehörtes.« Einmal übereinandergeschichtet, waren die aus der rationalen Organisation von Computern hervorgegangenen Bänder bar nahezu jeder Ordnung. »Desorganisation«, so Cage, »kann sich aus der Akkumulation von Organisationen mit feinen Unterschieden ergeben.«

Um das Material für die Cembalosoli zu erhalten, wurde eine Reihe von Klavierwerken aus einer Gruppe von Komponisten ausgewählt, die zweihundert Jahre Musikgeschichte umfaßte – Mozart, Beethoven, Chopin, Schumann, Gottschalk, Busoni, Schönberg und (als *ein* Werk gezählt) eine Klaviersonate von Hiller und *Winter Music* von Cage – statistische und Zufallsprogramme trafen Selektionen auf der Grundlage ihrer Tonhöhenverteilung. Insgesamt beliefen sich die Soli auf 581 Manuskriptseiten.

Die verschiedenen visuellen Elemente, die gleichzeitig mit der Aufführung zu sehen sein sollten, wurden von Ronald Nameth arrangiert, einem Filmdozenten der Universität. Ein junger Kunststudent namens Calvin Sumsion ermöglichte es, daß die Projektionsflächen teilweise transparent waren, so daß sich die projizierten Bilder miteinander mischten.

Für Cage stellte die progressive Teilung der Oktave auf den Bändern einen Bezug zu der Vergrößerungsarbeit mit dem Mikroskop her, also schlug er Nameth vor, daß ein Teleskop eine passende visuelle Ergänzung und Weltraumreise ein mögliches Thema sein könnte. Die Filme *Flash Gordon* mit Buster Crabbe und *Voyage de la lune* des französischen Regisseurs der Jahrhundertwende, Georges Méliès, wurden gezeigt. Die NASA schickte etwa vierzig Filme, darüber hinaus wurden rund hundert Zeichentrickfilme vorgeführt.

## IV

Im Frühjahr 1969 starb Cages Mutter. Cage verstreute ihre Asche, wie zuvor schon die seines Vaters, von einer schönen Bergspitze inmitten der Ramapo Mountains in der Nähe von Stony Point; im Falle seines Todes wünschte er, daß mit seiner eigenen Asche ähnlich verfahren werde. Und im Hochsommer hielt er eine Totenwache für sie, ein Picknick auf den Felsen neben seinem gläsernen Haus.

Die Assembly Hall auf dem Campus der Universität von Urbana war ein besonderer Raum, von einem Korridor aus verglasten Wänden umgeben. »Ich hatte diese Halle immer bewundert«, sagte Cage, »und mir vorgestellt, daß sie ein wunderbarer Ort für ein ... musikalisches Ereignis sein würde.« Am 16. Mai 1969 fand dort dann auch die Uraufführung von *HPSCHD* statt. Am darauffolgenden Sonntag wurde Apollo Zehn gestartet.

Die Aufführung dauerte von halb acht Uhr bis Mitternacht, mit Tutti aller Bänder um halb neun und elf Uhr. Die Firma 3M hatte vierundneunzig Wollensack-Tonbandgeräte bereitgestellt. Nach dem Ereignis wurde Cage überschwenglich gedankt, weil er sichergestellt hatte, daß sie wie neu zurückgegeben wurden.

David Tudors Solo war aus einer computergenerierten Zwölftonskala abgeleitet, Antoinette Vischers aus jenen von Mozarts Walzern, in denen die Folge der Ereignisse durch Würfelwürfe festgelegt wurde. William Brooks und Ronald Peters spielten dasselbe Würfelspiel mit Passagen, die als Gelegenheitsfunde aus anderen Kompositionen Mozarts ausgesucht worden waren – Brooks mit Sopran- und Baßtastatur gemeinsam, Peters mit beiden unabhängig voneinander. Yuji

Takahashi und Neely Bruce spielten auch das Würfelspiel, allerdings mit der historischen Reihe von neun Komponisten und Sopran- und Baßtastatur jeweils gemeinsam oder unabhängig voneinander. Der letzte Solist, Philip Corner, durfte irgendwelche Kompositionen von Mozart in aufgezeichneter Form oder live spielen.

Sieben Vorverstärker wurden eingesetzt, 208 computergenerierte Bänder, zweiundfünfzig Projektoren, vierundsechzig Diaprojektoren, acht Filmprojektoren, 6 400 Dias, vierzig Filme, eine zirka 110 Meter breite kreisförmige Leinwand und mehrere vier mal dreizehn Meter große rechteckige Leinwände.

Die Assembly Hall konnte rund sechzehntausend Zuschauer fassen. *HPSCHD* wurde von etwa sechstausend besucht, so daß die Leute herumgehen konnten und sich ihnen verschiedene Perspektiven auf die Klänge und Bilder eröffneten. »Wir hätten nur gern Fahrräder gehabt«, berichtete ein Rezensent, »um die Halle schneller und immer schneller zu durchfahren, in dem maßlosen Versuch, alles auf einmal zu hören.« Um die Cembalospieler drängte sich das Publikum. Manche lagen auf dem Fußboden, eine Frau stillte ihr Baby, und ein Reporter wurde gefragt, ob er ein Interpret sei. Spontan formierte man sich zu Rundtänzen, die, in Cages Interpretation, »ihr eigenes Theater dem großen Welttheater hinzugesellten, das ihnen geboten worden war«. In einer schlauen Marketingaktion war die Nonesuch-Aufnahme bereits bei der Uraufführung käuflich zu erhalten. Cunningham und Johns kamen vorbei, Andy Warhol wollte kommen, war aber erkrankt. In seiner Begeisterung erklärte Cage der *Chicago Sun-Times*, »als Thoreau nach Walden ging, war das ein Versuch, seine Lebensverhältnisse zu vereinfachen und zu sehen, wie das sein würde – und wenn es großartig wäre, es an die Öffentlichkeit zu tragen. Ich wandte mich vor zwei Jahren an den Computer – mit derselben Idee.«

Mehr noch als das *Concert* wirft *HPSCHD* ein Schlaglicht auf die Beziehung zwischen Cages Neigung zur Askese und seiner Begeisterung für einen zeitweise chaotischen Überfluß. »Ich bin immer mehr an Quantität interessiert gewesen als an Qualität oder Wert oder Intention«, behauptete er zur Zeit der Aufführung, »und im letzten Jahr war ich neugierig auf den

Gegensatz von Quantität und Qualität.« Er sah Vielzahl und Vielheit als eine Möglichkeit, einen falschen Eindruck von Einheit zu vermeiden, falsch in dem Sinne, daß »Einheit nicht den Überfluß an Dingen anerkennt«.

Das ist deshalb interessant, weil die meisten Menschen mit der geistigen Sensibilität, wie sie Cage häufig an den Tag legt, die Welt als geordnete Einheit sehen, während er ihre Verschiedenheit hervorhebt. Die Beziehung von Vielheit zu Askese in Cages Werk läßt sich zusammenfassend durch den Gegensatz zwischen den engen charakteristischen Merkmalen des Cembalos und seinem komplexen Mixed-Media-Einsatz in *HPSCHD* darstellen. Vielleicht muß Cage seine fehlende Breite, was den Umgang mit Leidenschaften angeht, kompensieren – sie bietet ihm keine Möglichkeiten, sein Werk mit qualitativen Feinheiten, Selbstausdruck oder Spontaneität anzureichern –, und zwar durch Erzeugung eines lediglich quantitativen Reichtums, indem er enge, asketische Elemente zur rudimentärsten Vielheit aufschichtet.

Noch in Urbana weilend, erhielt Cage ein Telegramm von Teeny Duchamp. Marcel war gestorben. Morgens noch hatte Duchamp sich ein Buch von Alphonse Allais gekauft und las es, als seine Gäste nach dem Essen gegangen waren. Dann hatte er sich die Zähne geputzt: seine Frau hörte einen dumpfen Aufprall, und er war tot.

Alice Weston schlug vor, es sollten verschiedene Kunstwerke zum Gedenken an Duchamp produziert werden, und Irvine Hollander regte an, Cage möge doch für dieses Projekt eine Reihe von Lithographien vorbereiten. Er verfolgte die Idee zusammen mit Calvin Sumsion weiter. Gemeinsam entwarfen sie eine Reihe von acht Plexigrammen, deren jedes aus acht Scheiben Plexiglas mit Worten und Wortfragmenten verschiedener Schriftarten in Seidensiebdruck bestand, jeweils alle durch Zufallsoperationen ausgewählt. Der Verlag Eye Editions publizierte eine Ausgabe in einer Auflage von 125 Stück, die unter Aufsicht der von Hollander betriebenen Werkstatt angefertigt wurde. Auf der Suche nach einem Titel erinnerte Cage sich eines Ausspruches von Johns, den er getan hatte, als Weston ihn um einen Beitrag bat: »Ich möchte zu Marcel nichts sagen.« (Johns war der Meinung, er habe mit seinen Bühnenbildern zu *Walkaround Time* ein Jahr zuvor bereits genug gesagt.) Cage und Sumsion betitelten ihr Werk mit *Not Wanting to Say Anything About Marcel.*

Es war ein Meilenstein für Cage in seiner Beschäftigung mit der bildenden Kunst. Wenn auch keineswegs sein erstes visuelles Werk, war es doch der erste Auftrag, den er eher als Künstler denn als Handwerker erhielt. Da mittlerweile seine Musik die entsprechende Aufmerksamkeit auf sich zog, gelang es Cage, mit dieser bildnerischen Arbeit ernst genommen zu werden.

Auch *Notations* wurde publiziert, eine Sammlung von Partituren, die er über eine Reihe von Jahren für die Foundation of Contemporary Performance Arts zusammengetragen hatte, um die Verschiedenheit der Notierungsweisen moderner Musik zu demonstrieren. Cage arbeitete bei der Veröffentlichung mit Alison Knowles zusammen. Die Sammelpublikation umfaßte Manuskripte von Strawinsky, Babbitt, Feldman, Milhaud und, dank der Fürsprache von Yoko Ono, auch von John Lennon.

## V

Im Herbst nahm Cage seine Lehrtätigkeit als *artist-in-residence* an der University of California in Davis auf (Tudor hatte die Stelle 1966/67 innegehabt, als Stockhausen Gastprofessor für Komposition gewesen war). Am 20. Januar hatte er den Campus kurz besucht, als er *Sonatas and Interludes* in einem Tageskonzert gespielt hatte (»Bringen Sie Ihr eigenes Lunchpaket mit!«).

Die Universität war ursprünglich ein landwirtschaftliches College gewesen, das 1908 im Rahmen des Populist Movement gegründet worden war. Die Gesetze zur Förderung der Universitäten hatten Ende der fünfziger Jahre zu seiner Expansion geführt, und ein Strom von Spenden und die Selbstvermarktung der Universität eröffneten Möglichkeiten wie diejenige, die sich jetzt für Cage auftat.

Cage bot einen speziellen Kurs an, »Music in Dialogue« (Kurs Nr. 198) mit Schwerpunkt auf den »Wechselbeziehungen zwischen den Künsten«. In der Praxis war es ein Experiment im vom *I Ging* geleiteten Lernen. Der Lehrstoff in der Bibliothek wurde durch Zufallsoperationen ausgesucht, ebenso die Aufteilung derer, die an den Diskussionsgruppen teilnahmen. Im Unterricht wurde kein Unterschied gemacht zwischen Studenten und Nichtstudenten. Niemand wußte, um was es gehen würde.

Verschiedene Stücke von Cage wurden während der Zeit seiner Lehrtätigkeit aufgeführt: *Winter Music* und ein aufgezeichnetes Konzert mit *Variations IV* im Oktober, *Sonatas and Interludes* im Dezember. Das Hauptereignis wurde für den 21. November angekündigt, und zwar als »*environmental collage*«. Als die Dame, die die Universitätskonzerte betreute, fragte, wie es auf den Plakaten angezeigt werden sollte, schlug Cage *Godamusicday* vor. Das amüsierte sie, aber ihr Mann, der eine Stelle an der Universität hatte, war davon nicht beeindruckt. »Jede Ruchlosigkeit ist untersagt«, warnte er. »Es darf nichts gedruckt werden, was dem Gouverneur zur Kenntnis kommen könnte.« Im Überschwang seines neugewonnenen Enthusiasmus erinnerte sich Cage, wie Thoreau, als er einmal einen Führer in die Wälder von Maine brauchte, einen alten Indianer fragte, ob er jemanden wüßte, worauf ihm gesagt wurde: »*Me will ... me wantum moose.*« In Thoreaus Darstellung sagte der Führer: »*Me sure get some moose*« [Ich sicher einen Elch kriegen]. Die Ausstellung wurde angekündigt für den *Mewantemooseicday*.

Verschiedene Teile des Campus wurden für Veranstaltungen freigehalten: Filme wurden gezeigt, ein neues Werk von Cage, *33⅓* für Schallplatten, Grammophone und Hörerbeteiligung, wurde aufgeführt, und er hielt vier Vorträge aus dem *Diary*. Mehrere Ereignisse feierten das Werk von Satie, der seit der Aufführung von *Vexations* von 1963 an für Cage von Interesse war. Saties *Furniture Music* wurde präsentiert, und am Putah Creek Lodge organisierte Cage einen Weinabend mit Aufführungen seiner Werke, darunter *Trois poèmes d'amour, Nocturnes* und *Socrate*. Cage hatte den ersten Satz von *Socrate* 1944 als Begleitung zu einer Tanznummer arrangiert, *Idyllic Song*, und er war ein zentrales Beispiel in seinem berühmten Vortrag am Black Mountain College über die strukturalen Mittel von Satie, Webern und Beethoven gewesen. Vor kurzem erst hatten Arthur Maddox und Cage diesen Satz für zwei Klaviere arrangiert und ihn in dieser Form am 20. Juli in der University of Illinois zu Gehör gebracht. Cage hatte vor, ihn im neuen Jahr als Begleitung für einen neuen Tanz von Cunningham zu benutzen.

In einem Hörsaal, einem kleinen, nüchternen Raum mit sechzig Sitzplätzen, arrangierte Cage eine Aufführung von *Vexations*. Dem Umfang des Unternehmens angemessen, hatte er jedermann verpflichtet, der Klavier spielen konnte, wobei er jeden Spieler individuell instruierte und ein hohes Maß an Disziplin einforderte. Bei dieser Aufführung war das Tempo von ausschlaggebender Bedeutung: jede Wiederholung sollte genau eine Minute und zwanzig Sekunden dauern. Jeder Spieler hatte zwanzig Minuten vor seinem Einsatz an Ort und Stelle zu sein und links vom Klavier in kontemplativer Stille dazusitzen; wenn dann die Reihe an ihn kam, konnte er auf den Klavierschemel gleiten, ohne den erbarmungslosen Fluß zu unterbrechen. Der pausierende Spieler sollte zur Rechten des neuen Spielers sitzen und ständig mitzählen: fünfzehn Wiederholungen in zwanzig Minuten. Cage spielte als erster, untadelig in seinen Konzertfrack gekleidet und mit seinem Bond-Street-Hemd angetan; der Saal war gerammelt voll und blieb es auch den ganzen Tag über. Er spielte, wie sich ein anderer Musiker erinnert, »mit sehr viel Eleganz und Genauigkeit«, was die anderen dazu brachte, es ihm nachzutun. Ein Klavierspieler, Michael Furnoy, »versuchte sich in sehr subtilen Anschlagsvariationen, was Cage sehr gefiel«.

Im Dezember erfuhr Cage von Saties Verleger, daß er keinen weiteren Gebrauch von seiner *Socrate*-Fassung für zwei Klaviere machen dürfe. Das war eigentlich eine Katastrophe, zumal Cunningham schon auf der Grundlage der Struktur und Phrasierung des Stückes choreographiert hatte. Wie er das bereits mehrfach zuvor getan hatte, löste Cage das Problem, indem er die neuen Einschränkungen akzeptierte, sich danach aber so eng wie möglich an seinen ersten Plan hielt. Er entwarf ein Klaviersolo, das an der Struktur und Phrasierung von *Socrate* festhielt, aber Zufallsoperationen zur Bestimmung von Tonhöhen, Transpositionen und Zusammenhang benutzte und damit das Copyright-Problem umging und dabei auch all die Markierungen unangetastet ließ, auf die Cunningham baute. Cage rief Cunningham von Davis aus an und legte ihm zugleich mit dem Problem seine Lösung dar, die neue Partitur, sagte er, würde *Cheap Imitation* heißen. Cunningham optierte dafür, den Tanz *Second Hand* zu nennen. Der fertige Klavierauszug trägt das Datum des 14. Dezember.

*Cheap Imitation* war seit Jahren das erste Werk von Cage, das ausschließlich aus konventioneller Notation bestand. Damals überlegte er, ob ihn das nicht von der kontinuierlichen Suche nach immer radikalerer Indeterminiertheit ablenke. Es sollte sich jedoch nicht als eine Abweichung erweisen (im Gefolge der Computerisierung von *I Ging*-Zufallsoperationen). Die Kritiker waren verblüfft, es sei, gab einer zu bedenken, »das Musikalischste, was er seit langem geschaffen hat«.

Anfang 1970 reisten Cage und Cunningham nach Santa Cruz zu der damals erst fünf Jahre alten University of California, um dort, dank eines Zuschusses der Carnegie Foundation, ihre Ansichten zur Planung für die darstellenden Künste vorzutragen. Norman O. Brown war seit 1968 dort Professor für Humanwissenschaften gewesen, nachdem er 1962 Wesley verlassen und in der Zwischenzeit an der University of Rochester gelehrt hatte. Paul Lee, ein Philosophieprofessor, lud Cage ein, tagsüber gemeinsam mit Alan Chadwick Pilze zu sammeln, einem bemerkenswerten Gärtner, dessen Bildungshintergrund sich zusammensetzte aus der Darstellung von Shakespeare-Rollen, dem Studium der Schriften Rudolf Steiners und der Umsetzung biodynamischer Lehren im Gartenanbau. Begleitet wurden sie von zwei Gärtnerlehrlingen und dem Dichter Robert Duncan. Cage war besonders beeindruckt von Chadwick und seiner Arbeit. Er erzählte Lee, es sei einer der wunderbarsten Tage seines Lebens gewesen, und er dachte daran, seine bemerkenswerte Bibliothek pilzwissenschaftlicher Texte der Universität zu stiften.

Das Leben in Stony Point begann Cage zu enttäuschen. Die Gemeinschaft war größer und anonymer geworden, einige der

Mitbewohner kannte er nicht einmal mehr, und es war geplant, die Gemeinschaft noch so weit wie möglich zu vergrößern. Er merkte, daß Stony Point eine Barackenstadt werden würde mit unbeseitigtem Müll und schlecht instand gehaltenen Straßen. »Ich fühle mich etwas hinausgedrängt«, sagte Cage. Ebenso spürte er, daß er »Immoralist« wurde, weil seine häufigen weitläufigen Reisen bedeuteten, daß er das, was er besaß, nicht nutzte. Ein »Eigentümer« zu sein, »der nicht auf seinem Grundstück lebt«, war »zu unserer Zeit« eine »Überschreitung der Moral«, obwohl es schwierig auszumachen ist, wie Cage es vermeiden konnte, ein abwesender Eigentümer zu sein, wenn er weiterhin auf Tourneen ging, während er einen ständigen Wohnsitz beibehielt.

Gleichwohl, er half seiner Unzufriedenheit in Stony Point im September 1970 ab, indem er mit Cunningham in eine Tiefparterrewohnung in die Bank Street Nr. 107 in Manhattan umzog, in der Nähe des Abingdon Square im West Village. Seine neuen Nachbarn waren Yoko Ono und John Lennon. Zu Beginn der sechziger Jahre, als sie und Cage einander zum erstenmal begegneten, war Yoko Ono noch mit Ichiyanagi verheiratet, den sie aber dann um eines visionären Amerikaners willen verlassen hatte, und jetzt war sie die streitlustige Partnerin eines der weltberühmten Beatles. Als Lennon zum erstenmal in die Vereinigten Staaten kam, schickte er Cage auf Drängen von Yoko Ono einen Strauß Rosen und trug, wie bereits erwähnt, eine Seite Songmaterial zur *Notations*-Sammlung bei.

Cage befand, daß, wenn das Paar abends Tonbänder von ihrer Tagesarbeit im Studio heimbrachte, er sie besser hören konnte als sie; auf sein Ersuchen hin vermied es Lennon, die Lautsprecher in den Regalen weiter zu benutzen. Ono und Lennon kamen gelegentlich zum Abendessen zu Besuch. Eines Abends lud Cage sie ein, sein neuestes mexikanisches Dessert zu kosten. Lennon war so beeindruckt – er liebte Süßspeisen –, daß er sich nach dem vorausgegangenen Verlauf der Ereignisse erkundigte und sich dann allmählich einen Weg durch das ganze Menü zurückbahnte.

## VI

Von März bis Juni 1971 war Cage mit der Niederschrift der *Sixty-Two Mesostics re Merce Cunningham* beschäftigt, wobei er sowohl seine graphischen Fertigkeiten als auch sein wachsendes Interesse an zufallsgenerierten Texten einsetzte. Es handelt sich um ein Stück, das angesehen, gelesen und (in seiner musikalischen Form für »unbegleitete Stimme mit Mikrophon«) auch gehört werden kann.

Cage hatte schon lange eine Vorliebe dafür gehabt, in seinen Arbeiten verborgene Strukturen einzubauen. In seiner Eintragung ins Jahrbuch der Los Angeles High School bildet sein Kommentar ein Akrostichon:

»Erholung: Reden halten
Beruf: Arbeiten
Nachteil: Studieren
Wunsch: Erwerb eines theol. und philos. Doktortitels
Bekannt für: Radikalismus (*West-Coast*-Hintergrund)«

(Das Akrostichon *Roman* ist im Deutschen nicht nachzuahmen; A. d. Ü.)

Auf Edwin Denbys Speicher in der 21st Street schrieb Cage einst einen Geburtstagsgruß in Prosa und hob dabei die Buchstaben hervor, die den Namen seines Freundes bildeten, in der Reihenfolge, in der sie auftauchten. In einer ganzen Reihe von Gelegenheitsgedichten, die er später schrieb, begann er die Wörter über die ganzen Zeilen zu verteilen und richtete es so ein, daß die untereinandergereihten und hervorgehobenen Buchstaben eine Art Rückgrat bildeten, das einen Namen oder ein Wort erkennen ließ – nicht nur am linken Rand, als Akrostichon, sondern an jeder beliebigen Stelle der Zeilen, die dann aneinander ausgerichtet wurden. Zum Beispiel:

»was Bedeutet
fRei werden:
Ohne
zu Wissen ob
wir wisseN oder nicht«

Der gemeinte Norman O. Brown erinnerte sich an den Fachausdruck: Mesostichon.

Cage begann in größerem Maßstab mit Mesostichen zu arbeiten als nur bei einstrophigen Huldigungen für Geburtstage und ähnlichem. Die *Sixty-Two Mesostics* waren seine erste Niederschrift eines Mesostichons für den Konzertgebrauch. Er bildete das Werk durch Zufallsselektionen von Silben und Wörtern aus *Changes: Notes on Choreography* von Cunningham und aus zweiunddreißig anderen Büchern, die der Tänzer für seine Arbeit am häufigsten benutzt hatte. Die Letraset-Schriftbilder und Gußformen jedes einzelnen Buchstabens wurden ebenfalls durch Zufallsoperationen ausgewählt. Cage entschloß sich, keinerlei Zwischenräume zwischen den Buchstaben frei zu lassen, weder horizontal noch vertikal. »Dann würde das Gedicht ein Rückgrat haben«, meinte er, »und damit Cunningham selbst ähneln, dem Tänzer.« Bei der Aufführung wird jedes Mesostichon in einem Atemzug vorgetragen – wobei jeder Buchstabe mit Aufmerksamkeit bedacht wird –, und dann folgt eine Pause.

Der Sender forderte Cage auf, im September für eine Fernsehsendung nach Massachusetts zu kommen. WGBH war für seine mutige und gewagte Programmplanung bekannt und hatte vor langer Zeit, nämlich 1960, auch *Sonatas and Interludes* gesendet. Cage hatte einen Brief von Eva Smercheck mit der Anfrage bekommen, ob er einen Beitrag zur Wohlfahrtsveranstaltung des Caledonian Women's Club für behinderte Kinder leisten wolle. Er schickte ihr die Partitur des Werkes, an der er gerade arbeitete, *WGBH-TV*, geschrieben auf die Rückseite ihres Briefumschlages (und genau wie die Korrespondenz mit Lucier zur Partitur von *Rozart Mix* wurden auch die Reproduktionen dieses Umschlages zur veröffentlichten Partitur). »Wiederkehrende Auskunft an WGBH Telecast«, schrieb Cage. »›Musik ist in Arbeit, aber noch nicht fertig. Deshalb auch noch keinerlei Klang.‹ Kamera ist, ohne sich zu bewegen, auf den Arbeitstisch gerichtet. Kein Gesicht – nur Manuskripte, Hände, Bleistifte usw.«

Für Schallplattenaufnahmen plagte sich Cage mit Orchesterstimmen für eine neue Version der *Cheap Imitation*, die er seit

Anfang des Jahres vorbereitet hatte, um sein Werk aufführungsreif zu machen, und genau wie bei *0′ 00″* beantwortete er häufig Briefe. Einer der Toningenieure, der im Studio arbeitete, erinnert sich amüsiert, damals ständig gedacht zu haben: »Wer zum Teufel ist denn dieser Bursche, und wann wird der endlich fertig?«

Im Laufe des Jahres begann Cage darüber hinaus eine Zusammenarbeit mit Lois Long und Alexander Smith, die den Titel *Mushroom Book* erhielt. Am 28. Oktober hatte er seine Anfrage an Smith geschickt, die folgendermaßen lautete: »Lois Long macht eine Serie von Lithographien ... und ich mache Texte (genauso merkwürdige wie manche meiner Musikstücke), die zusammen veröffentlicht werden sollen. Über jeder Illustration soll ein japanisches Seidenpapier sein (ganz schlicht), auf dem wir gern Ihre Benennung des (der) Pilze(s) abbilden würden, zusammen mit irgendwelchen Bemerkungen über die Art, die Sie auswählen. In meinen Texten sollen die vielen verschiedenen Interessen, die ich habe, wenigstens berührt werden. Sie sind handgeschrieben, in fünf verschiedenen Pastellstiftstärken (und dazu Übermalungen, die manches unleserlich machen). Sie werden deshalb ebenfalls auf der Seidenpapierauflage abgedruckt und sollen den Leser in die Lage versetzen, auf meiner handgeschriebenen Seite herumzustöbern, wenn er dazu Lust hat.«

... »so als ob er im Wald nach einem Pilz suchte«, schrieb Cage im Werbetext für den Band. Hollanders Werkstatt druckte das *Mushroom Book* zwischen August 1971 und Mai 1972 von Hand und lieferte das Buch am 1. Juli 1972 aus. Die erste und die dritte der zehn Lithographien von Cage dienten auch als Vorsatzblätter für sein 1973 veröffentlichtes Buch *M*.

Persönlich eskortierte Cage die erste Lieferung seiner mykologischen Sammlung an die University of California in Santa Cruz, die Norman O. Brown im Dezember 1971 ordnete. Allmählich nahm bei ihm die Idee Gestalt an, daß die Sammlung letztlich besser in einem Gartenhaus untergebracht sein würde als in der Zentralbibliothek und es möglich sein sollte, jedes Buch aus der Bibliothek zu entleihen und mit in Wald und Feld zu nehmen. »Ich möchte meinen Wunsch betonen«, schrieb Cage an die Kuratorin Rita Bottoms, »die Bücher eher in einer botanischen Umgebung unterzubringen als in einer konventionellen Bibliothek.« Und in einem späteren Brief erklärte er: »Aus meiner eigenen Erfahrung als Pilzsammler und Benutzer von pilzwissenschaftlichen Büchern weiß ich, daß die Bücher ihren Ort nahe der Erde, aus der die Pilze kommen, haben sollten und nicht vor derselben auf engen Bibliotheksregalen geschützt zu werden brauchen.«

Kaum war die Sammlung auf dem Weg, als Chadwick, der ursprünglich Anlaß für das Archiv gegeben hatte, aus dem Universitätsbetrieb ausschied. »Es gab da diesen wunderbaren Gärtner-Botaniker, der dort lehrte und den ich sehr mochte«, erinnerte sich Cage. »Gerade zu dem Zeitpunkt, als ich das Ganze stiftete, ging er weg und damit eigentlich auch der Anlaß für das Geschenk.« Nach und nach kam seine Sammlung von dreihundert Bänden und zahllosen mykologischen Ephemera, darunter der Schlips mit dem Pilzmotiv und die früher erwähnte Briefzeichnung von Graves, in der Universität an und wurde, da Chadwick ja gegangen war, in gesonderten Abteilungen eingegliedert. Cage sollte im weiteren Verlauf des Jahres 1972 einen Brief schreiben, in dem er die Universitätsverwaltung ausschalt, weil sie nicht in der Lage war, die Sammlung vor dem üblichen Reglement zu bewahren, das ebendie Abend- und Wochenendbenutzung ausschloß, die er so emphatisch gefordert hatte. Als die Zugriffsmöglichkeiten verbessert wurden, erklärte er, daß »Sie mich glücklich machen«, und fuhr mit offenherziger Schlichtheit fort: »Ich wollte Sie wissen lassen, daß ich Sie alle liebe und Sie mit meinem letzten Brief nicht betrüben wollte.«

## VII

Seit Beginn der siebziger Jahre war Cage in wachsendem Maße an sozialen und Umweltproblemen interessiert und äußerte sich lautstark dazu. Er beschränkte seine Begeisterung für Technologie nicht mehr nur auf deren praktische Anwendung in der Musik, sondern gab ausführliche Erläuterungen seiner Überzeugung, welchen positiven Einfluß sie auf alle Lebensbereiche haben könne. Cage sprach darüber hinaus auch von seiner Beschäftigung mit politischer Philosophie, insbesondere von seiner eigenen Interpretation des Anarchismus.

Als Sohn eines Erfinders war Cage gegenüber der technologischen Entwicklung immer aufgeschlossen gewesen. Seine optimistischen Erwartungen in bezug auf ihre Nutzungsmöglichkeiten für die Musik waren Mitte der siebziger Jahre noch gestiegen, und jetzt, als McLuhans und Fullers Einfluß auf ihn ihren Zenit erreicht hatten, brachte er die Überzeugung zum Ausdruck, die Technologie vermöge alle Probleme der Welt zu lösen. In seinen verschiedenen Verlautbarungen schlug Cage technologische Lösungen für unglaublich verschiedene Probleme und Situationen vor, und dies in der bündigen Kürze sicherer Überzeugung.

»Wir haben das Auto. Sinnlos, noch Pferde herumzuführen. Laßt sie gehen, wohin sie wollen. Sorgt nur dafür, daß sie auch etwas zu trinken finden, wenn sie Durst haben.« Der Erdball kann von Knappheit und Mangel befreit werden, die die Rahmenbedingungen der Geschichte gebildet haben, wenn man »eine Umwelt« hervorbringt (er zitiert hier Norman O. Brown), »die so gut funktioniert, daß wir darin verwildern können«. Cage machte den Vorschlag, das weltweite Hungerproblem durch Eßbarmachung der Zeitungen zu lindern. Und zur Senkung der Überbevölkerung könnten wir den Vorschlag von John Platt befolgen, daß alle Grundnahrungsmittel mit empfängnisverhütenden Mitteln versetzt werden sollten, so daß Leute, die ein Kind haben wollen, ganz bewußt besondere Geschäfte aufzusuchen hätten. Im Sinne McLuhans war der Globus jetzt ein »Weltdorf«, und was vonnöten war, war Planung im Weltmaßstab. Seine Überzeugung von der Bedeutsamkeit minimaler Organisation weiterführend, schlug Cage vor, Planung auch – um einen Fullerschen Begriff zu benutzen – auf ein Netzwerk globaler Gebrauchsgüter anzuwenden. Eine globale Voltspannung sollte eingeführt werden. Der Nutzen mußte, wie er das bereits seit langem gesagt hatte, an die Stelle von Eigentum treten: also Aufgabe von Besitz, stellvertretend Gebrauch.

Cage war sehr angetan von Fullers Projekt einer »Dymaxion

Airocean World Map« – eine Karte, groß wie ein Fußballfeld, auf der die Spieler ausprobieren können, »wie man die Welt zum Funktionieren bringt«, um »zum frühestmöglichen Zeitpunkt die Erlangung vollständigen Genusses des Weltplaneten Erde seitens jedes menschlichen Wesens zu erleichtern«.

Nichts ist künstlich, behauptete Cage. Werbung ist samt und sonders gut. Verkehrsampeln sollten eingerichtet werden, die den Verkehrsfluß »lesen« könnten, so daß kein grünes Licht aufleuchtet, wenn keine Autos da sind, die darauf warteten. In der Sowjetunion waren Techniken der elektronisch induzierten Schlaferzeugung erforscht worden, mit denen Kosmonauten sich das Äquivalent von acht oder neun Stunden Schlaf sichern konnten. Sogar die Umweltverschmutzung konnte uns bereichern.

Cage war der Meinung, die Wohltaten der neuen Technologie würden es ermöglichen, daß jedermann nur einige Stunden jährlich zu arbeiten brauchte. Das scheinbar unvermeidliche Anwachsen der Arbeitslosigkeit ließe sich damit positiv deuten. Erziehung und Bildung würden uns dann eher beibringen, wie wir unsere Freizeit gut nutzen könnten, als uns auf eine Arbeit vorzubereiten, die für uns schwer zu finden und unnötig sein würde. Um darzulegen, daß solche Entwicklungen praktikabel sind, verwies Cage auf bestehende Maßnahmen wie die der Firma Olivetti in Italien. Dort gebe es keine Industrieunfälle mehr, wie er behauptete, das Personal sei bestens unterrichtet, was es mit seiner Freizeit anfangen könne, und gehe im Alter von fünfundvierzig Jahren in den Ruhestand.

Eine Reihe von Äußerungen rückten Cage von seiner gewöhnlichen nichtintellektuellen Position ab und führten ihn in die Nähe einer antiintellektuellen. »Die Renaissance war durch den Buchdruck charakterisiert«, stellte er fest, »dagegen sehen heute die Kinder ohne Mühe fern, haben dafür aber Mühe mit dem Lesen. Bildung wird kein Maßstab mehr sein für sozialen Status.«

Der wesentliche Vorbehalt, den Cage damals gegen die Technologie zum Ausdruck brachte, bezog sich auf das Autobahnnetz, das er, auf den Spuren Ivan Illichs, des Kritikers der modernen Industriegesellschaft, als »falsche Nützlichkeit« bezeichnete. Schließlich würden wir einmal alle in der Lage sein, mittels Videophon zu kommunizieren.

Diese Auffassungen lassen sich nur allzu leicht kritisieren, nicht deshalb, weil Künstler solche Probleme nicht diskutieren sollten, und auch nicht, weil visionäres Denken Zeitverschwendung ist, sondern weil sie nicht erschöpfend ausgeführt sind und im allgemeinen keinerlei Einfluß auf die Art und Weise haben, wie sich sozialer Wandel vollzieht. Cage baut keine Argumentation auf, sondern benutzt die einzelnen Argumente wie künstlerische Materialien. Man findet in seinen mosaikartigen Texten wie *Diary* häufig Anspielungen, ohne daß der damit verbundene Horizont weiter konkretisiert, erklärt oder bestimmt würde. Überdies vertragen sich kompromißlos optimistische Erwartungen schwerlich mit dem New York Philharmonic Orchestra und reichen auch nicht sehr weit auf einer makrosozialen, geschweige denn globalen Skala.

Eine derartige Kritik beabsichtigt nicht, Cages Aussagen zu entkräften, sie soll vielmehr verdeutlichen, daß diese Vorschläge, wenn sie denn in sich selbst Wert haben, Vorwände, Schlagworte oder Farbtupfer auf der künstlerischen Palette sind. Sie sind keineswegs kohärentes ökonomisches, ökologisches oder gesellschaftliches Denken. Cages Optimismus, sogar seine Naivität sind beispielhaft – kompromißlose Forderungen reichen selten sehr weit, werden aber ihrer Klarheit und produktiven Eindringlichkeit wegen gebraucht –, sein Einfluß aber ist, anders als in der Musik, gleich Null, weil er es verfehlt, sich mit der Art und Weise auseinanderzusetzen, wie die Welt sich tatsächlich wandelt.

Ein deutliches Beispiel für diese Unangemessenheit ist Cages Einstellung zur Arbeitslosigkeit und Arbeitskräftefreistellung. Für ihn sind das eher Gründe zur Feier als zur Sorge. »Wir sind glücklich zu hören, daß die Arbeitslosigkeit wächst.« Die technischen Erfindungen haben die Notwendigkeit von Arbeit reduziert, »also sollten Sie Ihren Geist darauf verwenden, sich vorzustellen, was zu tun ist. Sie haben schöpferisch zu sein, nicht in blöden Jobs, sondern ... im Gebrauch Ihrer Zeit ...« Vom Mai 1984 bis März 1985 streikten die Kumpel in England, um gegen Minenstillegungen und den Abbau von

Arbeitsplätzen zu protestieren. Für Cage war die praktische Seite der Sache ausschlaggebend – Bergbau war laut Fuller in den achtziger Jahren nicht notwendig. Er verwies auf sein eigenes Beispiel, auf das Fullers und seines Vaters, von Menschen also, die selbständig gewesen waren. Aber ob der Streik nun Aussicht auf Erfolg hatte oder gehabt haben sollte, die Bergarbeiter kämpften um ihren Lebensunterhalt und darüber hinaus auch für einen gemeinschaftlichen Lebensweg. Es war albern vorzuschlagen, mittellose Bergarbeiter könnten sich auf eine Weise betätigen, die der der amerikanischen Intelligenzija ähnelte.

Man kann gerade das Beispiel seines Vaters gegen Cage anführen. Er selbst hatte einmal erzählt: »Dad ... bekam Arbeit bei einem Bewässerungsprojekt (eine Stellung, die mehrere Männer den ganzen Tag lang auf Trab hielt). Er schaute sich das Land an, machte irgend etwas, grub etwas (ich weiß nicht mehr, was). Weiter war nichts zu tun. Als sie sahen, daß er nichts zu tun hatte, feuerten sie ihn.« Das ist die komplexe Realität, mit der diejenigen, die die Gesellschaft verändern wollen, rechnen müssen.

Abgesehen davon, daß er die Auswirkungen, die die Technologie, wie er voraussah, auf die Gesellschaft im großen und ganzen haben würde, feierte, begann Cage sich häufiger über politische Ideen zu äußern. »Unsere eigentliche Arbeit heute, wenn wir die Menschheit lieben und die Welt, in der wir leben«, sagte er, »ist die Revolution.« Das sei kein weiter schwieriger Prozeß. »Wir haben nur einen einzigen gemeinsamen Geist, radikaler Wandel ist deshalb einfach«, schrieb er. »Die Revolution«, sagte er an anderer Stelle, »wird so einfach sein, wie von einem Ast zu fallen.«

Aber es wird nie ganz deutlich, woraus diese Revolution, von der Cage zu Beginn der siebziger Jahre sprach, bestehen würde. Die genaueren Einzelheiten verrät wahrscheinlich das folgende Zitat: »Die Revolution, die wir wollen, wird uns nicht unserer Individualität berauben. Diese Individualität muß gesteigert und intensiviert werden. Was wir wollen, ist ein Wandel der Bedingungen, unter denen wir leben. Gegenwärtig sind die Zwänge drückend ... die Hoffnung richtet sich darauf, daß die gegenwärtig drückenden und bürokratischen Kräfte unserer Gesellschaft schwinden, vergehen und wegfallen werden.«

Zu Beginn des Jahrzehnts war Cage eingestandenermaßen an den Gedanken Maos interessiert, ein Engagement, das zeitweilig auch in seiner Musik spürbar wurde, etwa in der Orchesterfassung von *Cheap Imitation*. Auf Anraten von Norman O. Brown las er *China: The Revolution Continued* von Wheelwright und McFarlane. Gegen Ende des Jahrzehnts aber hatte Cage sein Interesse eingebüßt, nach Maos Tod meinte er: »Sie tun mehr oder weniger das, was alle tun.«

Was diesem Interesse voranging und es auch überdauerte, war sein anarchistisches Credo, schon Jahrzehnte vorher gab es die Neigung zum Anarchismus. Wie Richard Kostelanitz zu bedenken gegeben hat, war Cage eigentlich eher ein »Linker der dreißiger Jahre« als ein Zen-Buddhist. »Zen und Zufall und alles andere kamen später«, merkt Kostelanitz an. »Sie sind bloßer Zuckerguß auf dem anarchistischen Kuchen.« Aber erst Mitte der sechziger Jahre begann Cage sich als solchen zu beschreiben, wenn er 1966 von sich sagte: »Ich bin Anarchist.« Von da an war das eine Sache, die er oft hervorhob und die den Stil seiner immer häufigeren Äußerungen zu politischen und sozialen Fragen bestimmte.

Im Gegensatz zu Thoreau zahlt Cage auch weiterhin seine Steuern. »Ich tue es, um mich von den Dingen freizuhalten, die mir die Regierung als Vergeltung antun könnte«, erklärte er. »Ich möchte in der Lage sein, meine Arbeit fortzusetzen, also mache ich hier, was die Regierung von mir verlangt, aber nicht mehr ... Viele, viele Leute sind an dem interessiert, was ich tue, also muß ich weitermachen.« Auf der anderen Seite verweigert er die Stimmabgabe als Wähler und schaut voraus auf eine Zeit, »da niemand mehr wählen wird«. Als in den achtziger Jahren »die Präsidentenwahl ein Wettbewerb zwischen zwei Leinwandstars war« – gemeint waren Ronald Reagan und Paul Newman –, »sahen ... wir, daß die Demokratie einen solchen Tiefstand erreicht hatte, daß sie in Frage gestellt werden sollte ... Das Ganze brachte mich auf den Gedanken, wie schön es wäre, Greta Garbo als Präsidentin zu haben.«

»Anarchismus ist völlig praktikabel«, meinte Cage. »Wir

brauchen keinen Präsidenten. Wir kommen mit der Regierung schon vollkommen zurecht.« Was statt dessen gebraucht wurde, ist, wie er oft meint, »etwas Intelligenz, die wir leider gar nicht haben«. Wir sollten soziale Kontrollen an Punkte verschieben, an denen wir keine Notiz mehr von ihnen nehmen. Alles, was an Organisation getan werden muß, kann ein ganz und gar reduzierter Staat zur Koordinierung eines globalen Versorgungsnetzwerks leisten. »Wenn das Ziel ist, eine Gesellschaft zu erreichen, in der man alles Mögliche tun kann«, gab Cage zu bedenken, »muß die Rolle der Organisation auf diese Grundversorgung konzentriert werden.«

Einer der Quellentexte zum Anarchismus, auf den sich Cage häufig bezieht, ist *Men Against the State* von James J. Martin. Cage traf den Autor in dessen Wohnung, so daß er das letzte damals verfügbare Exemplar erwerben konnte. Auch wenn Cage sich höchst vernehmlich als Anarchist definiert, verwendet er den Ausdruck doch auf zutiefst idiosynkratische Weise. So wie Cages Denken über Musik transzendent und idealistisch ist und seine Ideen über den Einsatz von Technologie und sozialen Wandel ebenfalls abstrakt und idealistisch sind, so ist auch sein »Anarchismus« gänzlich unbekümmert um soziale Praxis und nicht im Sinne eines Handelns zur Veränderung der Welt reflektiert oder ausgedrückt. Er ist transzendent, abstrakt und idealistisch. Menschen, die sich Anarchisten nennen, sind gewöhnlich aktive Kritiker von Regierungen und all dem, was sie als unnötige soziale Strukturen verstehen, und nehmen häufig radikalere Positionen ein als marxistische oder kommunistische Organisationen. Im Gegensatz dazu hat sich Cage jeden unmittelbaren Handelns bewußt enthalten, ob Demonstrationen, Proteste oder ähnliches. Er sammelt Informationen – in den frühen achtziger Jahren beispielsweise über Werner Erhards Hungerbekämpfungsprojekt (auf den Rat von Fuller hin) –, aber unternimmt nichts, was auf die Veränderung des gegebenen Standes der Dinge abzielte.

»Ich habe eine Menge Äußerungen gesellschaftlicher Art abgegeben«, sagte Cage. »Sie sind alle ziemlich anarchistisch.« Und er kommentiert: »Ich tue nichts, um die Regierung zu fördern. Noch tue ich irgend etwas – nun gut, ein bißchen schon, glaube ich –, um sie zu bremsen. In den Widmungen meiner Bücher wende ich mich gegen die Regierung. Immer wieder sage ich etwas, das sich spezifisch gegen die Regierung der Vereinigten Staaten richtet.«

Während der Krise, die dem Golfkrieg 1991 vorausging, meinte Cage: »Ich glaube, unsere Idee, Polizei für die ganze Welt spielen zu müssen, ist verhängnisvoll. Ich glaube, daß viele andere Nationen der Meinung sind, daß unsere jetzige Präsenz in Arabien keinerlei Unterstützung braucht, weil wir so und so entschlossen sind, die Rolle des Polizisten zu übernehmen. Nun sind wir aber armselige Polizisten und würden sicherlich sehr zu leiden haben.« In solchen Äußerungen kommt eher eine persönliche Meinung zum Ausdruck, als daß sie heftiges Verlangen nach Wandel zu erkennen gäben. »Kürzlich wurde ich aufgefordert, eine Bittschrift gegen die Atomenergie zu unterschreiben«, berichtete Cage im Jahre 1978. »Ich antwortete und schrieb, ich würde nicht unterzeichnen. Ich bin nicht an kritischem oder kontraproduktivem Handeln interessiert. Ich bin nicht daran interessiert, Einspruch gegen Dinge zu erheben, die falsch sind.«

»Ich glaube nicht, daß kritisches Handeln ausreicht ... selbst wenn es richtig ist«, stellt er fest. »Protestierer fachen immer genau die Flamme dessen an, wogegen sie protestieren.« Das ist zum Teil natürlich eine Ausdehnung des ethischen Ansatzes, der sich aus dem Zen-Buddhismus gewinnen läßt, in die Politik: die eigenen Fähigkeiten aufsparen, um in Verbindung mit sich selbst zu kommen. Der Weg, den Cage einschlägt, läßt sich mit aller Deutlichkeit aus seinen Kommentaren zu Cornelius Cardew entnehmen, der zu Beginn der siebziger Jahre eine wütend-polemische Haltung gegen jede Aktivität einnahm, die nicht mit seiner Ideologie übereinstimmte. »Was Cornelius tat, trug zur Revolution nicht soviel bei, wie er das wohl gern gesehen hätte ... Und es trug auch nicht viel zur Musik bei«, meinte Cage. »Anstatt seine eigene Arbeit zu machen, verstrickte er sich in Angriffe auf andere Leute, die arbeiteten. So daß er sich selbst so wenig Gutes tat wie ihnen.«

Die von Cage eingenommene Haltung ist nicht nur ethisch angemessen, sondern auch praktikabel. Cage schlägt vor, man solle bestrebt sein, »das Wesen all der Umstände zu verändern, die zu verändern man die Fähigkeit hat«. Eine mögliche Reaktion auf die Lage der Dinge oder auf eine Praxis, mit der man nicht übereinstimmt, liegt darin, »sie durch den Mangel an Interesse, das man dafür aufbringt, auszutrocknen«. »Wenn man all diese Geschirrspülmittel und anderen Dinge sieht«, merkte Cage an, »kauft man sie einfach nicht mehr. Erschweren Sie der Regierung ihre Existenz, indem Sie ihr Angebot ablehnen, uns wählen zu lassen.« Was man vor allem ändern kann, ist jedoch nicht, was andere Leute tun – davon kann man einfach nur abraten –, sondern das, was man in seiner eigenen Arbeit tut, und wenn man andere Leute ändert, dann nicht durch Einmischung in ihre Arbeit, sondern durch das eigene Beispiel.

Cage macht sich den Anarchismus zu eigen, und er macht ihn sich auf eine Weise zu eigen, daß er am besten zu den am wenigsten rationalen Seiten seines Charakters paßt. Als er feststellt, daß »mein Tun antiinstitutionell ist«, wird sein Widerstand gegen Institutionen und Organisationen reflektiert, und gleichzeitig exemplifiziert das eine temperamentbedingte Abneigung, sich die Finger schmutzig zu machen, und verkörpert seinen apollinischen Abscheu vor der Menge: »Ich arbeite am besten als Individuum, nicht als Schaf in einer Herde von Schafen.«

Die Grenzen von Cages Anarchismus sind denen seiner sozialen Bestrebungen sehr ähnlich und gehen Hand in Hand mit seinem kompromißlosen Idealismus. Alles Reden vom Raumschiff Erde ist sehr schön, aber wer steuert es? Mit dieser Aussage kann Cage in bezug auf manche Aspekte des sozialen Wandels als überraschend realistisch gelten, wobei er weder, wie die meisten Gesellschaftstheoretiker, unterschätzt, daß Ideen nach und nach durchsickern, noch die Effektivität dramatischen politischen Handelns überbewertet.

Jahrzehntelang hatte Cage Parallelen zwischen musikalischer Aktivität und sozialen Verhältnissen oder Bestrebungen gesehen. Bereits in *Credo* hatte er die Überlegung angestellt: »Schönbergs Methode entspricht einer Gesellschaft, in der aller Nachdruck auf der Gruppe und der Integration des Individuums in die Gruppe liegt.« Als Cage den Vortrag 1940 umschrieb, fügte er weitere interessante Gesichtspunkte ein, die frühe Beispiele für seine Weigerung darstellen, sich kritisch gegen etwas zu engagieren:

»Manche Komponisten schreiben heute Musik konventionellen Zuschnitts, aber mit dem Ziel, dazu beizutragen, einen besseren Zustand der Gesellschaft herbeizuführen. Wenn diese bessere soziale Ordnung erreicht ist, werden ihre Lieder nicht mehr Bedeutung haben, als das ›Star-spangled banner‹ heute hat. Dann werden wir unser Bedürfnis nach der neuen Musik bemerken, die von Komponisten geschrieben worden sein wird, die sich nicht am Kampf beteiligten, sondern sich auf allgemeine Weise der kontinuierlichen Reihe von Weltereignissen bewußt und dafür aufgeschlossen waren.«

Als Cage von Anarchismus zu reden begann, fing er auch an, indeterminierte Musik als dessen Vergegenständlichung zu betrachten. In seinen Äußerungen zu den verschiedenen *Études*, die er in den späten siebziger Jahren in Angriff nahm, schlug er vor: »Musikstücke können als Modelle menschlichen Verhaltens gewählt werden, die nicht nur die Möglichkeit beweisen, das Unmögliche zu tun, sondern auch in einem Werk, das von mehr als einer Einzelperson aufgeführt wird, die Praktikabilität der Anarchie zeigen.« Wie bereits zuvor auseinandergesetzt, verstand Cage Kunst als eine Sphäre des Handelns, in der Vorlieben und Abneigungen weitgehend aufgegeben werden konnten; ganz ähnlich kann Kunst eine Experimentierstation sein, in der man »Leben ausprobiert«, weil sie reiner ist und nicht so sehr von Konfliktstrebungen verkompliziert wird. Dadurch, meint Cage, ist sie historisch fortgeschritten. Als ihm vorgehalten wurde, daß ethische Maßstäbe aufrechterhalten werden müßten bis zu einer Zeit, da »wir bereit sind«, uns von ihnen loszusagen, pflichtete Cage bei: »Aber wenn wir so lange warten, wird diese Zeit nie kommen. Deshalb beginnen wir mit dieser Zeit in den Bereichen, in denen es möglich ist, ohne solche Maßstäbe auszukommen, ohne solche Werturteile, um den Weg zu bereiten – und Kunst ist einer von ihnen.«

In einer Antwort auf Fragen von englischen Studenten im Jahre 1989 gab Cage zu bedenken: »Stellen Sie sich vor, daß die Musik, die Sie schreiben, keine Musik ist, sondern ein Geflecht von sozialen Beziehungen, und fragen Sie sich dann, ob Sie in jener Art von Gesellschaft leben möchten, die solche Musik in sich birgt ... Ich entwerfe Verhältnisse, in denen jedermann auf eigene Faust lebt, und das kann schwierig sein, es sei denn, Sie glauben daran – es sei denn, Sie glauben an das Bedürfnis daran.«

Eine Zeitlang hatte es den Anschein, Cage subsumiere Musik unter ein Programm sozialen Handelns und spreche ihr ihre Eigenständigkeit ab. Noch in den frühen siebziger Jahren war Earle Brown in der Lage gewesen, Cage zu erklären – und er stimmte zu –, daß er nicht so sehr an experimenteller Musik als vielmehr an experimenteller Soziologie interessiert sei. Cage neigte der Position zu, das, was dringlich sei, sei nicht Kunst, sondern Gesellschaft. Die ganzen sechziger Jahre hindurch treten soziale Begriffe in zunehmendem Maße als das Kriterium zur Bewertung von Kunst in Erscheinung. Cage lobte beispielsweise Ichiyanagis »nützliche Werke«. »Musik (nicht Komposition)« stand für ihn im Zentrum – der Komponist, sagte er, fördert nur ein Unternehmen. Er meinte, Erfolg lasse sich eher im sozialen als im ästhetischen Sinne definieren und das Werk könne beispielsweise ein Handeln seitens anderer einschließen. Das versuchte er durch eine Organisation von Aufführungen – unter anderem an der University of Michigan in Kalamazoo – auszuprobieren, an denen alle Besucher beteiligt waren. Das Ziel war nicht einfach »Publikumsbeteiligung«, die die Dichotomie ja noch aufrechterhielt, sondern jedermanns Musik und Musik von jedermann. »Je rascher ich Arbeitslosenunterstützung bekomme, um so besser fühle ich mich«, merkte er an.

Diese Entwicklung erreichte ihren Höhepunkt in der folgenden Äußerung aus *A Year from Monday*: »Der Grund dafür, warum ich zunehmend weniger an Musik interessiert bin, ist nicht nur der, daß ich Umweltklänge und -geräusche für ästhetisch nützlicher halte als die von den Musikkulturen der Welt produzierten Klänge, sondern der, daß ein Komponist, wenn man der Sache wirklich auf den Grund geht, einfach jemand ist, der anderen Leuten erzählt, was sie tun sollen. Ich halte das nicht für den elegantesten Weg, etwas durchzusetzen.«

Cage wollte das vernünftigerweise als persönliche und nicht als allgemeine Verlautbarung verstanden wissen. Seine Wortwahl (»einfach jemand, der anderen Leuten erzählt, was sie tun sollen«) schlägt den emotionalen Ton an, der zur Zustimmung des Lesers führt, und schließt weder die Position aus, daß die Rolle des traditionellen Komponisten eine elegante Methode zur Erzielung von Resultaten ist, noch die flexiblere Position, daß über die Attraktivität dieser Rolle letztlich die beteiligten Menschen und das betreffende Werk entscheiden. Der englische Komponist Roger Smalley merkte dazu an: »Für mich persönlich ist es eines der größten Vergnügen, zu tun, was Beethoven mir auf dem Wege über die Noten seiner Klaviersonaten vorschreibt. Und ich fühle mich dadurch auch nicht gezwungen. Wenn Cage wirklich ›etwas durchzusetzen‹ hat, sollte er versuchen, sich einen amtlichen Posten zu verschaffen oder Sozialarbeiter zu werden.«

Vielleicht war Cages Haltung in früheren Jahren weniger gewagt und produktiver gewesen: »Nichts ist getan mit dem Schreiben eines Musikstückes.« Smalley erklärte: »Es ist ebenso unwahrscheinlich, daß Cages Musik ihre Hörer befreit, wie es unwahrscheinlich ist, daß Schostakowitschs Symphonien sie zu Kommunisten oder Beethovens Neunte sie zu Brüdern macht ... Sie können eine Melodie des Werkes summen – oder Sie können über Freiheit, Brüderlichkeit, Kommunismus usw. nachdenken – oder Sie können sich fragen, wie Sie es anstellen sollen, noch vor der Sperrstunde in der Kneipe anzukommen – aber ist nicht das, was zur Veränderung der Welt wirklich gebraucht wird, einfach Handeln?«

Die Vorhaben, die Cage seit den sechziger Jahren verfolgte, wurden jetzt, zu Beginn der siebziger, modifiziert und erweitert. Eine Zeitlang ließ er seinem schauspielerischen Talent freien Lauf; seine Begeisterung für neue Technologie blühte erneut auf und erstreckte sich nicht mehr nur auf die Musik, sondern auch auf die größeren Probleme der Welt. Vor allem verlagerte sich der Fokus seiner Äußerungen in Richtung sozialer und politischer Fragen, insbesondere seine Version von Anarchismus, der sein Vokabular in der Auseinandersetzung mit Musik veränderte und sie seinem neuen Interessenschwerpunkt zeitweise unterzuordnen schien. Man mag den Eindruck haben, daß diese Veränderungen einen Cage zeigten, der seine Grenzen als Komponist überschritt. Man mag den Eindruck haben, daß er, subtiler und weniger urteilend formuliert, etwas anderes ausprobierte und daß sein Erfolg entsprechend bescheiden war: seine Darbietungen bewegten sich immer an der Grenze zur Übertreibung; seine sozialen und politischen Äußerungen nahmen sich eher als rhetorische Versatzstücke aus denn als Argumente zur Sache, mit denen man übereinstimmen könnte, und werden durch etwas getragen, das in der Politik als fragwürdiger Idealismus gilt. Nichts von alledem braucht Norman O. Browns Vermutung zu widersprechen, daß seine Bereitschaft, Grenzen zu übertreten, auf »Tapferkeit und Mut« gründete.

## VIII

Kaum hatte Cage geäußert, er sei »zunehmend weniger an Musik interessiert«, als er auch schon mehr und mehr Musik schrieb – in konventionellerer Instrumentierung und mit konservativerer Notation. Er verspürte weniger Interesse an elektronischer Musik, weil so viele andere Leute auf diesem Gebiet gute Arbeit leisteten, so daß er auf anderen kreativer sein konnte. Zwischen 1971 und 1972 produzierte er eine Fassung von *Cheap Imitation*, für die er 1969 bereits eine Klavierfassung vorgelegt hatte, diesmal schrieb er eine für ein Orchester von fünfundzwanzig, fünfundneunzig oder neunundfünfzig Mitwirkenden.

*Cheap Imitation* »steht in schroffem Gegensatz zu meinen indeterminierten Werken«, notierte Cage bei der Ausarbeitung. »Es hat einen Anfang und ein Ende. Es hat drei Teile.« In einer für Cage bezeichnend wenig aufschlußreichen Berufung auf die Fakten merkte er an: »Das alles ist ein Ergebnis meiner großen Liebe zu Satie.« Die Orchesterfassung war von der Koussevitsky Foundation in Auftrag gegeben worden, die ihn vor einiger Zeit um ein Orchesterstück gebeten hatte. Cage ließ sich von praktischen Erwägungen die Grenzen diktieren, innerhalb deren der Zufall walten durfte. Zuerst verzeichnete er, welche Orchesterinstrumente jede Phrase der Klavierfassung übernehmen konnten. Als das Verzeichnis komplett war, befragte er das *I Ging*, wie viele und welche der möglichen Instrumente beteiligt sein sollten, und dann, wie viele Töne der Phrase, welche und wie jeder einzelne artikuliert werden sollte. Der Dirigent, legte Cage fest, sollte keine andere Funktion haben als ein Repetitor während der Proben, er oder sie sollte keinesfalls die Aufführung leiten. Dadurch verfestigt sich das Stück nicht zu einem Objekt. »Das Werk kehrt in sich selbst zurück, um sich selbst hervorzubringen«, wie Cage sagt. »Es wurde ein Strom, ein Fluß.«

Zwischen Februar und März 1972 war Cage mit der Cunningham Company auf Tournee. Carolyn Brown kündigte ihren Rücktritt an, und obwohl der Zeitpunkt gut gewählt war, weil die Truppe nach der Tournee pausieren würde, war Cage ungewöhnlich aufgebracht. Eines Abends in Grenoble sagte er, etwas betrunken, beim Essen wehleidig zu ihr: »Aber du wirst Merce doch nicht wirklich verlassen, oder?«

Im Albany Studio stellte er im April *Birdcage* fertig: »zwölf Tonbänder, die von einem einzigen Interpreten in einem Raum zu verteilen sind, in dem sich Leute frei bewegen und Vögel frei herumfliegen können«, wobei die Dauer, das Arrangement und die Modulation der Bandabschnitte mittels *I Ging*-Operationen festgelegt wurden.

Gaudeamus, die niederländische Musikgesellschaft, hatte die erste Aufführung von *Cheap Imitation* für Anfang Mai angesetzt, und zwar die der vierundzwanzig wichtigsten Stimmen. Als Cage am Tag der Premiere in Den Haag ankam, mußte er erfahren, daß die Musiker das Stück zum erstenmal probten. Es erwies sich als zu schwierig für die Aufführung im Konzert, so daß abends eine öffentliche Generalprobe des ersten Satzes veranstaltet wurde, und am folgenden Tag, der eigentlich eine weitere Aufführung des ganzen Stückes bringen sollte, stolperte das Orchester durch zwei weitere Sätze.

Um dieses Desaster wiedergutzumachen, bot Gaudeamus an, *Cheap Imitation* einige Tage später beim Holland Festival aufführen zu lassen, und versicherte Cage förmlich, daß das Stück dann gut vorbereitet sein würde. Als er am Tag der

Aufführung ankam, wurde er gewahr, daß die Schlußprobe wiederum nur die erste und einzige sein sollte. Die meisten Musiker sahen sich ihre Noten zum erstenmal an, und die Dirigentenrolle war einem »früheren Schüler von Boulez« (wie Cage das ausdrückte) zugefallen, der fragte: »Ich glaube, dieses Werk hat drei Sätze, ist das richtig?« Cage hörte sich einige halbherzige Versuche, die Einleitungsphrasen zu spielen, an und unterbrach dann: »Ich sprach mit den Musikern über den beklagenswerten Zustand der Gesellschaft, nicht nur den der musikalischen. Ich fügte hinzu, ich würde das Werk vom Programm des für den Abend anberaumten Konzerts zurückziehen, und sagte, daß ich mich dazu beglückwünschte, etwas vorgelegt zu haben, das Orchestermusiker dazu bringen könnte, die Ohren zu öffnen.« Es nötigt die Musiker nämlich dazu, aufeinander zu hören, wie Cage erklärte, was sie sonst selten tun. »Ich hatte ihnen etwas angeboten, mit dem sich Musik machen ließ, und nicht etwas, mit dem sich, wie heute üblich, ein bißchen Geld zusammenkratzen ließ«, sagte er. »Ich bin davon überzeugt, daß sie andere Musik genauso schlecht spielen wie meine. Was *Cheap Imitation* betrifft, gibt es keine Höhepunkte, keine Harmonien, keine Kontrapunkte, hinter denen man seinen Mangel an Hingabe verstecken könnte.«

Hinsichtlich seines radikalen Individualismus überraschend, machte er hier nicht den Vorschlag, diesen Mangel an Hingabe dem einzelnen anzulasten – »er muß der gegenwärtigen Organisation der Gesellschaft angelastet werden; er ist die Raison d'être für eine Revolution.« Einer der Musiker sagte zu Cage: »Um Ihre Musik zu spielen, muß man seine Einstellung zur Musik selbst ändern. Wie können Sie von sechsundneunzig Leuten erwarten, daß sie das tun?« Wozu Cage später anmerkte, daß jeder von uns seine Einstellung ändern müsse, bedenke man den Zustand der Welt.

Hier lag dasselbe Problem vor, dem Cage auch bei der Aufführung von *Atlas Eclipticalis* mit dem New York Philharmonic Orchestra begegnet war, und auch seine Reaktion war dieselbe – seinen eigenen Vorgaben gemäß fortzufahren und das Beste von den Interpreten zu erwarten. Nach dem Gaudeamus-Fiasko bestand Cage jedoch auf einem Minimum an Probenaufwand für *Cheap Imitation*: Die Musiker sollten ihre Stimmen wenigstens eine Woche vor der geplanten Aufführung ausgehändigt bekommen und mußten die Melodie – zumindest die Phrasen, an denen sie beteiligt waren – spielen können und in der Lage sein, sie wie notiert zu spielen, beispielsweise ohne Doppelkreuze und doppelte Erniedrigungszeichen. In der Woche vor der Aufführung sollte jeden Tag eine anderthalbstündige Orchesterprobe stattfinden. Wenn ein Musiker seinen Part nicht konnte, sollte er freigestellt werden, und wenn dann weniger als die erforderliche Mindestzahl von vierundzwanzig Interpreten übrigbliebe, sollte die Aufführung gestrichen werden.

## IX

Seit 1960 hatte Cage in wachsendem Maße unter Arthritis gelitten, die Ärzte konnten ihm lediglich Aspirin verschreiben, und er hatte bereits die Dosis von einem Dutzend am Tag erreicht. Er versuchte es mit Akupunktur, die geringfügig half. Seine Handgelenke waren so geschwollen, daß er sich ein neues, weiteres Armband anfertigen lassen mußte, um seine Uhr tragen zu können. Der Schmerz behinderte ihn fortschreitend beim Klavierspielen – einer der Gründe dafür, warum die Stücke, die er zum eigenen Gebrauch schrieb, für Singstimmen bestimmt waren. Als sein neues Orchesterstück *Etcetera* im Januar 1973 in Paris uraufgeführt wurde, kam ein angesehener chinesischer Arzt vom anderen Ende der Stadt, um ihn zu examinieren. Nach sorgfältiger Untersuchung bedeutete er Cage, daß Akupunktur ihm nur palliative Entlastung verschaffen würde. »Was Sie brauchen, ist ein Bluttest und dann eine Änderung Ihrer Diät«, riet er. »Das wird ein anderer für Sie tun müssen.« Cage bat den Arzt, ihm die Höhe seines Honorars zu nennen, und er antwortete, er habe nichts zu fordern, weil er ihm nicht geholfen habe.

Über vierzig Jahre nach ihrer ersten Begegnung begannen Grete Sultan und Cage 1974 mit der Zusammenarbeit an einem neuen, virtuosen Werk für einen Solopianisten. Einen Monat lang kämpfte Cage erfolglos mit dem Klavier und versuchte, einen Ansatz zu finden, der Sultan zu fesseln vermochte. Dann entschloß er sich, wie er das später auch bei der Vorbereitung von Geigenwerken für Paul Zukofsky tat, nicht vom Instrument, sondern von der Spielerin zu lernen. Die Art und Weise, wie Grete Sultan spielte, stellte er fest, konnte als Duett für zwei voneinander unabhängige Hände gedeutet werden. Er katalogisierte alle Intervalle und ihre möglichen Kombinationen, die sich mit einer einzigen Hand spielen ließen. Jede Hand hatte in der Partitur ihren eigenen Part mit zwei Notensystemen.

Auf diese Weise entstanden die *Études australes*. Für das Tonhöhenmaterial zog Cage erneut Sternkarten zu Rate. Die Dichte der Töne ist manchmal so groß, daß es schwierig wird, ihre Abfolge zu erfassen. In ihrem eigenen Exemplar maß Sultan drei Zeilen ab, anhand deren sich die Sequenz der Töne klären ließ. Manche der erzeugten Figurationen waren so komplex, daß sie nicht auf den in der proportionalen Notation begrenzten Platz paßten und deshalb, durch Buchstaben gekennzeichnet, in vergrößerter Form auf der Rückseite der Partitur zu lesen waren.

Die *Études australes* waren der erste Komplex von drei Sammlungen virtuoser Etüden. Sie verkörpern Cages erneuertes Interesse an eher traditioneller Instrumentierung und Notation und erwachsen aus einer neuen Haltung gegenüber sozialen Fragen und der Art und Weise, wie Musik soziale Bedürfnisse fördern kann. Mitte der siebziger Jahre hatten die Weltereignisse ihn in gewisser Hinsicht stumm gemacht und ihn, wie er selbst es für Fuller formulierte, aus einem Propheten Utopias in einen Jeremias verwandelt – die Revolution erschien nicht mehr so einfach wie das Herunterfallen von einem Ast. Seine Musik verwies jetzt weniger auf den marxistischen Kollektivismus einer »Musik von jedermann« und wandte sich mehr dem heroischen Beispiel des Virtuosen zu, dessen Brillanz es erlaube, das Unmögliche als möglich zu zeigen.

»Ich hatte mich für das Schreiben schwieriger Musik zu interessieren begonnen, nämlich Etüden, und zwar wegen des Weltsystems, das vielen von uns häufig hoffnungslos anmutet. Ich dachte, wenn da ein Musiker wäre, der das öffentliche Beispiel gab, daß er das Unmögliche tat, würde er jemanden, der von dieser Aufführung beeindruckt war, dazu verleiten, die Welt zu verändern.«

Die Komposition von *Mureau* (1970), der *Sixty-Two Mesostics re Merce Cunningham* (1971) und der verschiedenen Texte der *Song Books* um die Wende des Jahrzehnts hatte Cage bewogen, einen umfangreichen, zufallsgenerierten Text an der Schnittstelle von Musik und Dichtung ins Auge zu fassen. Wie schon erwähnt, war Cage, sobald er die Komposition mit Zufallselementen entwickelt hatte, auch bestrebt, dieselben Prozesse auf Texte anzuwenden. *45' for a Speaker* leitet sich zum Teil aus zufallsgelenkten Selektionen früherer Schriften her, und das Singstimmensolo, das das *Concert for Piano and Orchestra* begleitet, war textlich ein Potpourri von Prosa und Versen von Cummings, Joyce und der Huang-Po-Doktrin bis hin zu Goethe und der *Lakavatara Sutra*: »mud-luscious, I U, E-H, Glory, W, Shem. In Feld und Wald, sur le feu avec du beurre ... UB, intricate, imperfect various, U, LNL, Tell me, tell me, tell me, elm!«

»Kommunikation ohne Sprache!« hatte Cage im *Diary* von 1966 vorgeschlagen – »Wir sprechen noch immer: a) aus praktischen Gründen b) aus Spaß c) um zu sagen, was getan/nicht getan werden sollte.« Gegen Ende des Jahrzehnts war er mit Experimenten befaßt, die »weg von der Syntax« führten. Der Ablehnung der Struktur, die er in seinen anarchistischen Ideen zum Ausdruck gebracht und auch in seiner Musik ausgespielt hatte, lief ein Argwohn gegen die Sprache parallel. Bereits in *45' for a Speaker* hatte er vorgebracht: »Anhand von Wörtern wurden wir unterwürfig«, und jetzt zitierte er voller Zustimmung Norman O. Brown: »Syntax ist eine Maßnahme der Armee.«

Cage konnte sich dafür auf die klassischen östlichen Sprachen berufen, die keine oder wenig Syntax kennen. Suzuki hatte schon früh eine Übersetzung von Dantes *Göttlicher Komödie* gemacht, die ohne Syntax ausgekommen war. Suzuki, der ein stilsicherer Schriftsteller, der die englische Standardsyntax vollkommen beherrschte, werden sollte, hatte die Sprache anfangs aus Büchern gelernt. Als junger Mann hatte er den Schülern der Provinzschule, an der er unterrichtete, feierlich beigebracht, daß »Ich habe zwei Beine« auf englisch heiße: »Zwei Beine in mir sind«. Erst bei seinem ersten Besuch der Vereinigten Staaten hatte er bemerkt, daß das Englisch, das er unterrichtete, keinerlei Beziehung zu dem von irgend jemand sonst hatte.

Wenigstens seit 1965 hatte Cage ein ganz bestimmtes Haiku von Bashô gekannt und bewundert. Was ihn daran besonders interessierte, war, daß die Absenz von Syntax es ermöglichte, dieses Haiku im Englischen auf vielfache Weise zu verstehen. Die offizielle Übersetzung gab es wieder mit: »Das Blatt eines unbekannten Baumes auf dem Pilz haftend.« Der Komponist Toru Takemitsu erklärte Cage, man könne das Ganze auch folgendermaßen lesen: »Pilz weiß nicht, daß Blatt auf ihm haftet.«

Der Sinologe William McNaughton erzählte Cage, daß das klassische Chinesisch sich in »volle Wörter« und »leere Wörter« zerlegen läßt. Ein volles Wort hat eine spezifische, in einem lockeren Sinne referentielle Bedeutung. Nomina, Verben, Adjektive, Adverbien sind volle Wörter, obwohl sich nicht immer festlegen läßt, welche Formen diese Wörter annehmen. Leere Wörter sind Konjunktionen, Partikel, Pronomina, die nur auf andere Wörter verweisen oder sich darauf beziehen: *a, at, it.*

Cage verfaßte zwischen 1973 und 1975 einen Text namens *Empty Words*, wo er den Unterton von McNaughtons Aussagen aufgriff, um »die Bedeutungsleere vor Augen zu führen, die für musikalische Klänge charakteristisch ist«. Er wendete sich wieder dem *Journal* von Thoreau zu und extrahierte durch ein labyrinthisches System von Zufallsoperationen daraus einen Text, der sich durch vier lange Abschnitte von Wörtern und ganzen Sätzen

*»notAt evening*
*right can see*
*suited to the morning hour«*

in Richtung auf Buchstaben und Pausen hin fortbewegt.

*»t hltht shh swh e atveth mf dn nd e aie*
*ean byo odo«.*

Cage verteidigt seine Jahre zuvor aufgestellte Behauptung, daß das Englische gerettet werden kann durch »seinen hohen Anteil an Konsonanten und die natürliche Art und Weise, wie sie Diskontinuität hervorbringen«.

Er empfiehlt, das Werk möge so gelesen werden, wie er selbst es aufführte, nämlich in einem Konzert, das die ganze Nacht hindurch dauerte, bis zum Morgengrauen. Schönberg pflegte zu sagen, erzählte er, Musik solle nachts gespielt werden, nicht nachmittags. In dem Maße, wie der Text sich selbst auslöscht und die Sonne aufgeht, sollen Türen und Fenster im Aufführungsraum geöffnet werden, um jedes Hindernis zu beseitigen, und die sich draußen regenden Klänge hereinströmen können. Das war Cages neues, episches Sinnbild für seine Einstellung zur Kunst: »die Türen öffnen, so daß alles hindurchgehen kann«.

Mitte der siebziger Jahre wandelte sich die zunehmend genauere Denkweise, mit der Cage sozialen Fragen begegnete, und wandte sich ökologischen Problemen zu. Er sammelte Informationen über Natur- und Tierschutzgebiete, abonnierte das *East-West-Journal* und nahm Kontakt zur franko-amerikanischen Anti-Walfang-Organisation Project Jonah auf, bei der er sich eine lange Liste von Umweltorganisationen erbat. In Interviews brachte er seine Sorge über Giftstoffe in Pflanzen zum Ausdruck und fing sogar an, zu Hause sein Wasser zu destillieren und mit Meerwasser anzureichern, um eine Ausgewogenheit der darin enthaltenen Mineralien herzustellen. Für Tourneen erhoffte er sich mit Vorliebe Besuche in Ländern wie Schottland oder Island, wo die Luft sauber und das Wasser noch trinkbar war. Gleichwohl entsagte Cage auch weiterhin der aktiven Politik, weil er der Meinung war, daß die grünen Parteien »manche guten Ideen haben, aber ich bin sehr mißtrauisch gegenüber Macht«.

Er stellte fest, daß ökologische Probleme nur durch verwirrende Kompromisse mit der gegebenen Situation in Angriff genommen werden konnten. Was Cage hier über Fuller äußerte, traf sicher auch für ihn zu, daß dieser nämlich »gezwungen ist, beispielsweise zum Flughafen zu fahren und von hier nach Australien zu fliegen, und der Vortrag, den er hält, richtet sich gegen die Verwendung ebender Energien, die er gerade benutzt hat. Das ist die Art von Situation, in die wir verstrickt sind, und sie macht uns – gut, wir sind nicht scheinheilig –, sie macht uns – es ist mehr wie Hilflosigkeit ... Wenn Fuller seinen Vortrag nicht hielte, würde ihn eben ein anderer halten. Also, schätze ich, entschließt er sich, ihn zu halten und das Flugzeug zu nehmen, das sonst eben ein anderer nehmen würde.«

Mit zunehmender Verschlimmerung der Arthritis wuchs Cages Interesse an den Verheißungen der alternativen Medizin. 1974 oder 1975 konsultierte er seine Astrologin Julie Winter, wie er das bereits zuvor getan hatte und auch später gelegentlich noch tun würde. Bemerkenswert ist, daß er das überhaupt tut, weil seine Persönlichkeit eher in eine andere Richtung zu tendieren scheint, nämlich in die des Rationalen und Asketischen. Sein Handeln und seine Aussagen lassen jedoch Raum für eine magische Sicht des Lebens – die Erwähnung eines Schutzengels, sein müßiges Spiel mit dem Zweig, als er 1932 zum erstenmal auf Buhlig wartete, und ein beiläufiger Kommentar in den späten siebziger Jahren: »Ich mache oft Fehler, ich bin ja auch Anfang September geboren.« Julie Winter, sagt Cage, »hilft mir, mich durch meine komplizierten Verhältnisse zu finden«. Diesmal sagte sie Cage voraus, daß er Schmerzen zu erdulden haben würde, denen die Ärzte nicht abhelfen könnten, und daß er Beistand von einem unorthodoxen Arzt erhalten würde, der ihn dazu drängen würde, seine Diät umzustellen.

Eine ganze Reihe von Werken seit der Mitte der siebziger Jahre verrät eine stumme Gemeinschaft mit Natur und Ökologie – die organische Einfachheit von *Empty Words*, die Rhythmen des Atems und der Nacht, die Stimme und das Morgengrauen, *Child of Tree* (1975) und *Branches* (1976), *Inlets* (1977) und *Litany for the Whale* (1981). *Child of Tree* und *Branches* sind Werke für Schlagzeugsoli oder, im letzteren Fall, auch wahlweise für Ensembles, die zehn vom Interpreten ausgewählte Instrumente ohne bestimmte Tonhöhen benutzen, die ausschließlich aus pflanzlichen Materialien hergestellt sind; es können Taktstöcke, Holztrommeln, Hyoshigi und ähnliches sein oder auch nur getrocknete Blätter und Äste. Die Spieler sind verpflichtet, eine oder mehrere Rispenklappern des mexikanischen Poincianabaumes und eine Reihe von Kakteen zu benutzen; die Klänge ihrer gegeneinandergeschlagenen Stacheln werden rudimentär durch einen gebräuchlichen Schallplattentonabnehmer verstärkt.

## X

*Child of Tree* und *Branches* bilden die ersten Beispiele in Cages reifem Werk, in denen er zur Improvisation ermutigte. Wie bereits erwähnt, war er vom ersten Einsatz von Zufallselementen an bestrebt, jede Art von spontaner Entscheidung zu verhindern, und bis in die sechziger Jahre war die optionale freie Interpretation wie in *Variations VI* eher die Ausnahme. »Was ich an der Improvisation nicht mag oder nicht mochte, war, daß sie auf Geschmack und Erinnerung beruhte, und sie brachte den Improvisierenden nicht bis zu dem Punkt, an dem er eine Offenbarung erlebte«, erklärte Cage. Anhand der neuen Stücke »habe ich über eine Vielzahl von Arten der Improvisation nachgedacht, die mit einer Vorstellung beginnt, die dem Improvisierenden, wenn er spielt, ein Problem zu lösen aufgibt«. Der Titel *Child of Tree* war einem Abschnitt in *Finnegans Wake* entnommen, der den Text von *The Wonderful Woman* bildet. Die achtminütige Dauer des Stückes wird vom Interpreten laut *I Ging*-Anweisungen unterteilt, und die Instrumente werden den verschiedenen Teilen durch dieselbe Technik zugeordnet, wobei jedes Instrument nur in einem Teil der Komposition in Erscheinung tritt. Cage gibt dann die Anweisung (in *Electronic Music for Piano* und *WGBH-TV* ist die Partitur nur eine Xerokopie seiner Handschrift): »Unter Benutzung einer Stoppuhr improvisiert der Solist, indem er die Zeitstruktur mittels der Instrumente klärt. Diese Improvisation ist die Aufführung. Der Rest des Werkes ist vor der Zeit fertig.« Sonst merkt Cage nur an, daß der Interpret es vermeiden solle, bei der Aufführung Klänge aus irgendeiner anderen Schallquelle als den Instrumenten zu produzieren.

»Wenn man die Dauer einer Improvisation in Abschnitte teilt, kann man die Klänge, die für die Aufführung verfügbar sind, in eine ähnliche Zahl von Stimmen einteilen. Die Tatsache, daß man einen Raum in der Zeit hat, in den bestimmte Klänge eintreten – und daß sie in andere nicht eintreten –, wird etwas ergeben, das einen dann zu interessieren vermag, wenn man frei spielt«, erklärte Cage. Als Interpret kennt man die Pflanzenmaterialien nicht. »Man entdeckt sie. Damit ist einem das Instrument unvertraut. Wenn man sehr vertraut wird mit einem Stück Kaktus, löst es sich in sehr kurzer Zeit auf, und man hat es durch ein anderes Stück zu ersetzen, das man nicht kennt. So bleibt die ganze Sache faszinierend und natürlich von der Erinnerung unberührt.«

*Branches* muß immer auf eine Soloaufführung von *Child of Tree* folgen. Es kann einfach eine »Acht-Minuten-Variation« des Vorhergehenden sein, die eine anhand des *I Ging* vorgenommene Auswahl von zehn Instrumenten benutzt, oder von einer beliebigen Zahl von Spielern improvisiert werden, wobei beide Möglichkeiten auf *Child of Tree* folgen, und zwar nach einer durch Zufallsoperationen festgelegten Reihe von Minuten.

*Inlets*, im September 1977 in Seattle für einen Tanz von Cunningham mit Bühnenbild von Morris Graves entworfen, ist ein drittes Stück über Improvisation innerhalb einer Struktur. Die Partitur ist für Schallquellen ähnlichen organischen Zuschnitts eingerichtet – zwölf mit Wasser gefüllte und der Größe nach abgestimmte Schneckenmuscheln, gleichmäßig unter drei Spielern aufgeteilt, ein Muschelbläser (wie in der *Third Construction*) mit zirkulärer Atmung und der Klang von Feuer, vorzugsweise von selbst entzündetem. Die Intentionalität der Improvisation wird vom Wesen der Instrumente durchkreuzt. »Sie haben keine irgendwie geartete Kontrolle über die Schneckenmuschel, wenn sie mit Wasser gefüllt ist«, beobachtete Cage. Die Luftkammern der Muschel füllen sich mit Wasser und leeren sich auf unvorhersehbare Weise, wenn man sie kippt, »also gehört der Rhythmus den Instrumenten und nicht Ihnen«.

In diesen drei improvisatorischen Werken kann man beobachten, daß Cage, nachdem er seine sehr enge kompositorische Richtung fünfundzwanzig Jahre lang mit großer Disziplin betrieben hatte, damit beginnt, auf die ihm eigene Weise die

Merkmale in seine Arbeit aufzunehmen, die nebensächlich gewesen oder von ihm für schädlich gehalten worden waren. Das mag zum Teil daran liegen, daß er sich seinen Weg zu der Einsicht freigekämpft hatte, daß eine solche Aufnahme möglich sei; zum Teil aber auch daran, daß er jetzt, fünfundzwanzig Jahre älter, nicht mehr unter dem inneren Zwang zu kämpfen stand.

Die Zweihundertjahrfeier der Gründung der Vereinigten Staaten wurde 1976 begangen, und anläßlich der Feierlichkeiten wurde Cage mit einer solchen Zahl von Aufträgen und so viel Arbeit überschüttet, daß er die Cunningham Company für ein Jahr verließ. Die *Quartets I-VIII* sind für ein Orchester von vierundzwanzig, einundvierzig oder neununddreißig Instrumenten geschrieben; ihr Titel bezieht sich auf die Vorgabe von Cage, daß zu jedem erdenklichen Zeitpunkt nur vier Musiker gleichzeitig spielen dürfen. Mit jeder Phrase wird ein neues Quartett gebildet, die Klangfarben wechseln ständig. Die Partitur ist mittels Zufallsoperationen hergestellt worden, die auf acht Hymnen und Choräle des achtzehnten Jahrhunderts von den amerikanischen Komponisten William Billings, Jacob French und Andrew Law angewendet worden waren (»diese amerikanischen Melodien, Hymnenmelodien und was weiß ich ... interessieren mich nicht«, hatte Cage 1965 gesagt).

Seiji Ozawa vergab einen Auftrag für das von ihm als Gastdirigent geleitete Boston Symphony Orchestra, den Cage mit *Renga* erfüllte, achtundsiebzig Stimmen, die aus 361 Zeichnungen im *Journal* von Thoreau abgeleitet waren. Renga ist eine traditionelle Form der japanischen Dichtung. In der klassischen japanischen Kultur wurde hoher Wert auf improvisierte Verse gelegt. Rengas wurden von den Dichtern in Gruppen improvisiert, wobei jeder einzelne der Reihe nach eine Zeile schrieb. Sie hatten die Funktion, die Dichter, Leser und Hörer geistig für andere als die gewöhnlich beabsichtigten oder wahrgenommenen Beziehungen zu öffnen.

*Renga* kann gleichzeitig mit einem »Musicircus« gespielt werden, den Cage *Apartment House 1776* nannte und der vier Gesangssolisten exponiert, die die Musik von vier ethnischen

Gruppen zur Zeit der amerikanischen Unabhängigkeit aufführen: protestantische und sephardische Lieder, die Rufe und Schreie afrikanischer Sklaven und ein amerikanischer Indianerhäuptling, der singt und sich rhythmisch auf den Bauch klatscht. »Viele Leute waren gelangweilt und angeödet, einfach deshalb, weil ich die geistlichen Lieder von vier verschiedenen Völkern übereinanderkopierte«, bemerkte Cage. »Aber wenn man sie in eine Diskussion über ökumenisches Denken verwickelte, würde man wahrscheinlich feststellen, daß sie der Idee zustimmen, daß es verschiedene Wege gibt, sich Gott zu nähern.«

Die beiden Stücke wurden zusammen beim 50th Festival of the International Society for Contemporary Music aufgeführt, und zwar am 27. Oktober in Boston. Spöttische Zurufe begleiteten die ersten Akkorde. Nach der ersten Viertelstunde begannen die Zuhörer hinauszugehen, und die Luft war erfüllt von Pfiffen, Buhrufen und sowohl echtem als auch höhnischem Beifall. »Ich dachte, es sei ein heiteres Stück und zur Feier des Jahrestages passend – und ich denke noch immer, daß es das ist. Was mich wundert, ist, daß es so viele Leute gab, die nicht erkannten, daß es diesen Charakter hat«, notierte Cage. Dieses Unverständnis spiegelte jenes andere wider, das Stücken wie *The Perilous Night* entgegengebracht worden war und das ihn damals dazu bewogen hatte, das Prinzip expressiver Musik in Frage zu stellen. »Viele Leute fangen an zu lachen, wenn sie mit trauriger Musik konfrontiert werden, und bei witziger Musik beginnen sie zu weinen«, wiederholte er. »Mir scheint, daß Musik sich den Leuten nicht wirklich mitteilt. Oder wenn sie es denn tut, dann jedem in unterschiedlicher Weise.«

Die Stücke zur Zweihundertjahrfeier geben Aufschluß über Cages Beziehung zu seinem Heimatland. Von *Andere Völker denken* bis zur *Lecture on the Weather* (1975) und seinem Buch *M* mit seiner Widmung »an die USA, damit sie ein anderer Erdteil werden, nicht mehr und nicht weniger«, hatte Cage, später eingestandener Anarchist, keinerlei Interesse an den Vereinigten Staaten als politisch oder ökonomisch begrenztem Raum gezeigt, seine Weltsicht war einem solchen Provinzialismus in der Tat abgeneigt. Und doch ist seine künstlerische

Haltung sehr amerikanisch: die Erfindungslust, der Pragmatismus, der Optimismus. Er fühlte sich prototypischen Amerikanern wie Ives und Thoreau geistig nahe. Dasselbe Land, das die pragmatischen Philosophen hervorgebracht hatte, war auch für Cage Heimat. »Musik«, schrieb er einmal, »ist einfach der Versuch, Dinge ganz schulmäßig auszuprobieren, um zu sehen, was dann passiert.«

Cage hatte erste Abschnitte aus *Finnegans Wake* gelesen, als das Buch als *work in progress* seit April 1927 in Eugene Jolas Zeitschrift *transition* zu erscheinen begann, und nachdem es 1939 in vollständiger Form publiziert worden war, hatte er sich in einem Warenhaus in Seattle ein Exemplar gekauft. Er hatte das Werk nicht ganz gelesen – »Ich war ›zu beschäftigt‹«, erinnerte er sich –, es 1942 jedoch für das Libretto von *The Wonderful Widow of Eighteen Springs* benutzt, und es tauchte wieder auf in seinem Text für das Gesangssolo von *Concert* und in dem Projekt *Ten Thunderclaps*; »HCE« (Here Comes Everybody) wird verschiedentlich erwähnt, zuerst zu Beginn der fünfziger Jahre.

Im Laufe des Jahres 1976 bereitete Elliot Anderson, der Herausgeber der Zeitschrift *Tri-Quarterly* an der Northwestern University in Evanston, Illinois, die Sondernummer *In the Wake of the »Wake«* vor und bat Cage um irgendeine Art von Beitrag. Cage lehnte wegen seiner Boston-Aufträge bereits alle Einladungen ab und vermied Tourneereisen, auch hier sagte er nein. Anderson blieb hartnäckig. Wie schon bei einer Reihe anderer Gelegenheiten hatte Cage den Eindruck, es würde sicher ebenso rasch gehen, wenn er seiner Bitte stattgab, wie wenn er seine Arbeit fortgesetzt unterbrach, um abzulehnen.

Er öffnete *Finnegans Wake* aufs Geratewohl – auf Seite 356 – und begann Mesostichen zu schreiben, bei denen er den Namen Joyce als Kette benutzte, bis er das Ende des Kapitels erreicht hatte. Norman O. Brown schlug vor, die Zeichensetzung wegzulassen. Die dreiundzwanzig Mesostichen, die daraus entstanden, befriedigten Andersons Wunsch.

Nachdem er jetzt einen erneuten Blick in das Buch geworfen hatte, kamen Cage einige Vorbehalte in bezug auf seine Abhängigkeit vom Englischen und sein Festhalten an der Syntax, aber sein Interesse war geweckt und beflügelt. Er begann Bücher zu *Wake* zu sammeln und zu lesen. »Ich war geradezu gebannt von *Finnegans Wake*«, schrieb er. »Ich merkte, daß ich von Zeit zu Zeit in lautes Lachen ausbrach.«

Seine Arbeit für *Tri-Quarterly* vermittelte ihm einen neuen, ernsthaften Ansatz zum Schreiben von Mesostichen. »Es war eine Disziplin ähnlich der beim Kontrapunkt in Musik mit einem Cantus firmus«, schrieb er. In seiner üblichen konstruktiv-zwanghaften Weise machte er sich einen Index der Silben, die zur Darstellung eines gegebenen Buchstabens von Joyce' Namen benutzt wurden. »Mir ist die Aufmerksamkeit für das Detail angeboren«, stellte er fest. Das ganze Jahr 1976 hindurch setzte Cage, neben seinem anderen Werk, die Arbeit an dem fort, was dann zu *Writing Through »Finnegans Wake«* wurde, 682 Seiten Mesostichen, gezogen aus allen Kapiteln des Buches von vorne bis hinten. Es war sehr ungewöhnlich, daß er schrieb, »weil ich mich dazu entschlossen hatte« – jahrelang hatte er Auftragsarbeiten ausgeführt oder, wie er das formulierte, auf »Einladung« anderer geschrieben –, »auch wenn das Projekt etwas idiotisch und zeitaufwendig anmutete«. Noch vor Ablauf des Jahres hatte Bill Bueno, Cages Lektor bei der Wesleyan University Press, zu bedenken gegeben, der Text sei langweilig und unlesbar weitschweifig, und Cage begann *Writing for the Second Time Through »Finnegans Wake«*, wobei er seinen Index so benutzte, daß die Wiederholung einer Silbe für einen gegebenen Buchstaben des Namens vermieden wurde. Das lief auf einen Text hinaus, der nur rund ein Drittel der Länge seines Vorgängers aufwies und den er bis Mai 1977 fertigstellte.

# Kapitel fünfzehn

## I

Cages körperliche Verfassung wurde zunehmend schlechter. Schon seit zwei Jahren mußte er es hinnehmen, daß die Zehen seines linken Fußes infolge einer Blutvergiftung abgestorben waren. Dann begann die Taubheit auch seinen rechten Fuß zu befallen. Sein Arzt schlug »komplizierte Untersuchungen« vor, denen allerdings keine Erklärung beschieden war. Seine Handgelenke waren jetzt so von Arthritis geschwollen, daß er kein Glas mehr mit einer Hand heben konnte.

Zwischen dem 23. Januar und dem 6. Februar 1977 war Cage in Paris, um den Absatz seines Buches *Pour les oiseaux* zu fördern, das Éditions Pierre Belfond gerade veröffentlicht hatte. Es war eine Sammlung von Cage-Interviews von Daniel Charles, dessen Interesse an diesem Thema wenigstens bis 1964 und bis zu seinem Manuskript »L'esthétique du ›non-finito‹ chez John Cage« zurückreichte. »Ich bin für die Vögel«, hatte Cage einem Reporter erzählt, »nicht für die Käfige, in denen die Leute sie manchmal halten.«

Das Medieninteresse war groß und sein Terminplan anstrengend. In der Nacht nach einem besonders zermürbenden Fernsehinterview, das in einem ungeheizten Kellergeschoß aufgenommen worden war, konnte Cage wegen eines neuen Schmerzes nicht einschlafen, den er hinter dem linken Auge spürte. Die Ärzte behaupteten, der Schmerz rühre von einem Abszeß an einem Zahn her, dessen Wurzel vor Jahren entfernt worden war. Erneut unterzog er sich einer Zahnwurzelbehandlung. Der Schmerz kehrte wieder. Nachdem er jahrelang ein Dutzend Aspirin täglich genommen hatte, nahm er jetzt eine Menge, die seinen Magen schier zerfraß. Sein Arzt lächelte matt und sagte wenig hilfreich: »Die Schmerzen kommen und gehen.« Er fuhr fort, bei seinen Freunden zu klagen, hörte aber auf, für dieses Privileg Ärzte zu bezahlen.

Wieder in New York, schlenderte Cage die 13th Street entlang, als eine lange schwarze Limousine neben ihm an den Straßenrand fuhr. Heraus sprang Yoko Ono. Cage beschrieb seine mißliche Lage. »Du mußt zu Shizuko Yamamoto gehen«, drängte sie. »Sie wird dir eine andere Diät verschreiben und dir Shiatsu-Massagen verabfolgen.«

Im Gedenken an die Vorhersagen von Julie Winter und dem chinesischen Arzt in Paris traf er unverzüglich eine Verabredung mit Yamamoto. Sie beschrieb ihm die makrobiotische Diät, ein System der Auswahl und Zubereitung der Nahrung, das auf einer östlichen Auffassung der Ganzheitlichkeit beruht. Die Zutaten und ihre Präsentation sind eine strenge, vegetarische Variation der konventionellen japanischen Küche: Reis als Grundnahrungsmittel, bei Gelegenheit unterstützt durch andere Vollkornnahrung und in jeweils geringeren Mengen von Gemüse, Bohnen, Meeresfrüchten, Samen, Nüssen und gelegentlich Früchten gefolgt. Viele der Zutaten und Gewürze sind japanischen Ursprungs, darunter Nukagurken, Umeboshipflaumen, Tamari und Miso, die besonders zur Herstellung der Misosuppe benutzt werden.

Was die makrobiotische Kost am deutlichsten von anderen Diäten unterscheidet, ist die Tatsache, daß sie, ohne auf strengen Listen zu vermeidender oder anzuratender Nahrungsmittel zu bestehen, einen Rahmen liefert, der sich auf die ganze Reichweite verfügbarer Möglichkeiten bezieht, eine Orientierung, die manche Anhänger dieser Diät zu einer regelrechten Kosmologie ausweiten. Die Polarität von Yin und Yang, wie sie das *I Ging* zum Ausdruck bringt, wird in der Makrobiotik zum Weg des Verständnisses menschlichen Wohlbefindens. Verschiedene Nahrungsmittel und verschiedene Zubereitungsarten dafür haben verschieden ausbalancierte Anteile von Yin und Yang. Fisch beispielsweise ist eine Yang-Zutat und Backen eine Yang-Technik, während grünblättrige Gemüse und Kochen das Gegenteil sind. Die Gesundheit läßt sich erreichen durch eine genaue Balance dieser beiden Prinzipien, Krankheit dagegen erwächst aus körperlichem Ungleichgewicht, das aus dem Versäumnis herrührt, Yin- und Yang-Nahrungsmittel in Übereinstimmung mit unseren Bedürfnissen auszubalancieren. Gerade die moderne westliche Kost kombiniert Extremformen von Nahrung, beispielsweise die Yin-Extreme Tee, Kaffee, Zucker und Milch und die Yang-Extreme von Fleischprodukten. Anhänger der Makrobiotik werben dafür, man solle Yin und Yang in seiner Diät bewußt und eventuell intuitiv ausbalancieren, indem man Nahrungsmittel verwendet, die nahe des Zentrums des Kontinuums angesiedelt sind: Reis, Bohnen und Gemüse sind weder besonders Yin noch besonders Yang, nur gerade etwas mehr dem einen als dem anderen Pol zugeneigt.

Vor seiner Begegnung mit Yamamoto kochte Cage soweit wie möglich in Übereinstimmung mit den traditionellen Maßstäben der Haute Cuisine, wobei er insbesondere treuer Gefolgsmann der Bücher von Julia Childs war. Die Speisen, die er in seinen Schriften erwähnt hatte, waren im allgemeinen üppig zubereitet, strotzend von Butter, Käse und Sahne – Alan Watts' Trüffelpastete, Lois Longs Brathühnchen. Mitte der sechziger Jahre bezeichnete Cage Bœuf bourgignon als sein Lieblingsgericht. Mit der Aussicht auf strenge makrobiotische Diät konfrontiert, »lebte ich zwei Tage lang unter Schock. Ich aß nahezu nichts. Ich konnte mir eine Küche ohne Butter und eine Mahlzeit ohne Wein nicht vorstellen.«

Durch einen seiner Mitarbeiter ließ ihm John Lennon sechs Kochbücher zukommen; Cage beschaffte sich das Winterprogramm der Kurse am New York East-West Center. Norman O. Browns Frau Beth schlug eine Körnernahrung ohne Zucker vor, die er trocken aß. In weniger als einer Woche war der Schmerz hinter dem linken Auge verschwunden. Nach einem Monat begannen seine Zehen »aufzutauen«. Die Schwellung der Handgelenke ging zurück, obwohl sie mißgestaltet blieben, und er hörte auf, unter Verstopfung zu leiden. Sein Gewicht sank von 254 auf 222 Pfund. Ebenso konstatierte er noch weitreichendere Effekte: »Ihre Energie legt selbst den Augenblick fest, wann Sie morgens aufwachen. Er bleibt konstant. Er schwankt nicht nach oben und unten, er pendelt sich ein. Ich kann jetzt sehr viel intensiver arbeiten. Ich hatte immer ziemlich viel Energie, aber jetzt habe ich außergewöhnlich viel. Gleichzeitig«, fügte er hinzu, »bin ich emotional sehr viel ausgeglichener, ich bin weniger leicht erregbar.« Cage sagte, die Diät habe ihn aktiver gemacht als zu irgendeiner Zeit seit genau 1952 – dem Jahr, in dem er *4'33"* präsentierte.

Diese umfassende Besserung verblüffte ihn so, daß er der Makrobiotik von diesem Tage an treu blieb. Er praktizierte sie sogar auf Tourneen, bei denen er immer einen Panasonic-Reiskocher, einen elektrischen Wok, etwas makrobiotische Trockennahrung und einige Bancha-Teebeutel bei sich führte. Häufig kochte er makrobiotische Mahlzeiten für Gäste, und wenn er auswärts aß, zog er es vor, sein eigenes Essen mitzubringen.

Cage begann in wachsendem Maße, gesundheitsbewußt zu leben. Er hatte bisher drei Päckchen Zigaretten täglich geraucht – »eine Zigarette anzünden« ist eine der Anweisungen in *45' for a Speaker* und wird in *Communication* und in den Diagrammen für *Water Music* hervorgehoben, und in *Where Are We Going? And What Are We Doing?* erzählt er eine Rauchergeschichte. Er hörte mit dem Rauchen auf, indem er sich selbst in zwei Menschen geteilt sah; einer wußte, daß er aufgehört hatte, der andere nicht. Jedesmal, wenn der eine, der es nicht wußte, sich eine Zigarette angelte, fing der andere so lange an zu lachen, bis er sie wieder hinlegte. Nach der Aufnahme der makrobiotischen Diät verbot sich Cage auch den Alkohol – seine früheren Vorlieben waren Wein, Bier, Guinness und Whisky gewesen (er hatte eine Schwäche für acht Jahre alten Talisker gehabt). Gelegentlich hatte er sich einen Schluck Wodka nach dem Essen gegönnt, und manchmal hatte er bei Empfängen Champagner probiert, fand dann aber, daß er seinem Gaumen nicht recht mundete.

Die Makrobiotik bot einen neuen Ansatzpunkt für Cages wachsende Sorge um Natur und ökologische Probleme. Das Big Business und die Agrarindustrie, behauptete er, schädigen unser Fleisch, unsere Gemüse und unsere Wasservorräte. »Das sind die Probleme, die eher in Angriff genommen werden sollten als der Schutz eines Landes vor einem anderen«, sagte Cage. »Ein rascher Wandel in der Nahrungsaufnahme wird die Gesundheit der ganzen Gesellschaft beeinflussen. Drastisch.«

Mit ihrem östlichen Ursprung, ihrer Bereitschaft zur Askese und ihrer Anwendung von Yin und Yang vom unmittelbar Praktischen bis zum verborgen Kosmologischen paßt die makrobiotische Diät sehr gut zu Zen und zu Cages Temperament. Yamamotos erster Ratschlag erinnerte ihn an Suzuki: »Iß, wenn du hungrig bist, und trink, wenn du durstig bist.« Gleichwohl war Cage der Meinung, daß die Diät sein Werk nicht auf ausschlaggebende Weise beeinflußt hatte, weil in ihn bereits die Ideen eingegangen waren, auf die sich auch die Diät gründete. »Mit anderen Worten«, erklärte er, »ich akzeptierte die Diät – man könnte sagen: – ästhetisch, bevor ich sie ernährungswissenschaftlich akzeptierte.« Gleichwohl bringt er seine Bedenken gegen den Dualismus zum Ausdruck, der sich in der Spaltung in Yin und Yang finden läßt.

Über den heilsamen Beitrag hinaus, den die Makrobiotik zu Cages Gesundheit lieferte, hatte sie auch die Bedeutung, daß er seine Neigung zu asketischer Disziplin nun auch auf seine Ernährung ausdehnte. Es hat einen symbolischen Anstrich, daß sein einziges ausführliches Eingeständnis seiner kulinarischen Leidenschaften, *Where Are We Eating? And What Are We Eating?*, im Jahre 1975 geschrieben wurde, kurz bevor er all die Nahrungs- und Genußmittel aufgab, die der da beschreibt. Diese Zeit ist auch deshalb interessant, weil er in seinen Arbeiten, etwa mit *Child of Tree*, begann, sich an Elemente anzunähern, die er lange ausgeschlossen hatte. Trotzdem dachte er, daß er die Diät nicht so streng befolge, wie er das eigentlich sollte: er benutzte Kräuter, Gewürze und Zitronensaft, um jedem Gericht einen anderen Geschmack zu geben, und aß manchmal eine ganze Schale Früchte. Eines Tages wurde Cage von Yamamoto massiert. »Nehmen Sie die Diät nicht allzu ernst«, warnte sie ihn. Cage war von ihrer scheinbaren Fahrlässigkeit schockiert. Erst zwei Wochen später verfiel er darauf, sie zu fragen, was sie damit gemeint habe. »Wenn Sie mit Freunden zusammen sind«, antwortete sie, »können Sie eine Kartoffel essen.«

## II

Unter dem, was er die Patentanleitung von Paul Zukofsky nannte – dem Virtuosen, der, neben anderen Werken, auch *Centering* (1973) von Earle Brown uraufgeführt hatte –, begann Cage einen neuen Anlauf zur Komposition für Violine zu nehmen, auf dieselbe Weise, wie er mit Grete Sultan bei seinen *Études australes* zusammengearbeitet hatte. »Ich studiere nicht«, schrieb Cage, »wie man Geige spielt, sondern wie man der Verblüffung angesichts ihrer nahezu unbegrenzten Flexibilität Herr wird.«

Zukofsky hatte *Six Melodies* und das *Nocturne* auf Schallplatte eingespielt und war, nachdem er sich bei Earle Brown Rat geholt hatte, zu dem Entschluß gekommen, es sei besser, Cage einen Auftrag anzubieten, um an neue Violinstücke heranzukommen, als darauf zu hoffen, daß irgend etwas erscheinen würde. Cage rief ihn einige Wochen nach Ankunft seines Briefes an und erklärte ihm, er sei im Augenblick zu sehr durch *Renga* und *Apartment House 1776* in Anspruch genommen, wenn diese Dinge aber fertiggestellt seien, würde er sich freuen, ein neues Stück zu schreiben.

Im Frühjahr 1976 trafen sie sich zur Diskussion des Projektes. Die erste Frucht ihrer vereinten Bemühungen war eine Sologeigenversion von *Cheap Imitation*, die, 1977 fertiggestellt, auf die Klavier- und Orchesterfassungen von 1969 bzw. 1972 folgte. »Zwei Fliegen mit einer Klappe«, hatte Cage zu Beginn des Jahrzehnts gesagt, »vielleicht sogar drei.« Zukofsky und er stimmten darin überein, es könnte sich dabei um eine nützliche Vorbereitung auf ein größeres Projekt handeln und ihnen Erfahrung in der Zusammenarbeit vermitteln. Anfangs schwebte ihnen eine Version für Violine und Klavier vor, die sie dann aber als verspielt und unnötig verwarfen. Nachdem sie sich auf ein Arrangement für Solovioline eingeschworen hatten, wurden nur einige wenige im Vorwort zur Partitur beschriebene Veränderungen zur Klavierfassung hinzugefügt und eine durchgängige Transposition um eine Terz nach oben gemacht. Dem *I Ging* wurden Fragen in bezug auf die Melodielinie und auch auf die Begleitung von Saties *Socrate* vorgelegt: Welche der sieben »weißen« Tonarten soll benutzt werden, und mit welchem der zwölf chromatischen Töne beginnt sie? Im ersten Satz selektiert das *I Ging* den Ton der gegebenen Transposition, ausgenommen da, wo der Ton wiederholt wird. In den beiden anderen Sätzen wurden die ursprünglichen Intervallbeziehungen einen halben Takt lang gehalten; in den Eröffnungstakten und bei ihrem späteren Wiederauftauchen wurden sie einen ganzen Takt lang gehalten.

Die Aufführungsanweisungen sind sehr präzise. Cage beutete das Tonhöhenkontinuum der bundlosen Geigensaiten durch Spezifizierung der pythagoreischen Intonation aus, wobei er die Tonhöhen im oberen Register manchmal um bis zu vierzig Prozent ausdehnte. Er fordert »ein paradoxes Legato oder ein ›philosophisches‹ Détaché«; punktierte Pausenzeichen bedeuten hier ungewöhnlicherweise Phrasen. In einer weiteren Konzession an den Geschmack, dem er in den fünfziger Jahren abgeschworen hatte, schlägt Cage vor, daß das Tempo (im dritten Satz) je nach der persönlichen Vorliebe langsamer sein kann; und zum erstenmal seit der *Composition for Three Voices von 1934* gibt er italienische Anweisungen wie »quasi col legno«.

*Cheap Imitation* schuf die Basis für das Werk, das unmittelbar darauf folgte, nämlich die äußerst anspruchsvollen *Freeman Études*, benannt nach Betty Freeman, seiner Gönnerin von der Westküste, die sie in Auftrag gab. Wie bereits bei *Atlas Eclipticalis* und *Études australes* benutzte Cage auch hier Sternkarten. Aus seinen Erfahrungen mit Grete Sultan lernend, klärte er die Zeit/Raum-Notierung, indem er unter jedem Notensystem zwei Linien zog, die eine in sieben Segmente gleicher Länge geteilt, die andere zur Markierung der genauen Position jedes im System notierten Ereignisses. Auf eine Weise, die erneut an seine Arbeit an den Klavieretüden erinnerte, tat Cage sich mit Zukofsky zusammen und erarbeitete sich die auf der Violine verfügbaren Möglichkeiten: Welche Notenpaare konnten gleichzeitig gespielt werden, Welche dritten und vierten Töne konnten, wenn auch nur gelegentlich, welchen Paaren hinzugefügt werden? Der daraus resultierende Katalog war so erschöpfend, daß sie daran dachten, ihn zu veröffentlichen.

Die Schwierigkeit des Stückes ermunterte Cage. »Manche Teile davon werden absolut unmöglich zu spielen sein«, stellte er fest. Und mit dem Ausblick darauf, wie Musik soziale Belange fördern kann, fügte er hinzu: »Augenblicklich fassen wir die Möglichkeit ins Auge, das Unmögliche mit den Mitteln der Technologie zu erreichen, und wir sind uns nicht ganz sicher, was aus dieser Technologie zu machen ist, also lasse ich das Stück auf ein Bedürfnis verweisen.«

Zukofsky meinte dazu: »Die *Études* sind aus vielen Gründen sowohl faszinierend als auch frustrierend. Es sind die schwierigsten Stücke, die ich je gespielt habe, und doch sind sie äußerst violinfreundlich. Sie haben endlose Phrasierungsmöglichkeiten, von denen keine im Akt der Hervorbringung beabsichtigt war.« Eine Gefahr dieser neuen Generation von Cage-Werken, in denen eine traditionellere Notation benutzt wird, ist die, daß sie für diejenigen, die mit der Partitur arbeiten, also auch für die Interpreten, oberflächlich gesehen näher an die Erfordernisse anderer Musikstile heranrücken. Die sorgfältigen Spezifizierungen der *Freeman Études* erinnern an andere Formen zeitgenössischer Musik, und die Kommentare beschwören traditionellere Idiome. Und doch sind auch sie Werke von Cage, die auf dem Zufallsprinzip beruhen, und alle Entscheidungen darüber, wie eine Aufführung vorzubereiten sei, sollten besser durch Konzentration darauf als auf die Merkmale der Notation getroffen werden – sonst drohen sich die Differenzen zwischen dem Werk von Cage und dem anderer zu verwischen.

In enger Zusammenarbeit mit Zukofsky stellte Cage in den Jahren 1977 und 1978 sechzehn Etüden fertig. Weitere sechzehn waren geplant, wurden jedoch zurückgestellt, weil diese sechzehn sich sogar für das außerordentliche Können von Zukofsky als zu schwierig ausnahmen, und die Aussicht, sie mit elektronischen Mitteln zu verwirklichen, zog Cage nicht besonders an.

## III

Kathan Brown hatte an der Central School of Arts and Crafts in London Radierung studiert und 1962 in Kalifornien ein eigenes kleines Studio bezogen, die Crown Point Press. Brown hatte eine eigene Vorstellung, wie sie traditionelle Radierungstechniken in den Dienst neuer Kunstideen stellen wollte: die Druckerpresse würde das vollkommene Werkzeug für Künstler sein und Ausrüstung und technische Möglichkeiten bieten, die den Prozeß der Schöpfung unterstützten, statt ihn zu begrenzen, indem sie Kunst durch konservative Verfahrensweisen produzierte, diese aber um einiges erweiterte.

Mitte der siebziger Jahre machte der Künstler Tom Marioni, Kathan Browns Ehemann und ein Bewunderer von Cages Werk, ihr den Vorschlag, Cage zu fragen, ob er nicht an der Druckerpresse arbeiten wolle. Es würde natürlich ein Risiko sein – die Presse wurde gewöhnlich Künstlern zur Verfügung gestellt, die in der Hauptsache bildende Kunst produzierten, und der erste und einzige frühere Besuch eines Komponisten hatte sich als wenig ergiebig erwiesen –, aber Brown entschloß sich, es einzugehen. Cage nahm den Vorschlag ohne zu zögern an, weil er sich, wie er sagte, erinnerte, früher schon einmal eine Gelegenheit verpaßt zu haben, nämlich die, in den fünfziger Jahren mit Gita Sarabhai im Himalaja unterwegs zu sein. »Ich hatte irgend etwas anderes zu tun«, erinnert er sich. »Als ich freihatte, war Gita besetzt. Ich habe das immer bedauert. Diese Reise sollte auf dem Rücken von Elefanten stattfinden; es wäre sicher unvergeßlich gewesen.«

Die Einladung von Kathan Brown zeigt, wie Erfolg weiteren Erfolg nach sich ziehen kann. In dem Maße, wie Cages Arbeit ernst genommen wurde, eröffneten sich ihm weitere Mittel und Möglichkeiten. Die Gelegenheit, Radierungen zu machen, war ein besonderes Vergnügen. Die bildende Kunst war die letzte ernsthafte Alternative zur Musik gewesen, die Cage als junger Mann ins Auge gefaßt hatte. Er hatte Werke mit visuellen Konnotationen produziert – etwa *Constructions* und *Imaginary Landscapes* –, und seine Ausflüge in den Bereich der Filmmusik hatten die Filmsequenzen von Duchamp und den Dokumentarstreifen über Calder begleitet. Trotz seiner vollkommenen Hingabe an die Musik verlor er das visuelle Arbeiten nie ganz aus den Augen. Seine Partituren erregten Aufmerksamkeit als Graphiken, von der Ausstellung zur Fünfundzwanzigjahr-Retrospektive in der Stable Gallery bis hin zur Präsentation von *Renga* im Museum of Modern Art im Jahre 1977, über Ausstellungen im Fine Arts Center der University of Rhode Island und in der Galerie Schwartz 1971 in Mailand. In den fünfziger Jahren hatte er Entwürfe für Larsen und für seine und die Konzerte seiner Freunde gemacht. In das Jahr 1969 fiel seine Zusammenarbeit mit Calvin Sumsion, und 1971 erschien das *Mushroom Book.*

Cage hatte in Gounod und sogar in Schönberg Beispiele von Komponisten gefunden, die auch Maler gewesen waren, Schriftsteller wie William Burroughs wandten sich der Malerei zu. Und doch spürte Cage ein intensives Bedürfnis, seine visuelle Arbeit im Hinblick auf sein Schönberg gegebenes Versprechen zu entschuldigen, sein Leben völlig der Musik zu widmen. »Schönberg selbst tat auch andere Dinge«, notierte er. »Ich glaube noch immer, daß ich ihm treu geblieben bin. Man kann bei der Musik auch verweilen, wenn man Pilze sammelt. Vielleicht ist es eine merkwürdige Idee, aber ein Pilz wächst nur so kurze Zeit, und wenn man zufällig auf einen stößt, der ganz frisch ist, ist es so, wie wenn man auf einen Klang stößt, der ja auch nur kurze Zeit lebt.«

Am Neujahrstag 1978 kam Cage in Oakland an, um in dem Atelier mit der Arbeit am *Seven Day Diary (not Knowing)* zu beginnen. Auch in diesem Bereich war derselbe Modus operandi am Werk wie in der Musik: die nichtintentionale Hervorbringung eines Kunstwerkes durch Zufallsoperationen. Zunächst mußte er sich unter der Anleitung von Kathan Brown und den Druckern Lilah Toland und Stephen Thomas mit den verschiedenen Techniken und Hilfsmitteln vertraut machen, die bei der Radierung eingesetzt wurden. Das spätere Bestandsverzeichnis konnte dann Zufallsselektionen unterworfen werden.

Ungeachtet seiner jüngsten Konzessionen an die Improvisation in der Musik näherte sich Cage dem visuellen Bereich doch mit Vorsicht an. Er war ängstlich bemüht, einen Gestus zu vermeiden, worunter er eingeschliffene Ausdrucksformen verstand (das war ja auch die Grundlage seiner Kritik an Improvisation, Jazz und Surrealismus gewesen): »etwas, das mit der Erkennbarkeit der Person verbunden ist, die Unterschrift wäre ein Beispiel für den Gestus – wenn man seine Unterschrift macht, tut man das ganz gewohnheitsmäßig«. Auf verschiedenen Wegen versuchte er, das zu verhindern, so vermied er es, auf die Platte zu schauen, wenn er eine zufallsgelenkte Reihe von Markierungen machte, während Lilah Toland sie zusammenzählte.

Die bildenden Künstler unter Cages Freunden waren von dem Ergebnis sehr angetan. Jasper Johns versicherte, daß Cage eine hochentwickelte visuelle und graphische Sensibilität habe. Einige kritische Stimmen merkten an, hier sei eine Art einstudierter kultureller Trick am Werk, nicht zuletzt deshalb, weil sie nicht glauben mochten, daß Cage gleichzeitig bildender Künstler und Komponist und Schriftsteller sein könne. Dennoch führte ihn die nächste Auflage von *Who's Who in American Art* ohne jeden Verweis auf sein musikalisches Werk als »printmaker«.

Wie immer unterbrach Cage seine kompositorische Arbeit nicht auf Dauer, noch in diesem Jahr entstanden *A Dip in the Lake, Variations VIII* und ein Stück für Schneckenmuscheln und Tonband, *Pools*. Er stellte *Some of »The Harmony of Maine«* fertig, ein fünfundvierzigminütiges Stück für einen Organisten mit sechs Assistenten (zwei für jedes Register), und zwar für seinen Mitstreiter Gerd Zacher, der bereits vor Jahren Aufnahmen von *Variations I* und *III* eingespielt hatte. Während er noch an den *Freeman Études* arbeitete, produzierte Cage *Chorals* für Paul Zukofsky, eine strenge, mikrotonale Studie auf der Grundlage der Stücke in den *Song Books*, die von dem Geiger Malcolm Goldstein beschrieben wird als »ein Komplex von neun Melodien, deren Ursprung in neun Klavierchorälen von Erik Satie liegt. Zufallsoperationen legten die Wahl der Tonhöhen ebenso fest wie die der Saiten, und auch der Rhythmus ist ganz spezifisch aus den Akkorden von Satie hergeleitet. Die neun derart entstandenen Melodien enthalten Einzel- und

Doppeltonregister in einer Vielzahl von mikrotonalen Beziehungen, aber auch Nuancen von Streicherklangfarben.«

Für Radio KRO in Amsterdam produzierte Cage eine zehnstündige Radio-Aufführung und, unterstützt von Juan Hidalgo und Walter Marchetti, *Il treno*, »Variationen über ein Thema von Tito Gotti«, in Gestalt von Happenings bei drei Ausflügen für »präparierte Züge« am 26., 27. und 28. Juni.

Noch während er daran arbeitete, zog Cage mit Cunningham aus der gemeinsamen Dachwohnung in der Bank Street in eine neue Behausung um, und zwar in das ehemalige Altman-Kaufhaus in der West 18th Street an der Sixth Avenue. Es war hell und geräumig, und Cage richtete sich mit seinen etwa sechzig Pflanzen ein. Die Straßengeräusche hatten es ihm angetan, so sehr, daß er davon absah, Doppelfenster einbauen zu lassen. »Ich wohne gern in der Sixth Avenue«, erzählte er einmal. »Sie hat mehr Klänge, und zwar völlig unvorhersehbare Klänge, als jeder andere Ort, an dem ich je zuvor gewohnt habe. Der Verkehr steht nie still, weder bei Tag noch bei Nacht. Immer wieder eine Hupe, eine Sirene, kreischende Bremsen – äußerst interessant und immer überraschend.« Die Feuerwehr war in der 19th Street, und ihre Löschwagen umkreisten häufig den Häuserblock in Richtung Seventh Avenue, unter Cages Fenster vorbei, die Sixth Avenue hinauf. Im Inneren des Gebäudes gab es laute Klopfgeräusche von den Rohrleitungen zum Dachgeschoß, so laut, daß sie Cage manchmal aus dem Schlaf rissen. »Jetzt«, meinte Cage, »brauche ich kein Klavier mehr.«

Auf die erste unmittelbare Begeisterung für Zen war eine langsamere, kontinuierliche Phase gefolgt, in der Cage sie weiterentwickelte und größere Beständigkeit an den Tag legte. Er lernte, sich nicht mehr von den nächtlichen Verkehrsgeräuschen stören zu lassen, indem er die Klänge in Bilder transponierte, »so daß sie in meine Träume eindrangen, ohne daß sie mich aufweckten«. So wie er sich nicht von Lärm beeindrucken ließ, zeigte sich auch hier, daß Cage außerordentliche Kontrolle über seine Reaktionen auf äußere Bedingungen hatte (wieweit das ein natürliches Talent war und wieweit eine bewußt entwickelte Fähigkeit, bleibt eine offene Frage). Er beschrieb sie folgendermaßen: »Ich übersetze die Klänge in Bilder, und auf diese Weise werden meine Träume nicht gestört. Sie verschmelzen miteinander. Eines Nachts ging eine Sirene los, und was mich dabei erstaunte, war, daß das Heulen über zwei Stunden anhielt, und zwar ziemlich laut. Es schien in der Tonhöhe leicht nach oben und nach unten zu schwanken. In meinen Träumen wurde es zu einer Brancusi-ähnlichen Gestalt, wissen Sie, einer kunstvollen Kurve. Und ich habe mich darüber überhaupt nicht geärgert.«

Cage hatte Cunningham vorgeschlagen, sich zur Ruhe zu setzen, es sei an der Zeit. Er hatte ausgerechnet, daß er, wenn er sich etwa in Bolivien niederließ, angesichts der dortigen Lebenshaltungskosten mit dem auskommen könnte, was er bereits verdient hatte, und überdies, bedeutete er seinem Partner, hätte man dort den zusätzlichen Vorteil, daß sich niemand für moderne Musik interessierte. Eines Tages, als sie schon einige Zeit in der neuen Wohnung gelebt hatten, schaute Cage aus dem Fenster auf die Straße hinunter. Seit neuestem symbolisierte sie eine Avenue beider Amerika, daher war an den Straßenlampen jedes Blocks der Name eines anderen südamerikanischen Staates zu lesen. Das Schild gegenüber dem Altman-Kaufhaus trug den Namen »Bolivia«.

Am Neujahrstag des Jahres 1979 besuchte Cage zum zweitenmal die Crown Point Press. Nachdem er sich ein gewisses Gespür für die Grenzen des ihm Möglichen erworben hatte, versuchte er, wie er das bereits in einem ähnlichen Stadium bei der Zufallsmusik gemacht hatte, das Verfahren in wachsendem Maße komplexer zu gestalten. Paul Zukofsky, erzählte er den Druckern, spiele Geige, als ob er sechs Finger hätte, also wären auch virtuose Radierungen möglich. Für das Projekt, mit dem er in diesem Jahr begann, erinnert sich Lilah Toland, »spornte er uns fortgesetzt zu Höchstleistungen an«. Cage und die Drucker blieben häufig nachts bis zwei oder drei Uhr auf und bereiteten die 299 Farben vor, die die Zufallsoperationen vorgeschrieben hatten. Auch hier versuchte Cage gerade das einzubeziehen, was gemeinhin als technisches Versehen ausgeschlossen wird. Während sonst die Kante einer Druckplatte gesäubert wird, entschied hier eine Zufallsoperation darüber, ob sie eingefärbt bleiben sollte oder nicht. Blindätzungen, gelegentliche Ausrutscher, die entstehen, wenn sich die Säure an unbeabsichtigten Stellen in die Druckplatte frißt, wurden besonders hervorgehoben. Das Projekt war so kompliziert, daß Cage die Arbeit bis ins Jahr 1982 fortsetzte. Er erzielte, so Lilah Toland, »eine verwickeltere, verzwicktere Art von Schönheit, als er sich bewußt vorgenommen haben konnte«.

Im Januar 1979 erübrigte Cage darüber hinaus Zeit für die Komposition von *Hymns and Variations*, die den in den *Quartets* benutzten Prozeß weiterführten und durch »Subtraktionen« aus »Heath« und »Old North« von William Billings abgeleitet und für zwölf verstärkte Singstimmen geschrieben sind, wie immer bei Cage ohne Vibrato. Am 1. Februar trug er den vierten Teil von *Empty Words* im Whitney Museum vor. Im Laufe des Jahres stellte er eine weitere Serie virtuoser Studien nach Sternkarten fertig, die *Études boréales*, und ein neues umfangreiches Projekt zeichnete sich ab.

## IV

Klaus Schöning arbeitete für den Westdeutschen Rundfunk in Köln, wo er Hörspiele produzierte und Musiksondersendungen von einer großen Zahl internationaler Musiker. Nachdem er im Vorjahr von *Sounday* beeindruckt gewesen war, lud Schöning Cage ein, Musik zur Begleitung einer Sendung von *Writing for the Second Time Through »Finnegans Wake«* zu schreiben. Cage nahm an. *Roaratorio* fiel ihm als Arbeitstitel ein, weil das Wort, so schien ihm, die Welt von *Finnegans Wake* heraufbeschwor – um dann herauszufinden, daß es tatsächlich in dem Buch auftaucht.

Dank seiner Arbeit bei der Cunningham Company kannte Cage einen jungen Toningenieur namens John Fullemann, der ihm als potentieller Mitarbeiter einfiel. Fullemann hatte in Yale Phänomenologie, Geschichte und Musik studiert und in den späten sechziger Jahren mit Lucier zusammengearbeitet (ein Konzert in Wesley 1968, in dessen Programm sie beide verzeichnet waren, umfaßte auch Kompositionen von Fullemann).

Jetzt entwarf und baute er Aufnahmestudios im Raum New York und hatte seit 1976 als Tonberater für die Dance Company gearbeitet. Die Einladung von Cage wurde ihm in einem Hotelzimmer in Puerto Rico zugestellt: er las sich den Brief laut und begeistert vor und sagte Cage zu.

Cages erster Gedanke war, *Writing for the Second Time* könnte mit einer Tonbandcollage auf der Grundlage der Klänge begleitet werden, die von Joyce selbst in seinem Buch erwähnt werden. Nachdem er sich ein Verzeichnis von ihnen gemacht hatte, kam er auf über viertausend Positionen. Auf der Suche nach einer Lösung des Problems entdeckte Cage ein neues Buch, *A Finnegans Wake Gazeteer* von Louis Mink, der Philosophiedozent an der Wesleyan University war. Das Buch verzeichnete alle bei Joyce erwähnten Orte. »Es war also ganz natürlich«, glaubte Cage, »den bereits aufgelisteten Klängen Aufnahmen von Umweltgeräuschen jener Orte im *Wake* hinzuzufügen.« Er wollte wenigstens dreißig Sekunden Klangmaterial von jedem Ort haben. Es mutete unwahrscheinlich an, daß Cage und Fullemann die Arbeit in der zur Verfügung stehenden Zeit würden bewältigen können, aber Cage erinnerte sich der Überzeugung seines Vaters, daß das Unmögliche einem zeigt, was noch zu tun bleibt. »Wenn man keine Zeit hat, irgend etwas zu Ende zu bringen, soll man sich die fertige Arbeit vorstellen, sobald sie begonnen ist«, erklärte Cage seine Haltung. »Die Arbeit ähnelt dann der Venus von Milo, die auch ganz gut ohne Arme zurechtkommt.«

Die Aufgabe war gewaltig, und mit geschickter Handhabung verschiedener Angebote, die charakteristisch ist für das künstlerische Unternehmertum seiner späteren Laufbahn, vereinfachte Cage sie, indem er mehrere andere Aufträge und Einladungen in das Stück einbezog und darin verdichtete. Eine Einladung von Boulez und Max Matthews aufgreifend, traf er die Entscheidung, daß die Studioarbeit bei der IRCAM ausgeführt werden könne, dem von Boulez geleiteten wichtigsten elektroakustischen Zentrum im Centre Beaubourg in Paris. Das fertige Werk sollte nicht nur Schönings Ansprüche befriedigen, sondern auch den Auftrag für einen Musikabend beim Festival d'Automne in Paris für das dortige Projekt »Autour de Merce Cunningham« erledigen.

Cage war der Meinung, mit dem Text und dem Tonband könne noch ein drittes Element zusammengehen, ein Zirkus irischer Volksmusik in der Art von *Musicircus*. Helen Schneyer schlug ihm vor, Kontakt zu dem Sänger Joe Heaney aufzunehmen. Fullemann, seine Frau Monika und Cage trieben ihn Ende April 1979 im englischen Norwich auf. Cage gab Heaney die bestmögliche Beschreibung des Projektes, wobei er einräumen mußte, daß ein Großteil noch gar nicht festgelegt war. Der Sänger willigte ein und verwies Cage an den Flötenspieler Seamus Ennis.

Im folgenden Monat traf Cage während seiner Tournee mit der Cunningham Company in Lyon mit Schöning zusammen. Schöning willigte ein, die Versendung von Briefen an alle Rundfunkstationen rund um die Welt zu organisieren, mit der Bitte um Geräusche von den im *Wake* erwähnten Örtlichkeiten. Ein Mitglied der Redaktion des WDR, Peter Behrendsen, übernahm die Aufgabe, das Schallarchiv des Senders nach geeignetem Material zu durchforsten.

Schöning wollte wissen, ob sie das Projekt verschieben sollten. In der Überzeugung, daß »zwei Negative ein Positiv« ergaben, drängte Cage erneut darauf, sie sollten ihr Bestes tun. Aber, merkte er an, »ich mußte mir eine Vorgehensweise überlegen, bei der ich nicht nervös oder verrückt werden würde«. Im Grunde lief das Ganze auf willkürliche Organisation hinaus. Der Geräuschkatalog wurde in verschiedene Kategorien eingeteilt; vom 15. Juni bis zum 15. Juli sollten Geräusche in Irland gesammelt, vom 15. Juli bis zum 15. August sollte im Studio der IRCAM das Band geschnitten werden.

»Wir fuhren nach Irland und genossen jede Minute der Reise«, erinnerte sich Cage. »Wie die übrige Welt ist es wunderbar, und die Leute sind ein Vergnügen.« Er und Fullemann verbrachten viele Stunden mit dem Sammeln von Klängen, indem sie in dem alten Volvo des Paares ganz Irland umrundeten. Ciaran MacMathuna, die für Volksmusik verantwortliche Redakteurin bei Irish Radio, schlug verschiedene Musiker vor: Paddy Glackin für die Fiedel, Matt Molloy für die Flöte und den blinden Bohdran-Spieler Paedar Mercier und seinen Sohn Mel. Cage ging auf Heaneys Vorschlag ein, Seamus Ennis für die Flöten zu gewinnen, und sie fanden ihn in seinem Wohnwagen, der nach einer irischen Ballade »Osterschnee« hieß. Cage nahm dann Kontakt zu den anderen Musikern auf, und jeder versprach seine Mitwirkung. »Als ich den Telephonhörer abnahm, dachte ich, ich spräche mit E.T.«, erinnert sich Paedar Mercier.

Bei IRCAM waren die Toningenieure verblüfft zu sehen, daß Cage und Fullemann auf der Stelle mit der Arbeit begannen; die meisten Gastkünstler brauchten erst einmal Zeit, sich in ihrer neuen Umgebung zu akklimatisieren. Ihre erste, an einem Tag erledigte Aufgabe war die, den Mesostichontext Abschnitt für Abschnitt aufzunehmen. Als Cage hin und wieder in Irland probte, hatte er die Idee eines nachgemachten irischen Akzents für seine Produktion verworfen und für eine Singsang-Intonierung optiert, die an die »Sprechstimme« Schönbergs erinnerte. Die Aufnahme, die sie von *Writing for the Second Time* machten, wurde zum Maßstab, an dem sie die aufgenommenen Klänge ausrichten konnten. »Irgendwie waren wir in der Lage, damit klarzukommen, ohne durchzudrehen«, schrieb Cage. »Die Wiederholung trat an die Stelle der musikalischen Theorie.« Als sie so Spur um Spur zusammenmischten, hatte Cage den Eindruck, daß er wußte, was zu tun war, und doch keine bestimmte Vorstellung von dem Ergebnis hatte: der Zen-Begriff der absichtlichen Absichtslosigkeit.

*Roaratorio* wurde genau nach Zeitplan fertiggestellt. Es wurde vom Publikum begeistert aufgenommen und gewann den Karl-Szuka-Preis des Jahres. Später ist das Werk bei zahlreichen Gelegenheiten live aufgeführt worden, mit verschiedenen Kombinationen von Instrumenten und in wechselnder Besetzung (beispielsweise übernahm Liam O'Flynn die Flöten nach dem Tode von Seamus Ennis); Cage las den Text, und manchmal tanzte die Cunningham Company. Im September 1979 schrieb Cage beim Edinburgh Festival in Schottland auch eine Partitur dazu. Wie die Partitur zu *Variations V* wurde sie erst nach der Fertigstellung des Stückes aufgezeichnet, aber sie ist mehr als nur die Partitur zu *Roaratorio*. Der Text fungiert als Generalanweisung zur Umwandlung jedes beliebigen Buches in ein Musikstück, nach dem Verfahren, das Cage bei *Finnegans*

*Wake* anwandte. Die Partitur trägt den Titel —, — *Circus On—*. Die erste Leerstelle steht für den Titel (hier *Roaratorio*), die zweite für einen Artikel und ein Adjektiv (*an Irish* in diesem Falle), die letzte für den Titel des Buches, dem sie entnommen ist. Mittlerweile gibt es eine Version, die als Quellentext Lokalzeitungen verwendet, und eine schottische Version mit dem Titel *Realibogie – A Jacobite Circus on King James VI's Daemonology.*

Im Januar 1979 schrieb Louis Mink, der Autor des *Gazeteer,* den Cage für die Katalogisierung für *Roaratorio* benutzt hatte, und teilte einige Beobachtungen zu Cages Mesostichonpraxis mit. Nach der Lektüre von *Writing for the Second Time Through »Finnegans Wake«* war Mink zu dem Schluß gekommen, man könne von Cage behaupten, er schreibe unreine Mesostichen, ein reines Mesostichon würde zwischen keinem der Wörter, die den Strang bildeten, einen Freiraum lassen.

Cage fand das interessant und versuchte sich daran, reine Mesostichen zu schreiben, und zwar in einem *Writing for the Third Time Through »Finnegans Wake«*. Wie der erste Versuch blieb auch dieser dritte unveröffentlicht. 1980 folgte eine weitere Version, *Writing for the Fourth Time ...*, in der die reine Mesostichonmethode befolgt wird, sie ähnelt aber der zweiten Fassung darin, daß sie das Wiederauftauchen einer gegebenen Silbe oder eines gegebenen Buchstabens des Namens nicht erlaubt.

Im Verlauf des Jahres 1980 begann er *Writing ... Fifth ...*, betitelt *Muoyce.* So wie *Mureau* für Musik-Thoreau stand, steht *Muoyce* für Musik-Joyce; sie ist nicht in Mesostichen geschrieben, sondern bewegt sich anhand von Zufallsoperationen von einem Teil des *Wake* zum anderen. Wie *Mureau* und *Empty Words* verzichtet sie auf Sätze und besteht nur aus Satzteilen, Wörtern, Silben und Buchstaben; die Zeichensetzung ist aufgegeben, und an vielen, durch Zufallsoperationen selektierten Stellen ist der Zwischenraum zwischen den Wörtern geschlossen.

Ein weiteres literarisches Projekt dieses Jahres war *James Joyce, Marcel Duchamp, Erik Satie: An Alphabet,* ein Monolog, den Cage für eine Live-Aufführung bestimmt hatte. Er läßt sich als Erweiterung des imaginären Dialoges mit Satie sehen, den er 1958 geschrieben hatte. Beim Entwurf der Bühnenbearbeitung, so Cage, sei er nach einem Prinzip Fullers vorgegangen, daß man zu Beginn nämlich immer fünf Ideen und nicht nur eine in Erwägung ziehen sollte. Er ordnete die möglichen Bühnenvorgänge, indem er die verschiedenen Kombinationen der Geister von Joyce, Duchamp und Satie mit »nicht empfindenden Wesen« ausarbeitete (möglicherweise eine dunkle Zen-Referenz, die seine Bezeichnung für Requisiten ist), wenn ein Minimum von einem und ein Maximum von fünf auf der Bühne auftreten konnte. An Möglichkeiten gab es damit: jeder Geist allein, jeder mit einem bis vier nicht empfindenden Wesen; die Geister in den möglichen Paarungen mit bis zu drei anderen Wesen; oder alle drei Geister mit einem oder zwei nicht empfindenden Wesen.

Das Werk ist insofern ein Alphabet, als Cage Zufallsoperationen benutzte, um alphabetische Eintragungen in Wörterbüchern und Enzyklopädien bei seiner Vorbereitung des Stückes nachzuschlagen; die Zahl möglicher Kombinationen von Geistern und nicht empfindenden Wesen beläuft sich zufälligerweise auf sechsundzwanzig. Aber »das Stück ist kein Alphabet«, wie Cage feststellt; der Text, den er im Banne dieser Einschränkungen schrieb, »ist eine Phantasie«, eine Phantasie der Arten von Moderne, die seine drei Geister repräsentieren. Er wollte »die Zeichensetzung sozusagen aus unserer Erfahrung der Moderne entfernen und sie mit etwas wie ihrer eigenen Erregung illustrieren«. In den plötzlichen Sprüngen seiner imaginierten Bühnenfassung erzeugt Cage »all jene magischen Situationen von Gebäuden, die sich ohne Anstrengung … von einem Platz zum anderen bewegen«. Das Ganze ist eine Phantasie des elektronischen Zeitalters, die ein musikalisches Beispiel in den *Stressed Space Palindromes* (1976–82) von Gordon Mumma gefunden haben mag, wo ein hochtouriges Dopplerschaltsystem eigenen Entwurfs die Resonanzmerkmale eines Raumes simuliert, der sich rasch an Größe und Gestalt ändert. Cage äußert zu seinem *Alphabet*: »Das ist die elektronische Unmittelbarkeit, auf die wir uns zubewegen.«

Neben dieser extensiven literarischen Tätigkeit führte Cage

auch seine Annäherung an die musikalische Improvisation weiter, und zwar in *Improvisation Three (Duets)* und einer vierten *Improvisation*, den *Fielding Sixes*, für die John Fullemann die Ausrüstung entwarf, wobei die Abspielgeschwindigkeit der drei in dem Stück benutzten Kassettenmaschinen fortgesetzt variieren sollte. *Fielding Sixes* wurde als Begleitung zu einem Cunningham-Tanz uraufgeführt, mit Bühnenbildern von Monika Fullemann, und 1983 vom Ballet Rambert zu Bühnenbildern von Mark Lancaster wiederholt. Im Juli 1980 stellte Cage in New York die *Litany for the Whale* für zwei unbegleitete Stimmen fertig, die wie gewöhnlich ohne Vibrato zu singen seien. Das Stück besteht aus einer Rezitation des Wortes *whale*, das gesungen wird, indem jeder einzelne Buchstabe gesondert ausgesprochen wird (auf D, C, B, G, A), und diese Rezitation alterniert mit Echos aus verschiedenen Kombinationen der Buchstaben. Das Stück verrät Cages ökologisches Anliegen, aber auf andere Weise als *Child of Tree, Branches, Inlets* oder die Wetterbeschreibungen in *Lecture on the Weather* oder die Schilderungen der Morgenröte über Stony Point, die er in *Score (40 Drawings by Thoreau) and 23 Parts* (1974) benutzte. Während in diesen Stücken sein Interesse in dem Klangmaterial zum Ausdruck kam, das er verwendete – die Umweltgeräusche, die organischen Schallquellen –, kommt die *Litany* einer Aussage ungewöhnlich nah.

Im September unternahm Cage seinen inzwischen fünften Besuch der Crown Point Press. Als er merkte, daß sich die *Changes and Disappearances* bei seinen nächsten Besuchen fertigstellen lassen würden, begann er mit der Planung einer neuen Reihe von Radierungen. Als er zum erstenmal in Seattle wohnte – wahrscheinlich im Jahr 1939 –, hatte er zehn Cents ausgegeben, um zusammen mit Graves und anderen ein kleines Aquarium auf dem Markt in der Nähe des Puget Sound zu besichtigen. Obwohl die Becken leer schienen, wurde er ermahnt, zu warten und zu beobachten. Nach kurzer Zeit löste sich eine Venusmuschel vom Boden und durchbrach die Wasseroberfläche, und nachdem sie ein Quantum Luft in sich aufgenommen hatte, sank sie wieder langsam abwärts; ihre Rückkunft störte andere auf, die nun ihrerseits nach oben trieben und ein wunderschönes Muschelmuster auf der Wasseroberfläche erzeugten.

Cage beschloß, seine neue Reihe von Drucken *On the Surface* zu nennen, ein Titel, der an eine Äußerung von Thoreau in dessen *Journal* erinnerte: »Beinahe jeder Klang ist ähnlich der Stille, er ist eine Luftblase an der Oberfläche des Wassers, die im Moment platzt.« Cage wollte das visuelle Äquivalent äußerster Stille herstellen, die er wiederum mit der weißen Schrift von Tobey assoziierte, und deshalb eine Gruppe von Platten mit nahezu keinem Bild darauf anfertigen. Ihm fiel ein, daß er Abfallkupferplatten benutzen konnte, in Teile geschnitten, die vom *I Ging* festgelegt wurden, so daß die Bilder nur aus der Form der benutzten Druckplatten und der Zufallskonfiguration der Kratzer bestehen würden, die die Kupferstücke darauf machten; einige der Kratzer würden bei wiederholtem Gebrauch verschwinden. Das war eine weitere Form billigender Einbeziehung dessen, was sonst gewöhnlich technisch ausgeschlossen wird, ähnlich der Einbeziehung von Blindätzungen und nicht beschnittenen Rändern in *Changes and Disappearances*. Cage teilt die Papierfläche über einer unteilbaren »Goldenen Sektion« in fünfunddreißig identische horizontale Abschnitte. Von Druck zu Druck sinkt die horizontale Linie bis zur »Goldenen Sektion«. Entlang der horizontalen Linie werden die Platten, die auf ihr zu liegen kommen, beschnitten. Pro Druck vermehren sich durch diese Teilungen die Platten, während die Plattengrößen abnehmen. Auswahl und Farbton der Platten werden per Zufallsoperation nach dem *I Ging* bestimmt.

Susan Barron hatte anfangs Musik studiert, war dann aber von dem Landschaftsphotographen Art Sinsabaugh zur Photographie gebracht worden; als Cages Dozentur (1969) an der University of Illinois schon fast zu Ende gegangen war, hatte sie dort einen zweijährigen Studiengang begonnen. 1978 studierte sie in Frankreich bei Paul Strand. Auf Anraten ihrer Lehrer spezialisierte sie sich auf Landschaftsphotographie. Cage war hingerissen davon, wie Barron den Bildausschnitt mit Einzelheiten überflutete, was seiner Lust an einem solchen

Überfluß an Details nahekam. Er bot ihr an, einen Begleittext für einen Katalog zu schreiben.

Zunächst hatte er vor, seine gewohnte literarische Technik mit einem seiner immerwährenden Themen zu verbinden und Mesostichen über die Namen der Jahreszeiten zu schreiben, aber dieses Schema verwarf er bald. Als er dann eines Tages in Den Haag aus einem Theaterfenster einen Blick auf einen Spielplatz mit einer Straße im Hintergrund warf, dachte er daran, Mesostichen zu schreiben, die in einem gewissen Sinne photographierten, was unten vorging, und zwar mit der leeren Beschwörung des Haiku. Das wäre eine interessante Konzession an die Spontaneität gewesen – er schrieb seine Texte gewöhnlich nicht selbst, geschweige denn, daß er einem Impuls der Wahrnehmung nachgab –, aber als er über diese Stadtszenerie blickte, war ihm klar, er würde nichts machen, das für Landschaftsphotographien angemessen wäre.

Schließlich entschied er sich für eine Technik, die er zuvor schon bei dem Libretto von *Solo for voice 35* benutzt hatte, das in *M* als *Song* erscheint. Jede Zeile wurde mit Hilfe des *I Ging* aus dem *Journal* Thoreaus ausgewählt:

»Die Luft köstlich frisch,
so werden wir in die Natur eingeweiht
fallen ins Wasser
oder verloren, in Stücke zerrissen, zu Tode erfroren
Donner und Blitz.«

Zehn Jahre später war *Another Song* daraus entstanden:

»Überbrückung des Flusses, nachts, Hemmnis
Apfel, in eurer Jugend geschmeckt
stellt fest, als ob.«

Das Ergebnis dieser Zusammenarbeit wurde im April 1981 von Callaway Editions veröffentlicht. Im Herbst jenes Jahres brachte derselbe Verlag das *Mud Book* von Cage und Lois Long heraus.

Inzwischen war Cage im August zu Cunningham und Chris Komar gestoßen, die an der University of Surrey im englischen Guildford die International Dance Group für berufsmäßige

Choreographen und Komponisten vorstellten. Jeden Morgen sprach Cage von neun bis halb elf über einen Aspekt seines Werkes. Dann verwendete er, nach einer halbstündigen Unterbrechung, weitere anderthalb Stunden auf die Vorbereitung von Mesostichen, die mit dem gerade improvisierten Vortrag in Zusammenhang standen. Er wählte zehn Ausdrücke aus, die als Mesostichonstrang dienen sollten und seine Hauptmotive umschrieben: Methode, Struktur, Intention, Disziplin, Notation, Unbestimmtheit, wechselseitige Durchdringung, Nachahmung, Hingabe und äußerer Umstand. »Diese zehn erschienen mir am wichtigsten«, stellte Cage später fest. »Es fehlen darunter merkwürdigerweise das Wort Erfindung und das Wort Absichtslosigkeit oder sogar solche Dinge wie Zufall, die zumeist unter den Begriff Disziplin fallen.« Cage sprach jeden Tag über einen anderen Begriff, nur »Disziplin« erforderte, amüsant genug, drei Vorträge; es konnte also eine Korrespondenz zwischen den zehn Begriffen und der Kursdauer von zwölf Tagen hergestellt werden. Am ersten Tag stellte Cage sechs Mesostichen in der zugemessenen Frist fertig und erlegte sich dann, mit dem charakteristischen Maß an Disziplin, sechs Mesostichen als Ziel für jeden der verbleibenden Tage auf.

Die Mesostichen, die Cage schrieb, wurden später unter dem Titel *Composition in Retrospect* veröffentlicht und bei verschiedenen Anlässen vorgetragen. Sowohl ihr Titel als auch ihr Inhalt sind eine neue Konzession an das autobiographische Zeugnis.

»die VergangenheIt muß erfunden werden
die Zukunft Muß
revidIert werden
ersT
beides gemeinsAm
bildeT
dIe Gegenwart
Schöpfung und Entdeckung hOeren
Nie auf«

Jeder Teilnehmer des Workshops konnte, wenn er wollte, bei der Mesostichengruppe mitmachen, die dadurch zu einer Art Aufführung wurde wie *0′00″*. Cage begann sich mehr und mehr einem Modus äußerster Hingabe zuzuwenden, immer weniger dem der Unterbrechung, und versuchte, Zeitdruck in Kunst zu verwandeln.

Im Jahre 1981 präsentierte Cage erneut *James Joyce, Marcel Duchamp, Erik Satie: An Alphabet*, und am 25. September gab er eine die ganze Nacht dauernde Aufführung von *Empty Words* in den Real Art Ways in Hartford. Vom 5. bis 7. November nahm er an der achten Computer Music Conference teil, die in diesem Jahr im texanischen Denton stattfand und von Larry Austin organisiert wurde, dem früheren Herausgeber der Zeitschrift *Source*, den Cage aus seiner Zeit in Davis kannte. Bei der Konferenz wurde eine Neuaufführung von *HPSCHD* präsentiert, und Cage trug *Composition in Retrospect* vor.

Am 22. November fuhr er nach Pont-à-Mousson zu der Uraufführung seiner *Thirty Pieces for Five Orchestras* durch das Orchestre Philharmonique de Lorraine. In diesem Werk machte Cage zum erstenmal und durchaus ehrgeizig Gebrauch von einer neuen Methode der Organisation von Zufallsoperationen, die er dann in Werken wie *Music for ...*, *Two, Five, One* und anderen Stücken weiterentwickelte, die Zeitklammern benutzten: er vervielfachte einfachste Mittel, um eine komplexe Situation zu schaffen. Damit hatte er eine leichte und ökonomische Weise gefunden, die gesuchte Vielzahl zu erzielen.

Bei der Vorbereitung der Partitur bediente sich Cage derselben Bilder und Techniken, die er im vorigen Sommer für die *On the Surface*-Radierungen entwickelt hatte. »Mir hatte diese Arbeit sehr viel Spaß gemacht«, erklärte er, so daß er sich entschloß, das Orchesterstück auf analoge Weise zu schreiben. Nach dem Zufallsprinzip zerschnitt er das Notenpapier und plazierte an vom *I Ging* bestimmten Stellen Schablonen. Jedes der einzelnen Blätter war potentiell Klang; der Raum zwischen den Notenlinien repräsentierte die Hilfslinien dieses oder jenes Instruments, also spezifizierte jede Zufallsbestimmung einen Klang.

Während bei der Radierung die obere Kante des Blattes wichtig war und entsprechend auch die Abwärtsbewegung, machten in der Musik, wie Cage bemerkte, dieselben Prozesse die Horizontale, also die zeitbezogene Achse, interessanter als die Vertikale. »Ich entdeckte, daß eine horizontale Linie, die graphische Veränderungen bestimmte«, erklärt er, »entsprechend bei der Notation der Musik eine vertikale Linie werden mußte.« Auch die Richtung der Zufallsoperationen und das, worauf sie sich bezogen, mußten dem angepaßt werden.

Die Uraufführung in Metz vermittelte Cage eine seiner bis dahin besten Erfahrungen in der Zusammenarbeit mit einem Orchester. Das Desaster mit der Orchesterfassung von *Cheap Imitation* hatte er nicht vergessen und deshalb darauf bestanden, daß der Vertrag zehn dreistündige Proben vorsah, die ausschließlich diesem Stück galten. »Nachdem ungefähr Dreiviertel der Probenzeit vergangen war«, erzählte Cage später Stephen Montagu, »bekamen die Musiker offenkundig Interesse an dem, was sie da machten. Ein so großes Interesse, daß sie das Ergebnis hören wollten. Sie nutzten jede Gelegenheit, um hinauszugehen und dann, in einem gewissen Abstand zum Ensemble, zuzuhören ... Die Aufführung war hervorragend!«

Cage und Cunningham hatten sich vorgenommen, im Laufe des Jahres 1981 ihre Wohnung auszubauen. Sie kauften die leerstehende Nachbarwohnung, ließen die Zwischenwand einreißen und fügten eine neue Tür zum Dach des Gebäudes ein. Da er nun über mehr Raum verfügte, vergrößerte Cage seine Pflanzensammlung auf über zweihundert Stück.

Im Januar 1982 machte sich Cage mal wieder zur Crown Point Press auf den Weg. *Changes and Disappearances* und *On the Surface* waren mittlerweile fertig, und er begann mit der Arbeit an einer einfacheren Serie, *Déreau*, in der er auf verschiedenste Weise das zum Ausdruck bringen wollte, was er mittlerweile über die Radierungstechnik gelernt hatte. Vom 25. Februar bis zum 2. Mai stellte das Whitney Museum of American Art seine Partituren und Drucke aus.

Einstweilen war für Cage eine Präsentation von *Roaratorio* vom 29. bis zum 31. Januar in Toronto angesagt, das er noch einmal im Mai in London bei einer Europatournee mit Grete Sultan aufführte. Am 10. Mai gab er *A House Full of Music*, einen Zirkus mit nichtprofessioneller Musik unter Mitwirkung von achthundert Schulkindern, bei Pro Musica Nova in Bremen. Und am 5. September, wieder zurück in den Vereinigten Staaten, *Fifteen Domestic Minutes* für National Public Radio, ein Stück, das über Satellit Aufführungen in Denver, Los Angeles, New York City und Washington zu einer einzigen Sendung kombiniert wurde.

Es war das Jahr von Cages siebzigstem Geburtstag, und viele Engagements waren als Geburtstagsfeiern geplant. Die Veranstaltung »Wall to Wall Cage« am 13. März im Symphony Space in New York vereinigte Einzel- und Zirkusaufführungen, präsentiert von Anhängern wie Cunningham, Jackson MacLow, Cages Verleger Don Gillespie, seiner Agentin Mimi Johnson, der Pianistin Margaret Leng Tan (die, wenn auch erst seit kurzem mit Cage bekannt, in wachsendem Maße seine Werke spielte) und Cage selbst. Das Publikum war begeistert, schien aber schon vorher zu Cage bekehrt zu sein. Beim Carillo Music Festival in Kalifornien, das vom 16. bis zum 25. August stattfand, wurde *Dance/4 Orchestras* uraufgeführt, ein Stück, an dem er im Vorjahr zu arbeiten begonnen hatte. Für eine Ehrung Mitte September im Walker Art Institute in Minneapolis schrieb Cage *Postcard from Heaven* für eine bis zwanzig Harfen. Das Stück wurde am 23. erneut aufgeführt, und zwar bei einer Feier im American Center in Paris. Earle Brown, der mit Frederic Rzewski gekommen war, erinnert sich, wie spektakulär das Konzert optisch gewesen war: zuerst das gewaltige Mobile, ein Schlagzeugarrangement für Browns eigenes *Calder Piece*, dann »zwanzig Harfen, die bis in weite Ferne reichten«.

## V

Der Ryoanji-Garten in Tokio wurde um 1490 gebaut: eine flache Ebene geharkten Sandes mit fünf Gruppen von Felsblöcken, die aus Moosbetten aufragten; zwei Gruppen mit zwei Steinen, zwei mit dreien und eine Gruppe mit fünf. Ursprünglich diente sein Entwurf dazu, das Wesentliche der Realität herauszukristallisieren, und nicht, es darzustellen. Der Zen-Garten bildete damit so etwas wie einen abstrakten Ort der Kontemplation. Cage hatte die Stätte während der Tournee besichtigt, die er 1962 mit Tudor unternommen hatte, und damals bemerkte er gegenüber einem japanischen Freund, daß die Leere des Sandes es erlaubt haben würde, die Steine an jeder beliebigen Stelle des Raumes aufzustellen.

Zu Beginn der achtziger Jahre wuchs das Interesse von Cage für Steine. Er fuhr an den Straßenrand, um sich bestimmte Steine anzuschauen, genau wie er das früher mit Pilzen gemacht hatte. »Ich sammle Steine aus aller Welt für meinen Garten«, erzählte er Lisa Low 1985. Sie erregten ein Gefühl des Staunens bei ihm. »Dieser einzelne Felsen zeigt so viele Gesichter«, sagte er einmal, »daß er einer Ausstellung mehrerer Kunstwerke ähnelt.«

Im Jahre 1983 schuf Cage mit *Where R = Ryoanji* ein neues graphisches Werk. Er verwendete dazu Steine als Schablonen – dieselbe Anzahl wie die im Ryoanji-Garten –, um die herum er mit Bleistiften malte, deren Gewicht und Härtegrad vom *I Ging* festgelegt wurden. Der freihändige Gebrauch von Bleistiften war eine erneute Konzession an den Gestus. Der Zufall bestimmte, wie viele Steine bei welcher Gelegenheit und in welcher Lage verwendet und wie oft jeder beim Zeichnen umrandet werden sollte. Die daraus entstandenen Zeichnungen scheinen fragil, als ob das Licht sie mit der Zeit zum Verblassen brächte, aber chemisch betrachtet sind sie vollkommen beständig. Im selben Jahr erarbeitete Cage die zwölf üppigen Bilder von *Weather-ed* (Farbphotos von Paul Barton) und bei der Crown Point Press *HV*, sechsunddreißig Monotypien, mit weichen Materialien gedruckt – Schaumgummi, Jute, Baumwolle und Filz. Der Titel steht für horizontal und vertikal und bezieht sich auf die geradlinige Struktur, mit der er die Fragmente in Position gebracht hatte.

Im September stellte Cage sein zweites Streichquartett fertig, *Thirty Pieces for String Quartet*. Es ist gewissermaßen die Quintessenz seines Individualismus in der Musik. Die vier Parts stehen separat, ohne koordinierende Partitur. Jeder Spieler probt für sich. Bei der Aufführung sitzen sie nicht in der üblichen dichten Fühlung, sondern weit voneinander entfernt in großen, regelmäßigen Abständen – rund um das Auditorium, in einem Kreisbogen davor oder unregelmäßig plaziert. Das

Kronos-Quartett, dem das Werk gewidmet wurde, bestritt im folgenden Jahr die Uraufführung in Darmstadt.

Um diese Zeit vereinfachte sich Cage durch die Anschaffung eines Personalcomputers die Arbeit an den mechanischen Anteilen seines Werks. Damit konnte er auf eine neue Computersimulation des *I Ging* von Andrew Culver zugreifen, die die von Ed Kobrin ersetzte, und auf »Mesolist«, ein Programm von Jim Rosenberg, das computergesteuertes Mesostichenschreiben erlaubte. Cage nutzte es das erstemal für einen Durchgang durch *Howl*, Allen Ginsbergs Beat-Opus; dann wandte er es auf einen titellosen Text an, den er von dem australischen Dichter Chris Mann erhalten hatte. Nachdem er sich durch den Text »durchgeschrieben« und Mesostichen daraus extrahiert hatte, nach einem Schema wie bei *Finnegans Wake*, machte er aus einem Exzerpt ein kurzes Vokalstück, *Eight Whiskus* (1984), das die Eröffnungszeile von Manns Text – »whistlin' is did« – als Mesostichonstrang benutzte, dazu generierte er eine volksmusikähnliche Musik. Das Stück wurde das erste einer Reihe von Solovokalwerken, darunter *Sonnekus* (abgeleitet aus der Genesis in der hebräischen Bibel) und *Selkus* und *Mirakus* nach Marcel Duchamp.

Etwa tausend Kinder im Alter zwischen vier und zwölf Jahren nahmen an einem Workshop teil, den Cage zwischen dem 4. und 20. Mai 1984 in Turin abhielt. Die Olympischen Spiele sollten in diesem Jahr in Los Angeles stattfinden, und zur Eröffnungsfeier waren mehrere musikalische Werke in Auftrag gegeben worden. Joan LaBarbara beispielsweise, die bei vielen Cage-Aufführungen sang, schrieb *Time(d) Trials and Unscheduled Events*. Von Turin aus reiste Cage nach Köln, wo er beim WDR sein eigenes Stück zur Feier der Olympischen Spiele produzierte, *HMCIEX*, das sich aus der Volksmusik von 151 Ländern aufbaute, die selbständige Nationale Olympische Komitees hatten. »Ich wollte das Gefühl von ›Here Comes Everybody‹ vermitteln«, erklärte Cage, »und ebendas ist der Titel – die Buchstaben H, C, E von ›Here Comes Everybody‹ alternierend mit denen des Wortes ›mix‹.« Radio KUSC in Los Angeles sendete das Werk als Teil des zeitgenössischen Musikprogramms des Olympic Arts Festival.

Am 12. Juli präsentierte Cage *Empty Words* in Lincoln, Massachusetts, und weil er gerade in der Gegend war, schob er einen Besuch in Walden Pond ein. Cathy Berberian war gestorben, und im Laufe des Monats schrieb Cage das Vokalwerk *Nowth Upon Nacht* zu ihrem Gedenken. Er hat festgelegt, daß es nach *The Wonderful Widow of Eighteen Springs* gesungen werden soll; der Text dazu stammt ebenfalls aus *Finnegans Wake*. Er wird mit beträchtlicher rhythmischer Kraft im oberen Stimmbereich gesungen; begonnen wie abgeschlossen wird das Stück mit einem wuchtigen Zuschlagen des Klavierdeckels. Interpret und Zuhörer sind zu einer emotionalen Deutung aufgerufen – schon seit Jahrzehnten war Cage Ausdruck, hier dem der Wut, nicht mehr nahegekommen. Im allgemeinen übertünchen nur schlechte Aufführungen von Cages Werk seine gelassene Zufälligkeit mit einem emotionalen Anstrich, aber in *Nowth Upon Nacht* ist die Gefühlsdimension ein allgegenwärtiges Element.

Gegen Ende August fuhr Cage zu einer Einzelausstellung seines visuellen Werkes in der Fruitmarket Gallery im schottischen Edinburgh. Das Jahr 1985 wurde dann mit einem Besuch bei der Crown Point Press begonnen, wo er drei Serien von Radierungen produzierte, *Ryoku, Mesostics* und *Fire. Ryoku* fixiert die Spuren beim Ziehen von sechs der bei *Where R = Ryoanji* benutzten Steine über kleine, zufallsplazierte Dreiecke und Tetraeder. *Mesostics* und *Fire* haben Naturkräfte zum Thema. Die neun Collagen von *Mesostics* bestehen aus auf einer gemeinsamen Achse verleimten Papieren, sie können horizontal oder vertikal gehängt werden. Cage veränderte das Papier, indem er es in der Erde vergrub oder in Tee tauchte. Für die dritte Serie des Jahres spielte er ganz buchstäblich mit dem Feuer. Die dreizehn Monotypien wurden durch Verbrennen eines Stapels von Zeitungen auf dem Drucktisch hergestellt; als das Feuer richtig brannte, wurden angefeuchtete Druckpapiere darüber gehalten und sofort danach durch die Presse gezogen. Das Feuer hatte Spuren von Flammen, Zeitungsresten und Rauch auf dem Papier hinterlassen. Die Blätter waren teilweise an den Ecken angesengt und hatten eine goldbraune Färbung, die ein atmosphärisches Feld ausbreitete, auf das die Radierung gedruckt wurde. Jeder Druck wurde mit dem Brandzeichen eines oder zweier gußeiserner japanischer Teetöpfe versehen, bei den späteren Exemplaren der Serie mit den Abdrücken großer Industrierohre in vom *I Ging* festgelegten Positionen.

*Fire* ist Bestandteil eines Prozesses der Öffnung und Integration, mit dem Cage seit der Mitte der siebziger Jahre befaßt war. In seine Musik führte er »Improvisation« ein, wenn auch auf die ihm eigene Weise. In seinem visuellen Werk hatte er behutsam begonnen, aber sein Gebrauch von Steinen und Bleistiften war schon eine Konzession an den Gestus. In *Inlets* hörte man das Geräusch, und in *Fire* sieht man die Spuren von Feuer. Diese Veränderungen zeigen, daß Cage die Seiten des Lebens, die er aufgrund seines Temperaments und bewußter Entscheidung bisher ausgeschlossen hatte, allmählich zuließ. Jetzt, in seiner Spätphase, wurde er davon nicht unbedingt überwältigt oder aus dem Gleichgewicht gebracht, vielmehr konnte er sie jetzt integrieren, gemäß dem, was er erreicht hatte.

Im weiteren Verlauf des Jahres schrieb Cage ein Zwanzigminutenstück für Orchester, *A Collection of Rocks,* und *ASLSP*, ein Klavierstück, das »so leise, lange und langsam wie möglich« gespielt werden soll, wie schon sein Titel (die Abkürzung von »As Softly, Long and Slowly as Possible«) besagt, der dem letzten Abschnitt von *Finnegans Wake* entnommen ist. Und er setzte die Vokalwerke des Vorjahres fort mit *Mirakus*², *Selkus*² und *Sonnekus*².

Im August produzierte er ein Werk »zur Feier des Werkes von Hans Arp bei Gelegenheit seines hundertsten Geburtstages« für das virtuose Schlagzeugensemble Les Percussions de Strasbourg, mit dem ausholenden Titel »Aber was ist mit dem Geräusch zerknüllten Papieres, das er benutzte, um die Serien seiner *papiers froissés* herzustellen, oder den zerrissenen Blättern für die *papiers déchirés?* Arp ließ sich von Wasser (Meer, Seen und dem fließenden Wasser der Flüsse) und von Wäldern anregen.« Das Ganze stammt aus einem Brief von Greta Ströh, der Vorsitzenden der Arp Foundation, mit der Cage fortlaufend über das Projekt korrespondierte. Die Partitur besteht aus zehn Stimmen, von denen eine beliebige Anzahl zwischen drei und zehn für eine Aufführung von jeder gewünschten Länge benutzt werden kann (und es können beliebige Wiederholungen gemacht werden). Jeder Interpret benutzt wenigstens zwei, vorzugsweise eher schwach klingende Instrumente verschiedener Materialien und Schallquellen, die den von Ströh erwähnten Hilfsmitteln nahekommen: zerknittertes, zerrissenes oder wie ein Donnerblech geschütteltes Papier, ausgegossenes oder sprudelndes Wasser. »Die Stimmen«, schrieb Cage, »sollten etwas Leben erhalten durch leichte, aber nicht offenkundige Dynamikwechsel.« Es gibt keinen Dirigenten, jeder Spieler folgt seiner Viertelnotenzählung. Wie bei *Thirty Pieces* können die Ausführenden rings um das Publikum oder inmitten der Zuhörerschaft plaziert sein, wenn sie nicht sitzen. Wenn die Spieler auf einer Bühne agieren, sollten sie nicht zu nahe beisammen sein.

Seit dem vorhergehenden Jahr hatte Cage an einer Reihe von Stücken gearbeitet, *Music for ...*, deren Titel durch die Hinzufügung der Zahl der Mitwirkenden ergänzt werden konnte. Zwei Typen von Tonmaterial treten in jeder Stimme in Erscheinung. Da sind ausgehaltene Einzeltöne, die leise gespielt werden und nach Belieben wiederholt werden können, und dann sind da nichtwiederholbare Tonsequenzen, die aus verschiedenen Tonhöhen, Intensitäten, Klangfarben und Dauern in jeweils proportionaler Notation bestehen. Beide stehen in Zeitklammern, die die Dauer spezifizieren, innerhalb deren der Spieler individuell entscheiden kann, wann er mit seinem Material beginnen und schließen will; die Details der Musik und die annähernde Zeit, in der sie in Erscheinung treten wird, sind zufallsgelenkt, und der augenblickhafte Abschluß ist spontan. Das Ergebnis ist, wie Cage das ausdrückt, eine »Musik, die erdbebensicher ist«.

Wie ein fernöstliches Haus mit Schiebetüren und Stellwänden sind die verschiedenen Instrumentalparts nicht starr aufeinander abgestimmt. »Jeder Spieler sollte seinen Part selbst vorbereiten und ihn mit seinem eigenen Chronometer spielen lernen«, fordert Cage. »Es soll keine gemeinsame Probe geben, solange nicht alle Parts sorgfältig vorbereitet sind.« Sie sollen dann so gespielt werden, daß jeder Interpret sein eigenes Zentrum bildet und nicht Teil einer Gruppe wird. »Die Spieler können irgendwo im Publikum sitzen, mit Achtung vor dem Auditorium und voreinander.« *Music for* ... entwickelt damit den musikalischen Individualismus und die kontrollierte Spontaneität in Cages Werk weiter, indem sie seinen Transzendentalismus in Richtung einer, wie er das immer stärker begrifflich faßte, »Musik ohne Ort« ausdehnt, die unsere soziale Wurzellosigkeit in der modernen Gesellschaft widerspiegelt.

Cage war in seiner ganzen Laufbahn bestrebt gewesen, Parallelen zwischen musikalischen Idiomen und sozialen Verhältnissen oder Bestrebungen zu ziehen. Kunst bildet für Cage ein »Frühwarnsystem«, dessen Funktion darin besteht, uns auf die Welt von morgen vorzubereiten. Die Absenz von Ort oder Sicherheit war eine neue soziologische Parallele, auf die er immer öfter verwies, wenn er sich zu seinem eigenen Werk äußerte. »Ich glaube, die ganze harmonische Struktur der westlichen Musik beruht darauf, daß sie ein Zuhause hat«, sagt Cage. »Sich davon entfernen und dann wieder heimkehren. Eine Tonart, ein Modus oder eine Art repetitiver Musik, wie wir sie jetzt erleben, vermittelt das Gefühl eines angestammten Platzes. Ich glaube, das ist vorbei, und womit wir uns jetzt befassen sollten, ist die Absenz von alledem.« In der Gesellschaft »gibt es die verschiedenen Aspekte des Lebens, über die wir einmal verfügt haben, üblicherweise nicht mehr. Wir sind dauernd in Bewegung. Dinge, die wir gewöhnlich für selbstverständlich hielten wie Heim und Familie, haben sich erledigt.«

Diesen Veränderungen läuft eine Desorientierung in der Musik parallel, sagt Cage, »ein Gefühl, nicht zu wissen, bei welchem Klang man gerade ist, eher ein Gefühl des Fließens – daß da eben keine Terra firma ist. Ich fand eine Absenz im Klang, das Nicht-Wissen, wo man ist.« Sogar Töne in verschiedenen Oktaven, die im allgemeinen als dieselben betrachtet werden, können nicht miteinander verknüpft werden, und zwar, im praktischen Sinne, wegen der Entfernung über die Register hinweg. Die Absenz von Platz und Ort trat auch im Werk anderer Komponisten in Erscheinung, Cage erwähnt hier im besonderen Walter Zimmerman. In seiner eigenen Musik erwuchs sie, wie er spürte, aus seiner neuen, effektiven Verwendung von Zufallsoperationen, die einfache Mittel vervielfältigte, um eine komplexe Situation zu erreichen, und die er um die Entstehungszeit von *Thirty Pieces for Five Orchestras* (1981) zu entwickeln begonnen hatte.

Musikalische wie gesellschaftliche Heimatlosigkeit, meint Cage, »liegen in der Luft, und deshalb glaube ich, daß (die Musik) uns darauf vorbereitet, letztlich ... heimatlos zu sein«. Für Cage sind Musik, Gesellschaft und die Psyche jedes Individuums im Übergang begriffen. Die Frage ist, was wir schützen sollten oder können – nicht einmal das Heim, das die eigene Psyche bietet, wie Cage meint. Es ist »eher die Frage, wie wir mit ihrer Absenz umgehen können«. Die Absenz von Platz und Ort in der Musik verkörpert das und entwickelt ebenso unsere Fähigkeit, »es zu *tun*«.

Cage verarbeitete sein Interesse am Ryoanji-Garten auch in seiner Musik. Seit der Zeit, da er *Where R = Ryoanji*-Zeichnungen machte, nämlich seit 1983 (und seit *A Collection of Rocks* von 1985), hatte er seine Serie von übereinanderschichtbaren Werken für einzelne Instrumente vorbereitet, die einfach nach dem Garten benannt wurden. Jeweils zwei Seiten graphischer Notation, erklärt er, sind ein »Garten« von Klängen, der vom Spieler »geharkt« werden sollte, und zwar in und außerhalb des Feldes des Hörens, auf eine Weise, die eher an die Kalligraphie erinnert, »möglichst wie Klangereignisse in der Natur und nicht wie Klangereignisse in der Musik« (für denselben Ansatz plädierte er in *Music for ...*). Die in den Graphiken beschriebenen großen Schwünge und Gleitbewegungen untergraben die gewohnte Weise, in der sich die Instrumente darbieten, weil sie eigentlich, und besonders die Blasinstrumente, dafür konstruiert sind, diskrete, präzise Tonhöhen hervorzubringen.

Am bemerkenswertesten ist der Schlagzeugpart, der das einzige obligatorische Element für jede Aufführung des Werkes ist; er besteht aus konventionell gemessenen Viertelnoten und Viertelpausen. Es war der erste auffallende Gebrauch von Takt und Metrum seit dreißig Jahren, und wie bei vielen seiner neuen Experimente zur Integration von Kunstformen, die er zuvor gemieden hatte, setzte Cage sie auf die ihm eigene Weise ein, indem er versuchte, ihre Unzulänglichkeiten zu umgehen. »Ich wollte«, erklärte er, »so mit dem Takt umgehen, daß er nicht mehr erkennbar war, wobei das, was ich geschrieben hatte, natürlich taktmäßig gemessen würde. Wenn man den Takt lang macht (zwölf bis fünfzehn Schläge), können nur fünf davon wirklich gehört werden. Und dann verlangsamt man das Tempo bis auf sechzig. Sie können dann, im metrischen Sinne ... nicht verstehen, was Sie hören, nicht mehr, als Sie das können, wenn Sie Umweltgeräusche anhören.«

Gerade zu dieser Zeit tauchte Cages verschwundenes Wahrzeichen, das in diese Richtung wies, wieder auf. Margaret Leng Tan, die an »Wall to Wall Cage« zur Feier seines siebzigsten Geburtstages teilgenommen hatte, hatte 1984 die Partitur zu *Four Walls* wiederentdeckt und präsentierte das Stück 1985 vor der Asia Society in einer neuen Choreographie von Sin Cha Hay.

Neben seinen Ausflügen in den Bereich des Gestus, der Improvisation und des Metrums begann Cage Interesse an einer Neudefinition der Harmonik zu entwickeln, so daß sie in »Musik ohne Ort« aufgenommen werden konnte, die er gerade konzipierte. Eine erste Vorahnung von dieser Entwicklung taucht in den *Thirteen Harmonies* für Violine und Tasteninstrument aus dem Jahre 1986 auf. Cage hatte mit Interesse das neuere Werk seines langjährigen Kollegen James Tenney zur Kenntnis genommen, das die Harmonik, wie er das ausdrückte, zu »neuem, zeitlich unbegrenztem Leben« erweckte. »Wenn das Harmonik ist«, sagte Cage zu Tenney, »nehme ich alles zurück, was ich gesagt habe – dann bin ich ganz dafür.« In seinem eigenen Werk begann Cage nach einer »Schreibweise von Harmonik« zu suchen, »die keine Regeln hat«. Er sagt: »Ich finde eine Harmonie. Ich entdecke, daß alles harmonisch ist und daß überdies sogar Geräusche mit musikalischen Tönen harmonieren. Und das verschafft mir – ich kann nicht sagen, wie – beinahe ebensoviel Vergnügen wie die makrobiotische Diät.«

*Etcetera 2/4 Orchestras*, ebenfalls 1986 geschrieben, bringt die soziale Allegorie in Cages Musik auf den neuesten Stand: anfangs eine Schar von Solisten, können die Orchestermusiker von Zeit zu Zeit ihre Dienste freiwillig einem der vier Dirigenten anbieten und später die Gruppe verlassen und wieder solistisch spielen. Die gestreckte metrische Zeit, wie sie im Schlagzeugpart von *Ryoanji* benutzt wurde, wird hier weiter sondiert. Darüber hinaus produzierte Cage *Haikai* für Gamelan und spielte am 8. Juni ein Konzert mit dem improvisierenden Jazzmystiker Sun Ra.

Die Entdeckungen, die Cage in seinem Werk machte, wurden somit mehr und mehr synthetisiert. Die fünfundzwanzig Jahre seit 1950 ungefähr lassen sich als die progressive Periode sehen, oft von strenger Klärung seines Denkens und seiner musikalischen Verfahren und der Art und Weise bestimmt, wie sie miteinander in Zusammenhang standen. Er hatte versucht, alle Spuren geschmacklicher Vorlieben einzuebnen, jeden Schein des Dionysischen zu tilgen. Seit Mitte der siebziger Jahre ließ er in wachsendem Maße alle die Kunstelemente zu, die nicht zu diesem Gesamtbild paßten: Improvisation, Gestus, Periodizität, Harmonik oder das Feuer, das er für seine Radierungen benutzte. Mit Ideen wie der der Absenz von Platz und Ort in der Musik erreichte Cage darüber hinaus eine genauere Analyse dessen, was er tat.

Die Annäherung an die Improvisation entwickelte sich weiter in einem Stück, das Cage 1987 für Robert Black, einen professionellen Kontrabassisten mit klassischer Ausbildung, schrieb. Black entwickelte wachsendes Interesse an der neuen Baßgitarre von Steinberger, die er bei seinen Studenten kennengelernt hatte, unter denen sie sehr gepriesen wurde. Er schrieb die Geschäftsführung von Steinberger an, ob sie ihm nicht ein Musterexemplar überlassen würden. Nachdem seiner Bitte nachgekommen worden war, trat Black an Cage heran. Einige Monate später fand Cage die Zeit für ein Zusammentreffen mit Black. Verblüffenderweise, in Hinsicht auf seine Jahre zuvor abgegebenen Kommentare über das »Anschauen« der Partitur des *Concert*, war er von dem schlanken, sauberen und klaren Design des Instruments beeindruckt. Zwei Monate später bat er erneut darum, den Baß sehen zu dürfen. Eine Woche später kam die *Composed Improvisation for Steinberger Bass Guitar* mit der Post bei Black an.

Wie bei *Child of Tree* besteht die Partitur aus verbalen

Anweisungen (diesmal mit der Maschine geschrieben), die dem Interpreten einen Satz von Bedingungen an die Hand geben, innerhalb deren er improvisieren kann. Eine Gesamtdauer von acht Minuten wird in Sektionen von fünfzehn Sekunden aufgeteilt. Durch Zufallsoperationen werden aus einunddreißig Einheiten (die zweiunddreißigste, 8'', bleibt ausgeschlossen) zwei ausgewählt. Der Interpret nimmt dann die frühere der beiden. Die Zeiteinheiten von der darauffolgenden bis zur vorletzten (7' 45'') werden zum Rahmen, aus dem durch Zufallsoperationen zwei weitere Einheiten ausgewählt werden.

Es werden beispielsweise die beiden Zeiteinheiten 45'' und 4' 15'' ausgewählt. Die beiden anderen Zeiteinheiten werden aus dem Zeitraum zwischen der auf die erste folgenden (also 1') und 7' 45'' ausgewählt. Man kann also etwa nach einer Dauer zwischen 1' 30'' und 6' 15'' enden. Wie sonst auch schon läßt Cage diese beiden letztgenannten Einheiten nicht Anfangs- und Schlußzeiten definieren, sondern Zeitklammern. Die erste Sektion beginnt immer bei 0' 00'' und reicht bis zur ersten ausgewählten Zeiteinheit, hier also 45''; die zweite beginnt zu einer beliebigen Zeit zwischen der ersten und der zweiten Zeiteinheit (45'' - 4' 15''); sie endet zu jeder beliebigen Zeit zwischen der dritten und vierten Einheit (1' 30''-6' 15''); der dritte und letzte Teil dauert von der letztgenannten Figur (hier 6' 15'') bis zum Ende (immer 8'').

Dann legt der Interpret fest, wie viele Ereignisse zwischen einem und acht in jedem der drei Teile passieren, und fixiert einen Bereich, in den die Töne jedes Ereignisses fallen müssen – jedes Ereignis kann aus nicht mehr und nicht weniger als zwischen einem und vierundsechzig Tönen bestehen, oder es kann, »wenn dieser Spielraum für die Zwecke der Improvisation nicht sinnvoll ist«, eine bestimmte Zahl festgelegt werden. Alle vier Saiten können benutzt werden, aber für jede wird eine andere Zufallsoperation eingesetzt, um den Bereich festzulegen, innerhalb dessen die Töne jedes Ereignisses gespielt werden müssen. »In memoriam Marcel Duchamp« wurden diese Bereiche ermittelt, indem man aus einem Hut zwei Zahlen von fünfundzwanzig für jede Saite zog. Der Zufall legt auch die Bereiche Volumen und Gleichschaltung fest und den für jedes

Ereignis zu benutzenden Tonabnehmer. Ein einziges schnelles, emphatisches Bartók-Pizzicato ist obligatorisch: der Zufall bestimmt seine Lokalisierung in Teil und Ereignis. Wenn diese Spezifizierungen gemacht sind, bilden sie das »Problem«, in dessen Umkreis das spezifische Verfahren des Interpreten offen ist.

Das Steinberger-Stück kann für sich oder mit einer der oder beiden folgenden Kompositionen aufgeführt werden: *Composed Improvisations, for Snare Drum Alone* (derjenigen, die von den dreien als erste geschrieben wurde) und *for One-Sided Drums With or Without Jangles*. Die letztgenannte besteht auch aus Textanweisungen, die Bedingungen für die Improvisation vorgeben.

1987 arbeitete Cage noch an einem zufallsmodifizierten Film über eine Schachpartie, die er mit Teeny Duchamp spielte, *Chess Piece*. Im September feierte das Los Angeles Festival eine Woche lang seinen fünfundsiebzigsten Geburtstag mit Konzerten und Aufführungen. Am 9. September trug Cage im Tom Bradley Theatre seine Abschiedsrede aus High-School-Zeiten vor, *Andere Völker denken*.

## VI

»In Amsterdam sagte einmal ein holländischer Musiker zu mir: ›Für Sie in Amerika muß es sehr schwer sein, Musik zu schreiben, weil Sie von den Zentren der Tradition so weit entfernt sind.‹ Worauf ich erwiderte: ›Für Sie in Europa muß es sehr schwer sein, Musik zu schreiben, weil Sie den Zentren der Tradition so nahe sind.‹«

Cage lernte, in der Hauptsache wohl von Schönberg, die Ernsthaftigkeit respektieren, mit der man in der europäischen Tradition dem Wandel begegnete, aber in seiner Ruhelosigkeit, seiner Erfindungsgabe und seinem Pragmatismus ist Cage durch und durch Amerikaner.

Bis auf eine eingestandene Begeisterung für Mozarts *Don Giovanni* schien die Oper für Cage das Abgeschmackteste der europäischen Musiktradition zu verkörpern, den Dunst romantischer Größe, expansiven Selbstausdrucks und, als soziales Ereignis, Konservativismus, Elitedenken und Exklusivität. Trotz seines Interesses für das Theater war die Oper kein Genre, das er sich je zu eigen gemacht hätte. In den späten vierziger Jahren war Cage von seinem Plan, eine Oper auf der Grundlage der Geschichte von Mila Repa zu schreiben, abgeschreckt worden, weil das Buch in der Bibliothek ausgeliehen war. Daß er sich von so etwas ins Bockshorn jagen ließ, zeigt, daß er schon damals bereit war, expressive und narrative Elemente aufzugeben; es ist nicht bekannt, ob er mit der Arbeit an der Oper je begonnen hat.

Mitte der achtziger Jahre unternahm Cage einen idiosynkratischen, ja geradezu sardonischen Ausflug in die Trutzburg der europäischen Hochkultur, indem er *Europeras I* und *II* vorbereitete. Sie haben weder einen Handlungsstrang noch sonst ein das Geschehen vereinheitlichendes Element. Cage wählte vierundzwanzig Szenarien aus, die er auf den Eigenheiten traditioneller Handlungsabläufe aufbaute, und bastelte sie aus Fragmenten anderer Opern zusammen, woraus überraschende und manchmal vergnügliche Zusammenstellungen entstanden:

»Als irische Prinzessin gekleidet, entbindet er; sie planen, die Franzosen zu überrumpeln. Er richtet es so ein, daß er von ihr entführt wird; wieder verjüngt, desertieren sie; sie hat ihm zwei Kinder geboren. Er betet um Hilfe. Da sie beschlossen haben, daß sie niemanden von außerhalb heiraten soll, läßt er sich selbst zum Kaiser krönen. Sie, der berichtet wird, er sei tot, bittet ihn, auf sie achtzugeben. Bevor die jungen Leute ihren Höhepunkt erreichen, stimmt er als erster zu. Zufällig werden sie von ihr ertränkt.«

Die Orchestermusiker spielen Fragmente von Opernparts, neunzehn Vokalsolisten singen Arien. Wie bei der imaginären Inszenierung von *James Joyce, Marcel Duchamp, Erik Satie: An Alphabet* wurden die Bühnenanweisungen durch Zufallsoperationen aus Websters ungekürztem Wörterbuch selektiert. Cage entwarf dazu die Kostüme und Bühnenbilder. In den *Europeras* entwickelte er seine Neigung zum Theater und zum Zirkus weiter. Das Nebeneinander verschiedener Aktivitäten, das der Eckstein seiner Zusammenarbeit mit Cunningham gewesen war, schon bevor der Terminus Interpretation in seinem Vokabular auftauchte, wurde quer durch die Medien erweitert und ausgedehnt: auf Beleuchtung, Bühnenbild, Requisiten, Kostüme, Bühnengeschehen, Gesang, Spiel und sogar auf die Programmhefte. »Beispielsweise«, notiert Cage, »illuminiert die Beleuchtung die Handlung nicht; sie verfolgt die eigene Sache.«

»Was ich machen wollte«, erklärt er, »war, die Programme so zu gestalten, daß jeder der zwölf Leute, die in einer Reihe saßen, eine andere Oper sah.« Von Zeit zu Zeit wird die Handlung von etwas unterbrochen, das Cage die »Truckera« nannte – ein Ausschnitt von einigen Sekunden aus einem Dreiminutenband, bestehend aus einem Stapel Aufnahmen von traditionellen Opern, die durch Zufallsoperationen auf einem Tonbandgerät mit achtundvierzig Spuren gemischt worden waren. Diese Unvorhersehbarkeit tilgt die Hörbarkeit von allem, was geschieht, »so als ob Sie«, wie Cage anmerkt, »jemandem auf der anderen Straßenseite etwas zurufen und es fährt gerade ein großer Lastwagen vorbei«. Das Band wurde im Laufe eines einstündigen »Live Opera Mix« am 27. Juli 1987 in den WKRC-Studios produziert, der von Studenten betriebenen Rundfunkstation an der Columbia University. *Europeras I* und *II* wurden auf Einladung von Heinz-Klaus Metzger und Rainer Riehn und unter Mitwirkung von Aldrew Culver vorbereitet und im Dezember im Schauspielhaus der Städtischen Bühnen in Frankfurt uraufgeführt, nachdem ein Brand in der Frankfurter Oper eine Verschiebung der für November geplanten Premiere erzwungen hatte. »Zweihundert Jahre lang haben die Europäer uns ihre Opern geschickt«, sagte Cage provozierend, »jetzt schicke ich sie ihnen zurück.«

Im Institut für Computermusik am Brooklyn College stellte Cage 1988 unter Mitwirkung von Frances White, Kenneth Worthy und Victor Friedberg *Essay* fertig, indem er eine Aufnahme von sich selbst manipulierte, auf der er eine »durchgelesene« Abschrift von *Ziviler Ungehorsam* von Thoreau vorträgt. Trotz der Verwendung eines Computers war die Arbeit langwierig und erforderte eine Hingabe, die der an *Williams Mix* gleichkam. Daneben begann Cage eine Reihe mit Zahlentiteln zu schreiben, beginnend mit *Two* für Flöte und Klavier und in diesem Jahr mit *Five* (für Stimmen und Instrumente), *One* (zehn Systeme von Klavierakkorden mit wechselnder, zufallsgenerierter Dynamik) und *Seven* fortfahrend (letzteres für Flöte, Klarinette, Schlagwerk, Klavier und Streichtrio, wobei die Wahrnehmung durch »beinahe unmerkliche« Erhöhungen der Tonfrequenzen erweitert wird). Wie in *Music for* ... und in den *Ryoanji*-Stücken typisiert Cage die Art des Ansatzes als »gepinselt« wie bei einer östlichen Tuschzeichnung. Er produzierte damit eine Musik unter einer entsprechenden Konzession an den Gestus wie in seinem graphischen Werk.

Cage reiste geradezu ausschweifend. Vom 23. bis zum 27. Februar war er zur Feier seines Werkes und dessen Einflusses an der Wesleyan University »seßhaft« geworden – eine verspätete Gedenkwoche zu seinem fünfundsiebzigsten Geburtstag. Obwohl er an einer Grippe litt, nahm er an allen Ereignissen mit einer Mischung von Stoizismus und seiner üblichen Hingabe teil. Eine große Zahl von Freunden und früheren Mitarbeitern hatte sich eingefunden. Unter den Rednern waren Norman O. Brown, Neely Bruce und Daniel Charles, Rita Bottoms und Deborah Campana, die die pilzkundliche Sammlung in Santa Cruz bzw. das John-Cage-Archiv an der Northwestern University betreuten, Don Gillespie, Billy Kluver, Jackson MacLow, Keith Potter, James Pritchett (Musikwissenschaftler und Gatte von Frances White) und Richard K. Winslow. Unter seinen Komponistenfreunden waren Lucier, Wolff und Pauline Oliveros vertreten. Gordon Mumma sprach und spielte Horn in *Atlas Eclipticalis*, Earle Brown leitete ein Seminar über »Cage und andere Komponisten«. David Tudor hatte sein Kommen zugesagt, war jedoch kurz vorher in einen Autounfall verwickelt worden. Unter den aufgeführten Stücken waren die *Song Books, Inlets, 0′ 00″* und *Rozart Mix* und einige andere Werke Cage nahestehender Komponisten wie Luciers *Music for Solo Performer*. Michael Pugliese führte gemeinsam mit der Sängerin Isabelle Ganz die *Études boréales* und *Ryoanji* auf. Margaret Leng Tan spielte *Four Walls*, wobei Ganz das vokale Zwischenspiel sang – es war das erstemal, daß Cage das Stück in einer Aufführung hörte. An einem Abend wurde eine »Gigantische Cagesche Diskothek« eingerichtet – mit drei Bands und zwei gleichzeitig arbeitenden Discjockeys.

Ray Kass unterrichtete am Virginia Polytechnic Aquarellmalerei und hatte am Mountain Lake in den Appalachian Mountains einen Workshop geleitet. Kass hatte bei Greenberg studiert und kannte Morris Graves gut, über dessen Werk er eine Studie geschrieben hatte, *Vision of the Inner Eye*. Er plante einen Workshop, bei dem die Verwendung von Materialien aus der Umgebung für die Kunstwerke die lokale Atmosphäre vermitteln sollte.

Die Serie *Where R = Ryoanji*, die er 1983 gesehen hatte, bewog Kass, Cage den Vorschlag zu machen, ein ähnliches Experiment mit Wasserfarben am Mountain Lake in Angriff zu nehmen. Im weiteren Verlauf des Jahres kam Cage dann wirklich in das Atelier und nahm sich die Zeit zu langen Spaziergängen an den steinigen Ufern des New River und, gemeinsam mit Orson K. Millar jr. und seiner Frau Hope, zu ausgedehnten Streifzügen auf der Suche nach Pilzen. Die Ergebnisse seiner Experimente hatten Cage so tief befriedigt, daß er prinzipiell zustimmte, bei dem Workshop eine Wasserfarbenserie zu beginnen. Außerdem sympathisierte er mit den regionalen Eigenheiten der Gegend und, wie Ray Kass das ausdrückte, dem Traum von einer Zeit, »da jeder in den Appalachians ein Bild von John Cage neben seinem Rehposten liegen haben wird«.

Cage beschloß, seinen Besuch auf die Woche vom 3. bis zum 10. April 1988 zu legen. Der New River ist ironischerweise einer der ältesten Flüsse der westlichen Hemisphäre, und an den Ufern des Richmond-Abschnittes sammelte Cage fünfzehn Steine auf, dieselbe Zahl wie die in Ryoanji. Die Steine, beschloß Cage, als er sein Schema mit Zufallsoperationen vorbereitete, sollten mit der Seite, die die jeweils größte Oberfläche hatte, auf ein Blatt Papier gelegt werden. Das *I Ging* sollte bestimmen, welche Steine benutzt werden, ebenso die Wahl der Hadern- oder Maulbeerpapierblätter, das Papierformat, die Farbmischung, die Zahl der Striche, ihre Größe und so weiter.

Auf Vorschlag von Tom Marioni optierte Cage für die Benutzung von Federn anstelle von Pinseln. Ab dem 4. März war jeder Morgen der Erarbeitung von Vorschriften mit dem *I Ging* gewidmet, der Rest des Tages diente deren Ausführung, wobei ihm Kass und mehrere Studenten assistierten. Abends diskutierte das Team dann die Lehren, die sich aus der Tagesarbeit ziehen ließen, und die Möglichkeiten und weiterführenden Entwicklungen, die sie für den folgenden Tag in Aussicht stellten. Es war ein Dialog von Zufall und Wahl, der die *I Ging*-Operationen verfeinerte und damit auch die visuellen Ergebnisse.

In der ersten Serie gefiel Cage die Art, wie seine Pinselspuren die charakteristischen Merkmale der Steine einfingen, aber er merkte, daß das transparente Glanzpapier einen bedauerlichen Nebeneffekt hatte, nämlich Farblachen bildete, die das Maulbeer-Pergament besudelten. In der zweiten Serie ließ er größere Freiräume offen, indem er zwischen einer kleineren Zahl von Felssteinen wählte. In der vierten und letzten Serie erschloß er sich eine größere Menge an Variablen, darunter auch eine größere Reihe von Pinseln – für ein Bild ergab das *I Ging* dann 195 Maloperationen. Insgesamt produzierte Cage zweiundfünfzig Aquarellbilder. Wie bei seinen Besuchen der Crown Point Press sollte dies auch hier nicht sein letzter Besuch gewesen sein.

Die Arbeit, die Cage am Mountain Lake betrieb, war typisch für seine Bestrebungen in den achtziger Jahren: die Erkundung eines neuen Bereiches, der lange gemiedene Ansätze einschloß. Wie schon bei *Where R = Ryoanji* hatte er befürchtet, daß die freihändige Ausführung sein Werk gestisch machen würde. Er ging das Risiko ein und experimentierte mit »überlegter Improvisation« – auf eine Weise, die mit seinem musikalischen Werk parallel lief. In eines der Bilder der dritten Serie nahm er ein Mandala auf, das er in der vorhergehenden Nacht im Traum gesehen hatte. Einige seiner Freunde nahmen solche Einflüsse sehr ernst – Johns hatte sein erstes Flaggenbild ebenfalls aufgrund eines Traumes gemalt, Feldman war ein ergebener Anhänger der Psychoanalyse –, aber Cage hatte sich jahrelang solchen Impulsen verweigert. Jetzt war er sich seiner selbst als

Apolliniker in der Welt der Relativität so sicher geworden, daß er manche Schimmer des dionysischen Bereichs des Absoluten endlich zulassen und in sein Werk aufnehmen konnte, anstatt sie nur beiläufig sichtbar zu machen.

## VII

Im Herbst 1988 brach Cage zu seiner dritten größeren Reise dieses Jahres auf. C. C. Stillman hatte Jahrzehnte zuvor der Harvard University Geld für einen Poetiklehrstuhl gestiftet, und zwar zum Gedenken an Charles Eliot Norton (1827–1908), einen Gelehrten mit umfassender Belesenheit und Kenntnissen in der Literatur und den schönen Künsten. Der Inhaber des Norton-Lehrstuhles wurde für ein Jahr gewählt, und als Harvard-Dozent mit dem höchsten Gehalt und angemessener Reisefreiheit ausgestattet. Er oder sie – in der Praxis bisher immer er – mußte zumindest sechs Vorlesungen über Poesie halten, »verstanden im weitesten Sinne, bei Einschluß aller poetischen Ausdrucksformen in Sprache, Musik oder schönen Künsten – neben Versen im eigentlichen Sinne«. Es wurde üblich, daß sich die Vorlesungsthemen jedes Jahr zwischen der Literatur und den schönen Künsten (mit Musik) abwechselten. Lehrstuhlinhaber waren daher nicht nur Leute wie T. S. Eliot, Jorge Luis Borges, Gilbert Murray und Lionel Trilling gewesen, sondern auch Bernstein, Hindemith, Copland, Strawinsky, Carlos Chávez und Roger Sessions. Reinhold Brinkman und Christoph Wolff schlugen Cage als nächsten Lehrstuhlinhaber vor.

Und so kehrte Cage beinahe vierzig Jahre nach seinem Besuch des echofreien Raumes als Poetikprofessor nach Harvard zurück. Es war eine der Gastprofessuren, die ihm immer öfter angeboten wurden – 1980 beispielsweise war er für die Regents-Vorträge an der University of California in San Diego ausgewählt worden. Als Titel seiner Vortragsreihe erweiterte er die Mesostichonstränge von *Composition in Retrospect* von zehn auf fünfzehn: Methode, Struktur, Intention, Disziplin, Notation, Unbestimmtheit, wechselseitige Durchdringung, Imitation, Hingabe, äußere Umstände, variable Struktur, Nicht-Verstehen, Kontingenz, Inkonsistenz, Aufführung, eins durch sechs. Als die Vorträge 1990 veröffentlicht wurden, reduzierten kommerzielle Erwägungen den Bandwurmtitel auf *I–VI*.

Cage stellte sich einen Quellentext durch Zufallsselektionen aus *Composition in Retrospect*, aus Thoreaus *Walden*, *Neti Neti* von L. C. Beckett – einem der ersten Texte über östliche Philosophie, der ihn beeinflußt hatte –, aus Emerson, McLuhan, Fuller und Wittgenstein zusammen, nicht zu vergessen Zeitungen wie *The Christian Science Monitor*, *New York Times* und *Wall Street Journal*. Cage bezog sich auf den Text gern als »Bolivia Mix« – nach seinem aufgegebenen Ruhestandsplan –, wobei er sich eher wie die Szenarien für die *Europeras* liest, insofern ganze Sätze nebeneinandergestellt werden, die relativ sinnvolle und deshalb humorige Verbindungen eingehen, insbesondere die aus den Zeitungen: »Ein Polizeibeamter und ein Ganove gaben eine Erklärung heraus, daß für die Steuerbetrugslasten am Persischen Golf in der Hauptsache menschliches Fehlverhalten verantwortlich gewesen sei. Beispiellose Anstrengungen für beide Angriffe schienen einen Weg zu Verhandlungen in Genf zu bahnen.«

Die fünfzehn Begriffe des Titels wurden als Mesostichonstränge benutzt, der Zufall selektierte die Zahl der Wiederholungen eines Mesostichonstranges innerhalb eines Abschnitts. Anders als wenn er einen Text »durchlas« und Mesostichen aus dem von vorn bis hinten gelesenen Text extrahierte, legte hier das *I Ging* fest, welche Teile des Quellentextes benutzt und in welchem Teilabschnitt das Mesostichonwort gefunden werden sollte. Das Computerprogramm fügte dann Worte bis zum Betrag von fünfundvierzig Buchstaben auf beiden Seiten hinzu, die Cage nach Belieben verteilte. Jeder der sechs Vorträge setzte sich aus etwa 2500 Zeilen zusammen, die beim Vortrag ungefähr die geplante Stunde ergaben.

In einigen Mesostichen von Cage, insbesondere in seinen frühesten Versuchen und später, wenn er kurze Gelegenheitsstücke für Freunde schrieb, ergibt die Vorgabe des Stranges ein Puzzle, das er dadurch löste, daß er etwas schrieb, das sowohl Sinn ergibt als auch die erforderlichen Buchstaben liefert:

»ein Vogelhaus ohne Vögel
(FlugzEug
von FRankfurt
nach BasEl), die Stewardeß
erkaNnte mich,
bAt mich um ein Gedicht«

Die Mesostichen der Harvard-Vorlesungen sind anderen Typs: die Wörter, die den Strang bilden und verständlich machen, sind durch Zufall aus einer Textquelle ausgewählt, die ihrerseits durch Zufallsselektion zustande gekommen ist, und die einzigen Wahlentscheidungen, die Cage trifft, beziehen sich auf das Ausmaß, in dem die Flügelwörter auf beiden Seiten des Stranges verteilt werden. Es kann, hatte er vor Jahren festgestellt, durchaus ein absichtsloses Schreiben geben, das *I Ging* liefert, wie er in *M* ins Auge faßte, eine Sprache, die man genießen kann, ohne sie zu verstehen. Das war der Grundgedanke seines »Durchlesens« (writing through) und besonders einer Reihe von Texten aus den achtziger Jahren: *Themes and Variations* von 1982; *Mushrooms et Variationes*, geschrieben, als er 1983 während seines kurzen Besuches am Mountain Lake gebeten wurde, eine kleine Rede zu halten; *The First Meeting of the Satie Society*, vorbereitet zwischen Januar und März 1985, auf Art Com verfügbar gemacht und später veröffentlicht; schließlich *Anarchy*, geschrieben für einen Vortrag in Wesley im Januar, bevor seine eigentliche Vorlesung begann. Seine Arbeit in Harvard, erklärte Cage, bildete den nächsten Schritt in einer fortlaufenden Serie, die eine Schreibweise erkundete, die ihrerseits, obwohl von Ideen herrührend, nicht um Ideen kreist, sondern irgendwie nichtintentional »neue Ideen oder andere ins Leben ruft«.

»Im Wesen des Gebrauchs von Zufallsoperationen liegt der Glaube, daß alle Antworten alle Fragen beantworten. Die Nichthomogenität, die das Quellenmaterial dieser Vorträge charakterisiert, legt die Vermutung nahe, daß irgend etwas Beliebiges das sagt, was Sie zu sagen haben, daß Bedeutung in der Luft liegt, daß wir, ohne zu denken, sagen können, was gesagt wird, ohne es zu verstehen.« Die unzweideutige, optimistische, nichtintellektuelle Position Cages ist in diesen Äußerungen implizit so deutlich enthalten wie je – eine absichtliche Absichtslosigkeit, die die Welt jenseits der Symbole bedeutungsvoll findet und die wir gebrauchen, um uns über sie zu unterhalten.

Zur Veröffentlichung der Vorlesung steuerte Cage eine ausführliche Beschreibung ihrer Produktion bei. Man kann sich fragen, warum er uns erzählt, daß er fünfzehn Listen mit sechzehn Wörtern anlegte, daß »fünfzehnmal für jeden Vortrag die Frage gestellt wurde, wie oft zwischen einem und achtundzwanzig Malen (2 x 14) der Strang vorkommen sollte«. Welche Gründe Cage auch gehabt haben mag, so zu verfahren, für den Leser kann es eine Mahnung sein, daß die Komposition mit Zufallselementen Qualitätsurteile und Verbindung zu Geisteszuständen, wie sie gewöhnlich bei schöpferischer Arbeit hergestellt werden, ausschließt. Sie erfordert lediglich, daß jedes Ding als das gesehen wird, was es ist. Man muß nachvollziehen, was da gemacht worden ist, oder einfach lesen oder hören.

Die Mesostichonstränge sind strukturierte Elemente, an denen sich die Komposition ausrichtet. Fraglos – und bezeichnenderweise – sind die Vorlesungen ergiebiger als mündliche und damit soziale Erfahrung; wenn sie laut gelesen werden, bleiben die Stränge unbemerkt. Bei der Aufführung wird ein Werk aus Mesostichen die Struktur nie enthüllen. Manchmal, etwa in den Szenen der *Europeras*, ergeben die zufälligen Nebeneinanderreihungen einen Sinn: »Thoreau ist am Gespieltwerden«. Das *I Ging* neigt dazu, mehr Konjunktionen und Artikel auszuwerfen, als in der normalen Rede vorkommen, und entsprechend treten sie auch in den Texten hervor. Genau wie in *Speech* (1954), worin dieselben Nachrichten fortwährend wiederkehren wie Leitmotive, tauchen Sätze erneut auf, meist in bestimmten Textbereichen. Bezeichnenderweise besteht Cage darauf, daß sie keine Wiederholungen im strengen, motorischen Sinne sind. Die Sätze kehren in verschiedenen Kontexten und Beziehungen wieder, »wirklich sehr musikalisch, glaube ich«, sagt er, und so, als würde man einen Holzklotz treffen, ein paar Sekunden nachdem man zum erstenmal auf ihn eingeschlagen hat.

Am Ende jedes Abschnitts jeder Vorlesung wurde ein Mesostichon durch Zufallsselektion aus den im vorhergehenden Abschnitt gebrauchten Wörtern konstruiert, in der Art eines Redners, der eine beiläufige Zusammenfassung dessen gibt, was er gerade gesagt hat. Die einzige Ausnahme von dieser Regel trat dann ein, wenn die Zahl 1 durch Zufallsoperationen ausgewählt wurde, ein Fall, in dem dann eine Wort-für-Wort-Wiederholung auftreten würde; das passierte einmal in jedem der letzten drei Vorträge.

In der Norton-Vorlesung legte Cage wiederum Arbeiten vor, die ihr Thema eher exemplifizieren als zum Ausdruck bringen. Der Poetikdozent Cage sprach nicht über Poesie, sondern schrieb sie und machte sie damit zum Bestandteil seiner Entwicklung zum Schriftsteller. Ein Effekt dieses Verfahrens war, daß die Vortragssituation verfremdet wurde – die ungewöhnliche Erfahrung eines gewöhnlichen Arrangements würde andere zum Denken stimulieren. Dieser Aspekt seiner Vorträge war auch denen gemeinsam, die er bereits früher gehalten hatte, bis zurück in die späten vierziger Jahre. »Wenn ein Vortrag informativ ist«, sagte Cage Jahre zuvor zu Roger Reynolds, »können die Leute leicht auf den Gedanken verfallen, daß ihnen etwas geboten wird und daß sie eigentlich nichts anderes zu tun brauchen, als aufzunehmen. Wenn ich einen Vortrag halte, und zwar auf eine Weise, daß nicht deutlich wird, um was es da geht, müssen die Leute dagegen selbst etwas dazu tun.«

Es wäre interessant zu sehen, was die Harvard-Studenten wohl als Vorlesungsmitschrift in ihre Hefte kritzelten. Die Sitzungen waren herrlich langweilig: »Sie haben in dieser Vorlesung die Gelegenheit«, so Cage, »etwas zu entdecken oder auf etwas achtzugeben, das nicht interessant ist.« Christian Wolff besuchte manche der Vorlesungen, aber insgesamt schrumpfte das Auditorium zusammen. Ein Hörer beschrieb die Erfahrung als körperlich ermüdend, hypnotisierend, mit wiederholten Wörtern »wie Lichtblitze, wenn sie zu verschiedenen Zeiten in unterschiedlichen Kombinationen wiederkehrten«. Ein anderer erinnert sich: »Ich war beeindruckt von den zahllosen interessanten Nebeneinanderreihungen – von der freien und kreativen Energie der Vorträge, von ihren meditativen und zentrierenden Eigenschaften. Alles war so schön – jeder Augenblick war schön. Da gab es keinerlei falsche Vorspiegelung, nichts übermäßig Kalkuliertes. Es klappte wirklich. Es war voller Kraft und eine mitreißende Erfahrung.« Cage trug den Text »mit sehr gemäßigter, ruhiger, ernster Stimme« vor, wie ein anderer bezeugte, »sehr expressiv und sehr angenehm, aber irgendwie einsam«.

Da er schon in der Vorlesung unkonventionell verfuhr, willigte Cage ein, eine Woche nach jeder einzelnen Lesung ein herkömmliches Seminar in Paine Hall abzuhalten. Wie die meisten improvisierten Frage-und-Antwort-Sitzungen uferten sie aus, und es wurden häufig nur Fragen gestellt, die er schon viele Male zuvor beantwortet hatte. Aber die in Fußnoten den Vorträgen hinzugefügten Exzerpte geben ein gutes Beispiel für seinen Charme im Dialog mit der Öffentlichkeit und eine abgerundete Vorstellung von seinen Aktivitäten und Positionen Ende der achtziger Jahre.

Während dieser Zeit bereitete Cage zwei Radioaufführungen bei WGBH-FM vor, an denen er auch teilnahm, in den Studios in der Massachusetts Avenue, nur einige wenige Minuten von der Universität entfernt; hier hatte er 1971 seine erste Fernsehsendung gemacht. Die Aufführungen wurden im Oktober 1988 und im folgenden April präsentiert. Am ersten Tag kam Cage sechs Stunden zu früh an, weil er mit seinem Seniorenpaß einen ermäßigten Flug bekommen hatte. Er vermied es, am Empfang vorbeizugehen, weil da ein Wachmann war, der ihn von einem früheren Besuch her kannte. »Kann ich irgendwo arbeiten?« fragte er. »Es muß nicht unbedingt ruhig sein.« Der Produzent fragte zurück, ob es ihm etwas ausmache, wenn es tatsächlich ruhig wäre. »Das ist auch in Ordnung«, erwiderte er. Sie überließen Cage das Studio, wo die Aufnahme eingespielt werden sollte.

Stunden später kam ein Beleuchterteam, um das Interview mit ihm vorzubereiten. Er war verschwunden. Der Produzent bemerkte, daß die Decke auf dem Bechstein-Flügel fehlte, der im Studio stand. Sie fanden ihn in einer Ecke, in diese Decke eingewickelt. Cage hatte an *101* gearbeitet, und das, sagte er, »hat mich eingeschläfert«. Cage erschien daraufhin im Studio, und es wurden Telephonleitungen geschaltet. Wenn die Zuschauer eine bestimmte Nummer wählten, konnten sie mit Cage sprechen, und sie wurden aufgefordert, über das Telephon selbst irgend etwas aufzuführen, Musik zu spielen, Gedichte aufzusagen oder was auch immer. Aus alldem wurde dann im Sinne von *WBAI* eine Mischung hergestellt und live gesendet.

## VIII

Neben seinen üblichen Habseligkeiten brachte Cage, als er im Frühjahr 1989 zu seinem Besuch der Crown Point Press aufbrach (die Norton-Vorlesungen waren noch im Gange), einiges Material für eine geplante Serie mit: zwei mit dreißig Steinen gefüllte Koffer, darunter fünfzehn kleine und fünfzehn große. Ein Gepäckträger sah den bejahrten Mann, gebrechlich, wie er sich vorstellte, weil er nur mit Mühe den kleineren Koffer tragen konnte. Der Gepäckträger bot ihm seine Hilfe an. »Was zum Teufel haben Sie denn da drin?« fragte er, als er den Koffer anzuheben versuchte. »Das muß ja ein Sack voll Steine sein.« »Richtig«, antwortete Cage. Er benutzte sie in *Nine Stones*, das die Ansätze und Bestrebungen seines graphischen Werkes weiterentwickelt und ein zunehmendes Vertrauen in die Konzessionen an den Gestus zeigt. In Positionen, die durch *I Ging*-Befragung ermittelt wurden, wurden Steine an fünfzehn Stellen auf eine Unterlage aus angesengtem Papier gesetzt und mit freihändig gezogenen Pinselstrichen von zwölf zufallsselektierten kleinen oder großen Pinseln umrundet.

Darüber hinaus produzierte Cage auf den modifizierten Druckplatten eines früheren Werkes sein *Global Village*. Dieser Titel trug dem Gefühl Rechnung, daß das Ergebnis seiner Arbeit an die isolierten Wolkenkratzer der Silhouette einer mittelamerikanischen Stadt erinnern würde. Die dritte Serie, die er bei diesem Besuch fertigstellte, war *Empty Fire* – ein interessanter Titel, wenn man in Betracht zieht, welche Richtung sein Werk nimmt.

Im Laufe des Jahres setzte Cage die Nummernstücke fort,

mit denen er 1988 begonnen hatte. *101* für großes Orchester, das ihn bei WGBH eingeschläfert hatte, wurde am 6. April in der Symphonie Hall in Boston uraufgeführt; es ging auf einen gemeinsamen Auftrag des Boston Symphonie Orchestra und der Fromm Music Foundation in Harvard zurück. Ebenso beendete er *Two*² für zwei Klaviere, *One*² für einen Pianisten an einem bis vier Klavieren, geschrieben für Margaret Leng Tan, *Three* für drei Blockflötisten, die untereinander abwechselnd Piccolo-, Sopran-, Alt-, Tenor-, Baß-, Bassett- und Kontrabaßflöten benutzen, und *Twenty-Three* für Streicher. In *Four* für Streichquartett setzt Cage seine Vorliebe für räumliche Trennung ein. Wie beim ersten Stück der Serie wird besonders hervorgehoben, daß die Instrumentalisten nicht spielen sollen, als ob sie den Ton an- oder aussetzten, sondern als ob sie ihn ins »Leben« hineinpinselten. Darüber hinaus schrieb er ein kurzes Stück für Soloklavier, *Swinging*.

Für Cunninghams Tanz *Inventions* produzierte Cage ein Stück mit dem bei Duchamp entlehnten Titel *Sculptures Musicales*. Die Partitur ist mit Schallquellen mit invariantem Tonspektrum umzusetzen – Klänge, die »scharfkantig« einsetzen, sich fortsetzen, ohne lauter oder leiser zu werden, und dann abrupt aussetzen, »so daß das Stück«, laut Cage, »eine Abfolge von dem ist, was man eingeschaltete Klänge nennen könnte, die, wie eine Alarmanlage, eben eingeschaltet werden und weitertönen, bis sie aufhören«. Die Schallquellen sind räumlich getrennt »und bringen dadurch eine tönende Skulptur hervor«. Cage überließ es den von Tudor geleiteten Musikern der Tanzgruppe, die spezifischen Klänge auszuwählen, die sie zur Erfüllung dieser Kriterien für geeignet hielten.

Ende Oktober besuchte Cage London zur Eröffnung einer dreiteiligen Ausstellung in der Anthony d'Offay Gallery, die das Werk von Cage, Cunningham und Johns feierte; dabei fand er auch die inzwischen seltene Gelegenheit, etwas Zeit mit Johns zu verbringen. Im folgenden Monat war Cage der gefeierte Komponist beim Huddersfield Contemporary Music Festival in England. Unter den gebotenen Werken war eine Aufführung der *Freeman Études* mit Irvine Arditti als Solist. Im vorigen Sommer hatte Cage Arditti die *Freeman Études* in sechsundfünfzig Minuten spielen hören. In Huddersfield verkürzte er die Aufführungsdauer um zehn Minuten. Der Komponist fragte ihn, warum er so schnell gespielt habe. »Aber das ist es doch, was Sie im Vorwort verlangen«, erwiderte Arditti, »– man spiele das Stück so schnell wie möglich.« Die Dauer der regelmäßigen Takte, hatte Cage spezifiziert, sollte »eine so kurze Zeitspanne erfordern, wie es die Virtuosität erlaubt« (die, wie man schließen kann, durch die höchste Geschwindigkeit festgelegt wird, mit der die schwierigste Passage gespielt werden kann). Drei Sekunden ist als realistische Schätzung vermerkt, basierend auf der Zusammenarbeit mit Zukofsky, was bei einer Gesamtzahl von 1344 Takten eine Aufführungsdauer ergibt, die etwa eine Stunde und sieben Minuten beträgt.

Die virtuose Geschicklichkeit von Arditti brachte Cage auf den Gedanken, es sei schließlich doch noch gangbar, wenn er die zweite Hälfte der *Freeman Études* schriebe. Er griff das Werk im Laufe des Jahres 1989 wieder auf, mußte jedoch feststellen, daß er sich nicht mehr an die Details der Zufallsoperationen erinnern konnte, die er damals benutzt hatte. Dennoch wollte er bei der zweiten Serie seiner ursprünglichen Konzeption treu bleiben und sie sogar erweitern, indem er die Zahl der gestellten Fragen vervielfachte. Cage übergab seine Notizbücher an James Pritchett, einen der Redner bei der vorjährigen Jubiläumsfeier in Wesley, der in Princeton über Cages Gebrauch von Zufallsoperationen gearbeitet hatte und dabei so weit gekommen war, daß er, wie Cage sagte, »gelernt hat, genau zu wissen, was mir vorschwebte – besser als ich selbst«.

Die Vervielfachung der Fragen war dazu bestimmt, die Musik sowohl in der Komposition als auch in der Aufführung komplexer zu machen. Wenn mehr Noten notiert sind, als gespielt werden können, hieß das, daß so viele wie möglich gespielt werden. Die Interpreten, meint Cage, »können sogar, sagen wir: eine ganze Notenseite außer acht lassen, wenn sie in der gegebenen Zeit einfach nicht spielbar ist«. Diese Vorschrift erinnert an manche Vorschläge in Arbeiten aus den fünfziger Jahren, wie *Ten Thousand Things*, daß manche Passagen »in jeder Einstellung« gespielt werden können oder nach Gutdünken, wenn das notierte Gesamtmaterial zu schwierig ist. Das war für Cage keineswegs ein nebensächlicher Bestandteil des Kompositionsprozesses, vielmehr beschreibt er es als weiteren Schritt in Richtung einer Musik, die »zurechtkommt«, wie er das ausdrückt, »indem sie eine Aufführung erlaubt, die eine Menge der ursprünglich geschriebenen Musik wegläßt«.

Cage nahm die Beziehungen zu seinen alten Freunden wieder auf – auf neue Weise. Nachdem er Jasper Johns in der d'Offay Gallery getroffen hatte, kam er mit Boulez in Huddersfield zusammen. »Wir können uns das eine oder andere erzählen und uns unterhalten«, meinte er, »aber wir sind nicht mehr die engen Freunde von einst.« Auch Christian Wolff kam er wieder näher, der häufig zu den Norton Lectures angereist war. Daß die beiden einander öfter sahen, verhinderte wohl nur die geographische Distanz.

Zwei weitere *Europeras* waren in Auftrag gegeben worden, die im nächsten Jahr beim Almeida Festival in London uraufgeführt und im Anschluß auf eine Tournee durch Europa gehen sollten. *Europeras III* und *IV* sind mit den beiden ersten deutlich verknüpft und tragen auch Züge des »Truckera« – sie stehen in einem Verhältnis zueinander wie die Kammeroper zur Großen Oper. In *Europera III* werden Live-Gesang und Bühnengeschehen, die durch Zufallsoperationen selektiert sind, nicht von einem Orchester begleitet, sondern von zwei Pianisten, die aus dem Standardrepertoire spielen, und einer Handvoll Interpreten an altmodischen Grammophonen mit einer Automatik aus den fünfziger Jahren. Auf den Grammophonen werden alte Opernaufnahmen gespielt, die Cage mit großer Sorgfalt für die ersten Aufführungen ausgesucht hat. Bei der Premierentournee wurden die Grammophone wiederum fast ausschließlich von Komponisten bedient. In *Europera IV* besteht das ganze Bühnengeschehen aus einer Sängerin, einem Grammophon und einer staubigen Tischlampe.

Die Verwendung von Grammophonen erinnert an *33⅓* von 1969 oder gar an *Credo in US*, aber der Eindruck ist letztlich ein völlig anderer. Das Bewußtsein der eigenen Sterblichkeit beginnt in sein Werk einzudringen, ohne daß Cage sich das ausdrücklich zum Thema machte. *Nowth Upon Nacht* wäre ein Beispiel dafür. Auch in diese Richtung läßt sich sein Gebrauch des Feuers deuten. In *Europeras III* und *IV* tönen die Stimmen berühmter, inzwischen verstorbener Sänger aus Cages Jugend und frühen Mannesjahren über die Jahre in einem dezentralisierten, wirren Chor zu uns herüber. »Die Nadeln halten lange«, sagt er über die Grammophone. »Sie haben einen schönen Klang. Es ist sehr bewegend.« Sänger können leicht erkranken, merkt er überdies erklärend an, »also habe ich mir gedacht, daß Plattenspieler ihre Rolle übernehmen könnten. Ich habe mir die konzertante Version einer Oper vorgestellt.« Die Grammophone können auch als Allegorie der Postmoderne gesehen werden, insofern sie von einer Handvoll junger Komponisten gehandhabt werden, die Aufnahmen aus der Welt der Klassik manipulieren.

Im Jahre 1990 war Cage ein gefeierter Komponist, der neben Nigel Osborne, Wolfgang Rihm und James McMillan beim alle zwei Jahre stattfindenden Musica-Nova-Festival im schottischen Glasgow auftrat. Sein dortiger öffentlicher Vortrag am 20. September bestand aus einem autobiographischen Bericht (wie *Composition in Retrospect* eine Anerkennung der Gültigkeit von Erinnerung), in den er eine Rede einschob, die er bereits für eine Tagung über Zen und amerikanische Kunst vorbereitet hatte. Diese Tagung, von Jeri de'Paoli organisiert, sollte im Oktober stattfinden, wenn er wieder in den Vereinigten Staaten war.

Während seines kurzen Edinburgh-Aufenthaltes, als er die Solodarbietung in der Fruitmarket Gallery im Sommer 1984 geboten hatte, war Cage mit einigen Mitgliedern der schottischen Folkloreband The Whistlebinkies bekannt geworden. Er hatte einen ganzen Tag damit verbracht, ihnen zuzuhören, wie sie sich durch ihr Repertoire an traditionellen volkstümlichen Instrumenten hindurcharbeiteten: *clarsach* (Sackpfeife), Rührtrommeln, schottische Fiedel, Tiefland-Dudelsack und Holzflöte. Später korrespondierte Cage mit ihrem Flötisten, dem Komponisten Edward McGuire, ob man nicht einen Zirkus schottischer Volksmusik mit den sechs Musikern zusammenstellen könnte. Die Idee war dieselbe wie beim Zirkus irischer Volksmusik in *Roaratorio*: jeder Musiker sollte eher als Individuum denn als Gruppenmitglied spielen. Was sich daraus ergab, war der bei Musica Nova uraufgeführte *Scottish Circus*. Ohne die zusätzliche dichte Textur von Band und Stimme, die im Joyce-Stück benutzt wird, ist der Effekt der Aufführung räumlicher Art; die Tonarten werden nichtintentional übereinandergeschichtet, so wie die Spieler einsetzen und pausieren. Gleichzeitig läßt es sich ohne weiteres als ein im wesentlichen parasitäres Werk kritisieren: der Anteil von Cage war minimal – er »signierte« es einfach, nicht unähnlich einem Ready-made von Duchamp –, und es ist damit weitgehend von einer sehr alten Folkloretradition abhängig, die er nur wenig entstellt.

Der *Scottish Circus* ist ein treffendes Beispiel für das Argument, daß Cages Werk eine Reihe von Merkmalen trägt, die sowohl philosophisch zentral als auch fruchtbar in ihren Ergebnissen sind – das spirituelle Vorhaben der »Ernüchterung des Geistes«, die Hervorbringung des Kunstwerkes durch Zufallsoperationen – und daß andere Merkmale wie der Gebrauch autonomen, vorgegebenen Materials (amerikanische Hymnen, Volkslieder) und die Suche nach Komplexität und Reichhaltigkeit durch Überlagerung verschiedener Schichten weder für sein Denken zentral sind noch besonders sinnvoll oder interessant, wenn sie als Hauptstützen eines Werkes auftreten.

Cages Besuch bei der Crown Point Press brachte im Jahre 1991 *Smoke Weather Stone Weather* hervor. Er malte um Steine herum und verwendete Vernis mou, Ätznadel und Absprengtechnik und setzte damit eine umfangreichere Palette ein als bei *Stones*. Das Papier stammte aus Japan und war handgeschöpft, aus natürlichen Pflanzenfasern wie denen von Maulbeerbäumen, Bambusstauden und Manilahanf. Cage sengte jedes einzelne Blatt an und verschob es leicht, wenn es durch die Presse lief, so daß die Spuren der Steine, die er benutzte, von Blatt zu Blatt etwas anders plaziert waren. Diese Mißachtung dessen, was in der Drucktechnik Register genannt wird, wurde von Cage zum Musizieren ohne Dirigenten in Beziehung gesetzt. Die daraus resultierenden Drucke waren optisch mehrdeutig und atmosphärisch dicht. »Es ist schwer herauszufinden«, kommentierte Cage sie, »ob man Rauch, Steine oder Seetang sieht, so daß alles zu einer Art Traumbild wird.« Die neue Serie demonstrierte überdies in noch höherem Maße, daß sein entschlossener Asketismus einen Hauch von »Einschließlichkeit« angenommen hatte.

# Kapitel sechzehn

## I

Im Laufe der achtziger Jahre wurde sich Cage der Auswirkungen des Alterns bewußt. Er litt an Ischias, die Arteriosklerose verschlimmerte sich, ein leichter Schlaganfall hinterließ eine Einschränkung der Beweglichkeit des linken Beines. Im Februar 1985 brach er sich den Arm, was ihn unfähig machte, »allzuviel Arbeit zu verrichten«, und zu einer leichten Zittrigkeit seiner Handschrift führte. Sein Arzt empfahl ihm, kein Gepäck und keine Lasten mehr zu tragen, also begann er es in einem Gepäckwägelchen zu transportieren, aber das Treppensteigen blieb auch weiterhin ein Problem für ihn. Und doch hielt ihn die strenge Befolgung der makrobiotischen Diät gleichzeitig bei ausgezeichnetem Befinden. »Allmählich lerne ich, wie ich mich zu behandeln habe«, erzählte er Stephen Montague. »Das hat lange gedauert. Ich glaube, wenn ich sterbe, werde ich bei bester Gesundheit sein.«

Cage war sich des Herannahens des Alters seit dem ersten Anfall von Arthritis bewußt gewesen. Schon 1969 hatte er geklagt: »Ich pfeife auf dem letzten Loch.« In einem Brief an Hans Otte schrieb er 1971: »Ich bin gesundheitlich nicht so auf der Höhe wie vor zehn Jahren«, und 1973 erzählte er Jan Hodenfield von der *New York Post*: »Altern ist etwas ganz Besonderes, das tatsächlich stattfindet.« Zu dieser Zeit machte sich Cage womöglich vorzeitig alt; »obwohl ich sechzig Jahre alt bin und Arthritis habe«, schrieb er 1972, »gelingt es mir doch noch, *Cheap Imitation* zu spielen«. »Ich werde alt«, schrieb er im selben Jahr. »Im Winter habe ich Angst vor Glatteis.« Das Tagebuch verzeichnet in den Jahren 1973 bis 1982 eine ganze Reihe von Bemerkungen über das Alter. Cage begann für Reisen und ähnliches einen Seniorenpaß zu benutzen. Wie schon erwähnt, lassen sich erste Hinweise auf ein Bewußtsein der Sterblichkeit in seinem Werk bereits in Stücken wie *Nowth Upon Nacht* und der dritten und vierten der *Europeras* finden. Das Feuer, mit dem er 1985 in seinem graphischen Werk operierte, ist nicht nur das Feuer, von dem er sich so lange ferngehalten hatte – das der Leidenschaft –, sondern auch das Feuer des Übergangs und der Hinfälligkeit.

Auf die Frage nach seiner größten Enttäuschung antwortete Cage, er finde die Frage uninteressant. »Ich habe mich über nichts zu beklagen«, sagte er. »Ich habe Spaß gehabt, an allem.« Der bevorstehende Tod büßte seinen Stachel in dem Maße ein, wie er näher rückte. Cage drückte das so aus: »Man sieht, daß der Tod letzten Endes nicht so schlimm ist.« Schon 1970 hatte Jacqueline Bossard ihn gefragt, wie er denn gerne sterben würde. »Das ist ein Mysterium, dessen Lösung mich sehr interessiert«, antwortete er. Im Frühjahr 1990 wurde ihm nochmals diese Frage gestellt: »Ich habe das nicht in der Hand. Und ich kann dabei nicht einmal Zufallsoperationen benutzen! Ich muß ganz einfach bereit sein, es auf die Weise zu nehmen, wie es kommt. Und ich frage mich, ob ich will ... Wir haben kein Mittel, das herauszufinden. Es kann ja noch so viel passieren.«

Während sich Cage zuvor beschützt gefühlt hatte, wie unter der Obhut eines Schutzengels, weil er eine Lebensaufgabe vor sich sah, begann er (zumindest um 1976) zu ahnen, »daß ich bei einem Unfall sterben kann oder etwas Ähnlichem ... Ich habe das Gefühl ... daß ich das, was ich tun mußte, mehr oder weniger getan habe.« Daraus erwuchs ihm, wie er erklärt, ein Gefühl der Dankbarkeit für jeden weiteren Tag. Von der Zeitschrift *Art News* gebeten, seine Fehler aufzuzählen, hob er seine Sammelleidenschaft hervor und seine Neigung, sich zu verzetteln. »Ich interessiere mich für immer mehr Dinge«, notierte Cage. »Je älter ich werde, um so mehr fesselt mein Interesse. Es scheint vollkommen natürlich zu sein, daß ich mich für alles öffne, so weit ich das nur kann, weil ich so lange ja nicht mehr dasein werde.« Er meinte: »Ich täte besser daran, mich zu beeilen und noch alles mitzunehmen, was mich interessiert. Irgendwelches Herumtrödeln ist nicht drin.« Er rief sich das Motto aus Xenias Jugendclub in Erinnerung: Keine Dummheit.

Cage war im Alter ein womöglich noch eifrigerer Arbeiter geworden und darum besorgt, seine Zeit effizienter und gewinnbringender zu nutzen. Er wollte seine Tage so erfüllt wie möglich leben. Sein Interesse an moderner Technologie hatte ihn dazu bewogen, in einem seiner Tagebücher die elektronischen Verfahren zu beschreiben, die von den russischen Kosmonauten experimentell benutzt wurden mit dem Ziel, ihr Schlafbedürfnis und die dafür benötigte Zeit zu reduzieren. Jetzt wünschte er sich, sie stünden ihm zur Verfügung.

Im Laufe der Jahre kam endlich auch die Anerkennung. In den Achtzigern wurde er zu einem Nationaldenkmal der amerikanischen Kultur, eine Ikone der Avantgarde, ein großer alter Mann nicht nur der Musik, sondern der modernen bildenden Kunst. Zuvor war er kritischer Ablehnung ausgesetzt gewesen, ganz zu schweigen von der Armut, die lange sein Los gewesen war. Jetzt fand er Gehör, es wurden Geldmittel für ihn flüssiggemacht, das ging bis zu blinder Akzeptanz. So viele Möglichkeiten begannen sich ihm zu eröffnen, daß die Gefahr drohte, sich einen Zeitplan aufzwingen zu lassen, der die Produktion neuer Werke beengte und einschnürte.

»Ich glaube, ihm wurde in den siebziger Jahren die Nichtigkeit des Ruhmes klar«, sagte einer seiner langjährigen Vertrauten. »Es hat beinahe den Anschein, daß er inzwischen davon völlig aufgefressen wird. Es ist sehr schwer, unter der Last eines solchen Pensums kreativ zu sein.« Je gefragter Cage wurde, um so weniger Zeit blieb ihm für neue Arbeiten, insbesondere für Vorträge und Aufführungen. Auch wenn das nicht der Hauptgrund war, hatte es doch mit einer gewissen Ökonomie zu tun, wenn Cage in den späten vierziger und den fünfziger Jahren Teile seiner Reden wiederverwendete und nach schnelleren Methoden der Zufallskomposition suchte. Später machte er, wie bereits erwähnt, aus seiner Korrespondenz Partituren wie *Rozart Mix*, die er mit der Hand schrieb, ohne sie noch einmal abzutippen (*Electronic Music for Piano, Child of Tree*), manchmal sogar einfach nur auf die Rückseite von Briefumschlägen (*WGBH-TV*). Bereits 1962 stellte Peter Yates fest, daß »er einen

Vortrag zusammenzustellen geplant hatte ... aber nicht die Zeit dafür aufbrachte; statt dessen erzählte er dann den Leuten, wie der Vortrag komponiert worden wäre.«

Je älter Cage wurde und je mehr sein Ansehen sich verbreitete, umso mehr wuchsen auch die Anforderungen, die an seine verfügbare Zeit gestellt wurden. »Jeder Geburtstag, der mit einer 5 oder einer 0 endet, ist Anlaß zu irgendeiner Feier«, bemerkte Cage 1986 gequält. »Wenn man solche Feiern überall auf der Welt hat, kostet einen das gewöhnlich ein Jahr vorher und ein Jahr nachher, um sie hinter sich zu bringen. Das läßt mir alle fünf Jahre höchstens ein oder zwei Jahre für meine Arbeit.«

Da Zuhörer nur selten vorgebildet sind, hat Cage viele Jahre lang die Fragen mit immer denselben Geschichten beantwortet: Mein Vater war Erfinder, Schönberg pflegte uns alle an die Tafel zu schicken, Shizuko sagte: Nehmen Sie die Diät nicht allzu ernst. Die verschiedenen Verfahren des Recyclings seines Materials scheinen nun eher Abkürzungen zu sein als freigewählte Techniken. Seine Präsentationen brachten in wachsendem Maße Material ins Spiel, das zu anderen Zwecken vorbereitet wurde: etwa die Vorlesung der *Europeras*-Szenarien oder von »Bolivia Mix«. Cage hat seine Arbeiten selbst oft direkt zu Aufführungen gemacht. Als er im Mai 1986 gebeten wurde, zu den Studenten in Cal Arts zu sprechen, bereitete er einen Tisch mit Schreibgerät und einem Küchenwecker vor, verstärkte den Wecker und stellte ein Kontaktmikrophon auf den Tisch. In längeren Intervallen las er dann kurze Exzerpte aus den Szenarien der damals in Arbeit befindlichen *Europeras* vor. Abgesehen davon bestand seine Zuwendung ans Publikum aus dem Anblick seiner Person, dem Geräusch des Schreibens und dem Ticken des Weckers. Frans von Rossum fragte ihn hinterher, was er getan habe. »Ich habe die Fagottstimme für meine Oper geschrieben«, antwortete Cage. »Ich mußte meine Zeit gut nutzen, und weil keine Möglichkeit gewesen war, einen Vortrag vorzubereiten, entschloß ich mich, einfach damit fortzufahren.«

Solche Performances sind verwandt mit der »disziplinierten Aktion ... die ... eine Verpflichtung anderen gegenüber erfüllt« – in *0′ 00″* – oder den sichtbaren und klanglichen Elementen von *WGBH-TV*, und doch scheinen sie verkrampfter zu sein. Was in Cal Arts hinzugefügt wurde, war das Ticken der Uhr, und damit wurde das Problem selbst zu Musik.

Cage hat versucht, die Ansprüche anderer an seine Zeit zu mindern. In einem Brief vom Anfang des Jahres 1971 schrieb er: »Ich gebe so wenig Konzerte und nehme so wenig Engagements wie möglich an«, und er erhöhte seine Vortragshonorare, um das alles auch praktikabel zu machen. Und doch war das Problem damit nicht gelöst: er verstrickte sich geradezu in den Ansuchen und Nachfragen anderer, obwohl er durchblicken ließ, daß er viel lieber zu Hause blieb und arbeitete, was er aber nicht konnte.

Mit den Jahren hat er sich in dem früheren Altman-Gebäude heimisch zu fühlen begonnen. »Ich kenne die Schüsseln und Töpfe, in denen ich koche, und ich kenne die dort wachsenden Pflanzen, die ich selbst überall verteilt habe«, erklärte Cage. »Ich freue mich darauf, wieder zu Hause zu sein.« Als das Reisen schwierig wurde, war es »leichter für mich, zu Hause zu bleiben. Zu Hause kann ich sicherlich bessere Arbeit leisten.« Er verspürte ein Bedürfnis nach Zeit und Raum, wenn er neue Ideen entwickelte. »Ich glaube beispielsweise«, gab er zu bedenken, »daß ich ... wenigstens drei Wochen mit leerem Kopf zu Hause sein muß, bevor ich irgendeine Idee habe. Das ist eine alte romantische Vorstellung, aber ich habe noch immer keinen Weg gefunden, in der Welt herumzureisen und gleichzeitig Ideen zu haben.« Und doch war er zu der Überzeugung gekommen, daß das Zuhause die ganze Welt sei – McLuhans »Weltdorf«. Anstatt daraus zu folgern, daß er auch dort das Bedürfnis verspüren würde, einige Zeit in seinem eigenen Wohnzimmer zu verbringen, erklärte er sich die Diskrepanz daraus, daß seine Gefühle der Realität des modernen Lebens hinterherhinkten. »Was das Reisen betrifft, haben wir uns von einer Kultur zur anderen gewandelt«, schließt Cage, »aber auch hier neigen wir dazu, mit dem einen Bein in einer früheren Kultur zu stehen und mit dem anderen in einer neuen«.

Cages Reisen resultierten aus der Entscheidung, eher so viel wie möglich als so wenig wie möglich zu reisen, was seine Vorbehalte dagegen wiederum interessant macht. Wenn man die Reisen zusammenzählt, die er beispielsweise zwischen April und Oktober 1990 unternommen hat, so verweilte er an insgesamt achtzehn Orten, sein eigenes Zuhause eingeschlossen, und zwischen November 1990 und Mai 1991 an sechzehn. Grob gerechnet entschloß sich Cage also, in jenem Jahr alle zehn Tage eine neue Stadt und häufig auch ein neues Land zu besuchen.

Lange ist er zu Recht für seine Offenheit und Zugänglichkeit bekannt gewesen. Seit der Mitte der achtziger Jahre, als er sich besonders darum sorgte, seine Zeit weise einzuteilen, während die Ansprüche an ihn stiegen, begann er, weniger Zeit als früher auf das Zusammensein mit anderen Menschen zu verwenden, und verfuhr wählerischer in bezug auf diejenigen, die er weiterhin sehen wollte.

## II

In *Four*[3], einem im Mai 1991 geschriebenen Dreißigminutenstück für vier Interpreten, entwickelte er den Gebrauch von Zeitklammern weiter. Vier Elemente durchdringen sich wechselseitig mit den gegebenen Klammern: Stille, der Klang eines von zwölf Spazierstöcken (der als Hinweis auf die schlichte Ökologie von *Child of Tree* und als Zitat ethnischer Musik gesehen werden kann), ein Sinuston oder Violinflageoletton und zufallsgenerierte Variationen über den Cantus firmus und Kontrapunkt von *Vexations.* Letztere werden sehr langsam und ruhig auf zwei Klavieren gespielt, die weit voneinander entfernt stehen (möglicherweise eines innerhalb und eines außerhalb des Konzertsaales). Zwischen den beiden gibt es keinerlei Koordination. Das Werk wurde geschrieben als Begleitung für einen neuen Tanz von Cunningham und seiner Dance Company, *Extended Lullaby.* Beim Tanz endet es mit dem Fall des Vorhangs, bei einer Konzertaufführung mit totaler Verdunkelung.

Von Yvar Mikhashoff, einem Interpreten, der häufig Cages Musik aufführte, darunter auch bei der *Europeras III-* und *IV-*Tournee, kam ein Auftrag für *Europera V*, eine einstündige Partitur für einen Pianisten, zwei Sänger, Beleuchtung und

Tonband. Sie wurde am 21. Mai in Amsterdam uraufgeführt und ging dann gegen Ende des Monats zu Gastspielen nach Gent und Bergen.

Beim Spoleto Festival in Charleston wurde Ende des Frühjahrs *Sound of Venice* zum erstenmal nach der Produktion für *Lascia o raddoppia* präsentiert. Ein langwieriges Copyrightproblem, das wiederkehrende kurze Ausschnitte aus einem Hit der fünfziger Jahre betraf, *Come prima*, war durch eine pauschale Abschlagszahlung gelöst worden. John Kennedy, der Leiter des Ensembles Essential Music, das sich auf experimentelle Musik der vierziger und fünfziger Jahre spezialisiert hatte, führte das Stück live auf und übertrug es auf Monitore, um seinen Charakter als Fernsehsendung zu wahren.

Im August wurde eine umfassende Ausstellung des graphischen Werkes von Cage in Drucken der Crown Point Press und anderer in der Münchner Neuen Pinakothek gezeigt. Andere Verpflichtungen schlossen eine Rückkehr zum Mountain Lake aus. Ein Besuch der von Iannis Xenakis in Massy bei Paris aufgebauten Ateliers UPIC, eines Studios für Computermusik, wurde auf den folgenden Mai verschoben.

1992, das Jahr von Cages achtzigstem Geburtstag, begann wie vorgesehen. Am Abend des 8. Januar kam er bei der Crown Point Press zu einem auf zwei Wochen bemessenen Abstecher an und fühlte sich, abgesehen von sporadischen Rückenschmerzen, gesund. Binnen zwei Wochen hatte Cage drei neue Serien von Drucken fertiggestellt, *HV2, Variations III* und *Without Horizon*. Die erste ist durch ihren Titel mit *HV* aus dem Jahr 1983 verknüpft und impliziert damit die Dimensionen horizontal/vertikal. Die von Cage benutzten Druckvorlagen waren kleine Fragmente, die er im Umkreis des Ateliers verstreut aufgefunden hatte. Er arrangierte sie »improvisatorisch« in horizontaler oder vertikaler Richtung, damit sie genau mit den Ausmaßen des Druckpapieres übereinstimmten. Die Farbe jedes geometrischen Bereichs wurde anhand des *I Ging* festgelegt, wobei zwischen einem und vierundsechzig Pigmente oder Tuschen benutzt wurden. Jede Platte wurde mit einer leicht geätzten Aquatinta bedeckt, um sie zu schützen und den Ton zu halten. Das bringt die Drucke in die Nähe von Pastellzeichnungen.

*Variations III* steht mit zwei früheren *Variations*-Serien in Zusammenhang, mit denen Cage 1987 bei der Crown Point Press begonnen hatte. Er arbeitete mit seinem schon charakteristischen angesengten Papier und einer vom *I Ging* festgelegten Zahl von Brandmalen, die er mit einem rotglühenden Eisenring oder einer Eisenstange erzeugte. Auf seine Bitte hin wurde das Papier vor dem Druck nicht geglättet, was zu Faltungen führte, die den Drucken einen dreidimensionalen Effekt verleihen. Die Serie besteht aus siebenundfünfzig Bildern, entsprechend den Vorräten der Druckerei an Roma-Papieren. Cage übernahm die Zahl als passende Begrenzung der dritten Serie seines Besuches: in *Without Horizon* zeichnete er um siebenundfünfzig Kanten von dreizehn Steinen herum, die er schon bei früheren Besuchen verwendet hatte. Zufallsoperationen legten fest, welche Kanten umrundet, welche der sechsunddreißig Pinsel oder anderen traditionellen oder improvisierten Zeichenutensilien und der Radierungstechniken verwendet werden sollten (Kaltnadel, Zuckertusche, Vernis mou, Ätznadel, Aquatinta usw.). Cage benutzte zwölf verschiedene Schwarzpigmente bei (»zufällig«) siebenundfünfzig Blättern handgefertigten, angesengten Papiers.

Nach seinem dortigen Besuch unternahm er einen kurzen Abstecher nach Seattle und verbrachte dann eine Woche in Stanford als Ehrengast am Humanities Center. Am 10. Dezember hatte eine Ausstellung in der Art Gallery begonnen, die bis zum 9. Februar dauerte. Am 27. Januar hielten Cage und Kathan Brown einen formlosen Vortrag, gefolgt von einer musikalischen Darbietung, an der unter anderen auch Gordon Mumma beteiligt war. Norman O. Brown nahm am darauffolgenden Tag an einer Diskussionsrunde über die Position von Cage im amerikanischen Kulturbetrieb teil. Im weiteren Verlauf der Woche präsentierte der Komponist *Muoyce, James Joyce, Marcel Duchamp, Erik Satie: An Alphabet* und (am 28. und 30. Januar) *Here Comes Everybody: Overpopulation and Art, Part I* und *Part II,* eine Reflexion seiner sozialen und politischen Positionen in einer auf den neuesten Stand gebrachten Form.

Cage setzt hier »Overpopulation and Art« als Strang für vierzig fünfzigprozentige Mesostichen ein. Anders als bei seinen letzten Ausflügen zu Vorlesungen auf der Basis von Mesostichen trifft dieser Text, obwohl er keine ausführlichen Argumente entwickelt, doch Feststellungen im ganz üblichen Wortsinne:

»Überbevölkerung ...
Niksa Gligo schrieB aus Zagreb um zu sagen
daß der häßlichE jugoslawische Krieg
kein KRieg zwischen Menschen ist
er ist Begonnen worden
von jEnem Teil
Von Regierung und Armee der
um die serbische Macht besOrgt ist
laßt unsere Freunde und aLle anderen
die Wahrheit wissen dies ist Kein
ethnischer oder BuErgerkrieg
noch ein StReit
um Unterschiedliche Meinungen
dies ist eiNe imperialistische politische
AgGression

Und
wenN man an
Fax unD

eleKtronisches
VerbUndnetz
aNgeschlossen
iSt
ist man in KontakT hce (Here Comes Everybody)«.

Darüber hinaus tauchen zum erstenmal die entsprechenden Anspielungen auf geschlechterspezifische Fragen auf (»das patriarchalische Denken überwinden«, »Diskussionen über die Geschlechter, die repressive Strukturen überwinden«).

Im Laufe des vorhergehenden Jahrzehnts war Cages Denken zu sozialen Fragen zunehmend pessimistisch geworden, und er hatte sich, wie er das von Fuller sagte, von einem Propheten in einen Jeremias verwandelt. »Wir stehen unter der Kontrolle ebender Dinge, von denen uns die Künste befreien möchten –

und wir stehen beinahe aussichtslos unter dieser Kontrolle«, meinte Cage. »Ich sage so etwas nur ungern, weil ich nicht sehr viel Übung als Pessimist habe. Aber ich glaube, aus den Zeitungen und Medien geht hervor, daß etwas Ähnliches passiert.« Die Geschäfte der Welt werden von Dummheit geleitet, was gebraucht wird, gab Cage zu bedenken, ist etwas Intelligenz, die allerdings nur spärlich zu finden ist.

»Vielleicht wird sich etwas ändern«, meinte er, »aber nur nach schrecklichem Leid, das ein Leid der ganzen Welt sein wird. Dann werden die Leute schließlich merken, daß irgend etwas geschehen muß. Aber Gott weiß, welche Gestalt dieses Leid annehmen wird.« Und zum erstenmal zog Cage den Schluß: »Die Musik hat darauf wenig Einfluß.«

## III

Cage wußte, daß seine Werke ihn überdauern würden. »Ich fürchte, sie werden es«, hat er gesagt. Zuzeiten ließ er durchblicken, daß er das bedauere. »Ich habe jetzt so viel Arbeit auf so vielen Gebieten geleistet, daß es sehr schwer wäre, sie sich jetzt ... vom Halse zu schaffen. Nehmen wir an, ich käme zu dem Entschluß, sie mir vom Halse zu schaffen, dann wäre das sogar für mich unmöglich – es ist einfach zu viel, und es gibt zu viele Kopien.« Er sah voraus, daß es nach seinem Tode zu einem Nachlassen des Interesses kommen würde – und später dann zu erneuter Belebung. Er hat wenig Interesse an der Nachwelt gehabt, aber eine klare Vorstellung von dem, was geschehen wird. Sein hauptsächliches Interesse lag immer bei dem, was in seiner Macht stand – was er jetzt tut und was als nächstes. »Es geht mir nur mehr darum, so lange zu leben, wie ich kann«, erklärte er, »um soviel Arbeit zu leisten, wie ich kann, und mein bereits fertiggestelltes Werk dann sozusagen sein eigenes Leben leben zu lassen«.

Cage hat in einer Zeit gelebt, da »Avantgarde« das meinte, was es bedeutet. In dem Maße, wie sich das zwanzigste Jahrhundert seinem Ende nähert, kann man in dem Sinne nicht mehr von der Avantgarde sprechen; mittlerweile bezeichnet dieser Begriff nur mehr eine Bewegung der Jahrhundertmitte und nicht das unaufhörliche Vordringen künstlerischer Einsichten. In durchaus vertretbarer Weise ließe sich sagen, daß die Zeiten seit den achtziger Jahren eher regenerativ gewesen sind als revolutionär.

Cage war noch immer sehr darauf erpicht gewesen, die Arbeiten junger Komponisten zu entdecken und zu fördern. Da er keine Stereoanlage hatte, konnte er sich keine Schallplatten anhören, sondern besuchte Konzerte mit neuer Musik. Im Werk von Walter Zimmerman sah er eine ähnliche »Absenz von Platz und Ort« gegeben wie in seinem eigenen. Während seiner Norton-Vorlesung war Cage dem jungen Komponisten William LePage aus Baltimore begegnet, den er für einen »sehr begabten jungen Komponisten« hielt, er dachte ernsthaft daran, den jungen Mann zu seinem Assistenten zu machen.

Cage war der Auffassung, daß die Zukunft der Musik unbegrenzt und vielgestaltig ist. In seinem Respekt für andere Strömungen feierte er diese Mannigfaltigkeit. In den siebziger Jahren sagte er »eine Steigerung der Fülle und der Arten von Kunst« voraus, »die so verwirrend wie erfreulich sein wird«. Als er noch ein junger Mann war, erzählte er, hatte ein Musiker nur zwischen zwei ernstzunehmenden Richtungen die Wahl: Schönberg oder Strawinsky. Heute »hat sich der Hauptstrom ins Mündungsdelta verlaufen. Und dann weiter ins Meer. Jetzt können Sie jede Richtung einschlagen, sogar Ihre eigene.« Er meinte: »Die Musik entwickelt sich in viele unvorhersehbare Richtungen statt in eine einzige. Es gibt mehr Leute, die komponieren, und mehr Kompositionsweisen. Sie scheinen mir an Zahl zuzunehmen. Ebendas meine ich, wenn ich sage, daß ich nicht weiß, was passiert. Die Situation ist jetzt, denke ich, mehr wie bei einer französischen Pastete – man weiß nicht, was kommen wird.«

Ob sie nun eine bestimmte Richtung einschlägt oder nicht, die Kunst wird sich auch weiterhin wandeln. »Die Geschichte wird ein Zyklus von Wandlungen sein«, sagte Cage. »Ich stelle mir die Geschichte gern als stetig vor. Eine Geschichte, die einen wahren Reichtum an Unterschieden in sich birgt – die ganze

Zeit über.« Man kann in rekuperativen Zeiten der Ruhe einen gewissen Mangel an Einheit und Engagement unter Künstlern finden, der zu partiellen und eher kosmetischen Synthesen führt; zwischendurch leuchten aber immer wieder Blitze von Klarheit und Originalität auf. Cage hat die Quellen nichtintentionaler Kunst wahrscheinlich erschöpft, vielleicht auch nicht. Er schlägt vor und zeigt gleichzeitig, daß jedermann mit seiner Arbeit fortfährt, wie er es für richtig hält. Was auch immer passiert, es wird nicht das sein, was wir erwarten, und deshalb kann das Leben so erfreulich sein.

## IV

»Die Situation, ständig im Wandel – einem inneren wie äußeren – begriffen zu sein, ist es, die die Frage, die da eben gestellt worden ist, so schwer beantwortbar macht. Nie erreicht man einen Punkt der Ausgeformtheit oder Vollendetheit. Alles ist in einem ständigen, unvorhersehbaren Wandel begriffen.« Auf die Frage nach seinem wichtigsten Vermächtnis meinte Cage, es könne der Umstand sein, daß er »die Praktikabilität der nichtintentionalen Hervorbringung von Kunstwerken gezeigt« habe. Das mag die Hinterlassenschaft von Cage als Cage sein. Um sein Werk wird sich Polemik entfachen. Die Diskussion über bestimmte Kategorien wird anhalten – darüber, was dieses Werk für unsere Vorstellungen von Schönheit, Musik oder der Aufgabe musikalischer Analyse bedeutet. Es wird weitere Studien geben, die sich mit der sozialen, kulturellen und historischen Einordnung und Bedeutung seines Werkes auseinandersetzen. Auf unvermeidliche, unmerkliche Weise wird damit gezeigt werden, daß Cages Werk und Denken ein angemessener Platz zugeordnet werden wird.

Da ist weiter Cages Vermächtnis als das eines Menschen. Es gibt in dem, was er gemacht hat, eine allgemeingültige Botschaft. »Verlassen Sie sich nicht auf etwas außerhalb Ihrer selbst«, riet Cage, »vertrauen Sie in sich selbst und in Ihre Energie. Nehmen Sie das ins Visier. Arbeiten Sie aus sich heraus.« Es ist nicht »wesentlich«, Künstler zu sein, überlegte er. »Die Leute können Klempner oder Straßenfeger oder eine Art Künstler sein, wenn sie ihre Arbeit wie ihr Leben verrichten. Was und wie sie das tun, macht ihr Leben aus und die Liebe und das Vergnügen zum und am Leben.«

Cages Integrität ist beispielhaft: seine Hingabe und Disziplin, die Kontinuität von Ideen und Leben, die geistige Untermauerung seiner Arbeit. Wenn man ihn einfach nur als Mensch betrachtet, hat seine Haltung ihre Nachteile wie Vorzüge, aber er stützte sich nicht nur auf seine Stärken, sondern schlug auch aus seinen Schwächen Kapital. Manche Facetten seiner Persönlichkeit bleiben ausgeschlossen, sie waren unübersehbar, haben aber das, was er gemacht hat, nicht beeinträchtigt. Seine Ideen und sein Handeln haben sich nach und nach seinen Neigungen angenähert und sie geklärt. Es ist dieser persönliche, innere Erfolg, der sein ausgeprägtes und unerschütterliches Vermächtnis ist.

Wie das alles zustande gekommen ist, bleibt wie immer unsagbar, wie viele Fakten man auch sammelt oder vergleicht, wieviel Zeit man aufwendet, um eine Theorie zu zerlegen und zusammenzusetzen, wie viele seiner Freunde man auch befragt oder Bibliotheken man auch aufsucht. Jede Dimension hat ihren Ort, und jede Person entwickelt ein Verständnis für die Beziehungen zwischen diesen Dimensionen, die sich durch ihr Leben hindurchziehen. Zufall und Entscheidung: sein Herkommen und seine Sozialisation im weiteren Sinne, die historische Situation, das kulturelle Klima, die Zufallsbekanntschaften, aber auch die ihm eigenen Fähigkeiten, sein Wille, die Entschlossenheit, seine Freiheit und Würde.

»Wohin, glauben Sie, steuern wir jetzt?« wurde Cage gefragt. »Ich glaube«, antwortete er, »daß wir jeden Tag ... aufwachen, hm? ... und einer besseren Situation entgegensteuern als derjenigen, von der wir in den Nachrichten hören.« Cage erinnert uns daran, daß das Leben sowohl Geheimnisse als auch Freude birgt. Eine seiner wichtigsten Lehren ist somit ethischer Natur – im klassischen Sinne des Vorschlags einer Technologie des Selbst, einer Weise der Beziehung zu sich selbst und zu den eigenen Handlungen.

»Es ist nicht sinnlos zu tun, was wir tun«, bekräftigte Cage.

»Wir wachen voller Kraft auf und tun etwas. Und wir haben Versäumnisse hinzunehmen und machen natürlich Fehler, aber manchmal haben wir eine flüchtige Ahnung dessen, was wir als nächstes tun sollten.« Das Leben ist so gut, wenn man seine Begierden im Zaum hält und das Leben geschehen läßt. *»Nichi nichi kore ko nichi«*, wie Cage zitiert, »jeder Tag ist ein schöner Tag.«

# ANMERKUNGEN

Alle im folgenden nicht nachgewiesenen Zitate stammen aus Interviews und Gesprächen, die der Autor mit John Cage oder Freunden und Kollegen führte. Ansonsten beziehen sich die angeführten Quellen in alphabetischer Anordnung jeweils auf das betreffende Unterkapitel. Die vollständigen Angaben zu den Quellen finden sich in der Bibliographie.

VORWORT
Appleton und Perera, 1975
Cage, Vortrag in Glasgow am 20. September 1990

VORSPIEL
Cage und Charles: *For the Birds,* 1981
Cage, Vortrag in der Tate Gallery in London am 19. Januar 1991
Cage: *A Year from Monday, 1967a*
–: *I–VI,* 1990
–: *M,* 1973
–: *Silence,* 1961
–: *X,* 1987
Darter, 1982
Gena und Brent, 1982
Kostelanetz, 1988
Montague, 1985
*New York Times,* 3. September 1972
Reynolds, 1962
Sumner u. a., 1986

KAPITEL EINS
Cage: *X,* 1987
Goldberg, 1976
Montague, 1985
Tyler's Quarterly V

KAPITEL ZWEI, I
Binheim 1928
Cage: *I–VI,* 1990
Cage: *Silence,* 1961
Charles, 1978
Gordier, 1973
Goldberg, 1976
Kostelanetz, 1988
*Los Angeles Times,* 28. März 1976
Peyser, 1976

KAPITEL ZWEI, II
Cage: *Silence,* 1961
Goldberg, 1976
Tomkins, 1968a

KAPITEL ZWEI, III
Cage: *A Year from Monday,* 1967a

Fleming und Duckworth, 1989
Hilmes, 1990

KAPITEL DREI, I
Cage: *A Year from Monday,* 1967a
–: *I–VI,* 1990
*Christian Science Monitor,* 9. März 1970
Fleming und Duckworth, 1989
Gillmor, 1976
Keller, 1980
Tomkins, 1968a

KAPITEL DREI, II
Cage: *Empty Words,* 1979
–: *Silence,* 1961
*Christian Science Monitor,* 9. März 1970
Fleming und Duckworth, 1989
Goldberg, 1976
Kostelanetz (Zitat Cage), 1971
Lanza, 1971
*Sourthwestern Builder and Contractor,* 16. September 1921

KAPITEL DREI, III
Cage: *M,* 1973
*Ka Leo Hawaii,* 17. April 1964
Kostelanetz, 1971
*Los Angeles Times,* 28. März 1976
*Manuscript,* 10. Januar 1930
Tomkins, 1968a

KAPITEL VIER, I
*Architectural Review* CLXXIII, Nr. 1034 (April 1983), CLXXVIII, Nr. 1064, (Oktober 1985)
Cage und Charles: *For the Birds, 1981*
Cage: *A Year from Monday,* 1967a
–: *Silence,* 1961
–: *I–VI,* 1990
Dunnett und Stamp, 1983
Gillmor, 1976
Tannenbaum, 1985
Tomkins, 1968a

KAPITEL VIER, II
Adam, 1989
Brogan, 1986
Cage und Charles: *For the Birds,* 1981
*Cage: A Year from Monday,* 1967a
–: *M,* 1973
–: *Silence,* 1961
Cope, 1980
Cowell, 1952
Gillmor, 1976
Hertelendy, 1982
Kostelanetz, 1988
Schönberg, 1964
Tomkins, 1968a
Weiss, 1958
White, 1978

KAPITEL VIER, III
Cage: *Silence,* 1961
–: *A Year from Monday,* 1967a
Fleming und Duckworth, 1989
Gagne und Caras, 1976
Montague, 1982
Tomkins, 1968a

KAPITEL FÜNF, I
Cage: *A Year from Monday,* 1967a
Dufallo, 1989
Fleming und Duckworth, 1989
Gagne und Caras, 1976
Goldberg, 1974

Goldberg, 1974
Hertelendy, 1982
Keller, 1980
Peyser, 1976
Schönberg, 1964
Tomkins, 1968a

KAPITEL FÜNF, II
Cage: *Silence,* 1961
Fleming und Duckworth, 1989
Gagne und Caras, 1976
Goldberg, 1974
Griffiths, 1981
Kostelanetz, 1988
Peyser, 1976
Schönberg, 1964
Tomkins, 1968a

KAPITEL SECHS, I
Fleming und Duckworth, 1989

KAPITEL SECHS, II
Cage und Charles: *For the Birds,* 1981
*Cage: A Year from Monday,* 1967a
–: *Empty Words,* 1979
Cage: *M*, 1973
Kass, 1983
Kostelanetz, 1988

KAPITEL SECHS, III
Cage: *M*, 1973
–: *Silence,* 1961
Dufallo, 1989
Ernst, 1977
Griffiths, 1981
Measham, 1976
Montague, 1985
Peyser, 1976
*Quest,* 16. Februar 1940
*Time,* 12. Februar 1943
*Vassar Chronicle,* 21. März 1949

KAPITEL SECHS, IV
Cage: *I–VI,* 1990
Griffiths, 1981
Kostelanetz, 1988
*Whitman College Pioneer,* 11. Januar 1940

KAPITEL SIEBEN, I
Cage und Charles: *For the Birds,* 1981
Cage: *Empty Words,* 1979
Cowell, 1952
Dufallo, 1989
Montague, 1985
Tomkins, 1968a

KAPITEL SIEBEN, II
Cage: *I–VI*, 1990
Cline, 1939
Gena und Brent, 1982
White, 1978

KAPITEL SIEBEN, III
*American Magazine,* Juli 1942
Cage und Charles: *For the Birds,* 1981
*Chicago Daily Tribune,* 2. März 1942
*Chicago Sun*, 20. Februar 1942
*San Francisco Chronicle,* 28. Juli 1939

KAPITEL SIEBEN, IV
Cage und Charles: *For the Birds,* 1981
Cummings, 1974
Fleming und Duckworth, 1989

KAPITEL SIEBEN, V
Brogan, 1986
Cage: *Empty Words,* 1979
–: *Silence,* 1961

Dufallo, 1989
Goldberg, 1976
Kostelanetz, 1988
Lanza, 1971
Shapiro, 1985
Tomkins, 1968a

KAPITEL SIEBEN, VI
Cummings, 1974
Harrison, 1944
*Time*, 12. Februar 1943

KAPITEL ACHT, I
Adam, 1989
Cage und Charles: *For the Birds*, 1981
Dufallo, 1989
Harrison, 1944
Kostelanetz
Tomkins, 1968a

KAPITEL ACHT, II
Cage und Charles: *For the Birds*, 1981
Cage: *Silence*, 1961
Kostelanetz
Peyser, 1976
Tomkins, 1968a

KAPITEL ACHT, III
Cage: *A Year from Monday*, 1967a
–: *Empty Words*, 1979
–: *M*, 1973
–: *Silence*, 1961
Fleming und Duckworth, 1989
O'Driscoll, 1982
Tomkins, 1968a
*UCLA Daily Bruin*, 11. November 1955

KAPITEL ACHT, IV
Cage und Charles: *For the Birds*, 1981
Cage: *A Year from Monday*, 1967a
–: *Silence*, 1961
Mazo, 1983
*New York Herald Tribune*, 20. Mai 1947
Peyser, 1976

KAPITEL NEUN, I
*Black Mountain College Bulletin*, VI
Cage und Charles: *For the Birds*, 1981
Cage: *Empty Words*, 1979
Kostelanetz, 1988
Tomkins, 1968

KAPITEL NEUN, II
Dunn, 1962
Gagne und Caras, 1976
Griffiths, 1981
Thomson, 1946

KAPITEL NEUN, III
Tomkins, 1968
Cage und Charles: *For the Birds*, 1981
Peyser, 1976
Schoenberg, 1969
Mac Donald, 1987
Cage: *Empty Words*, 1979
Boulez und Cage, 1990
*Le Parisien*, 17. August 1949
Cage: *Silence*, 1961
*Dance*, März 1946

KAPITEL NEUN, IV
Cage: *A Year from Monday*, 1967a
–: *Silence*, 1961
Cowell, 1952
Griffiths, 1981
Montague, 1985
Gagne und Caras, 1976

KAPITEL ZEHN, I
Cage und Charles: *For the Birds*, 1981
Cage: *A Year from Monday*, 1967a
–: *Silence*, 1961
Fleming und Duckworth, 1989
Kostelanetz, 1988
Miles, 1990
Sargeant, 1957
Tomkins, 1968a

KAPITEL ZEHN, II
*Buffalo-Courier Express*, 2. März 1965
Cage und Charles: *For the Birds*, 1981
Cage: *A Year from Monday*, 1967a
–: *Empty Words*, 1979
–: *I–VI*, 1990
–: *M*, 1973
–: *Silence*, 1961
Fleming und Duckworth, 1989
Gillmor, 1976
*Movie Magazine*, Juli 1962
*Panorama-Chicago Daily News*, 10. Mai 1969
*Suzuki*, 1934

KAPITEL ZEHN, III
Cage und Charles: *For the Birds*, 1981
Cage: *A Year from Monday*, 1967a
–: *I–VI*, 1990
–: *M*, 1973
–: *Silence*, 1961
–: *X*, 1987
Furman, 1979
Gagne und Caras, 1982
Heschel, 1951
Hoover, 1978
Kostelanetz, 1988
Low, 1985
*New York Post*, 10. Juni 1958
*Register*, 14. Mai 1961
Turner, 1990

KAPITEL ZEHN, IV
Cage und Charles: *For the Birds*, 1981
Cage: *A Year from Monday*, 1967a
–: *I–VI*, 1990
–: *Silence*, 1961
*Christian Science Monitor*, 9. März 1970
Dufallo, 1989
*Hartford Times*, 14. März 1951
*Montreal Star*, 3. August 1961
*Musik Magazine*, Juli 1962
*New York Herald Tribune*, 13./14. Juni 1964
*New Yorker*, 24. Juli 1971
Vargas Llosa, 1987
White, 1978

KAPITEL ZEHN, V
Cage und Charles: *For the Birds*, 1981
Cage: *Silence*, 1961
Ernst, 1977
Gillmor, 1976
Kostelanetz, 1988
Tomkins, 1968a

KAPITEL ELF, I
Cage und Charles: *For the Birds*, 1981
Cage: *Silence*, 1961
Gagne und Caras, 1982
*Hartford Times*, 14. März 1951
Tomkins, 1968a

KAPITEL ELF, II
Cage und Charles: *For the Birds*, 1981

Cage: *I–VI*, 1990
–: *Silence*, 1961
Kostelanetz, 1988
Montague, 1982
*Panorama-Chicago Daily News*, 10. März 1969
Pritchett, 1988
Tomkins, 1968a
White, 1978

KAPITEL ELF, III
*Art and Architecture*, Mai 1962
Cage und Charles: *For the Birds*, 1981
Cage: *Silence,* 1961
Cowell, 1952
*Dance Magazine*, Mai 1956
Dunn, 1962
Fleming und Duckworth, 1989
Gagne und Caras
Kirby und Schechner, 1965
Norse, 1990

KAPITEL ELF, IV
*Art in America*, 1966 (54/3)
Cage und Charles: *For the Birds*, 1981
Cage: *A Year from Monday*, 1967a
–: *I–VI*, 1990
–: *M*, 1973
Fleming und Duckworth, 1989
Kostelanetz, 1988
Naifeh und Smith, 1992
Shapiro, 1985
Tomkins, 1968a
Turner, 1990

KAPITEL ELF, V
Cage und Charles: *For the Birds*, 1981
Cage: *Silence*, 1961
Duffalo, 1989
Fleming und Duckworth, 1989
Gagne und Caras, 1976
Maconie, 1976
Tomkins, 1968a

KAPITEL ELF, VI
Cage und Charles: *For the Birds*, 1981
Cage: *A Year from Monday*, 1967a
–: *Empty Words*, 1979
–: *I–VI*, 1990
–: *Silence*, 1961
*Chicago Sun-Times*, 11. Mai 1969
Cope, 1980
Dufallo, 1989
Gillmor, 1976
Green, 1987
Helm, 1965
Montague, 1985
*Music Magazine*, Juli 1962
Slivka, 1978/79
*UCLA Daily Bruin*, 11. November 1955

KAPITEL ELF, VII
Special Collections Archive of the Lincoln Center, New York

KAPITEL ZWÖLF, I
Cage und Charles: *For the Birds*, 1981
Cage: *M*, 1973
–: *Silence*, 1961
Furman, 1979
Tomkins, 1968a

KAPITEL ZWÖLF, II
*AAWW Journal*, Januar 1969
Cage: *I–VI*, 1990
–: *M*, 1973
–: *Silence*, 1961

Charles, 1987/88
Fleming und Duckworth, 1989
Gillmor, 1976
Montague, 1985
*New York Post*, 6. Mai 1958
Tomkins, 1968a

KAPITEL ZWÖLF, III

Cage, 1972
–: *Empty Words*, 1979
–: *M*, 1973
–: *Silence*, 1961
Fleming und Duckworth, 1989
Gagne und Caras, 1976
Gillmor, 1976
Hoover, 1978
Low, 1985
Montague, 1985
Reynolds, 1962

KAPITEL ZWÖLF, IV

Cage und Charles: *For the Birds*, 1981
Cage: *A Year from Monday*, 1967a
–: *Silence*, 1961
*New York Post*, 15. April 1954
Peyser, 1976
Tomkins, 1968a
Worner, 1973

KAPITEL ZWÖLF, V

Cage und Charles: *For the Birds*, 1981
Cage: *Silence*, 1961
*New York Times*, 4. und 5. Oktober 1954
*San Diego and Point Magazine*

KAPITEL ZWÖLF, VI

Bockris, 1990
Cage: *Silence*, 1961
Kirby und Schechner, 1965
Tomkins, 1968a

KAPITEL DREIZEHN, I

Cage und Charles: *For the Birds*, 1981
Cage: *M*, 1973
–: *Silence*, 1961
Harvey, 1975
Maconie, 1976
Tomkins, 1968a
Turner, 1990

KAPITEL DREIZEHN, II

Cage und Charles: *For the Birds*, 1981
Cage: *Silence*, 1961
*Rheinische Post*, 17. Oktober 1958

KAPITEL DREIZEHN, III

Tomkins, 1968a

KAPITEL DREIZEHN, IV

Adam, 1989
Cage und Charles: *For the Birds*, 1981
Cage: *A Year from Monday*, 1967a
–: *I–VI*, 1990
–: *Silence*, 1961
Gagne und Caras, 1976
*New York Times*, 3. September 1972
Tomkins, 1968a

KAPITEL DREIZEHN, V

Cage: *A Year from Monday*, 1967a
–: *Silence*, 1961
Gagne und Caras, 1976
Hollander, 1963
Suzuki, 1991

KAPITEL DREIZEHN, VI
Cage und Charles: *For the Birds*, 1981
Cage: *I–VI*, 1990
–: *Silence*, 1961
*Musical America*, 15. Dezember 1950
*New York Herald Tribune*, 11. September 1963
*New York Times*, 12. August 1962

KAPITEL DREIZEHN, VII
Burch u. a., 1986
Cage: *A Year from Monday*, 1967a
–: X, 1987
*Los Angeles Times*, 30. Januar 1977
*New York Times*, 12. August 1962
Tomkins, 1968a

KAPITEL DREIZEHN, VIII
Cage: *A Year from Monday*, 1967a
Gena und Brent, 1982
Lucier, 1988

KAPITEL DREIZEHN, IX
Cage: *A Year from Monday*, 1967a
–: *I–VI*, 1990
Dufallo
Goldberg, 1974
Griffiths, 1985
Jouffroy und Cordier, 1974
Kostelanetz, 1971
*New York Times*, 16. Juli 1966
Roth und Roth, 1973
Tomkins, 1968a
*Village Voice*, 21. Juli 1966

KAPITEL VIERZEHN, I
Cage: *Empty Words*, 1979
*Focus*, 17. November 1967
Gagne und Caras, 1976

KAPITEL VIERZEHN, II
Cage: *Empty Words*, 1979
Charles, 1987/88
Mumford, 1973
Slivka, 1978/79
Thoreau, 1947

KAPITEL VIERZEHN, III
Cage und Charles: *For the Birds*, 1981
Cage: *I–VI*, 1990
–: *M*, 1973
*Chicago Sun-Times*, 11. Mai 1969
Gagne und Caras, 1976
*Hartford Times*, 23. April 1966
Manning, 1985
Metzger und Riehm, 1978
*Minneapolis Star*, 16. Juni 1969
*Newsweek*, 22. Mai 1967

KAPITEL VIERZEHN, IV
Cage und Charles: *For the Birds*, 1981
Cage: *I–VI*, 1990
–; *M*, 1973
*Chicago Sun-Times*, 11. Mai 1969
Gena und Brent, 1982
Kostelanetz, 1971

KAPITEL VIERZEHN, V
Cage und Charles: *For the Birds*, 1981
–: *M*, 1973
Gena und Brent, 1982
*The Plain Dealer*, 24. Januar 1970
Thoreau, 1947

KAPITEL VIERZEHN, VI
Cage: *Empty Words*, 1979
–: *M*, 1973
*San Francisco Chronicle*, 14. Januar 1986

KAPITEL VIERZEHN, VII
*Buffalo Courier-Express*, 2. März 1965
Burch u. a., 1986
Cage und Charles: *For the Birds*, 1981
Cage: *A Year from Monday*, 1967a
–: *M*, 1973
–: *Silence*, 1961
*Cinema Now*
Fleming und Duckworth, 1989
Gillmor, 1976
John Cage Archive, Northwestern University
Montague, 1985
Smalley, 1968
*The Daily Illinois*, 11. November 1967
Turner, 1990
White, 1978

KAPITEL VIERZEHN, VIII
Appleton und Perera, 1975
Cage und Charles: *For the Birds*, 1981
Cage: *M*, 1973

KAPITEL VIERZEHN, IX
Bronzell und Suchomski, 1986
Cage: *A Year from Monday*, 1967a
–: *Empty Words*, 1979
–: *M*, 1973
–: *Silence*, 1961
–: *X*, 1987
Kostelanetz, 1980
Slivka, 1978/79
White, 1978

KAPITEL VIERZEHN, X
Cage: *A Year from Monday*, 1967a
–: *Empty Words*, 1979
–: *I–VI*, 1990
–: *M*, 1973
–: *Silence*, 1961
Ellmann, 1983
Gagne und Caras, 1976
*Los Angeles Times*, 23. Januar 1977
O'Driscoll, 1982

KAPITEL FÜNFZEHN, I
Bronzell und Suchomski, 1986
Cage und Charles: *For the Birds*, 1981
Cage: *A Year from Monday*, 1967a
–: *Empty Words*, 1979
–: *I–VI*, 1990
–: *Silence*, 1961
–: *X*, 1987
Charles, 1987/88
Furman, 1979
Gena und Brent, 1982
*Horizon*, Dezember 1980

KAPITEL FÜNFZEHN, II
Montague, 1985

KAPITEL FÜNFZEHN, III
Charles, 1987/88
Gena und Brent, 1982
Montague, 1985
Sears, 1981
White, 1978
Zwerlin, 1982

KAPITEL FÜNFZEHN, III
Burch u. a., 1986
Cage: *I–VI*, 1990
–: *M*, 1973
–: *Silence*, 1961
–: *X*, 1987
–: *X*, 1987
Fleming und Duckworth, 1989
Montague, 1985
O'Driscoll, 1982

KAPITEL FÜNFZEHN, IV
Cage: *I–VI*, 1990
–: *X*, 1987
Montague, 1985
Timar u. a., 1981

KAPITEL FÜNFZEHN, V
Cage und Charles: *For the Birds*, 1981
Cage: *A Year from Monday*, 1967a
–: *I–VI*, 1990
Hoover, 1978
Low, 1985
Schöning, 1984/85

KAPITEL FÜNFZEHN, VI
Burch u. a., 1986
Cage: *Silence*, 1961
Kass, 1983

KAPITEL FÜNFZEHN, VII
Burch u. a., 1986
Cage und Charles: *For the Birds*, 1981
Cage: *I–VI*, 1990
–: *M*, 1973
Charles, 1987/88
Reynolds, 1962

KAPITEL SECHZEHN, I
*Art and Architecture*, Mai 1962
*Art News*, Januar 1981
Bodin und Johnson, 1965
Bossard, 1970
Cage und Charles: *For the Birds*, 1981
Cage: *A Year from Monday*, 1967a
–: *M*, 1973
–: *X*, 1987
Goldberg, 1976
*Horizon*, Dezember 1980
Montague, 1985
*New York Post*, 20. Januar 1973
*Panorama*, 10. Mai 1969
Slivka, 1978/79
Sumrall, 1986

KAPITEL SECHZEHN, II
Burch u. a., 1986
Gagne und Caras, 1982

KAPITEL SECHZEHN, III
Burch u. a., 1986
Cage: *A Year from Monday*, 1967a
Gillmor, 1976
Murphy, 1985
Slivka, 1978/79
Turner, 1990
White, 1978

# Bibliographie


Adam, Judy (Hg.): *Dancers on a Plane: Cage-Cunningham-Johns.* London, 1989.

Alcatraz, Jose Antonio: »Interview with John Cage« in: *Excelsior/Plural,* Heft 56, Mai 1976.

Appleton, John H., und Ronald C. Perera: *The Development and Practice of Electronic Music.* Englewood Cliffs, 1975.

Ashberry John: »Cheering Up Our Knowing«, in: *New York,* 10. April 1978.

Bachmann, Dieter (Hg.): »Composer John Cage. Konzepte wider den Zwang« in: *du. Die Zeitschrift der Kultur,* Heft 5, Mai 1991.

Bakewell, Joan: »Music and Mushrooms – John Cage Talks About His Recipes« in: *The Listener,* Nr. 87, 15. Juni 1972.

Barnard, Geoffrey: *Conversation Without Feldman.* Darlinghurst, 1980.

Bartsch, W. u. a.: *Die unvermeidliche Musik des John Cage.* Kolb, 1969.

Battock, Gregory (Hg.): *Breaking the Sound Barrier: A Critical Anthology of the New Music.* New York, 1981.

Binheim, Max (Hg.): *Women of the West.* Los Angeles, 1928.

Bither, David: »A Grand Old Radical« in: *Horizon* 23, Nr. 12, Dezember 1980.

Bockris, David: *Warhol.* London, 1990.

Bobin, Lars Gunnar, und Bengt Emil Johnson: »Bandintervju med Cage« in: *Ord och Bild,* 1965.

–: »Semikolon: Musical Pleasure« in: *Dansk musiktidskrift* XLI, 1966.

Bossard, Jacqueline: »Posé à John Cage le questionnaire de Marcel Proust« in: *Musique de tous les Temps,* Dezember 1970.

Bosseur, Jean-Yves: »John Cage: ›Il faut forger un nouveau mode de communication orale‹« in: *La Quinzaine littéraire,* 15. Dezember 1972.

Boulez, Pierre, und John Cage: *Correspondance et documents.* Winterthur, 1990.

Brogan, Hugh: *The Pelican History of United States of America.* London, 1986.

Bronzell, Sean, und Ann Suchomski: »Interview with John Cage« in Sumner, M. u. a. (Hgg.): *The Guests go in to Supper,* Oakland, 1986.

Bunger, R.: *The Well-Prepared Piano.* Colorado-Springs, 1973.

Burch, Kathleen, Melody Sumner u. a.: »Interview with John Cage« in: *The Guests go in to Supper* (Hg. Sumner, M. u. a.), Oakland, 1986.
Cage, John (Hg.): *Possibilities.* New York, 1948.
–: *Silence,* Middletown, 1961
–: »John Cage in Los Angeles« in: *Artforum,* Februar 1965
–: *A Year From Monday.* Middletown, 1967.
–: *Diary: Part III.* New York, 1967
–: »Questions« in: *Perspecta,* 1967.
–: *Silence.* [Englische Ausgabe] London, 1968.
–: *A Year from Monday.* [Englische Ausgabe] London, 1968.
–: *Diary: Part IV.* New York, 1968.
–: *To describe the Process of Composition Used in »Not wanting to Say Anything About Marcel«.* Cincinatti, 1969.
–: »Response to Questionnaire« in: *Source 6:3,* Nr. 2, 1969.
–: *M.* Middletown, London, 1973.
–: *Writing Through »Finnegans Wake«.* New York, 1978.
–: *Empty Words.* Middletown, 1979.
–: »Art in the Culture« in: *Performing Arts Journal,* 1979.
–: *Empty Words.* [Englische Ausgabe] London, 1980.
–: »10 Questions: 270 Answers« in *The Composer X–XI,* 1980.
–: *Another Song* [mit Fotografien von Susan Barron]. New York, 1981.
–: *Mud Book* [mit Illustrationen von Lois Long]. New York, 1982.
–: *Themes and Variations.* Barrytown, 1982.
–: *X.* Middletown, 1986.
–: *X.* London, 1987.
–: *I–VI.* Cambridge, 1990.
–: und Kathleen O'Donell Hoover: *Virgil Thomson.* New York, 1959.
–: und Morton Feldman: »A Radio Conversation« in: *Circuit,* 1967.
–: u. a.: *Cinema Now.* Cincinnati, 1968.
–: und Alison Knowles: *Notations.* New York, 1969.
–: mit Lois Long und Alexander H. Smith: *Mushroom Book.* New York, 1972.
–: und Daniel Charles: *Pour les oiseaux.* Paris, 1976.
–: und Daniel Charles: *For the Birds.* Salem/London, 1981.
–: und Merce Cunningham: »Questions Answered and Unanswered« in: *Middlebury,* 1981.
–: und Pierre Boulez: *Correspondance et documents.* Winterthur, 1990.
Charles, D.: »Entr'acte ›Formal‹ or ›Informal‹ Music?« in: *MO,* li (1965).
–: »Soixante responses à trente questions« in: *Revue d'esthétique,* Hefte 2–4, 1968.
–: (Hg.): *Gloses sur John Cage.* Paris, 1978.
–: (Hg.): »John Cage« in: *Revue d'esthétique,* Nouvelle Serie 13-14-15, 1987/88.

Cline, Dorothy I.: *Training For Recreation Under the WPA*. Chicago, 1939.

Close, Roy M.: »Music creator Cage finds his ideas in nature« in: *Minneapolis Star*, 18. April 1975.

Commanday, Robert: »Composing with the Camera« in: *San Francisco Chronicle/This World*, 10. November 1968.

Cope, David: »An Interview with John Cage« in: *Composer Magazine*, 1980.

Cordier, Robert: »Etcétera pour un jour ou deux« in: *Had*, Paris, 1973.

Cowell, H.: »Current Chronicle« in: *MQ*, xxxviii, 1952.

Cummings, Paul: »Interview: John Cage/May 2, 1974«, (Manuskript, Archives of American Art).

Curjel, H.: »Cage oder das wohlpräparierte Klavier« in: *Melos* XXII/4, 22. Jg., 1955.

Daney, S., und J. P. Fargier: Interview mit Cage in: *Cahiers du cinéma*, April 1982.

Dannenberg, P.: »Wege zu Cage« in: *Stuttgarter Zeitung*, 23. Juni 1975.

Darter, Tom: »John Cage« in: *Keyboard*, September 1982.

Dibelius, U.: »John Cage oder: Gibt es kritische Musik?« in: *Melos*, XXXV, 1968.

Duckworth, William: »Anything I Say Will Be Misunderstood« in: Fleming und Duckworth (Hg.): *»John Cage at Seventy-Five«*, Lewisberg, 1989.

Dufallo, Richard: *Trackings. Composers speak with Richard Dufallo.* New York, 1989.

Dunn, R. (Hg.): *John Cage*. New York, 1962.

Dunnett, James und Gavin Stamp: *Ernö Goldfinger: Works 1*. London, 1983.

Ellmann, Richard: *James Joyce*. Oxford, 1983.

Ernst, David: *The Evolution of Electronic Music*. New York, 1977.

Feldmann, Morton: »John Cage« in: *Res* 6, Herbst 1983.

Fillieu, Robert: »John Cage« in: *Teaching and Learning as Performing Arts/Leben und Lernen als Aufführungskunst*. New York u. Köln, 1970.

Finegan, Don u. a.: »Choosing Abundance/Things to Do« in: *North American Review* 6, Heft 3 u. 4, 1969.

Fleming, R., und William Duckworth (Hg.): *John Cage at Seventy-Five*, (Sondernummer des *Bucknell Review*, Vol. XXXII, Nr. 2) Lewisberg, 1989.

Fletcher, Laura, und Thomas Moore: »An Interview (with John Cage)« in: *Sonus: A Journal of Investigations into Global Musical Possibilities 3*, Heft 2, 1983.

Frankenstein, A.: »In Retrospect – the Music of John Cage« in: *High Fidelity* X/4, 1960.

Freedman, Guy: »An Hour & 4′33″ with John Cage« in: *Music Journal*, Dezember 1976.
Furman, Maureen: »Zen Composition: An Interview with John Cage« in: *East West Journal*, Mai 1979.
Fürst-Heidtmann, Monika: »John Cages Werke für präpariertes Klavier« in: *Musik und Bildung*, Heft 2, 67. Jg. 1976.
–: *Das präparierte Klavier des John Cage*. Regensburg, 1979.
Gagne, Cole, und Tracy Caras: »An Interview with John Cage« in: *New York Arts Journal* 1, Nr. 1, Mai 1976.
–: *Soundpieces: Interviews with American Composers*. Metuhen, 1982.
Gena, Peter, und Jonathan Brent (Hgg.): *A John Cage Reader: In Celebration of His 70th Birthday*. New York/London/Frankfurt, 1982.
Gillmor, Alan: »Interview with John Cage« in: *Contact 14*, 1976.
Gillmor, Alan, und Roger Shattuck: »Erik Satie: A Conversation« in: *Contact 25*, Herbst 1982.
Glanville-Hicks, P.: »John Cage« in: *Musical America*, LXVIII/10, 1948.
Gligo, Niksa: »Ich traf John Cage in Bremen« in: *Melos, Zeitschrift für neue Musik* 1, Januar/Februar 1973.
Goldberg, Jeff: »John Cage Interview«, in: *Soho Weekly News*, 12. September 1974.
–: »John Cage Interwiewed« in: *Transatlantic Review* 55/56, Mai 1976.
Goldstein, S.: »John Cage« in: *Music Business*, April 1946.
Green, Barry: *The Inner Game of Music*. London, 1987.
Green, Blake: »John Cage: Old Guard of Music's Avant-Garde« in: *San Francisco Chronicle*, 1985.
Griffiths, Paul: *Cage, Oxford Studies of Composers #18*. London/New York/Melbourne, 1981.
–: *New Sounds, New Personalities*. London, 1985.
–: –,– *Circus on* – in: *Prom Guide 1987*. London, 1967.
Hahn, Otto: »Merce Cunningham« in: *L'Express*, 11. Juni 1964.
Harrison, L.: »The Rich and Varied New York Scene« in: *MM* XXI, 1945.
Harvey, Jonathan: *The Music of Stockhausen*. London, 1975.
Helm, E. Eugene: »Six Random Measures of C. P. E. Bach« in: *Journal of Music Theory* X, 1965.
Helms, H. G.: »John Cage's Lecture ›Interdeteminacy‹« in: *die Reihe* v, 1959.
–: »John Cage zum 50. Geburtstag« (Sendung für Radio Bremen), 25. Oktober 1962.
–: »Gedanken eines progressiven Musikers über die beschädigte Gesellschaft« in: Metzger, H.-K. und Riehm, R.: *John Cage* (Musik-Konzepte Sonderband), München, 1978.

Hering, D. M.: »John Cage and the ›Prepared Piano‹« in: *Dance Magazine* XX/3 196, 1946.
Herrigel, Eugen: *Zen in the Art of Archery*. London, 1953.
Hersh, Paul: »John Cage« in: *Santa Cruz Express*, 19. August 1982.
Hertelendy, Paul: »John Cage Sprouting at UC« in: *San Jose Mercury News*, 19. August 1982.
Heschel, Abraham Joshua: *Man is Not Alone*. New York, 1951.
Hiller, Lejaren, und L. M. Isaacson: *Experimental Music*. New York, 1959.
Hilmes, Michele: *Hollywood and Broadcasting*. Urbana, 1990.
Hockman, D.: »The Sounds and Silences of John Cage« in: *Downbeat* XXXI, 7. Mai 1964.
Hollander, J.: »Review of ›Silence‹« in: *PNM* i/2, 1963.
Holmes, Thomas B.: »The Cage Interview« in: *Recordings* 3, Heft 3, 1981.
–: *Electronic and Experimental Music*. New York, 1985.
Hoover, Thomas: *Zen Culture*. London, 1978.
*I Ching or Book of Changes* (mit einem Vorwort von C. G. Jung). London, 1951.
Ichiyanagi, Toshi: »John Cage«, in: *Ongaku geijutso* XIX/2, 1961.
Johnston, J.: »There is No Silence Now« in: *Village Voice*, 8. November 1962.
Jouffroy, Alain, und Robert Cordier: »Entendre John Cage, entendre Duchamp« in: *Opus international* 49, März 1974.
Kass, Ray: *Morris Graves: Vision of the Inner Eye*. New York, 1983.
Kauffmann, Stanley (Hg.): »The Changing Audience for the Changing Arts/Panel« in: *The Art Planning for Change*, New York, 1966.
Keller, Hans: »Caged« in: *The Spectator*, 24. Juni 1978.
–: »Late Cage« in: *The Spectator*, 28. Juni 1980.
Kirby, Michael, und Richard Schechner: »An Interview« in: *Tulane Drama Review* 10, Nr. 2, 1965.
Koch, G.: »Musik als Gegendenken« in: *Musica*, Heft 5, 26. Jg., 1972.
Kostelanetz, Richard: »John Cage« in: *The Theatre of Mixed Means*. New York, 1980.
–: »The American Avant-Garde, Part 2: John Cage« in: *Stereo Review* xxii/5, 1969.
–: (Hg.): *John Cage*. New York, 1970.
–: »John Cage in Conversation, Mostly About Writing« in: *New York Arts Journal* 19, 1980.
–: (Hg.): *Conversing with Cage*. New York, 1988.
–: (Hg.): *Merce Cunningham: dancing in space and time. Essays 1944 – 1992*. Pennington, 1992.
–: *Writings about John Cage*. Ann Arbor, 1993.

Lange, Art.: »Interview with John Cage« in : *Brilliant Corners & Letras* 3, Nr. 2, September 1971.
Lanza, Alcides: »... We Need a Good Deal of Silence ...« in: *Revista de Letras* 3, Nr. 2, September 1971.
Lebel, Jean-Jacques: »John Cage entouré de nus, vite« in: *La Quinzaine littéraire*, 15. Dezember 1966.
Lewinski, W. E.: »Where do We Go from Here? A European View« *MO* LV, 1969.
List, K.: »Rhythm, Sound and Sane« in: *New Republic* cxiii, 1945.
Littler, William: »Roratorio, an Irish cirus of words blended with sound« in: *Toronto Star*, Januar 1982.
Low, Lisa: »Free Association« in: *Boston Review*, Juli 1985.
Lucier, Alvin: *Notes in the Marquis*. Middletown, 1988.
MacDonald, Malcolm: *Schoenberg*. London, 1987.
McGary, K.: »I Have Nothing« in: *Antioch Review* XXI, 1962.
Maconie, Robin: *The Works of Stockhausen*. London, 1976.
Manning, Peter: *Electronic and Computer Music*. Oxford, 1985.
Marcus, Genevieve: »John Cage: Dean of the Musical Avant-Garde« in: *Coast FM & Fine Arts* 11, Nr. 3, März 1970.
Maren, R.: »The Musical Numbers Game« in: *Reporter* XVIII, 6. März 1958.
Markgraf. B.: »John Cage: Ideas and Practices of a Contemporary Speaker« in: *Quarterly Journal of Speech* XLVIII, 1962.
Mazo, Joseph H.: »John Cage Quietly Speaks His Piece« in: *Bergen Sunday Record*, 13. März 1983.
Measham, Terry: *The Moderns*. Oxford, 1976.
Mellers, W.: »The Avant-Garde in America« in: *PRMA*, XC, 1964/65.
Metzger, Heinz-Klaus: »John Cage oder die freigelassene Musik« in U. Dibelius (Hg.): *Musik auf der Flucht vor sich selbst*, München, 1970.
– und Rainer Riehm (Hgg.): *John Cage* (Musik-Konzepte Sonderband), München, 1978.
Meyer, L. B.: »The End of Renaissance« in: *Music, the Arts and Ideas*, Chicago, 1967.
Miles, Barry: *Ginsberg*. London, 1990.
Mimaroglu, Ilhan: »Interview with John Cage« in: *Discotea*, November 1965.
Montague, Stephen: »Significant Silences of a Musical Anarchist« in: *Classical Music*, 22. Mai 1982.
–: »John Cage at Seventy: An Interview« *American Music*, Vol. 3, Nr. 2, 1985.
Morera, Daniela: »John Cage: i suoni delle vita« in: *L'Uomo vogue*, März 1976.
Morris, E.: »Three Thousand Seven Hundred Forty-Seven Words about

John Cage« in: *Notes: Quarterly Journal of the Music Library Association* XXIII, 3. März 1967.
Mumford, Lewis: *Interpretations and Forecasts.* New York, 1973.
Murphy, Jay: »Interview with John Cage« in: *Red Bass*, Nr. 8–9, 1985.
Naifeh, Steven, und Gregory White Smith: *Jackson Pellock: An American Saga.* London, 1992.
Nellhaus, Arlynn: »›New‹ Music a Wirey Maze« in: *Denver Post*, 5. Juli 1968.
Nestyev, Israil: »Antimuzyka pod Glogom ›anarkhil‹« in: *Sovetskaya Muzyka* 37, September 1973.
Nieminen, Risto: »John Cage marraskuussa 1982. Taide on itsena zyollistamista« in: *Synkoppi*, 13. Juni 1983.
Nocera, Gigliola: »Alla Ricerca del silenzio perduto« in: *Scena* 2, Nr. 2, April 1970.
Norse, Harold: *Memeries of a Bastard Angel.* London, 1990.
Nyfeller, Max: »Interview mit John Cage« in: *Dissonanz* 6, September 1970.
Nyman, Michael: »Cage and Satie« in: *Musical Times* 114, Dezember 1973.
–: *Experimental Music: Cage and Beyond.* New York, 1974.
O'Driscoll, Robert (Hg.): *Dream Chamber/About Roaratorio.* Dublin, 1982.
Page, Tim: »A Conversation with John Cage« in: *Boulevard* 1, Nr. 3, 1986.
Patterson, Suzy: »Original Approach to Ballet« in: *Journal Herald*, 31. Dezember 1966.
Pauli, H.: »Kulturrevolutionäre Musik« in: *Frankfurter Allgemeine Zeitung*, 9. Oktober 1973.
Pence, J.: »People Call it Noise – but He Calls it Music« in: *Chicago Daily News*, 19. März 1942.
Peyser, Joan: *Boulez: Composer, Conductor, Enigma.* New York, 1976.
Polaczer, D.: »Etüden vom anderen Stern« in: *Süddeutsche Zeitung*, 23. Juni 1975.
Pritchett, James: »From Choice to Chance: John Cage's Concerto for Prepared Piano« in: *Perspectives of New Music* 26/1, 1988.
Ranta, M. W.: »The Avant-Garde Scene: John Cage's 27′10.554″ for a Percussionist« in: *Percussionist* VII, 1969.
Rasmussen, Karl: »En samtale med John Cage – maj 1984« in: *Dansk Musiktidsskrift*, 1984/85.
Rauschenberg, Robert: »The Artist Speaks: Robert Rauschenberg« in: *Art in America*, 54/3, 1966.
Reimer, Susan: »Music & dance: directing traffic« in: *The Post* (Ohio University), 10. April 1973.

Revill, David: »Earle Brown«, »Lejarer Hiller, Jr.«, »Toshi Ichiyanagi«, »Alvin Lucier«, »Gordon Mumma«, »Christian Wolff« in: Collins, Pamela, und Morton, Brian (Hg.): *Contemporary Composers*, London, 1992.
Reynolds, Roger: »Interview« in: *Generation*, Januar 1962.
Roberts, John: »Some Empty Words with Mr. Cage und Mr. Cunningham« in: *The Performance Magazine* 7, 1980.
Rockwell, John: *All American Music: Composers in the Late 20th Century*, New York, 1983.
Rolland, Alain: »Entretien avec John Cage« in: *Tel Quel* 90, 1981.
Roth, Moira und William:»John Cage on Marcel Duchamp« in: *Art in America*, November/Dezember 1973.
Roy, K.-G.: »The Strange and Wonderful Sonic World of John Cage« in: *Hi-Fi/Stereo Review* V/5, 1960.
Salzman, E.: »In and out piano with Cage« in: *New York Times*, Section ii, 14. Februar 1960.
–: »Milton Babbitt and John Cage, Parallels and Paradoxes« in: *Stereo Review* xxii/4, 1969.
–: *Twentieth Century Music: An Introduction*. New York, 1987.
Sargeant, Winthrop: »Great Simplicity« in: *New Yorker*, 31. August 1957.
Sarraute, Claude: »Cage et Cunningham à l'Opéra« in: *Le Monde*, 2. November 1973.
Schaefer, John: *New Sounds: A Listener's Guide to New Music*. New York, 1987.
Schnebel, Dieter: »Die kochende Materie der Musik – John Cages experimentelle Formen« in: ders.: *Denkbare Musik. Schriften 1952–1972*, Köln, 1972.
–: »Disziplinierte Anarchie – Cages seltsame Konsequenzen aus der Lehre bei Schönberg« in: ders.: *Herausforderung Schönberg*, München, 1974.
Schoenberg, Arnold: *Letters*. Hg. Erwin Stein, London, 1964.
Schöning, Klaus: »Silence Sometimes Can Be Very Loud« in: *Hörspielmacher*, Königstein/Taunus, 1978.
–: »Gespräch über James Joyce, Marcel Duchamp, Eric Satie: Ein Alphabet« in: *Neuland* 6, 1984/85.
Sears, David: »Talking with John Cage: The Other Side« in: *Dance News*, März 1981.
Shapiro, David: »On Collaboration in Art« in: *Res* 10, 1985.
Shoemaker, Bill: »The Age of Cage« in: *down beat*, Dezember 1984.
Slivka, Rose: »Lifecraft«, in: *Craft Horizons*, Dezember 1978 u. Januar 1979.
Slonimsky, N.: »If Anyone is Sleepy, Let Him Go to Sleep« in: *Christian Science Monitor*, 14. Dezember 1961.

Smalley, Roger: *The Listener*. 19. Septmeber 1968.
– und David Sylvester: »John Cage Talks« (Radiosendung BBC, gedruckt in: Konzertprogramm, Royal Albert Hall, 22. Mai 1972).
Smith, Arnold Jay: »Reaching for the Cosmos: A Composer's Colloquium« in: *down beat*, 20. Oktober 1977.
Smith, Stuart: »Interview with John Cage« in: *Percussive Notes 21*, Nr. 3, März 1983.
Snyder, E.: »John Cage and Music Since World War II«, University of Wisconsin, 1970 [Diss. masch.].
Sontag, S.: »The Esthetics of Silence« in: *Styles of Radical Will*, New York, 1969.
Stanton, David: »John Cage: A Composer of Personal Vision« in: *Daily Trojan – Southern California Magazine* 61, 19. April 1985.
Steinem, G.: »Music, Music, Music, Music« in: *Show*, Januar 1964.
Sterritt, David: »Composer John Cage, Master of Notes – and Sounds« in: *Christian Science Monitor*, 4. Mai 1982.
Stockhausen, Karlheinz: *Stockhausen on music. Lectures and interviews*. London, 1989.
Sumner, Melody und Kathleen Burch u. a. (Hgg.): *The Guests Go in to Supper*. Oakland, 1986.
Sumrall, Harry: »Cage in Ferment« in: *San Jose Mercury News*, 2. Mai 1986.
Suzuki, Daisetz Teitaro: *Essays in Buddhism, Third Series*. London, 1934.
–: *Living By Zen*. London, 1991.
Sykes, Jill: »Breaking out of art's cage« in: *Sydney Morning Herald*, 19. März 1976.
Tannenbaum, R.: »A Meeting of Sound Minds: John Cage + Brian Eno« in: *Musician* 83, September 1985.
Tarting, C. und Andre Jaume: »Entretiens avec John Cage« in: *Jazz Magazine* 282, Januar 1981.
Thomson, V.: »Expressive Percussion« in: *The Art of Judging Music*, New York, 1948.
–: »John Cage Late and Early« in: *Saturday Review*, XLIII, 30. Januar 1960.
Thoreau, Henry David: *The Portable Thoreau*. New York, 1947.
Tierstein, Alice: »Dance and Music: Interviews at the Keyboard« in: *Dance Scope* 8, Nr. 2, 1974.
Timar, Andrew u. a.: »A Conversation with John Cage« in: *Musicworks* 17, 1981.
Tomkins, Calvin: »Figure in an Imaginary Landscape« in: *New Yorker*, 29. November 1964.
–: *The Bride and the Bachelors*. New York, 1968a.

–: *Ahead of the Game: Four Versions of the Avant-Garde,* Harmondsworth, 1968.
–: »Social Concern« in: *New York Book Review,* 21. Januar 1968.
–: *Off the Wall.* Garden City, 1980.
Turner, S. S.: »John Cage's Practical Utopias« in: *The Musical Times,* September 1990.
Ulmer, Gregory: »The Object Of Post-Criticism« in Hal Foster (Hg.): *The Anti-Aesthetic,* 1983.
Vargas Llosa, Mario: *The Perpetual Orgy.* London, 1987.
Weiss, Adolphe: »Autobiographical Notes« in: *Bulletin of the American Composers' Alliance* vii, 1958.
White, Robin: »Interview with Cage« in: *View* 1, Nr. 1, April 1978.
Wilson, M.: »John Cage« in: *Canadian Musical Journal* IV/4, 1980.
Wolff, C.: »John Cage« in Winton, John (Hg.): *Dictionnary of Contemporary Music,* New York, 1974.
Womack, Bill: »The Music of Contingency: An Interview« in: *Zero,* 1979.
Worner, Karl: *Stockhausen: Life and Work.* London, 1973.
Wuffen, Thomas: »An Interview with John Cage« in: *Zitty,* Berlin, März 1985.
Yates, P.: »Music for Prepared Piano« in: *Arts and Architecture,* lxvi 4, 1949.
Zimmerman, Walter: »Desert Plants: John Cage« in: *Inselmusik,* Köln, 1981.
Zwerin, Michael: »Silence, Please, for John Cage« in: *International Herald Tribune,* 24. September 1982.
–: *Close Enough for Jazz.* London, 1983.

# Deutsche Auswahlbibliographie

Bachmann, Dieter (Hg.): *Composer John Cage. Konzepte wider den Zwang*. du. Die Zeitschrift der Kultur, Heft 5, Mai 1991.

Bartsch, W. u. a.: *Die unvermeidliche Musik des John Cage*. Kolb, 1969.

Behrendsen, Peter: »Wenn einer Klänge sucht. Vorbereitungen zu John Cages ›Alphabet‹« in Herbert Henck (Hg.): *Neuland. Ansätze zur Musik der Gegenwart*. Bd. 5, Bergisch Gladbach, 1985.

Bischoff, Ulrich (Hg.): *Kunst als Grenzbeschreitung. John Cage und die Moderne*. München, 1991 [Ausstellungskatalog].

Bockris, Victor: *Andy Warhol*. München, 1991.

Boehmer, Konrad: *Zur Theorie der offenen Form in der neuen Musik*. Darmstadt, 1967.

Cage, John: *Für die Vögel. Gespräche mit Daniel Charles*. Berlin, 1984.

–: *Roaratorio. Ein irischer Circus über Finnegans Wake* (Hg. Klaus Schöning), Königstein/Taunus, 1985.

–: *Silence*. (Übersetzung von Ernst Jandl), Frankfurt am Main, 1987.

Charles, Daniel: *John Cage oder Die Musik ist los*. Berlin, 1982.

–: *Poetik der Gleichzeitigkeit*. Bern, 1987.

–: *Musketaquid. John Cage, Charles Ives und der Transzendentalismus*. Berlin, 1994.

Cunningham, Merce: *Der Tänzer und der Tanz. Gespräche mit Jacqueline Lesschaeve*. Frankfurt am Main, 1986.

Curjel, Hans: »Cage oder das wohlpräparierte Klavier« in: *Melos* XXII/4, April 1955.

Dahlhaus, Carl: »Abkehr vom Materialdenken?« in Friedrich Hommel (Hg.): *Darmstädter Beiträge zur Neuen Musik 19: Algorithmus, Klang, Natur: Abkehr vom Materialdenken?*, Mainz/London u. a., 1984.

Dibelius, Ulrich: »John Cage oder Gibt es kritische Musik?« in: *Melos* XXXV/10, Oktober 1968.

Doffay, A.: *Freundschaften. Cage, Cunningham, Johns*. Stuttgart, 1991.

Erdmann, Martin: *Untersuchungen zum Gesamtwerk von John Cage*. Bonn, 1992 [Diss.].

Evangelisti, Franco: »Vom Schweigen zu einer neuen Klangwelt. Aufzeichnungen aus den Jahren 1957–1979 (Köln – Berlin – Rom)« in

K.-H. Metzger und R. Riehn: *Musik-Konzepte 43/44: Franco Evangelisti,* München 1985.

Faust, Wolfgang Max: »Das Wort, die Musik, das Schweigen. Notizen zu John Cage« in: *Sprache im technischen Zeitalter,* Nr. 74, Juni 1980.

Fürst-Heidtmann, Monika: *Das präparierte Klavier des John Cage.* Regensburg 1979.

Gronemeyer, Gisela: »Zu ›Empty Words‹ von John Cage«, in Herbert Henck (Hg.): *Neuland. Ansätze zur Musik der Gegenwart.* Bd. 2, 1981/82, Bergisch Gladbach 1982.

–: »›Paul Zukofska does not agree‹. ›Mushrooms et Variationes‹, eine neue Textkomposition von John Cage« in: *MusikTexte,* Nr. 10, Juli 1985.

Henck, Herbert, und Paul van Emmerik: »Cage-Bibliographie 1939 bis 1985« in: Herbert Henck (Hg.): *Neuland. Ansätze zur Musik der Gegenwart,* Bd. 5, Bergisch Gladbach, 1985.

Herrigel, Eugen: *Der Zen-Weg. Aufzeichnungen aus dem Nachlaß.* München, 1990.

Hinz, Klaus-Michael: »Ein Museum ohne Taschen. Zum Hörspiel ›James Joyce, Marcel Duchamp, Erik Satie: eine Alphabet‹ von John Cage« in: *MusikTexte,* Nr. 10, Juli 1985.

Hoover, Thomas: *Die Kultur des Zen: Malerei, Dichtung, Haiku ...* München, 1990.

Hoffmann, Justin: *Der Zerstörungsmythos in der Kunst der sechziger Jahre.* München, 1995.

Huber, Nicolaus A.: »John Cage: Cheap Imitation« in: Herbert Henck (Hg.): *Neuland. Ansätze zur Musik der Gegenwart,* Bd. 1, Bergisch Gladbach, 1980.

Klüppelholz, Werner: »Schlüsselwerk der experimentellen Musik. ›Music of Changes‹ von John Cage« in: *MusikTexte,* Nr. 15, Juli 1986.

Kostelanetz, Richard: *John Cage im Gespräch. Zu Musik, Kunst und geistigen Fragen unserer Zeit.* Köln, 1989.

–: *John Cage.* Köln, 1973 [Aufsatzsammlung zu Cage].

Lyotard, Jean-Francois: »Mehrfache Stille/vielfaches Schweigen« in: ders.: *Essays zu einer affirmativen Ästhetik,* Berlin, 1982.

Mersch, Dieter: »Jenseits des Zeichens. Einige sprachphilosophische Reflexionen zu John Cages Textkompositionen« in: *MusikTexte,* Nr. 15, Juli 1986.

Metzger, Heinz-Klaus: »Die integre Desintegration. Zu Cages Thirty Pieces for String Quartet« in: Programmheft *KLANGAKTIONEN* '86; NEUE MUSIK, München, 1986/87.

Metzger, Heinz-Klaus, und Riehn, Rainer (Hg.): *John Cage.* Sonderband der *Musik-Konzepte,* München, 1978.

–: (Hg.): *John Cage II*. Sonderband der *Musik-Konzepte*, München, 1990.
–: (Hg.): *Musik-Konzepte 48/49: Morton Feldman*. München, 1986.
–: (Hg.) *Musik-Konzepte 43/44: Franco Evangelisti*. München, 1985.
Müller, Hermann-Christoph: »Die musikalische Poesie des John Cage – Überlegungen zu ›Roaratorio‹« in: *Zeitschrift für Musikpädagogik* X, Nr. 32, 1985.
Oehlschlägel, Reinhard: »Zufällige Koinzidenz. 55 Bruchstücke zu den ›Thirty Pieces for String Quartet‹ von John Cage« in: *Melos* XLVII/4, 1985.
Patchen, Kenneth: *Erinnerungen eines schüchternen Pornographen*. Wiesbaden, 1964.
Reichert, Klaus: »›Finnegans Wake‹« auf der Spur bei John Cage. James Joyce und ›Roaratorio‹« in: *MusikTexte*, Nr. 10, Juli 1985.
Schnebel, Dieter: »Die kochende Materie der Musik – John Cages experimentelle Formen« in ders.: *Denkbare Musik. Schriften 1952 bis 1972*, Köln, 1972.
–: »Disziplinierte Anarchie – Cages seltsame Konsequenzen aus der Lehre bei Schönberg« in ders.: *Herausforderung Schönberg*, München, 1974.
Schöning, Klaus: »Silence sometimes can be very loud. Stille kann manchmal sehr laut sein. Hörspielmacher John Cage« in ders. (Hg.): *Hörspielmacher. Autorenporträts und Essays*, Königstein/Taunus, 1983.
Serra, Richard: *Running arcs (for John Cage)*. Düsseldorf, 1993.
Thoreau, Henry David: *Über die Pflicht zum Ungehorsam gegen den Staat*. Zürich, 1973.
–: *Walden oder Leben in den Wäldern*. Zürich, 1979.
Suzuki, Daisetz Teitaro: *Leben aus Zen. Eine Einführung in den Zen-Buddhismus*. Weilheim, 1987.
Tielebier-Langenscheidt, Florian: »Musik als Befreiung. Erfahrungen eines Cage-Interpreten« in: Hans Rudolf Zeller (Hg.): *Cage Box*, Bonn, 1979.
Toncitch, Voya: »Kants Denkkategorien verpflichtet. Zur Ästhetik und Musik von John Cage« in: *Melos* I/1, 1975.
Wolff, Christian: »Über Form« in: Herbert Eimert und Karlheinz Stockhausen (Hg.): *die Reihe. Informationen über serielle Musik Nr. 7: Form – Raum*, Wien, 1960.
Zeller, Hans Rudolf: »Cage – wissenschaftlich betrachtet« in: *Melos*, XXXV/12, 1968.
Zeller, Hans Rudolf (Hg).: *Cage Box*. Bonn, 1979 [Aufsatzsammlung zu Cage].

# Zeittafel

**1912** Am 5. September wird John Cage in Los Angeles geboren. Er bleibt das einzige Kind des Ingenieurs und Erfinders John Milton Cage und dessen Frau Lucretia Cage, geb. Harvey.
**1920** Beginn des Klavierunterrichts durch eine Tante von Cage.
**1927** Cage hält seinen ersten Vortrag, *Other People Think;* es geht um die Außen- und Interventionspolitik der USA gegenüber Lateinamerika.
**1928** Abschluß der Los Angeles High School mit der höchsten Punktzahl, die jemals an dieser Schule erreicht wurde. Es schließt sich ein zweijähriges Studium auf dem Ponoma College in Kalifornien an, als Berufswunsch gibt Cage zunächst Pfarrer an, später Schriftsteller.
**1930** Cage begibt sich nach Europa und studiert in Paris bei Ernö Goldfinger Architektur und bei Lazare Levy Klavier. Während des siebzehnmonatigen Aufenthaltes reist er nach Capri, Biskra, Mallorca, Madrid, Berlin. Er beginnt zu malen und zu dichten. Auf Mallorca entstehen die ersten musikalischen Kompositionen.
**1931** Cage kehrt zurück nach Kalifornien. Die Familie gerät in finanzielle Schwierigkeiten. Um seinen Lebensunterhalt zu verdienen, verdingt er sich als Gärtner und hält Vorträge für Hausfrauen über Musik und moderne Malerei.
**1933** Studium der zeitgenössischen, orientalischen und populären Musik bei Henry Cowell. Cage entwickelt seine erste Kompositionsmethode. Die ersten erhaltenen Musikstücke entstehen. Cage lernt Xenia Andreyevna Kashevaroff, eine Kunststudentin, kennen.
**1934** Der im kalifornischen Exil lebende Arnold Schönberg erklärt sich einverstanden, Cage unentgeltlich zu unterrichten, und nimmt ihm das Versprechen ab, sein Leben der Musik zu widmen. Cage lernt Oskar Fischinger (einen Vertreter des abstrakten, experimentellen Films) und dessen Überlegungen zur Seele der Gegenstände kennen.
**1935** Heirat mit Xenia Andreyevna Kashevaroff am 7. Juni. Cage wird musikalischer Betreuer einer modernen Tanzgruppe in Los Angeles. In Seattle lernt er Merce Cunningham kennen.
**1937** Cage und seine Frau arbeiten in einer Buchbinderei in Seattle und

gründen mit Kollegen ein Schlagzeugquartett, mit dem sie ausgedehnte Tourneen unternehmen.

**1939** Umzug nach San Francisco, Sozialarbeit mit Kindern im Auftrag der Works Progress Administration.

**1941** Cage erhält eine Stelle für experimentelle Musik an der Chicago School of Design. Zusammen mit Kenneth Patchen (einem der Väter der Beat Generation) arbeitet er seine erste Radiosendung aus.

**1942** Übersiedlung nach New York, wohnt zunächst bei Max Ernst und Peggy Guggenheim. Bekanntschaft mit Mondrian, Breton, Thomson, Duchamp. Cage begegnet Merce Cunningham wieder, seinem späteren Lebensgefährten.

**1943** Am 7. Februar findet im Museum of Modern Art in New York das erste einer Reihe von Konzerten statt, die zumindest bei der Avantgarde starke Beachtung und Beifall findet.

**1944** Zum ersten Mal treten Cage und die Dance Company Cunninghams auf, deren ständiger Begleiter und musikalischer Leiter er werden wird.

**1945** Scheidung von John und Xenia Cage.

**1946** Cage nimmt das Studium der indischen Philosophie und Musik und das des Zen-Buddhismus an der Columbia University in New York auf.

**1948** Cage und Cunningham treten ihre Dozentenstellen am Black Mountain College in North Carolina an. Mit seinem Vortrag auf dem Satie-Festival über den negativen Einfluß Beethovens auf die westliche Musik provoziert Cage einen Skandal. Begegnung mit Buckminster Fuller und Marshall McLuhan.

**1949** Das Stipendium der Guggenheim-Stiftung und der Preis der Academy of Art and Letters ermöglichen die Finanzierung einer Europareise mit Cunningham. In Paris lernt Cage Serge Nigg und Pierre Boulez kennen.

**1950** Rückkehr in die Vereinigten Staaten. Cage verwendet das erste Mal Zufallsoperationen und das I-Ging für seine kompositorische Arbeit. Gründung der (Schein-) Firma Capitalist Inc., Aufnahmebedingung ist, eine Schallplatte oder ein Aufnahmegerät zu zerstören.

**1951** Cage erfindet das präparierte Klavier.

**1952** Während der erneuten Lehrtätigkeit am Black Mountain College veranstalten Cage und Robert Rauschenberg mit einer Gruppe von Leuten das erste Happening der Kunstgeschichte. Mit der Komposition 4′33″ produziert Cage ein völlig offenes Kunstwerk, das allein aus Stille besteht.

**1954** Cage zieht aufs Land nach Stony Point in eine anarchistisch-pazifistische Kooperative, dort die ersten Pilzstudien. Mit David Tudor unternimmt er eine Tournee durch Europa. Auf den Donaueschinger Musiktagen findet die erste und entscheidende Begegnung der europäischen Avantgarde mit Cage statt.

**1956** Unterricht an der New School of Social Research in New York, unter seinen Schülern befinden sich einige der Mitglieder der späteren Fluxus-Bewegung, wie George Brecht, Al Higgins, Allan Kaprow.

**1958** Am 15. Mai findet das von Freunden Cages organisierte Konzert anläßlich seiner 25jährigen Komponistentätigkeit statt und löst einen legendären Skandal aus. Im Sommer unterrichtet Cage im Rahmen der Internationalen Ferienkurse für Neue Musik in Darmstadt.

**1959** Während eines viermonatigen Aufenthaltes in Mailand stellt sich Cage im italienischen Fernsehen einem Quiz zu pilzkundlichen Fragen und kann, nach der fünften Folge, den Gewinn von 6000 Dollar einstreichen. Das Geld wird in einen Autobus für die Dance Company seines Freundes Merce Cunningham umgesetzt. Zurück in New York hält er drei Kurse an der New School für Social Research mit den Themen: 1. Pilzbestimmung, 2. Musik von Virgil Thomson, 3. Experimentelles Komponieren.

**1960** Eine Auswahl seiner Artikel und Vorträge unter dem Titel *Silence* erscheint.

**1962** Gründung der New York Mycological Society (Gesellschaft für Pilzkunde) gemeinsam mit Lois Long, Esther Dam, Guy G. Nearing und Ralph Ferrara. Mit David Tudor geht er im Herbst auf Tournee in Japan.

**1963** Cage leitet die erste Aufführung *Vexations* – 840 Wiederholungen eines musikalischen Aphorismus von Erik Satie über eine Dauer von 18 Stunden und 40 Minuten.

**1964** Die sechsmonatige Welttournee der sechzehnköpfigen Cunningham Dance Company spielt ein Defizit von 85 000 Dollar ein.

**1965** Cage wird Präsident der Cunningham Dance Foundation und Direktor der Foundation for Contemporary Performing Arts.

**1966** In Strawinskys *L'Histoire Du Soldat* übernimmt Cage mit viel Erfolg die Rolle des Teufels.

**1967** Auf Anregung des Dichters Wendell Barry beschäftigt sich Cage in den folgenden Jahren eingehend mit dem *Journal* des amerikanischen Anarchisten und Philosophen Thoreau. Er wird Composer in residence an der University of Cincinnati und Mitglied des Center for Advanced Study an der University of Illinois.

**1968** Mitglied des National Institute of Arts and Letters.

**1969** Lucretia Cage, seine Mutter, stirbt. Cage wird Artist in residence an der University of California in Davis. Entwicklung einer Computersimulation des I-Ging.

**1970** Intensive Gespräche von Cage und Daniel Charles, aus denen das 1976 erschienene Buch *Pour les Oiseaux* entsteht. Erneut Fellow for Advanced Studies an der Wesleyan University.

**1971** Cage tritt zum ersten Mal auf den Wittener Tagen für Neue Musik auf. Umzug von Stony Point nach New York. Stiftet seine komplette mykologische Bibliothek der University of California.
**1972** Große Europatournee zunächst mit David Tudor, später mit Merce Cunningham. Studium der Schriften Mao Tse-Tungs.
**1975** Erste Verwendung von Pflanzenmaterialien in *Child of Tree.*
**1977** Cage beginnt auf Anraten Shizuko Yamamotos, der von Yoko Ono empfohlenen Ärztin, mit einer makrobiotischen Diät, um seinem schweren Gelenkleiden beizukommen. Nach einer Woche ist der nun ehemalige Gourmet und Kettenraucher frei von Schmerzen.
**1978** Mitglied der American Academy of Arts and Science.
**1979** Erstes Horspiel im Auftrag des WDR (Redaktion Klaus Schöning): *Roaratorio, an Irish Circus on Finnegans Wake.*
**1980** Regent's Lecture an der University of California.
**1982** Anläßlich seines 70. Geburtstages finden auf der ganzen Welt Konzerte, Ausstellungen und Feiern zu Ehren Cages statt. In New York wird ein vierzehnstündiges Konzert gegeben: *John Cage and Friends.* Rauschenberg entwirft das Plakat dazu. Peter Greenaway produziert den Film *John Cage. A Music Circus.* Frank Scheffer dreht ein Video *Imaginary Conversations* mit Cage und Eliott Carter. Auf dem Festival ›Pro Musica‹ in Bremen organisiert Cage *A House Full of Music* mit 800 Schulkindern.
**1983** Cage wird in die Percussive Arts Society Hall of Fame (Ruhmeshalle der Gesellschaft für Schlagende Künste) aufgenommen. Publikation von *X.Writings '79–'82.*
**1984** Beginn der Arbeit mit einem Personal Computer.
**1986** Cage wird Ehrendoktor der Darstellenden Künste am California Institute of the Arts.
**1987** *NACHTCAGETAG* – eine vierundzwanzigstündige Sendung für und mit Cage wird von der Musikhochschule Köln und dem Westdeutschen Rundfunk produziert und ausgestrahlt.
**1988** Cage wird Charles-Eliot-Norton-Professor an der Harvard University.
**1991** »Kunst als Grenzbeschreitung« in der Neuen Pinakothek München über Cage und die Moderne; er gestaltet für die Ausstellung seinen »Museums-Circle«.
**1992** Ebenfalls in München entsteht ein neunzigminütiger Film über die Leere – eine in veränderter Beleuchtung aufscheinende Leinwand.
Am 12. August 1992 stirbt Cage, kurz von seinem achtzigsten Geburtstag, in New York an einem Schlaganfall.

## *Chronologie der musikalischen Werke*

ca. **1930/31** *Allemande.* (Vernichtet)
**1932** *Three Songs*: für Gesang und Klavier (Text: Gertrude Stein).
**1933** *Sonata for Clarinet:* für Klarinette.
*Sonata for Two Voices:* für zwei oder mehr Instrumente mit den Umfängen -c und c-c.
*Solo with Obligato Accompaniment and Six Short Inventions:* für drei oder mehr Instrumente mit dem Umfang g-g.
**1934** *Composition for Three Voices:* für drei oder mehr Instrumente.
*Six Short Inventions:* für Altflöte, Klarinette, Trompete, Violine, zwei Violas, Cello.
*Music for Xenia:* für Klavier. (Verschollen)
**1936** *Trio:* Suite für Schlagzeug.
**1938** *Five Songs for Contralto:* für Gesang und Klavier (Text: e.e.cummings).
*Metamorphosis:* für Klavier.
*Music for Wind Instruments:* für Bläserquintett.
**1939** *First Construction (in metal):* für Schlagzeugsextett mit einem Assistenten.
*Imaginary Landscape No. 1:* für zwei Schallplattenspieler mit variabler Geschwindigkeit, Aufnahmen einzelner Frequenzen, Klavier und Becken; über Rundfunk oder Tonträger aufzuführen.
**1940** *Living Room Music:* für vier Spieler mit Schlaginstrumenten.
*Second Construction:* für Schlagzeugquartett.
*Bacchanale:* für präpariertes Klavier.
**1941** *Third Construction:* für Schlagzeugquartett.
*Double Music* (mit Lou Harrison): für Schlagzeugquartett.
**1942** *And the Earth Shall Bear Again:* für präpariertes Klavier.
*Credo in Us:* für Schlagzeugquartett (mit Radio oder Phonograph und Klavier).
*Forever and Sunsmell:* für Stimme und Schlagzeugduo (Text: e.e.cummings).
*Imaginary Landscape No. 2 (March No. 1):* für Schlagzeugquintett.

*Imaginary Landscape No. 3:* für Schlagzeugsextett.
*In the Name of the Holocaust:* für präpariertes Klavier.
*Primitive:* für präpariertes Klavier.
*The City Wears a Slouch Hat:* für Schlagzeugquartett (Buch: Kenneth Patchen).
*The Wonderful Widow of Eighteen Springs:* für Stimme und zugeklapptes Klavier (Text: James Joyce).
**1942–43** *Four Dances:* für Klavier, Schlagzeug und Stimme.
**1943** *Amores:* zwei Soli für präpariertes Klavier und drei Trios für Schlagzeugtrio.
*Our Spring Will Come:* präpariertes Klavier (Choreographie: Pearl Primus).
*A Room:* für Klavier oder präpariertes Klavier.
*She Is Asleep:* Duett für Gesang und präpariertes Klavier und Quartett für 12 Schlagzeuge.
*Tossed as It Is Untroubled (Meditation):* für präpariertes Klavier.
*Totem Ancestor:* für präpariertes Klavier (Choreographie für die getanzte Version: Merce Cunningham).
**1944** *A Book of Music:* für zwei präparierte Klaviere.
*Four Walls:* für Klaviersolo mit Vokalzwischenspiel.
*The Perilous Night:* für präpariertes Klavier.
*Prelude for Meditation:* für präpariertes Klavier.
*Root of An Unfocus:* für präpariertes Klavier.
*Spontaneous Earth:* für präpariertes Klavier.
*The Unavailable Memory of:* für Musik auf einem präparierten Klavier zu Tanz.
*A Valentine Out of Season:* für präpariertes Klavier.
**1945** *Daughters of the Lonesome Isle:* für präpariertes Klavier.
*Experiences 1:* für zwei Klaviere (Choreographie: Merce Cunningham).
*Mysterious Adventure:* für präpariertes Klavier.
*Three Dances:* für zwei präparierte Klaviere.
**1946** *Ophelia:* für Klavier (Choreographie: Jean Erdmann).
*Two Pieces for Piano:* für Klavier.
**1947** *Music for Marcel Duchamp:* für präpariertes Klavier.
*Nocturne for Violin and Piano.*
*The Seasons:* Ballettmusik für Orchester (Choreographie: Merce Cunningham).
**1946–48** *Sonatas and Interludes:* für präpariertes Klavier.
**1948** *Dream:* für Klavier.
*In a Landscape:* für Harfe oder Klavier.
*Suite for Toy Piano:* für Spielzeugklavier oder Klavier (Choreographie unter dem Titel *A Diversion:* Merce Cunningham).
*Experiences 2:* für Stimme (Text: e.e.cummings).

*Dreams that Money Can Buy:* Filmmusik.
**1949–50** *String Quartet in Four Parts.*
*Party Pieces* (mit Cowell, Harrison, Thomson).
**1950** *A Flower:* für Stimme und zugeklapptes Klavier.
*Six Melodies for Violin and Keyboard.*
**1951** *Concerto für Prepared and Chamber Orchestra:* für Orchesterbesetzung.
*Imaginary Landscape No. 4:* für zwölf Radios (24 Spieler und ein Dirigent).
*Music of Changes:* für Klavier.
*Sixteen Dances:* für Flöte, Trompete, vier Schlagzeuge, Klavier, Violine und Violincello.
*Two Pastorales:* für präpariertes Klavier.
**1952** *For MC and DT:* für Klavier.
*Imaginary Landscape No. 5:* für 42 beliebige Schallplatten (Stück auf Tonband aufzunehmen).
*Music for Carillon No. 1:* gezeichnete Partitur; zwei- oder dreioktavige Fassungen.
*Music for Piano 1.*
*Seven Haiku:* für Klavier.
*Waiting:* für Klavier.
*Water Music:* für Klavier, der Spieler verwendet auch Radios, Pfeifen, Wasserbehälter und ein Kartenspiel; die Partitur soll auf einem großen Plakat zu sehen sein.
*Williams:* für acht Einspur- oder vier Zweispurtonbänder.
*4'33":* tacet (d. h. Aussetzen einer Stimme), für ein beliebiges Instrument oder eine Kombination von Instrumenten.
**1953** *Music for Piano 2.*
*Music for Piano 3.*
*Music for Piano 4–19:* für ein oder mehrere Klaviere.
*Music for Piano 20.*
*Music for Carillon Nos 2 and 3.*
*59 1/2 for a string player:* für ein beliebiges viersaitiges Streichinstrument.
**1954** *34'46.776" for a pianist:* für präpariertes Klavier.
*31'57.9864" for a pianist:* für präpariertes Klavier.
**1955** *Music for Piano 21–36; 37–52:* für ein oder mehrere Klaviere.
*Speech:* für 5 Radios mit Nachrichtensprecher.
*26'1.1499" for a string player:* für ein beliebiges viersaitiges Streichinstrument.
**1956** *Music for Piano 53–68:* für ein oder mehrere Klaviere.
*Music for Piano 69–84:* für ein oder mehrere Klaviere.
*Radio Music:* für ein bis acht Spieler an jeweils einem Radio.
*27'10.554" for a percussionist.*

**1957** *For Paul Taylor and Anita Dencks*: für Klavier.
*Winter Music:* für ein bis 20 Klaviere.
**1957–58** *Concert for Piano and Orchestra:* 63 Notenblätter, die ganz oder teilweise und in beliebiger Folge gespielt werden; 84 Möglichkeiten sind gegeben.
**1958** *Aria:* für beliebige Stimme (Text: John Cage).
*Fontana Mix:* für Tonband oder eine beliebige Anzahl von Instrumenten.
*Interdeterminacy:* für einen Sprecher.
*Music Walk:* für einen oder mehrere Klavierspieler an einem Klavier, die auch Radio und/oder Tonbandaufnahmen benutzen.
*Solo for Voice 1:* für eine beliebige Stimme, kann auch mit einem Teil von *Concert for Piano and Orchestra* aufgeführt werden.
*TV Köln:* für Klavier.
*Variations 1:* für eine beliebige Anzahl von Spielern mit beliebigen Instrumenten.
**1959** *Water Walk:* für Tonband.
*Sounds of Venice:* für Fernseher.
**1960** *Cartridge Music:* für elektronisch verstärkte Objekte, auch verstärktes Klavier oder Becken; eine beliebige Anzahl von Spielern und Lautsprechern.
*Music for Amplified Toy Pianos:* für eine beliebige Anzahl von Spielzeugklavieren.
*Solo for Voice 2:* für eine beliebige Stimme, kann auch mit *Concert, Fontana Mix* oder *Cartridge Music* aufgeführt werden.
*Music for »The Marrying Maiden«:* Tonbandaufnahme für das Stück von Jackson Maclow.
*Theater Piece:* für ein bis acht Spieler (Musiker, Tänzer, Sänger etc.); die Teile sind im Ganzen oder einzeln in beliebiger Kombination zu verwenden.
*WBAI:* Hilfspartitur für eine Aufführung mit Sprecher (*Where are we going? and what are we doing?*) oder Instrumentalaufführung mit Tonband, Schallplatten, Radios etc.
*Where are we going? and what are we doing?:* für vier Einspurtonbänder mit oder ohne Sprecher, auch eine Kombination von bis zu vier Bändern für simultanes Sprechen ist möglich.
**1961** *Atlas Eclipticalis:* für 86 Stimmen, in beliebiger Kombination und Reihenfolge zu spielen; das Werk kann gleichzeitig mit *Winter Music* aufgeführt werden; eine elektronische Version für Instrumente, Kontaktmikrofone und Lautsprecher, die von einem Assistenten des Dirigenten ausgesteuert werden, ist möglich.
*Music for Carillon No. 4 # 1:* in drei- oder zweioktaviger Version.
*Variations* II: für eine beliebige Anzahl Spieler mit beliebigen klangerzeugenden Mitteln.

**1962** *0'00" (4'33" no. 2):* Solo in beliebiger Ausführung von einer beliebigen Person.
**1963** *Variations III*: für eine beliebige Anzahl von Spielern, die beliebige Aktionen aufführen.
*Variations IV:* für eine beliebige Anzahl von Spielern, mit beliebigen Schallquellen, mit oder ohne anderen Aktivitäten.
**1965** *Electronic Music for Piano:* für Klavier mit Live-Elektronik.
*Rozart Mix:* für präpariertes Tonband.
*Variations V:* audiovisuelle Performance.
**1966** *Variations VI:* für eine Vielzahl von Klangsystemen.
*Variations VII*: Multimedia-Komposition.
*Music for Carillon No. 4 # 2.*
**1967** *Music for Carillon No. 5:* in vier Oktaven.
*Musicircus:* für verschiedene Leute, die etwas aufführen.
*Newport Mix.*
**1968** *Reunion:* für mehrere Aufführende und eine Vielzahl elektronischer Musiken, die von einem Schachspiel gesteuert werden, das auf einem elektronisch präparierten Brett gespielt wird.
**1969** *Cheap Imitation:* für Klavier.
*Sound Anonymously Received:* für ein nicht festgelegtes Instrument.
*33 1/3:* für Kassetten, Grammophone, unter Teilnahme der Zuhörer.
**1967–69** *HPSCHD* (mit Lejaren Hiller jun.).
**1970** *Song Books* (einige von ihnen können mit *Atlas Eclipticalis* verwendet werden) für beliebig viele Stimmen, es können elektronische Klangumwandlung, Zusatzinstrumente, Tonbänder, Requisiten und Dias eingesetzt werden.
*Mureau:* für Stimme.
**1971** *Les chants de maldoror pulvérisés par l'assistance même. 200 pages pour un public francophone de pas plus de 200 personnes* (nach Comte de Lautréamont).
*Sixty-Two Mesostics re Merce Cunningham:* für unbegleitete Stimme über Mikrophon.
*WGBH-TV:* für Komponist und Techniker.
**1972** *Bird Cage:* für zwölf Tonbänder, die von einem einzelnen Aufführenden in einem Raum verteilt werden, in dem sich Menschen bewegen und Vögel frei fliegen können.
*Cheap Imitation:* für ein Orchester mit 24, 59 oder 95 Mitgliedern.
**1973** *Etcetera:* für Orchester und Tonband, die Besetzung: 1111 1101, sechs Schlagzeuge, zwei Klaviere, 11111.
**1974** *Score (40 drawings by Thoreau) and 23 parts:* für beliebige Instrumente und/oder Stimmen. Zwölf Haiku, gefolgt von einer Aufnahme der Morgendämmerung in Stony Point.
*Two Pieces for Piano.*

**1974–75** *Etudes Australes:* für Klavier.
*Empty Words:* für einen Sprecher (Text nach Henry David Thoreau).
**1975** *Child of Tree (Improvisation I):* für elektronisch verstärkte Schlaginstrumente aus Pflanzenmaterial.
*Lectures on the Weather:* für zwölf Sprecher-Vokalisten und/oder Sprecher-Instrumentalisten, am besten aus Amerika eingewanderte Kanadier, mit Band- und Filmaufnahmen.
**1976** *Apartment House 1776:* Material für einen Musicircus für beliebig viele Musiker, mit Blick auf die Zweihundertjahrfeier der USA sollten protestantische, sephardische, indianische und Lieder der Schwarzen, live oder vom Band, eingefügt werden. Dieses Werk kann gleichzeitig mit *Renga* aufgeführt werden.
*Branches:* für elektronisch verstärkte Schlaginstrumente aus Pflanzenmaterial (Solo, Duo, Trio oder Orchester mit beliebig vielen Spielern).
*Quartets I-VIII*: für Orchester mit 24, 41 oder 93 Instrumenten.
*Renga:* für 78 Stimmen, die mit oder ohne *Apartment House 1776* aufgeführt werden oder auch einem anderen Musicircus anläßlich der Feier einer Person, einer Nation oder einer anderen sozialen Gemeinschaft, die Musik bzw. Klänge erzeugt (Vögel, Meerestiere o. ä.).
**1977** *Cheap Imitation:* für Violine.
*Freeman Etudes:* für Violine.
*Inlets (Improvisation II)*: für drei Spieler mit wassergefüllten Muscheln, einem Muschelbläser und dem Geräusch von Feuer.
*Telephones and Birds:* für drei Ausführende; Telephonansagen und Aufnahmen von Vogelgesang (oder Klängen einer anderen Kategorie).
*49 Waltzes for the Five Boroughs:* für einen oder mehrere Aufführende, Hörer oder Tonaufnahmenproduzenten.
**1976–78** *Quartet:* für concert band und zwölf elektronisch verstärkte Stimmen.
**1978** *Chorals:* für Violine.
*A Dip in the Lake: Ten Quicksteps, Sixty-One Waltz, and Fifty-Six Marches for Chicago and Vicinity:* für einen oder mehrere Aufführende, Hörer und Tonaufnahmenproduzenten; es können für andere Städte und Orte Transkriptionen erstellt werden, indem über Zufallsoperationen 427 Adressen zusammengestellt und in zehn Zweiergruppen, 61 Dreiergruppen und 56 Vierergruppen aufgeteilt werden.
*Some of »The Harmony of Maine« (Supply Belcher):* für einen Organisten und drei Assistenten.
*Variations VIII:* keine Musik oder Aufnahmen; nicht determiniert.
*Letters to Erik Satie:* für Stimme und Tonband.
*conch shells:* für Muscheln und Tonband.
*Il treno:* drei Happenings für präparierte Züge.
*Sounday:* zehnstündiges Radioereignis.

**1978–79** *Etudes Boréales:* für Klavier und/oder Violincello.
**1979** *–, – Circus on –:* die Übersetzung eines Buches in eine Performance ohne Darsteller, es ist ein literarischer oder musikalischer Akt oder beides gleichzeitig.
*Hymns and Variations:* für zwölf elektronisch verstärkte Stimmen.
**1980** *Litany for the Whale:* für zwei Stimmen.
*Improvisation III (Duets).*
**1981** *Thirty Pieces for Five Orchestras.*
**1982** *Instance of Silence:* Installation mit Kassettenaufnahmen.
*A House Full of Music.*
*Dance/4 Orchestras.*
**1983** *ear for EAR (Antiphonies):* Text ohne Worte für weit voneinander entfernte Stimmen, eine sichtbar, die andere(n) nicht.
*Improvisation V (Fielding Sixes):* für drei Kassettenrecorder, ausgestattet mit einem von John Fullermann ertworfenen Gerät, mit dem die Abspielgeschwindigkeit von langsam zu schnell geändert werden kann.
*Postcard from Heaven:* für eine bis 20 Harfen.
**1984** *Souvenir:* für Orgel.
*Thirty Pieces for String Quartet.*
*Eight Whiskus:* für Stimme.
*Perpetual Tango.*
**1983–85** *Ryoanji.*
**1985** *A Collection of Rocks:* für Orchester mit Stimmen.
*ASLSP:* für Klavier.
*Mirakus²*: für eine Stimme (Text hergeleitet von Duchamps *Notes*).
*Music for:* dem Titel wird die Anzahl der Aufführenden hinzugefügt.
*Nowth Upon Nacht:* für Stimme und Klavier (Joyce).
*Selkus²*: für Stimme.
*Sonnekus²*: für Stimme.
**1986** *But what about the noise of crumpling paper ... :* für Schlagzeugensemble.
*Etcetera 2/4 Orchestras:* Material für eine Orchesteraufführung mit oder ohne vier Dirigenten und einer Tonbandaufnahme von der Umgebung, in der das Material aufgenommen wurde.
*Haikai:* für Gamelan (javanisches Orchester).
*Hymnkus:* für 14 Orchesterstimmen.
*Thirteen Harmonies:* für Violine und Tasteninstrument.
**1987** *Europera I/II*: Szenario und Libretto von Cage.
*Organ²/ASLSP*: für Orgel.
*Three Composed Improvisations:* 1) für Steinberger Baßgitarre, 2) für Snare Drum 3) für One-sided Drums.
**1988** *Essay:* ›Durchschrift‹ von *Über die Pflicht zum Ungehorsam gegen den Staat* von Thoreau. Computergeneriertes Tonband.

*Five:* für fünf Stimmen oder Instrumente.
*Four Solos for Voices 93–96:* für Sopran, Mezzosopran, Tenor, Baß.
*One:* für Klavier.
*Two:* für Flöte und Klavier.
*Seven:* für Flöte, B-Klarinette, Schlagzeug, Klavier, Violine, Viola, Cello.
**1989** *101:* für Orchester.
*Two*$^{2}$: für zwei Klaviere, vierhändig.
*Four:* für zwei Violinen, Viola und Cello.
*Swinging:* für Klavier.
*Three:* für drei Aufführende am Tonband (Sopranino, Sopran, Alt, Tenor, Bassett, Baß, tiefer Baß).
*Twenty-Three:* für 15 Violinen, fünf Violas, fünf Celli.
*Europera III*: für sechs Sänger, zwei Klaviere, sechs Grammophone, Licht, Tonband.
*Europera IV:* für zwei Sänger, einen Pianisten, Tonband, Licht.
*Sculpturee Musicales:* für vier Aufführende an elektronischen Geräten.
**1990** *Four*$^{2}$: für Sopran, Alt, Tenor, Baß.
*One*$^{4}$: für Schlagzeug.
*One*$^{5}$: für Klavier.
*One*$^{6}$: für Violine.
*Seven*$^{2}$: für Baßflöte, Cello, Posaune, zwei Schlagzeuge, Violincello, Kontrabaß.
*Scottish Circus:* für schottische Folkband.
**1991** *Eight:* für sieben Orchesterinstrumente.
*Europera V:* für ein Klavier, zwei Sänger, Licht und Tonband.
*Four*$^{3}$: für vier Aufführende (ein oder zwei Klaviere, Schlagzeug, Violine oder Oszillator und Stille).
*One*$^{8}$: für ein Violincello, kann mit oder ohne *108* (für Orchester) aufgeführt werden.

## *Chronologie der Werke bildender Kunst*

**1969** *Not Wanting to Say Anything about Marcel* (mit Calvin Sumsion), vier Multiples (mit je acht Plexiglasscheiben mit Siebdrucken und zwei Farblithographien auf Papier, auf Holzsockel montiert).
**1978** *Score Without Parts (40 Drawings by Thoreau): Twelve Haiku,* Radierung, Kaltnadel, Aquatinta.
*Seven Day Diary (Not Knowing),* 7 Radierungen.
*17 Drawings by Thoreau,* Fotogravüre.
*Signals,* 36 Drucke (Fotogravüre, Radierungen und Kaltnadel).
**1979–82** *Changes and Disappearances,* 35 Drucke (Kaltnadel, Fotogravüre).
**1980–82** *On the Surface,* 36 Radierungen mit Prägedrucken.
**1981–82** *Dereau,* 38 Radierungen (Fotogravüre, Kupferstich, Kaltnadel und Aquatinta).
**1983** *Weather-ed,* Photographien (realisiert von Paul Barton).
*(R3), R3,* zwei Bleistiftzeichnungen.
*Where R=Ryoanji,* sechs Bleistiftzeichnungen.
*HV,* 36 Monotypien.
**1985** *Fire,* 16 Monotypien.
*Ryoku,* 13 Kaltnadelradierungen.
*Mesostics,* zwölf collagierte Monotypien.
**1986** *Eninka,* 50 Monotypien.
**1987** *Where There Is Where There,* 38 Bilder.
*Deka,* 35 Bilder.
*Variations,* 35 Monotypien.
**1988** *New River Watercolors,* 52 Aquarelle in vier Zyklen *(Series I–IV).*
**1989** *Nine Stones, Nine Stones 2,* Radierungen.
*Ten Stones, Ten Stones 2,* Radierungen.
*Eleven Stones, Eleven Stones 2,* Radierungen.
*Dramatic Fire,* Aquatinta auf geräuchertem Papier.
*Urban Landscape* (Alteration von *Where There Is Where There).*
*Global Village 1–36* und *37–48.*
**1991** *Smoke Weather Stone Weather,* 37 Radierungen.
**1992** *Variations III,* Radierungen.
*Without Horizon,* Radierungen.

# Diskographie

Die von Paul van Emmerik erstellte Diskographie wird mit freundlicher Genehmigung der Edition Text + Kritik abgedruckt, in deren Sonderband der Reihe Musik-Konzepte zu John Cage (Mai 1990) sie erschienen ist. Ab dem Jahre 1986 wurde sie vom List Verlag ergänzt.

Die Anordnung ist chronologisch nach Entstehungsdatum der Werke (man vergleiche die des Werkverzeichnisses in diesem Band), innerhalb jedes Titels chronologisch nach Veröffentlichungsdatum der Aufnahmen. Angaben für Compact Discs und Kassetten stehen in eckigen Klammern vor dem Veröffentlichungsdatum, Angaben ohne weitere Information bezeichnen Schallplatten.

*Sonata for Clarinet* (1933)
Phillip Rehfeldt, Klarinette – Advance FGR-4 (1966)
Alan Hacker, Klarinette – Nato 214 (nach 1984)

*Two Pieces für Piano* (ca. 1935)
Jeanne Kirstein, Klavier – Columbia MS 7416 (1970); dieselbe Aufnahme CBS Music of Our Time S 34-61169 (nach 1970); dieselbe Aufnahme CBS Collectors' Series CMS 7416 (nach 1970)

*A Metamorphosis* (1938)
Jeanne Kirstein, Klavier – Columbia MS 7416 (1970); dieselbe Aufnahme CBS Music of Our Time S 34-61169 (nach 1970); dieselbe Aufnahme CBS Collectors' Series CMS 7416 (nach 1970)
Yuji Takahashi, Klavier – ALM Japan Al-14 (vor 1986)

*Five Songs for Contralto* (1938)
Meriel Dickinson, Mezzosopran; Peter Dickinson, Klavier – Unicorn Records UNI-72017 (1978); dieselbe Aufnahme Unicorn RHS 353 (1978)
Jan DeGaetani, Mezzosopran; Gilbert Kalish, Klavier [No. 1] – Elektra/Asylum/Nonesuch 9 79178-2 [Compact Disc] (1988)

*Music für Wind Instruments* (1938)
Thierry Fischer, Flöte; Heinz Holliger, Oboe; Eduard Brunner, Klarinette; Milan Turkovic, Fagott; Volker Altmann, Horn [Satz 1 und 3] – Philips 411 064-1 (1983)

*Imaginary Landscape No. 1* (1939)
John Cage, Xenia Cage, Doris Dennison und Margaret Jansen, Frequenzaufnahmen, Schlagzeug und gedämpftes Klavier – George Avakian KO8Y-1499 (1959)
Mitglieder des Ensemble Musica Negativa: Johann Nikolaus Matthes, Frequenzaufnahmen; Michael Dietz, Schlagzeug; Christoph Keller, gedämpftes Klavier; Rainer Riehn, Dirigent – EMI Electrola 1 C 165-28954 Y (1972)
Ausführende nicht bekannt – Musica MIN JC AIUS/JC BIU (vor 1986)

*First Construction (In Metal)* (1939)
Manhattan Percussion Ensemble: Douglas Allan, Philip Brown, Michael Colgrass, Marvin Rosenberg und Warren Smith, Schlagzeug; David Tudor, Klavier; Merce Cunningham, Assistent des Pianisten; Paul Price, Dirigent – George Avakian KO8Y-1499 (1959)
Les Percussions de Strasbourg: Jean Batigne, Gabriel Bouchet, Jean-Paul Finkbeiner, Georges van Gucht, Detlef Kieffer und Claude Ricou, Schlagzeug – Philips Prospective 21^e^ siècle 6526 017 (1970); dieselbe Aufnahme Philips Phonogram 6555 094 (nach 1970)
London Percussion Ensemble; Harold Farberman, Dirigent – MMG-105 (vor 1982)
Ensemble unter der Leitung von Carl Björnsson – Musica MIN JS AIUS/JC BIU (vor 1986)

*Second Construction* (1940)
Mitglieder des Kroumata Ensemble, Schlagzeug – Bis LP-232 oder CD-232 [Compact Disc] (1983)
Ausführende nicht bekannt – Hungaroton SLPX 12800 (vor 1988)

*Bacchanale* (1940)
Jeanne Kirstein, präpariertes Klavier – Columbia MS 7416 (1970); dieselbe Aufnahme CBS Music of Our Time S 34-61169 (nach 1970); dieselbe Aufnahme CBS Collectors' Series CMS 7416 (nach 1970)
Richard Bunger, präpariertes Klavier – Musical Heritage Society MHS 4187 (vor 1982)

*Living Room Music* (1940)
Slagwerkgroep Den Haag: Ger de Zeeuw, Blumentöpfe, Sessel, Stimme, Conga; Frank van der Starre, Stuhl, Schranktür, Stimme, Conga; Wim Vos, Pfannen, Servierwagen, Stimme, Conga; Fred Vogels, Papierkorb, Akkordeon, Stimme, Conga – Classica Record International 180 491 (1980)

*Third Construction* (1941)
New Music Consort – New World NW 319 (nach 1978)
Mitglieder der Schlagzeuggruppe Nexus – Nexus Records NE 05 (1982)

*Double Music* [in Zusammenarbeit mit Lou Harrison] (1941)
Mitglieder des Manhattan Percussion Ensemble: Paul Price, George Boberg, Ray DesRoches, Edward Cornelius, Schlagzeug; John Cage, Dirigent – Time Records Series 2000 58000 [mono] oder S/8000 [stereo] (1962); dieselbe Aufnahme Mainstream MS 5011 (1970)
Slagwerkgroep Den Haag: Ger de Zeeuw, Frank van der Starre, Fred Vogels und Wim Vos, Schlagzeug – Classical Record International 180 491 (1980)
Schlagzeugensemble der Würzburger Musikhochschule; Siegfried Fink, Dirigent – Calig CAL 30 492 (vor 1986)

*Credo in Us* (1942)
Mitglieder des Ensemble Musica Negativa: Michael Dietz und Burkhard Wissemann, Schlagzeug; Christoph Keller, Klavier; Johann Nikolaus Matthes, Plattenspieler und Radio; Rainer Riehn, Dirigent – EMI Electrola 1 C 165-28954 Y (1972)
Mitglieder des Malmö Percussion Ensemble – Caprice CAP 1265 (1984)
Ensemble Gageego – Opus One 90 (vor 1986)

*Forever and Sunsmell* (1942)
Carla Bley, Stimme; Richard Bernas, Schlagzeug – Obscure OBS 5 (1976); dieselbe Aufnahme Antilles AN-7031 (1976); dieselbe Aufnahme Obscure EGED 25 (nach 1976)

*Totem Ancestor* (1942)
Joshua Pierce, präpariertes Klavier – Tomato TOM-7016 (1978); dieselbe Aufnahme Wergo WER 60 151 (1986)

*And the Earth Shall Bear Again* (1942)
Joshau Pierce, präpariertes Klavier – Tomato TOM-7016 (1980); dieselbe Aufnahme Wergo WER 60 151 (1986)

*The Wonderful Widow of Eighteen Springs* (1942)
Arline Carmen, Alt; John Cage, geschlossenes Klavier – George Avakian KO8Y-1500 (1959) Robert Wyatt, Stimme; Richard Bernas, geschlossenes Klavier – Obscure OBS 5 (1976); dieselbe Aufnahme Antilles AN-7031 (1976); dieselbe Aufnahme Obscure EGED 25 (nach 1976)
Cathy Berberian, Mezzosopran; Bruno Canino, geschlossenes Klavier – Wergo WER 60 054 (1977)
Rosalind Rees, Sopran; David Starobin, Gitarre – Turnabout TV 34727-S (1978)
Matsumi Masuda, Sopran; Hiroshi Wakasugi, geschlossenes Klavier – RCA Victor SJV 1513 (vor 1982)

*Amores* (ca 1936; 1943)
Maro Ajemian, präpariertes Klavier [Teil 1 und 4] – Disc 875 (vor 1948); dieselbe Aufnahme Disc 3058 (vor 1948)
John Cage, präpariertes Klavier; Mitglieder des Manhattan Percussion Ensemble: Paul Price, Ray DesRoches und George Boberg, Schlagzeug – Time Records Series 2000 58000 [mono] oder S/8000 [stereo] (1962); dieselbe Aufnahme Mainstream MS 5011 (1970)
Siegfried Fink und seine Schlagzeuggruppe – Edigsa AZ 70/06 (1971)
The Blackearth Percussion Group: Allen Otte, präpariertes Klavier; Garry Kvistad, Richard Kvistad und Michael Udow, Schlagzeug – Opus One 22 (1975)
Reinbert de Leeuw, präpariertes Klavier; Arthur Cune, Willy Goudswaard und Michael de Roo, Schlagzeug – Philips Harlekijn 9500 920 (1980)
Richard Pilat, präpariertes Klaiver; Mitglieder des Kroumata Percussion Ensemble: Jan Hellgren, Anders Holdar und Anders Loguin, Schlagzeug – Bis LP-272 oder CD-272 [Compact Disc] (1984)
Ausführende nicht bekannt – Argo Voices (vor 1986)
Ursula Euteneuer-Rohrer, präpariertes Klavier; Mitglieder des Schlagzeugensembles des Badischen Konservatoriums Karlsruhe: Franz Bach, Uwe Berggötz und Gunter Vogel, Schlagzeug – Sound star-ton SST 0184/S (1986)

*Meditation* (1943)
Jeanne Kirstein, präpariertes Klavier – Columbia MS 7417 (1970); dieselbe Aufnahme CBS Music of Our Time S 34-61225 (nach 1970); dieselbe Aufnahme CBS Collectors' Series CMS 7417 (nach 1970)

*She Is Asleep Part I: Quartet for Twelve Tom-Toms* (1943)
Mitglieder des Manhattan Percussion Ensemble: Philip Brown, Michael Colgrass, Paul Price und Warren Smith, Schlagzeug – George Avakian KO8Y-1500 (1959)

Mitglieder des Percussions-Ensemble Siegfried Fink: Jeff Beer, Bernd Kremling, Gerhard Ring und Joachim Sponsel; Siegfried Fink, Dirigent – Thorofon Capella MTH 149 (vor 1978)
Mitglieder des Paul Price Percussion Ensemble: Michael Holchrum, Steve Kastuck, Jeff Kraus und Paul Price; Joshua Pierce, Dirigent – Tomato TOM-7016 (1978); dieselbe Aufnahme Wergo WER 60 151 (1986)
Würzburger Percussions Quartett – Audio Art Gallery [Kassette] (1984)
Würzburger Percussions Quartett – Thorofon CTH-2003 [Compact Disc] (vor 1988)

*She Is Asleep Part II: Duet for Voice and Piano* (1943)
Arline Carmen, Alt; John Cage, präpariertes Klavier – George Avakian KO8Y-1500 (1959)
Erika Radermacher, Stimme; Urs Peter Schneider, präpariertes Klavier – Jecklin 537 (1975)
Jay Clayton, Stimme; Joshua Pierce, präpariertes Klavier – Tomato TOM-7016 (1978); dieselbe Aufnahme Wergo WER 60 151 (1986)

*A Room* (1943)
Aki Takahashi, Fassung für präpariertes Klavier – Toshiba-EMI TA-72034 (1977)
Joshua Pierce, Fassung für präpariertes Klavier – Tomato TOM-7016 (1978); dieselbe Aufnahme Wergo WER 60 151 (1986)
Joshua Pierce, Fassung für Klavier – Tomato TOM-7016 (1978); dieselbe Aufnahme Wergo WER 60 151 (1968)

*The Perilous Night* (1943–1944)
Jeanne Kirstein, präpariertes Klavier – Columbia MS 7416 (1970); dieselbe Aufnahme CBS Music of Our Time S 34-61169 (nach 1970); dieselbe Aufnahme CBS Collectors' Series CMS 7416 (nach 1970)
Richard Bunger, präpariertes Klavier – Avant Records AV 1008 (1973)
William Naboré, präpariertes Klavier – Pan 130 032 (1981)
Werner Bärtschi, präpariertes Klavier – Recommended Rec Rec Music 04 (1985)
Ausführende(r) nicht bekannt [Auszug] – Reference Records RR 3 (vor 1986)

*Root of an Unfocus* (1944)
Jeanne Kirstein, präpariertes Klavier – Columbia MS 7417 (1970); dieselbe Aufnahme CBS Music of Our Time S 34-61225 (nach 1970); dieselbe Aufnahme CBS Collectors' Series CMS 7417 (nach 1970)

*A Book of Music* (1944)
Maro Ajemian und Joshua Pierce, präparierte Klaviere – Labor LRS-7004 und 7005 (1976); dieselbe Aufnahme Tomato Records TOM-2-1001 [2 LP] (1977)
Mats Persson und Kristine Scholz, präparierte Klaviere – Caprice CAP 1226 (1982)

*A Valentine Out of Season* (1944)
Jeanne Kirstein, präpariertes Klavier – Columbia MS 7417 (1970); dieselbe Aufnahme CBS Music of Our Time S 34-61225 (nach 1970); dieselbe Aufnahme CBS Collectors' Series CMS 7417 (nach 1970)
Aki Takahashi, präpariertes Klavier – Toshiba-EMI TA-72034 (1977)
Reinbert de Leeuw, präpariertes Klavier – Philips Harlekijn 9500 920 (1980)
Daniele Lombardi, präpariertes Klavier – Edizioni Musicali EDI PAN PRC S20-08 (1981)

*Prelude for Meditation* (1944)
Jeanne Kirstein, präpariertes Klavier – Columbia MS 7417 (1970); dieselbe Aufnahme CBS Music of Our Time S 34-61225 (nach 1970); dieselbe Aufnahme CBS Collectors' Series CMS 7417 (nach 1970)

*Three Dances* (1944–1945)
Maro Ajemian und William Masselos, präparierte Klaviere – Disc 877 (vor 1948)
Maro Ajemian und William Masselos, präparierte Klaviere [Auszug] – Disc 643 (vor 1948)
Henry Jacobs und N. N., präparierte Klaviere [Satz 1] – Folkways FX 6160 (1957)
Ralph Grierson und Michael Tilson Thomas, präparierte Klaviere – Angel S-36059 (1973)

*Experiences No. 1* (1944–1945)
Richard Bernas, Klavier [Multiplay-Aufnahme] – Obscure OBS 5 (1976); dieselbe Aufnahme Antilles AN-7031 (1976); dieselbe Aufnahme Obscure EGED 25 (nach 1976)

*Mysterious Adventure* (1944–1945)
Ausführende(r) nicht bekannt – Blue Labor Records (vor 1978)

*Daughters of the Lonesome Isle* (1945)
Ausführende(r) nicht bekannt – Blue Labor Records (vor 1978)

*Party Pieces* [in Zusammenarbeit mit Henry Cowell, Lou Harrison und Virgil Thomson] (ca. 1944–1946)
Mitglieder des Brooklyn Philharmonic; Lukas Foss, Dirigent [Bearbeitung v. Robert Hughes] – Gramavision GR 7006 (nach 1982)

*Two Pieces for Piano* (1946)
Jeanne Kirstein, Klavier – Columbia MS 7417 (1970); dieselbe Aufnahme CBS Music of Our Time S 34-61225 (nach 1970); dieselbe Aufnahme CBS Collectors' Series CMS 7417 (nach 1970)

*The Seasons* (1947)
The American Composers' Orchestra; Dennis Russell Davies, Dirigent [Orchesterfassung] – Composers Recordings CRI SD 410 (1979)
Yuji Takahashi, Klavier – ALM Japan AL-14 (vor 1986)

*Nocturne for Violin and Piano* (1947)
Paul Zukofsky, Violine; Gilbert Kalish, Klavier – Desto DC-6435-37 (1974)
Vera Beths, Violine; Reinbert de Leeuw, Klavier – Philips Harlekijn 9500 920 (1980)

*Music for Marcel Duchamp* (1947)
Jeanne Kirstein, präpariertes Klavier – Columbia MS 7417 (1970); dieselbe Aufnahme CBS Music of Our Time S 34-61225 (nach 1970); dieselbe Aufnahme CBS Collectors' Series CMS 7417 (nach 1970)
Juan Hidalgo, präpariertes Klavier – Cramps Records CRSLP-6101 (1974)
Peter Roggenkamp, präpariertes Klavier – Wergo WER 60 074 (1976)
Aki Takahashi, präpariertes Klavier – Toshiba-EMI TA-72034 (1977)
Reinbert de Leeuw, präpariertes Klavier – Philips Harlekijn 9500 920 (1980)
Nada Kolundžija, präpariertes Klavier – LPD-930 (1981)
Daniele Lombardi, präpariertes Klavier – Edizioni Musicali EDI PAN PRC S20-08 (1981)

*Experience No. 2* (1944–1945; 1948)
Robert Wyatt, Simme – Obscure OBS 5 (1976); dieselbe Aufnahme Antilles AN-7031 (1976); dieselbe Aufnahme Obscure EGED 25 (nach 1976)

*Sonatas and Interludes* (1946–1948)
Maro Ajemian, präpariertes Klavier – Dial 19 und 20 (1951); dieselbe Aufnahme Composers Recordings CRI SD 199 (1965); dieselbe Aufnahme Harmonia Mundi HM-730 (nach 1965)
Maro Ajemian, präpariertes Klavier [Auszüge] – George Avakian KO8Y-1501-1502 (1959)
Yuji Takahashi, präpariertes Klavier – Fylkingen FYLP X101-2 (vor 1970)
John Tilbury, präpariertes Klavier – Decca Headline HEAD 9 ZAL 13577 (1975)
Yuji Takahashi, präpariertes Klavier – Denon OX 7059-ND oder CD 7059 [Comact Disc] oder Denon C 37-7673 [Compact Disc] (nach 1975)
Joshua Pierce, präpariertes Klavier – Labor LRS 7004 und 7005 [2 LP] (1976); dieselbe Aufnahme Tomato TOM 2-1001 [2 LP] (1977)
Peter Roggenkamp, präpariertes Klavier [*Sonata XIII*] – Wergo WER 60 074 (1976)
Robert Miller, präpariertes Klavier [*Sonatas I, V, X, XII; Second Interlude*] – New World NW 203 (1976)
Nada Kolundžija, präpariertes Klavier [Auszüge] – LPD-930 (1981)
Gérard Frémy, präpariertes Klavier – Etcetera ETC 2001 [2 LP] oder XTC 2001 [Kassette] (1983); dieselbe Aufnahme Etcetera KTC 2001 [Compact Disc] (1987)
Franzpeter Goebels, präpariertes Klavier [*Sonatas II, V* und *VI*] – Reihe Schulproduktion Musik FWU (vor 1978)
Klára Körmendi, präpariertes Klavier [*Sonatas V, VIII, XI, XIV-XV*] – Hungaroton SLPX 12569 (1984); dieselbe Aufnahme Hungaroton HCD 12569 [Compact Disc] (nach 1984)
Sig Bergman, präpariertes Klavier [Auszüge] – Musica MIN JC AIUS/JC BIU (vor 1986)
Darryl Rosenberg, präpariertes Klavier – VQR [Vogt Quality Recordings] Digital 2001 [Compact Disc] (nach 1986)

*Dream* (1948)
Jeanne Kirstein, Klavier – Columbia MS 7417 (1970); dieselbe Aufnahme CBS Music of Our Time S 34-61225 (nach 1970); dieselbe Aufnahme CBS Collectors' Series CMS 7417 (nach 1970)
Karen Phillips, Bratsche [arragniert für Bratsche solo und Bratschen-Ensemble von Karen Phillips; Multiplay-Aufnahme] – Finnadar SR 9007 (1974)

*In a Landscape* (1948)
Richard Bernas, Fassung für Klavier – Obscure OBS 5 (1976); dieselbe Aufnahme Antilles AN-7031 (1976); dieselbe Aufnahme Obscure EGED 25 (nach 1976)
Nancy Allen, Fassung für Harfe – 1750 Arch Records S-1787 (vor 1982)
Victoria Looseleaf, Fassung für Harfe – Goddess Records (vor 1986)
Joshua Pierce, Fassung für Klavier – Wergo WER 60 151 (1986)

*Suite for Toy Piano* (1948)
Jeanne Kirstein, Spielzeugklavier – Columbia MS 7417 (1970); dieselbe Aufnahme CBS Music of Our Time S 34-61225 (nach 1970); dieselbe Aufnahme CBS Collectors' Series CMS 7417 (nach 1970)

*String Quartet in Four Parts* (1949–1950)
New Music String Quartet – Columbia ML 4495 [mono] oder MS 4495 [stereo] (1952)
Ezio Porta, Ugo Ilveti, Violinen; Eugenio Possioni, Bratsche; Ida Gomez, Violoncello – Fratelli Fabbri La Musica Moderna MM 1102 (1967)
Concord String Quartet – Vox SVBX-5306 (1973); dieselbe Aufnahme Turnabout TVS-34610 (1976)
LaSalle Quartet: Walter Levin, Henry Meyer, Violinen; Peter Kamnitzer, Viola; Jack Kirstein, Violoncello – Deutsche Grammophon DGG 2530 735 (1976); dieselbe Aufnahme [nur 4. Satz] Deutsche Grammophon HL 00 212 (1976); dieselbe Aufnahme [nur 4. Satz] Deutsche Grammophon [Compact Disc] (1988)

*Six Melodies for Violon and Keyboard* (1950)
Paul Zukofsky, Violine; Gilbert Kalish, Klavier – Mainstream MS 5016 (1974)
Vera Beths, Violine; Reinbert de Leeuw, Klavier – Philips Harlekijn 9500 920 (1980)
Eugene Gratovich; Violine; George Flynn, Klavier – Finnadar 90023-1 (1982)

*A Flower* (1950)
Cathy Berberian, Mezzosopran; Bruno Canino, geschlossenes Klavier – Wergo WER 60 054 (1977)

*Sixteen Dances* (1950–1951)
Robert Aitken, Flöte; Otto Armin, Violine; Peter Schenkmann, Violoncello; James Spragg, Trompete; Marc Widmer, Klavier; Mitglieder der Schlagzeuggruppe Nexus: Robert Becker, Robin Engelman, Russell Har-

tenberger und John Wyre, Schlagzeug; Paul Zukofsky, Dirigent – $CP^2$ Recordings $CP^2$/15 (1984)

*Concerto for Prepared Piano and Chamber Orchestra* (1950–1951)
Yuji Takahashi, präpariertes Klavier; Buffalo Philharmonic Orchestra; Lukas Foss, Dirigent – Nonesuch Records H 71202 (1968)
Toshi Ichiyanagi, präpariertes Klavier; Japan Philharmonic Symphony Orchestra – RCA Victor SJX 1003 (vor 1982)

*Music of Changes* (1951)
David Tudor, Klavier [Teil 3 und 4] – New World Records NW 214 (1978)
Herbert Henck, Klavier – Wergo WER 60 099 (1982)

*Seven Haiku* (1951–1952)
Joshua Pierce, Klavier – Tomato TOM-7016 (1978); dieselbe Aufnahme Wergo WER 60 151 (1986)

*Two Pastorales* (1951–1952)
Carles Santos, teilweise präpariertes Klavier und zusätzliche Instrumente – Edigsa AZ 70/11 (nach 1971)
Joshua Pierce, teilweise präpariertes Klavier und zusätzliche Instrumente – Tomato TOM-7016 (1978); dieselbe Aufnahme Wergo WER 60 151 (1986)

*Waiting* (1952)
Joshua Pierce, Klavier – Wergo WER 60 151 (1986)

*4′33″* (1952)
Gianni-Emilio Simonetti, Klavier – Cramps Records CRSLP-6101 (1974)

*For M. C. and D. T.* (1952)
Joshua Pierce, Klavier – Wergo WER 60 151 (1986)

*Music for Carillon No. 1* (1952)
David Tudor, elektrisches Glockenspiel [2-oktavige Fassung] – George Avakian KO8Y-1503 (1959)
Graham Hearn, Glockenspiel – EMI Electrola 1 C 065-02 469 (1974)

*Williams Mix* (1952)
Earle Brown, John Cage und David Tudor, Realisation der Tonbänder – George Avakian KO8Y-1503 (1959)

*Music for Piano 4–19* (1953)
Zoltán Jeney, Klavier [gleichzeitig mit *Music for Piano 21-36/37-52, 53-68 und 69-84*] – Hungaroton SLPD 12893 (1987)

*Music for Carillon No. 2* (1954)
Graham Hearn, Glockenspiel – EMI Electrola 1 C 065-02 469 (1974)

*Music for Carillon No. 3* (1954)
Graham Hearn, Glockenspiel – EMI Electrola 1 C 065-02 469 (1974)

*26′1.1499″ for a String Player* (1953–1955)
Betram Turetzky, Kontrabaß [Multiplay-Aufnahme] – Nonesuch Records H-71237 (1970)

*Music for Piano 21-36/37-52* (1955)
András Wilheim, László Vidovsky, Klaviere [gleichzeitig mit *Music for Piano 4-19, 53-68* und *69-84*] – Hungaroton SLPD 12893 (1987)

*27′10.554″ for a Percussionist* (1956)
Donald Knaack, Schlagzeug – Finnadar Records SR 9017 (1977)

*Music for Piano 53-68* (1956)
László Sáry, Klavier [gleichzeitig mit *Music for Piano 4-19, 21-36/37-52* und *69-84*] – Hungaroton SLPD 12893 (1987)

*Music for Piano 69-84* (1956)
Barnabás Dukay, Klavier [gleichzeitig mit *Music for Piano 4-19, 21-36/37-52* und *53-68*] – Hungaroton SLPD 12893 (1987)

*Radio Music* (1956)
Juan Hidalgo, Walter Marchetti und Gianni-Emilio Simonetti, Radios – Cramps Records CRSLP-6101 (1974)

*Winter Music* (1956–1957)
Lissa Bauer, Chaia Gerstein, Heinz-Klaus Metzger, Gertrud Meyer-Denkmann und Mario Venzago, Fassung für fünf Klaviere [gleichzeitig mit *Atlas Eclipticalis* und ausgesteuert nach *Cartridge Music*] – Deutsche Grammophon DGG SLPM-137 009 (1970); dieselbe Aufnahme Deutsche Grammophon DGG 643 543 (nach 1970); dieselbe Aufnahme Deutsche Grammophon 2536 018 (nach 1970)
Aki Takahashi, Fassung für fünf Klaviere [Multiplay-Aufnahme] – Toshiba-EMI EAC 85015 (vor 1973); dieselbe Aufnahme CP$^2$ Recordings

CP²/5 (1976); dieselbe Aufnahme EMI Angel EAA-85015 (nach 1976); dieselbe Aufnahme Toshiba-EMI EAC 60154 (nach 1976)
George Flynn, Fassung für vier Klaviere [Multiplay-Aufnahme] – Finnadar QD 9006 (1974)
Mitglieder der New Performance Group of the Cornish Institute, Fassung für drei Klaviere [gleichzeitig mit *Atlas Eclipticalis*] – Mode Records 3 bis 6 [4 LP] (1986)

*Six Short Inventions* (1933–1934; 1958)
Andrew Lolya, Altflöte; Albert Kaufman, Klarinette; Melvyn Broiles, Trompete; Anahid Ajemian, Violine; Burton Fisch und William Gromko, Bratschen; Joan Brockway, Violoncello; John Cage, Dirigent – Georg Avakian KO8Y-1499 (1959)

*Concerto for Piano and Orchestra* (1957–1958)
David Tudor, Klavier; Andrew Lolya, Altflöte, Flöte und Piccolo; Albert Kaufman, Klarinette in B; Sy Schwartzberg, Fagott und Baritonsaxophon; Melvyn Broiles, Trompeten in F, Es, D, C und B; Frank Rehak, Posaune; Don Butterfield, Tuben in F und B; Anahid Ajemian, Allan Martin und Isadore Cohen, Violinen; Burton Fisch und William Gromko, Bratschen; Joan Brockway, Violoncello; Jesse Teiko, Kontrabaß; Merce Cunningham, Dirigent – George Avakian KO8Y-1504 (1959)
David Tudor, Klavier [*Solo for Piano* mit *Fontana Mix* und gleichzeitig mit *Indeterminacy: New Aspect of Form in Instrumental and Electronic Music*] – Folkways FT 3704 [2 LP] (1959)
Hermann Danuser, Klavier; Ensemble Musica Negativa; Rainer Riehn, Dirigent [gleichzeitig mit *Solo for Voice I* und *Solo for Voice 2]* – EMI Electrola 1 C 165-28954 Y (1972)
Mats Persson, Klavier [*Solo for Piano*] – Caprice CAP-1071 (1977)
Gunnar Westberg, Klavier; Ensemble unter der Leitung von Carl Björnsson – Musica MIN JC AUIS/JC BIU (vor 1986)

*Variations I* (1958)
Gerd Zacher, Fassung für Orgel – Wergo WER 60 033 (1967); dieselbe Aufnahme Wergo Taschen-Diskothek WER 310 [EP] (nach 1967); dieselbe Aufnahme Heliodor 2549 009 (1970)
Zsigmond Szathmáry, Fassung für Orgel – Da Camera Magna DaCa SM 93237 (1972); dieselbe Aufnahme Opus Musicum 6833 176 OM 118 (1975)
Klaus Hinrich Stahmer, Fassung für Violoncello [Multiplay-Aufnahme] – Thorofon Capella MTH 224 (nach 1979)

*Solo for Voice 1* (1958)
Bell Imhoff, Stimme [gleichzeitig mit *Concert for Piano and Orchestra* und *Solo for Voice 2*] – EMI Electrola 1 C 165-28954 Y (1972)

*TV Köln* (1958)
Richard Bunger, Klavier – Avant Records AV 1008 (1973)

*Fontana Mix* (1958)
John Cage, Fassung für Tonbänder; David Tudor, Manipulation der Tonbänder [als Teil von *Solo for Piano* aus *Concert for Piano and Orchestra*; gleichzeitig mit *Indeterminacy: New Aspect of Form in Instrumental and Electronic Music*] – Folkways FT 3704 [2 LP] (1959)
John Cage, Fassung für Tonbänder [gleichzeitig mit *Aria*] – Time Records Series 2000 58003 [mono] oder S/8003 [stereo] (1962); dieselbe Aufnahme Mainstream MS 5005 (1970)
John Cage, Fassung für Tonbänder – Turnabout TV 4046 [mono] oder TV 34046-S [stereo] (1965)
Max Neuhaus, Fassung für Schlagzeug und elektronische Geräte – Columbia MS 7139 (1968); dieselbe Aufnahme CBS S-34-61063 (nach 1968)
Max Neuhaus, Fassung für Schlagzeug und elektronische Geräte – Aspen 5-6 (1968)
Max Neuhaus, vier Fassungen für Schlagzeug und elektronische Geräte – Massart M-133 (vor 1970)
Max Neuhaus, Fassung für Schlagzeug und elektronische Geräte – Schirmer Records 29150/P oder 12485/BS oder 12485 (1975)

*Aria* (1958)
Cathy Berberian, Mezzosopran [gleichzeitig mit *Fontana Mix*] – Time Records Series 2000 58003 [mono] oder S/8003 [stereo] (1962); dieselbe Aufnahme Mainstream MS 5005 (1970)
Linda Hirst, Mezzosopran – Virgin Classics VC 7 90704-2 [Compact Disc] (1988)

*Indeterminacy: New Aspect of Form in Instrumental and Electronic Music* (1959)
John Cage, Sprecher [gleichzeitig mit *Solo for Piano* aus *Concert for Piano and Orchestra* und *Fontana Mix*] – Folkways FT 3704 [2 LP] (1959)
John Cage, Sprecher [Auszüge] – Giorno Poetry Systems Records GPS 018 (1980)

*Music for Amplified Toy Pianos* (1960)
Juan Hidalgo, Walter Marchette und Gianni-Emilio Simonetti, verstärkte Spielzeugklaviere und Geräuschinstrumente – Cramps Records CRSLP-6101 (1974)
Mitglieder des Ensemble Gentle Fire: Richard Bernas, Hugh Davies, Graham Hearn, Stuart Jones und Michael Robinson, verstärkte Spielzeugklaviere und Geräuschinstrumente – EMI Electrola 1 C 065-02 469 (1974)

*Cartridge Music* (1960)
John Cage und David Tudor, Tonabnehmer und live-elektronische Geräte [Multiplay-Aufnahme] – Time Records Series 2000 58009 [mono] oder S/8009 [stereo] (1962); dieselbe Aufnahme Mainstream MS 5015 (1970); dieselbe Aufnahme ICA 02 (vor 1982)
Fred van der Kooy, Aussteuerung [von *Atlas Eclipticalis* und *Winter Music*] – Deutsche Grammophon DGG SLPM-137 009 (1970); dieselbe Aufnahme Deutsche Grammophon DGG 643 543 (nach 1970); dieselbe Aufnahme Deutsche Grammophon 2536 018 (nach 1970)

*Solo for Voice 2* (1960)
The Brandeis University Chamber Chorus; Alvin Lucier, Dirigent; Gordon Mumma und David Tudor, elektronische Bearbeitung – CBS Odyssey 32 16 0155 [mono] oder 32 16 0156 [stereo] (1967); dieselbe Aufnahme Columbia S 34-61066 (1970)
Doris Sandrock, Stimme [gleichzeitig mit *Concert for Piano and Orchestra* und *Solo for Voice I*] – EMI Electrola 1 C 165-28954 Y (1972)

*Variations II* (1961)
Antonio Tauriello und Gerardo Gandini, Fassung für Klaviere – Jornadas de Música Experimental JME-ME 2 (nach 1966)
Pedro Echarte und Horatio Vaggione, Fassung für Tonbänder und Geräuschinstrumente – Jornadas de Música Experimental JME-ME 2 (nach 1966)
David Tudor, Fassung für Klavier und elektronische Geräte – Columbia MS 7051 (1967); dieselbe Aufnahme CBS France S 34-61064 (nach 1967)
Erika Radermacher und Urs Peter Schneider, Fassung für Studiogeräte und Schallplatte – Jecklin 538 (1975)

*Silence* (1961)
John Cage, Sprecher [Auszug] – Giorno Poetry Systems Records GPS 001 (vor 1974)

*Atlas Eclipticalis* (1961–1962)
Ensemble Musica Negativa; Rainer Riehn, Dirigent [gleichzeitig mit *Winter Music* und ausgesteuert nach *Cartridge Music*] – Deutsche Grammophon DGG SLPM-137 009 (1970); dieselbe Aufnahme Deutsche Grammophon DGG 643 543 (nach 1970); dieselbe Aufnahme Deutsche Grammophon 2536 018 (nach 1970)
The New Performance Group of the Cornish Institute; John Cage, Dirigent [gleichzeitig mit *Winter Music*] – Mode Records 3 bis 6 [4 LP] (1986)

*Variations III* (1962–1963)
Gerd Zacher und Juan Allende-Blin, Fassung für Orgel, Schlagzeug und Blasinstrumente – Deutsche Grammophon SLPM-139 442 (1970)
Gerd Zacher, Fassung für Orgel – Heliodor 2549 009 (1970)
Sylvia Anderson und Robert Moran, Stimmen; Howard Hersh, Schlagzeug; Mitglieder des San Francisco Conservatory New Music Ensemble – Wergo WER 60 057 (1971)

*Variations IV* (1963)
John Cage, David Tudor, elektronische Geräte [Auszüge] – Everest LPBR 6132 [mono] oder SDBR 3132 [stereo] (1966)
John Cage, David Tudor, elektronische Geräte [Auszüge] – Everst SDBR 3230 (1970)

*Rozart Mix* (1965)
Mitglieder des Ensemble Musica Negativa, Realisation der Tonbänder – EMI Electrola 1 C 165-28954 Y (1972)

*Diary: How to Improve the World (You Will Only Make Matters Worse) Continued 1967* (1967)
John Cage, Sprecher [Auszug] – Giorno Poetry Systems Records GPS 003 (1974)

*Reunion* (1968)
David Behrman, John Cage, Lowell Cross, Marcel Duchamp, Teeny Duchamp, Carson Jeffries, Gordon Mumma und David Tudor, Ausführende [Auszüge] – Takeyoshi Miyazawa (Schallplatte veröffentlicht zusammen mit einem Buch von Shigeko Kubota, *Marcel Duchamp and John Cage*, Tokyo 1968)

*HPSCHD* [in Zusammenarbeit mit Lejaren Hiller] (1967–1969)
Neely Bruce, David Tudor und Antoinette Vischer, Cembali; John Cage und Lejaren Hiller, Realisation der Tonbänder – Nonesuch H-71224 (1969)

*Cheap Imitation* [Fassung für Klavier] (1969)
John Cage, Klavier – Camps Records CRSLP 6117 (1977)
Yuji Takahashi, Klavier [Auszug] – ALM Japan AL-14 (vor 1986)

*Song* (1970)
John Cage, Sprecher – Giorno Poetry Systems Records GPS 009 (1976)

*Song Books* (1970)
Schola Cantorum Stuttgart; Clytus Gottwald [kombiniert mit *Empty Words Part III*] – Wergo WER 60 074 (1976)
Joan La Barbara, Stimme [*Solo for Voice 45;* Multiplay-Aufnahme] – Chiaroscuro CR-196 (1977)

*Mureau* (1970)
John Cage, Sprecher – S Press Edition & Galerie 14 [Tonband oder Kassette] (1972)
John Cage, Sprecher [Auszug] – Giorno Poetry Systems Records GPS-005 (1975)

*Sixty-Two Mesostics re Merce Cunningham* (1971)
Jack Briece, Stimme [Auszüge; Multiplay-Aufnahme] – 1750 Arch Records S-1752 (1974)
Demetrio Stratos, Stimme [Auszüge] – Cramps Records CRSLP-6101 (1974)

*Empty Words* (1973–1974)
John Cage, Vortrag [Auszüge aus *Part III;* kombiniert mit *Song Books (Solos for Voice 3–92)*] – Wergo WER 60 074 (1976)
John Cage, Vortrag [*Part IV*] – Edition Michael Frauenlob Bauer MFB 003-004 [2 LP] (1987)
John Cage, Vortrag [*Part IV,* Auszüge] – Meltdown MPA-1 (1987)

*Etudes Australes* (1974–1975)
Grete Sultan, Klavier [*I–XVI*] – Tomato 2-1101 oder TOM 300 841 [2 LP] (1979); dieselbe Aufnahme Dischi dell'Ippopotamo 5380-671 (nach 1979); dieselbe Aufnahme Wergo WER 60152 und 60153 [2 LP] (1987)
Grete Sultan, Klavier [*XVII–XXXII*] – Wergo WER 60154 und 60155 [2 LP] (1987)

*Cheap Imitation* [Fassung für Violine] (1969; 1977)
Paul Zukofsky, Violine – $CP^2$ Recordings $CP^2/7$ (1981)

*Writing through Finnegans Wake* (1977)
John Cage, Sprecher [Auszug] – Giorno Poetry Systems Records GPS-015 (1979)
John Cage, Sprecher [Auszug] – Watershed Tapes G-2002 [Kassette] (vor 1986)

*Writing for the Second Time through Finnegans Wake* (1977)
John Cage, Sprecher [Auszug] – Athenäum 3-7610-8185-5 (Kassette veröffentlicht zusammen mit Cages Buch *Roaratorio*, Königstein/Taunus 1982)

*49 Waltzes for the Five Boroughs* (1977)
Alan Feinberg, Yvar Mikhashoff und Robert Moran, Fassung für Klavier und Tonbänder – Nonesuch D-79011 (1981)

*Alla ricerca del silenzio perduto* (1973; 1977)
Viele Mitwirkende – Grafis & Fylkingen (Kassette veröffentlicht zusammen mit dem Buch *Il treno di John Cage*, Bologna 1979)

*Chorals for Violin Solo* (1970; 1978)
Paul Zukofsky, Violine – $CP^2$ Recordings $CP^2/7$ (1981)

*A Dip in the Lake: Ten Quicksteps, Sixty-One Waltzes, and Fifty-Six Marches for Chicago and Vicinity* (1978)
Ausführende nicht bekannt – Les disques du crépuscule [Kassette] (nach 1982)

*Etudes Boréales I–IV* (1978)
Frances-Marie Uitti, Fassung für Violoncello solo – Mode Records 1 (1985)
Michael Pugliese, Fassung für Klavier solo – Mode Records 1 (1985)
Frances-Marie Uitti, Violoncello; Michael Pugliese, Klavier [Duettfassung] – Mode Records 2 (1985)

*Roaratorio, an Irish Circus on Finnegans Wake* (1977; 1979)
John Cage, Sprecher; Joe Heaney, Gesang; Séamus Ennis, Uillean pipes; Paddy Glackin, Violine; Matt Molloy, Flöte, Peadher und Mell Mercier, Bodhran; John Cage und John David Fullemann, Realisation der Tonbänder – Athenäum 3-7610-8185-5 (Kassette veröffentlicht zusammen mit Cages Buch *Roaratorio*, Königstein/Taunus 1982)

*Hymns and Variations* (1979)
Mitglieder des Ensemble Electric Phoenix; Judith Rees, Nicole Tibbels, Linda Hirst, Mary King, Daryl Runswick, Robert Chilcott, Brain Etheridge und Terry Edwards, Gesang [Multiplay-Aufnahme] – EMI Records His Master's Voice 27 0452 1 oder 27 0452 4 [Kassette] (1986)

*Freemann Etudes* (1977–1980)
Paul Zukofsky, Violine [*I–VIII*] – $CP^2$ Recordings $CP^2/12$ (1983)
János Négyesy, Violine [*I–XVI*] – Lovely Music VR 2051 und 2052 [2 LP] (1985)

*Themes & Variations* (1979–1980)
John Cage, Sprecher [Auszug] – Crown Point Press 37327 AL (1980)

*Thirty Pieces for Five Orchestras* (1981)
Szombathelyi Szimfonikus Zenekar; László Tihanyi, Dieter Kempe, Zsolt Serei, Katalin Doman, Mark Foster, Dirigenten – Hungaroton SLPD 12893 (1987)

*A House Full of Music* (1981; 1982)
Viele Mitwirkende – Gelbe Musik (in Vorbereitung; geplant 1989)

*Ryoanji* (1983)
Isabelle Ganz, Mezzosopran; Michael Pugliese, Schlagzeug [Fassung für Stimme und Schlagzeug] – Mode Records 2 (1985)

*The First Meeting of the Satie Society* (1985)
John Cage, Klaus Schöning, Sprecher; Amy Leverenz, Gesang; Grete Wehmeyer, Klavier; Bonner Ensemble für Neue Musik, Leitung: Toni Roeder – Edition Michael Frauenlob Bauer MFB 014-015 [2 LP] (1987)

*Werke für Klavier & präpariertes Klavier I*
Pierce, Clayton, Paul Price Percussion Ensemble
Wergo, 1977/82 (1 CD)

*Etudes Australes Book 1–4*
Grete Sultan, Klavier
Wergo 1978/82 (3 CD)

*Music of Changes für Klavier*
Herbert Henck
Wergo, 1982

*Sonaten & Interludien für präpariertes Klavier*
Gerhard Fremy
Etcetera, 1983 (1 CD)

*Werke für Klavier & präpariertes Klavier II*
(enthält u. a. *Mysterious Adventure, TV Köln, Daughters of the Lonesome Isle, Dream, Nocturne für Violine & Klavier*)
Pierce, Jonas, Almond
Wergo, 1983/87 (1CD)

*A Book of Music für zwei präparierte Klaviere*
(enthält u. a. *Suite for Toy Piano, The Seasons für Klavier, Music for 3 Amplified Toy Pianos*)
Pierce, Ajemian, Crispell, Kubera
Wergo, 76–89

*Works for Percussion*
(*Construction 1-3, Imaginary Landscape, Amores, Double Music, She is asleep*)
Quatnor Helios
Wergo, 1990

*Singing Through*
(enthält u. a. *A flower, Mirakus*[2])
LaBarbara (Stimme), Stein (Klavier), Winant (Schlagzeug)
New Albian Records, 1990

*Solo for Piano (Cage) und Sonate op. 11 (Schumann)*
Werner Bärtschi
Recrec Music 1990/91

*Socrate (Erik Satie), Cheap Imitation (John Cage)*
Helling (Stimme), Richards (Klavier), Henck (Klavier)
Wergo, 1991 (1 CD)

*Werke für Cello. Lecture on Nothing*
Uitti (Stimme, Violincello)
Etcetera Records, 1991 (2 CD)

*Singing Through. New Albian Records, 1990* (NA 035 / 1 CD) (enthält u.a. *A flower, Mirakus*[2])
Joan LaBarbara (Stimme), Leonhard Stein (Klavier), William Winant (Schlagzeug)

*Socrate (Erik Satie), Cheap Imitation (John Cage).* Wergo, 1991 (WER 6186-2 / 1 CD)
Hilke Helling (Stimme), Deborah Richards (Klavier), Herbert Henck (Klavier)

*Works for Cello. Lecture on Nothing.* Etcetera Records, 1991 (KTC 2016 / 2 CD)
Frances Marie Uitti (Stimme, Violoncello)

*Works for Percussion.* Wergo, 1991 (WER 6203-2 / 1 CD) (enthält u. a. *Constructions 1–3, Imaginary Landscape No. 2, Amores, Double Music, She is asleep 1 u. 2*)
Martine Quatuov, Helios Viard (Stimme), Philippe Caignon (Schlagzeug), Anne Berteletti (Klavier)

*Bonnen spielt Cage, Schroeder, Hindemith, Willke, Ligeti u. a.* Obst, *1991* (Obst P 330-1 / 1 CD)

*Music for five.* Hat Hut Records, 1991 (Hat Hut Art 2-6070 / 2 CD) (enthält u. a. *45' for a speaker, 34'44.776'', Two, Music for five*)
Eberhard Blum (Flöte), Frances-Marie Uitti (Stimme, Violoncello), Marianne Schröder (Klavier), Nils Vigeland (Klavier), Robyn Schulkowsky (Schlagzeug)

*Agon (Stravinsky), 3 dances for 2 prepared pianos (Cage), De staat (Andriessen).* Attacea, ca. 1992 (Babel, 8949-2 / 1 CD)
Gerard Bouwhuis (Klavier), Cees Zeeland (Klavier)

*Werke für Percussion*
(enthält u. a. *Constructions 1–3, Imaginary Landscape No. 2, Amores, Double Music, She is asleep 1 u. 2*)
Viard (Stimme), Caignon (Schlagzeug), Berteletti (Klavier)
Wergo, 1991 (1 CD)

*Bonnen spielt Cage, Schroeder, Hindemith, Willke, Ligeti u. a.*
Obst, *1991* (1 CD)

*Music for five*
(enthält u. a. *45' for a speaker, 34'44.776'', Two, Music for five*)
Blum (Flöte), Uitti (Stimme, Violoncello), Schröder (Klavier), Vigeland (Klavier), Schulkowsky (Schlagzeug)
HAT-HUT Records, 1991 (2 CD)

*62 Mesostics re Merce Cunningham*
Eberhard Blum (Stimme)
HAT-HUT Records, 1991

*Diary: How to improve the World*
Cage (Stimme)
Wergo, 1991 (8 CD)

*Fontana Mix & Solo for Noice 2*
Eberhard Blum (Stimme und Flöte)
HAT-HUT Records, 1992

*Roaratorio*
(u. Auszüge von *Writing for the second Time through Finnegans Wake*)
John Cage, Irish Musicians, 62 Track Tapes

*Agon* (Stravinsky), *3 dances for 2 prepared pianos (Cage), De staat (Andriessen)*
Bouwhuis (Klavier), Zeeland (Klavier)
Attacea, ca. 1992 (1 CD)

*Werke für Posaune*
(enthält u. a. *Ryoanji, Solo for Sliding Trombone, Two 5*)
Fulkerson, Denyer
Etcetera Records, 1992 (1 CD)

*A John Cage Tribute*
(Werke von John Cage und durch Cage inspirierte Musik von Wolff, Nordine, Brown, Yoko Ono, Zappa u. a.)
Zahab, Black, Kronos Quartet
Koch, 1968–92 (2 CD)

*John Cage, Werke*
(enthält u. a. *Atlas eclipticalis, Hymnukus, Imitations II*)
Schroeder, Schulkowsky, Barton Workshop
Etcetera, 1992

*16 Dances for Soloists and Company of 3*
Ensemble Modern, Metzmacher
*RCA, 1992* (1 CD)

*Klavierkonzert und Atlas Eclipticalis*
Kubera, Orch. of S.E.M. Ensemble, Kotik
Wergo, 1992

*Werke für Flöte*
*(Atlas Eclipticalis 1–3)*
Eberhard Blum
HAT-HUT Records, 1992

*Winter Music für Klavier vierhändig*
(u. *Atlas Eclipticalis für Flöte*)
Blum, Persson, Schleiermacher, Scholz, Vigeland
HAT-HUT Records, 1993

*Two 5 für Posaune & Klavier*
(enthält u. a. *Prelude für Meditation, Ryoanji, Dream für Klavier*)
Dahinden, Kleeb
HAT-HUT Records, 1993

*Thirteen*
Ensemble modern, Manfred Reichert
CPO, 1993 (1 CD)

# Bildnachweis

Artservices: Abb. 1, 2, 3, 4, 5, 7, 8, 12, 14, 15, 23, 28; John Cage: Abb. 19; Crown Point Press: Abb. 29, 30, 31; Harvard University Archives: Abb. 9, 13; Hennar Press. Inc., mit freundlicher Genehmigung von Peters Edition Limited: Abb. 17, 18, 20, 26, 32; James Klosty: Abb. 10, 24, 25, 27; Manfred Leve: Abb. 16; Los Angeles Public Library: Abb. 6; Beatriz Schiller: Abb. 33; Virginia Tech Media Services: Abb. 35; Nancy Walz: Abb. 34; Hans Wild: Abb. 22; Yasuhiro Yoshioka: Abb. 21.

# Register